中国农业机械化科学研究院呼和浩特分院有限公司
Hohhot Branch of Chinese Acaademy of Agricultural Mechanezation Sciences Co.,Ltd

Since1960
央企品质 · 匠心制造

中国秸秆打捆收获市场的
开拓者和引领者！

华德打捆机连续12年全国市场销量领先
（数据来源：已公示的农机补贴数据）

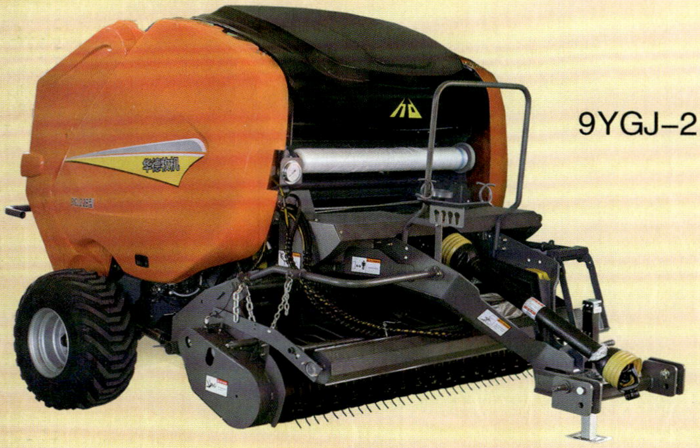

9YGJ-2.2B/2.2C型圆草捆打捆机

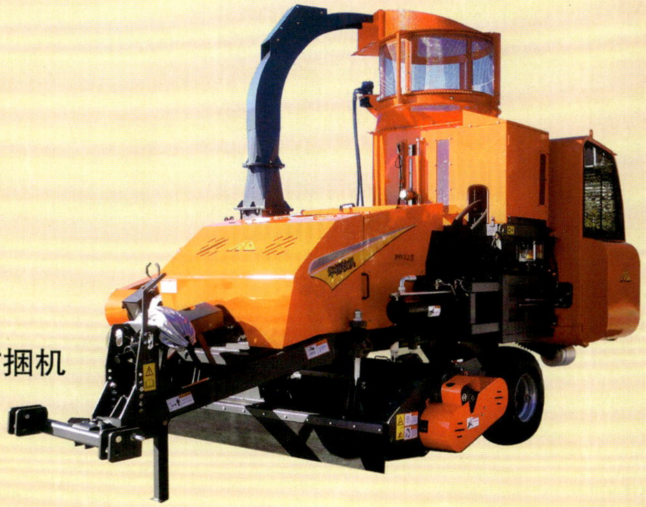

9YFY-2.2型秸秆揉碎除尘方捆机

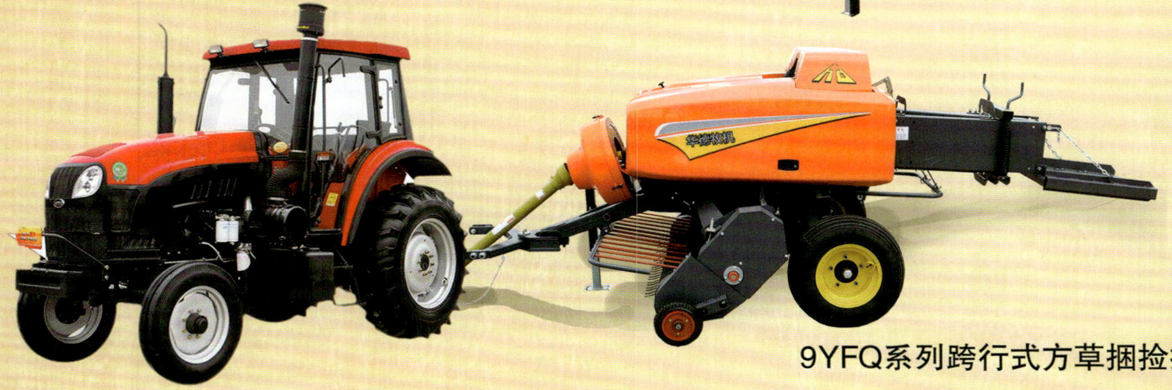

9YFQ系列跨行式方草捆捡拾压捆机

关注微信公众号

中国农业机械化科学研究院呼和浩特分院有限公司
地址：北京市朝阳区德胜门外北沙滩一号新办公楼A座12层
邮编：100083　　服务热线：400-080-9980　010-64882021

高效多面手
凯斯Optum CVXDrive 3004拖拉机

用途广泛，可配套多种农具完成犁地、深松、耙地、联合整地、平地、播种及施肥等多种田间作业；还能搭配不同牧草设备，完成割草、打捆到转运等工作。

- 额定300马力，搭载满足国四排放标准的NEF系列 6 缸 6.7 升24 气门发动机，用途广泛
- 免维护的ECOBlue™ 高效SCR 后处理系统，机油更换间隔高达750小时；630升的大容量油箱，全天作业无需二次加油
- **CVXDRIVE 无级变速技术**，无间断速度调整，主动式保持控制技术，自在操控
- APM自动生产力管理功能应对不同负载，自动发动机调速，满足作业效率的同时进一步降低燃油消耗
- 豪华四柱悬浮驾驶室设计、Pro700 触摸式显示器，可以通过ISOBUS系统监视和控制农具、独特设计的地头转弯管理功能，营造舒适的工作环境，提升工作效率

凯斯纽荷兰（中国）管理有限公司
地址：上海市外高桥保税区马吉路2号10楼
网址：www.caseih.cn
客户热线：400-900-6809

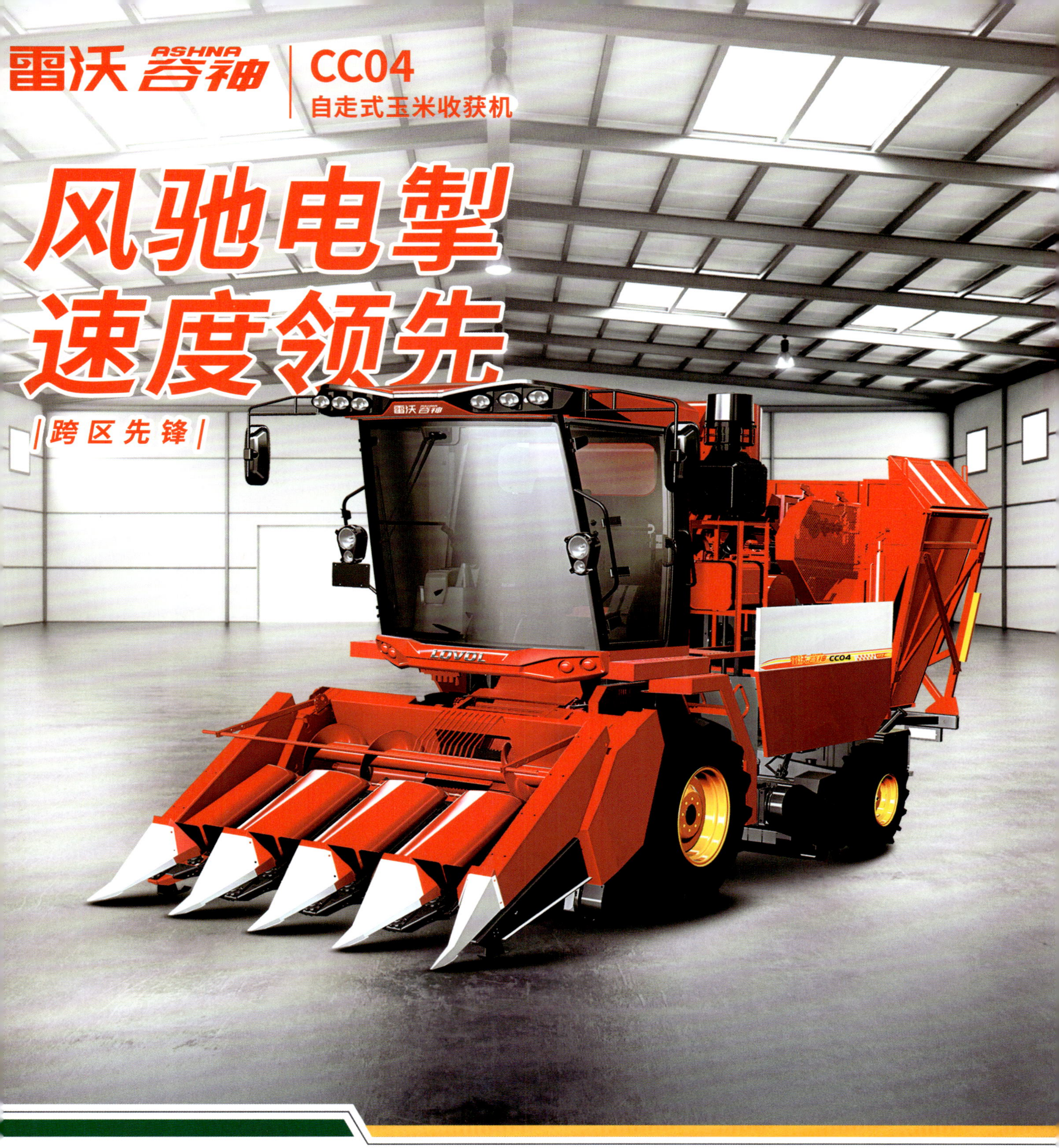

雷沃 ASHNA 谷神 | CC04
自走式玉米收获机

风驰电掣
速度领先
|跨区先锋|

潍柴雷沃农业装备
官方抖音号

潍柴雷沃农业装备
官方快手号

潍柴雷沃农业装备
视频号

潍柴雷沃农业装备
官方微信服务号

潍柴雷沃农业装备
地 址:山东省潍坊市北海南路192号 服务热线:400-6589-888
销售电话:0536-7606278(小麦机) 0536-7527087(玉米机) 0536-7603011(履带机) 0536-7603190(拖拉机) 0536-6156018(农机具)
www.lovol.com

英虎·昊瑞

纵驰无界 一路绝尘

英虎机械2022款全新玉米收获机

YHMAC英虎

英虎

河北英虎农业机械股份有限公司

HEBEI YINGHU AGRICULTURAL MACHINERY CO., LTD

河北英虎农业机械股份有限公司

YANMAR

COMPANY PROFILE
公司概况

【公司名】 洋马农机(中国)有限公司

【设立日期】 1998年1月14日

【投资方】 洋马株式会社
江苏久恒农机开发有限责任公司

【公司宗旨】 以追求顾客获益为根本,为广大顾客的富裕和发展提供最佳的途径和一流的服务

【经营范围】 研发、生产、销售农业机械零部件的批发及进出口,技术服务及技术转让。

【产品领域】 全喂入收割机、半喂入收割机、高速插秧机、手扶插秧机、水稻直播机、拖拉机、蔬菜移栽机、油菜移栽机等

【占地面积】 95,500平方米

【建筑面积】 47,427平方米

PRODUCT OVERVIEW
产品概况

洋马农机官方号

扫一扫，关注洋马农机官方号，尊享洋马公司、产品、服务、部品等信息。

抖音号: YANMAR_CHINA

快手号: YANMAR_CHINA

微信公众号

地址：中国江苏省无锡市新吴区黄山路8号 邮编：214028
电话：(0510)85216887(销售专线) 85221448(部品专线) 400-808-9882(服务专线)
传真：(0510)85218154 http://www.yanmar-china.com/cn/

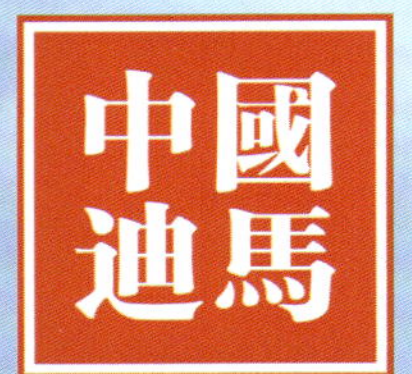

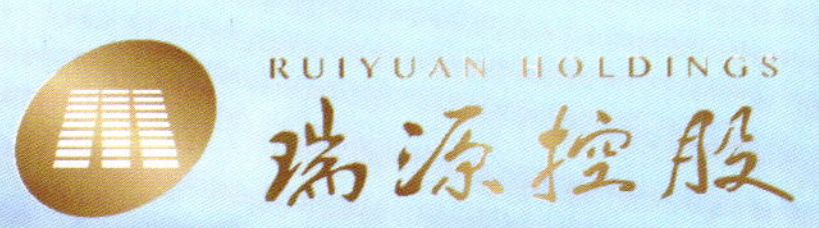

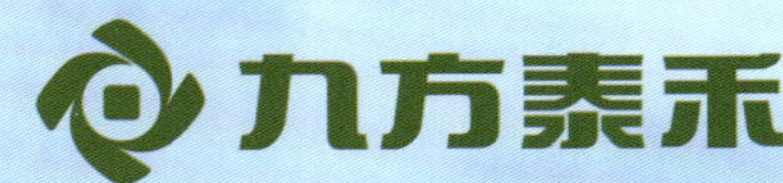

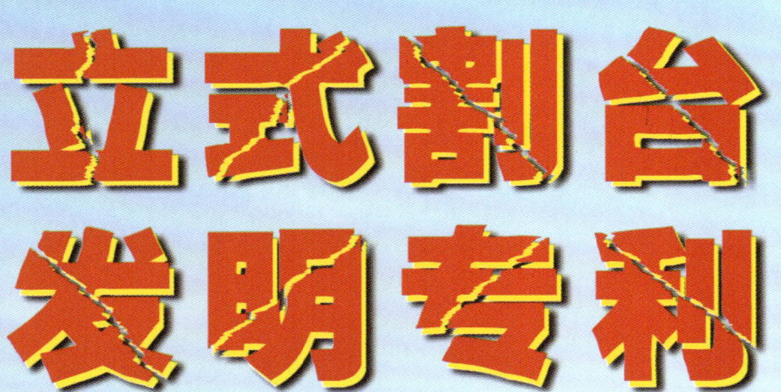

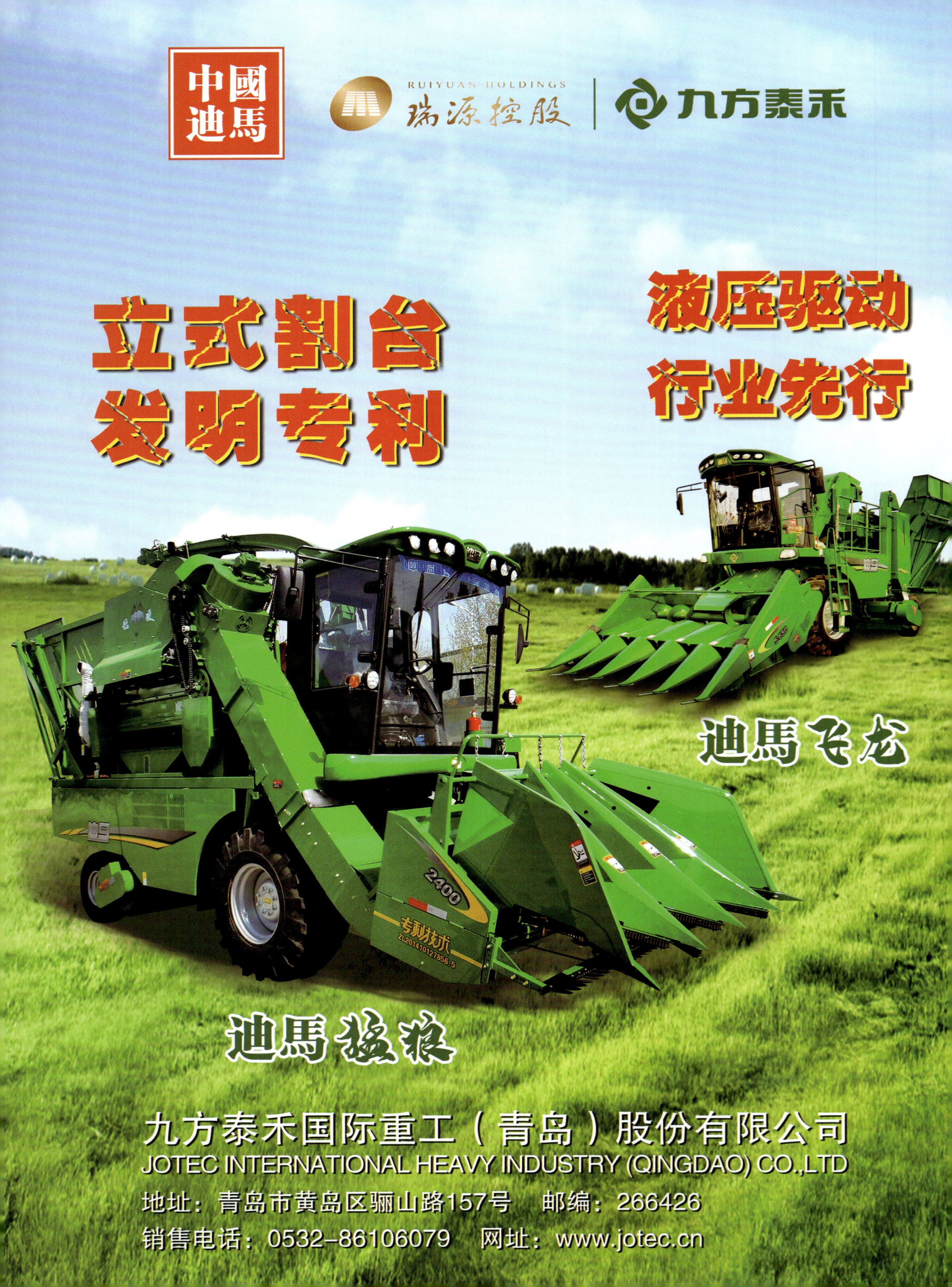
中國迪馬
RUIYUAN HOLDINGS
瑞源控股
九方泰禾
立式割台
发明专利
液压驱动
行业先行
迪馬飞龙
迪馬豐糧
九方泰禾国际重工（青岛）股份有限公司
JOTEC INTERNATIONAL HEAVY INDUSTRY (QINGDAO) CO.,LTD
地址：青岛市黄岛区骊山路157号　邮编：266426
销售电话：0532-86106079　网址：www.jotec.cn

服务三农七十年
续写东风新辉煌

常州东风农机集团有限公司
Changzhou Dongfeng Agricultural Machinery Group Co., Ltd.
地址：常州市钟楼区新冶路328号
网站：http://www.dfamgc.com/
服务电话：400-115-2288

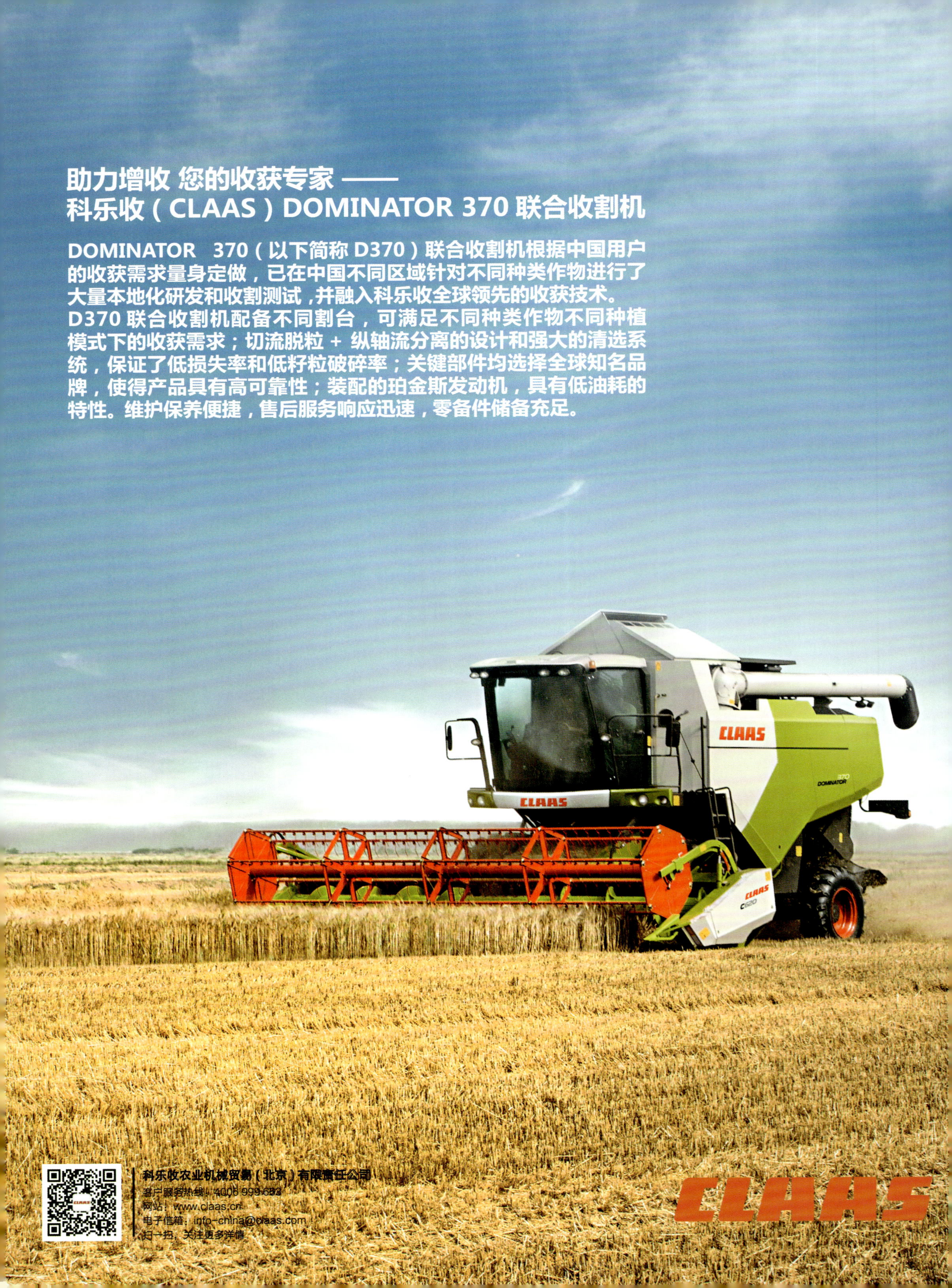

助力增收 您的收获专家——科乐收（CLAAS）DOMINATOR 370 联合收割机

DOMINATOR 370（以下简称 D370）联合收割机根据中国用户的收获需求量身定做，已在中国不同区域针对不同种类作物进行了大量本地化研发和收割测试，并融入科乐收全球领先的收获技术。D370 联合收割机配备不同割台，可满足不同种类作物不同种植模式下的收获需求；切流脱粒 + 纵轴流分离的设计和强大的清选系统，保证了低损失率和低籽粒破碎率；关键部件均选择全球知名品牌，使得产品具有高可靠性；装配的珀金斯发动机，具有低油耗的特性。维护保养便捷，售后服务响应迅速，零备件储备充足。

科乐收农业机械贸易（北京）有限责任公司
客户服务热线：4006 999 683
网站：www.claas.cn
电子信箱：info-china@claas.com
扫一扫，关注更多详情

CLAAS

巨明机械 丰收中国

荣获国家技术发明奖

巨明 GIMIG 中国农装巨明集团

五岳有泰山 农机有巨明

地址:山东淄博桓台开发区 全国统一客服热线:400-0533-608 0533-8403888/8010723 传真:0533-8010723 网址：www.sdjuming.com

为美好生活提供绿色动力
Green power for happy life

了解常柴、请登录：www.changchai.com.cn

常柴品牌 百年铸就

Changchai Brand—Century Foundation ＞＞ 百年常柴 始于一九一三年

常柴股份有限公司的前身企业创立于1913年，是中国最早的内燃机专业制造商之一。1994年，由常州柴油机厂改制创建常柴股份有限公司。常柴是全国农机行业及常州市第一家上市公司。

【常柴官方微信】

CHANGCHAI CHINA ＞＞

China professional Engine Manufacturer

192FA单缸柴油机

V402轻型发动机

M403TC轻型发动机

4G33TC多缸柴油机

4G33V16多缸柴油机

常柴股份有限公司是具有一百多年历史的民族工业企业，是中国最早的内燃机专业制造商之一，目前同时拥有A股和B股，具有年产80万台柴油机、5万余吨铸件、20万台汽油机生产能力。常柴至今已累计生产柴油机3000多万台，并曾先后出口到78个国家和地区。常柴主要生产中小功率柴油机，功率范围1.62—117.6千瓦，共有1000多个品种，产品广泛应用于皮卡、轻卡、低速载货汽车、拖拉机、收割机、园艺机械、植保机械、高速插秧机、发电机组、工程机械、冷链及船舶等领域。

“常柴”牌柴油机是中国名牌产品，企业通过了ISO9001质量体系认证、ISO14001环境管理体系认证、IATF16949汽车产品质量管理体系认证，获得了国家出口商品免验企业资格。常柴品牌连续多年入选“中国500最具价值品牌”排行榜，2020年，品牌价值97.67亿元。

常柴在国内构建了覆盖全国的销售服务网络，拥有5个销售业务单元、27个销售服务中心、750家服务站，是海关高级认证企业，具有完善的柴油机销售服务网络体系，能为客户提供优质、高效、及时的服务。

地址:江苏省常州市怀德中路123号 Address:123Huaide Road(M).Changzhou,Jiangsu,China 网址:http://www.changchai.com.cn 邮编(P.C):213002 24小时客服电话(24-hour service number)：4008878998
销售公司电话:(Sales Company Tel):0519-68852308 68852309 传真(Fax):0519-86633706 销售公司邮箱:(Sales Company E-mail):sale@changchai.com
海外事业部电话:(Overseas Business Dep. Tel):+86-519-68683255 传真(Fax):+86-519-86609936 海外事业部邮箱:(Overseas Business Dep. E-mail):overseas@changchai.com

DEBONT 德邦大为 品质改变生活

高性能牵引式免耕精量播种机

德邦大为高性能免耕精量播种机，可以在全部秸秆覆盖条件下进行播种作业，是新一代为保护性耕作技术配套的播种机械。

★ 系列产品从2行机型至8行机型共7种型号。
★ 选装不同部件可形成10种变形产品。
★ 广泛适用于东北、华北、西北等保护性耕作区域。

单体仿形：平行四连杆同步仿形机构，保证了播种深度一致性。
独特结构的秸秆清理部件，即便在全部秸秆覆盖地表，也能将苗带秸秆清理彻底，具有切断、清理秸秆和碎土三重作用，苗带秸秆清理彻底。
智能化程度高：采用六位一体智能监控器，具有作业速度监测、底肥堵肥和缺肥报警、漏播报警、播种粒数统计、作业面积统计、口肥监控六大功能。

主要技术参数：

型号	1205	1405	1505	1605
配套动力（hp）	35-50	55-80	70-90	80-90
作业行数（行）	2	4	5	6
结构重量（kg）	1000	2000	2500	2900
排种器形式	气吸式/指夹式			
拔草轮形式	双向渐开线轮齿式			
松土、破茬器形式	波纹圆盘			
仿形轮形式	双侧设置加宽空心橡胶轮			
覆土镇压器形式	V型对置窄空心橡胶轮			
监控器功能	作业速度监测、底肥堵肥和缺肥报警、漏播报警、播种粒数统计、作业面积统计、口肥监控			

北京德邦大为科技股份有限公司
客服热线:400-080-5107
地址：北京经济技术开发区荣华南路10号荣华国际3-1609
电话：010-53269118　传真：010-53269115
网址：www.debont.com.cn　邮编：100176
邮箱：info@debont.com.cn

德邦大为官方微信
德邦大为官方快手号

云监控系统可接入农机作业政府补贴平台

施肥开沟部件

独特结构的秸秆清理部件

高性能排种器

液压风机

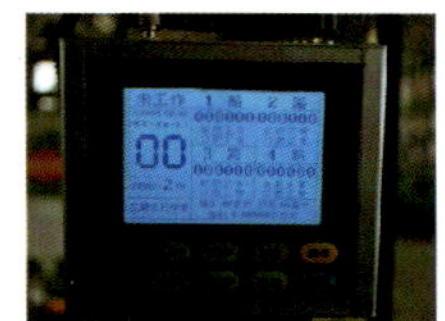
六位一体监控器

HANWO
悍沃农业装备

动力强悍
HANWO TRACTOR
驰骋 沃野

>> 悍沃2104-S拖拉机+9YF-2.2打捆机 黄金组合 创富先锋 <<

24+8挡
590升油箱
全新内饰
专业售后

力与美·型与劲
价值典范
始自悍沃
2104-S

山东悍沃农业装备有限公
SHANDONG HANWO AGRICULTURAL EQUIPMENT CO., LT
销售电话：0536-7390099 地址：山东省潍坊市经开区泰祥

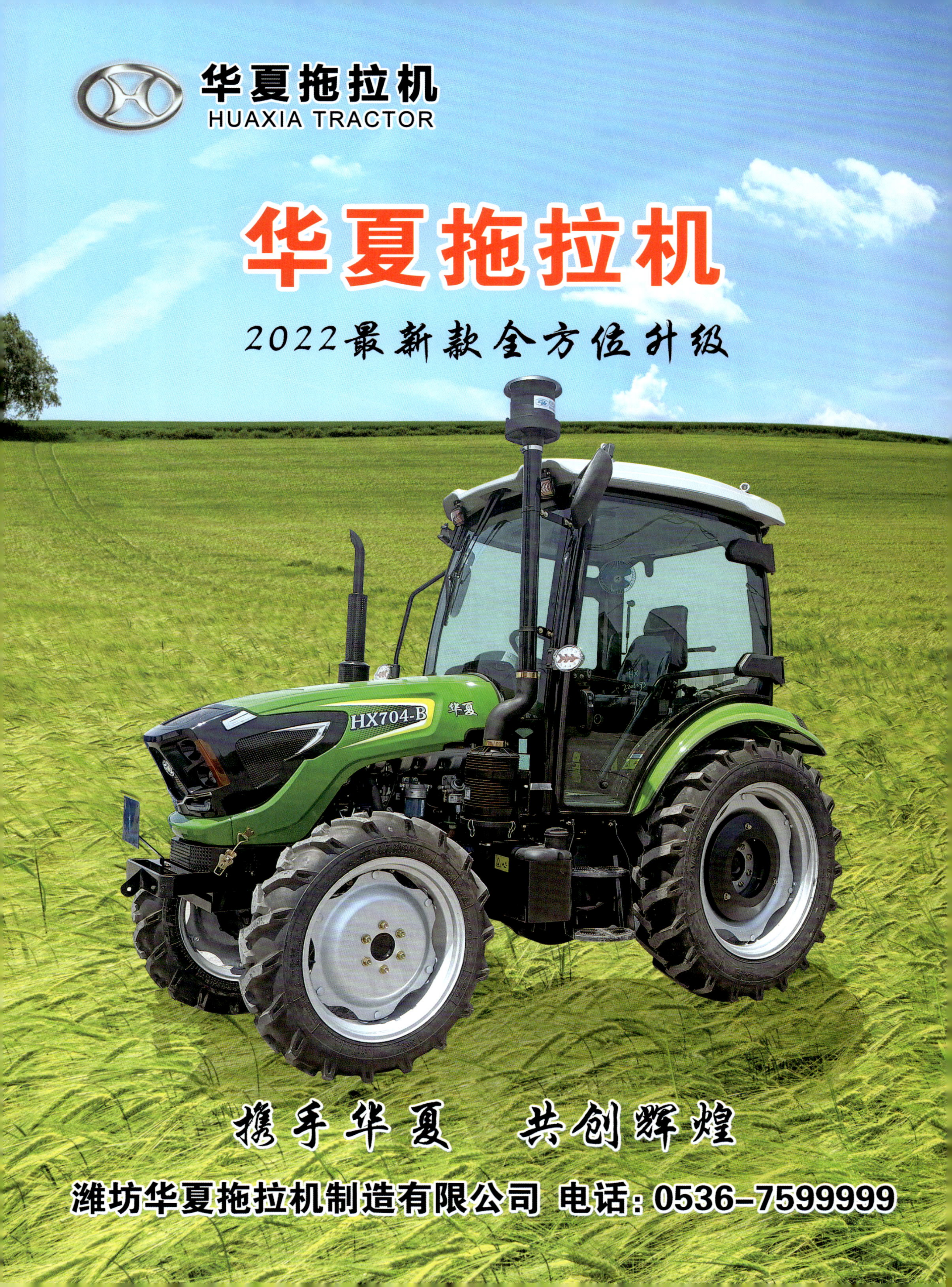

华夏拖拉机

2022最新款全方位升级

HX704-B

携手华夏 共创辉煌

潍坊华夏拖拉机制造有限公司 电话：0536-7599999

WUZHENG GROUP

五征集团以**“从土地到餐桌，再从餐桌回归到土地的绿色、科技服务型企业”**为使命愿景，致力为广大用户提供高性价比、高附加值的产品和优质的服务。

MD 1004　　MK 2404-E　　MH 2404

五征大马力拖拉机 定位高端农机市场，可替代进口产品，广泛应用数字化、智能化、无人化技术，大马力无人驾驶拖拉机助力智慧农业，引领行业发展。

H7　　H9　　M2000

五征青贮机械 可实现收获、切碎、打捆、封膜一站式完成，替代进口产品，打造国内第一品牌，成为打通“粮改饲”最后一公里的利器。现代农业作为装备制造产业链的延伸产业，以“农机+农艺”、“产品+服务”等模式服务乡村振兴，贡献五征智慧和五征力量。

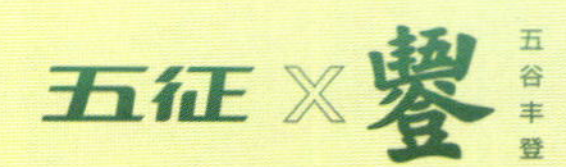

欧亚惠通　高效过滤专家

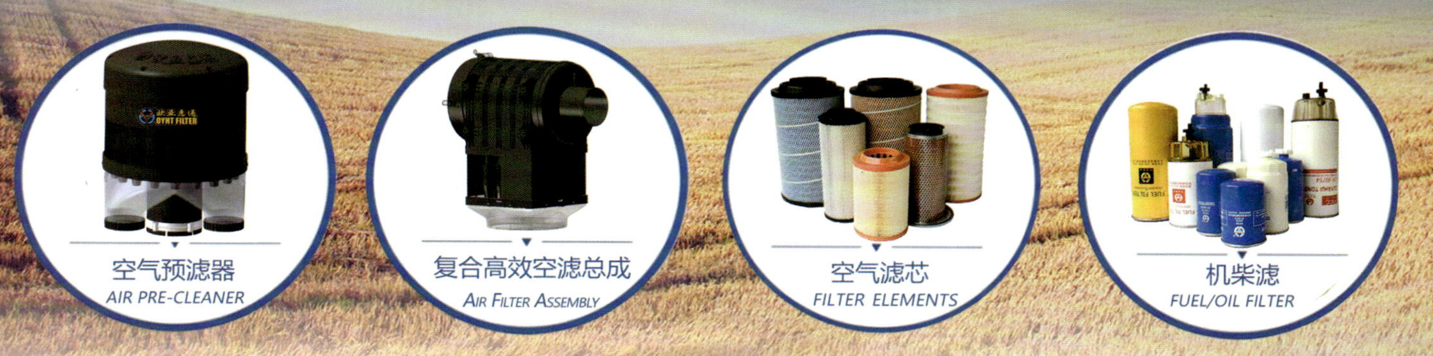

IATF16946国际管理体系认证

荣获中国农机机械优秀配套件供应商
荣获中国农机零部件龙头企业奖
荣获中国农机技术创新团队

石家庄欧亚惠通滤清器有限公司是一家致力于滤清器研究和生产的企业，产品广泛应用于农用机械、工程机械、重卡等领域，是集开发、设计、生产、销售于一体并拥有自主进出口权的公司，公司技术实力雄厚，已有多项产品设计荣获国家专利，公司为国家认定的高新技术企业，通过IATF16949国际质量管理体系认证。

被中国农业机械流通协会、中国农业机械工业协会、中国农业机械化协会等单位授予：“中国农机零部件龙头企业”、“中国农机技术创新团队”、“中国农机优秀配套件供应商”、“中国农业机械TOP50杰出服务团队奖“等荣誉。

技术团队因创造而荣耀，“从心出发·向新而行”。在研发过程中，运用三维软件进行建模、流体路径模拟分析、有限元分析、同时转为3D设备打印，提高开发效率。人员年轻化、高学历、自主创新能力强。作为中国农机高新技术产业标杆公司，欧亚惠通致力于天下无尘过滤器。

欧亚惠通滤清器有限公司

咨询电话：400-618-7978
公司网站：WWW.OUYAHUITONG.COM
地　　址：河北省晋州市安家庄工业区宏达路8号

公司网站

公众号

Meidi美迪

美好未来 共同启迪

石家庄美迪机械有限公司

电话：0311-88051118 15803115939 地址：石家庄循环化工园区丘头镇东宽亭

海阔打捆机　全球首创　全齿轮传动

企业简介

辽宁海阔机械设备制造有限公司，成立于2016年，资产总额2.2亿，专注于秸秆的“五料化”利用，是生产和销售于一体的国家级高新技术企业。

经过多年的探索研究，已取得多项国家专利。企业自主研发制造的9YH-1.25A6型秸秆圆草捆打捆机、秸秆深松掩埋还田机、固定式打捆机、搂草机等系列产品，现均处于国际领先地位。

公司秉承“质量第一、信誉至上”的理念，致力于中国现代化农业装备的推广与应用。公司拥有20000平方米规范厂房，生产设备配套齐全，具备年产1000台的生产能力。建立了全面的产品质量保证体系和售后服务体系，拥有专业的售后服务团队，形成了以县、市为单位的售后维修服务站，真正做到售后无忧。

扫一扫关注公众号

海阔集团

辽宁海阔机械设备制造有限公司

地址：辽宁省辽阳市白塔区北新华路15号

海阔农业科技股份有限公司

地址：安徽省宿州市泗县唐河路与赤山路交叉口农机装备产业园

业务区域	负责人	电话
辽宁、吉林、黑龙江、内蒙古东部	贾辉	13243968286
山西、宁夏、新疆、内蒙古西部	张大伟	18641908363
江苏、安徽、广西、陕西	王峰	18604998973
河南、山东	刘传威	18162794455
河北、甘肃	李洋	15641912888

免费服务热线：400-101-2499

鑫天朗
2022
- JI LIN TIAN LANG -
天朗打捆机
天朗
TIAN LANG
TIAN LANG
打包快
油耗低
电控优
草质好
适应强
故障少
吉林天朗新能源科技有限公司
400-668-8833

20 余年行业经验
国内农机齿形带领军企业

截止到2022年5月
配套合作企业265家
部分合作企业展示（排名不分先后）

www.heiyixiangjiao.com
服务热线:
400-119 7969
河北黑一橡胶有限公司

一站式采购

应有尽有

泰安意美特机械有限公司

Tai'an Yimeite Machinery Co.,Ltd

地址：山东省新泰市谷里镇小新兴村西

网址：www.chinayimeite.com

邮箱：sdtxjx@163.com

全国24小时客服热线：400−6587−226

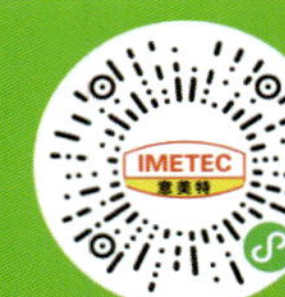

中国农机市场发展报告

（2021—2022）

中国农业机械流通协会　编

中国财富出版社有限公司

图书在版编目（CIP）数据

中国农机市场发展报告．2021－2022／中国农业机械流通协会编．—北京：中国财富出版社有限公司，2022.12

ISBN 978－7－5047－7828－4

Ⅰ．①中…　Ⅱ．①中…　Ⅲ．①农机市场—研究报告—中国—2021－2022　Ⅳ．①F724.74

中国版本图书馆 CIP 数据核字（2022）第 234398 号

策划编辑	宋　宇	**责任编辑**	邢有涛　尹培培	**版权编辑**	李　洋
责任印制	梁　凡	**责任校对**	张营营	**责任发行**	黄旭亮

出版发行	中国财富出版社有限公司		
社　　址	北京市丰台区南四环西路 188 号 5 区 20 号楼	**邮政编码**	100070
电　　话	010－52227588 转 2098（发行部）		010－52227588 转 321（总编室）
	010－52227566（24 小时读者服务）		010－52227588 转 305（质检部）
网　　址	http://www.cfpress.com.cn	**排　　版**	宝蕾元
经　　销	新华书店	**印　　刷**	宝蕾元仁浩（天津）印刷有限公司
书　　号	ISBN 978－7－5047－7828－4/F·3499		
开　　本	889mm×1194mm　1/16	**版　　次**	2022 年 12 月第 1 版
印　　张	26　彩插　1.25	**印　　次**	2022 年 12 月第 1 次印刷
字　　数	748 千字	**定　　价**	350.00 元

版权所有·侵权必究·印装差错·负责调换

《中国农机市场发展报告》（2021—2022）

编 委 会

名誉主任　何黎明　中国物流与采购联合会党委书记、会长
主　　任　范建华　中国农业机械流通协会党支部书记、会长
副 主 任　陈　涛　中国农业机械流通协会副会长兼秘书长
　　　　　游　凌　中国农业机械流通协会副会长
　　　　　吴军旗　中国农业机械流通协会监事长
　　　　　饶继铭　中国农业机械流通协会监事

编　　委　杨广军　中国一拖集团有限公司党委常委
　　　　　　　　　第一拖拉机股份有限公司副总经理
　　　　　李文亮　江苏沃得农业机械股份有限公司副总经理
　　　　　宋胜忠　潍柴雷沃智慧农业科技股份有限公司常务副总经理
　　　　　宣碧华　常州东风农机集团有限公司董事长
　　　　　张仁文　道依茨法尔机械有限公司董事长
　　　　　孙宝林　约翰迪尔（中国）投资有限公司总裁
　　　　　李竹林　久保田农业机械（苏州）有限公司常务副总经理
　　　　　马　恒　洋马农机（中国）有限公司营业副总经理
　　　　　李　康　凯斯纽荷兰（中国）管理有限公司商务总监
　　　　　张金望　科乐收（中国）销售与服务总经理
　　　　　崔守波　山东巨明机械有限公司总经理
　　　　　李　侠　河北英虎农业机械制造有限公司董事长
　　　　　张俊国　中国农业机械化科学研究院呼和浩特分院有限公司副总经理
　　　　　史炳直　西安亚澳农机股份有限公司总经理

纪中良　山东五征集团有限公司副总经理
谢国忠　常柴股份有限公司副总经理
王鹏程　石家庄美迪机械有限公司董事长
刘汉武　北京德邦大为科技股份有限公司董事长
毛晓亮　山东悍沃农业装备有限公司董事长
张希升　九方泰禾国际重工（青岛）股份有限公司总经理
杜红艳　辽宁海阔机械设备制造有限公司总经理
王　岩　吉林天朗新能源科技有限公司董事长
董和银　泰安意美特机械有限公司董事长
王　根　潍坊华夏拖拉机制造有限公司常务总经理
　　　　潍坊华博农业装备有限公司执行总经理
陈爱东　石家庄欧亚惠通滤清器有限公司总经理
吴东辉　河北黑一橡胶有限公司总经理

《中国农机市场发展报告》
（2021—2022）

专 业 团 队

（以姓氏笔画为序）

马建忠　山东巨明机械有限公司
冯月娥　联合国可持续农业机械化中心
朱　飞　四季为农（济南）互联网技术有限公司
伍静芳　中国机电产品进出口商会
刘振德　江西大隆重型工业有限公司
许予永　洛阳智能农业装备研究院有限公司
孙战胜　中国一拖集团有限公司
严先溥　国家统计局贸易外经司
杜中国　新疆天农农机股份有限公司
李　伟　农业农村部农业机械化管理司
李　勇　青岛璐璐农业装备有限公司
张　鹏　千寻位置网络有限公司
张　鹏　山东祥瑞农林科技有限公司
张立强　道依茨法尔机械有限公司
张宗毅　江苏大学中国农业装备产业发展研究院
邵　群　石家庄天人农业机械装备有限公司
赵　莹　农业农村部农业机械化总站
柳　琪　吉峰三农科技服务股份有限公司
贺建国　第一拖拉机股份有限公司
贾晶霞　中机美诺科技股份有限公司
徐海港　山东时风（集团）有限责任公司
寇海峰　享锐（洛阳）机械科技有限公司
程俊争　北京德邦大为科技股份有限公司
赫志飞　中机美诺科技股份有限公司

《中国农机市场发展报告》
（2021—2022）

编辑出版工作人员

主　　编　张华光
执行主编　张文博
地　　址　北京市西城区月坛南街 26 号（邮编 100825）
编 辑 部　电话（010）68596528　68530027　传真（010）68596528
发 行 部　电话（010）68530027
邮　　箱　camdaxxzxb@163.com

序　言

当今农机市场黑天鹅和灰犀牛事件频发，风云变幻。农机市场的不确定性陡增，增加了行业、企业对看不见的未来风险对冲和看得见的未来布局的难度。为提升企业预测水平，中国农业机械流通协会联合国内30余家优秀农机生产、流通企业以及市场研究人员，推出了农机市场大型研究（年度）报告——《中国农机市场发展报告》(2021—2022)（以下简称《报告》)。《报告》自2013年问世以来，以其专业性和实用性深受读者欢迎，被誉为农机市场的晴雨表和行动指南。2022年的《报告》秉承与时俱进的发展理念，在重点复盘2021年中国农机市场发展特点的同时，对“大众与小众”细分市场、新产品市场以及与农机市场关联密切的金融、智慧农业等市场进行了研究分析，并对2022年中国农机市场及未来发展趋势进行了预判，内容更加丰富，形式更加新颖，实用性也更强。

回溯2021年，黑天鹅事件频出，农机市场遭遇多事之秋。无论是原材料涨价，还是全国各地因限电导致生产企业开工不足，供应链受阻；无论是遍布20余省的水患致使用户作业收益下降而影响当年乃至2022年的市场需求，还是气温变化造成市场旺季前移，形成跌宕起伏的市场月度走势；无论是农机补贴“透支”、部分地方补贴政策实施滞后，还是散点暴发的疫情，都影响了市场销售。以上种种导致了过去一年农机市场错综复杂的生态环境。

强烈的利空因素并未阻挡住农机市场的发展。2021年，凭借自身强大的韧性和澎湃的内生动力以及多项惠农政策，尤其是农机补贴政策的强力驱动，农机市场国内市场走势稳健，逆势小幅攀升；出口市场气势如虹，以130.3亿美元出口额和49.2%的增幅刷新历史。

细分市场一半是火焰，一半是海水。饲料打包机市场继续扮演着风口角色，同比保持50%以上的增幅；茎穗兼收玉米收获机市场增势强劲，“领头羊”九方泰禾同比增长达到三位数；玉米收获机市场继2020年大幅度增长后，2021年再以16.49%的增幅冲击高点。与之对应的是一些市场遭遇滑铁卢，同比出现较大幅度滑坡。连续多年增长的畜牧机械市场同比下跌7.04%，薯类收获机市场同比跌幅达到12.19%，一直高位运行的棉花收获机市场出现断崖式下滑，跌幅高达50%以上，大中型拖拉机市场（以下简称“大中拖市场”）也大幅下降19.03%。

复杂多样的市场环境，触发变局。2021年，中国农机市场竞争加剧，洗牌加速，集中度大幅提升。销量前十大主流品牌中，玉米收获机市场集中度上扬18.89个百分点，大中拖市场集中度上扬15.54个百分点，粮食烘干设备市场集中度上扬9.78个百分点，插秧机市场集中度上扬6个百分点。伴随着头部企业的强势崛起，一些小品牌或收缩市场，或黯然退出竞争，农机市场竞争格局正经历前所未有的重构。

2021年，我国农机产品亮点频现，一批优秀品牌脱颖而出。插秧机市场，久保田、沃得、久富、洋马四大品牌依靠良好品质，市场份额占比高达52.77%；轮式谷物联合收割机市场，潍柴雷沃一骑绝尘，占据半壁江山；沃得称雄全喂入履带式谷物联合收获机市场；英虎独霸玉米收获机市场；九方泰禾闪耀在茎穗兼收玉米收获机市场；大疆、极飞控制着植保飞机七成以上的市场；顺邦、天朗饲料打包机异军突起；深耕播种机市场，吉林康达、农哈哈、德邦大为发展迅猛……智能农机雨后春笋般发展起来，技术瓶颈不断被突破。在 2021 中国国际农业机械展览会上，CVT（Continuously Variable Transmission）产品扎堆现身。所有这些都宣示着我国农机市场一个新时代——产品为王时代的来临。

农机产品虽然取得了较大进步，但结构性矛盾依然表现得较为突出。早在 2018 年，中国就已上升为世界第一农机生产大国和使用大国，拥有 8000 余家农机制造企业。但我们大而不强，世界五大农机巨头竟无中国一席之地。虽拥有 4000 多种农机产品，但经济类作物的种植、收获环节还存在“无机可用”“无好机用”“供不适需”“供不足需”等较为突出的矛盾；三大粮食作物的耕种收环节虽基本实现机械化，但其他环节的短板并未解决；平原区域的大田作物虽达到较高的机械化水平，但丘陵山区短板依然十分突出；虽然中低端产品已满足农业种植的基本需求，但不少高端设备依然依赖进口；虽拥有 2 万多家经销商，但多而不强，年销售额 1 亿元以上的经销商占比仅 3.1%。我们在肯定辉煌成就的同时，勿忘短板，勿忘与发达国家的差距。总体来说，我国农机市场发展潜力巨大，需要我们去开垦新的领域，实现再次辉煌。

不谋万世者，不足谋一时；不谋全局者，不足谋一域。正在运行的 2022 年农机市场，利好利空因素交织，机遇挑战并存。

农机市场发展机遇期没有变。从宏观环境与政策看，习近平总书记高度重视粮食问题，他强调：“中国人的饭碗任何时候都要牢牢端在自己手中，我们的饭碗应该主要装中国粮。”2022 年中央发布的 21 世纪以来第 19 个指导“三农”工作的中央一号文件以及《中共中央 国务院关于加快建设全国统一大市场的意见》，体现了国家对农业的高度重视，为农机市场健康、快速和高质量发展营造了良好的政策环境。而农机补贴政策的持续推进，更是推动农机市场发展的引擎。从农机市场的内生动力看，中国农机市场具有很强的发展韧性，已形成“生态融合、协同进步”的新局面。加之庞大的市场规模、巨大的更新空间以及新市场的崛起所产生的新需求，汇聚成推动市场稳健发展的强劲动力。

复杂严峻的生态环境客观存在。一是国际环境笼罩着较为浓重的利空氛围。不少国家通胀高企，并可能演变为长期性的全球大通胀。二是国内环境复杂多样。原材料价格持续上涨、环保政策趋严、2020 年严重透支的农机补贴与市场飙升联动对近两年农机市场形成的利空影响持续发酵、因技术瓶颈导致的产品创新速度缓慢、2021 年农机投资收益下降等，均增加了农机市场上行的压力。

什么变，什么不变，将继续考验 2022 年，也将考验着农机市场的未来。面对当今波澜诡谲的农机市场形势，传统动能逐渐淡出，支撑农机市场未来的动力又在哪里？政策红利是驱动市场的重要力量；崛起的新兴市场成为农机市场的新势力，将扮演越来越重要的角色；在传统市场依然占据市场主体且结构性矛盾愈发突出的形势下，创新仍然是市场的压舱石和澎湃动力。三种力量的充分利用与挖掘，为 2022 年乃至未来中国农机市场的稳步发展提供强大的支撑。富有之谓大业，日新之谓盛德。日新月异的市场形势要求农机企业在有效市场的基础上，以更积极的态度进行商业和盈利模式创新，进行公司的转型升级，进行全国统一农机大市场的构建，这是中国农机市场实现逆水行舟的内在要求和必然选择。

激水之疾，至于漂石者，势也；鸷鸟之疾，至于毁折者，节也。2022 年的农机市场正处于世界大变局加速演变时期，原有的各种制度规则正在失效，导致各种不确定性增加。我们只有加速构建新的市场规则、形成新的市场秩序，才能降低各种不确定性和市场风险，才能最大限度地压缩不确定性带来的无法预知的变数。从全球看是这样，从国内看是这样，从农机市场看也是这样。商场如战场，其发展莫不取决于速度与节奏。面对瞬息万变的农机市场生态环境以及复杂严峻的市场形势，我们唯有未雨绸缪，快速反应，以己之变应对环境之变，方能化“危”为“机”；唯有顺应时势，求变善变，保持发展的节奏，方能应对挑战，推动变局向有利的方向发展。

春天有时会迟到，但一定不会缺席。只要我们在逆境中保持强大的自信，在顺境中保持冷静头脑，只要我们能把握住市场跳动的脉搏，辅之以超凡的定力、坚强的意志力和不懈的努力，就一定能迎来更加美好的明天！

中国农业机械流通协会会长　范建华

目　录

第一部分　综述篇

第二部分　专题篇

第三部分　国际篇

第四部分　数据篇

第一部分

综　述　篇

2021—2022 年农机市场发展环境分析

农业作为国民经济的基础，掌握着国民经济发展的命脉。现阶段我国农业发展的目标是要实现农业现代化，而农业现代化的主要标志之一是农业机械化。农业机械化是加快推进农业农村现代化的关键抓手和基础支撑。近年来，在国家一系列政策的推动下，我国农业机械化取得了长足发展，形成了高质高效转型升级的良好态势，为保障粮食等重要农产品供给安全、打赢脱贫攻坚战、全面建成小康社会提供了强有力支撑。

2022 年，国家和有关部门陆续出台了一系列推动农机行业良性发展的法律法规和政策，制定了全面推进农业现代化的战略，在供给侧结构性改革的背景下，明确了农业机械化的发展方向，加强了对农业机械的扶持力度，推动了行业持续健康发展，这些政策的实施将为农机行业快速发展提供良好的政策环境。

一、中央一号文件为农机行业加快发展提供有力支撑

我国作为农业大国和人口大国，要稳住农业基本盘、做好“三农”工作，接续全面推进乡村振兴，确保农业稳产增产、农民稳步增收、农村稳定安宁。党的十八大以来，以习近平同志为核心的党中央始终把解决好“三农”问题作为全党工作的重中之重，对农业农村发展作出了一系列战略安排，习近平总书记先后三次参加中央农村工作会议，围绕“三农”作出了一系列重要论述。在 2021 年年底召开的中央农村工作会议上，习近平总书记指出，保障好初级产品供给是一个重大战略性问题，中国人的饭碗任何时候都要牢牢端在自己手中，饭碗主要装中国粮。

2022 年 2 月 22 日，《中共中央　国务院关于做好 2022 年全面推进乡村振兴重点工作的意见》发布，这是 21 世纪以来第 19 个指导“三农”工作的中央一号文件。文件明确提出，要提升农机装备研发应用水平：全面梳理短板弱项，加强农机装备工程化协同攻关，加快大马力机械、丘陵山区和设施园艺小型机械、高端智能机械研发制造，并纳入国家重点研发计划予以长期稳定支持；实施农机购置与应用补贴政策，优化补贴兑付方式；完善农机性能评价机制，推进补贴机具有进有出、优机优补，重点支持粮食烘干、履带式作业、玉米大豆带状复合种植、油菜籽收获等农机，推广大型复合智能农机；推动新生产农机排放标准升级；开展农机研发制造推广应用一体化试点。

2022 年中央一号文件还对保障粮食生产和重要农产品供给作出了具体部署，明确要求全面落实粮食安全党政同责，严格粮食安全责任制考核，确保粮食播种面积稳定、产量保持在 1.3 万亿斤以上；大力实施大豆和油料产能提升工程；稳定生猪基础产能，保障猪肉、蔬菜等农副产品供给安全；同时对全面推进乡村振兴战略，坚决守住不发生规模性返贫底线提出了明确要求。

相比2021年中央一号文件关于农机装备“提高农机装备自主研制能力，支持高端智能、丘陵山区农机装备研发制造，加大购置补贴力度，开展农机作业补贴”方面的内容，2022年中央一号文件关于农机装备方面的内容更加全面、丰富、细化，这表明国家对农机领域更加重视。除高端智能、丘陵山区农机装备外，2022年中央一号文件还增加了大马力机械、设施园艺小型机械等内容。

关于农机补贴，“重点支持粮食烘干、履带式作业、玉米大豆带状复合种植、油菜籽收获等农机，推广大型复合智能农机”是值得行业关注的重点内容。油料作物尤其是玉米大豆是2022年的种植重点，2022年年初农业农村部便出台各项政策推广玉米大豆带状复合种植技术，并加快了相关机具的鉴定和推广应用，各地的补贴政策也在向玉米大豆带状复合种植配套农机装备倾斜，同时迅速遴选并公布了一批玉米大豆带状复合种植机具名单。由此可见，玉米大豆带状复合种植机械是2022年农机市场的主打产品。

对于履带式农机装备，鉴于2021年北方部分省份受暴雨洪涝灾害影响致使秋收困难，履带式收割机需求猛增，因此2022年“三夏”“三秋”期间应提早重视洪涝灾害的影响，备好相关履带式农机装备。

2022年中央一号文件还提到“推动新生产农机排放标准升级”，指的是农机国四排放标准升级，该标准将于2022年12月起实施。农机国四排放标准实施后，不仅有利于农机污染防治，还将对农机产业升级起到推动作用。虽然农机国四排放标准加大了企业压力，但是也会倒逼企业提升研发和生产能力，从而实现企业转型升级，把握市场新机遇。

二、宏观大环境向好为农机行业平稳运行奠定基础

2022年，世界进入新一轮动荡变革期，不稳定性不确定性显著上升。各国对促进经济加快复苏、建设更美好世界有着共同期盼，但又面对诸多新的困难和挑战。作为世界经济增长的主要稳定器和动力源，中国的经济发展备受关注。2021年，我国国内生产总值达114.4万亿元，比2020年增长8.1%，占全球经济比重超过18%。

在以习近平同志为核心的党中央坚强领导下，各地区各部门统筹做好新冠肺炎疫情防控和经济社会发展，坚持稳字当头、稳中求进，着力稳定宏观经济大盘，有效应对风险挑战，国民经济延续恢复发展态势，经济运行总体平稳。2022年一季度，我国国内生产总值同比增长4.8%，主要宏观指标保持在合理区间，实现“开门稳”。根据央行测算，2022年我国GDP潜在增速将达到5.5%左右。实践充分证明，我国经济稳中向好、长期向好的基本面没有变，我国经济潜力足、韧性大、活力强、回旋空间大、政策工具多的基本特点没有变，我国经济发展的多方面优势和条件没有变。2022年宏观大环境向好，国家更加重视农业生产，已出台的相关政策将提高粮食安全系数，并会维持粮食价格稳定向上，有利于维持农机需求。

宏观大环境向好将为农机行业平稳运行奠定基础。与前两年相比，2022年国家更加重视“三农”工作及农业农村发展，2021年12月8日至10日召开的中央经济工作会议提出，要把提高农业综合生产能力放在更加突出的位置，持续推进高标准农田建设，深入实施种业振兴行动，提高农机装备水平，保障种粮农民合理收益，中国人的饭碗任何时候都要牢牢端在自己手中，且提到一方面要节约对粮食、石油等战略资源的使用，避免浪费和过度消耗，另一方面要加大生产效率，提高粮食、石油的供应。

从2021年中央经济工作会议中可以解读出很多重要的信息，一方面国家非常重视粮食安全，中国

人的饭碗要牢牢端在自己手中；另一方面粮食安全并不牢固，对外依存度仍然较高。一是2022年国家仍然会加大农业政策的支持力度，二是在求大于供的情况下粮食价格仍然会维持高位，三是在粮价高位背景下大类作物种植面积仍然会增加。

根据以往经验，如果前一年粮食价格较高，第二年大宗农作物的种植面积就会增加，而种粮面积增加，必然会引发对农机的需求及加快老旧农机的更新，所以对农机行业是个利好。另外，我国现在推广的规模化种植，将会提升大中型农机的销售比重，同时国家的补贴力度也越来越大，将推动农机的供需两旺。

三、推进乡村振兴将加快推进农业机械化水平

农业机械化是农业现代化不可或缺的重要支撑、重要内容和重要标志。当前，全面实施乡村振兴战略、加快农业农村现代化进程，对农业机械化发展提出了新的更高要求。

《中共中央　国务院关于做好2022年全面推进乡村振兴重点工作的意见》提到“提升农机装备研发应用水平”，农机社会化服务水平的提升是实现中国特色农业现代化的必然选择。按照发达国家的经验，农业机械化一般要先于农业现代化15年左右，当机械化率大于50%时说明该国已进入机械化的通道，当机械化率达到70%时说明该国已基本实现农业现代化。

解放和发展生产力，是乡村振兴推进农业可持续发展的根本途径。在推进新农村建设进程中，只有不断提升农业机械化水平，扩大农机应用面，才能真正实现农业生产力水平的提升。据农业农村部统计，近年来国内农业机械化综合水平每年都能提升1～2个百分点。2021年农事作业中，耕地、品种和收获这三大环节上，中国农业机械化综合利用水平超过50%，农业生产率水平较以往提高40%之多，大大提升了农业生产效率。扩大农机应用面，推进农业机械化发展，将在一定程度上助力改善农村生产生活环境。随着农机的普及推广，农机科研工作的深入，农村应用的农机将不仅局限于农业生产，还将广泛用于农业生产基础环境建设。如推广使用秸秆粉碎机，将粉碎后的秸秆直接用于还田，实现资源化利用，有效改善农业面生态环境，彻底解决秸秆焚烧造成的污染问题。由此可见，农业机械化的推广，将对改善农村环境和建设新农村发挥重要作用。

作为先进的劳动力生产方式，随着农业机械化推广的不断深入，人力资本将在农事作业过程中得以解放，节省出的劳动力将投身二、三产业谋取新的经济来源，获得更高的额外收入，进而大大提升劳动力生产生活水平，更有利于为实现乡村振兴满足人民富裕创造条件。

作为农业科技发展的体现形式，农业机械用于农业生产可转化为生产力，进一步解放现有劳动力，提高农民经济收入，改善农民生活水平，促进传统农业生产模式的改变。

乡村振兴战略的实施，将为农机推广工作带来新的发展机遇。总体来看，农业机械化的推广应用，将有助于促进农业产业结构调整，有利于解放劳动力，实现农民增收，为推进社会主义建设保驾护航。

四、《“十四五”全国农业机械化发展规划》将成为指导各地大力推进农业机械化的重要依据

2022年1月5日，农业农村部发布了《“十四五”全国农业机械化发展规划》（以下简称《规

划》），对“十四五”时期推进农业农村现代化的战略导向、主要目标、重点任务和政策措施等作出了全面安排。《规划》将成为指导各地大力推进农业机械化的重要依据。

《规划》指出，我国农业生产已从主要依靠人力畜力转向主要依靠机械动力，进入了以机械化为主导的新阶段。“十四五”时期，“三农”工作进入全面推进乡村振兴、加快农业农村现代化的新阶段，对农业机械化提出新的更为迫切的要求，也为农业机械化带来新的发展机遇。要深入推进农业机械化供给侧结构性改革，着力补短板、强弱项、促协调，大力推动机械化与农艺制度、智能信息技术、农业经营方式、农田建设相融合相适应，引领推动农机装备创新发展，做大做强农业机械化产业群产业链，加快推进农业机械化向全程全面高质高效发展。

《规划》强调，要坚持围绕中心、服务大局；坚持政策扶持、市场主导；坚持创新驱动、协调发展；坚持系统谋划、协同推进。同时强化支持发展政策举措：着力提升粮食作物生产全程机械化水平，大力发展经济作物生产机械化，加快发展畜禽水产养殖机械化，积极推进农产品初加工机械化，加快补齐丘陵山区农业机械化短板，加快推动农业机械化智能化绿色化，做大做强农业机械化产业群产业链，切实加强农机安全管理。

《规划》提出到2025年，全国农机总动力稳定在11亿千瓦左右，农机具配置结构趋于合理，农机作业条件显著改善，覆盖农业产前产中产后的农机社会化服务体系基本建立，农机装备节能减排取得明显效果，农机对农业绿色发展支撑明显增强，机械化与信息化、智能化进一步融合，农业机械化防灾减灾能力显著增强，农机数据安全和农机安全生产将进一步强化。

2022年3月17日，农业农村部召开全国农业机械化工作会议，部署2022年农业机械化工作。会议要求，2022年农业机械化工作，要围绕农业农村“四稳四提”的工作布局，紧盯为各类食物生产提供装备保障，加快农机装备补短板，加快机械化与农艺制度、智能信息技术、农业经营方式、农田建设相融合，扎实打牢农机基础，将进一步提升农机装备研发应用水平。

五、新一轮农机购置补贴政策的出台将为农业机械化再升级提供新动力

农机购置补贴是一项重要的强农惠农富农政策，自2004年政策出台以来，支持强度逐渐加大，惠及范围不断扩大，政策效果持续显现。截至2020年年底，中央财政累计投入2392亿元，扶持约3800万名农民和农业生产经营组织购置各类农机具约4800万台（套）。

农业农村部办公厅、财政部办公厅联合印发了《2021—2023年农机购置补贴实施指导意见》。农机购置补贴政策的实施，支持推动了我国农机装备水平和农业机械化水平的大幅提升，为增强农业综合生产能力、保障国家粮食安全、增加农民收入提供了强有力支撑。2022年的农机购置补贴政策有几个新亮点：

一是支持农机装备转型升级。新一轮补贴政策在范围、标准等方面作了适当调整，引导农民购置使用先进适用的农业机械，推动农业机械化向全程全面高质高效转型升级，将会加快提升农业机械化产业链现代化水平。

二是在补贴范围上突出稳产保供。最新修订的补贴范围调整扩展为25大类53个小类142个品目，基本涵盖了粮食等主要农作物以及重要畜禽产品全程机械化生产所需的主要机具装备。其中，重点增加了丘陵山区农业生产和畜牧水产养殖、农产品初加工急需以及支持农业绿色发展和数字化建设的机

具品目。

三是在补贴标准上突出“有升有降”。总体上，继续实行定额补贴，依据同档产品上年市场销售均价按不超过30%的比例测算确定各档次补贴额，且通用类机具补贴额不超过农业农村部发布的最高补贴额。提高重点区域水稻插（抛）秧机、重型免耕播种机、玉米籽粒收获机等粮食生产薄弱环节所需机具，丘陵山区特色农业发展急需机具以及高端、复式、智能农机产品的补贴额测算比例。明确各省份围绕提升粮食生产薄弱环节和丘陵山区农机化水平，支持引导农民购置使用高端、智能农机产品，可选择不超过10个品目的产品，或同一品目不同档次的产品，提高其补贴额测算比例至35%，且通用类机具的补贴额可在20%的幅度内高于相应档次中央财政资金最高补贴额。对于保有量明显过多、技术相对落后的轮式拖拉机等机具品目或档次，降低其补贴标准，到2023年将其补贴额测算比例降至15%及以下，将进一步推进农机装备转型升级和结构优化。

以上新一轮农机购置补贴政策的出台，将为农业机械化的优化升级提供新动力和新源泉。

六、2022年国内农业机械需求仍将保持稳步增长

综合各种因素分析，2022年农机产业发展前景看好，农机市场需求持续增长，主要表现在以下几个方面：

1. 金融支持

2022年3月，中国人民银行印发了《关于做好2022年金融支持全面推进乡村振兴重点工作的意见》，提出创新设施农业和农机装备金融服务模式，稳妥发展融资租赁等业务，缓解涉农主体购置更新农机装备资金不足问题，从金融角度支持和促进农机需求平稳增长。

2. 农机置换期

随着农机行业前几年的高速发展，大中型拖拉机在2015年产量达到了68.82万台的峰值，农机保有量达到饱和。2019年大中型拖拉机的产量开始逐渐回升，这预示着农机产品将逐渐进入淘汰、置换和新增购买时期，市场需求空间会得到进一步释放。

3. 农机行业将加速洗牌

未来几年，农机行业的竞争将呈现“马太效应”格局，即资源和市场占有率向大企业、大品牌集中，而中小微企业市场份额不断萎缩，大量的中小企业正在退出或打算退出，行业竞争仍靠硬实力。2022年市场竞争会更加激烈，一方面是国内大企业大品牌之间的行业排位之争，另一方面是国际大品牌与国内实力派之间市场份额之争。

4. 农机出口市场前景广阔

2021年，农业机械出口总额同比增长19.6%；进口总额7亿美元，同比下降14.4%。2020年，中国农业机械出口“一带一路”沿线国家36.5亿美元，占农机出口总额的42%，同比增长13.3%，增幅比行业整体出口高3.9个百分点。反映出我国农业机械在“一带一路”沿线出口市场发展向好。大部分加入“一带一路”倡议的国家对于解决本国人口饥饿和贫困问题、保障粮食安全、提升本国农业生产水平都有着迫切需求，开展农业技术合作、农业机械化合作是这些国家的共同诉求，农机装备作为现代农业发展的重要标志，其国际合作空间愈加广泛。随着“一带一路”倡议的不断推进，农机出口市场将更为广阔。

5. 农机行业发展趋势不断向好

《“十四五”全国农业机械化发展规划》明确指出，到2025年，全国农机总动力稳定在11亿千瓦左右，农作物耕种收综合机械化率达到75%，粮棉油糖主产县（市、区）基本实现农业机械化，丘陵山区县（市、区）农作物耕种收综合机械化率达到55%，设施农业、畜牧养殖、水产养殖和农产品初加工机械化率总体达到50%以上。总体上判断，未来几年农机行业发展趋势将不断向好，发展空间将不断拓展。

（国家统计局贸易外经司　二级巡视员　　严先溥）

新一轮农机购置与应用补贴政策解读

农机购置与应用补贴是党中央、国务院重要的强农惠农富农政策，是《中华人民共和国农业机械化促进法》明确规定的重要扶持措施，于2004年出台实施。经过近20年的实施，该法规取得了巨大成效，实现了支持农业生产发展、提高农业机械化水平、增加农民收入的设计目标。2021年以来，农业农村部、财政部启动实施新一轮农机购置补贴政策，两部门紧密配合，开拓创新，逐步构建了指向精准、务实高效、风险可控的政策体系，为“十四五”期间我国农业机械化健康发展、推动农业农村现代化发挥了重要作用。

一、新一轮政策实施背景和面临的形势任务

当前，我国农业生产已从主要依靠人力畜力转向主要依靠机械动力，进入以机械化为主导的新阶段。习近平总书记指出，“要把发展农业科技放在更加突出的位置，大力推进农业机械化、智能化，给农业现代化插上科技的翅膀”，强调要加快补上农业机械等现代农业物质装备短板。《国务院关于加快推进农业机械化和农机装备产业转型升级的指导意见》指出“没有农业机械化，就没有农业农村现代化”，提出要以服务乡村振兴战略、满足亿万农民对机械化生产的需要为目标，推动农业机械化向全程全面高质高效转型升级，要求稳定实施农机购置补贴政策，最大限度发挥政策效益。进入“十四五”，我国开启了全面建设社会主义现代化国家新征程，全面推进乡村振兴、加快农业农村现代化对农业机械化发展提出了新的更高要求。

2021年，农业农村部办公厅、财政部办公厅印发了《2021—2023年农机购置补贴实施指导意见》和《2021—2023年全国通用类农业机械中央财政资金最高补贴额一览表》，对新一轮农机补贴政策实施工作作出全面部署。在此政策背景下，2021年投入中央财政资金190亿元，较上年增加20亿元；2022年投入中央财政资金212亿元，较上年增加22亿元，连续两年资金增量在20亿元以上。在当前财政收支矛盾加剧、财政运行紧平衡的形势下，中央财政调整优化财政支农结构，扩大农机购置补贴资金规模，目的就是进一步满足农民的购机和用机需求，为确保粮食等重要农产品的有效供给、巩固拓展脱贫攻坚成果、实施乡村振兴战略、推进农业农村现代化发展提供坚实的支撑。

因此，全面熟悉了解、安全有效实施好新一轮补贴政策，有利于推动农业农村现代化。

二、新一轮补贴政策实施的特点

新一轮补贴政策，在保持政策实施框架总体稳定的基础上，突出问题导向、目标导向、结果导向，

改进完善实施工作，进一步提升政策实施的精准化、规范化、便利化水平，引领推动农业机械化转型升级向高质量发展，为确保粮食等重要农产品有效供给、巩固拓展脱贫攻坚成果、推进乡村全面振兴和农业农村现代化提供坚实支撑。主要从以下几个方面完善政策。

一是补贴领域方面，确保粮食及重要农产品全覆盖，保障国家粮食安全和重要农产品有效供给。将粮食、生猪等重要农畜产品生产所需机具全部列入补贴范围，应补尽补。重点支持粮食烘干、履带式作业、玉米大豆带状复合种植、油菜收获等专用机具，支持将粮油作物生产机械化薄弱环节、玉米大豆带状复合种植所需创新产品和成套设施装备纳入补贴试点；推进育秧育苗中心、烘干冷储中心、标准化设施大棚的建设，加快自动饲喂、废弃物处理、环境控制、屠宰加工、轨道运输等先进装备的推广应用。

二是资质方面，鼓励自主创新，推动科学先进机具纳入补贴范围。通过大力开展农机专项鉴定，重点加快农机创新产品取得补贴资质步伐，尽快将其列入补贴范围；对暂时无法开展农机鉴定的高端智能创新农机产品开辟绿色通道，通过农机新产品购置补贴试点予以支持。

三是补贴标准方面，坚持突出重点，支持薄弱环节，做到"有升有降"。提高重点区域水稻插（抛）秧机，重型免耕播种机，粮食烘干、履带式作业、玉米大豆带状复合种植、油菜收获等专用机具以及粮油生产薄弱环节所需机具，丘陵山区特色农业发展急需机具以及高端、复式、智能农机产品的补贴额测算比例；逐步降低区域内保有量明显过多、技术相对落后的轮式拖拉机等机具品目或档次补贴标准。

四是政策实施方面，着力提高便利化服务水平，提升监管效能。提升信息化水平，加快农机试验鉴定、投档、牌证管理、资金申领等环节信息的互联互通，推进补贴全流程线上办理业务；加快补贴资金兑付，保障农民和企业合法权益，营造良好营商环境；优化办理流程，缩短机具核验办理时限；充分发挥专业机构技术优势和大数据信息优势，提升违规行为排查和监控能力，从严整治违规行为，维护农机购置补贴政策实施的良好秩序。

三、新一轮补贴政策实施的要点

全国农机购置补贴范围内的机具品目都可享受此轮补贴，最新修订补贴范围内的机具品目扩大到了25大类53个小类142个品目，基本涵盖了粮食等主要农作物以及生猪等重要畜禽产品全程机械化生产所需的主要机具装备，各省份可根据农业生产需要和资金供需实际，从全国补贴范围内的机具品目中选取本省补贴机具品目。新一轮补贴政策将优先保障粮食和生猪等重要农畜产品生产、丘陵山区特色农业生产以及农业绿色发展和数字化发展所需机具的补贴需要，将更多符合条件的高端、复式、智能产品纳入补贴范围，还将对创新产品、成套设备、专项鉴定产品以及农机报废更新产品给予补贴，同时也会将区域内保有量明显过多、技术相对落后的机具剔除出补贴范围。重点强调以下几点。

1. 补贴标准基本稳定，个别品目视情调整

一是定额补贴，依据同档产品上年市场销售均价按不超过30%的比例测算确定各档次补贴额，且通用类机具补贴额不超过农业农村部发布的最高补贴额。一般补贴机具单机补贴额原则上不超过5万元，挤奶机械、烘干机单机补贴额不超过12万元，100马力以上拖拉机、高性能青饲料收获机、大型免耕播种机、大型联合收割机、水稻大型智能化浸种催芽程控设备、畜禽粪污资源化利用机具单机补贴额不超过15万元，200马力以上拖拉机单机补贴额不超过25万元，大型甘蔗收获机单机补贴额不超过40万元，大型棉花收获机单机、成套设施装备单套补贴额不超过60万元。二是支持将粮油作物生产机械化薄弱环节、玉米大豆带状复合种植所需创新产品和成套设施装备纳入补贴试点，按规定适当提高补贴标准，且相关机具不占用农机新产品试点的资金规模及品目指标，省域内提高补贴额测算比例机具累计不超过10个品目。三是逐步降低区域内保有量明显过多、技术相对落后机具品目（档次）的补贴额，或退出补贴范围，2022年中型轮式拖拉机补贴额测算比例降至20%以下。四是各省全面公开农机购置补贴机具分类分档与补贴额一览表，不再公布具体产品的补贴额，引导农机企业在定额补贴基础上参与市场竞争，同时根据各档次的补贴定额自主议价，维护市场公平。

2. 重点支持农机科技自主创新

一是支持各省将通过农机专项鉴定的创新产品列入补贴范围。明确专项鉴定产品范围不受全国补贴范围限制，其品目数量和资金规模由各省结合实际确定。二是组织实施中央财政农机新产品购置补贴试点。重点支持暂不能开展鉴定的新型农机产品和不宜鉴定的成套设施装备等。成套设施装备试点品目数量和资金规模由各省结合实际确定，单套补贴额最高可达60万元。三是提高高端、复式、智能农机产品补贴额测算比例。明确各省可选择部分高端、复式、智能农机产品，提高其补贴额测算比例至35%。四是开展农机研发制造推广应用一体化试点，支持农机企业生产有自主知识产权、有较高科技含量、有较强产业竞争力的先进适用农业机械。

3. 推动开展农机购置综合补贴试点

农机购置补贴属约束性任务，资金必须足额保障，不得用于其他任务支出。农机购置与应用补贴资金主要是在农机购置补贴和农机报废更新补助的基础上，开展农机购置综合补贴试点，支持有条件、有意愿的省份积极申请试点。鼓励地方各级财政安排资金，优先用于满足中央财政资金补贴范围之外、地方特色农业发展所需和小区域适用性强的机具补贴，与中央财政资金互为补充。

4. 助力巩固拓展脱贫攻坚成果

将巩固拓展脱贫攻坚成果作为补贴资金分配的重要测算因素，最大限度满足脱贫地区的补贴资金需求。一是最大限度满足脱贫地区的补贴资金需求。二是优先将脱贫地区特别是丘陵山区农业生产所需的机具品目列入全国补贴范围，包括食用菌生产、果业发展、茶叶生产以及薯类、瓜果菜蔬、莲子、板栗、辣椒等特色产品生产初加工等方面的品目，不断满足脱贫地区农民群众的购机需求。三是选取脱贫丘陵山区农业特色产业发展急需机具，将补贴额测算比例提高至35%，缓解脱贫地区农民群众的购机筹资压力。四是继续在西藏和新疆南疆五地州（含南疆垦区）开展差别化农机购置补贴试点，适当提高补贴标准，支持当地农牧民购机用机。

5. 强化公共平台建设，提升便民服务水平

一是全面实行跨年度连续实施，除发生违规行为或补贴资金超录外，不得以任何理由限制购机者提交补贴申请。二是全面运用农机购置补贴机具自主投档平台，实行常年受理，方便企业随时便捷投档。机具分类分档和补贴额未发生变化的补贴产品，其补贴资质继续有效，年度间不需重复投档。三是全面实行农机购置补贴申请办理服务系统常年连续开放，推广使用带有人脸识别功能的手机App等信息化技术，方便购机者随时在线提交补贴申请、应录尽录，加快实现购机者线下申领补贴“最多跑一次”“最多跑一地”。四是为便于企业投档和减轻各省分档工作压力，农业农村部将组织相关单位制定和发布全国补贴范围内各机具品目的主要分档参数，力求分档基本统一。五是全面实行补贴受益信息、资金使用进度实时公开政策，利用农机购置补贴信息公开专栏，按年度公告近三年县域内补贴受益信息，定期发布各县（市）资金使用进度。六是全面推行补贴申请审核和资金兑付限时办理，进一步缩短办理时限，将办理时限从104天缩短至49天，其中审核时间由30个工作日缩短至15个工作日，公示时间由20天缩短至5个工作日，兑付时间由30个工作日缩短至15个工作日。

新一轮补贴政策实施以来，各级农业农村、财政部门以稳定实施和最大限度发挥效益为主线，着力稳重点、扩范围、优服务、强监管、提效能，持续提升政策实施精准化、规范化、便利化水平。在支持重点上突出稳产保供，在补贴资质上突出农机科技自主创新，在补贴标准上“因机制宜”“有升有降”，在管理服务上更加便民高效，在监督管理上更加有力有效。2021年，中央财政安排190亿元资金，扶持179万名农民和农业生产经营组织购置机具209万台（套），其中畜禽水产养殖、设施农业等机械超过26万台（套），为保障粮食等重要农产品有效供给、巩固拓展脱贫攻坚成果、全面推进乡村振兴、加快农业农村现代化提供了有力支撑。

（农业农村部农业机械化总站政策发展处　赵　莹　李先鹏）

2021 年农机市场 10 大关键词

2021 年农机市场看似波澜不惊，实则暗流汹涌。农机市场变幻莫测，市场特点也更加突出。复盘 2021 年农机市场，以下几个变化令人难忘。

关键词一：市场稳中向好，走势形同过山车

2021 年，农机市场呈现整体走势稳中小升，月度走势跌宕起伏的特点。从中国农机流通协会和庞口农机汽车零部件生产与流通协会发布的 AMI 和 SPI 景气指数看，2021 年月度走势曲线基本在 2019 年和 2020 年的上方运行，意味着 2021 年的市场好于 2019 年和 2020 年。但 2021 年农机市场月度走势变化形同过山车，起伏巨大。在经历了一季度强劲增长后，二季度开启下滑模式，走出“弓”字形，并且逐月下滑，5 月、6 月跌破荣枯线，进入不景气区间；三季度景气度虽有所回升，但也只是稳定在荣枯线附近。

市场波动较大的原因是多方面的，一是季节原因，2021 年上半年暖冬影响农事，市场提前预热；下半年温度偏高，秋耕提前，推动旺季前移。二是限电影响市场走势，旺季供不上货，导致市场销售难以冲击高位，出现旺季不旺的现象。三是原材料价格偏高，致使一些生产低端、低价产品的企业停产，导致低端市场供应不足，对市场需求造成一定的压制。四是水患影响农事，致使市场推迟，譬如播种机市场至 10 月中下旬还处于热销状态。五是新冠肺炎疫情影响市场走势，2021 年一季度市场大幅度增长，主要是因为 2020 年疫情留下的“洼地”。以上偶发性因素打破了农机市场运行规律，形成了过山车般的月度波动走势。

关键词二：环境变化，影响市场

2021 年错综复杂的市场环境对农机市场影响较大，波及范围之广都是前所未有的。

一是 2021 年发生在全国各地的限电事件对农机市场产生了较大影响。限电导致生产企业开工不足，供应链断裂，不少市场出现供货难现象。二是遍布 20 余省的水患对 2021 年农机市场需求产生了深刻的影响。水患导致田地湿滑，轮式机具无法进田作业，因此履带式机具市场开始发力。如履带式玉米收获机、履带式耕整地机具等市场均出现供不应求的现象。三是气温变化导致市场旺季迁移，形成跌宕起伏的市场月度走势。四是农机补贴的影响：其一，农机补贴严重“透支”，主流区域普遍出现补贴不足的现象；其二，农机补贴滞后，对市场需求产生较大影响。五是黑龙江省出台的“退补”政策，对农机市场需求形成较大冲击。

农机市场发生的任何突发事件，都是对企业应变能力以及应对危机的一种考验。因不同企业处理危机的能力存在差异，危机对企业造成的影响也是截然不同的。一方面一些企业化“危”为“机”，顺势崛起，提前布局的企业逆势增长，数字化转型的企业稳健攀升；另一方面一些企业不堪一击，遇到危机一蹶不振。时也，势也，关键在于企业的把握与变通。正如日本著名管理学家大前研一所说，一家企业的管理能力反映在“对看不见的未来的风险对冲”和“对看得见的未来的布局”。

关键词三：多重利好驱动，出口大幅度攀升

2021 年我国农业机械出口继续保持高速增长态势，再创新高。2021 年农业机械产品进出口贸易额为 147. 3 亿美元，同比增长 41. 9%，创历史同期新高。2021 年我国农业机械产品出口额为 130. 3 亿美元，其中主机产品出口 85. 1 亿美元，同比增长 47. 5%；零部件产品出口额 45. 2 亿美元，同比增长 52. 5%，出口占比从 2015 年的 44%，逐年下降至 2020 年的 34%，2021 年上升至 34. 7%。

2020 年我国农机以 87. 3 亿美元的出口额、11. 23% 的市场份额首次超过美国（77. 4 亿美元，9. 95%），位列全球农机出口第二。

宏观政策利好为农机出口营造了良好的环境。

第一，国内经济稳中加固、稳中向好，市场主体活力增强，为外贸持续稳定增长提供了有力支撑。第二，全球经济持续复苏，带动了外部需求增加。2021 年新冠肺炎疫情有所缓解，一些国家尤其是亚洲国家，经济复苏，需求增长，推动了农机出口的增长。第三，2020 年出口基数较低以及价格因素，对 2021 年外贸增长在一定程度上也起到拉动作用。第四，出口政策、出口措施加持。2021 年我国出口管理部门持续优化口岸营商环境，推出进一步简化通关作业流程、大力支持贸易新业态发展、积极打造高水平对外开放平台等措施，为农机出口提供了强大支撑。第五，贸易往来持续活跃，我国对“一带一路”沿线的东盟国家出口额明显提高。

从农机出口内生动力分析，我国出口优势逐渐凸显。第一，与发达国家相比，我国农机产品具有较强的互补性，尤其是中小型产品竞争优势突出；第二，与发展中国家相比，我国农机性价比优势突出，竞争力较强；第三，我国农机产品经历了国内市场多年激烈竞争的洗礼，产品品质、技术创新能力均有较大提升，国际核心竞争力明显增强，夯实了农机出口的产品基础。

关键词四：价格提高、利润降低

2021 年，原材料涨势如虹，成为影响农机市场的重要因素。根据官方数据显示，铜、塑料、铝、铁、新合金、不锈钢价格分别上涨 38%、35%、37%、30%、48% 和 45%，轮胎价格经过三轮上涨也到达高位。农机商品虽然也随之涨价，但涨幅远远低于原材料的涨价水平。如玉米收获机单台销售均价近 20 万元，较之 2020 年涨价 3. 27 万元；播种机由 2020 年单台均价 1. 43 万元增长至 2021 年的 1. 82 万元，单台均价增长近 4000 元。有些细分市场不仅没有涨价，还出现降价。如拖拉机市场，单台均价由 2020 年的 10. 01 万元降至 2021 年的 9. 69 万元，单台均价下降 3200 多元。由此不难看出，涨价很难对冲掉成本上涨的压力。中国农机企业经营之艰难，显现在原材料成本与销售价格的剪刀差数据中。

这轮遍及整个行业的涨价风潮对农机行业产生了极为深刻的影响。首先，上游原材料价格上涨传

导至农机供应端，直接摊薄制造企业利润。据市场调查显示，许多农机制造企业的利润较之2020年下降2%~5%不等，对利润本来就低的农机行业来说无疑雪上加霜。我们把这种销量增长、利润下滑的现象称为“没有温度的增长”。其次，对需求端也产生了较大影响。尽管一些企业尽力消化由涨价因素引发的价格大幅度增长，但农机商品涨价是躲不过去的坎。价格上涨的农机商品传导至需求端，势必会压制市场需求，尤其是低端市场。

当前农机价格回落的迹象并不明显，一些专家预测，2022年农机原材料很难回到涨价前的价格，即使出现小幅回落，但依然会保持高位。所以，企业对此要做好充分准备，从企业管理上下功夫，如采取节能降耗、缩减不必要的编制等措施，消化因成本上涨引发的农机价格持续增长。

关键词五：市场集中度提高，洗牌加速

2021年农机行业集中度提高主要反映在细分市场上。市场监控显示，大中拖市场集中度大幅提高，2021年十大主流品牌累计销售26万台，同比小幅增长4.4%，市场占比69.33%，较之2020年同期大幅上扬15.54个百分点。水稻收获机市场前六大品牌2021年累计销售5.07万台，占比91.19%，较之2020年同期上扬5.12个百分点。玉米收获机市场销量前六大品牌2021年累计销售3.58万台，占比64.86%，较之2020年同期提升15.18%。

原材料大幅涨价是导致农机市场集中度提高的主要原因。

原材料价格传导至制造端直接推高生产成本，并通过制造端提高产品价格传导至终端。为何原材料涨价对大企业影响较小？有以下几个原因。

其一，企业调查显示，多数大企业一般从每年的11月开始进行下一年度的生产布局。2020年多数大企业赶在原材料涨价之前已经完成了大部分采购计划，避开了这轮涨价，也为他们采取小幅提价甚至维持原价的价格策略提供了条件，同时提升了市场竞争优势。

其二，大企业具有资金实力雄厚、规模采购、议价能力强等优势，消化对冲原材料涨价的能力较强，受冲击相对较小。

其三，K值（传热系数）的引入对市场集中度的提升也起到较大作用。2021年，多个省份陆续在农机购置补贴政策拖拉机产品分档技术参数中增加了K值，在补贴分档参数中增加K值能有效叫停“大马拉小车”拖拉机的生产销售，遏制围猎购机补贴政策的生产销售模式。迫使不达标的拖拉机生产企业要么转型升级，要么继续生产将产品流入K值要求较低的省份，要么退出市场竞争。阻断一批低端、同质、重复的产品，以及技术含量低、拼补贴价格的生产企业，这样不仅可以促进一批企业转型开发生产较为先进的产品，而且对行业集中度的提升也起到至关重要的作用。

原材料涨价最受伤的莫过于小企业。小企业资金实力较弱，又不愿过多占压资金，一般很少提前购置原材料布局第二年的市场。面对不期而至的原材料涨价，诸多小企业手足无措，难以承受原材料涨价带来的巨大成本压力，陷入涨价则失去长期赖以生存的价格竞争优势，维持原价则大量损失利润甚至亏损的两难境地。这样就把一些小企业推进或减产，或停产的尴尬处境。在两害相权取其轻的情况下，处理方式就剩下让出部分市场份额以求自保了。

原材料涨价触动市场竞争格局，多数细分市场出现大品牌同比大幅度增长，小品牌全线溃退的竞争形势，直接推高市场集中度和加速行业洗牌，引发强者愈强，弱者更弱的马太效应。

关键词六：产品为王，偏好突出

农机市场的竞争归根结底是产品品质的竞争，2021 年的农机市场再次诠释了一个新时代的到来——产品为王时代。插秧机市场，久保田、沃得、久富、洋马四大品牌依靠上乘品质，市场份额占比高达 52. 77%；轮式谷物联合收获机市场，潍柴雷沃重工股份有限公司（以下简称“潍柴雷沃”）一骑绝尘，占据半壁江山。

农机市场的竞争聚焦产品品质，每年都涌现出依靠产品品质占据市场高地的黑马。久富在插秧机市场的崛起，沃得称雄履带式谷物联合收获机市场，英虎独霸玉米收获机市场，九方泰禾在茎穗兼收玉米收获机市场的快速成长，大疆、极飞两大品牌控制着植保飞机市场七成以上的市场份额，顺邦、天朗饲料打包机突飞猛进，德邦大为在播种机市场迅猛发展……其崛起之路，无不诠释着当今农机市场的发展规律——产品为王时代的到来。

企业想要生意好，需要过硬的产品品质，需要做到人无我有、人有我优、价格公道、童叟无欺，而不是作秀，或请明星代言，农民赚钱不容易，不会因为悦耳、悦目的宣传而掏出血汗钱购买你的商品。纵观当今农机市场，正道还是为用户提供质量过硬、性价比高的产品。

我国传统大众农机市场早已告别了短缺时代，从增量市场跨入存量市场，终端用户的偏好随之发生重大变化：一是产品性能的稳定性成为用户购买决策的第一要素；二是基于投资性需求，对作业效率的追求变得更加迫切；三是产品智能化呈现出快速发展的势头，如植保飞机、无人驾驶拖拉机和收获机、全球导航卫星系统的精准变量喷雾设备等；四是大型化趋势持续走强，如大型复式作业机具更受欢迎；五是产品的舒适性和漂亮的外观等。

关键词七：市场变频，饲料收获机市场风生水起

2021 年，包括茎穗兼收玉米收获机、饲料打包机、青饲料收获机在内的饲料收获机市场延续了往年的增长势头，强势攀升，继续其高光时刻。其中，饲料打包机市场继续扮演着风口角色，同比保持 50% 以上的增幅。茎穗兼收玉米收获机也出现较大幅度的增长，领头羊九方泰禾同比增长达到三位数。青饲料收获机市场虽然出现周期性变化，由多年的两位数增幅下调至一位数，增幅有所趋缓，但稳健增长的趋势不会改变，且未来市场成长空间较大。

饲料收获机市场的持续走强对行业产生了深刻的影响。一是饲料收获机企业为确保其竞争优势，通过扩大产业规模、产品升级、拓展产品品类、延长产业链等手段，进一步提升核心竞争力，扩大领先优势，如九方泰禾在做好茎穗兼收玉米收获机基础上，2021 年切入打包机市场。二是投资者趋之若鹜，不少其他细分行业的企业进入打包机市场，如以百利为代表的潍坊系拖拉机制造企业快步切入打包机细分行业。青饲料收获机行业与之相似，河北圣和等不少农机具生产企业进军饲料收获机行业。三是迭代产品频出。在激烈的市场竞争中，石家庄美迪、中机美诺、五征集团在提升产品品质上下功夫，纷纷推出技术性能更高、品质更优的迭代产品，使市场覆盖范围逐渐扩大。

饲料收获机产业属于朝阳产业，我们相信，饲料收获机市场随着畜牧业的蓬勃发展，随着技术瓶颈的不断突破，外资企业垄断高端市场的时代在不远的将来将成为历史，国产品牌的崛起将成为历史

的必然。

关键词八：玉米收获机市场增势强劲

2021 年，玉米收获机市场带给人们的最深感受是继 2020 年大幅度增长之后，继续保持稳健增长。市场监测显示，2021 年累计销售各种玉米收获机 5.65 万台，较之 2020 年同比大幅增长 16.49%。

市场增长的原因主要有以下几点：第一，刚性需求；第二，茎穗兼收玉米收获机市场的拉动；第三，用户收益增长，激活潜在市场；第四，玉米价格高企，推动东北区域“水改旱”，玉米种植面积扩容。

2021 年的玉米收获机市场或呈现以下发展特点：一是玉米收获机市场拐点出现，下滑概率较大，降幅在 10% 左右。二是市场需求结构或出现较大调整。从需求机型看，大型化趋势还会延续，四行机型依然是主流机型，五行及以上机型占比会进一步提高，三行及以下的小机型或将走出低谷，出现一定的增长。三是围绕产品品质和作业效率的市场竞争会变得更加激烈，行业洗牌加速。四是随着原材料价格的持续上涨和市场大型化趋势的增强，价格高位的态势很难逆转，企业依然面临着利润下行压力。五是主流区域市场不会发生大的变化，依然会聚焦东北三省一区和黄淮海区域。

关键词九：大中拖市场降温

2021 年，大中拖市场全线下滑，应验了 2021 年年初的市场判断。市场监控显示，全年累计销售各种型号大中型拖拉机 37.5 万台，同比大幅下降 19.01%。其中，25～50 马力的中型拖拉机销售 27.26 万台，同比大幅下降 20%；市场占比 72.7%，较之 2020 年同期下挫 0.9 个百分点。50～100 马力中型拖拉机降幅达到 20.53%，市场占比较之 2020 年同期下挫 1.18 个百分点。出口额大幅增长，统计显示，2021 年 1—11 月，大中拖累计实现出口额 6.35 亿美元，同比大幅度增长 48.36%。

大中拖市场集中度大幅提高。十大主流品牌累计销售 26 万台，同比小幅增长 4.4%。市场占比 69.33%，较之 2020 年同期大幅上扬 15.54 个百分点。涨跌平分秋色。中国一拖、潍柴雷沃、常州东风、江苏沃得和山东萨丁五大品牌呈现不同程度的增长。其中，中国一拖、山东萨丁增幅分别达到 27.94%、23.96%。

大中拖市场内卷现象较为严重，产品迭代多集中于马力段的上升层面，核心技术更新甚少。以动力换挡为例，虽吆喝了多年，但至今尚无成熟产品问世。即使像中国一拖这样被誉为“中国拖拉机第一品牌”的企业，动力换挡依然处于研发阶段。2021 年因原材料涨价、K 值引入补贴政策引发的市场洗牌，提升了农机行业运行质量，切断了低端产品市场，但很难从深层次撼动竞争格局。因为当前的大中拖市场的竞争更多地停留在马力段、品牌、价格等较低层次的竞争层面，未完成以技术领先为核心的产品区隔，这也决定了以此形成的竞争优势是不牢固的、脆弱的。随着这些竞争优势的消失，低端品牌还会卷土重来，市场再次进入混乱的低层次竞争旋涡。所以，头部企业要想从根本上确定自己的核心竞争优势，还要在技术创新层面下功夫。

关键词十：热点市场降温，“风口”退去

大家熟悉的棉花、薯类收获机和畜牧机械三大热点市场降温，同声下跌。一直高位运行的棉花收获机市场2021年戛然而止，出现断崖式下滑。市场监控显示，2021年棉花收获机销售400余台，同比下滑50%以上。时隔四年后，畜牧机械再现下跌景象，2021年累计销售畜牧机械15.45万台，同比下跌7.04%。薯类收获机市场出现下滑，市场监控显示，2021年累计销售各种薯类收获机7302台，同比下降12.19%。

导致2021年采棉机市场下滑的主要原因有两个。第一，市场趋于饱和，刚性需求下降。我国采棉机市场聚焦新疆，该市场需求占全国市场的95%以上。截至2021年年底，新疆采棉机拥有量7800余台，机采水平87.9%。如果按照平均1万亩/台计算，能满足约5800万亩棉花需要。事实上，2021年，我国棉花播种面积仅4542.2万亩，其中新疆棉花播种面积为3759.15万亩，占比高达82.76%。第二，周期性下滑。2020年采棉机销售1556台，同比增幅高达176.87%，创采棉机销量历史之最，形成市场“高地”，但物极必反，2021年出现周期性下滑在预料之中。

薯类收获机市场下滑主要原因有以下几个方面。一是马铃薯价格下降，而2020年玉米等粮食的价格大幅上涨。价格的此消彼长直接影响用户作物种植的选择，北方马铃薯部分种植户转型种植玉米，2021年马铃薯种植面积因此缩减两成。二是马铃薯收获机市场正处于大型化结构性调整中，需求数量因此减少。三是投资马铃薯收获机市场的用户收益下降，压制潜在市场。四是周期性下滑，2020年马铃薯收获机销售逾8000台，同比大幅增长60%以上，形成市场“高地”。

畜牧机械市场下滑源于以下几个因素。第一，猪肉等畜牧产品降价，饲料大幅度涨价，畜牧养殖业利润下滑，对畜牧机械市场产生挤压；第二，原材料上涨，导致众多小企业歇业，低端产品减少；第三，2020年大幅度增长，形成市场“高地”，市场出现周期性下滑；第四，大型化趋势增强，挤压小机械上升空间。

增长的市场原因大致相同，下降的市场各有其特殊因素。上述三大热点市场降温或因市场饱和，或因周期性下滑，或因环境变迁，但其风口属性并未发生根本性改变。

农机金融在国内的实践探索和未来发展

——四季为农在农机金融领域的探索实践

引言

随着农业机械化的发展，我国农机越来越向智能化、大型化方向发展，高动力、高性能、复合性农机成为用户的主流需求。但高端设备的购入对资金有较高要求，虽然2004年农机购置补贴政策的实施在某种程度上解决了农民购机部分资金短缺的问题，但受补贴资金总量和实施规则的影响，在满足农民购机的有效需求方面，补贴是远远达不到的。这就为农机信贷业务的发展留下了较大空间。

农机信贷业务在欧美有百年的发展历史，更是农场主购置和使用农机设备的首选方式。金融租赁、融资租赁在工程机械、汽车机械领域已是一种相当成熟的业务，而农机租赁的业务性质与之没有差异，但发展速度有些迟缓，主要原因是金融机构要追逐高利润，不愿涉足利润较低的农机行业。

本文从国外农机租赁模式的发展现状、汽车和工程机械金融发展现状、农机金融产品分类、农机金融的市场空间、农机金融从业机构类型、农机金融的风险以及四季为农在农机金融业务领域的探索实践七个方面探讨农机金融在国内的实践探索和未来发展。

一、国外农机租赁模式的发展现状

1. 美国农机融资租赁发展现状

美国农业家庭年收入虽然较高，但依靠个人能力购买和使用农业机械设备，不但会给自身造成较大的资金负担，同时也使资金周转面临一定的风险。在融资租赁市场的支持下，美国国内逐渐形成了一大批以银行、制造商等为主体的融资租赁机构，为农户提供对应的农业机械设备融资租赁业务。

从20世纪80年代起，农场主为了提高联合收割机等大型机械的利用率，开始出租机械，并出现了谷物联合收割机专业组织。目前美国农机的经营模式从总体上看分为三种：

（1）自购自用模式。这种形式在小型农机中占主流地位，农场主购机主要是为了满足自身在农业生产中各环节的作业需要。

（2）公司租赁模式。农机租赁公司购机并不是为了自身生产需要，而是用于专业化的租赁服务，出租机械大多数为大型农机，不提供小型农机租赁服务。目前该模式在北美越来越普遍，且越来越专业化，各类大型、新型农机均能被及时引进。

（3）契约租赁模式。契约租赁不同于公司租赁，公司租赁只提供大型农机出租服务，其他的服务均不提供，而契约租赁则是由专业化的服务公司来组织经营，农场主只需与这些服务公司签订作业订单，支付约定的费用，由服务公司完成从耕地、播种、施肥到排涝等全部作业，并提供驾驶、操作和维护服务。

2. 日本农机融资租赁发展现状

日本农业机械化的发展，与日本融资租赁业务的普及有着非常密切的关系。农机租赁的发展，增加了日本国内农业机械设备的销量，同时有效降低了农户的农业机械购买成本，实现了个人经济效益的显著提升。日本农机租赁支持政策主要涉及以下五条：

（1）给予特殊税务优惠。日本政府颁布了《农业现代化资金补助法》等一系列相应的法规，设立专项政策推广农机租赁，对特定设备的承租人发放补助金，允许农业、林业、海洋渔业等行业扣除4.2%的租金收入后再计所得税，以降低融资租赁成本来保护国内特殊行业。

（2）提倡建立农业机械化组织。日本的农机合作组织主要是建立农业机械银行，即由几户农民联合起来，一家买收割机，另一家买插秧机，其余几家分别买拖拉机和排灌机械等，独立经营管理，统一集中协调使用，使用人向机具所有者支付租金。这种做法具有投入资金少、使用效益高、作业成本低和社会效益显著等特点。

（3）成立农业改革基金。日本农林水产省通过成立农业改革基金，对农机租赁提供了一定幅度的优惠。农业机械种类不同，给予的优惠亦不同，优惠幅度在10%~50%。目前，该基金的租赁功能被更为广泛的农户所使用。

（4）建立“机械”类租用信用保险制度。在此方案下，由日本政府的一个专门机构——小商业信用保险公司和农机租赁公司签约，在承租人违约的情况下，由小商业信用保险公司偿还50%的未付租金给农机租赁公司，从而减少农机租赁公司的信用风险损失。

（5）鼓励厂商与银行建立合资公司。日本将厂商系和银行系租赁公司结合，建立新型融资租赁公司，更好地发挥融合优势，并对融资租赁公司实行政策性低息贷款政策。如日本开发银行等银行为融资租赁公司提供贷款，且在实际执行的时候降低利率。

3. 其他国家农机融资租赁发展现状

（1）英国。英国政府未制定专门的融资租赁法，也没有对融资租赁实行税收优惠政策，但由于英国政府对农业等特殊行业的扶持和保护，农业机械的融资租赁可以享受与银行贷款相同的补贴与优惠，同时大型机械设备的价值按照加速折旧法进行折旧，降低了承租人的融资成本。作为欧美发达国家之一，英国厂商系融资租赁公司数量可观，而厂商系融资租赁公司在农业机械设备租赁、配套服务以及设备回收和处理方面具有专业优势，有效地带动了英国农业机械设备融资租赁的发展。

（2）印度。印度是农业大国。近年来在印度政府的改革下催生了大量自主团体和小额信贷机构，由国家农村和农业开发银行对信贷、融资租赁公司提供再融资服务，且开展了领头银行计划、小额信贷计划等来支持农业的发展。同时，印度还对租赁设备的首付款及还款方式进行了创新，不同租赁物的首付款要求不同，如部分公司对农业仓库和农业机械设备的首付款要求分别为设备全价的15%和20%，给予机械设备一定的还款缓冲期，缓解了农机户的偿还压力。

（3）巴西。巴西在融资租赁创新方面进行了有益的探索，产生了一系列集中开展小额贷款和小型租赁业务的小微金融租赁公司，这些公司与小微企业联系密切，其业务的专一性和服务的专业性使得它们在农业融资方面有天生的优势，更能满足农机设备融资租赁的要求。同时，巴西开展了相关租赁保费融资业务，由租赁公司购买设备和一次性支付保费，而农机户可以分期偿还租金和相关保险费用，这样既转移了设备损毁风险，较好地保护了农户的利益，又体现了国家对农业的重视与支持。

（4）孟加拉国。孟加拉国建立了国有租赁公司，对农业、渔业等传统产业实行政策扶持。由于政府对融资租赁公司的资金支持和政策引导，政府可随时了解农业企业融资状况并调整政策，租赁公司将对政府决策作出快速反应。一些租赁公司建立农业机械设备合作社联合承租体系，由联合承租小组保证租金的按期偿还，降低了监管成本。

二、汽车和工程机械金融发展现状

1. 汽车金融发展现状

1993 年，北方兵工汽贸公司首次提出分期付款购车概念。1995 年，中国第一汽车集团有限公司、上海汽车股份有限公司和中国长安汽车集团股份有限公司都成立了财务公司，开展汽车金融业务，汽车信贷被引入国内。1998 年 9 月，中国人民银行颁布《汽车消费贷款管理办法（试点办法）》，2000—2003 年，随着汽车销量和汽车信贷规模高速增长，商业银行成为汽车信贷主体，汽车财务公司开始出现。2003 年 10 月，中国银行业监督管理委员会（以下简称“银监会”）颁布《汽车金融公司管理办法》。2004 年 8 月，我国首家汽车金融公司上汽通用汽车金融公司成立。2008—2019 年，汽车金融多元化主体出现，汽车金融业务进入高速发展期，市场参与主体有商业银行、汽车金融公司、汽车租赁公司等。

随着消费者消费观念的升级转变以及消费新模式的不断涌现，汽车金融渗透率呈逐年上升态势。数据显示，2021 年我国汽车金融渗透率已达到 53%（如图 1 所示）。

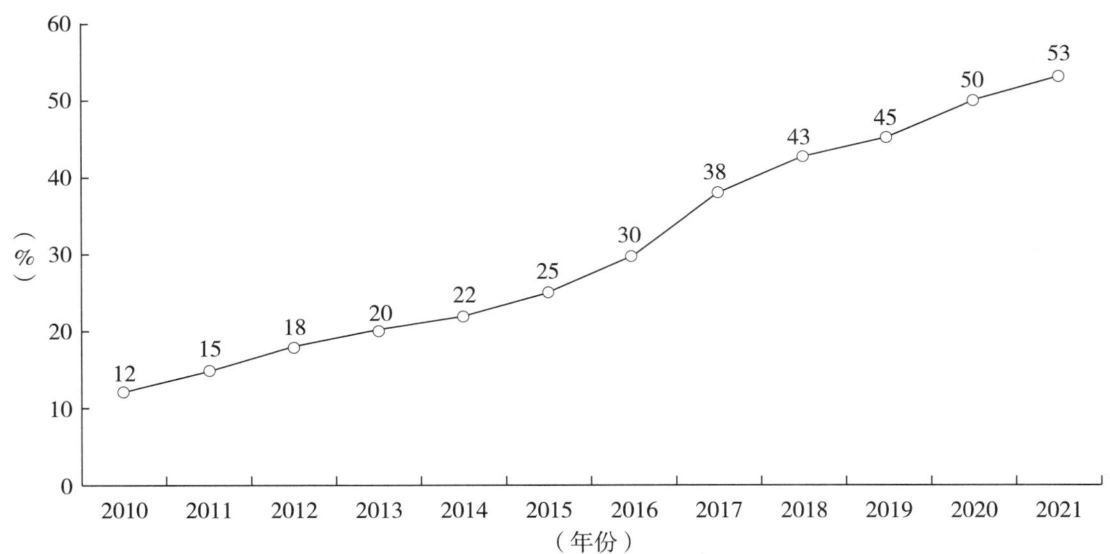

图 1　2010—2021 年我国汽车金融渗透率

数据来源：21 世纪新汽车研究院调研综合评估。

根据观研天下数据中心整理的数据，2019 年我国汽车金融市场总体规模达到约 1.8 万亿元，其中持牌汽车金融公司约占一半份额。预计到2025年国内汽车金融市场规模将达到5.2万亿元（如图2所示）。除此之外，汽车金融的利润率占比也较高，以丰田汽车为例，2017—2019年，丰田汽车金融实现的净利润率整体维持在50%左右。

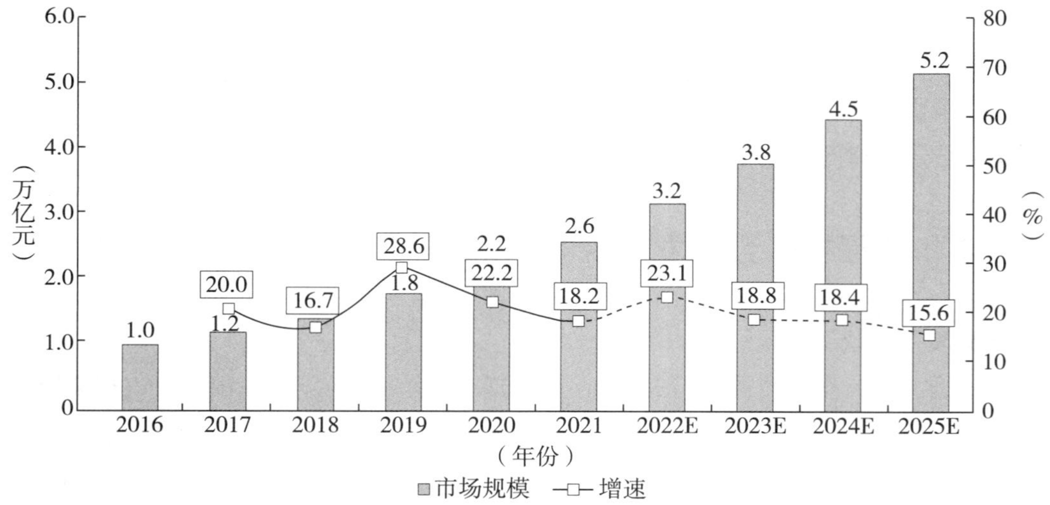

图2　2016—2021年我国汽车金融行业市场规模、增速及2022—2025年预测

数据来源：观研天下数据中心整理。

2020年全国商用车行业终端融资规模超5500亿元，从细分领域来看，重卡单车价值较高，且购车性质以经营为主，用户使用金融产品的意愿更高。到2020年，重卡的金融渗透率高达80%，轻卡则仅有40%左右的金融渗透率。

2. 工程机械金融发展现状

2010年，融资租赁作为信用销售的一种模式，在中国工程机械行业日臻成熟，被越来越多的工程机械企业所重视。追溯中国工程机械行业融资租赁的鼻祖，非卡特彼勒莫属，2004年卡特彼勒在北京成立融资租赁机构，第一次将工程机械融资租赁业务带入中国市场。2010年，中国工程机械市场的火爆也刺激了融资租赁业务在中国迅速展开，三一、徐工、沃尔沃、玉柴、中联等知名工程机械企业在融资租赁行业均表现不俗。

相关数据显示，2019年中国以约7000亿元的市场规模成为全球最大的工程机械租赁市场，这主要得益于工程机械设备保有量的持续增长以及租赁市场渗透率的持续提升。经过多年发展，工程机械设备租赁市场渗透率持续攀升，由2010年的13.7%上升至2019年的55.0%（如图3所示）。

据统计，我国工程机械设备运营服务市场规模保持逐年上涨，2020年市场规模为7554亿元，预计2025年市场规模将达到15130亿元（如图4所示）。

3. 农机金融发展现状

继2011年“融资租赁”被中央一号文件首次写进《中共中央 国务院关于加快水利改革发展的决定》，2014年，农机租赁的发展受到国家政府、银监会等多部门的支持。2014年8月1日，农业部出台《农业部关于推动金融支持和服务现代农业发展的通知》，鼓励推动组建主要服务于“三农”的融资租赁公司，鼓励各类融资租赁公司开展大型农业机械设备、设施的融资租赁服务。2015年，中央一号文件明确指出要“开展大型农机具融资租赁试点”，大力发展普惠金融，让所有市场主体都能分享金融服务的雨露甘霖。

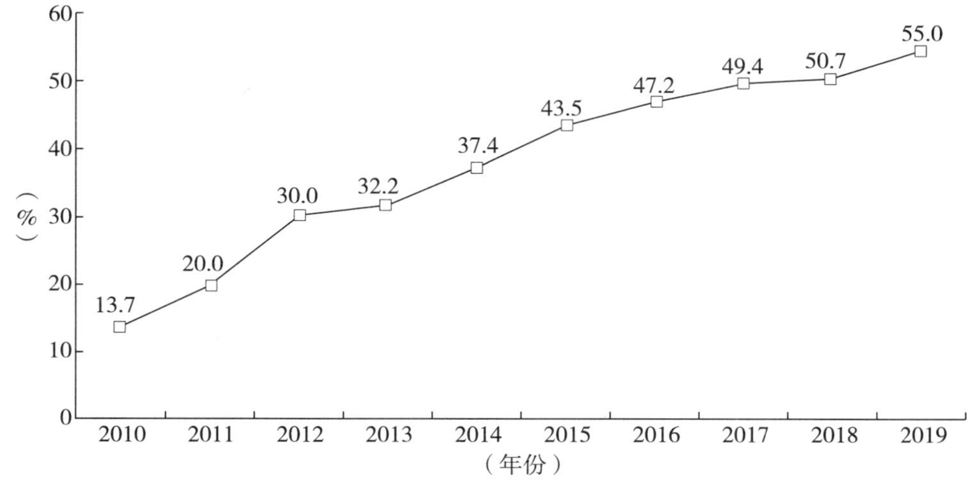

图 3　2010—2019 年我国工程机械设备租赁市场渗透率

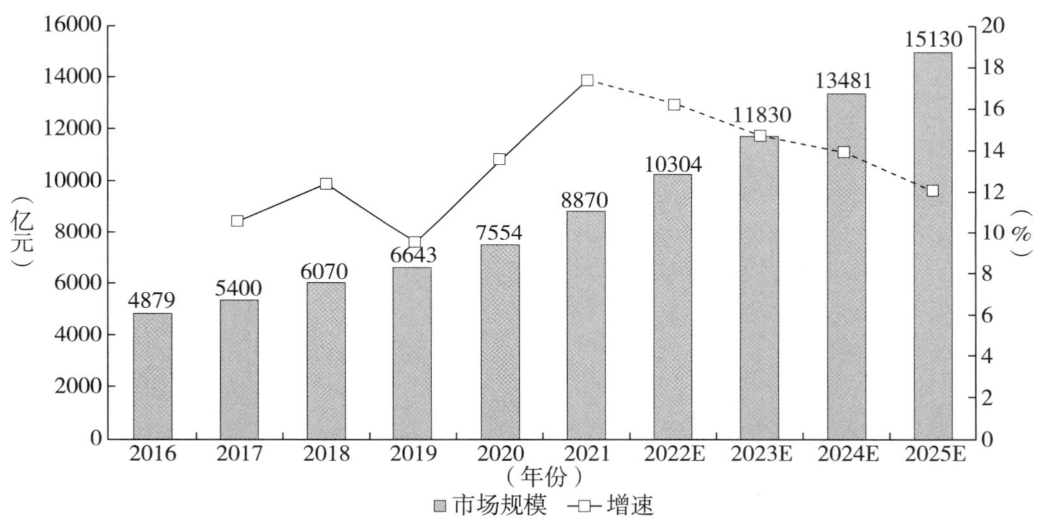

图 4　2016—2021 年我国工程机械设备运营服务市场规模、增速及 2022—2025 年预测

2019 年 2 月，中国人民银行、中国银行保险监督管理委员会（以下简称“银保监会”）、中国证券监督管理委员会（以下简称“证监会”）、财政部、农业农村部联合发布《关于金融服务乡村振兴的指导意见》（以下简称《指导意见》），对做好金融服务乡村振兴工作提出了若干意见，切实关系到融资租赁行业涉农、普惠等方面。《指导意见》直接点名融资租赁，说明在涉农的机械及加工设备领域，融资租赁业迎来重大利好。

相较于工程机械金融和汽车金融，农机金融现在的发展水平相当于 10 年前汽车金融和 5 年前工程机械金融的发展水平。事实上，农机金融在整个金融界的发展还十分落后，直至 2017 年才真正实现放款全流程线上化，同盾科技风控系统在农机金融业务领域的应用连 5% 都不到，绝大部分企业 2017 年都没有应用到同盾的三方数据。部分企业仍采用线下打印合同、纸质签字的方式开展业务。对比之下，农机金融的起步和发展相对较慢。

三、农机金融产品分类

根据产品细分，农机金融产品可以分为两种。

1. 面向B端供应链的金融产品

农机核心生产企业向下游经销商提供资金借款即为B端供应链，又称“进货贷”或“供货贷”，中国一拖集团有限公司（以下简称“中国一拖”）将其称为“商贷”，服务对象主要以B端为主。截至2021年12月，全国农机生产厂家有近3000家，销售额超过10亿元的仅有15家，而真正适合开展农机金融的企业有100～120家。

我国的农机经销商总量，官方数据显示约有2.2万家，筛掉一人运营多家公司及年销售额在300万元以下和部分非正常运营的经销商，仅有7000～8000家。根据国家补贴数据，经销商的年平均销售额在430万元左右。按照理性数据分析，销售额真正超过亿元的企业不超过1%。平均规模以上的农机经销商，或真正能做B端金融的经销商，销售额在700万～800万元。

据2020年全国农业机械化发展统计公报，全国农机服务组织有19.48万个，其中农机专业合作社7.5万个；农机户3995.44万个、4751.78万人，其中农机作业服务专业户420.6万户、588.75万人；全国乡镇农机从业人员4966.1万人。数据显示，2020年我国农机保有量达2.04亿台（如图5所示）。

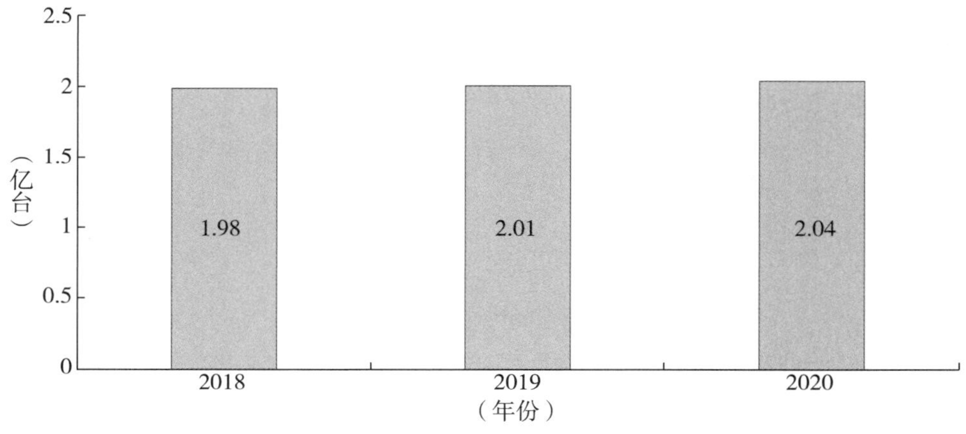

图5 2018—2020年我国农机保有量变化趋势

B端供应链的金融产品最早只有厂家金融在开展服务，其他基本以厂家授信或者授信发货的形式展开。真正以金融的方式来做且做得比较好的企业有中国一拖、潍柴雷沃，而像久保田、约翰迪尔等外资企业的B端供应链不成规模，基本上都是全款进货。2021年农机行业的B端供应链已经形成起点，因为2020年部分补贴资金没有兑付，造成2021年补贴资金急缺，这一情况导致大量经销商急用钱，在此情况下B端供应链的资金需求显得尤其强烈。

2. 面向C端的金融产品

C端的购机分期，四季为农称为“购机分期贷”，这类产品又可以划分为4个类型（如图6所示）。

（1）融资金额大于等于50万元的农机产品。这类产品的销售单价较高，基本上适用于单台或者多台的进口设备，像约翰迪尔的采棉机售价400万～600万元，克拉斯的青贮机融资金额百万元甚至两三百万

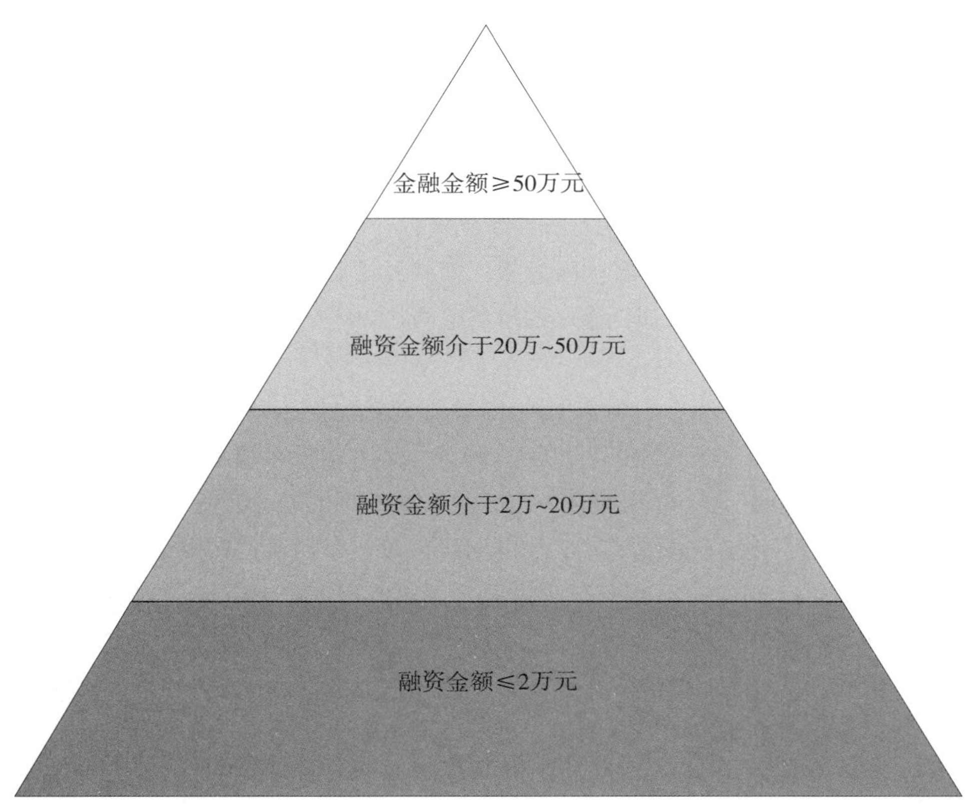

图 6　C 端金融产品类型

元。对于此类产品，国内用户也有少量需求，购买方式通常都是进口。

（2）融资金额介于 20 万 ~ 50 万元的农机产品。这类产品基本上以大中型国产设备为主，比如 240 马力以上的拖拉机，10 公斤以上的谷物收获机，还有大型玉米籽粒机、青贮机，销售价格在 40 万 ~ 80 万元，融资金额在 20 万 ~ 50 万元。这种情况适用于合作社或种植大户购买多台中小型设备，整套设备销售价格为几十万元甚至百万元。

（3）融资金额介于 2 万 ~ 20 万元的农机产品。为什么这类产品的下限是 2 万元，上限是 20 万元？按照平均 60% 的融资比例计算，此类产品销售单价在 5 万 ~ 30 万元。这个价格区间覆盖了 90% 以上的机型，比如久保田全系列产品都适用于 2 万 ~ 20 万元的融资额度。购买该类产品的群体均是单个散户、单个农机手或者土地持有规模在 2000 亩以内的用户。这类用户数量最多，占比可达 90% 以上。

（4）融资金额在 2 万元以下的农机产品。这类产品属于非刚性需求，但有一些农机具产品，甚至核心品牌的配件产品融资金额就在该范围内。

综上，从风险评估来看，第二类产品的风险最高。第一类产品虽然销售金额很高，但此类产品的用户较为专业，可以从银行贷款。他们贷款的资金额度可能不够用，但其收入来源相对丰富，法律意识、征信意识较强。而 20 万 ~ 50 万元的农机产品用户恰恰比上不足比下有余，他们很容易高估自己的收入水平和还款能力，盲目扩大农田承包或农机购买的规模，加之这部分客户群体的主要收入来源过于单一，收入又不足以支撑其正常还款。四季为农现在的主要服务对象是 2 万 ~ 20 万元的客户群体，一方面，这部分客户群体数量最多；另一方面，该群体有一定的征信意识，因为金额相对较小，即使产生逾期风险，也可以向他人周转资金，坏账率相对较低。

四、农机金融的市场空间

1. B 端供应链金融的市场空间

中国农机工业总产值年平均 3000 亿元左右。综合来讲，按照市场规模和下游的需求比例测算，B 端供应链金融的市场空间在 300 亿元左右。因为从厂家到经销商的销售额往年平均保持在 700 亿元左右，按照 50% 的渗透率测算，B 端供应链金融的市场空间在 300 亿元左右。

2. C 端购机分期的市场空间

行业交易规模以 800 亿元为基数，再以 60% 的单机贷款比例测算，C 端购机分期的市场空间在 250 亿 ~ 300 亿元。经过调研，截至 2021 年 12 月，厂家、地方银行系和第三方机构整体测算，农机金融的整体业务规模大约为 60 亿元，金融渗透率已经超过 20%。

根据投资界理念，当一个行业渗透率不足 20% 时，该行业会处在长期摸索期，这个阶段的死亡率是比较高的；当渗透率超过 20% 时，整个行业将进入高速增长期；直至增长到 60% 再进入红海竞争期。因此，2021 年可以称为“农机金融高速发展的元年”。2012—2013 年，农机金融刚起步，行业里从事农机金融的公司或个人很少，但近两年整个行业都在全力推广农机金融，从经销商的门店以及厂家出台的各项政策里能明显感知。

2020 年，四季为农因服务能力不足，仅服务了十几个厂家。四季为农最典型、最主要的业务模式是推动各厂家推出零息、免息的政策。2021 年上半年，四季为农在行业内主推的是 C 端产品；下半年与微众银行等金融机构联合推出 B 端新品。不久，十几个厂家紧随其后推出 B 端金融的零免政策。严格意义上讲，农机金融的两个主流产品，C 端相对领先一步，B 端才刚刚开始。

农机金融还有一个要做的领域，即汽车行业的后市场服务。无论二手车金融还是后市场服务，目前均未被涉及。

据新疆天农农机股份有限公司透露，其 2021 年销售额保守估计达 20 亿余元。这么庞大的销售额，采棉机的后市场金融服务一定会有需求，因为单台采棉机的配件购买金额每年就要 20 万 ~ 25 万元，所以用户存在贷款需求；而后市场服务的规模至少可达 1000 亿元以上。

五、农机金融从业机构类型

农机金融和汽车、工程机械金融的从业机构类型差不多，基本上可以分为三大类。

1. 厂家金融

中国一拖、久保田、约翰迪尔、潍柴雷沃、中联重机、江苏常发等企业都有自己的融资租赁公司，也都是优秀的厂家金融代表。行业内目前有 8 ~ 10 家厂家金融。

在厂家金融代表中，约翰迪尔是最早在中国做农机融资的企业。由于直接融资租赁模式不适用农机融资领域，早在 2012 年约翰迪尔融资团队便探索出一套农机融资租赁业务模式，开创性地将保理业务模式引入支持“三农”的融资领域。

自 2012 年起，潍柴雷沃推出金融支持计划，探索为用户和经销商解决资金问题的途径。2016 年通过市场调研，潍柴雷沃再次创新金融模式，推出专项金融服务，涵盖旗下拖拉机、履带机多个热销系列产品。通过潍柴雷沃金融支持的方式，实现最低6个月“0利率”的融资保障。截至2021年12月，潍柴雷沃已累计为19000名用户提供了超过13亿元的融资支持。

2013年，中国一拖推出了两项针对终端消费者的信贷金融服务，用户只需支付三成左右的首付，外加一定数量的保证金和少量手续费，就可以把东方红拖拉机开回家。

2. 银行金融

银行金融系分为两种：第一种是以零返的方式体现，比如信用社、邮储银行、农行、建行，甚至湖北的一些村镇银行等开展的农机金融业务；第二种是开展全国性的服务，比如哈尔滨银行在全国范围内开展的业务，叫作“哈银租赁”，其是哈尔滨银行作为控股股东发起设立的融资租赁业务。

爱科的农机金融合作方是江苏金融租赁，爱科并没有自己的金融融资团队，而江苏金融租赁是介于银行和三方服务的中介机构。据其官网介绍，江苏金融租赁成立于1985年6月，是经银监会批准从事融资租赁业务的国有控股非银行金融机构，是国内著名的金融租赁公司之一。严格意义上讲，江苏金融租赁不属于绝对的银行或者绝对的三方服务机构。

3. 三方服务机构

宜信从2012年开始，基本以P2P（个人对个人）的形式开展农机融资租赁服务。2013年宜信使用售后回租的模式，结果遭遇税改增，直至最后使用P2P、与银行或金融公司联合放贷等模式开展业务。

四季为农也属于三方服务机构，与太平洋保险、微众银行、苏宁银行、小雨点小额贷等持牌机构合作，以农机保险、农机金融为主要业务，以重视IT、贷后管理为特点。历经4年时间，团队已初具规模，每年平台新增信贷量30多亿元，已经成为农机行业内专业高效的互联网金融保险平台。

六、农机金融的风险

农机金融起步的这些年，行业人士对该行业的风险感触较深。2013年，行业内单个经销商一年放出的贷款达3000多万元，但其因金融风险产生的逾期和损失也较为严重。

农机金融的风险可从宏观和微观两个方面进行剖析。

1. 宏观风险

（1）自然灾害

农机行业购买农机的人群可划分为三类：第一类是自己承包土地，并购买农机进行作业的人群。这类群体80%以上的收入来源于土地收入而非作业收入。第二类是季节性从事农机作业的人群。这类群体购买农机后只在农忙时节内进行作业，其他时间会外出打工或从事其他职业，该群体的收入比较多元化。第三类是专业的农机手。常年以农机作业为主要收入来源。95%以上的农机用户都属于这三种范围，当自然灾害来袭时，第一类用户受影响较为严重，因为土地没了，收入便没了，逾期就会接踵而至。

（2）粮价政策

2015年玉米价格暴跌，导致整个农机金融的坏账率大幅度提升。而农机金融的服务方向基本与小麦、玉米、水稻这些作物有关，其他作物基本没有金融服务。早些年，农发贷在广东、云南和海南做得比较多的是水果贷，虽然收益率很高，但风险和价格波动也很高，所以经济作物的农机金融现在较少有人做，农机金融业务主要围绕粮食作物展开。近年来粮价政策相对稳定，波动不大。

（3）区域集中

如果农机金融业务80%以上甚至100%集中在一个区域，那么抗风险的能力会相当薄弱。所以业务要分散布局，不能把鸡蛋放在一个篮子里。

（4）品牌风险

品牌风险即由产品的质量导致批量事故发生而出现的风险。农机行业曾经出现过类似事情，所以非品牌农机，尽量不要涉猎，或老品牌进入新领域，在产品未成熟之前也不要开展金融业务。如果真的要进入，可以先让厂家提供几十个客户名单，先行验证产品质量，再决定是否开展相关业务。众所周知，用户逾期还款的两大原因，其中之一就是产品质量问题导致的作业收益减少，最终导致逾期产生。

（5）内外欺诈

2015—2018年，行业内曾出现过上千万元的内外欺诈案例。相比较其他风险，内外欺诈风险一定要严加防控，尤其是经销商欺诈。

2. 微观风险

（1）与法诉、征信等相关的风险

2018年之前，除了几家持牌的农机金融机构可以上征信，大多数都上不了更查不了征信。近几年情况有所好转，无论是三方征信还是中国人民银行的征信，系统覆盖面都比较全。现在还有一些传统银行依然不为白户农民提供贷款，这些都是个别的数据和案例。

（2）购机真实性产生的风险

上文提到了内外欺诈，其中内欺诈是经销商欺诈，外欺诈是用户欺诈，最可怕的是经销商联合用户欺诈。几年前，某经销商为了周转几百万元资金，联合几十个用户进行欺诈，这种欺诈的危害性非常大。

从四季为农的实操经验来看，除新疆生产建设兵团和黑龙江农垦地区可以实现抵押登记或发票贷以外，其他地区没有实行的意义，因为这样只会增加金融业务的沉重性和阻碍性。2013年，农机金融刚启用融资租赁售后回租时即印证了这一点。因为农民交易根本不需要过户，所以农民买机器都不索要发票，如果不是农机购置补贴必须提供发票，大部分人购机都不开发票。即使开发票也不一定用自己的名字，即张三可以用李四的名字去办补贴，这种情况很普遍，所以发票验证不了购机的真实性。

（3）贷款比例带来的风险

从行业惯例来看，贷款比例一般设定为70%。大部分企业的贷款比例会控制在30%~70%，平均在50%~60%。例如中国一拖贷款比例在70%左右，因为中国一拖、久保田的产品残值率比较高，而二三线品牌残值率完全达不到70%。

但是四季为农不采用贷款比例方式，而是根据每个品牌、每个机型设置最高贷款额。因为四季为农更清楚该农机在市面上能卖多少钱，一年后二手车大概能卖多少钱。

（4）作物性质和收入节点风险

根据不同地区、不同用户的收入节点来设计不同的还款方式，等额本金、等额本息不适用农机行业。农机行业信贷的等额本金和等额本息渗透率基本不超过1%，农民最喜欢的还款方式是一次性还本付息。四季为农设定的是50%季度化还款，同时根据不同地区设计不同的还款方式。东北地区的作业习惯、中原地区的作业习惯与长江中下游地区的作业习惯完全不同，用户购买的拖拉机和收割机也完全不同。

四季为农最早与小雨点以及微众银行在开发信贷产品时，因为还款方式的不规则性也会感到棘手。而中联的部分农机金融产品却可以实现不规则性还款，比如用户贷10万元，在12个月和24个月内，可选择任何一个节点进行还款，前提是先通过中联内部 App 测算，测算完之后，后台规则只要符合内部策略即可实现任意时间节点还款。但让用户自己选择何种方式还款，大部分金融机构还是无法实现的。当还款节点不符合用户收入节点时，就注定会有逾期。这就是农机金融和城市信贷的最大区别。

（5）意外风险

意外风险是指由于驾驶员或机器发生意外而发生的逾期风险。为规避意外风险，四季为农在用户使用农机金融产品时会强制性上保险，用保险来转移掉部分风险。不同地区、不同机型用户的出险率是不同的，比如玉米收获机的出险率在25%左右，行业平均水平也在5%~8%。选择农机保险的时候要注意，有可能因为保险赔付不及时或者赔付不到位造成用户逾期。

七、四季为农在农机金融业务领域的探索实践

1. 四季为农相关的业务数据

（1）合作企业数据

目前与四季为农合作的企业有 90 多家，实现贴息的企业有 80 多家，基本上都实现了不同期限的零息贷款。

（2）经销商数据

与四季为农开展金融和保险合作的经销商大概有 5000 多家。根据内部 App 数据，地推人员会把所有走访的经销商根据 App 提前设定好的近百个维度进行信息完善。该 App 于 2020 年 5 月上线，上线前采用的是线下统计信息的方式，业务员目前还在继续补充前期数据，现在已经补充了 5000 多家，预计再用一两年的时间就能完成行业里 7000 余家经销商的实际走访和所有维度的分析统计。

（3）服务用户

四季为农现在合作的用户大概有 40 万人次，包含金融信贷和保险用户。

（4）授信额度

目前经销商的授信额度已达到 100 亿多元，虽然授信经销商较多，但授信的使用率并不是特别高。主要是因为 B 端推出来的时间不长，再加上几家合作的单位也正在推广过程中。2021 年 C 端已经实现较大突破，2022 年四季为农将会继续在数量上再创新高。

2. 业务方向创新引领

（1）线上化服务

在农机金融的实践探索中，四季为农在行业内作了诸多引领，比如线上化服务。2018 年之前，整个行业几乎都是线下操作，线上化服务是行业内的革命性产品。虽然这种方式在汽车金融和互联网消费型金融领域的应用上已经很成熟了，但在农机金融领域却很新鲜。

目前，四季为农在线上化操作方面已经进行得很深入了，平均每单的审核时间为 2 ~ 3 分钟，加上后期安装校对 GPS 等环节，放款时间为 28.4 分钟。

（2）零息销售

行业内，最早推广零息销售或者低息销售的企业是约翰迪尔。约翰迪尔在 2013—2014 年时就推出个别机型的零息销售，随后推零息销售的企业是久保田。四季为农在 2019 年全面推行零息销售，现在整个农机行业已经发展到不推零息销售经销商就反对，甚至产品就没法卖的情况。

（3）场景创新

农机零配件、小农机具也会有金融需求。如 900 亿元的农机销售额，终端销售额里带动力的大中型设备占 400 亿 ~500 亿元，小类型机具占 200 亿 ~300 亿元，另外 200 亿元里还有很大一部分是拿不到补贴的，在补贴数据里不会体现。而机具的整个产品范围，虽然其不是刚需，任农机手作业时，需要大量现金去周转、维修、加油、购买配件，需要这种受托支付的场景化创新产品。

3. 品牌发展定位

四季为农也有自身的发展定位，主要定位为互联网企业。四季为农的团队从 2013 年开始，在产品方向上追求“小而精”，简便快捷，效率化、多元化和场景化创新。

对于品牌定位，四季为农致力于为厂家、经销商、上游的保险公司和金融机构提供信息化和市场推广服务。近 5 年来，四季为农收集的大量经销商和用户数据，搭建的风险预期数据以及维度，最终形成了一套成熟的风控模型或风控产品。

四季为农的服务不仅仅局限于金融保险服务，最终要打造成为农机生态圈，服务于整个农业生态，致力于解决更多问题。无论是经销商担保还是其他体系，四季为农打造的农机生态圈会把整个农机尤其是后市场的配件交易等服务场景进行强化，采用闭环交易，实现资金受托支付。

近几年的中央一号文件一直在强调金融服务要逐渐向农业、农机领域倾斜。在农机化的发展进程中，金融支撑实体业的作用日渐凸显。对金融机构而言，中国农机市场非常大，农机金融无论在政府还是金融机构的战略里，都是非常重要的方向。

互联网实现了信息资源的共享，而大数据技术让农民的信用体系得以在短时间内快速建立。金融机构在快速推动农机流通销售的同时，也要积极探索如何通过互联网推动农机产业向高效、规模化方向发展。农机行业更不能固守传统思维，需要以新视角和开放的态度来接纳农机和金融的结合。

中国农机金融经过近 10 年的跌打磨炼，目前已经进入良性的发展轨道。个人预测，农机 C 端信贷规模在 2022 年将达到 100 亿元，渗透率约 32%~35%，受农机行业国三切国四等市场因素影响，最晚在 2025 年渗透率突破 60%，市场规模也将达到 200 亿元。随着行业的成熟和从业者对金融的认知提升，B 端供应链金融也将迎来重大突破。无论是厂家租赁系、银行系还是第三方平台系，将各自发挥其优势，通过设计合适的接地气的产品，整合和梳理产业链，更大发挥农机金融的作用。相信在中国一拖、潍柴雷沃这种厂家系“老资格”的带领下，以及四季为农等这种专业农机互联网金融新势力的配合下，中国农机金融定能得到快速、健康发展。

（山东为农信息科技有限公司　创始人 & CEO　　朱　飞）

农机流通企业服务转型探索

一、背景介绍

由于拖拉机、玉米收获机、插秧机等大型农机制造企业越来越多，受长鞭效应的影响，国内农机流通行业也在加速分化。据行业协会数据统计，目前我国的县级经销商超过16000家，乡镇经销商超过30000家，且生产企业还在推进“渠道下沉，网络密植”的深度分销的渠道政策，深度分销的结果是更多的乡镇经销商如雨后春笋般出现，这是农机流通行业的新生力量，但是也造成更严重的分化和内卷。

农机流通环节正在加速分化，与此同时拖拉机、联合收获机等大类农机需求已经饱和，经销商单纯地依赖门店销售已经难以养活员工队伍，更无从谈发展。为此，农机经销商必然会寻找第二增长曲线，有些企业选择跨界发展，有些企业选择基于流通主业的相关多元化或同心多元化发展。

吉峰三农科技服务股份有限公司（以下简称“吉峰科技”）是集生产、销售、服务为一体的综合性公司，作为我国农机流通行业唯一一家上市公司，吉峰科技2020年营业收入达到25亿元，目前在全国20个省（自治区）设置分销网点，是我国分销网络最健全、销售规模最大的农机经销商。

和其他经销商一样，长期以来，吉峰科技的主营业务是农机经销，获取的是农机产品进销差收益。随着整个行业进入存量市场和用户对传统农机需求的疲软，吉峰科技农机流通业务也与其他经销商一样出现了销售规模下滑、网络萎缩和收益减少等问题。为此吉峰农机开始了多方向多领域多渠道的探索，力求寻找到企业发展的第二增长曲线，储备好第三增长曲线，2015年吉峰科技涉足玉米免耕播种机（吉林康达）以及蔬菜种植收获机械设备（四川安吉瑞）的生产，每年为吉峰科技创造3.3亿元的价值。其中由农机流通向农机服务领域延伸是吉峰科技进行得比较成功的尝试。

吉峰科技下属的三个子公司从事着农业服务活动，分别是吉峰农机（成都）有限公司、成都农吉汇农业科技有限责任公司和新疆吉康聚力农业服务有限公司。其中，前两家公司主要的作业服务在四川本地，新疆吉康聚力农机有限公司主要做新疆的棉花作业服务。

经过三年的孵化，2020年吉峰科技农事服务版块营业收入达到4000万元，虽然与农机销售相比还微不足道，但是前景广阔，并且吉峰科技在从事农事服务方面有着天然的优势与资源，更利于整合行业上下游，打通农业生产全产业链。

农事服务项目主要包括四项：（1）蔬菜的种植与收获，包括起垄覆膜和移栽，使用意大利进口复式作业机械，一次完成三项作业工序，不同作物价格有所不同；收获环节也是从收获到分拣、装箱一次完成，需要人工配合，使用意大利进口机械，单台价格是60万元左右。（2）植保无人机作业服务，服务对象包括大田作物和果园，使用的是大疆无人机，大田作业价格是10元/亩，果园（三年以下果树）作业平均价格在40~50元/亩。植保飞机作业在当地有两项补贴，一部分是购机补贴转为作业补贴（试点），另一部分是农技部门补贴。（3）石头捡拾作业服务，主要在四川的甘孜等地作业，普通的旋耕整地无法清理，这款机器同样适用于高标准农田的建设，投资回报率非常高，使用的是进口的机械，价格在70万元左右，据调查，一年即可收回成本。（4）棉花机械化作业托管服务。2020年新疆吉康聚力与新疆利华棉业公司签订5万亩的棉花机械化托管服务，使用的是凯斯采棉机，一年的净利润达200万余元，2022年新疆吉峰聚力打算进一步扩大托管服务面积。

在积极创新求变的基础上，2022年吉峰科技迎来新的发展契机，在加入新希望系之后，根据新的发展需要推出了“一体两翼”新战略。新战略中右翼为“农机与三农产业链创新服务”，其中农机社会化服务是很重要的一项内容。

本文重点就吉峰科技麾下新疆吉康聚力农业服务有限公司（以下简称“新疆吉康”）在新疆地区服务于新疆某大型农业公司的案例进行深度剖析，以便于国内农机行业同行借鉴，在此基础上推进国内农机流通行业更好更快的转型升级。

二、案例解析

新疆某大型农业产业化公司，2013年起在境外投资数十万亩的农业项目，该项目所需的农机和农机具在新疆本地采购，然后以项目自用的形式出口到国外，该公司在2013年之后采购了5000万元的农机设备带到国外项目上。

设备在新疆本地采购，但使用在国外农业项目上，在这些农机设备的使用过程中，机具频繁出现重大故障，需要专业人员处理，然而每次用户提出服务需求时，国内的经销商都收取高额服务费用，而且派遣的维修服务人员技术和水平有限，不能很好地解决问题，在使用2年以后，该批农机及机具故障率明显增加，很多机具由于得不到有效的维修，只能停放在车库或干脆报废，对用户在国外的农业项目实施进程造成严重影响。

由于该企业在境外有多个农业投资项目，投资数额很大，是响应国家号召投入“一带一路”的主要参与者，因此我国农业农村部对此非常重视。在2016年该企业向主管领导汇报境外农业投资进展时，提出提供设备的一些国内大型农机经销商不愿意向国外的项目提供服务或服务能力不足，但是在海外的大型农业投资项目如果得不到农机设备的支撑，将很难继续下去，严重影响境外农业投资的进度。

针对存在的现实问题，农业农村部相关领导经多方论证，提出由吉峰科技承担该项目在海外的农机维修服务。大家一致认为，吉峰科技是国内最先发展连锁经营的农机流通企业，服务团队健全，服务能力突出，可以帮助该企业解决国外项目产品服务难的问题。

2016年8月，吉峰科技积极响应国家号召，在接到任务之后第一时间委派海外事业部相关负责人和专家前往新疆库尔勒，与该企业海外农业项目负责人对接。由于销售机具的经销商都不愿意提供后期服务保障，农机具都不是吉峰科技销售的，所以该公司负责人对与吉峰科技的合作持怀疑态度，要求吉峰科技派人先到国外项目所在地进行实地考察，在充分了解的基础上再谈具体合作方案。

在经过多方面考虑后，吉峰科技派遣三名资深技术专家前往该企业在塔吉克斯坦的项目地实地考察。在全面了解了问题之后提出主要合作意见：一是机具使用和管理方面存在问题，需要对该项目的农机驾驶、管理、运营人员进行系统的培训，以提高机具使用水平，避免在驾驶和使用过程中产生新问题。二是现有故障机具较多，有一些设备存在安全隐患，在使用过程中随时会发生故障，所以需要常驻技术、维修人员进行机具使用过程中的维修、保养和恢复等工作。三是在当地招聘维修人员，由吉峰科技的服务专家提供实操培训，帮助该公司建立服务于该项目的维修服务队伍，以利于该公司在该地区的长远经营。四是吉峰科技派遣 2 ~3 名常驻技术人员向其提供常态化服务，费用由吉峰科技承担，客户只承担维修必需使用的配件费用，而且配件由吉峰科技提供，并保证主机配件为原厂件，价格不高于原采购价。

该企业负责人听到吉峰科技提出来的合作方案后，非常满意，要求尽快派遣技术人员常驻塔吉克斯坦项目所在地。

不久，吉峰科技海外事业部派遣服务管理人员和技术专家前往塔吉克斯坦，并积极组织将国内的配件运输到该公司项目所在地，在春节前两个月，对该公司所有的农机具主机进行全面检测，最终在春播前所有的农机具都以最佳的状态等待接受实地作业的检验。

在维护保养农机具的过程中，吉峰科技派驻相关人员对该公司当地农机管理人员和新招聘的维修人员开展相关的技能培训，培训过程和进展十分顺利，双方合作非常愉快。春节后，吉峰科技增派服务人员同该企业国内员工一起前往项目所在地开展合作，通过几个月的合作，停放近一年的农机具得到修复。在 2017 年春播过程中吉峰科技服务人员每天都在田间地头实时服务，保证了春播顺利完成。

该公司董事长及主要负责国外农业项目的高管某次到塔吉克斯坦考察，发现原来“瘫痪”在地里或车库里的农机具焕然一新，不仅没有耽误一天农活还为该公司减少了上千万元的损失，对于在合作过程中对当地农机管理人员和维修人员开展培训工作的相关事宜，非常认可。在合作期间，我国农业农村部及新疆维吾尔自治区主管领导在考察境外项目地时，也对这种合作模式非常赞同，有关领导还要求吉峰科技在此次经验的基础上积极地向其他项目推广。

2017 年下半年，新疆土地流转政策发生重大变化，自治区政府鼓励大企业牵头大力发展规模化农业。在此背景下，该公司响应国家战略号召，业务重心转向国内土地流转，大规模发展农业种植。

由于与吉峰科技两年的合作中，吉峰科技提供了专业化的服务且不计得失的付出，该公司强烈要求国内项目从起步就与吉峰密切密切合作，打破国内某些农机经销商区域垄断的格局。

从 2017 年开始，该公司在新疆地区进行了大规模的土地流转，目前已经流转了约 150 万亩的土地，主要从事棉花种植加工业务。该公司的土地流转目标是 300 万亩以上。

该公司国内的农业种植投资项目，从项目的考察，机具配置方案制作，机具采购，到后期服务保障等与农机有关的工作都让吉峰科技全程深度参与。涉及农机采购方面，该企业给吉峰科技出授权函，让新疆吉康代表该公司与各厂家谈判，且授权新疆吉康全权负责销售和补贴办理等工作。

因该公司国内农业种植项目刚起步就是几十万亩种植面积，对农机及农机作业服务需求量大面广，但该公司项目初期人员和管理人员较为欠缺，短期内很难解决，尤其缺少农机操作人员和管理人员，为此新疆吉康提出该公司可以自购一部分农机及自己完成部分农机管理，服务不过来的则外包给新疆本地的社会化服务组织的建议。

在农机设备的采购环节，新疆吉康根据当地农机具保有量，提出了科学合理的农机购置方案，同时通过吉峰科技的优势和人脉为其在全球组织优质货源；在具体采购过程中代用户进行企业考察、商务谈判等工作。由于新疆吉康提供的方案成本低、配置高、货源质量有保障，最终得到该公司的肯定和采纳。

该公司在新疆地区的项目首批次农机采购就超过 1.5 亿元，在国内单一用户（非政府采购）中，无论是数量还是金额，都是全国第一。在采购消息传出时，当地经销商和厂家纷纷到该企业拜访，希望能达成合作，均得到该企业高层的婉拒。理由有两点：一是前期都合作过，知道他们只有销售，连基本的售后服务也无法保证；二是公司国内项目刚起步，需要大量技术人员、服务人员、管理人员随时提供服务，除吉峰科技外其他经销商没有这个能力。吉峰科技是新疆地区主流的经销商，在全国有十多个省（自治区）有分子公司，技术服务人员达数百人，农忙时节可以轻松抽调百人左右的精干服务团队，农闲时也能有几十人的团队常驻项目，与用户一起开展工作，为用户提供全方位的服务。

为了满足农机补贴政策要求及厂家的销售政策要求，2018 年新疆吉康聚力农业服务有限公司在新疆巴州库尔勒成立，新疆吉康属于该公司新疆地区农业项目的专属服务商。

新疆吉康的营运模式有别于整个农机流通行业的任何一家公司。新疆吉康一成立就定位于以用户为中心的市场需求型综合服务商，而非农机行业的以厂家代理权为中心，围绕代理产品开展工作的传统模式。

目前新疆吉康服务该项目四年时间，且已经与该公司形成了长效的合作机制。事实证明，用户的选择是正确的。由于该项目投资大，涉及面积上百万亩，在国内没有任何的前车之鉴，机具需求数量和日常要维修服务的机具数量和工作大且多。在项目实施的头两年就累计采购种植作业（除采棉机）农机具超过 2 亿元，而项目上采购的其他农机设备厂家的三包期为一年，一年后厂家不再承担售后且也无能力提供。

由于新疆吉康聚力农业服务有限公司保质保量地完成项目起步阶段的机具配套方案设计，以及与厂家谈判、采购、操作培训、农机管理协助等工作，得到用户的一致肯定。所以该公司高层领导主动提出，三包期后，新疆吉康所有服务队伍继续服务于该用户，提供三包期内的同等服务，为农业项目的顺利进行保驾护航，所有费用由用户承担，从第二年起，直接续签三年的服务合作协议。

新疆是一个劳动力流动非常大的地方，每年农机具驾驶员会更换两三次，在二三年里，有些车至少要更换 10 个驾驶员。这些驾驶员只管开车，根本不会维修保养也没有能力进行，所以在使用过程中机具磨损非常严重。面对这种情况，新疆吉康一直坚守在项目中，守护着这些农机具。

作为农机行业最专业的团队，为客户提供专业、全方位保姆式的服务和协助客户进行农机运营的管理尤其重要，如出现农机驾驶员和管理人员调整或工作交接时，新疆吉康的驻点服务工程师会将机具以前的一些情况告知接收人员，因为新疆吉康的服务人员长期驻点服务在这里，比用户更了解每一台主机和农机具。得益于新疆吉康的精心服务，用户的机具在使用人员频繁更换，新项目作业条件恶劣的情况下，性能仍超过同期市场同类产品，使客户的固定资产保值率一直很高，同时每年为客户节省数千元的换购成本和数百万元的维修成本。

密切的合作，加上新疆吉康驻点团队精心的付出，收获了用户的信任，所以该公司后续的所有农机采购，新疆吉康是用户的首选授权供应商和服务商。不仅如此，在机器采购完成之后，仍由新疆吉康提供整个农机工作的管理协助，由用户向新疆吉康支付管理和服务费用。

这种合作模式在用户遇到新增项目地时，不用担心农机使用问题，同时还可以扶助用户做大做强，也会使新疆吉康跟随用户一同成长。

新疆吉康聚力农机有限公司负责人张万兵认为，原有的以厂家代理为中心的经销商体系，由于受制于代理权限问题，经销商不能为用户提供最优化的产品搭配和服务，不能合理引导用户购买合适的产品。为了追求最大化利益，一些经销商鼓动用户购买劣质的农机产品，而这些产品市场存量少，配件不容易买到，售后服务自然也不好，容易造成机具闲置。而好的产品又不愁卖，因此有的经销商会压缩服务投入，店大欺客现象时有发生。由于只能在指定地点购买，用户始终是弱势群体，即使种植规模百万亩的用户也没有话语权。整体来看就是优势产品、大品牌处于强势地位，但不重视客户利益，没有提供高质量服务的动力，而弱势产品处于低价竞争状态，没有能力提供高质量服务。

新疆吉康聚力农机有限公司的积极探索改变了农机经销商只赚差价的流通商业模式，通过销售向农机售后服务业务延伸，让农机经销商在整个农机发展中承担重要角色，利用信息资源和综合技术服务能力，为客户选择最佳的农机服务方案，并指导和帮扶用户使用好农机。在此基础上，吉峰科技由一个单纯的流通企业转变成一个农机服务型企业。

三、基于案例的思考

1. 农机流通企业积极的业务创新、经营转型势在必行

从欧洲、北美国家的农机流通企业发展历程来看，在农机化起步和快速发展阶段，这些国家的农机经销商也是以简单的拖拉机、联合收获机等大类农机的流通业务为主业；在农机化进入中高级阶段，传统农机需求度过高峰期，市场萎缩之后，这些国家的农机经销商积极地开展多元化经营。

绝大多数农机经销商是沿着农机产业链或农业产业链进行上下游延伸的，其中一些农机经销商将农机维修业务作为主要增量业务。笔者在法国、意大利和英国也看到一些农机经销商在农闲季节为所服务的大型农场提供毛豆联合收获机、番茄联合收获机、大型植保机的维修保养服务，其中一些经销商还发展成真正的服务商，如法国一家农机经销商同时也为周边的农场提供毛豆收获作业服务。

国内农机经销商目前正处于寻找新的利润增长点的关键阶段，因为传统农机流通业务增长遇到瓶颈，经营成本直线上升，所以经销商群体必须突破现有的简单的贸易流通业务瓶颈，积极发展新业务并向产业链上下游延伸，从流通业务领域进入农机服务领域以及农业作业服务领域。究其原因，这些领域经营成本低，成功的概率更大。

2. 积极主动服务是增加客户黏性的最好办法

很多经销商只提供代理品牌厂家所强制要求的有限服务，在售后服务方面经销商是被动的，而做得好的也只能算是保健式服务，这是典型的重销售轻服务模式。从长远看，这种模式已经不具备可持续性，实行这种模式的经销商也无法形成差异化的核心竞争力。

新疆吉康聚力农机有限公司在塔吉克斯坦和新疆地区的尝试为我们提供了一个鲜活的借鉴样本：在没有大品牌代理权的情况下，通过用心的、高质量的服务也能感动用户，从而赢得用户的信赖。用户把几亿元的大型农机设备的采购合同直接委托给新疆吉康聚力农机有限公司，颠覆了产品销售的传统合作模式，变成由“设计配置方案 + 产品选型 + 厂家谈判 + 设备采购 + 设备交付 + 维修服务 + 作业过程服务”的合作模式。这种全方位合作模式实现了多点盈利，同时为客户降低了采购、维修、管理成本，提高了种植作业效率，可以说是一种双赢的模式，值得研究和推广。

3. 加强服务能力培养，把服务业务打造成经销商新的利润增长点

有专家指出，品牌是上游生产企业的，决定权不在经销商手里，品牌代理权有很强的流动性，所以品牌代理权并不是农机经销商的核心竞争力。

事实上，服务能力是生产企业和用户双方最看重的，有实力的品牌商也更愿意与服务能力强的农机经销商合作。而有了强竞争力的服务能力，农机经销商也能找到实力更强的用户，所以服务可以打造成农机经销商的核心竞争力。在未来更加残酷的竞争环境中，农机经销商的服务能力是决定经销商能不能走到第二产业周期的关键。

传统观念认为农机经销商的服务就是要应付厂家要求的三包服务，很多情况下是花钱的工作，有些厂家结算的服务费用不能覆盖经销商的服务成本，所以经销商不会积极提高服务质量。吉峰科技的积极尝试告诉我们，农机经销商向用户提供专业的服务也是可以实现可观的收益的，还可通过服务争取到用户持续的采购和更长周期的合作，所以服务可以帮助农机经销商建立与用户的长期可持续的业务关系。

4. 服务产业范围广、空间大，充满机会和发展空间

农机服务正处于快速成长期和分蘖期的蓝海市场，未来有无限的发展空间和可能性。身为农机经销商，学习吉峰科技从卖农机产品到提供全方位农机服务是业务延伸的一种趋势。在未来大客户时代，很多农机投资公司、大型合作社对这种服务模式会有天然的、刚性的需求，所以农机经销商应该重视这一模式。

农机服务还可以向上、向下，甚至在平行领域无限延伸，比如植保无人机经销商华丽转身为植保飞防组织，通过向用户提供植保服务顺利地进入了农药、化肥流通业务领域，实现了农机流通与服务双业务经营。有些农机经销商尝试为用户提供金融、保险服务，有些经销商积极开展农机租赁服务，通过“以旧换新”收集大量二手农机，然后把这些机器翻新、整修，用来出租，实现盈利，这样一方面可以实现新机的销量增长，另一方面增加了租赁的收益。

农机行业正在由第一产业周期转向第二产业周期，农机流通行业也进入了深度的转型升级期。在此背景下，传统业务仍然有价值，但是传统业务已经不足以支撑农机经销商再次做大做强，因此培育新业务、寻找第二增长曲线势在必行。但如果不采取跨界、跨行、跨领域的风险更大的创新，而是通过进入农机服务环节等产业链上下游的业务延伸，应该会更快的见成效和面临更小的风险。

（吉峰三农科技股份有限公司　　柳　琪）

农田宜机化改造可再造4亿亩良田

近年来，党中央、国务院高度重视丘陵山区农田宜机化改造。在《国务院关于加快推进农业机械化和农机装备产业转型升级的指导意见》（国发〔2018〕42号）、2020年一号文件和《中华人民共和国国民经济和社会发展第十四个五年规划和2035年远景目标纲要》中都提到了要支持丘陵山区农田宜机化改造。通过工程技术措施，对零散、异形、坡度较大的田块进行“小并大、短变长、弯变直、陡变缓”的改造，完善田间道路及配套水系，使得农田适宜农机通过和高效作业。农田宜机化改造是促进日本、意大利等丘陵山区国家实现农业机械化、发展现代农业的重要经验，对我国丘陵山区融入现代农业、保障我国粮食安全和实现丘陵山区乡村振兴至关重要。

一、丘陵山区面临抛荒和乡村衰败困境

丘陵山区耕地面积占我国耕地面积的三成，是我国重要的粮油糖和特色果蔬生产基地。调查数据显示，2019年，丘陵山区茶园面积占全国茶园面积的93.39%，丘陵山区果园面积占全国果园面积的62.28%，丘陵山区马铃薯播种面积占全国马铃薯播种面积的78.58%，丘陵山区甘蔗播种面积占全国甘蔗播种面积的62.78%，丘陵山区油菜籽播种面积占全国油菜籽播种面积的57.53%，丘陵山区水稻播种面积占全国水稻播种面积的39.60%，丘陵山区蔬菜播种面积占全国蔬菜播种面积的37.29%。在人地关系极为紧张、农产品年度贸易逆差高达1000多亿美元且逐年扩大的大背景下，丘陵山区对中国保障农产品供给安全具有重要意义。这些区域与平原地区农业机械化水平差距较大，在二、三产业发展导致不断攀升的机会成本刺激下，农业劳动力老龄化趋势明显。如果丘陵山区人力畜力退出而机械化不能及时跟进，这些区域的农业生产将难以为继，将会出现耕地大面积抛荒、粮食生产大幅度下滑的现象，严重威胁我国农产品供给安全。有研究表明，2011—2018年，我国西南丘陵山区土地抛荒率从21.6%增加到27.2%，即使一些肥力较好的土地也被抛荒。

我国1400多个丘陵山区县居住着我国一半的农村人口，是贫困人口的集中地，全国832个国家级贫困县有80%分布在丘陵山区。这些人是全面建成小康社会的主要脱贫对象，这些区域是乡村振兴的重要区域。如果农田细碎化、农业生产以人畜力为主的传统农业生产模式现状不改变，那么全国过半农村人口将难以融入现代农业，丘陵山区的农业产业也难以发展壮大，精准扶贫与乡村振兴有效衔接战略目标也难以实现。

二、农田宜机化改造是破解丘陵山区问题的有效路径

重庆、山西等地的农田宜机化改造实践表明，改造后的土地适宜农机通过和高效作业，吸引了不少社会资本投入农田基础设施建设、优势特色农产品生产加工和品牌打造中，有效促进了荒地再利用和特色优势农产品产业发展壮大，还为当地无法转移到其他产业的农户提供了就业机会，既解决了农产品供给安全和农业高质量发展问题，又促进了当地乡村振兴。

实际上，农田宜机化改造也是促进日本、意大利等丘陵山区国家实现农业现代化的重要经验。很多人只看到了日本使用小农机，既没有看到日本实施了70多年的土地改良，也没有看到日本的小农机在宜机化改造后的耕地上使用的这一事实。

农业机械化不是目的而是方法，发展小农机固然可以一定程度实现农业机械化，但牺牲了效率效益，增加了劳动强度。过于小型化的农机噪声和震动强度较大，劳动强度高。比如微耕机由于使用单缸发动机导致震动强度与噪声都较大，同时机手必须以比牛耕时更快的行进速度跟在微耕机后面，导致机耕劳动强度比牛耕还要大，实则“解放了牛累死了人”。

小机器作业效率低下，决定了使用小农机即使实现了农业机械化也是毫无意义的，无助于丘陵山区农产品竞争力的提高。由于缺乏机耕道、地块细碎，农户在细碎不规则的地块里作业后，又要在人畜通行的狭窄田间道路上抬着小农机进行田间转移，导致小农机作业效率极为低下。在丘陵山区，一个熟练的微耕机机手，一天的耕地作业面积最多也只有5亩左右，而平原地区一个熟练机手使用大中型农机，可以耕地100亩以上。如果机手的工资都是300元1天，那丘陵山区平均农户每天每亩地耕作的人力成本就高达60元，平原地区只有3元，一个环节就相差57元/亩，多个环节累加下来，种植相同的作物丘陵山区毫无竞争力。这样的农业机械化毫无意义。较高的劳动强度以及较低的收入回报，对年轻人毫无吸引力，导致丘陵山区农业面临后继无人的状态，所以走农田宜机化改造并发展大中型农机高效率作业的道路才能破解这一困境。

三、当前高标准农田建设未能有效覆盖农田宜机化改造

按照国家标准《高标准农田建设通则》（GB/T 30600—2014）（以下简称《通则》），农田宜机化改造是高标准农田的六项主要建设内容之一，即土地平整改造工程。事实上，我国在高标准农田建设实践中并没有很好地重视土地平整工程。长期以来，我国高标准农田建设项目投入标准偏低，2014年以前财政资金按照600元/亩的标准投入，2014年以后投入标准为1500元/亩（其中500元还需要地方财政配套），而丘陵山区农田宜机化改造实际成本在每亩2000～3000元。这就使得丘陵山区大部分高标准农田建设并不能完全按照《通则》中的标准进行建设，在较低投入标准的资金约束和较高建设面积的目标约束下，各地的高标准农田建设资金主要投向地形条件相对较好的区域，用于项目区外围道路、沟渠、蓄水池等显示度较高的建设内容，而有意忽略项目区内部土地平整、机耕道建设等内容。

这使得丘陵山区很多高标准农田项目建成后仍然缺乏农机进出地块便道、地块未平整连片、地块使用权属未交换整合，导致农机不能进入地块作业、进入地块后因地块不平整而无法作业、能作业也因地块细碎而效率低下等问题普遍存在。由于高标准农田建设工程只修外围的路、渠，而不平整项目

区内部土地和修建内部机耕道，在丘陵山区又被当地农户戏称为“镶金边工程”，工程实施后当地农户仍然在细碎分散的地块中采用人畜力方式生产作业，失去了工程实施的意义。如重庆市农业农村委员会的普查数据表明，已完成的高标准农田中大约只有30%能够满足宜机化要求。

正是由于农田宜机化改造对丘陵山区极为重要，而高标准农田建设项目在实践中忽略了农田宜机化改造内容，才导致不少地方另起炉灶单独提出并实施农田宜机化改造项目。如重庆2014年以来实施了近100万亩农田宜机化改造，2021年市财政每年拿出2亿元资金用于农田宜机化改造。山西、湖南、四川等地也纷纷拿出财政资金用于建设丘陵山区农田宜机化改造试点。

四、农田宜机化改造经济社会效益巨大

1. 再造4亿亩良田，确保粮食安全

根据《第三次全国国土调查主要数据公报》显示，我国191792.79万亩耕地中，位于6~15度坡度（含15度）的耕地25689.59万亩，位于15~25度坡度（含25度）的耕地11590.18万亩，位于25度以上坡度的耕地6337.83万亩，即6度以上不适宜机械作业的耕地面积合计有4.36亿亩。如果仅改造6~25度坡度（含25度）的耕地，面积也高达3.73亿亩。因此，在全国平原地区已经建成近9亿亩高标准农田的今天，应及时把高标准农田建设重心转移到丘陵山区。如果将丘陵山区6~25度（含25度）的耕地进行宜机化改造，预计未来还可新增高标准农田近4亿亩，为我国粮食安全提供坚实保障，为丘陵山区农业现代化和乡村振兴提供坚实基础。实际上，一些省份已经把高标准农田建设工作重心转移到丘陵山区，比如宁夏回族自治区平原地区的高标准农田建设项目已经基本实现全覆盖，2021年宁夏70%的高标准农田建设项目分布在丘陵山区。

2. 一次投入长期获利，内部收益率高达7.75%

目前，不少人质疑农田宜机化改造是否有经济效益。答案是肯定的。在调研中发现，宜机化改造的耕地大部分都是被农户抛荒的、失去经济价值的耕地，或者即使出租也只能收取较低地租的耕地。宜机化改造后，细碎小地块变成平整大地块，方便农机进出和高效作业，部分宜机化改造项目还配套建设了灌溉设施，使得土地由荒地变成了良田，每亩地租一般可以增加300元左右。按照地租每亩每年增加300元计算，相当于一笔存款放在银行每年产生300元利息，如果按照2.75%的5年期存款基准利率计算，相当于增加存款10909元，远远高于目前每亩2000~3000元的改造成本。按照20年工程使用寿命周期，2.75%的贴现率，每亩改造成本3000元，4亿亩合计投资1.2万亿元计算，每亩净现值1356.5元，4亿亩合计5426亿元，内部收益率达7.75%，是一项较好的基建投资项目。如果把改造后多出的耕地和建设用地指标用于占补平衡指标交易，可以获得更大的经济效益。

3. 保持水土绿色发展，重塑美丽田园

一直以来，对于农田宜机化改造的另一个质疑是农田宜机化改造会破坏生态。其实对于是否破坏生态的问题，学术界早有定论：坡耕地改为宜机化梯田不仅不会破坏生态，而且由于大幅度降低雨水的坡面径向冲刷，有较好的保持水土的效果。如张永涛、王洪刚、李增印等2001年在《水土保持研究》上发表的论文表明，山东省平邑县大卜槐流域北王庄村的坡耕地改为梯田后，径流总量下降69%，有明显的拦截地表径流，降低土壤侵蚀量的作用，同时0~40cm的土层里，梯田的含水率是坡耕地的1.3倍。吴家兵、裴铁璠2002年在《国土与自然资源研究》上的研究表明，每年流经三门峡站

的泥沙达16亿吨，其中50%来自黄土高原区的坡耕地，大部分泥沙沉积于中下游河道，导致河床每年抬高10厘米，10年淤高1米。黄河已成为“地上悬河”，严重威胁两岸人民的生命财产安全。“坡改梯”后，在24小时降水100毫米的情况下，一般可做到泥不出田，平均减少土壤冲刷量95%以上，达到拦蓄泥沙的目的。还有类似的大量研究也能证明这一点。在实践层面上，各地特别是西北地区也把“坡改梯”作为保持水土、生态涵养的重要手段。不能说改造自然就一定是破坏生态，实际上今天的宜人化、宜牛化的耕地也是人类世代改造自然的结果。没有数千年的农田改造，也就不会有如今的五千年文明。农田宜机化改造把杂乱无章的坡耕地改造为规整、宜机化的农田，只会保护生态，让水更绿，田园更美。

五、结论与建议

总之，丘陵山区农田宜机化改造可以再造4亿亩良田，是一项功在当代利在千秋的事业。虽然农田宜机化改造工作多次写入党中央国务院重要文件，但配套政策还不够，支持力度还有些薄弱。2022年3月最新发布的修订后的《高标准农田建设通则》也把适宜农机作业作为高标准农田建设的重要内容，但这项工作涉及投入标准、建设标准、验收标准等系列配套政策和技术体系的变更，不是一朝一夕就能全面贯彻执行的，需要农业农村部农田建设部门联合农机部门做大量细致工作，需要财政部给予更多资金支持。

建议政府一方面投入资金到果蔬茶等无论是平原地区还是丘陵地区都缺乏的农机上，另一方面加强丘陵山区农田宜机化改造工作，给予更多的重视和实质投入。对于科研人员，不要将研究重点放在所谓适宜丘陵山区的小型农业机械上，而是放在平原地区也缺乏的果蔬茶机械上，以提高有限科研经费的使用效率。对于着手开发适宜丘陵山区小农机的企业，停止无效投入，多把资源投入无论是平原地区还是丘陵地区都没有的农机品种上，比如果蔬茶农业机械和一些地区的优势特色农产品机械。虽然这些作物主要分布在丘陵山区，但它们机械化水平较低的问题，不仅存在于丘陵山区，也存在于平原地区。当然，这些产品的开发，也要基于地块宜机化的思路，而不是在坡地上、细碎地块、缺乏机耕道条件下寻求机械化解决方案。

（江苏大学中国农业装备产业发展研究院教授，全国丘陵山区农田宜机化工作专家组秘书长　张宗毅）

第二部分

专　题　篇

2021—2022 年玉米收获机市场回顾与展望

2021 年是玉米收获机市场很不平凡的一年，众多偶发性事件构成了玉米收获机市场错综复杂的环境，也催生出玉米收获机市场的新变化和新特点。2020 年受新冠肺炎疫情影响，玉米收获机变数陡增；2021 年突发的水灾导致部分区域玉米受灾，占比 95% 的轮式玉米收获机闲置；部分地方限电对玉米收获机的生产产生较大影响，直接冲击整个产业链；原材料涨价，带给玉米收获机市场最大的改变就是打破了多年不变的竞争格局，催生出新的竞争特点。

往者不谏，来者可追。面对未知的 2022 年，如何把握玉米收获机市场的发展趋势，解码市场发展周期奥秘，踏准变局中的需求节奏，成为摆在我们面前共同思考的问题。

一、2021 年，稳健攀升，月度走势前扬后抑

2021 年玉米收获机市场继续保持稳健增长的特点，继 2020 年大幅增长 25.65% 后，继续保持增长，实现“两连增”。市场监测显示，2021 年累计销售各种类型玉米收获机 5.65 万余台，同比增长 16.49%。

玉米收获机市场大幅度增长源自多重利好因素：第一，刚性需求对市场依然保持着较强动力，在三大粮食作物中，玉米机收率最低，2021 年为 78.67%，分别低于小麦和水稻的机收水平 18.82 个和 15.06 个百分点；第二，玉米价格居高不下，加之产量高，从经济效益考虑，不少区域出现“水改旱”现象，玉米种植面积进一步扩容，东北和黄淮海区域玉米种植面积增加 1000 万亩以上；第三，茎穗兼收玉米收获机市场受畜牧业市场高位运行的拉动，增势强劲，成为玉米收获机市场的生力军；第四，近年，在国家政策扶持下，丘陵山区小型玉米收获机市场被激活，市场贡献率逐年走高；第五，2020 年购买玉米收获机的用户收益良好，刺激 2021 年潜在用户购买；第六，市场进入更新高峰期，成为拉动市场的又一引擎；第七，粮价上涨，用户收益提高，购买力增强，消费信心增长；第八，水灾导致履带式玉米收获机市场热销，市场贡献率明显提高。

月度走势前扬后抑。从市场调查数据看，除 2021 年 1 月同比大幅度下滑外，2—6 月同比均出现两位数增长，其中，2 月、4 月增幅达到三位数。市场带着上半年大幅度增长的“高温”进入下半年，本来是市场高峰期的下半年却表现出淡季较旺，旺季反倒表现得波澜不惊，除 8 月出现 29.96% 较大幅度增长、9 月小幅增长外，其他月份均出现不同程度的下滑。

中国农业机械流通协会发布的农机市场景气指数（AMI），其中对玉米收获机市场月度走势的监控也反映了这一特点。2021 年 1—8 月的景气度指数除 2 月偏离景气区间外，均在景气区间起伏；相反，9—10 月的旺季，反而跌出景气区间；12 月虽出现翘尾现象，但并不能改变全年月度走势特征（如图 1 所示）。

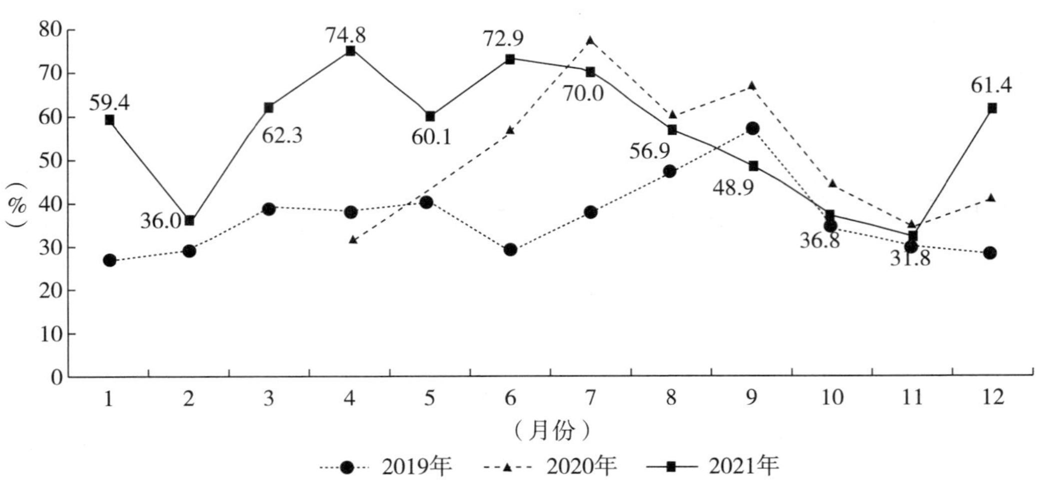

图 1　2019—2021 年玉米收获机市场月度走势

销售旺季前移的特点表现得较为突出，其主要原因是 2020 年市场“断货”，对不少经销商的效益造成较大影响，进而形成多年少见的市场“饥饿”效应。所以 2021 年许多经销商提前备货，致使大量产品滞压于渠道，下半年市场释放库存，从而导致出现市场前增后降的奇怪现象。月度市场占比也反映了这个特点，2021 年上半年，月度市场占比除 1 月外，其他月份的占比均高于 2020 年同期；下半年正好相反，除 8 月外，其他月份均低于 2020 年同期；另外，出货高峰期集中度有所提升，玉米收获机市场出货高峰期集中在 2021 年 6—9 月，这 4 个月的销量占全年销量的 77.79%，比 2020 年同期上扬了 3.06%。

二、大型化趋势强烈，4 行机型市场占比六成

2021 年玉米收获机市场需求结构受各种因素的影响，出现较大变化，凸显三个新特点。

（1）大型化趋势进一步增强。市场监测显示，2021 年累计销售 5 行及以上机型 1.02 万台，同比大幅增长 67.21%；市场占比 18.05%，较之 2020 年上扬 5.48 个百分点，成为各机型中同比、占比增幅最大的机型。单台价格提升从另一个层面也反映了这个趋势。2021 年玉米收获机的单台销售均价近 20 万元，较之 2020 年提高了约 3.27 万元。究其原因，其一是原材料价格上涨提高生产成本，其二是大型玉米收获机销量占比提升。

大型机具走强的原因有三点：一是市场需求大型化与消费者购机用途关系密切，市场调查显示，90% 以上的用户购买玉米收获机的目的是从事作业服务，而大型机具以其高质高效的优势成为用户的首选；二是近年农业（农机）合作社崛起成为一股重要力量，他们同样选择大型机具；三是土地流转和托管，直接推动农业的产业化、规模化、现代化。

（2）从玉米收获机市场需求的各个机型看，2021 年聚焦 4 行机。市场调查显示，2021 年 4 行机型累计销售 3.39 万台，同比增长 33.99%；市场占比高达 60.00%，较之 2020 年同期上扬了 7.84 个百分点（如表 1 所示）。

表 1　　2020—2021 年玉米收获机销售一览表

机型	销量（万台）		同比（%）	占比（%）		增减（%）
	2021 年	2020 年		2021 年	2020 年	
行数≤2	0.26	0.61	-57.38	4.60	12.58	-7.98
行数=3	0.98	1.1	-10.91	17.35	22.68	-5.33
行数=4	3.39	2.53	33.99	60.00	52.16	7.84
行数≥5	1.02	0.61	67.21	18.05	12.58	5.47
合计	5.65	4.85	16.49	100.00	100.00	0.00

（3）茎穗兼收玉米收获机依然保持强劲增势。以专门生产茎穗兼收玉米收获机的九方泰禾为例，截至 2021 年 10 月，销售 3800 多台，同比大幅度增长 113.09%。2019—2021 年，茎穗兼收玉米收获机市场连续三年高歌猛进，同比增幅分别达到了 333.73%、140.93% 和 128.94%。正是其市场爆发式增长，吸引了包括潍柴雷沃、山东巨明、河北英虎、山东金大丰在内的众多企业进入，市场竞争也愈发激烈。

三、主流区域市场冷热不均，黄淮海区域大幅度增长

2021 年玉米收获机市场出现新特点，主要表现为：第一，区域集中度小幅下降，市场监测显示，销量前十大区域市场累计销售 4.94 万台，同比增长 9.29%；市场占比 87.43%，较之 2020 年同期下挫 5.77 个百分点。第二，黄淮海区域市场增势强劲，包括河北、山东、河南、安徽、山西在内的市场均出现两位数增长，其中河南出现 38.46% 的大幅度攀升。反观“东北三省一区”主流市场的表现，差强人意，虽然黑龙江市场出现 19.05% 的较大幅度增长，但内蒙古市场增幅较小，吉林市场出现 24.58% 的大幅度下滑，辽宁市场没有进入前十大主流区域（如表 2 所示）。吉林市场下滑主要因为 2020 年形成的市场“高地”以及连续多年的高位运行，内蒙古市场增幅缩水的原因与之相似。

表 2　　2020—2021 年区域市场玉米收获机销售一览表

序号	省份	销量（万台）		同比（%）	占比（%）		增减（%）
		2021 年	2020 年		2021 年	2020 年	
1	河北	0.92	0.75	22.67	16.28	15.46	0.82
2	山东	0.96	0.83	15.66	16.99	17.11	-0.12
3	吉林	0.89	1.18	-24.58	15.75	24.33	-8.58
4	河南	0.72	0.52	38.46	12.74	10.72	2.02
5	安徽	0.41	0.30	36.67	7.26	6.19	1.07
6	山西	0.36	0.31	16.13	6.37	6.39	-0.02

续 表

序号	省份	销量（万台）		同比（%）	占比（%）		增减（%）
		2021 年	2020 年		2021 年	2020 年	
7	黑龙江	0.25	0.21	19.05	4.42	4.33	0.09
8	内蒙古	0.23	0.22	4.55	4.07	4.54	-0.47
9	甘肃	0.11	0.10	10.00	1.95	2.06	-0.11
10	陕西	0.09	0.10	-10.00	1.59	2.06	-0.47
小计		4.94	4.52	9.29	87.43	93.20	-5.77
其他		0.71	0.33	115.15	12.57	6.80	5.77
合计		5.65	4.85	16.49	100.00	100.00	0.00

四、集中度提高，竞争进入淘汰赛

2021 年原材料大幅度涨价对玉米收获机市场竞争态势产生了较为深刻的影响，不同品牌因自身实力、市场布局的提前量、竞争策略的不同，呈现出截然不同的结果，也催生出玉米收获机市场竞争的新特点。

特点一，洗牌加速。品牌数量持续减少，由 2020 年高峰期的数百家减少至 2021 年的不足百家。市场监测显示，活跃于 2021 年玉米收获机市场上的品牌为 80 余家，较之 2020 年的 100 多家减少了近 20 家，下降了 17.76%。

特点二，集中度提高。2021 年销量前七大品牌累计销售各种型号玉米收获机 4.18 万台，同比大幅度增长 56.44%，高于平均增幅 39.95 个百分点；市场占比 73.99%，比 2020 年同期提升 18.89%（如图 2 所示）。小品牌大幅度下降 32.51%。2021 年大品牌销量好与企业经营管理有关，因为大品牌自 2020 年 11 月就开始进行下一年的市场布局，赶在原材料涨价之前购入，所以，2021 年的原材料涨价对其影响较小。相反，小品牌因流动资金的限制，加之对市场的把控水平较低，一般都是年后购买原材料组织生产。本来靠价格优势生存的小品牌，因原材料涨价推高成本，价格优势荡然无存，对其生存无疑釜底抽薪。所以，导致众多小品牌或退出市场，或压缩产量，直接推高市场集中度。

特点三，大品牌全线飘红。2021 年潍柴雷沃销量近万台，继续领跑市场，较之 2020 年同比大幅度增长 60.84%，占比上扬 4.78 个百分点。位居二、三位的山东巨明、河北英虎销量分别逼近 9000 台，同比分别增长 49.98% 和 61.11%，占比分别上扬 3.52% 和 4.26%。九方泰禾增幅高达 120.02%，成为增幅最大的品牌。

特点四，竞争水平提升。2021 年玉米收获机市场的竞争继续围绕产品品质与品牌两大因素展开，大品牌依靠优良品质，攻城略地，扩大市场地盘，进一步挤压小品牌的生存空间，走出低价竞争的泥潭。

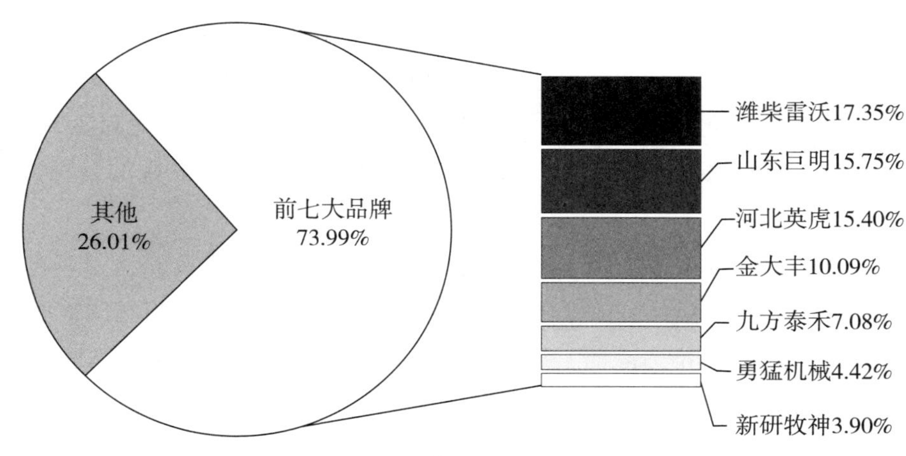

图 2　2021 年玉米收获机主流品牌市场份额占比

五、2022 年，利好利空叠加，市场变数陡增

2022 年的玉米收获机市场面临着错综复杂的环境，利好、利空因素交织，机遇、挑战并存，市场变数明显增多。

从影响玉米收获机市场宏观因素分析，玉米播种面积增加或减少、玉米价格的升降对玉米收获机市场都会产生较大影响，二者联系密切。

首先，玉米价格对玉米收获机市场影响较大。

一是影响玉米的种植面积，玉米种植面积直接影响玉米收获机市场的容量。

二是影响种植户的收入，直接影响用户的购买力和购买信心。2022 年玉米价格变数明显增多，主要表现在：第一，从我国玉米用途看，饲料消费、工业消费、种用及食用消费和其他消费占比分别为 63%、31%、5% 和 1%，由此不难看出，畜牧业对玉米种植面积产生较大影响。2021 年养殖业与 2020 年大不相同。虽然生猪产能提高，但是养殖业全面亏损，在这种情况下“降本”是第一位的，因此需求就变得更加谨慎。第二，稻谷以及进口玉米和其他谷物的替代，尤其是稻谷库存高企。第三，心态变化。2021 年卖方的心态普遍是惜售，而买方的心态是一致的积极，这也是 2021 年玉米行情大涨的一个重要原因。而 2022 年卖方的心态虽然也是惜售，但是买方的心态却集体转变为谨慎，具体表现为贸易商观望情绪变浓，不敢轻易出手建库存粮，而深加工也多随采随用，多是分批采购以分摊风险。基于此，玉米市场也很难走出太大的行情。由此决定了 2023 年的玉米收获机市场面临的宏观环境并不乐观。

其次，2022 年玉米收获机市场内生动力偏弱，面临需求、供应、渠道三重下行压力。

从需求端看，2021 年受水灾影响，轮式玉米收获机无法下地作业，而该机型的市场占比高达 95% 以上，由此决定了部分玉米收获机投资者收益将受到较大影响，进而打击市场消费信心，尤其是对潜在消费者将产生较大影响。

从供应端看，第一，2022 年的原材料价格高企，推高制造成本，连带玉米收获机价格攀升会延续至 2023 年，对市场需求产生一定压制；第二，多数小企业，因成本的提高，会压低产量，甚至退出市场，对低端市场产生较大影响；第三，疫情防控期间物流迟滞影响玉米收获机行业供应链。2022 年一季度，玉米收获机生产保持了平稳的增长，主要得益于 2021 年整机或零部件库存，对生产影响较小；随着库存消化殆尽，自 4 月开始，一些头部企业因零部件供应不及时对生产产生一定影响。

从渠道端看，农机经销商弱小散的状态决定了他们的资金并不充裕，加之利润率本来就低，产品价格的上涨对其薄如纸的利润更是雪上加霜，对包括组织货源、库存等在内的各种因素产生一定的影响。

再次，周期或出现拐点。从市场的周期性变化和内生动力看，玉米收获机市场已经经历了 2020 年、2021 年“两连增”，市场能量已是强弩之末，在没有新引擎出现之前，市场调整下行的概率较大。

最后，农机补贴政策红利的推力减弱。近两年，部分地方出现严重的补贴“透支”，寅吃卯粮现象，2020 年，个别省份补贴“透支”超过 100%~200%。尤其是单台补贴额度逐年减少的趋势已是多年常态，如果没有其他因素出现，此趋势不会发生变化。由此我们不难得出农机补贴对市场的推动力呈边际递减趋势。

当然，与之并存的利好因素对市场的支撑也是不可忽略的。第一，玉米价格上涨难度虽然加大，但影响其价格的因素众多，在涨跌各种因素的较量中，并不能完全排除上涨的可能性。即使不上涨，价格保持高位的可能性还是很大，由此能确保 2023 年玉米种植面积不会缩水，从而为玉米收获机市场总容量提供保障。第二，玉米收获机多功能需求对市场形成多点支撑。从品类上看，除占据绝对份额的摘棒式玉米收获机外，籽粒玉米收获机虽然近年总量占比较小，但呈现逐年递增趋势。包括茎穗兼收玉米收获机、秸秆打包机在内的畜牧机械市场的“近亲”细分市场，2022 年随着畜牧机械市场持续高温，将成为玉米收获机市场的强大支撑力量。第三，水患对玉米收获机市场的影响仅仅局限于华北、华东地区部分区域，虽然对整体市场有一定影响，但影响有限。例如，2021 年灾情较重的河南省秋粮受灾面积达 1100 万亩，占河南全省秋粮面积的 14%，占全国秋粮面积约 1%。13 个粮食主产省（自治区）中，除华北、华东地区部分区域外，其他区域影响不大，如“东北三省一区”，玉米丰收，对整体市场或将起到重要的保障作用。

六、市场或下滑

基于以上分析，我们预判，2022 年玉米收获机市场下滑的概率较大，但降幅不会太大。预计全年销量会守住 5 万台底线，同比降幅在 10% 左右（如图 3 所示）。

此外，从市场需求看，下面可能发生的两点变化应引起关注。一是需求结构或出现较大调整。4 行机型依然会扮演主流机型角色，但销量占比突破六成底线，出现下挫。与之同时发生的 3 行和 3 行以下的小机型或出现逆袭，走出低谷，出现一定增长。这主要基于多年来玉米收获机市场发展规律，在市场收缩期，市场需求结构一般会打破常规，逆势而行。加之 2021 年水患导致的投资用户收益下降，必然会对 2022 年市场信心造成较大影响，部分购买者的保守心理决定了他们会压缩投资额，倾向于购买小机型。当然，这并不会影响玉米收获机市场的大型化趋势，毕竟 90% 以上的客户购买大型机具都是投资性行为，因为大型机具能创造更高的收益，加之农机补贴因素，市场占比依然会有所提高。二是茎穗兼收玉米收获机市场依然会保持增长，但增幅回落的概率较大。从近几年发展规律看，增幅回落似乎成为发展规律，在连续多年回落后，2022 年还将继续。三是市场区域依然会集中在“东北三省一区”和黄淮海区域，但或因一些区域 2021 年的“退补”，或因单台补贴额度下降，或因 2021 年大

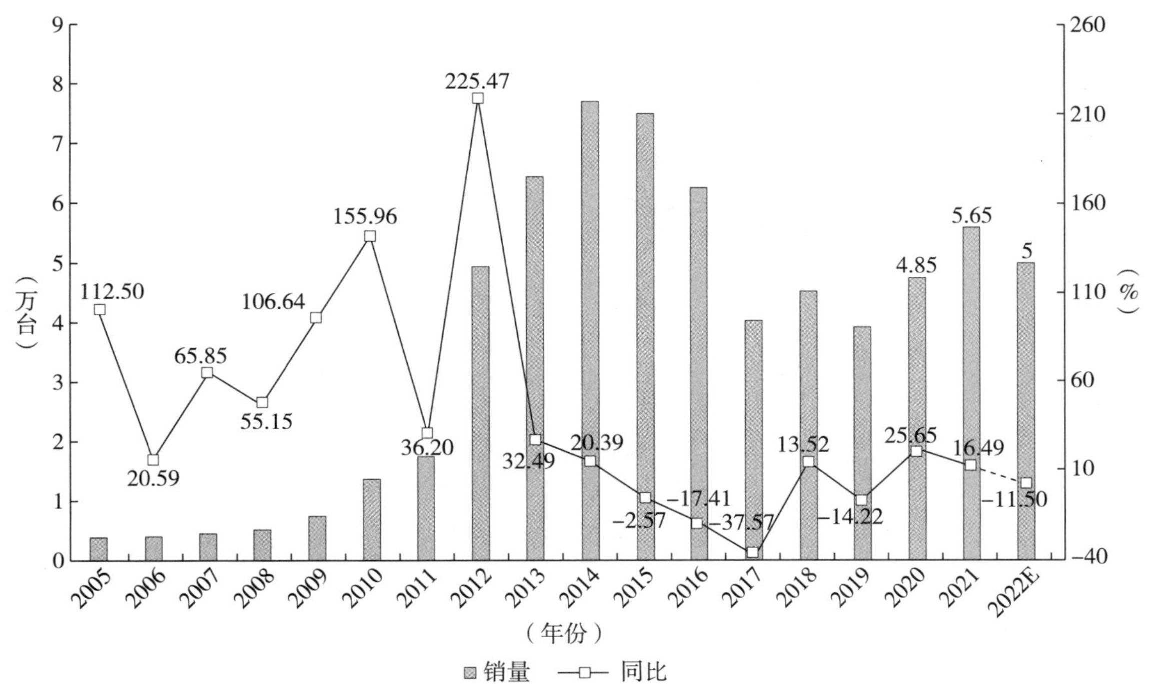

图 3　2005—2021 年玉米收获机市场销售走势及 2022 年预测

幅度增长形成的“高门槛”，出现较大幅度下滑。四是产品价格将保持高位。自 2021 年原材料涨价至今未有停歇迹象，将进一步推高产品价格。

每有一批旧企业倒下，必将有一批新企业站起来！这是历史的铁律！曾经独领风骚的宁联、博远今日已不见踪迹，而英虎、九方泰禾等新锐崛起，展现了强劲实力。玉米收获机市场正是通过激烈的市场竞争，实现优胜劣汰，行业升级。2022 年玉米收获机市场的竞争或变得更加激烈，在产品品质差距越来越小的情况下，市场竞争焦点或出现转移。突出表现为：第一，产品创新依然是市场竞争的第一位因素，2021 年水患引发的用户作业收益下降，或改变不少用户需求方向，履带式收获机或将成为他们的选择；第二，渠道竞争会变得更加激烈，几大品牌争夺优质经销商资源的动作会进一步加大；第三，竞争加速市场洗牌，低端品牌出局的概率明显增大，市场竞争度会进一步提高。

（石家庄天人农业机械装备有限公司　总经理助理　　邵　群）

2021 年采棉机市场回顾与 2022 年展望

近年来我国采棉机市场在各种利好因素的拉动下，可谓风生水起，直至 2021 年，市场骤然降温，占比大幅度下降，令不少业内人士大跌眼镜。这是由蓝海进入红海的信号，还是市场周期性变化出现的动态调整呢？2022 年采棉机市场生态环境云谲波诡，利好利空因素错综复杂，市场将往何处去。我国 95% 以上的采棉机市场集中于新疆维吾尔自治区（以下简称“新疆”），保有量也在 90% 以上，因此本文聚焦新疆，试图从 2021 年市场的表现到 2022 年市场面临的复杂环境入手，深层次分析当今的采棉机市场，揭开采棉机市场的神秘面纱。

一、市场变脸，国内及出口市场全线飘绿

2021 年，农机市场迷雾叠嶂，一些市场风生水起，诸如插秧机采棉机、玉米收获机采棉机；一些市场出现较大幅度滑坡，如大中拖采棉机、饲料收获机市场、烘干机采棉机。在这些下滑的市场中，采棉机市场的下滑可谓最令人诧异，出现了断崖式下滑。市场监测显示，全年销售 847 台，同比下滑 32.78%。

仔细分析，这一切又在意料之中。究其原因，2021 年采棉机市场大幅度下滑是多重利空因素综合作用的结果。第一，市场趋于饱和，刚性需求下降。我国采棉机市场聚焦新疆，市场需求占全国市场 95% 以上。截至 2021 年，新疆采棉机拥有量 7800 余台，机采水平 87.9%。如果按照平均 1 万亩/台来计算，能满足 7800 万亩棉花需要。事实上，2021 年，我国棉花播种面积仅 4542.2 万亩，其中新疆棉花播种面积为 3759.15 万亩，占比高达 82.76%。第二，用户收益下降。采棉机用户多为投资性购买，随着采棉机保有量的增加，服务作业竞争越来越激烈，作业收益呈现边际递减趋势，尤其 2020 年，许多农户收益下降，打击了潜在用户购机积极性，对 2021 年采棉机市场产生较大影响。第三，周期性下滑。2020 年销售 1260 台，同比增幅高达 124.2%，创采棉机销量历史之最，形成市场“高地”，然而物极必反，2021 年出现周期性下滑也在预料之中。

国内采棉机市场下滑令人唏嘘，进出口市场的下滑更让采棉机市场雪上加霜。统计显示，采棉机进出口额均出现较大滑坡。其中，2021 年出口额为 1461.9 万美元，同比大幅度下滑 83.7%；进口额为 3098.22 万美元，同比大幅度下滑 85.7%。从进出口数量看，出口数量为 4440 台，同比增长 17.9%；进口数量为 51 台，同比下滑 85.4%。出口市场出现“额降量增”的主要原因是出口机型呈小型化。

二、需求结构生变，高端与低端并行

2021 年采棉机市场受周期性下降的影响，市场需求结构发生两大变化。一是打包式采棉机市场风

生水起，高端化趋势表现得十分强烈。中国农业机械流通协会市场监测显示，2021 年累计销售打包式采棉机 483 台，同比大幅度增长 27.11%，占比 57.02%，较之 2020 年提升 26.87 个百分点；与之相反，箱式采棉机市场出现“跳水”，累计销售 364 台，同比大幅度下滑 58.64%，高出平均降幅 25.86 个百分点。二是 3 行机型大行其道，占据主流。其中箱式采棉机以 3 行机型为主，占比高达 80.46%；但这一特点在打包式采棉机细分品目中表现得并不十分明显，6 行机型和 3 行机型占比差距不大，分别占比 42.65% 和 57.35%。

采棉机市场需求结构调整是多重现实因素综合作用的结果。首先，从终端用户分析，购买打包式采棉机的用户多为高端市场需求，他们追求的是作业效率，对大型高端打包机情有独钟，从而导致 6 行机型打包式采棉机销量大增，占比大幅度提升。相反，购买箱式采棉机的用户以低端市场需求为主，他们更在意产品价格，因此 3 行机型箱式采棉机成为他们的首选。其次，作业收益下降，投资回报率走低，一些农机专业户开始走低端路线，为 3 行采棉机的大幅增长提供了强大支撑。随着近年采棉机市场的高速增长，棉花机收水平走到高位，市场刚性需求下降，直接导致棉花机效益呈边际递减趋势，同时投资回报周期由前几年的一年延长至近年的 2～3 年，农机专业户资金回笼压力增大，动摇了一些用户的投资信心，使其开始尝试购买价格低廉的 3 行机型箱式采棉机。究其原因，3 行采棉机具有两大优势：一是价格优势突出，其价格比 6 行采棉机低了将近 50%，但作业效率差距不大；二是适合中小型地块。最后，打包式采棉机已经成为市场潮流。因棉花种植农户更喜欢用打包式棉花采摘机进行棉花的收获作业，直接导致 2021 年 3 行打包式采棉机销量激增。

三、集中度提升，竞争格局悄然生变

2021 年，销量前八的品牌累计销售采棉机 827 台，同比下降 28.15%，但占比高达 97.61%，较之 2020 年上扬 6.29 个百分点。主流品牌变现冰火同炉，新疆钵施然独占鳌头，销售 417 台，同比小幅增长 2.96%，占比达 49.23%，较之 2020 年上扬 17.09 个百分点。沃得、山东天鹅出现飙升，分别销售 90 台、70 台，分别增长 1025% 和 191.67%，占比分别上扬 9.99 个和 6.36 个百分点。铁建稳健增长 22.64%，占比上升 3.47 个百分点。与之相反，约翰迪尔下滑幅度高达 84.21%，占比 7.08%，较之 2020 年下挫 23.07 个百分点。现代农装、星光和常州东风分别下滑 50%、64.29% 和 49.28%。

采棉机市场竞争的过程反映了民族品牌崛起的历程，在 2015 年之前，我国采棉机市场基本被约翰迪尔、凯斯纽荷兰等欧美品牌垄断，市场占比高达 90% 以上。2018 年以后，以钵施然为代表的国产采棉机崛起，开始在市场发力。其中，钵施然成为采棉机市场的一匹黑马，利用新疆市场的区位优势和市场需求顺势崛起，快速抢占市场。2018—2020 年钵施然销量连续 3 年大幅度攀升，竞争格局也出现了戏剧性变化。如 2017 年钵施然的市场占有率仅有 9.3%，而约翰迪尔高达 70%；2021 年，钵施然市场占有率 49.23%，约翰迪尔仅有 7.08%。

采棉机市场的竞争聚焦价格，国产品牌的崛起主要得益于强大的价格优势：其一市场调查显示，约翰迪尔单台均价约 360 万/台，国产机型仅 120 万/台；其二技术进步与产品创新加速，国产机型的棉花采净率已超过进口机型；其三国产打包式采棉机进入成长期，成为采棉机市场生力军，竞争力明显提升。以新疆钵施然、铁建重工、现代农装、山东天鹅等为代表的国产采棉机，在 2020 年试水后，2021 年渐入佳境，呈现爆发式增长，打破了长期以来的市场竞争僵局，亮相高端市场，进一步缩小了与约翰迪尔、凯斯纽荷兰等高端产品的差距，产品竞争力明显提高。

虽然国产采棉机在质量、技术方面取得了很大进步，但与约翰迪尔相比，在关键材料与核心工艺、关键核心技术、智能化技术等方面依然存在较大差距，可以说约翰迪尔等进口采棉机仍是市场追逐的品牌。

四、2022 年逆势而行，大幅度攀升

近年，受国家政策、市场刚性需求、劳动力成本上升等多重利好因素的驱动，采棉机市场呈现快速发展的势头，但这种势头在 2021 年戛然而止，市场出现较大幅度滑坡。那么，2022 年市场走势如何呢？

尽管万物互联，相互影响，在复杂的农机市场生态环境中，我们必须从纷繁复杂、相互交织的影响因素中梳理出不同因素对市场的影响程度，找出影响 2022 年农机市场的关键因素。

1. 采棉机市场生态环境出现较大变化，突出表现在以下几个方面

一是新疆棉花种植面积稳定增长，对市场有较强的支撑。中国是世界第一大棉花消费国，也是世界第二大棉花生产国。中国棉花在全球总占比为 32%，2021 年全国棉花播种面积为 45421.5 亩，比 2020 年减少 2112 亩，下降了 4.4%。其中，我国最大产棉区新疆的棉花播种面积为 37591.5 亩，比 2020 年增加 61.5 亩，增长了 0.2%。

二是补贴政策将助力市场增长。2022 年第一批农机购置补贴资金 9.33 亿元全部拨付到各县（市、区），已实施补贴资金达 6.33 亿元，有效减轻了农民购置农机的负担，为采棉机市场提供了政策保障。

三是棉花种植面积扩容提升市场需求。2022 年预计户均棉花播种面积较 2021 年增长 3.18%。这种判断主要基于：一方面 2021 年棉花收购价格远高于往年，为农户带来较大收益，极大地刺激了农户的种棉积极性；另一方面新疆实施的棉花目标价格改革政策，很大程度上保障了种棉农户的基本收益。

四是机采棉能合理安排拾花后对土地表面的处理和冬灌翻耕工作。人工拾花开始早、结束晚，很难提早进行下一阶段的耕耙地工作，往往是地已上冻，才不得不终止冬翻等作业。机具的大量损毁和加速磨损给农机户造成了严重损失。采用机采棉方式则不然，只要开始机采，棉田承包户只需忙碌一天，就可安排进行清田和冬翻冬灌工作。机采结束，冬翻工作就基本结束。大量的棉田承包工就有时间、有精力尽早进入庭院经济活动，创造更多的价值。

五是机采棉的优势突出。其一成本低，使用机器采摘棉花的成本比人工成本低得多，请工人采摘棉花的成本是 2.5 元/千克，而机器采摘棉花的成本是 1.02 元/千克，比人工成本低 1.48 元/千克。其二效率高，机械化采摘棉花的效率要大大高于人工采摘效率，一台采棉机每天采摘棉花的数量相当于日均 600 人的劳动量。其三运输方便，打包式采棉机逐渐占据市场主流，为棉花收获后的运输提供便利。

2. 内生动力充沛，以下因素将推动采棉机市场走强

第一，周期性增长。2021 年采棉机市场出现“跳水”，形成市场“洼地”，2022 年或出现恢复式增长。从 2011—2021 年棉花采摘机的发展规律看，两个特点十分突出：一是整体市场处于上升期，10 年中有 7 年保持较大幅度增长；二是在下滑年份之后，次年均出现大幅度攀升。2012 年、2018 年、2021 年，分别下降 60.83%、13.7% 和 32.78%，随之 2013 年、2019 年同比大幅度增长 90.62% 和 41.56%，2022 年如果不出意外，大概率会出现较大幅度反弹。

第二，企业的推动。企业在采棉机发展过程中起到了十分重要的作用，突出表现在：一方面，国产中小型采棉机市场逐渐成熟，因价格适中，满足了低端市场的需求；另一方面，一些大型企业为解

决用户购买力不足的问题，与金融机构联合，为用户融资提供解决方案，缓解了用户购机资金不足的压力，对市场也起到了较大的推动作用。

第三，更新进入高峰期。2022 年采棉机市场更新动力来自两个方面，一是自然更新。2021 年新疆采棉机保有量 7850 台，其中约翰迪尔高达 3280 台，占比 41.78%，近年崛起的民族品牌占比近 60%，决定了需要更新的机械数量较多。市场调查显示，新疆存量部分，采棉机老化，多为进口二手机，市场进入更新高峰期。二是产品进步导致市场需求变化引发的更新。随着国产打包式采棉机产品的逐渐成熟，其价格优势满足了较大一部分低端用户的需求，尤其是棉花种植户，他们更愿意用打包式采棉机收获棉花，由此将加速采棉机的更新范围和速度。

第四，用户收益增加。市场调查显示，2021 年采棉机用户收益经过 2020 年短暂低谷后，多数用户实现较好的收益，激活了潜在市场。

第五，崛起的农机、农业合作社、农机专业服务组织，成为采棉机市场的主要需求群体。2022 年劳动力成本持续上涨，将继续推动棉农对采棉机的服务需求，而较高的投资回报率将驱动更多专业合作组织投资采棉机，这些都为 2022 年采棉机市场保持稳定上行提供强大的支撑。

3. 虽然利好因素强烈，但 2022 年也面临着诸多利空因素

首先，新冠肺炎疫情对制造企业的生产经营均产生较大影响，物流不畅导致一些制造企业供应链“断流”，影响市场的正常供应；其次，一些企业特别是对市场影响较大的企业因对市场的误判，计划缩水，对市场需求产生较大影响；最后，采棉机的大型化趋势逐年增强，市场占比逐年提高，将挤压市场需求空间。

4. 预计 2022 年采棉机市场将走出低谷，出现较大幅度攀升

2022 年，预估全年需求量在 1000 台左右，市场同比增幅 18%～20%（如图 1 所示）。

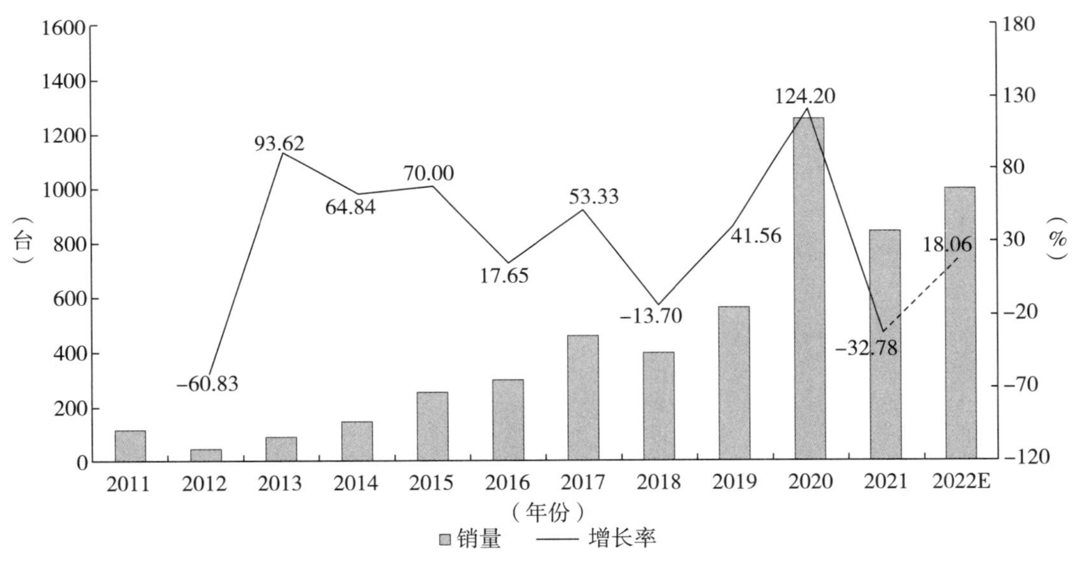

图 1　2011—2021 年采棉机市场销售走势与 2022 年预测

从市场需求结构看，打包式采棉机市场需求量还会出现大幅度增长，市场占比进一步攀升，逐渐上升为市场主力机型。从市场竞争分析，国产打包式采棉机的渐趋成熟，市场竞争力不断加强，将维持较高的市场占比。

（新疆天农农机股份有限公司　总经理　　杜中国）

2021 年辣椒除柄机市场回顾及 2022 年展望

提到辣椒除柄机，也许很多人都不了解，包括部分农机行业从业人员。所谓辣椒除柄机，就是去除辣椒柄的机器。与传统农机品类不同，辣椒除柄机是近几年市场表现不俗的新兴小众农机产品之一，其彻底改变了传统人工去除辣椒柄的操作方式，提高了效率，降低了成本，减少了职业危害，备受辣椒加工产业青睐。

近年来，伴随后工业时代的到来，加之农机市场保有量趋于饱和，尤其是传统农机品类存量日益庞大，日渐显示出存量竞争特征，即普遍过剩、供大于求。与拖拉机、收获机等传统农机产品不同，偏小众化的辣椒除柄机以其独特的创新性、成长性，愈加引发关注。

一、辣椒除柄设备产业背景

从全球范围看，辣椒种植国家占 70% 左右，是世界上仅次于豆类、番茄的第三大蔬菜作物，辣椒制品超过 1000 种，中国、印度、墨西哥、土耳其、西班牙、玻利维亚、南非等都是辣椒主产国。我国辣椒种植具有面积大、品种多、分布广等特点，辣椒种植面积占全国蔬菜种植面积的 12% 以上，与大白菜稳坐中国蔬菜大军中的头两把“交椅”（如图 1 所示）。

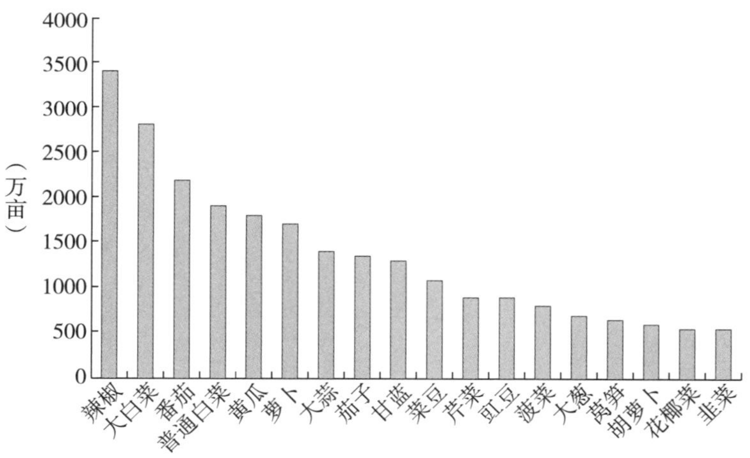

图 1　2021 年我国蔬菜种植面积统计

从辣椒加工与流通情况分析，世界辣椒看中国，中国辣椒看胶州，据统计，山东青岛胶州市辣椒交易占全国交易的 70%。该市辣椒企业超 360 家，每天有 200 多吨辣椒走出国门，年交易额达 120 亿元。

辣椒虽小，但是其背后蕴含的产业可不小。辣椒机械产业作为辣椒产业的重要组成部分，在种植、田间管理、收获、烘干、加工等各环节均大有用武之地，但是，目前我国辣椒产业整体机械化水平还比较低，比如辣椒移栽、辣椒收获、辣椒除柄、辣椒脱帽、辣椒色选等机械化率均存在非常大的提升空间。

具体到辣椒加工环节，过去的很多年里，辣椒除柄设备研发属世界性课题，严重滞后于辣椒产业发展。辣椒收获后都是带柄的，而在辣椒深加工过程中，如做辣椒酱、辣椒面、剁椒等都需要去除辣椒柄。按照我国出口标准要求，干辣椒出口要求把柄部位残留在2～6mm，传统方式是人工扭断或用剪刀剪切完成，耗时费力、效率低下，且对操作者易造成灼伤、刺痛、皮肤溃烂等职业危害，因此专业加工机械设备需求尤为迫切。如何利用机械设备，在不损坏辣椒外形的前提下批量去除辣椒柄成为当下急需解决的难题。看似简单的加工诉求，却难倒了不少行业人士，在研发过程中，研发出来的产品不是效率低下，就是剪切过程中损伤辣椒尖，或是损伤辣椒果皮，作业效果难以达到用户要求。

经过多年努力，我国在自动辣椒除柄设备研发制造领域走在了全球的前列，伴随着小众农机品类的兴起，辣椒除柄机市场风生水起。目前，我国相关企业正在加大研发力度，形成了滚筒、拨叉等多种结构形式的辣椒除柄机械品类，涉及20余家品牌企业，在基础研究、技术研发、产品创制等方面形成了比较明显的优势，产品性能日益成熟。

二、2021年市场运行情况及2022年预测

由于辣椒除柄机属于小众农机产品，市场区域分散，且作为专项鉴定产品进入国家农机购置补贴体系仅一年多，销量统计存在较大难度。据不完全统计，辣椒除柄机市场起步于2010年，最初以小型产品为主，作业性能不成熟，且产量较低，仅用于家庭作坊。2013年，加工量超过100千克/小时的产品出现，且滚筒式产品结构经过市场验证，收到了显著成效，逐步成为市场主流。近年来，伴随着辣椒加工企业规模化需求增强，辣椒除柄机产品功率上延趋势明显，市场销量逐年递增（如图2所示）。

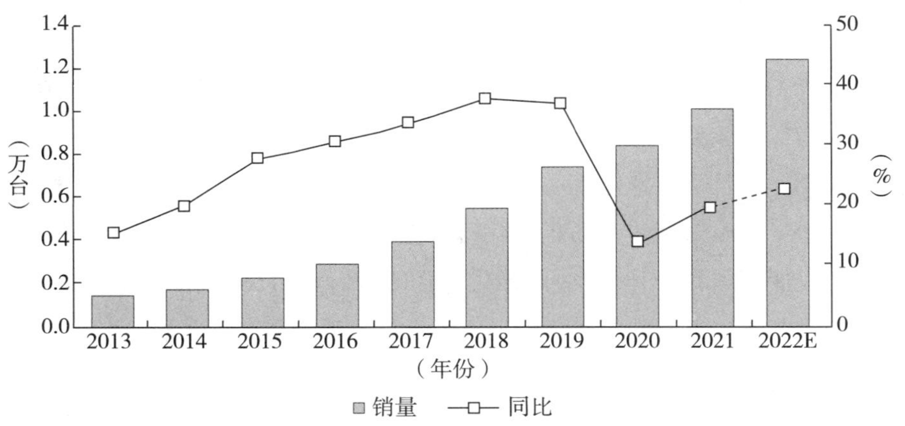

图2　2013—2021年辣椒除柄机年度销量统计及2022年预测

据不完全统计，国内辣椒除柄机市场保有量或超过4万台，且主销区域初具产业规模。由于该产品属国内首创，印度、巴基斯坦等辣椒主产国的除柄设备均从我国进口，2020年新冠肺炎疫情暴发之前，印度是我国除柄设备的主要出口国。

从产业区域分布看，国内辣椒除柄设备制造企业超过20家，主要分布在山东、广西、新疆、河北等地。辣椒除柄机产品型号也多种多样，单台（套）销售价格从几千元到几十万元不等，基本可以满足不同用户的多样化作业需求。其中，青岛璐璐农业装备有限公司研发制造的“璐璐”辣椒除柄机占据了市场绝对份额，培育了较高的品牌知名度。不仅如此，该企业产品远销“一带一路”沿线国家，如印度、巴基斯坦等，并被印度政府认定为购置补贴产品，公布对购买“璐璐”产品的用户给予约40%的补贴，这无疑是印度政府对中国农机产品和品牌的最大肯定。

从国内销量比重分布情况看，新疆、山东、内蒙古、河南、贵州5省（自治区）占据了销量的绝对份额，为辣椒加工产业的提升提供了有力支撑，其他区域如四川、重庆、陕西也显示出较大的市场需求。从国外市场销售情况看，印度是除中国之外的另一个辣椒除柄机需求大国，这与印度在辣椒产业上的贸易政策有关，其赫赫有名的S17辣椒主销市场就是中国，且贸易量逐年增长，因此催生了印度对辣椒除柄设备的急切需求。但是印度受新冠肺炎疫情影响，加之海运费疯涨、箱柜紧缺，出口业务极度受挫。

从整体市场销量分析，受产品成熟度、先进性以及推广力度等因素影响，目前辣椒除柄设备仍处于产业积累与成长期，尚存在较大的放量空间。2020年，伴随农业农村部农机购置补贴专项鉴定产品政策出台，辣椒除柄机作为农机购置补贴专项鉴定产品逐步在相关主销省份进行试点，对提高用户认知度、产品推广起到一定助力作用。

从市场前景层面分析，伴随着人工成本增加以及招工难现象的普遍存在，加之人们对辣椒加工职业危害的关注度不断提高，辣椒加工户及加工企业对辣椒除柄机的需求不断上升，市场前景向好。粗略统计，2021年我国辣椒除柄类机械产品销量超过1万台（套），市场销量增幅连续多年超过两位数。2022年，伴随着国家农机购置补贴政策推动效应持续强劲，国内辣椒产业进步，辣椒除柄设备市场将持续升温，预计全年销量约1.3万台（套），未来几年，持续增长的发展态势不会改变。

三、辣椒除柄设备发展方向

在完成了产业基础积累之后，辣椒除柄设备正面临着性能升级的新考验，唯有创新，别无他途。就目前的产业形态而言，辣椒除柄设备创新升级空间很大，不仅体现在产品作业可靠性、工作效率、耐用性等基础环节层面，而且更多地体现在产品适用性、智能化、自动化等创新指标层面。

要想更好地应对眼下乃至未来的市场竞争，所有企业只有聚焦产品，不懈创新，持续进步，才有可能胜出。对于处于发展积累和上升阶段的辣椒除柄机而言，在农机装备产业智能化、自动化发展的大趋势下，其研发与进步方向也非常明确，以下五个发展趋势值得高度关注：

趋势一：自动化。

实施自动化升级的目的是最大限度节省人工成本。这是因为在辣椒加工过程中，辣椒气味、辣素等对操作者的感官系统甚至身体的伤害是非常严重的，长期直接接触辣椒的人会患呼吸系统炎症、皮肤灼伤溃烂、关节变形等职业疾病。同时现在各行各业面临着用工荒、招工难等问题，辣椒加工行业同样如此。在辣椒除柄设备设计上，运用机器人、输送装置等手段，实现自动上料、自动除柄、自动转运、自动装包等一系列机械作业，可以最大限度地减少用人，降低职业危害，实现效益最大化。

趋势二：智能化。

伴随着互联网、AI、大数据等先进技术的推广应用，智能化令现代农机装备更先进、更智能、更节能环保。辣椒除柄设备的创新升级也离不开智能化，主要体现在远程控制、一键启动、作业过程监测、智能故障识别、智能变频等技术应用环节，可以有效突破空间局限，让沟通、服务等一切活动变得触手可及，设备更智能，人员更轻松。

趋势三：复合型。

从根本上讲，农机装备产品应用的最终目的是提高农业生产效率，增加收益，实现多功能作业是所有农机装备的发展趋势。辣椒除柄设备产品的发展趋势也体现在“一机多用”上，从而实现机械作业功能拓展，既能剪切辣椒柄，又能去除连翘、夏枯草等中药材的柄蒂，还能去除槟榔、香菇、花生等经济作物的柄，增加用户作业收益。

趋势四：一体化成套设备。

农机行业的整体进步方向正由提供单一产品向提供成套设备转变，由提供单一三包服务向提供一体化解决方案转变，由提升单一作业环节机械化向提高全程机械化转变。同时，国家农机购置补贴政策也在向补贴成套设备方向引导，鼓励农机企业聚合资源，满足用户系统农机装备需求。未来，辣椒除柄机也需要向一体化成套设备方向升级。目前辣椒加工各环节的设备是单一的，用户建一条辣椒加工生产线，需寻找不同功能机械产品，还需衡量产品上下工序的匹配性，因此，能够一次性完成辣椒加工的成套设备的研发创新，将面临非常大的市场机遇。

趋势五：由除柄向脱帽功能升级。

通过辣椒内部结构图（如图3所示），我们可以清楚地了解辣椒的内部构造。现阶段我们能够实现的机械化作业，是通过除柄设备去除辣椒柄部分，而实际上，辣椒加工的最高形态是去除辣椒柄和蒂，仅保留完整的辣椒果，迄今为止，行业内仍然没有能够实现此功能的设备。因此，辣椒脱帽机械的研发依然艰巨，即辣椒去柄除蒂机的研发，值得关注。

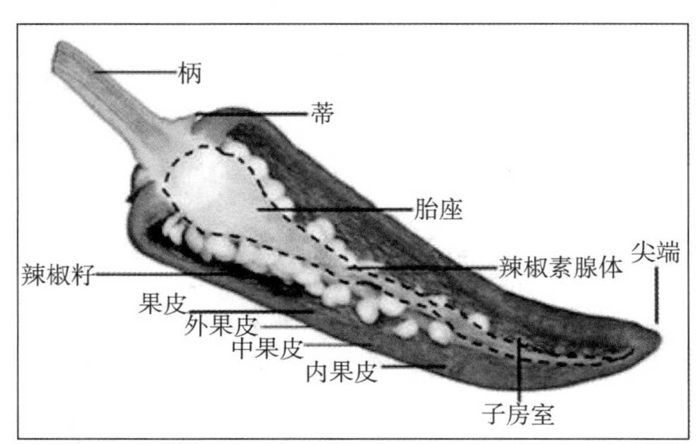

图3 辣椒内部结构剖面图

（青岛璐璐农业装备股份有限公司　　李　勇）

2021 年插秧机市场回顾与 2022 年展望

水稻作为我国主要粮食作物之一，其生产机械化水平的高低对于我国农业综合生产能力、保障粮食安全、增加农民收入、推进农业现代化均有较大影响。从水稻生产的耕种收三大环节看，种植机械化一直是短板，在此背景下，水稻插秧机市场自然成为政府、行业、企业和用户共同关注的热点市场。回溯近两年插秧机市场走势，受利好、利空因素的叠加和对冲，市场呈现跌宕起伏的特点。在经历了 2020 年增长后，2021 年增幅再创新高，实现“两连增”。2022 年市场走势如何，值得我们思考和探讨。

一、市场需求大幅度增长，乘坐式插秧机大幅攀升

2021 年，插秧机市场销量呈稳健增长、市场需求结构逐渐优化的发展趋势。市场监测数据显示，2021 年累计销售各种型号插秧机 8.26 万台，同比增长 10.28%。

插秧机市场需求增长是多重利好因素交互作用的结果。第一，周期性增长。从近年我国插秧机市场发展周期看，2021 年是插秧机市场的上升期。第二，刚性需求与需求更新双重拉动。我国水稻种植机械化水平在三大粮食作物中是最低的，2020 年机插率仅 56.3%，拥有量 95.33 万台，由此决定了刚性需求依然十分强劲，上升空间大。结构性调整触发的快速更新成为推动插秧机市场高位运行的发动机，2021 年适逢插秧机市场更新高峰期，且更新需求多为改善型，使得高速乘坐式插秧机取代手扶式插秧机成为拉动市场增长的重要力量。第三，一些水稻种植主产区对插秧机实行叠加补贴，有些区域还进行了农机专项补贴。补贴力度的加大，刺激了市场需求，推动了部分区域市场。第四，2020 年插秧机专业户收益增长，激活潜在市场。第五，农机专业户、农业社会化服务组织等新型主体的崛起，使插秧机市场覆盖率不断提高。

需求结构持续优化，步行式插秧机市场小幅增长，乘坐式插秧机市场大幅度攀升。市场调查显示，2021 年手扶式插秧机累计销售 5.17 万台，同比增长 6.82%，占比 62.59%，较 2020 年同期下挫 2.03 个百分点；高速乘坐式插秧机累计销售 3.09 万台，同比增长 16.6%，占比 37.41%。

二、集中度提升，又见黑马

插秧机市场是农机细分市场中集中度较高的市场，市场竞争因品类的不同而有较大的差别。步行式插秧机市场作为低端市场，虽然产品品质和品牌在竞争中发挥了较大的作用，但其核心竞争力聚焦于价格和服务。与之不同的高速乘坐式插秧机市场，其核心竞争力更多取决于品牌影响力。2021 年插

秧机市场的竞争受环境影响较大，如原材料涨价、部分区域限电、新冠肺炎疫情等，产生了较为鲜明的竞争特点。

（1）市场集中度上升。经过激烈的市场竞争，插秧机生产企业由过去的百余家降至近年的70余家，但90%以上的销量掌控在前十大品牌手中。2021年市场集中度进一步提升，调查显示，销量前十大品牌累计销售7.73万台，同比增长17.81%，占比高达93.58%，比2020年同期上扬6个百分点。其他60余家企业，销量仅5000余台，同比大幅度下滑40%以上，占比6.42%。

（2）主流品牌市场表现冰火同炉，销量前十大品牌“七增三降”。十大主流品牌中的久保田、江苏福马、洋马、浙江星莱和、东风井关、常柴股份同比增幅均在20%以上，久富小幅攀升，江苏沃得、江苏常发、江苏永涛三大品牌出现不同程度的滑坡。久保田依然位居榜首，2021年销售1.95万余台，同比稳步增长14.85%，占比23.61%。其中，步行式插秧机销售1.1万余台、乘坐式插秧机销售8500余台。

2021年插秧机市场出现插秧机黑马——江苏福马，销量超万台，同比大幅度增长50%以上，占比15%左右，同比提升5个百分点，步行式插秧机销量最高，其表现令整个插秧机行业侧目。一个没有黑马出现的行业是不完整的，插秧机市场亦是如此。近年，插秧机市场黑马频繁涌现，前有星月神，突破乘坐式插秧机技术瓶颈，打破了高速乘坐式插秧机长期被国外农机企业垄断的神话，实现了国产高速乘坐式插秧机量产；后有久富，实现了步行式插秧机高品质增长，步入插秧机销量前三；再有沃得，实现了插秧机连年高速增长。

步行式插秧机市场份额主要集中于前八大品牌，2021年累计销量5.03万台，同比大幅度增长19.73%，占比高达97.28%，较之2020年提升10.49个百分点。其中，久保田、久富、江苏福马OEM产品销量均在万台以上，占比67.3%。高速乘坐式插秧机销量掌控在前六大品牌手中，2021年累计销量2.87万台，同比增长26%，占比92.83%，较之2020年提升6.92个百分点。其中，销量前三的久保田、浙江星莱和、洋马合计占比66.08%。

（3）产业集群形成，竞争优势突出。我国插秧机市场经过多年的激烈竞争，最终形成较为稳定的产业集群。市场监测显示，2020年落户江浙的插秧机生产企业销售额占比高达95%以上。其中，落户江苏的插秧机生产企业实现销售额23.16亿元，占比高达79.72%；浙江插秧机生产企业的销售额达到了4.81亿元，占比16.56%。插秧机产业集群的形成，使集群内企业具备了降低生产成本、交换成本的条件，更有利于提高规模经济效益和范围经济效益，提高产业和企业的市场竞争力。

三、区域市场冰火同炉，黑龙江市场独占鳌头

2021年插秧机区域市场呈现以下几个特征。第一，主流集中度小幅下滑，非主流区域市场大幅度增长。销量前十大区域市场累计销售7.55万台，同比增长8.01%，占比91.4%，较之2020年同期下挫1.92个百分点。与之相反，非主流区域市场累计销售0.71万台，同比大幅度增长42%。第二，区域市场冷热不均，此消彼长。一是北方区域市场表现抢眼，占比60%以上。市场调查显示，包括黑吉辽和内蒙古在内的“东北三省一区”市场累计销售5.03万台，同比增长15.9%，占比60.9%，较之2020年同期上扬2.95个百分点。四个区域市场均出现不同程度的增长，内蒙古市场销售0.26万台，同比飙升160%；吉林、辽宁市场同比分别增长36.08%、25.93%；黑龙江市场独占鳌头，销售3.11

万台，同比小幅增长3.67%，占比37.65%，较之2020年小幅下挫2.4个百分点。二是苏、皖、鄂、豫区域市场出现不同程度的滑坡，同比分别下降6.25%、7.02%、7.5%和12.5%。三是浙、赣市场同比分别增长23.08%、18.18%。第三，从区域需求结构看，受区域经济发展水平、水稻机插水平以及社会化服务水平影响，不同区域的需求结构呈现较大差别。黑龙江、安徽、吉林、湖北等区域市场步行式插秧机销售占比均在90%左右；与之相反，江苏、浙江区域市场乘坐式插秧机销售占比高达90%以上。

四、出口“额降量增”，进口结构优化

2021年，插秧机出口“额降量增”，出口结构调整。统计显示，2021年我国农机行业插秧机市场实现出口额2963.59万美元，同比下降13.89%；累计出口1.28万台，同比小幅攀升5.07%。“额降量增”主要有两大原因：一是插秧机单台出口均价为0.23万美元，同比下降65%。如非免耕直接水稻插秧机、免耕直接水稻插秧机2021年单台均价分别为0.3万美元、0.09万美元，同比分别下降75.36%、83.69%。单台均价的全线滑坡，拉低了出口总额。二是从出口品类分析，非免耕直接水稻插秧机不仅出口额出现大幅增长，出口量更是出现飙升；免耕直接水稻插秧机出口额与出口量的下降幅度分别为93.55%、60.44%，与非免耕直接水稻插秧机形成了较大差异，对出口额造成较大影响。出口品类表现迥异，出口结构出现较大调整。2021年非免耕直接水稻插秧机成为主流出口商品，累计出口额2548.26万美元，同比大幅度增长34.28%，占比高达85.99%，较之2020年同期上扬63.21个百分点；累计出口量8432台，同比飙升444.89%，占比65.85%，较之2020年上扬53.57个百分点。与之相反，免耕直接水稻插秧机出现较大幅度滑坡，全年实现出口额415.33万美元，同比大幅度下滑93.55%，占比仅14.01%，全年实现销量4372台，同比下挫60.44%，占比34.15%。

插秧机进口额大幅度增长，非免耕直接水稻插秧机成为进口新宠。2021年，我国插秧机进口额大幅度增长，非免耕直接水稻插秧机进口额大幅度攀升。统计显示，2021年插秧机累计实现进口额316.1万美元，同比大幅度增长62.8%。非免耕直接水稻插秧机、免耕直接水稻插秧机分别实现进口额262.32万美元、53.78万美元，同比分别增长85.2%、2.4%，占比分别为82.99%、17.01%。其中，非免耕直接水稻插秧机占比较之2020年同期增长10.04个百分点。

插秧机进口量稳健攀升，非免耕直接水稻插秧机进口量出现飙升。统计显示，2021年累计进口各种型号插秧机288台，同比增长32.72%。其中，非免耕直接水稻插秧机、免耕直接水稻插秧机累计进口量分别为128台、160台，同比分别增长120.69%、0.63%。

进口品类变化明显，非免耕直接水稻插秧机进口风生水起。从进口数量看，2021年插秧机同比大幅度增长120.69%，占比也升至44.44%，较之2020年提高了17.72个百分点。进口额增幅更为明显，同比大幅度增长85.2%，占比上升了10.04个百分点。

插秧机进口结构优化，单台进口均价出现较大增长。统计显示，插秧机进口均价由2020年的0.89万美元/台增至2021年的1.1万美元/台，同比增幅高达23.60%。其中，非免耕直接水稻插秧机单台均价大幅度下降，由2020年的2.44万美元/台降至2021年的2.05万美元/台，降幅高达15.98%；免耕直接水稻插秧机单台均价小幅增长，由2020年的0.33万美元/台增至2021年的0.34万美元/台，同

比小幅增长 3.03%。插秧机单台进口均价的变化意味着大型化趋势增强，进口结构优化。

五、2022 年利空因素叠加，市场或进入盘整期

2022 年插秧机市场环境错综复杂，从宏观环境看，全球通货膨胀风险概率上升。从能源价格开始传导的成本推升型通货膨胀可能会持续一段时间，企业利润从产业链上游向中下游传导的趋势暂时会受到一定压力。但是相关政策的推出，一方面夯实了大家对经济增长的信心，另一方面随着具体措施的逐步落地，将逐步稳定住市场的风险偏好。从政策端看，惠农政策将进一步深入执行，且国家及地方的补贴政策对 2022 年插秧机市场的加持作用依然存在。从终端看，粮价保持高位，农民种粮积极性提高，对提振购机信心具有驱动作用。

从插秧机的微观环境分析，市场动力偏弱。突出表现为：

（1）水稻涨价幅度较低，玉米价格的大幅度增长，导致水稻与玉米的种植面积此消彼长，尤其是“东北三省一区”，“水改旱”现象较为普遍，水稻种植面积的缩减成为既定事实。

（2）区域市场的影响，主要是指插秧机需求大省黑龙江市场的影响。2021 年暴发于黑龙江市场的“退补”事件至今未得到解决，而黑龙江插秧机市场销量占比近 40%，对全国插秧机市场势必会产生巨大影响。近来在补贴政策不明朗的形势下，多数经销商均处于观望状态，对市场影响很大。

（3）补贴政策的影响，产品结构调整挤压需求数量。从插秧机市场的需求结构看，近年高速乘坐式插秧机市场占比呈逐年增长趋势，部分省份开始推行高速乘坐式插秧机补贴政策。

（4）市场结构性调整加速。近年高速乘坐式插秧机市场表现得异常活跃，市场占比逐年增长，这与农业社会化服务组织、农机（农业）合作社、家庭农场等新型主体的崛起密不可分，也与由土地流转、土地托管引发的规模化经营联系密切。由此引发的大型化、高端化市场需求，对插秧机市场结构调整产生较大影响。

（5）替代品的威胁。插秧机市场替代品的威胁来自以下几个方面：一是近年水稻直播播种机在南方市场增势较为显著，经浙江、上海市场调研发现，部分区域的直播机销量占比近 50%，与插秧机平分秋色；二是南方部分区域开始用飞机播种水稻，虽然飞机播种效果对水稻产量的影响还有待观察，但对插秧机市场需求存在一定的威胁；三是抛秧机市场，在南方部分区域盛行水稻抛秧的种植方式。

（6）插秧机市场的周期性变化。2014 年以来，插秧机市场周期一般是两年，“两连增”后就是“两连跌”。2022 年插秧机市场正处在“两连增”后的拐点上，市场经过两年的能量释放，形成需求“高地”，且 2021 年的市场增势也初露疲态，因此周期性下滑概率很大（如图 1 所示）。

基于以上分析，2022 年插秧机市场下滑概率较大，预计全年销售 7 万余台，同比下降幅度在 10% 左右。

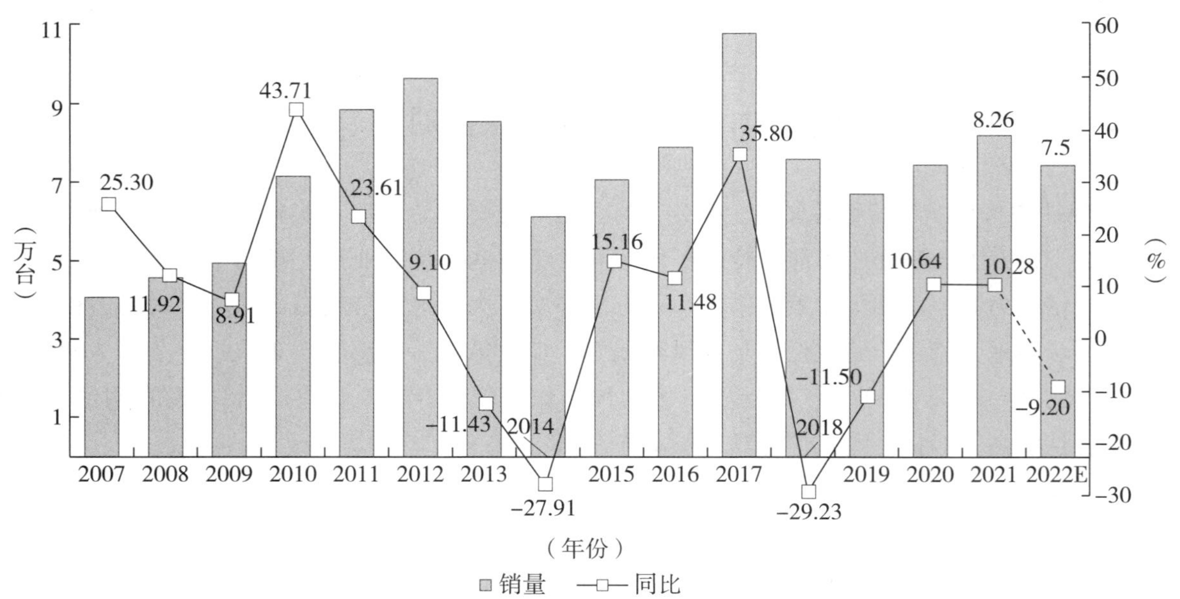

图 1　2007—2021 年插秧机市场走势与 2022 年预测

六、2022 年插秧机市场在需求结构、市场竞争、区域市场、市场价格等方面或将发生以下变化

（1）插秧机市场的需求结构将继续调整。随着土地托管、土地流转规模的持续推进，以及农机（农业）合作社、家庭农场、农业社会化服务组织的崛起，插秧机市场需求结构或将呈现以下几个方面的突出变化：一是大型化、高端化趋势增强。从大型化趋势看，无论手扶式插秧机还是高速乘坐式插秧机，持续已久的大型化趋势 2022 年仍不会减弱，预计市场还会出现较好的增长；从高端化趋势看，高速乘坐式插秧机作为插秧机市场的高端产品，增长势头迅猛，推动了插秧机的发展，尤其在经济发达的江浙等区域市场。我们判断 2022 年高速乘坐式插秧机市场还将持续发力，市场占比将进一步提高。二是智能化插秧机进入作业实操阶段。近年来，以无人驾驶插秧机为代表的智能化插秧机市场暗流涌动，该市场由过去推广演示阶段逐渐走入作业实操阶段，2022 年这种趋势还将延续。无人驾驶插秧机较之传统插秧机优势明显，它有效地解决了插秧季节用工难、用工贵的难题，同时减少了对机手体力的依赖，可实现不间断作业。三是新技术或将推动新机型的发展。如中联重科股份有限公司近几年研制推出的水稻钵体育苗机械抛秧成套设备，该设备具有以下优势：没有缓苗期，可延长 7 ~ 10 天生长期，提高产量 10%~ 15% ，成熟度好，出米率高，而且比钵育摆栽成本要低得多，作业效率提高 2. 5 倍以上。四是插秧机作业功能延伸趋势将进一步加强。如多功能插秧机，可直接搭载喷药机、施肥机，实现精准喷药、施肥，一机多用。

（2）2022 年的区域市场将发生重大变化。东北区域市场受补贴政策、水稻种植面积、刚性需求等多个利空因素的影响，市场需求或将出现不同程度的下降，尤其黑龙江市场；以苏皖为代表的南方区域市场或将出现稳定增长的发展态势。

（3）插秧机市场竞争仍然围绕两条战线展开。步行式插秧机市场竞争多聚焦于产品价格，正是其低价优势，造就了一些新势力的崛起。品牌、品质仍然是乘坐式插秧机市场的核心竞争优势，虽然一些国内品牌依靠低价暂时“上位”，但如果产品品质得不到提升，则很难稳住已经抢占的市场份额。经过近年多数企业的不懈努力，国产插秧机的进步是毋庸置疑的，但也无法否认与外资产品在可靠性、适应性、先进性方面存在差距。

插秧机市场竞争依然会遵循一般发展规律，竞争的最终结果必然是几大巨头的垄断。2022 年插秧机市场的洗牌还将持续，国产品牌要想在市场竞争中脱颖而出，就必须克服浮躁之风，下功夫推进产品、技术创新，走专业化道路，全面提升产品的可靠性、适应性和先进性。

（洋马农机（中国）有限公司　副总经理　　马　恒）

2021 年播种机市场回顾与 2022 年展望

2022 年新冠肺炎疫情在全国各地呈多点散发态势，对销售主要集中于春季的播种机市场来说，影响不可谓不大。市场调查显示，新冠肺炎疫情导致播种机生产企业受到严重影响，体现在两个方面：一是原材料及零部件无法顺畅供应，制造企业产量受到很大影响；二是即使一些企业生产了部分播种机械，也因物流原因无法顺畅抵达终端，而经销商因货源短缺无法正常开展经营业务。

2021 年播种机市场在经历多年高位运行后，骤然下行，为 2022 年播种机市场向右还是向左蒙上了一层神秘面纱。市场将往何处去？古人云：“疑今者，察之古；不知来者，视之往。”要想更好地预测 2022 年和未来几年播种机市场走势，我们要从过去一年播种机市场的变化进行分析。

一、市场需求：拐点凸显

播种机市场在农机补贴政策等多重利好因素的助推下，走出了 2018—2020 年连续三年的高位运行路线。但 2021 年市场走势开始下行，凸显拐点，其增势在各种利空因素的综合作用下被无情地终结，市场监测显示，全年累计销售各种型号播种机 15. 63 万台，同比小幅下滑 5. 04% 。2021 年播种机市场出现下行的原因有以下几个方面。

（1）刚性需求下降，市场处于“空窗期”。多年的大幅度攀升，市场趋于饱和，驱动力正由过去的刚性需求转为更新需求。统计显示，作为主流播种机市场，2020 年小麦、玉米播种机机播率分别达到了 93. 24% 、89. 52% ，基本实现播种机械化，更新需求成为现阶段播种机市场的主要驱动力。近年，水稻直播、经济类作物播种机市场虽有所启动，但水稻直播具有鲜明的区域性特点，播种面积并不足以改变市场走势，而经济类作物机播尚处于市场导入期，对市场支撑力十分有限。

（2）农机补贴“透支”严重。2020 年，作为播种机主流市场的“东北三省一区”和黄淮海区域市场都遇到补贴严重“透支”问题，直接引发市场提前消费热潮，进而形成市场需求“透支”，同时形成市场需求“高地”。

（3）一些区域实行的飞机播种对播种机市场产生一定影响。尽管飞行播种市场目前还不是主流市场，但其替代效应不容忽视。飞机播种究竟对未来市场产生多大影响，还有待进一步观察。

从需求结构分析，呈现以下几个特点。一是从不同作物的播种机品类分析，小麦、玉米两大主流播种机 2021 年均出现不同程度的滑坡。其中，玉米播种机累计销售 10. 48 万台，同比下滑 7. 09% ，占比 67. 05% ，较之 2020 年下挫 1. 48 个百分点；小麦播种机市场虽也出现滑坡，但降幅较小，大型化趋势增强，轻型播种机市场表现得尤其突出。二是从播种机机型看，玉米播种机市场 4 行机型销售 4. 39 万台，同比大幅度增长 12. 9% ，占比上扬 4. 46 个百分点，成为玉米播种机市场唯一销量增长的机型；

小麦播种机大型化趋势凸显，14 行以上机型累计销售 1.26 万台，同比大幅度攀升 17.91%。三是从播种机品目表现看，免耕播种机、精量播种机、铺膜播种机依然是市场主流品目，三者累计占比近 60%。其中，受补贴政策影响，免耕播种机独占 30% 份额，精量播种机同比呈现较好增长。四是重型播种机市场风生水起。近年，在保护性耕作政策的推进下，重型播种机市场在东北地区实行叠加补贴，吉林康达、德邦大为等生产重型播种机的品牌顺势崛起，占据了东北、内蒙古主流市场，成为播种机市场不可小觑的新势力。

二、区域市场：集中度下滑

播种机市场主流区域集中在“东北三省一区”和黄淮海区域。从 2021 年播种机区域市场分析，区域市场集中度小幅度下滑。市场监控显示，销量前十大区域市场累计销售各种型号播种机 13.78 万台，同比小幅下降 6.39%，占比 88.16%，较之 2020 年同比下挫 1.27 个百分点。从各主流区域市场的表现看，安徽市场一骑绝尘，累计销售 3.15 万台，同比小幅下降 2.75%，占比 20.15%，较之 2020 年同比攀升 0.47 个百分点。在十大主流区域市场中，只有河南、河北市场实现小幅增长，分别销售 1.82 万台、1.29 万台，同比分别增长 3.41%、4.88%；其他区域市场均出现不同程度的下滑，内蒙古、山西市场同比降幅分别为 16.56%、18.64%，东北三省和新疆市场也出现不同程度的滑坡（如表 1 所示）。

表 1　2020—2021 年播种机械区域市场销售一览表　单位：万台

序号	省份	销量		同比（%）	占比（%）		增减（%）
		2021 年	2020 年		2021 年	2020 年	
1	安徽	3.15	3.24	-2.78	20.15	19.68	0.47
2	山东	1.96	2.03	-3.45	12.54	12.35	0.19
3	新疆	1.91	2.01	-4.98	12.22	12.20	0.02
4	河南	1.82	1.76	3.41	11.64	10.68	0.96
5	河北	1.29	1.23	4.88	8.25	7.45	0.80
6	内蒙古	1.26	1.51	-16.56	8.06	9.18	-1.12
7	黑龙江	1.02	1.06	-3.77	6.53	6.47	0.06
8	吉林	0.68	0.72	-5.56	4.35	4.38	-0.03
9	辽宁	0.54	0.57	-5.26	3.45	3.45	0
10	山西	0.48	0.59	-18.64	3.07	3.58	-0.51
小计		14.11	14.72	-4.14	88.16	89.43	-1.27
其他		1.85	1.74	6.32	11.84	10.57	1.27
合计		15.96	16.46	-3.04	100	100	0

区域市场的冷热变化受补贴政策影响较大，“东北三省一区”不少地方因补贴资金不能及时兑现，尤其发生在黑龙江市场的“退补”事件，对渠道和终端用户均产生了较大影响，成为市场下滑的重要因素。

三、市场竞争：品牌急剧分化

2021 年播种机市场集中度出现大幅增长。市场监测显示，全年销量 500 台以上的企业占比 12.96%，掌握着七成以上的市场销售份额。其中，全年销量 1000 台以上的企业，累计销售近 6 万台，占比 50% 以上；500～1000 台的企业，累计销售 1.45 万台，同比下降 20.77%，占比 13%。

播种机市场与拖拉机市场在使用范围方面有着惊人的相似之处，即同为大众市场、成熟市场、存量市场，因此市场竞争也同样十分激烈。播种机市场竞争的突出特征表现为以下几个方面。

市场集中度偏低，洗牌加速。播种机市场属于大众市场中集中度偏低的细分市场，呈现以下几个突出特征：一是品牌多。2021 年进入补贴目录的企业有 304 家，虽然较之 2020 年减少了 34 家，但依然属于多品牌细分市场。二是集中度偏低。前十大品牌，销量占比不足 50%，销售额占比约 30%。销量最大的河北农哈哈机械集团有限公司销量占比为 16.35%，超出第二名淮北市华丰机械设备有限公司 12.07 个百分点，其余 300 多个品牌的市场占比在 1% 以下。从销售额看，吉林康达、河北农哈哈销售额占比分别为 10.79%、9.94%；新疆天诚销售额占比 5.47%；淮北市华丰、任丘市双印、河北神禾占比 1%~2%；其他品牌占比均在 1% 以下。三是年产量 500 台以上的品牌只有 61 家，销量和销售额占比分别为 83.1%、71.07%，其余品牌销量和销售额占比分别为 17.9%、28.93%。四是市场竞争激烈，集中度提高。因竞争品牌众多，加之多数品牌的产品无差异化，决定了播种机市场竞争仍停留在价格竞争的低级层面，市场集中度分散。2021 年销量前十大品牌，累计销售各种机型播种机 5 万余台，同比大幅攀升 15%，占比 50%，比 2020 年提高 12 个百分点。

众多品牌表现冷热不均，冰火同炉，细分市场洗牌呈加速之势。市场监控显示，头部企业与尾部企业表现迥异，头部企业出现不同程度的增长，河北农哈哈同比增长 10% 以上，吉林康达、北京德邦大为均出现小幅攀升。相反，尾部企业出现不同程度的滑坡，不少企业退出市场。形成此竞争局面的主要原因是原材料涨价，大品牌因采购规模大，加之提前布局次年市场，赶在涨价之前购买原材料，因而涨价对其影响较小；而小品牌因原材料涨价，失去价格竞争优势。

四、进出口：出口强势增长，进口大幅度下降

2021 年，我国播种机出口量、出口额均出现较大幅度增长，统计显示，全年累计实现出口额 3810 万美元，同比大幅度增长 19.08%。非免耕播种机占据出口主流，2021 年免耕和非免耕播种机实现出口额分别为 1661.05 万美元、2148.85 万美元，同比增长分别为 18.06%、19.88%，占比分别为 43.6% 和 56.4%，非免耕播种机出口额占比提高 0.38 个百分点。2021 年播种机出口量大幅度增长，累计出口 75.56 万台，同比大幅度增长 23.95%。其中，非免耕播种机出口量实现飙升，累计出口 44.76 万台，同比大幅度攀升 36.75%，占比 59.24%，较之 2020 年同比提升 5.55 个百分点。

播种机进口出现大幅度下滑，统计显示，2021 年累计实现进口额 864 万美元，同比大幅度下降

43.84%。其中免耕播种机实现进口额510.09万美元，同比大幅度下滑56.85%，占比59.04%，较之2020年同比下挫17.8个百分点；非免耕播种机实现进口额353.91万美元，同比小幅下降0.68%。从播种机进口量看，全年进口377台，同比大幅度下降26.65%。其中免耕播种机进口143台，同比大幅度下降47.4%，占比37.93%，较之2020年同比下挫14.96个百分点；非免耕播种机进口234台，同比小幅下降3.3%。

我国播种机进出口反映了国内播种机市场低端小型机具过剩，大型高端机具不足的现状。从出口品类看，以小型机具为主，出口单台均价仅50余美元。如非免耕直接播种机出口量高达41.88万台，占出口总量的55.43%，单台出口均价仅23.6美元，这也是导致2021年该品类机型出口量同比飙升的主要原因。从出口区域看，主要集中在非洲、亚洲、中美洲等欠发达国家和地区，占据了全部出口量的90%以上。而播种机进口多为大型机具，进口播种机单台均价2.29万美元，进口免耕播种机单台均价达到了4万美元以上。

五、2022年市场：或出现较大幅度滑坡

2022年，注定会成为播种机市场不平凡的一年。2021年播种机市场进入拐点后，2022年或将持续下沉。这种判断主要基于播种机市场面临多重利空因素引发的生态环境的变化和周期性发展规律。其一，从播种机市场周期性变化看，在经历了2018—2020年三年上升周期后，2021年市场进入拐点，同比下滑5.04%，2022年正处于下滑周期内。其二，播种机市场正处于成熟期，随着播种机械化水平提高，市场增量已接近天花板。市场驱动力也由刚性需求转向更新需求，从更新周期规律看，2022年播种机市场正处于更新低谷期。其三，农机补贴驱动力减弱。一是补贴额度下降，压制市场需求信息；二是一些主流区域，如黑龙江市场，受2021年“退补”事件的影响，2022年市场下滑已成定局，此事件的持续发酵对其他市场也将产生一定的影响；三是2022年的补贴政策进一步向粮食烘干、履带式作业、大豆玉米带状复合种植、油菜收获等专用机具倾斜。其四，价格高位将压制市场需求。受原材料价格居高不下、单台补贴额度下降的双重挤压，对市场购买信心产生较大的冲击。其五，市场需求大型化，对市场销量也会产生挤压，市场进入拐点的概率增大。

如果说上述利空因素从不同方面打压2022年的播种机市场，那么2022年以来多点散发的新冠肺炎疫情更令本已惨淡的市场雪上加霜，甚至可能成为压垮市场的最后一根稻草。从2022年一季度播种机市场反馈信息看，新冠肺炎疫情已经对2022年播种机市场形成多方面的制约。一是物流延迟导致供应链受阻，许多零部件无法正常供应，进而影响企业组织生产。二是产品无法送达终端，以致不少经销商“无米可炊”，市场经销处于半停顿状态。三是一些新冠肺炎疫情较为严重的区域销售受到影响。预计新冠肺炎疫情将拉低播种机市场4~5个百分点。综合各种利空因素影响，预计2022年播种机销量在14万台左右，同比降幅不会低于10%（如图1所示）。

六、未来：六大变化，改变播种机市场发展方向

毋庸置疑，播种机市场正经历着前所未有的变化，这种变化或将从根本上改变播种机市场多年来形成的运行轨迹，颠覆传统需求与经营模式。

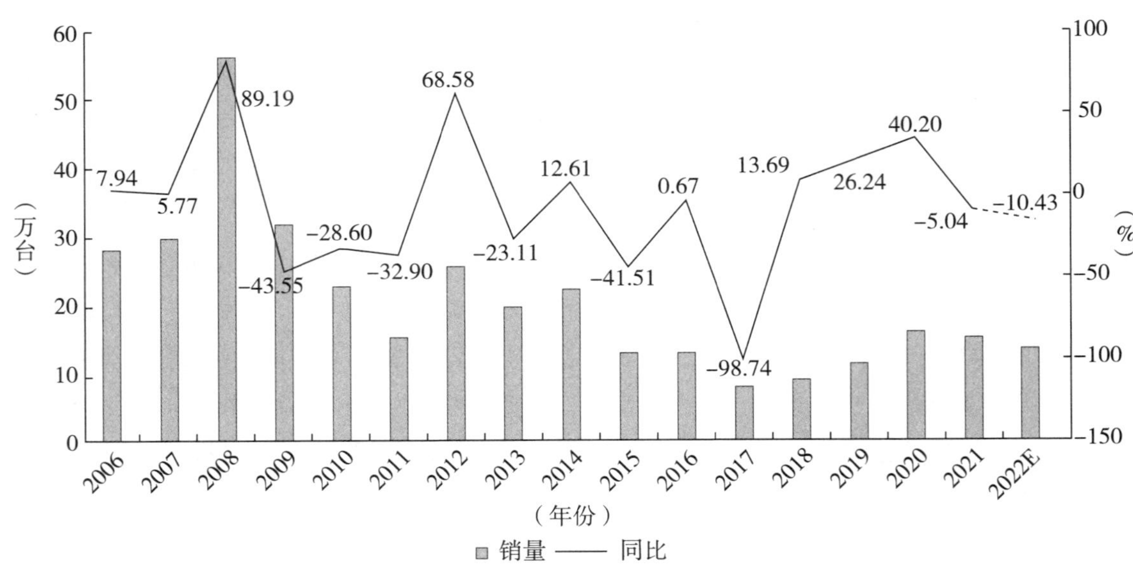

图 1　2006—2021 年播种机市场走势与 2022 年预测

变化一：竞争僵局将被打破，市场洗牌加速。这已经成为播种机市场未来几年最为突出的特征。长期以来，播种机市场鱼龙混杂，市场被数百家企业瓜分。近年虽然企业数量由高峰期的 500 余家下降到现在的 300 多家，但与播种机市场的体量相比仍不相称。在众多企业中，除吉林康达、河北农哈哈少数大企业外，众多企业均属于中小型，甚至微型企业，市场竞争主要以低层次的价格竞争为主。如果在市场增量时期通过较高的补贴来获取微薄的利润能勉强维持生存，那么随着存量时代的到来，继单台补贴额度逐年下调，将从根本上动摇企业的生存基础，随之发生的市场洗牌将在所难免。2022 年播种机市场的集中度依然很高，头部企业业务收入增长，尾部企业业务收入下降甚至“关门”，这是市场竞争规律使然。

变化二：高效化、精准化、智能化。播种机行业的升级体现在产品品质与技术的升级上，这两个因素将成为 2022 年乃至未来企业的核心竞争力。我国播种机与发达国家相比，在播种精度、播种可靠性、播种机寿命方面，都存在明显的不足：智能化、自动化水平低，以中低端产品为主。因此，提升智能化、精准化、高效化已成为未来播种机发展的目标，也是农机补贴政策着重扶持和引导的方向。同时信息化操作系统将越来越多地应用到播种机械中，以此实现卫星定位、数据共享、数据库的建立、液压技术等技术突破，这些技术对提升播种机的耐用性、实用性及相应的播种性能，全面提升播种机的工作能力、作业质量、机具效率，改善操作性能以及减轻劳动强度等方面起到了良好作用。据农业农村部统计，截至 2020 年年底，全国装有“北斗”定位作业终端的农机装备已达 60 万台，其中安装有辅助驾驶系统的拖拉机超 10 万台。如在新疆使用自动驾驶拖拉机棉花播种，每天可作业 600 亩以上，土地使用效率提升 10%。

变化三：大豆玉米带状复合种植播种机市场将成为热点。在国家补贴和地方补贴叠加补贴的共同拉动下，大豆玉米带状复合种植播种机将为播种机市场打开一扇新窗口。为推动大豆玉米带状复合种植，农业农村部有关负责人表示，支持将大豆玉米带状复合种植所需创新产品纳入补贴试点，并将补贴额测算比例提高至 35%。吉林等不少地方企业积极响应，河北农哈哈等主流企业也顺势推出该类机型，预计 2022 年该品类市场将进入快速发展轨道。

变化四：免耕播种机市场向轻型方向发展。以吉林康达为代表的重型免耕播种机市场在经历了10余年的快速发展后，正悄然生变。这种变化突出表现在两个方面：一是市场需求出现拐点，下行压力增大。以重型播种机的主销区域东北市场为例，东北市场的市场容量大约为20万台，2020年市场保有量已超过11万台，需求量下降成为必然。二是从发展方向看，免耕播种机正由重型向轻型加速推进，尽管这种发展不尽合理（一些企业认为，轻型免耕播种机有假免耕之嫌，应该遏制），但存在即合理，这就是市场法则。

变化五：大型化、专业化趋势成潮流。乡村振兴正悄然改变播种机市场需求方向，大型化、专业化需求由酝酿期进入成长期。三大因素成为播种机行业大型化、专业化的驱动力。其一，我国农业正面临着巨大的变革，当前农业种植的高投入、高成本、低效率、低收入严重挫伤了农民种地的积极性，也导致我国粮食在世界上缺乏竞争力。通过土地流转、托管等多种模式，加速推进农业现代化进程，实现农业规模化、集约化种植已成为我国农业发展趋势。这种变化反映到播种机市场需求上，必将推动播种机的大型化趋势。其二，近年，在国家各项政策的大力扶持下，农业社会化服务组织、合作社、农机专业户等新型主体快速崛起，并成为改变农机市场需求的一股生力军，最突出的特征是他们通过购买大型高端农机设备，提供作业获取更高的服务利润，加速了播种机需求的大型化趋势。市场调查显示，随着耕种面积的增大，大型播种机应用量越来越大，不仅能满足规模化生产作业需要，还大大提高了播种质量和作业效率。8行、9行大型播种机一次进地即可完成开沟施肥、单粒播种、覆土镇压等联合作业。其三，农业社会化服务组织、合作社、农机专业户等农机新型主体的崛起，加速了播种机大型化、专业化进程。以2022年春耕为例，预计有19.5万个农机服务组织、1000多万持证农机手和90多万农机维修人员活跃在生产一线。

变化六：复式（联合）播种机成为未来市场主打产品。集播种、耕作、镇压、起垄、灭草、施肥等于一体的大型联合播种机将成为未来的发展趋势，有利于中央和地方政府全力推进保护性耕种这项重要举措。它通过减少拖拉机进地次数，减轻拖拉机对土壤结构的破坏，从而达到保护和改善土壤结构、保墒、保护环境、增产技术、节约资源的目的。

2020—2021年，在各种复杂因素影响下，播种机市场云谲波诡，竞争日趋激烈，同时进入关键转折期。无论生产企业还是经销商，都必须做好迎接挑战的准备，唯有升级产品，控制风险，才能立于行业潮头，在变革浪潮中脱颖而出。

（北京德邦大为科技股份有限公司　销售总监　　程俊争）

2021年花生收获机市场回顾与2022年展望

花生作为我国重要的油料作物，在人民生活中具有举足轻重的作用，也是我国播种面积最大的油料作物。统计显示，2020年播种面积达4730.83千公顷，占全部油料作物播种面积的36.03%；产量1799.3万吨，占油料产量的50.17%。近两年，受种植成本偏高，以及与玉米、小麦比较收益下降等因素影响，花生种植面积有所下降，但依然保持最大油料作物的位置。在推高种植成本的多重因素中，机械化水平偏低是关键因素之一。如何提升花生机械化水平，尤其是机收水平，成为稳定花生种植面积，确保民生的大事，也成为业内人士关注的焦点。

纵观花生收获机市场近年走势，在经历了2018—2020年“三连增”后，处于上升期的市场在2021年掉头下行，销售探底，为飘摇的市场蒙上一层神秘的面纱。2022年的市场将往何处去，不同的人有不同的答案。本文试图通过对过去市场走势规律的剖析，以及对影响花生收获机生态环境变化的原因进行梳理，从5个维度掀开花生收获机市场的“红盖头”。

一、2021年高台“跳水”，花生收获机市场缘何“变脸”

2021年，花生收获机市场跌幅较大。中国农业机械流通协会市场监控显示，2021年累计销售各种型号花生收获机1.73万台，同比大幅度下降28.3%；实现销售额7.01亿元，同比狂跌38.18%。市场骤然变脸，着实令业内人士措手不及，匪夷所思。正处于上升期的市场，为何一年之间，冰火两重天?

如果仔细分析2021年花生收获机市场错综复杂的利空环境，我们就不难理解其下滑的缘由了。首先，从需求端看，三大因素影响其走势。第一，周期性下滑，2020年花生收获机市场受各种利好因素影响，创下历史最高销量2.42万台，形成市场“高地”，客观上为2021年市场设置了高门槛，其下滑的主要原因是市场内部周期性动态调整。第二，市场处于“空窗期”。花生收获机主流市场，如河南、辽宁市场，经过近几年高速运行，机械化水平得到快速提升，尤其辽宁市场，2020年机收率高达92.43%，刚性需求有所减弱，而新兴市场尚处于孕育之中，难以填充传统市场下滑留下的空白。第三，播种面积下降，市场容量缩水。2021年我国花生种植面积和产量同比小幅下降。2021年花生种植收益不及玉米，一些区域的农民由花生改种玉米，成为全国花生种植面积同比下降的主要原因。其次，从供应端看，两大因素影响其走势。一是产品适应性差，尤其是雨季田地湿，机械无法下地问题，始终没有得到解决。2021年我国多地出现水患，更加重了轮式花生收获机下地难度，对农机专业户投资产生较大压制。二是2021年原材料涨价，推高产品价格，对市场需求产生一定程度的打压。最后，从政策端看，单台补贴价格下降，2020年单台补贴均价1.61万元，2021年降至0.84万元，下降了0.77万元，降幅高达47.83%，对市场需求产生一定程度的压制。

需求结构调整，自走式花生收获机需求量出现逆行。从 2021 年花生收获机市场需求结构分析，自走式花生收获机市场出现大幅度下滑，市场监控显示，累计销售 0.47 万台，同比大幅度下降 39.2%，高出平均降幅 10.9 个百分点，占比 27.3%，较之 2020 年同比下挫 4.9 个百分点。牵引式花生收获机年销售 1.26 万台，同比下降 23.12%，占比 72.7%。花生收获机市场需求结构调整原因有三点：一是 2021 年整体市场需求疲软，高端专业客户购机数量下降；二是个别区域市场的影响，如辽宁市场需求以挖掘机为主，改变了自走式与牵引式花生收获机的销售比例；三是农机补贴的影响，自走式花生收获机平均每台补贴金额由 2020 年的 4.24 万元下降至 3.96 万元，对高端花生收获机专业用户购机积极性产生一定的影响。但 2021 年市场下行，并不能改变市场大型化、高端化和智能化的发展趋势。

二、区域市场冰火同炉，主打市场狂降三成

2021 年，花生收获机区域市场出现分化，呈现出鲜明的特点。第一，区域集中度攀升。市场监控显示，前七大主流区域市场累计销售 1.6 万台，同比大幅度下降 22.57%，但低于平均降幅 5.71 个百分点，占比 92.28%，较之 2020 年同比上扬 6.82 个百分点。第二，区域市场聚焦河南、辽宁、吉林三大市场，市场占比高达 87.25%。虽然位居次席的辽宁市场累计销售 3515 台，同比逆市飘红，大幅攀升 24.25%，但是销量第一的河南市场演绎高台“跳水”，累计销售 9305 台，同比狂跌 31.97%，因其 53.7% 的占比，对整体市场造成毁灭性打击。销量位居第三的吉林市场以 1.84% 的降幅收官，对整体市场的下滑更是雪上加霜。第三，其余四大主流市场销量也呈现不同程度的下降，即山东、河北、湖北、安徽市场同比分别下降 28.06%、76.79%、45.76% 和 2.01%。(如表 1 所示)

表 1　2020—2021 年花生收获机市场主流区域销售一览表　单位：台

序号	区域	销量		同比（%）	占比（%）		增减（%）
		2021 年	2020 年		2021 年	2020 年	
1	河南	9305	13678	-31.97	53.70	56.60	-2.90
2	辽宁	3515	2829	24.25	20.29	11.71	8.58
3	吉林	2297	2340	-1.84	13.26	9.68	3.57
4	山东	382	531	-28.06	2.20	2.20	0.01
5	河北	198	853	-76.79	1.14	3.53	-2.39
6	湖北	147	271	-45.76	0.85	1.12	-0.27
7	安徽	146	149	-2.01	0.84	0.62	0.23
小计		15990	20651	-22.57	92.28	85.45	6.82
其他		1338	3515	-61.93	7.72	14.55	-6.82
合计		17328	24166	-28.30	100.00	100.00	0.00

绝大多数区域市场下滑，意味着 2021 年花生收获机市场面临的利空因素具有共性特征，如周期性下滑。与北方市场不同的是，水患对中原和南方市场产生较大影响。

从花生种植面积分析，花生收获机市场聚焦河南、山东等前 10 个省（自治区）。统计显示，2020

年，种植面积前10名的省（自治区）共播种花生3978.66千公顷，占全国花生种植面积的84.1%。其中，河南、山东种植面积位列前两名，达到1261.84千公顷和650.86千公顷，占比分别为26.67%、13.76%。

从目前10省花生种植面积、花生收获机保有量和机收率三个维度分析，各个区域表现出较大的差异。首先，各省花生种植规模化以及机收水平对区域市场影响较大。如河南、山东多为平原区域，规模化种植程度较高，政策扶持力度大，花生收获机社会保有量达到了9.16万台和5.27万台，机收率分别达到75.67%、77.66%的较高水平。其次，“两广”区域，因耕地以丘陵山区为主，机械化受到较大制约，虽然播种面积位列第3和第9，但保有量很小，甚至没有。广东的机收率可以忽略，广西机收率仅17.04%。最后，辽宁、河北、吉林三个区域，一则以平原种植为主，二则政策扶持力度大，无论是保有量还是机收率均高于平均水平，尤其是辽宁，机收水平达到了92.43%，基本实现花生收获机械化（如表2所示）。

表2　2020年花生播种面积、保有量和机收率前10省（自治区）统计一览表　单位：千公顷

序号	区域	播种面积	占比（%）	保有量（万台）	占比（%）	机收面积	机收率（%）
1	河南	1261.84	26.67	9.16	46.33	954.85	75.67
2	山东	650.86	13.76	5.27	26.66	505.45	77.66
3	广东	347.57	7.35	0	0.00	2.30	0.66
4	辽宁	306.22	6.47	3.20	16.19	283.03	92.43
5	四川	283.42	5.99	0.02	0.10	0.45	0.16
6	湖北	248.72	5.26	0.41	2.07	69.77	28.05
7	河北	246.05	5.20	0.48	2.43	150.09	61.00
8	吉林	239.18	5.06	0.44	2.23	168.74	70.55
9	广西	223.35	4.72	0.02	0.10	38.06	17.04
10	江西	171.45	3.62	0.26	1.32	19.72	11.50
小计		3978.66	84.10	19.26	97.42	2192.46	55.11
其他		752.17	15.90	0.51	2.58	154.50	20.54
合计		4730.83	100.00	19.77	100.00	2346.96	49.61

三、集中度下降，制造群现雏形

2021年，花生收获机市场的竞争基于全年整体市场大幅度下滑之上，多数主流品牌的表现差强人意。表面上看，市场竞争陷入胶着状。但透过市场销量和销售额的下降幅度以及市场占比变化，折射出品牌竞争力的差异。

主流品牌“多降少增”，市场集中度小幅下降。从主流企业的市场集中度分析，以郑州中联为代表的前十大头部企业的集中度在销量和销售额上的表现可谓天差地别。一是销量集中度小幅下滑。市场监控显示，销量前十大企业累计销售9591台，同比大幅度下滑28.7%，占比55.35%，较之2020年

下挫 0.31 个百分点。二是销售额集中度大幅度增长。2021 年累计实现销售额 5.78 亿元，同比下降 25.4%，占比 82.45%，较之 2020 年大幅度增长 14.13 个百分点。如此巨大反差是由现阶段花生收获机市场的特殊性造成的。花生收获机作业类型分为两类：一类是分段式收获，即先挖掘，再捡拾；另一类是联合收获，一次性完成挖掘与捡拾。现阶段，分段式收获机占比在 70% 以上，而小型花生挖掘机数量占比很大，从而出现了销售数量集中度偏低的现象。

九大品牌销量同比大幅度下滑，市场份额占比变化折射出品牌竞争力的差异。倾巢之下岂有完卵！2021 年的花生收获机市场应验了这句俗语。2021 年十大头部企业中有 9 个企业同比出现大幅度滑坡，其中，五大品牌下滑幅度在 30%~50%，2 家企业下滑幅度达到 70% 以上，1 家企业下滑幅度 20% 以上。领军企业郑州中联遭遇滑铁卢，累计销售 2236 台，实现销售额 3.68 亿元，同比下跌 16.37% 和 16.58%，但从占比分析，销量和销售额占比分别为 14.5%、52.5%，较之 2020 年分别上扬 2.07 个百分点和 13.6 个百分点。

黑山县建国农业机械有限公司（以下简称“建国农机”）一枝独秀，成为 2021 年唯一且销量大幅度增长的企业。市场监控显示，建国农机累计销售 2342 台，实现销售额 0.07 亿元，同比大幅度增长 34.8%，占比 1%，较之 2020 年上升 6.94 个百分点。建国农机虽然表现抢眼，但均以小型机具为主。因单台均价低，销售额贡献甚微，并不能改变 2021 年整体市场走势。绝大多数企业销量下降属于正常的市场反应，而建国农机的逆市飘红却属例外。其销量大幅度增长主要得益于以下几点：第一，2021 年，辽宁花生收获机受农机补贴和更新高峰期叠加因素影响，市场大幅度增长 24.25%，建国农机占据了区位优势，成为最大的受益者；第二，该企业销售的机型以小型收获机为主，单台价格 3300 余元，比大型花生收获机单台均价低了 5.15 万元（仅占单台均价的 6.4%），适应了市场萎缩期该区域用户的需求；第三，建国农机虽然销量增势强劲，但销售额较小，与销售额第一的占比差了 51.5%。

近年，花生收获机市场经过激烈的竞争，在全国形成 66 家生产企业组成的三大制造集群，控制着全国近 90% 的销量和 95% 以上的销售额。其中，河南不仅是我国最大的花生种植省，也催生出最大的花生收获机制造产业群。2020 年在全国 73 家生产企业中，仅河南一省就有 45 家企业，占比高达 61.64%，控制着 60.36% 的销量和 67.97% 的销售额。山东、吉林分别位列第二、第三，家数占比分别为 16.44%、12.33%，销量占比分别为 16.8%、12.00%，销售额占比分别为 22.13%、5.78%。制造集群的形成，对今后的竞争态势将产生较大影响。

四、生态环境复杂，利好因素突出

花生收获机市场属于 2022 年农机细分市场中面临生态环境形势最为复杂的一个市场。一方面，受新冠肺炎疫情、种植面积减少（预计）、2021 年用户收益下降等带来的较强利空因素影响，下行压力增加。另一方面，有 2021 年市场大幅度下降形成“洼地”、国家重视油料生产的政策以及刚性需求强劲等多重利好因素的强力支撑，市场又具有较强的上升潜力。两大因素对冲，增加了 2022 年市场的变数和不确定性。

2022 年利空因素表现得较为强烈，为市场增长设置了前所未有的障碍。

从宏观环境看，全球新冠肺炎疫情扩散蔓延，国内新冠肺炎疫情散点多发，折射出 2022 年花生收获机市场面临外部环境的不稳定性和不确定性。

从中观环境看，2022 年花生种植面积减少的概率依然很大，对市场增量将产生一定影响。花生种植面积取决于上一年的种植收益及预期，一些因素也会减弱农民种植花生的积极性。一是玉米作物的经济效益高，加上花生需求和价格的持续偏弱，可能会改变农户种植结构。二是从进口因素分析，由于我国对特定国家的花生进口关税减免政策，预计进口规模会进一步扩大。三是种植成本的增加叠加本年度花生现货价格相对疲软导致农户收益微薄，目前花生种植收益不仅低于蔬菜等经济作物，而且从河南市场调研来看，本年度花生种植收益低于玉米种植收益，农户普遍表示 2022 年将会把部分花生农田改种玉米、红薯、蔬菜等作物。四是吉林、山东、黑龙江等地发布大豆种植补贴政策，或与花生有争地现象，2022 年度、2023 年度花生种植面积或将出现较为明显的减幅，初步预估将减少 10%~15%。

从微观环境看，因 2021 年收获期连续降雨，轮式花生收获机无法进地作业，部分区域只能人工代替机械收割，投资花生收获机的用户收益下降，打击潜在用户消费信心。

同时也应该看到，2022 年花生收获机市场也有多重利好因素的助力，形成对市场的较好支撑。首先，从政策层面看，从中央到地方，均把花生放在大力发展油料作物种植的重要位置，彰显了新时期发展花生产业的重要性。其次，农机补贴作为市场的驱动力，2022 年依然在推进花生收获机市场提升方面扮演着刺激市场增长的重要角色。最后，花生收获机依然是农民降低种植成本的重要途径。近年人工成本不断上涨，调查显示，河南、山东区域花生人工采摘成本 2021 年达到 500 ~600 元/亩，而机械收获不过 60 ~80 元/亩，可以说农民迫切需要实现花生收获机械化。

从市场内生动力分析，以下几点将对 2022 年花生收获机市场起加持作用。其一，土地流转和土地托管进一步推动花生种植规模化，为花生收获机械化铺平了道路。加之近年崛起的农业社会化服务组织、农机专业户、合作社等新型农机主体，也为花生收获机市场的快速成长培植了肥沃的土壤。其二，刚性需求强劲。统计显示，2020 年我国花生机收率仅 49.61%，即使 2021 年超过 53%，但机收水平不仅远远低于机耕率，而且也不及机播率，保有量不过 19.78 万台，决定了市场刚性需求强劲。其三，更新动力充沛。河南、山东、辽宁等较为成熟的市场，市场需求结构加速调整，大型、高端、智能型收获机取代低端产品，联合收获机取代分段式收获机并成为市场潮流，这些发生在产品领域的革命将加速花生收获机更新的步伐。其四，花生收获机市场正处于快速成长期。2015—2020 年，除 2017 年销量出现下滑，其他 5 年均呈现不同程度的增长。其中，2015 年、2019 年增幅达到三位数，2018 年、2020 年增幅也分别达到了 31.47%、41.5%（如图 1 所示）。2021 年下滑只是对 2020 年大幅增长后的动态调整，发展机遇期尚在，市场基本走势并未发生变化。其五，2021 年的大幅度下滑，形成市场洼地，根据花生收获机市场多年形成的规律，大幅下滑后紧跟较大幅度增长。如 2014 年的低谷带来了 2015 年的飙升，2017 年的下滑造就了 2018 年的大幅度增长，如果花生收获机市场周期性规律没有改变，那么 2022 年较大幅度增长的概率会很大。

五、市场反弹，稳健增长

2022 年花生收获机市场面临着利好、利空因素的叠加，严峻复杂的生态环境，增加了市场变数，也加大了预测的难度。虽然市场环境因素多变，但利好因素表现得更为突出，尤其对市场走势起主导作用的内生能力较为充沛。预计 2022 年花生收获机市场走出低谷，触底反弹的概率甚大。但基于 2022 年偶然性因素较多，尤其是新冠肺炎疫情对市场的超预期影响，会对冲部分销量，即使增长，增幅也不会太大。预计全年销量不会超过 2 万台，同比增幅在 10% 左右。

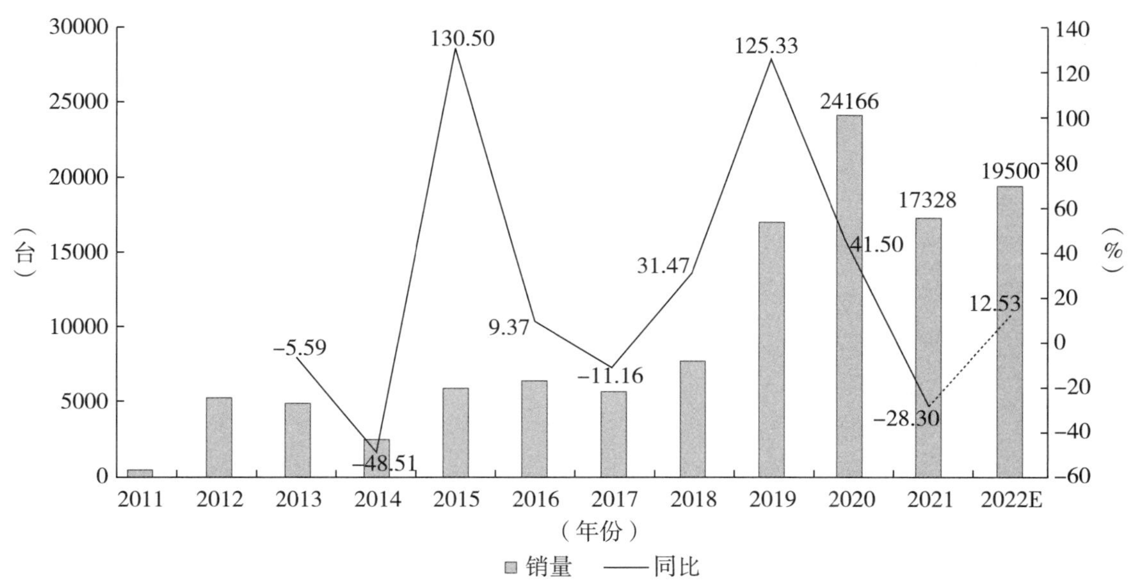

图1　2011—2021 年花生收获机销售走势及 2022 年预测

自走式花生收获机或出现较大幅度增长。从需求品类分析，2021 年自走式花生收获机市场出现大幅度滑坡，或已探底。因此 2022 年有望收复失地，出现较大幅度增长，占比提升是大概率的事。反观花生挖掘机市场，2022 年或出现小幅攀升，但占比可能出现小幅下降。

区域地图或有生变，以河南、山东为代表的区域市场或走出低谷。从花生收获机销售区域分析，2022 年乃至未来几年，花生收获机市场的主战场依然会集中在山东、河南、吉林、河北、辽宁等市场，只是各区域市场的驱动力有所不同。辽宁、河南、山东、河北四省因机收率较高，刚性需求有所下降，但更新动力较为强劲。其他区域，尤其以丘陵山区为主的区域市场，主要看生产企业能否研发出适应机型。

竞争聚焦产品，洗牌将加速。2022 年以及未来几年花生收获机市场的竞争将呈现三个突出特征：其一，产品品质与适应性。一是产品品质依然是市场竞争的焦点以及企业的核心优势。农机行业早已进入产品为王的时代，花生收获机市场也不例外。过硬的产品品质是近年花生收获机头部企业崛起的根本原因，今后市场竞争依然会遵循此逻辑。二是产品的适应性在市场竞争中变得很关键。近年，花生收获机受到的最大制约是湿地导致收获机无法进地作业，严重影响花生收获机投资者收益，打击消费信心。花生收获季节多为雨季，严重影响机械作业。以花生种植大省河南、山东为例，河南主要种植夏花生，7 月中旬到 8 月初的暴雨导致其无法进行机械或机械辅助采收；山东主要种植秋花生，9 月持续至 10 月的降雨导致机械无法采收。解决这个问题最直接的办法就是推出适应湿地作业的履带式花生收获机。三是高端化、智能化机型将强化企业的核心竞争优势。现阶段花生收获机作业过程中扬起的大量尘土，对生态环境影响很大，对机手身体损害也很大，改变作业环境是生产企业亟待解决的问题，如推出无人驾驶花生收获机等。其二，价格依然是市场竞争的“撒手锏”。因花生收获机市场仍处于成长期，市场竞争格局并不稳定，低价冲击市场成为新进入者站稳脚跟、扩张地盘的重要手段。其三，洗牌加速。看似蓝海的花生收获机市场，一只脚已经踏进红海，市场竞争变得激烈而残酷。花生收获机市场属于小众市场，现阶段市场销量在 2 万余台，市场规模在 10 亿元以上，但有 70 余家企业分食。其中，12 家头部企业 2020 年销量和销售额占比高达 67.85% 和 69.66%，其他 60 余家企业占比仅三成多。随着竞争的加剧，部分尾部企业或逐渐退出市场，洗牌是不可避免的。其四，大品牌的进入或改变竞争格局。目前包括沃得、潍柴雷沃、山东巨明等收获机巨头均已推出花生收获机，成为推动竞争格局改变的重要力量。

（山东巨明机械有限公司　主任　　马建忠）

2021 年粮食烘干设备市场回顾与 2022 年展望

粮食烘干设备市场随着世界局势及国内宏观环境的变化，再度引起广泛关注。近两年，自然灾害、世界局势以及新冠肺炎疫情，都加剧了粮食供给的潜在危机。在此大背景下，降低粮食损耗，减少粮食浪费，确保粮食安全变得更为重要。粮食浪费不仅发生在餐桌上，还发生在储藏、运输和加工环节，这些环节的浪费更是触目惊心，每年损失量高达 700 亿斤。据粮食部门统计，由于粮食储存设施简陋、烘干能力不足、缺少技术指导等问题导致粮食损失达 8% 左右。因此，粮食烘干成为确保粮食安全的关键环节，引起中央和地方政府的高度重视，粮食烘干设备市场也顺势迎来政策红利。

一、多重利空因素叠加，市场温和下滑

2021 年粮食烘干设备市场受多重利空因素挤压，市场销量温和下降。市场监测显示，全年累计销售各种粮食烘干设备 1 万余台，同比小幅下挫 7.42%。即使考虑大吨位机型份额增加因素，但总体烘干设备市场仍然呈小幅度下降态势。

众所周知，我国粮食烘干设备市场的启动，其主要推力来自各项补贴政策。2021 年，各地烘干设备市场依然深受补贴政策的影响。综合 2021 年各地补贴情况，粮食烘干设备补贴对市场产生了两大利空影响。一是单台补贴标准偏低，对用户购机动机拉动的力度有所减弱。当前 10 ~ 20 吨（不含 20 吨）、20 ~ 30 吨（不含 30 吨）及 30 吨以上烘干机的央补标准分别为 22600 元、29000 元和 46900 元，补贴大致占销售均价的 26%，对用户购机动机的促动力明显下降。二是补贴资金不足。市场调查显示，2021 年各地粮食烘干设备补贴资金缺口巨大，许多企业反映，烘干设备虽然售出，但至今未拿到补贴。形成此现象的主要原因是 2020 年补贴资金严重透支，2021 年部分资金分流至 2020 年已经购买但未补贴的机具上。两重因素叠加，对 2021 年市场需求形成一定的压制。

从粮食烘干设备市场内生动力分析，四大利空因素对 2021 年的市场产生了较大压制。

其一，市场凸显“空窗期”，支撑力减弱。如江苏、安徽、浙江、江西四大主流市场 2021 年全线下滑，支撑力明显下降。湖北、山东以及其他市场（销量 10 名后的市场）虽然增幅较大，但因绝对量较小，市场销量贡献率低，难以填补四大市场销量下降留下的较大“空白”，“空窗期”演变成压制整体市场的重要因素。

其二，价高利薄，双向挤压。随着原材料、人工和物流成本等涨价，企业利润大幅度下滑。加之新冠肺炎疫情导致的停工停产，供应链“断裂”，物流受阻等，传导至生产环节导致效率下降。由此产生两大后果：一是一些尾部企业承受不住巨大的竞争压力而黯然“离场”；二是推高产品价格或摊薄利润。面临激烈的市场竞争，企业并不能完全基于利润决定市场售价，他们更多考虑的是在不丢失

或尽量少丢失市场份额的情况下，确保品牌的竞争优势，所以不少企业并不会因成本涨价而贸然大幅度提升产品价格。结果是成本上升导致的部分涨价只能自行消化，直接摊薄企业利润。上述两大因素形成对市场的双向挤压，是导致市场下挫不容忽视的原因之一。

其三，市场“高地”设置的高门槛。2020 年，粮食烘干设备在各种利好因素的综合推动下，出现 1.1 万台销量和同比 29.63% 的大幅度攀升，客观上为粮食烘干设备设置了较高的门槛，因此市场内部出现动态调适，2021 年销量周期性下滑。

其四，市场需求大型化，挤压需求量，成为 2021 年市场销量下滑不可忽略的原因之一。

二、需求结构加速调整，大型化趋势增强

2021 年，粮食烘干设备市场需求结构出现新特点，突出表现为以下三个方面。

特点一：循环式仍是市场主流，市场份额持续小幅上升。2021 年，粮食烘干设备市场依然以循环式粮食烘干设备为主体，市场小幅攀升。市场调查显示，累计销售循环式粮食烘干设备 10068 台，虽然销量同比小幅下滑 6.92%，但占比高达 97.56%，较之 2020 年上升 0.52 个百分点。相反，连续式粮食烘干机销量大幅度下跌 23.67% 的同时，市场份额持续下沉。

特点二：玉米、小麦烘干设备市场异军突起，市场销量大幅度攀升。当前适用于粮食烘干设备的谷物主要分为三大类，即水稻、玉米和小麦，2021 年在水稻烘干设备继续领衔烘干设备市场的大环境下，玉米、小麦烘干设备市场异军突起，有了一定突破。市场调查显示，2021 年玉米、小麦烘干设备市场出现较大幅度增长，如山东市场同比增幅高达 70%，河北市场也出现了多年未有的大幅度增长。这主要是因为 2021 年黄淮海区域遭遇了多年未有的水患，阴雨连绵的天气拉升了烘干需求，推动玉米、小麦烘干设备市场强势增长。

特点三：品类“两端”凸起，大型化趋势愈发强烈。从需求结构变化分析，2021 年不同机型粮食烘干设备细分品类呈现出“两端增长、中间塌陷”此消彼长的特点。市场调查显示，一端是批处理量小于 20 吨的机型呈现较大幅度增长，10 吨以下、10 ~ 20 吨机型分别销售 302 台和 2415 台，同比分别增长 76.41%、15.66%，占比分别上扬 1.39 个百分点和 4.67 个百分点；另一端是粮食烘干设备市场大型化趋势表现得愈发强烈，占比大幅度增长。市场监测显示，30 吨以上的机型累计销售 3454 台，同比大幅增长 29.47%，占比高达 33.47%，较之 2020 年增加了 9.54 个百分点。“中间塌陷”主要反映在批处理量 20 ~ 30 吨粮食烘干设备大幅度下滑上，累计销售 3900 台，同比大幅度下跌 33.83%，占比由 2020 年的 52.84% 下跌至 37.76%，下跌幅度达 15.08 个百分点（如图 1 所示）。

小型烘干设备强势增长，其市场支撑力主要来自两个方面：一是基数较低，批处理量 10 吨以下机型 2020 年销量仅 170 台，市场门槛较低；二是诸如“两广”等一些新兴市场在地方补贴政策的刺激下，出现较大需求量，这些区域的耕地以丘陵山区为主，田块较小，大型机具需求受限。因小型设备占比较低，对粮食烘干设备市场总体影响有限。

粮食烘干设备市场大型化趋势并不是 2022 年才有的特点，而是多年前就有。2016 年，批处理量 30 吨以上的大型烘干设备占比不过 9.6%，2021 年已经增至 33.47%，“三分天下有其一”的市场需求格局基本形成。这种变化还可以从 20 ~ 30 吨机型的变化进一步得到诠释，2016 年的占比从

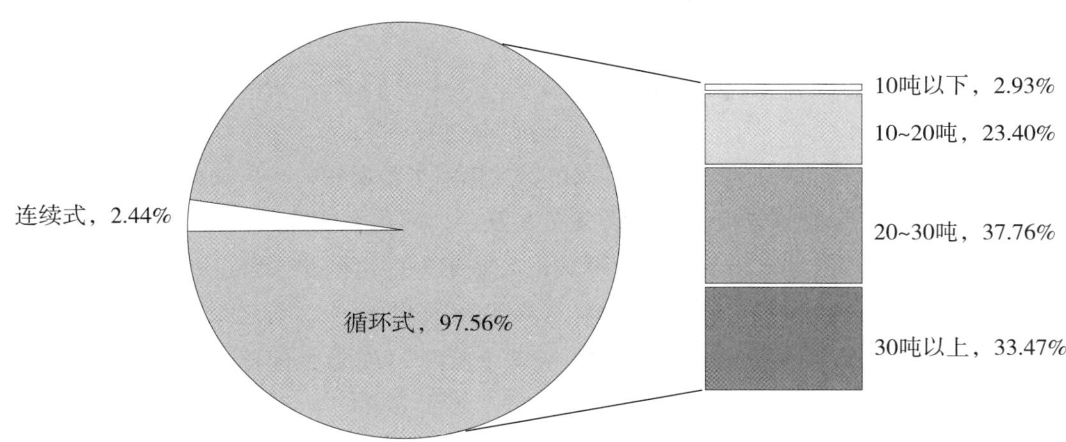

图 1　2021 年粮食烘干机市场销售结构

17. 41% 上升到 2020 年的 52. 84%，但 2021 年大幅度下降至 37. 76%，这意味着其部分市场被 30 吨以上机型占有。与之相反，批处理量 10 吨以下和 10 ~ 20 吨机型却出现较大幅度下滑，分别由 2016 年的 13. 64%、59. 35% 下降至 2021 年的 2. 93%、23. 40%，分别下降了 10. 71 个百分点和 35. 95 个百分点（如图 2 所示）。

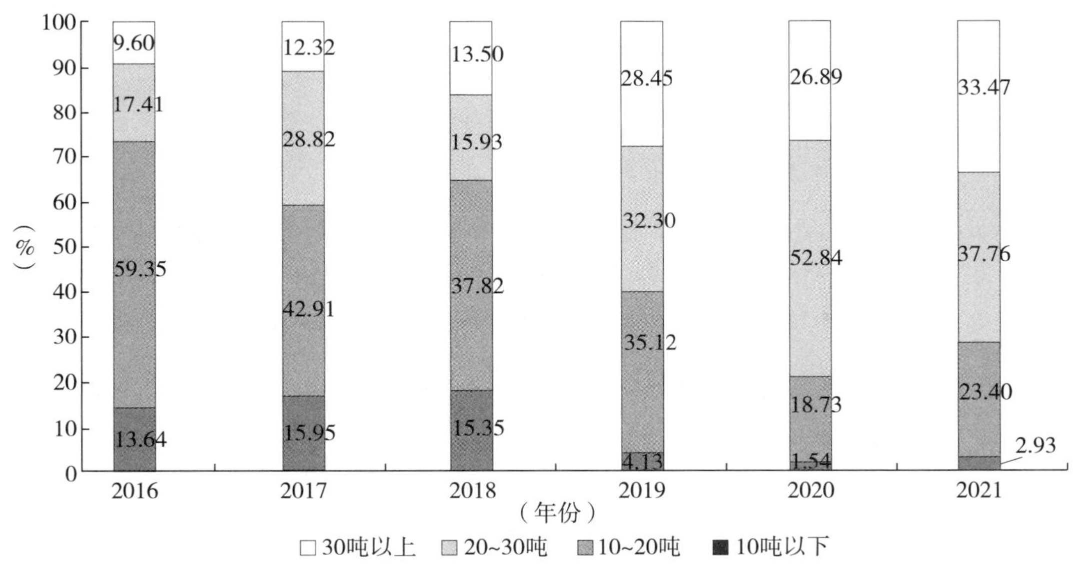

图 2　2016—2021 年粮食烘干机销售走势

粮食烘干设备市场需求大型化是多重因素综合作用的结果。首先，国家土地流转政策催生的土地规模化、集约化经营是粮食烘干设备大型化的基本动因。烘干服务组织的快速发展，以农业（农机）合作社、家庭农场等为依托，专门提供烘干服务，为大型烘干设备拓宽了需求空间。其次，受补贴政策尤其是项目补贴政策的影响，烘干中心遍地开花，大型烘干设备因作业效率高，备受青睐。最后，从终端用户分析，当下的粮食烘干设备用户以大型粮食运营商、烘干中心为主，占比在 70% 以上，他们的需求也更多指向大型烘干设备。

三、区域市场变脸，集中度狂跌

2021 年，粮食烘干设备市场下滑与主流区域市场大幅缩水密切相关。市场调查显示，2021 年销量前十大区域市场累计销售各种型号粮食烘干设备 7.5 万台，同比大幅度下降 22.14%，高出平均降幅 14.72 个百分点。随着主流区域市场的大幅度滑坡，区域集中度也同步下降。销量前十大区域市场占比由 2020 年的 91.59% 狂跌至 2021 年的 73.16%，降幅高达 14.56%。与之截然不同的非主流市场却快速崛起，主要是指“两广”等新兴市场，2021 年累计销售 2370 台，同比大幅度攀升 152.93%，占比 22.97%。

从销量前十大主流区域市场的各自表现看（如图 3 所示），以下几个特征较为突出。

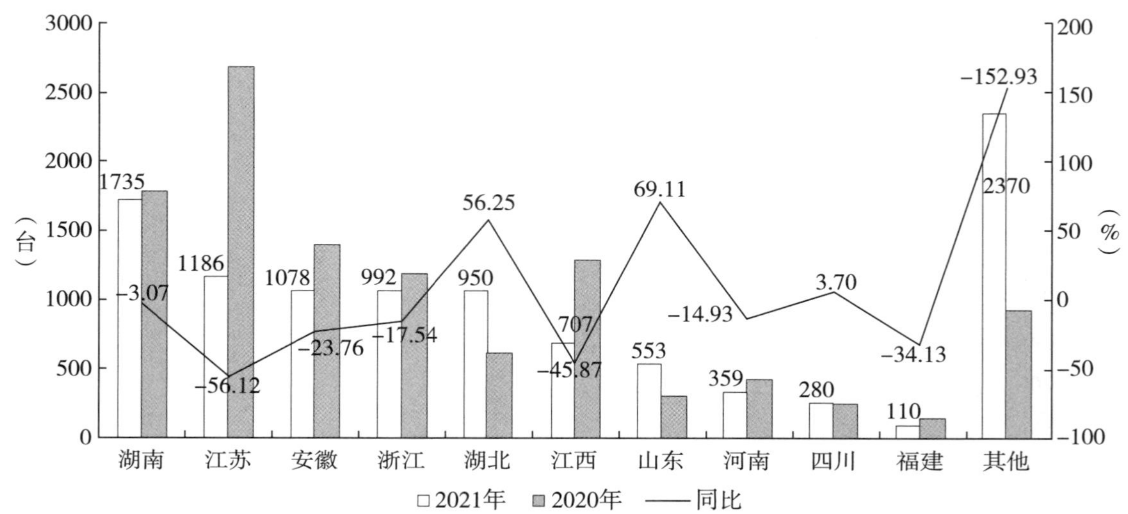

图 3 2020—2021 年粮食烘干设备十大主流区域市场销售情况

区域市场迁移，传统大市场初露疲态。苏、皖、浙、赣四大传统市场齐跌。从 2021 年的销量看，四大传统市场分列销量榜的第二、三、四、六位，实现销量 1186 台、1078 台、992 台、707 台，同比分别下降 56.12%、23.76%、17.54% 和 45.87%，占比分别为 11.49%、10.45%、9.61% 和 6.85%，较之 2020 年下挫 12.76 个、2.24 个、1.18 个和 4.87 个百分点。以上四个区域市场有几个共同特征：其一，刚性需求下降。粮食烘干设备市场启动早，发展迅猛，是传统优势区域市场。因为连续多年的快速发展，市场饱和度高，所以刚性需求下降。统计显示，2020 年，苏、皖、赣、浙四省粮食烘干设备的保有量位列全国前四名，分别达到了 3.12 万台、1.57 万台、1.26 万台和 1.12 万台，占比达到了 22.92%、11.53%、9.23% 和 8.26%。其二，2020 年，四大区域销量均在 1200 台以上，其中江苏高达 2700 多台，客观上设置了较高的门槛，形成市场“高地”。其三，补贴资金短缺，市场需求大型化。

“两湖”成为市场新势力，市场贡献率大幅度提高。市场调查显示，在主流区域下滑的大形势下，“两湖”市场的表现却另有一番景象。先是湖南成为销量最大的市场，晋升领头羊位置，累计销售 1735 台，同比小幅下降 3.07%，占比 16.81%，比 2020 年略增；后是湖北成为强势增长的市场，销量虽不过千，但增幅令人刮目相看，2021 年销售 950 台，同比大幅度增长 56.25%，占比 9.21%，较之 2020 年上升 3.75 个百分点。

2021 年粮食烘干设备市场出现的“两湖”现象与市场容量关系密切。“两湖”是我国水稻主产区，其中湖南多年蝉联我国水稻种植面积冠军，但烘干设备的保有量并不大，2020 年，湖南烘干设备保有量达 1.08 万台，湖北仅 0.76 万台，与苏、皖、浙、赣尚有一定差距，这使得“两湖”烘干设备市场需求空间大。稍有政策阳光照射，市场马上就变得“温暖”起来。如湖北省农业农村厅、省财政厅等 5 部门联合印发的《全省粮食烘干能力提升行动方案》中提出到 2025 年，全省粮食烘干中心要达到 210 个左右，烘干设备包括粮食烘干设备的拥有量要达到 1.1 万台以上。

与“两湖”市场相近的还有山东、四川市场。2021 年山东市场销售 550 余台，绝对量虽不算大，但以 69.11% 的同比增幅领衔十大主流市场。因山东市场以玉米、小麦烘干为主，这也预示着玉米、小麦烘干设备市场的强势崛起。山东市场的崛起一方面因为 2021 年阴雨连绵的天气使得小麦烘干成为应对潮湿天气防止霉变的必要选择；另一方面，黄淮地区夏秋两季作物玉米因时间关系，收获时间需要提前，收获后玉米籽粒水分偏高，多需要机械快速烘干，从而形成烘干设备市场“疯长”局面。四川市场波澜不惊，但因为同比增长，亦须引起关注。

四、市场演绎进化论，头部企业现“温差”

2021 年粮食烘干设备市场的竞争诠释了进化论观点，演绎成马太效应。一些企业经过多年的技术、市场资源等积累，核心竞争力明显提高，即使在市场下滑的大趋势下，依然稳健增长。一些企业因经济实力、技术水平、竞争能力及管理水平等因素关门歇业或退出市场，而资金链断裂、原材料涨价等多重利空因素成为压垮公司的最后一根稻草。

2021 年，粮食烘干机市场催生出新的竞争特点。

第一，市场两极分化，集中度大幅度提高。一方面，头部企业发力，实现销售逆袭。市场调查显示，销量前十的企业，累计销售 5979 台，同比增长 10.7%，高于平均增幅 18.12 个百分点，占比 57.93%，较之 2020 年同期上扬 9.78%。另一方面，尾部企业同比出现 24.45% 的大幅度下滑。虽然集中度达到了前所未有的高度，但不足 60% 的集中度仍然偏低，意味着市场竞争格局并不稳定。

第二，行业凸显“围城”现象，生产企业数量持续减少。无论市场顺风还是下行，总有企业不顾一切地冲进来，也总有企业冲出去，2021 年的烘干设备市场诠释了“围城”现象。生产企业数量由 2015 年高峰期的千余家，下降至 2018 年的 170 余家，演绎了粮食烘干机行业的“大逃亡”，发展至 2021 年，仅剩下 141 家，比 2020 年减少了 11 家。虽然企业有进有出，但进入者少，出局者众，意味着市场洗牌仍在加速。

第三，头部企业经营业绩冰火同炉，“六升四降”。如果按照同比增幅分析，可分为三个层次：一是同比两位数增幅的品牌。安徽金锡、安徽辰宇两大品牌，全年分别销售了 852 台、674 台，同比分别增长 49.21%、27.41%，占比分别增长 8.26%、6.53%，较之 2020 年分别上扬 3.13 个、1.79 个百分点。二是同比个位数增幅的品牌。安徽正阳、合肥三伍、江西大隆和台州一鸣四大品牌呈现个位数增长，同比分别增长 6.56%、6.86%、3.77% 和 3.43%。安徽正阳虽然增幅不大，但仍然以 910 台的销量位居粮食烘干机市场之首，占比 8.82%，较之 2020 年同期上扬 1.16 个百分点。三是增幅下降的品牌。中联农机、上海

三九、江苏三喜三个品牌，2021 年出现 6.44%、1.65% 和 6.86% 的小幅滑坡（如图 4 所示）。

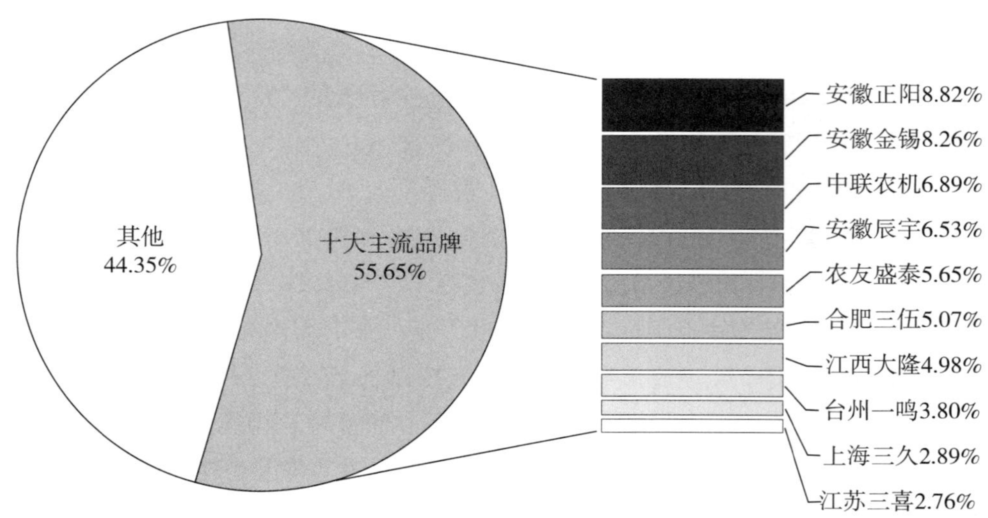

图 4　2021 年粮食烘干设备市场竞争态势

第四，农机补贴政策对粮食烘干设备市场的影响巨大。2021 年粮食烘干设备市场的竞争主要围绕两条战线展开：一是散户的争夺，二是项目的比拼。近年来，随着中央和地方政府对粮食烘干的重视，政策支持的力度逐年加大。不仅表现在不少地方出现国补和地方补贴的叠加补贴，还表现在许多地方出现的对构建烘干中心、农事服务中心等专项补贴。随着烘干设备专项补贴逐年增加，烘干中心、农事服务中心等每年的销量与散户的销量平分秋色，甚至散户的销量更高，因此围绕项目的竞争也变得愈发激烈。

第五，三大焦点成为粮食烘干设备市场竞争的核心元素。“绿色、安全、环保、高效”成为衡量粮食烘干设备品质的四项重要指标；节能和减排是当前形势下各级政府对粮食烘干设备的基本要求；粮食烘干设备智能化、信息化水平是衡量粮食烘干设备先进与否的重要标准，也是未来粮食烘干设备能否形成市场核心竞争力的关键。上述三个方面的有机结合，构成当下及未来粮食烘干设备市场的核心竞争优势。

五、政策赋能，市场方兴未艾

粮食烘干设备市场面临巨大的政策红利，从国家公布的 2021—2023 年第一批农机购置补贴额一览表来看，粮食烘干设备、果蔬烘干设备等烘干设备得到了广泛的支持，补贴金额从几百元到十几万元不等，各类烘干设备都有对应的补贴细则。2022 年粮食烘干设备市场补贴政策呈现以下新特点：一是鼓励引导用户引进技术先进的粮食烘干设备。如对热泵烘干设备单独列出补贴额，广东、浙江、福建、江苏、广西、山西等地从补贴政策上给予大力支持，江苏省“额定功率 30kW 及以上且制热量 100kW 及以上热泵热风炉（配套粮食烘干设备）”可获中央财政补贴额 20000 元。二是在政策引导下，烘干中心快速发展。多地出台烘干设备发展规划，如广东“十四五规划”提出 2025 年建立 500 个水稻机械化烘干示范中心，还规定对符合县（市、区）规划的新建粮食烘干中心（点），经验收合格，省财政按照批处理能力 1000 元/吨的标准进行先建后补。

粮食烘干设备市场内生动力强劲，上升空间较大。

其一，刚性需求强劲。近年，随着粮食烘干设备市场高速运行，我国粮食烘干水平快速提升，初步估计，粮食平均烘干水平达到了30%以上，但与发达国家95%的烘干水平相比，仍然存在较大差距，且全国烘干设备保有量仅13.62万台。同时粮食烘干水平还存在两大不平衡：一是三大粮食作物烘干水平不平衡，数据显示，水稻烘干水平在60%以上，玉米、小麦烘干水平在30%和15%左右；二是平原地区与丘陵山区、发达区域与欠发达区域粮食烘干水平不平衡，平原地区与发达区域较高，丘陵山区与欠发达区域较低。这种差距从不同区域烘干设备的保有量即可看出，保有量最大的江苏达到3.12万台，安徽、江西、浙江达到1万~1.4万台，而内蒙古不足千台，青海、新疆不足百台。

其二，更新动力充沛。我国烘干设备市场起步晚，烘干设备质量的提升尚有较大空间，决定了市场更新动力较为充沛。一是我国烘干设备以小型烘干设备为主，在全国13余万台的保有量中，批处理量30吨以上的设备仅2.14万台，占比15.71%。近年市场出现的大型化趋势，为市场更新提供了充足的动能。二是优化烘干能力布局，淘汰高耗能烘干设备成为支撑更新的重要力量。如以燃煤锅炉、燃煤热风炉为热源的烘干机将很快被淘汰出局，通过改用无污染、节能型热源加快老旧烘干设备升级改造，全面提高烘干设备智能化、信息化水平将成为烘干设备市场发展的必然态势。

其三，政策赋能，推力强劲。每到粮食收获季节，如果遇到阴雨天气，农民异常紧张，粮食烘干机则不受天气和场地的影响，可以让粮食免遭“仓门灾”，解决了粮食收获后靠天晾晒、费时费力的难题，也有效避免了二次污染，保证了粮食品质。各地将粮食烘干设备作为提升应变自然灾害能力、提升粮食品质的重要措施，这也正是越来越多的地方在中央补贴基础上或叠加地方政府补贴，或设立补贴专项鼓励政策构建粮食烘干中心的主要原因，客观上推动了粮食烘干设备市场的发展。

其四，农机新型主体的崛起，夯实了粮食烘干设备市场的基础。近年随着土地流转、土地托管规模的扩大，农业（农机）合作社、家庭农场、种粮大户、农业社会化服务组织等新型农业生产主体如雨后春笋般发展起来，烘干服务中心、粮食运营商、粮库等成为烘干设备需求的主体，也成为粮食烘干设备市场的主要客户，同时为粮食烘干设备市场的稳步发展提供了坚实的基础。

其五，粮食烘干设备市场正处于上升周期中。从近年烘干设备市场周期性变化规律分析，我国烘干设备在经历了2018年59.37%的断崖式下跌和2019年25.37%的大幅度下降后，又迎来了2020年29.63%的强势增长和2021年的小幅下滑，因此我们预测2022年市场将进入复苏式增长周期（如图5所示）。

利好与利空因素形成影响市场的两股强大力量，二者对冲形成的结果对2022年粮食烘干设备市场将产生关键影响，极大地增加了市场的变数和不确定性。我们预计2022年粮食烘干设备市场销量在1万台左右，市场出现5%左右的小幅增长的概率较大。

我国粮食烘干设备市场正经历着前所未有的变化，专业人士预计，粮食烘干设备的能效限定值及能效等级将有可能成为粮食烘干设备行业下一步发展趋势的分水岭。粮食烘干装备技术全面升级已经开始，节能减排是谷物烘干设备发展的目标，未来的粮食烘干设备将向智能化、信息化、自动化和供热方式多元化方向发展。市场将呈现出需求多样化、产品为王和加速洗牌的特点。

趋势一：干燥通风和就仓干燥技术相结合的干燥技术的发展。采用热风干燥加机械通风干燥技术，可以充分挖掘和发挥原有的仓储资源，有效降低燃料能源及其他资源的消耗，大幅度提升粮食干燥处理能力。对于粮食干燥处理来说，凡是具备良好储藏和通风设施的仓储企业，采用就仓干燥技术更加

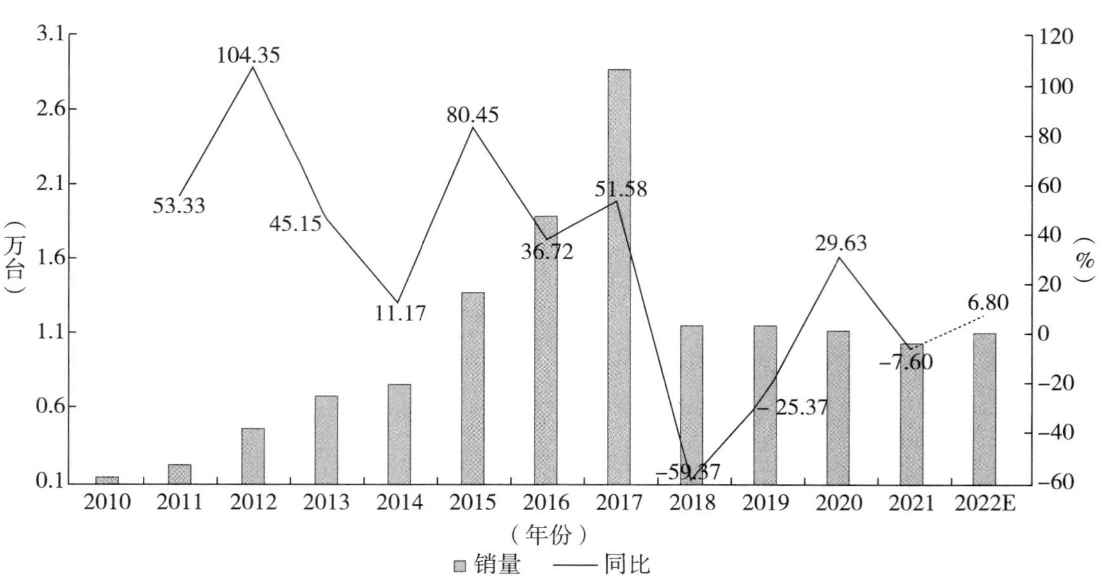

图 5　2010—2021 年粮食烘干机市场走势与 2022 年预测

具有经济性和可行性。

趋势二：热泵干燥技术的应用与推广。随着节能环保政策的推行，空气源热泵技术以其自身优势逐渐成为粮食烘干领域的一个新选项。空气源热泵粮食烘干机具有以下优势：一是烘干速度快（烘干时间比传统烘干减少一半）、烘干品质好、无燃油燃煤污染风险；二是智能控制、操作简单、无须专人看管，可满足多种烘干需求；三是高效节能（比燃油烘干节省能源 80% 以上，比燃煤烘干省 50% 以上）。江苏省早在几年前已率先推行以空气源热泵为供热源的粮食绿色烘干技术，2021 年，首批江苏省农业生产全程全面机械化示范县（市、区）开展空气源热泵等绿色清洁粮食烘干设备与技术推广、清洁热源替代烘干示范项目，计划到 2025 年，江苏全省力争实现燃煤（油）粮食烘干机绿色清洁热源替代改造全覆盖。

趋势三：智能化控制技术的发展应用。粮食烘干设备控制从简单的逻辑控制向智能化控制方向发展，物联网技术广泛应用于粮食烘干领域，粮食干燥热风温度可根据粮食品种、用途自动设定，粮食干燥数量、水分等作业数据实现自动采集，通过局域网传输到粮食企业的信息系统中，实现远程测控、故障诊断、人机互动等。

趋势四：粮食烘干塔实现高水分谷物一次降到安全标准。粮食烘干塔越来越多样化，针对不同的谷物性能要求、客户多样化需求，粮食烘干塔烘干工序及其技术应用将获得新突破，特别是在精准化、智能化升级后，粮食烘干塔的应用领域将更为广泛。尤其是采用联合干燥法，即将连续式烘干塔与循环式烘干机联合使用，前者用于量大物种快速降水，后者用于精细化、后半程精准烘干，这种方式正在被越来越多的用户接受。

趋势五：粮食烘干设备多样化。我国地域辽阔，自然环境差异较大，粮食烘干设备要适应不同区域的需求，实现多样化发展。在经济发达的粮食主产区，通过建立粮食烘干中心提升社会化服务能力。在推动大型烘干设备发展的同时，要因地制宜，建设一批区域性烘干点和配置一批小型、移动式烘干设备，以满足丘陵山区市场的需求。

趋势六：洗牌加速，产品为王时代到来。处于成长期的烘干设备市场因门槛低、市场监控不严和产品标准缺少等，导致大量企业涌入，国内粮食烘干设备质量参差不齐，整体质量与先进发达国家尚有一定差距。市场竞争也主要聚焦于低层次的价格竞争，其结果必然是行业洗牌加速。2022 年以及未来粮食烘干设备市场将走出价格竞争的泥潭，进入以产品品质、品牌为中心的新时代。

2021—2022 年，受各种复杂因素影响，市场云谲波诡，竞争日趋激烈，粮食烘干设备市场进入关键转折期。无论生产企业还是经销商，都必须做好迎接挑战的准备。面对严峻的市场形势，唯有控制风险，升级产品，做好品牌，才能立于行业潮头，在变革浪潮中脱颖而出。

（江西大隆重型工业有限公司　销售副总经理　　刘振德）

2021 年畜牧机械市场回顾与 2022 年展望

处于快速成长期的畜牧机械市场2021 年戛然而止，出现较大幅度下滑。市场调查显示，2021 年累计销售各种畜牧机械 12.65 万台，同比大幅度下降 23.89%，终结了 2017—2020 年连续四年的增长势头，爆出农机市场最大冷门。

2021 年畜牧机械市场下滑并非偶然，而是多重利空因素综合作用的结果。

从畜牧机械市场下游的需求端分析，以下几点成为市场下滑的主要因素。第一，新冠肺炎疫情对畜牧业产生抑制作用。新冠肺炎疫情导致购买力下降，对畜牧业的发展产生影响。第二，养殖利润缩水，退出的散户较多。一方面，猪肉等畜牧产品降价，饲料大幅度涨价，双向挤压导致养殖环节经济效益普遍较 2020 年有所下滑，受此影响，养殖户积极性受挫，部分养殖散户清栏退场；另一方面环境治理趋严，畜禽养殖业产生的环境污染主要来源于畜禽粪便，不符合环保条件的养殖户被叫停。第三，2020 年畜牧机械市场大幅增长 101.06%，创下 2009 年以来的新高，形成市场“高地”，直接导致市场出现周期性下滑。第四，大型化趋势增强，挤压小型机械上升空间。

从畜牧机械市场上游的供应端分析，2021 年原材料价格上涨，生产成本急剧攀升，导致众多小企业歇业。传导至终端，突出表现为低端产品供应减少，对市场低端需求产生一定压制。

一、各品类市场冷热不均，主流品类市场“两升两降”

2021 年，畜牧机械销售品类延续了往年特点，以饲料粉碎机、铡草机、饲料混合（搅拌）机、揉丝机为市场主流品类，累计销售 11.23 万台，同比小幅增长 0.36%，占比 88.77%，较之 2020 年同期大幅度攀升 21.44 个百分点。在销量前四大品类中，饲料粉碎机、揉丝机同比分别增长 9.80%、35.29%，占比分别为 44.27%、9.09%，较之 2020 年同期分别上扬 13.58%、3.98%；铡草机、饲料混合（搅拌）机同比出现 14.29%、14.78% 的较大幅度滑坡，但占比出现 2.23%、1.65% 的小幅增长（如表 1 所示）。

表 1　2020—2021 年畜牧机械主流品类销售一览表　单位：万台

序号	品类	销量		同比（%）	占比（%）		增减（%）
		2021 年	2020 年		2021 年	2020 年	
1	饲料粉碎机	5.60	5.1	9.80	44.27	30.69	13.58
2	铡草机	2.52	2.94	-14.29	19.92	17.69	2.23

续 表

序号	品类	销量		同比（%）	占比（%）		增减（%）
		2021 年	2020 年		2021 年	2020 年	
3	饲料混合（搅拌）机	1.96	2.3	-14.78	15.49	13.84	1.65
4	揉丝机	1.15	0.85	35.29	9.09	5.11	3.98
小计		11.23	11.19	0.36	88.77	67.33	21.44
其他		1.42	5.43	-73.87	11.23	32.67	-21.44
合计		12.65	16.62	-23.89	100.00	100.00	0.00

二、主流区域冷热不均，集中度稳健攀升

畜牧机械市场下滑反映在区域市场上，表现为以下三点突出特征。第一，2021 年畜牧机械市场主要集中在四川、云南两个区域，全年销量均超过 3 万台，且两个区域占全国销量的一半，达到 54.46%。这两个省虽销量位列前两名，但所销售的机型绝大多数为小型饲料加工设备。其中，四川市场的饲料粉碎机销量占比高达 91.22%；云南的铡草机、饲料粉碎机、秸秆揉丝机三种产品的销量占比也达到了 97.95%。第二，主流区域降幅低于平均降幅。市场调查显示，销量前十大区域累计销售 11.49 万台，同比下滑 16.98%，比平均降幅低 6.91 个百分点。非主流区域市场出现 58.27% 的断崖式滑坡，意味着 2021 年市场下滑，非主流区域的“贡献率”更高。第三，区域集中度上升。2021 年在整体下滑的大趋势下，区域集中度不降反增。销量前十大区域占比 90.83%，较之 2020 年上扬 7.56 个百分点（如表 2 所示）。

各区域市场“温差”较大，表现为三个层面。一是四川一枝独秀。四川成为十大主流区域市场唯一增长的区域市场。市场监测显示，2021 年累计销售各种畜牧机械 3.86 万台，位居行业之首，且同比大幅度增长 31.06%，占比也从 2020 年的 17.75% 猛增至 2021 年的 30.51%，大幅度上扬 12.76 个百分点。二是内蒙古小幅下滑。全年累计销售 0.62 万台，同比下滑 1.59%，占比 4.90%，较之 2020 年小幅增长 1.11%。三是八大区域大幅度下滑。云南、山东、陕西等八大区域大幅度下滑，降幅达到两位数。其中，云南降幅 15.36%，低于平均降幅，甘肃下降 60% 以上，河北、宁夏降幅逼近 50%，其他区域降幅均高于平均降幅。（见表 2）

表 2　　2020—2021 年畜牧机械销售一览表　　单位：万台

序号	区域	销量		同比（%）	占比（%）		增减（%）
		2021 年	2020 年		2021 年	2020 年	
1	四川	3.86	2.95	30.85	30.51	17.75	12.76
2	云南	3.03	3.58	-15.36	23.95	21.54	2.41
3	山东	0.61	1.01	-39.60	4.82	6.08	-1.25

续 表

序号	区域	销量		同比（%）	占比（%）		增减（%）
		2021 年	2020 年		2021 年	2020 年	
4	陕西	0.85	1.17	-27.35	6.72	7.04	-0.32
5	湖北	0.69	0.94	-26.60	5.45	5.66	-0.20
6	内蒙古	0.62	0.63	-1.59	4.90	3.79	1.11
7	宁夏	0.56	1.06	-47.17	4.43	6.38	-1.95
8	山西	0.54	0.83	-34.94	4.27	4.99	-0.73
9	甘肃	0.42	1.07	-60.75	3.32	6.44	-3.12
10	河北	0.31	0.60	-48.33	2.45	3.61	-1.16
小计		11.49	13.84	-16.98	90.83	83.27	7.56
其他		1.16	2.78	-58.21	9.17	16.73	-7.56
合计		12.65	16.62	-23.89	100	100	0

三、竞争激烈，集中度较低

近年，基于畜牧机械市场的快速增长，无论业内人士还是业外投资者都看好市场发展前景和成长空间，这使得畜牧机械市场成为投资的“热土”。这一点从生产企业数量可见一斑。市场调查显示，畜牧机械生产企业由2018年、2019年的180余家升至2020年的236家，2021年企业数量再度扩容至275家，由此看出当下的畜牧机械市场“温度”之高。

从2021年市场表现出的竞争特点看，竞争态势没有发生实质性变化，众多分食者构成严峻的竞争环境。

首先，畜牧机械市场所表现出的主要竞争特点是“诸侯八百、小国三千”。即竞争格局尚未真正形成，集中度较低，缺乏知名大品牌。其一，在整体市场大幅度下滑的背景下，集中度更低。前十大品牌的市场份额仅24.06%，较之2020年下挫15个百分点。其二，主流品牌占比再创新低，以销量前两位的卫辉市卫新机械有限公司和新乡市北方散热器有限公司为例，占比仅4.84%、4.56%。其三，主流品牌全线大幅度下滑，最大降幅高达91.46%，最低降幅15.35%，市场惨淡可见一斑（如图1所示）。

其次，我国畜牧机械行业尚处于发展的初级阶段，多数企业以饲料加工类低端产品为主，如铡草机、粉碎机、揉丝机等。此类产品的价格敏感度较高，价格竞争成为多数品牌抢夺市场份额的“撒手锏”。

最后，畜牧机械市场竞争围绕两条战线展开。一条战线是国产品牌与进口（或外资）品牌的竞争，竞争聚焦于较大规模养殖场的争夺。市场调查发现，大型养殖场更青睐进口或外资高端品牌，占比高达70%以上。我国规模畜牧养殖场所需的主要设施分为饲喂机械、挤奶机械、环境控制机械和粪污处理机械四大类，因国产品牌与进口（或外资）品牌在核心技术、产品品质、品牌影响力等方面的差异，所表现出的核心竞争力也有所不同。其主要表现为四个方面，一是饲喂机械中的TMR搅拌车、自动饲喂车、传送带饲喂系统、犊牛饲喂车等国产机械近年在产品质量、科技含量等方面取得实质性

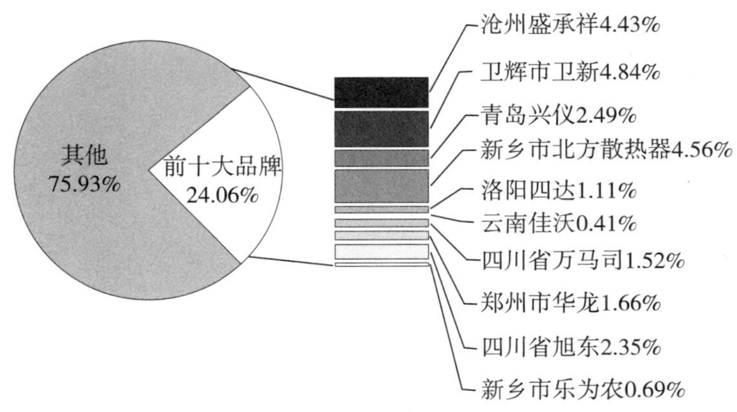

图1　2021 年畜牧机械市场竞争态势

突破，打破了外资和进口品牌的长期垄断，使得国内市场份额占比高达 75%，进口产品占比仅 25%。山东意美特智能装备有限公司、青岛友宏畜牧机械有限公司等优秀企业，开始定位高端市场，并逐渐摆脱价格战的泥沼。二是挤奶机械差距明显，市场被外资或进口品牌垄断。如挤奶机器人 100% 靠进口，其他挤奶设备国产机型占比也不超过 10%，90% 依赖进口。三是环境控制机械优势不明显，国产机械占比不过 30%，70% 依赖进口。四是粪污处理机械，进口品牌优势较为突出，市场占比超过 80%。当前小部分规模牛场的清粪方式以拖拉机铲车为主，大部分规模牛场仍以人工清理为主，像刮粪板、吸粪车及水冲清粪等所占比例很小，因而发展空间很大。另一条战线围绕国产品牌展开，重点聚焦于中小型养殖场的争夺。国产品牌依靠强大的价格优势，攻城略地，市场占比高达 70% 以上。竞争手段主要体现在以下两个方面：第一，新进入企业和一些小企业以低价冲击市场，抢占市场份额；第二，打造强势品牌，形成品牌效应，占据高端市场。

四、“新势力”亮点频现，推力强劲

2021 年，畜牧机市场虽然大幅下滑，但作为农机市场的“新势力”，也展现了其超强的成长空间和光明的发展前景。

首先，政策红利将成为畜牧机械化快速发展的加速器。畜牧养殖行业发展现状决定了偏低的畜牧养殖机械化率正成为影响畜牧养殖业健康发展的瓶颈。数据显示，在 2020 年影响畜牧养殖业的畜牧养殖规模化率、畜牧核心种源自给率和畜牧养殖机械化率的三大关键指标中，前两项分别达到了 67. 50%、75. 00%，而畜牧养殖机械化率最低，仅 35. 80%（如图 2 所示）。总之，养殖机械化水平偏低，将直接拉升养殖成本，摊薄养殖利润，推高畜牧产品价格。

基于此，农业农村部印发的《“十四五”全国畜牧兽医行业发展规划》提出：2025 年畜牧业机械化率达到 50% 的五年发展目标。回顾“十三五”期间畜牧业机械化率增势，我国用了五年时间，将畜牧机械化水平由 2015 年的 28. 6% 提升至 2020 年的 35. 8%，也仅增长了 7. 2 个百分点。要实现 2025 年机械化率达到 50% 的发展目标，意味着五年间要增长 14. 2 个百分点，要实现这样的发展速度，既要靠企业的努力，也要靠政策的强力支持。

近两年，国家不断加大政策扶持力度，推动畜牧业机械化发展。一是《中华人民共和国国民经济和社会发展第十四个五年规划和 2035 年远景目标纲要》明确要在“十四五”期间建立 300 个设施农业

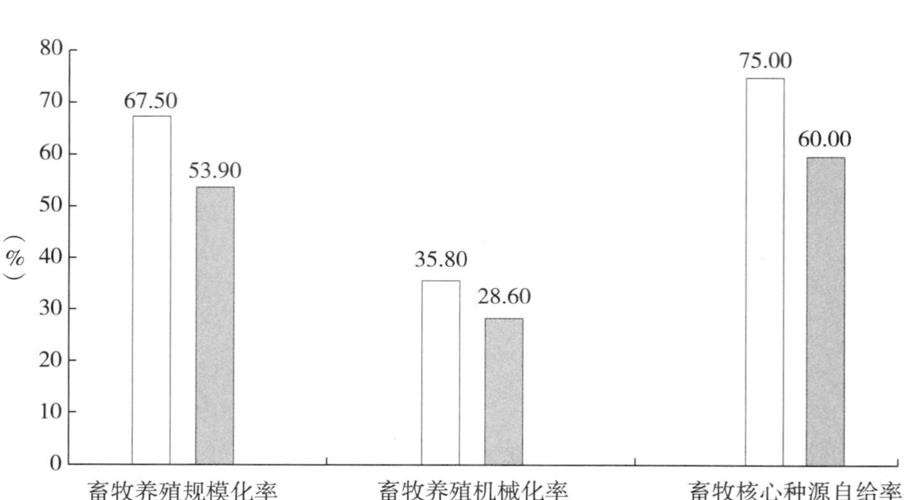

图 2　畜牧养殖综合竞争能力

和规模养殖全程机械化示范县，形成由点及面、梯度推进县域养殖机械化水平持续提升。二是农业农村部办公厅、财政部办公厅出台的《2021—2023 年农机购置补贴实施指导意见》，将标准化猪舍、畜禽粪污资源化利用等畜牧养殖成套设施装备纳入农机新产品补贴试点范围。北京、浙江、江西、湖北、广西等部分地区已经开展生猪生产成套装备的补贴先行试点，推进解决中小规模养殖场装备配置参差不齐的问题。三是在新版《农业机械分类》标准中，畜牧业机械范围由原来的 1 个大类 3 个小类扩充到 6 个大类 14 个小类，品目数增加至 104 个，是上版标准的 4 倍，进一步明确了畜牧业生产所需装备的属性。

其次，畜牧业机械化水平低，发展不平衡。从畜牧业的机械化水平分析，呈现出两个特点：第一，机械化水平低。统计显示，2020 年我国畜牧业机械化水平仅 35. 79%。第二，畜牧业机械化环节发展不平衡。2020 年畜牧机械拥有量 811 万台（套），其中饲料（草）加工机械设备拥有量高达 676. 25 万台（套），占比 83. 38%；而饲养设备和畜产品采集加工机械设备分别为 71. 26 万台（套）和 21. 42 万台（套），占比分别为 8. 79%、2. 64%（如表 3 所示）。由此可以看出，饲养设备与畜产品采集加工机械设备的机械化水平更低。以上特点决定了我国畜牧机械市场拥有较大发展空间。

表 3　2020 年畜牧机械主要产品拥有量一览表　　单位：万台（套）

类别	畜牧机械	饲料（草）加工机械设备				饲养设备	畜产品采集加工机械设备				其他
		合计	铡草机	粉碎机	其他		合计	挤奶机	剪羊毛机	其他	
拥有量	811	676. 25	110. 17	305. 18	260. 9	71. 26	21. 42	9. 76	7. 24	4. 42	42. 07
占比（%）	100	83. 38	13. 58	37. 63	32. 17	8. 79	2. 64	1. 20	0. 89	0. 55	5. 19

最后，畜牧业机械化质量低。从畜牧业机械品类看，目前我国畜牧机械产品主要以小型、低端类产品为主。

由此不难看出，我国畜牧机械市场面临良好的宏观环境和千载难逢的发展机遇：畜牧业机械化水平低决定了刚性需求强劲，市场由中低端向大型高端市场的更新动力强劲；畜牧业机械化发展不平衡决定了市场在薄弱环节需求更加旺盛，也是政策扶持的重点。

五、市场或逆袭，演绎小幅攀升

2022 年，畜牧机械市场虽然处于发展的机遇期，但也面临着较为复杂的生态环境和严峻的市场形势。

首先，畜牧养殖业受粮价上升、畜牧产品价格低迷的双向挤压，一方面是主要饲料价格居高不下，推高养殖成本；另一方面是自 2021 年开始肉类价格持续低迷，2022 年这种局势并未好转。2022 年 5 月，养殖业市场出现了新一波下跌潮，如生猪市场出现回落，鸡蛋价格下跌；牛羊肉价格羸弱不堪再度陷入下跌的泥沼，进一步摊薄养殖利润。加之外出务工机会成本的增加以及环保监管趋严等因素对冲，散养户退出明显。

其次，畜牧业处于急剧转型期。畜牧业内外部环境已经发生根本性转变，资产、技术、管理、密集度日益提高，资源、市场、环境因素日益趋紧，进口挤压日益加大，迫切需要提高综合竞争力。如正大、温氏等大企业逐步以资本化形式占领市场，散户散养的家禽占比越来越少。这预示着我国畜牧养殖业正经历着急剧转型，转型过程中形成的大企业未能完全填补散户退市而让渡的市场空间，加之需求大型化使市场需求量逐步减少。多项利空因素叠加，决定了 2022 年的市场将面临更多不确定性。

利空因素虽然表现得较为强烈，但利好因素对市场的强大支撑决定了 2022 年的市场依然值得期待。第一，2021 年市场的大幅度下滑，形成市场“洼地”，为 2022 年市场增长设置了较低的门槛，能量释放成为推动市场发展的强大动力。第二，畜牧养殖规模化以及大型畜牧企业发力，从多维度推动畜牧机械市场需求大型化，需求更新将加速。第三，刚性需求强劲。从当前偏低的畜牧业机械化水平到较低的保有量，加之市场中小型低端机械占比较大，这些因素决定了较为强劲的刚性需求。第四，农机补贴作为当下农机市场的主要驱动力，2022 年将继续发挥引领作用，从中央到重点畜牧养殖地区，畜牧机械产业将成为补贴政策扶持的重点之一。

最后，从畜牧机械市场发展周期分析，市场正处于上升周期中。回溯 2009 年以来畜牧机械市场走势，经历了四个阶段：第一阶段为振荡上升期（2009—2012 年）。这个阶段的畜牧机械市场波动频率大，但整体走势表现为震荡上行。第二阶段为调整下行期（2013—2016 年）。这个阶段市场销售同比逐年下降，2016 年降幅高达 62.97%，此阶段最突出的特征是市场需求大型化，导致市场需求数量减少。第三阶段为快速成长期（2017—2020 年）。这个阶段市场经过“三连跌”后，进入快速增长期，创下“三连增”的增长业绩，2020 年冲击高点，销量达到 16.62 万台，增幅高达 101.06%。第四阶段为复苏期（2021 年至今）。这个阶段的突出特征是增幅趋缓甚至下滑，但销量依然保持在高位上（如图 3 所示）。畜牧机械市场 2021 年大幅度下滑与 2020 年大幅度增长关系密切，属于市场内部对大幅度攀升后的自然调节，偶然成分更大，快速成长期方向并未改变。

基于以上分析，2022 年市场既不可能下滑，也不会大幅度增长。其一，2021 年畜牧机械市场已经探底，2022 年或止跌回稳。其二，受新冠肺炎疫情、肉类产品价格低迷、原材料涨价、环境趋严等多重利空因素叠加的影响，市场出现强势反弹、大幅度攀升的概率不大。

综合各种因素，预计 2022 年市场复苏式小幅增长的概率更大。全年销量有望在 13.5 万台左右，同比增幅不会超过 10%（如图 3 所示）。

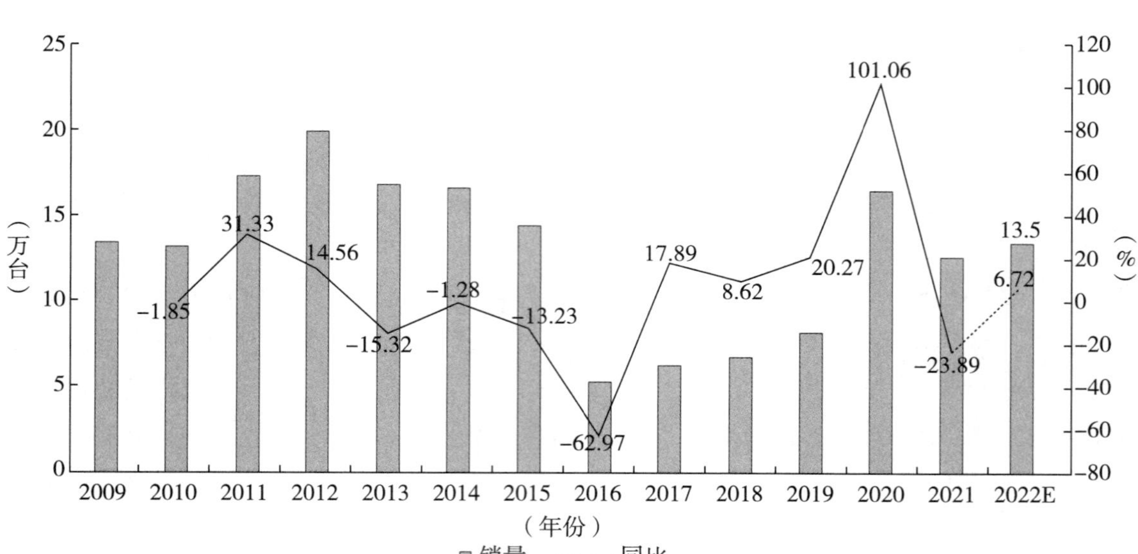

图 3　2009—2021 年畜牧机械市场走势与 2022 年预测

（泰安意美特机械有限公司　总经理　　董和银）

马铃薯收获机市场回顾与展望（2021—2022 年）

一、2012—2021 年马铃薯生产情况分析

进入 2021 年，马铃薯收获机市场逐步复苏，2020 年马铃薯收购价格比 2019 年同比上涨，并且受新冠肺炎疫情影响，部分无法返城务工的农民选择回乡种植马铃薯，使 2021 年马铃薯种植面积增加。表 1 为 2012—2021 年中国马铃薯种植面积和产量情况，通过图 1 和图 2 分析可得：2021 年，马铃薯种植面积在 2020 年的基础上有一定增长，但是平均产量由于受天气和灾害影响并未增加，与 2020 年相比稍有减少。据目前发展形势看，预计 2022 年马铃薯种植面积还将有所增加，马铃薯收获机市场持续向好。

表 1　2012—2021 年中国马铃薯种植面积和产量情况

年份	2012	2013	2014	2015	2016	2017	2018	2019	2020	2021
种植面积（万公顷）	503. 27	502. 78	491. 27	478. 81	480. 51	486. 24	476. 07	403. 89	421. 82	466. 88
产量（万吨）	8440. 39	8593. 08	8421. 18	8289. 32	8498. 65	8853. 64	9032. 14	7565. 79	7823. 66	7925. 33

数据来源：联合国粮农组织（FAO）资料。

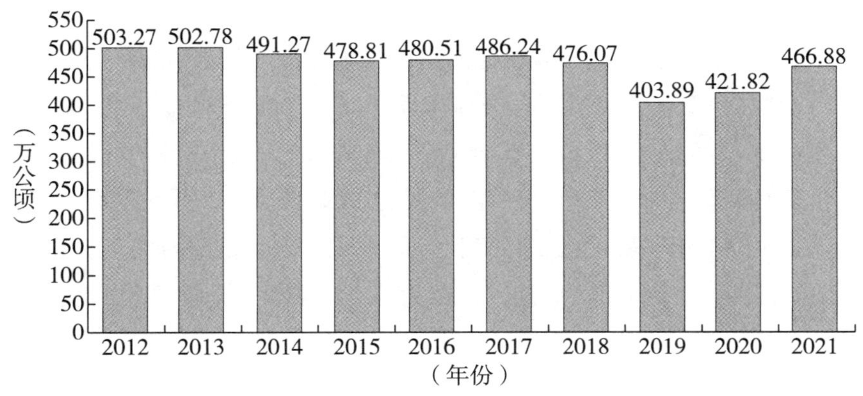

图 1　2012—2021 年中国马铃薯种植面积情况

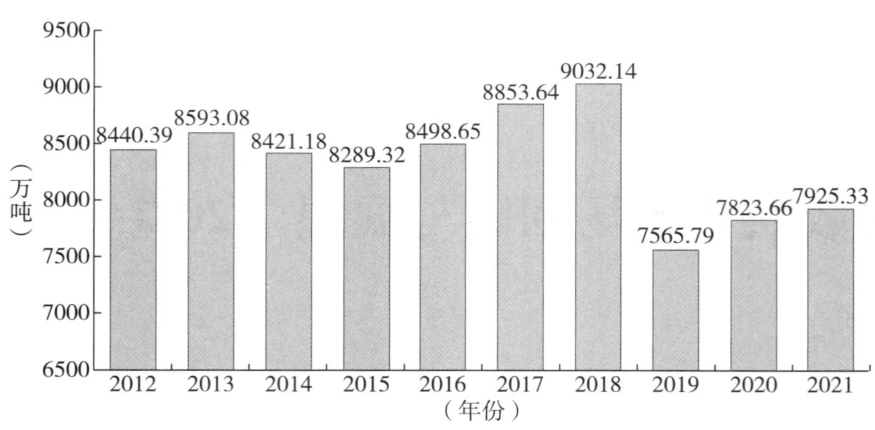

图 2　2012—2021 年中国马铃薯产量情况

二、近年马铃薯收获机市场发展环境分析

2015 年，农业部正式提出马铃薯主粮化战略；2016 年印发了《农业部关于推进马铃薯产业开发的指导意见》，指出马铃薯将成为继稻米、小麦、玉米外又一主粮。马铃薯具有主粮化的天然优势，含有七种人体必需的碳水化合物、蛋白质、维生素、膳食纤维等营养成分。马铃薯加工成淀粉后，在合适条件下储藏时间较长，可作为国家粮食安全储备物资。实施马铃薯主粮化战略对国家粮食安全、优化产业结构、带动农民增收致富、促进全民健康等方面都有重大意义，可见，马铃薯主粮化不仅是国家战略、政府战略，也是经济战略和国民身体素质提升战略。

作为国内公认的马铃薯产业黄金带的内蒙古乌兰察布市一直被农业农村部确定为“马铃薯中国特色农产品优势区”，并被中国食品工业协会命名为“中国马铃薯之都”。因为在马铃薯产业发展方面较为领先，内蒙古自治区对乌兰察布市给予了较大的政策支持。

2019 年 2 月，李克强总理考察了马铃薯主产区内蒙古乌兰察布市，并对该市马铃薯产业发展作出重要指示，强调要支持农民扩大种植品质好、有优势的马铃薯，将马铃薯产业发展成为大产业，助力脱贫攻坚。为深入贯彻落实李克强总理指示精神，乌兰察布市 2019 年、2020 年先后出台了《乌兰察布市 2019 年马铃薯产业发展实施方案》《乌兰察布市 2020 年马铃薯脱毒种薯补贴实施方案、马铃薯加工专用薯补贴实施方案、马铃薯良繁体系和仓储库建设实施方案》，有效推动了马铃薯产业快速发展。

2020 年 10 月，内蒙古自治区人民政府办公厅印发了《关于促进马铃薯产业高质量发展的实施意见》（以下简称《意见》），《意见》指出：科学规划产业布局，推进马铃薯优势特色产业带建设，打造专业化规模化产业集群，促进一二三产业融合发展，加大政策支持，强化基础建设，改进物质装备，提升马铃薯产业规模化、标准化、机械化、品牌化、信息化水平，依靠科技创新提升发展水平，进一步增强产业扶贫带动致富能力。同时，《意见》提出 3 项支持政策：马铃薯种植者补贴、科技创新补贴和马铃薯加工订单补贴。

2021 年，由于马铃薯种植成本不断增加，化肥价格一路高涨，国家为了提高粮农的种粮积极性，制定了相应的补贴资金扶持政策。很多地区为响应国家号召，发布了马铃薯生产者补贴政策。但由于每个地区马铃薯种植面积不一样，所以补贴金额也有所差异。以内蒙古呼和浩特市为例，2021 年，内蒙古自治区出台了《内蒙古自治区财政厅　农牧厅关于落实内蒙古自治区马铃薯产业高质量发展补贴政策的通知》（以下简称《通知》）。《通知》提出：年推广面积在10万亩以上30万亩以下的马铃薯品种，一次性奖励500万元；年推广面积在30万亩以上的马铃薯品种，一次性奖励1000万元。各地区之间存在一定差异。

2021年，乌兰察布市人民政府办公室印发了《2021年乌兰察布市旱作马铃薯产业发展实施方案》，旨在充分挖掘旱作马铃薯发展潜力，加快推进马铃薯产业高质量发展。

2022年1月5日，国家马铃薯产业技术体系2021年度总结考评会在内蒙古乌兰察布市召开，据专家介绍，2021年，马铃薯产业技术体系立足本产业布局优势，重点服务全国马铃薯主产区县域经济产业发展，以持续巩固拓展脱贫攻坚成果、接续推进脱贫地区乡村振兴为导向，力推马铃薯产业科技高水平自立自强，在引领科技创新、推进绿色发展、服务产业发展和支撑政府决策等方面成效显著。据统计，2021年，在全国集成示范旱作绿色智能栽培技术38项，建立集成技术示范基地3.49万亩、辐射221.76万亩，为国家和地方制定马铃薯产业发展规划和解决产业技术关键问题提供了科学依据。

三、近年马铃薯收获机销售情况分析

1. 2021年马铃薯收获机市场销售情况

2021年，国内马铃薯收获机产品总体销售量持续走低。目前，国内马铃薯行业的机械化率在40%左右。图3为各省份马铃薯收获机销售占比情况。其中，内蒙古、黑龙江、甘肃、新疆、宁夏五省（自治区）的设备销售数量占总销售数量的50%以上，其他省份全部的销售数量接近50%。

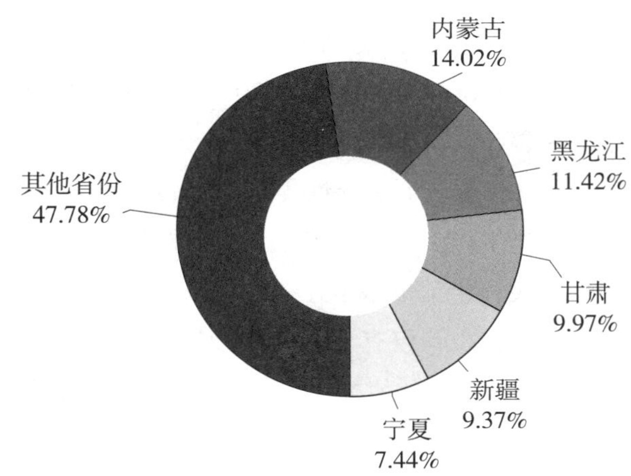

图3　各省份马铃薯收获机销售占比情况

2021年，马铃薯收获机的销售方式发生了较大的变化，传统销售模式遭遇严重挑战。在抖音、快手等自媒体快速发展的今天，许多企业开启线上销售模式，虽然该种销售模式目前只起到线上宣传的作用，但未来利用“互联网＋马铃薯收获机”的销售模式将有进一步发展。

2. 2021年马铃薯收获机使用者情况分析

马铃薯收获机的使用者主要分为农民、农机手、农机专业合作社、种植大户以及其他用户，各类使用者的占比情况如图4所示。其中，农机专业合作社占比最大，为35%；农机手占比为25%；个体农民占比较低，仅为10%。可见，目前从事马铃薯生产、购买和使用马铃薯收获机的主体是农机专业合作社，这也是土地集约化经营的体现。

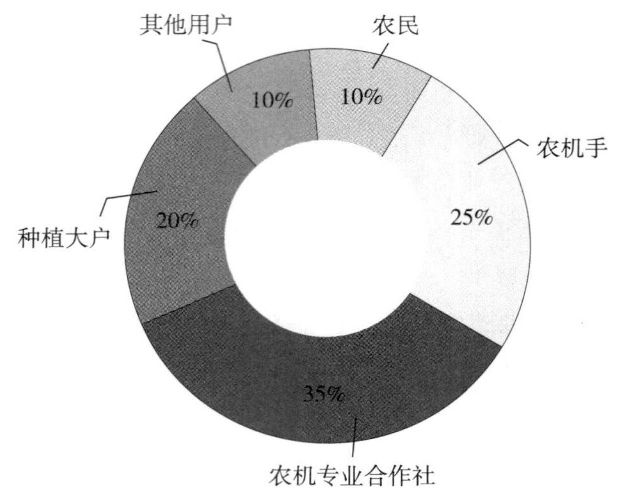

图4　马铃薯收获机使用者占比情况

3. 2012—2021年国内马铃薯收获机销售情况

自2012年以来，由于马铃薯销售价格较高，用户对马铃薯种植的热情较高，马铃薯收获机销量一直稳中有升，市场活跃度较高。

2017年下半年到2018年，国内马铃薯价格走低，达到5年来最低水平，马铃薯种植户利润微薄，有些甚至出现亏损，农户种植积极性降低，对马铃薯收获机投资热情逐渐降低，市场刚性需求萎缩，尤其是2018年和2019年连续两年，马铃薯收获机整体市场销量降幅较大。进入2020年，市场才逐渐从低谷中走出来，市场销量实现小幅增长，2021年在2020年的基础上也有一定增长。

4. 2012—2021年中机美诺马铃薯收获机销售情况

中机美诺作为最早生产马铃薯收获机的企业，近年来的马铃薯收获机销售情况也可在一定程度上反映国内市场的情况。2012—2021年中机美诺马铃薯收获机的销售数量如图5所示，从图中可以看出，2017年以前，马铃薯收获机销量较大，年销量基本在三位数以上；进入2017年，销量下滑接近50%，之后几年销量一直较少，2020年销量最少，仅有10台；进入2021年，市场出现小幅上涨。虽然2021年马铃薯收获机总体销量仍低于高峰时期的数值较多，但在2020年销售低谷的基础上增幅较大，可见马铃薯收获机市场整体处于恢复期，需逐步小幅调整。

四、2021年马铃薯收获机市场竞争对手情况分析

1. 马铃薯收获机品牌竞争分析

国内马铃薯收获机生产企业约70家，从规模上看，中小企业占绝对比重。2021年，马铃薯收获机主流品牌有：黑龙江德沃、希森天成、青岛洪珠和中机美诺等。每个厂家的产品都有自身优势。从产品质量和配件供应情况看，黑龙江德沃口碑和市场占有率较高；希森天成的配件和服务也很到位，但是产品质量有待进一步提高；青岛洪珠的产品特点是对市场反应快，适应能力强，主打小机型市场，

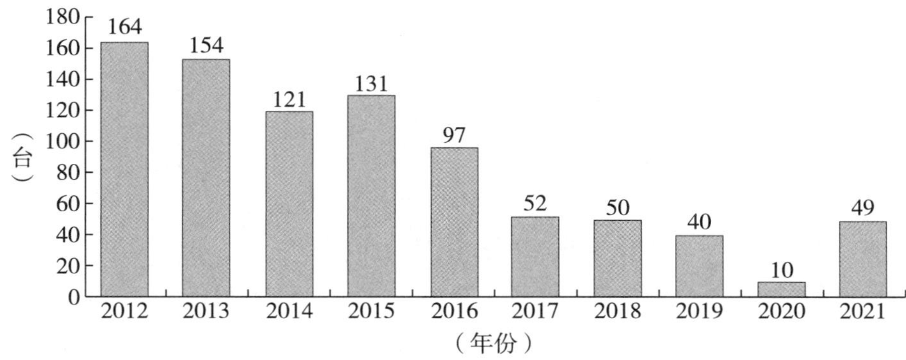

图5 2012—2021 年中机美诺马铃薯收获机销售数量

且根据不同用户需求产品改型速度非常快，产品价格较低，适用于小地块作业，具有一定的市场占有率。同时，世界著名品牌德国 GRIMME 公司、美国 Double－L 等公司进入中国后，一直占领高端联合收获机市场。国外产品自动化程度高，除了可以收获马铃薯，还可以收获胡萝卜和甜菜等块茎类作物，功能更完善，作业效率更高，但是其整机及配件价格昂贵，加上目前受新冠肺炎疫情影响，物流受阻，大众用户接受度并不高，主要用于大型农场。

2. 马铃薯收获机销售竞争分析

从 2021 年马铃薯收获机的销售情况看，市场竞争依然十分激烈。美诺公司在 2019 年年底成立了马铃薯机械项目组，专门负责马铃薯机械产品的推广和销售。2020 年和 2021 年，马铃薯全程机械化生产技术装备产品的销售均有较大突破。预计 2022 年，马铃薯收获机销售市场竞争将更加激烈，未来的市场竞争将逐渐从单纯的价格竞争过渡到产品质量和服务的竞争，用户将更多关注产品的工作性能、可靠性、生产效率等。在满足作业需求的基础上，质量高、可靠性好和性价比高的产品更能占有市场。中机美诺品牌的马铃薯收获机从 2020 年起就十分重视产品质量和售后服务，从 2021 年的销售情况分析，2022 年，中机美诺品牌的马铃薯收获机市场的表现值得期待。

五、2021 年马铃薯收获机市场回顾

马铃薯收获机市场经历了过去几年的低谷之后，2021 年开始小幅回升，这让马铃薯收获机生产企业看到了曙光。回升的原因可以简单概述为以下几点。

1. 2019 年度马铃薯销售价格上涨，马铃薯种植收益增长

截至 2019 年 10 月底，大部分秋薯产区完成采收。秋薯产区主要分布在北方一季作区和西南混作区。截至 10 月底，甘肃定西、张掖，内蒙古乌兰察布、呼和浩特，黑龙江齐齐哈尔、牡丹江，河北围场、沽源等地马铃薯收获完毕；云南昭通、昆明，贵州毕节、六盘水，四川凉山、攀枝花等地马铃薯也已收获九成。2019 年 10 月，马铃薯批发均价每公斤 2.19 元，同比上涨 3.3%。上涨原因主要有两个方面：一方面 2019 年产量低于 2018 年，2017—2018 年薯市低迷，马铃薯种植收益偏低甚至亏损，2019 年部分农户退出马铃薯生产，导致 2019 年秋薯种植规模缩减，市场供应量低于 2018 年；另一方面质量优良，2019 年马铃薯生长期间主产区总体降水适中，气温适宜，光照正常，马铃薯长势普遍良好，质量优于 2018 年，马铃薯销售价格随之提高。进入 11 月，库存薯成为市场供应主体，马铃薯价

格在菜价上涨的多重因素影响下，也进入上涨区间，1 公斤价格上涨在 0.4～0.6 元，2019 年马铃薯种植户总体收益也较 2018 年上涨。这种情况使 2020 年马铃薯种植面积有所增加，对马铃薯收获机的需求也相应增加，这种持续效应在 2021 年的表现仍然明显。

2. 2021 年马铃薯食品加工行业需求旺盛

马铃薯被称为“十全十美”的营养产品，富含膳食纤维，脂肪含量低，有利于控制体重增长，预防高血压、高血脂及糖尿病等。世界上有很多国家将马铃薯当作主粮，比如欧洲国家人均年消费量稳定在 50～60 公斤，俄罗斯人均消费量更是达到 170 多公斤。我国自 2015 年 1 月农业部正式启动马铃薯主食化战略以来，把马铃薯加工成馒头、面条和米粉等主食成为发展趋势，马铃薯成为稻米、小麦和玉米外又一主粮。随着人们生活水平的提高，对马铃薯休闲食品的需求也不断增大，内蒙古薯都凯达食品有限公司生产的低温油浴薯条、内蒙古娃妞食品有限公司生产的马铃薯酸奶饼等产品供不应求。新上市的高附加值产品马铃薯醋、马铃薯酒等已出现在百姓餐桌上。马铃薯食品加工行业需求不断增长。

3. 新冠肺炎疫情对马铃薯收获机市场的影响

新冠肺炎疫情对马铃薯收获机市场的影响主要有两个方面：一方面是部分农民工因新冠肺炎疫情原因无法去城市打工，迫于生计，其中一些人选择种植马铃薯获得收益。加上 2019 年马铃薯种植效益较好，也是他们选择的原因之一，这使得部分马铃薯产区的种植面积增加，因此对马铃薯收获机的需求量增大；另一方面新冠肺炎疫情影响了进口马铃薯收获机进入中国市场。

4. 产品更新换代需求上升

近些年，马铃薯产业发展十分迅速。2011 年是马铃薯收获机市场发展的鼎盛时期，那时的马铃薯收获机供不应求，很多企业的产品被抢购一空。随着产品多年的不断使用和用户对产品性能的要求不断提升，部分产品已经无法满足用户的使用需求，需要对产品进行更新换代。这也是马铃薯收获机市场回升的因素之一。

六、近 3 年来马铃薯收获技术研究概况

近年来，对马铃薯收获技术的研究，主要集中在挖掘、分离等关键部件方面。内蒙古广播电视大学的付昱基于嵌入式电子控制器技术，设计了马铃薯收获机。该款马铃薯收获机可以实现在马铃薯挖掘过程中，测量工作速度、挖掘深度和铺放时间等关键作业参数。昆明理工大学农业与食品学院的王海翼等人针对云南山地黏土条件下马铃薯机械化收获分离效果差、明薯率低、伤薯率和破皮率较高等问题，采用多级分离振动、多重缓冲和低位侧铺的方式，设计了一种多级分离缓冲马铃薯收获机。通过田间试验表明，该机各项性能指标均符合国家行业标准要求。内蒙古农业大学机电工程学院的蒙建国等人基于 Citespace 知识图谱分析采用 Citespace 可视化软件，对数据库所涉及研究热点进行分析得出，目前我国马铃薯收获机仍以中小型收获机为主，收获方式以分段收获为主，科研方向逐渐转向大型联合收获机；综合国内外马铃薯收获机的发展现状和存在的问题，针对我国马铃薯收获机发展趋势进行了阐述，为今后国内马铃薯收获机的发展提供参考。昆明理工大学农业与食品学院的王凤花等人针对马铃薯收获机挖掘装置设计效率低、设计知识难以高效获取和运用的问题，构建了马铃薯收获机挖掘装置智能设计系统。在收集整理挖掘铲设计规则的基础上，以产生式、框架式和混合式的知识表

示方法表达挖掘装置的设计知识并进行存储，建立智能设计系统知识库；利用 Visual Studio 软件搭建知识管理系统，对规则类和实例类知识进行管理；采用基于规则和基于实例的正向推理方法，探讨智能设计系统推理机制；基于 SolidWorks 二次开发技术，对挖掘装置进行参数化建模；基于挖掘铲挖掘阻力分析和 RecurDyn EDEM 联合仿真试验，构建挖掘装置工作性能评价体系；以 Visual Studio 为开发平台、VB. NET 为开发语言，应用 SolidWorks API 接口技术和 MySQL 数据管理方法，对设计知识库、知识管理系统、推理机、参数化模型库和评价体系进行整合及联合运用，开发了马铃薯收获机挖掘装置智能设计系统。东北农业大学工程学院的吕金庆针对马铃薯挖掘机升运过程中马铃薯块茎机械损伤严重的问题，通过对马铃薯升运过程进行运动学分析和撞击过程能量学分析，建立了损伤能量的数学模型，确定了影响马铃薯机械损伤的主要因素及各因素的试验取值范围。黑龙江八一农垦大学工程学院的赵胜雪等人针对在寒地黏重土壤条件下，设计马铃薯挖掘机分离输送装置并利用 BP 神经网络方法对结构参数进行优化。确定试验因素为机车前进速度、二级升运链尺寸以及其线速度，以明薯率作为试验评价指标，采用二次旋转正交试验为试验设计方案，确定最佳结构参数。目前，上述相关技术研究仍处于试验验证阶段，并未在市场上形成成熟的马铃薯收获机产品，今后有待进一步改进。

七、2021 年马铃薯收获机技术分析

随着 2021 年马铃薯收获机市场的复苏，国内的马铃薯收获机在产品技术方面将逐步升级，产品功能更加完善。目前，柔性输送技术、振动筛分技术、机电和液压一体化收获技术等已经应用于产品的研发过程中。从 2021 年用户对马铃薯收获机产品的需求看，用户更倾向于单链条马铃薯收获机。该款机型的特点是马铃薯采用一级分离方式，输送距离短，马铃薯皮损伤少，在沙土地较适用。

在负压除杂质、智能识别和测量技术等方面，马铃薯收获机还处于研发阶段。国外一些马铃薯收获机配备鼓风机，可将碎土块、茎秧、灰尘从机具尾部吹走，干净的马铃薯从机具的一侧输出；并且配备去石装置，巨大的负压鼓风筒将马铃薯直接从石头堆内吸出半米高后再使其回落至另一条输送带，起到最有效的分石作用，分石作业与收获作业同时进行，对收获效率没有影响，目前国内还没有在产品中应用以上技术。

从国内现有文献资料看，对于马铃薯收获机的研究集中在以下几个方面。

（1）如何减少挖掘阻力来降低机器能耗一直是科研工作者关注的问题。吉林农业大学的研究人员尝试采用将工程仿生技术应用到马铃薯收获机的挖掘部件设计中，通过采用仿生减阻共性技术，建立仿生挖掘部件设计模型，研制能够降低挖掘阻力的挖掘部件，提高整机作业性能。

（2）如何将土壤和茎蔓与马铃薯块茎有效分离，也是需要探索的问题。有研究者通过分析测定茎薯连接力、拉拽方式以及拉拽角度对薯蔓的影响，设计不同的仿拉拽结构，通过设计新型对辊抓取强制薯蔓分离机构提高分离部件的工作性能。这也是马铃薯收获机关注的重点技术之一。

（3）对于马铃薯联合收获机，如何将块茎下落高度控制在不损伤薯皮的合理范围内，值得科研工作者重点关注。一些马铃薯收获机生产企业开发了块茎下落高度自动控制系统，其中涉及智能识别和测量控制，技术难度较大，尚未能真正应用到产品生产中。

（4）虚拟制造技术。在生产制造方面，逐步采用微细加工、激光加工技术、电磁加工技术、超塑加工技术以及复合加工技术等先进制造技术，可以大大提高我国马铃薯收获机的制造精度和产品质量。

由于近几年马铃薯收获机市场发展低迷，企业在制造设备方面的投资比较谨慎，先进的制造设备并未真正应用于马铃薯收获机的生产制造过程。另外，还有一些较为前沿的技术，如采用振动和液压技术进行仿形挖掘，采用传感技术控制土壤喂入量、马铃薯传送量以及分级装载，采用气压、气流和光电技术进行碎土及分离清选，搭载基于 PDA/GPS/GPRS/GIS 等技术的农机终端操作系统，利用微机完成相关的监控、控制和调度等，目前仍处于研发阶段，还没有真正用到产品生产过程中。

八、国内外马铃薯收获装备存在差距

总体来看，我国马铃薯机械化收获装备与国外差距较大，这体现在多个方面，主要有以下几点：

（1）从产品型式看，国外马铃薯机械化收获装备以大功率、自走式机型为主，自动化程度较高。欧美发达国家人少地多，人均劳动量大，设备追求高效，因此机器较大，作业效率较高，加上国外对农机产品的研发起步比国内早很多，技术比较成熟。欧美发达国家地形以平地为主，作业难度相对较小，大功率、自走式机型较为适合。我国地形复杂，除平原外，还有很多丘陵和山地，鉴于这种情况，大功率机器无法在小地块作业，因此国内农机制造企业需要研发中小机型，以适应国情。

（2）从产品功能看，国外产品功能更多、更完善。以马铃薯收获机为例，欧美发达国家的马铃薯联合收获机除基本的挖掘、输送、分离、升运等功能外，部分机型还设计有集装箱和分级装置，能够完成马铃薯的分拣作业。相比之下，国内的马铃薯收获机由于机型偏中小型，因此功能相对较少，机器作业仍然停留在挖掘—输送—分离—人工捡拾阶段，虽然有马铃薯联合收获机可以完成升运作业，但是从目前市场应用情况看，用户量并不大，市场主流机型还是中小型。

（3）从产品质量看，国外制造业较发达，不仅体现在工业机械的生产制造方面，农机制造方面也较明显。如挖掘铲、刀片等，国外的铲片耐磨性更好，使用寿命更长；国内的铲片在土壤环境恶劣的情况下，磨损较快，使用寿命较短。在其他关键部件方面，如螺栓、轴承等，国外产品使用寿命更长。

（4）从农机和农艺结合方面看，国内从近几年才开始将农艺引入农机设计过程中，以前农机和农艺是完全分离的两部分，如果不考虑农艺因素单纯进行机械设计，必将影响机器的适应性。比如，有的地方采用的是平作种植方式，有的地方采用的是垄作方式，对机器的作业性能要求不同，如果采用同一种机型，必然影响机器的工作效率。国外在农艺方面的研究很多，产品种类也很丰富，每种产品都有自身的特点和适用范围，这也是我们需要学习和借鉴的地方。

九、2022 年马铃薯收获机市场展望

1. 马铃薯收获机发展前景

从根本上讲，马铃薯收获机产业发展与马铃薯产业密不可分，国内马铃薯产业正在逐步驶入快车道，不仅种植面积愈加广泛，而且马铃薯加工链条不断延伸和完善。我国马铃薯种植遍布 22 个省（直辖市、自治区），内蒙古、贵州、甘肃、黑龙江、云南、四川、重庆、山西、陕西等均是我国马铃薯主产区。我国马铃薯加工量仅 10%，与欧美发达国家差距较大。自 2015 年开始，农业农村部（原农业部）在湖北、北京、河北、内蒙古、江西、四川、贵州、甘肃、宁夏 9 省（直辖市、自治区）推进马铃薯主食开发试点。同时，中央财政每年安排 1 亿元支持马铃薯主食开发，引导和扶持了一批马铃薯

主食加工重点企业，有力地促进了产业提升。未来马铃薯收获机市场形势乐观，判断依据如下：

第一，近两年马铃薯价格持续回暖，马铃薯种植收益有所提高，提升了马铃薯种植户的热情，种植面积的增加必将带动马铃薯收获机销量增加，这是市场的连锁反应。

第二，产品更新及升级换代需求。随着农机行业整体制造水平升级，马铃薯收获机老用户开始考虑“以旧换新”，购买技术更加先进、性能更加卓越的新产品。

第三，未来马铃薯机械化生产是必然趋势。截至目前，国内马铃薯收获机械化率不足30%，机械化作业提升空间巨大。今后1～2年内，市场仍将进一步恢复，业内对市场行情的整体预测持乐观态度，尤其是对大型产品销售预期看好。

2. 马铃薯收获机发展趋势

2021年马铃薯收获机市场进入上升恢复期，随着市场升温，马铃薯种植户对种植收益有所期待，马铃薯加工行业仍处于发展旺盛时期，受2020年新冠肺炎疫情影响，许多外出务工者转变观念，开始转向马铃薯的生产，加上产品升级换代需求的不断加剧，2021年，笔者对马铃薯收获机市场持乐观态度。马铃薯收获机市场最终受马铃薯收购价格的影响，2021年市场小幅攀升的主要原因是2020年马铃薯收购价格较理想。预计2022年的马铃薯收获机市场将进一步回升。

随着马铃薯市场的逐步恢复，2022年，马铃薯收获机市场的竞争也将更加激烈。国内知名的四大马铃薯收获机品牌（德沃、美诺、希成和洪珠）都将加大马铃薯收获机的研发力度，逐步会有各类新产品投放市场，未来的马铃薯收获机市场发展走势可期。

（中机美诺科技股份有限公司）

2021 年大中拖市场回顾与 2022 年市场预测

多年来，拖拉机行业在农机 11 个细分行业中，以 400 亿元主营业务收入长期位居次席，加之其使用的广泛性以及在农业生产中的重要作用，而受到行业的特别关注，也受到补贴政策的青睐。如在 2020 年补贴资金中，动力机械补贴总额占比近五成。正是基于此，虽然市场经过多年的高位运行已趋于饱和，市场竞争进入白热化，但依然挡不住一些企业怀着梦想涉险冒进。尤其是近两年，大中拖市场在多重复杂因素的作用下，出现少有的大起大落新特征，进一步为市场披上了神秘的面纱。如 2020 年大幅度飙升、2021 年又深度下沉，2022 年市场走势又将演绎出怎样的画面，成为业内人士关注的焦点。

一、2021 年，市场遭遇滑铁卢，需求结构变异

2021 年是大中拖市场较为特殊的一年，它是基于 2020 年市场飙升之后进入常态化的第一年，加之新冠肺炎疫情、水灾、原材料涨价、粮价高企等众多宏观因素和偶发性事件交织而形成的复杂环境，尤其受 2020 年大中拖市场飙升后形成的市场“高地”、农机补贴严重“透支”带动的市场“透支”，直接导致市场驱动力减弱，拉低市场需求。市场监测显示，2021 年累计销售各种型号大中拖 37.49 万台，同比大幅度下降 19.03%。

大中拖市场需求结构变化反映了需求大型化趋势，虽然同是较大幅度下滑，但下滑幅度还是有很大不同。市场监测显示，2021 年累计销售 25～100 马力中拖 27.06 万台，同比大幅下降 20.41%，高出平均降幅 1.4 个百分点；市场占比 72.18%，较之 2020 年同期小幅下挫 1.25 个百分点。100 马力以上大拖市场虽然也出现了较大幅度滑坡，但“灾情”较轻，全年累计销售 10.43 万台，同比下降 15.2%，低于平均降幅 3.82 个百分点；市场占比 27.82%，小幅上扬 1.25 个百分点。

2021 年大中拖市场最大的变化出现在大中拖细分品类上，需求结构出现了变化。从中拖看，25～50 马力段降幅为 13.28%，低于中拖平均降幅 6.12 个百分点；大拖也出现同样的情况，100～200 马力段降幅为 13.3%，低于大拖平均降幅 1.9 个百分点。此变化似乎有违大中拖市场的大型化趋势，但如果结合 2020 年大中拖市场的情况，我们不难发现，2020 年大型拖拉机的飙升，客观设置的“高门槛”导致大马力段机型出现较大降幅，我们将之视为大中拖市场大型化过程中的短暂迂回。

二、主流区域全线“跳水”，区域集中度降两成

主流区域市场的表现是大中拖市场的晴雨表，它承担了八成以上的销量，但 2021 年主流区域市场

的贡献率仅占六成，比正常年份缩水近两成，一方面反映了2021年大中拖市场之惨淡，另一方面也成为市场下滑的一个佐证。市场监测显示，2021年销量前十大区域市场全线大幅度滑坡，累计销售大中拖22.71万台，同比下降37.9%；市场占比60.57%，较之2020年同期下挫18.43个百分点。从各个主流区域市场表现看，黑龙江、河北市场下滑幅度在20%以上，河南、山东、新疆、甘肃市场下滑幅度达30%以上，内蒙古、吉林市场下滑幅度在40%以上，安徽市场出现断崖式滑坡，下滑幅度高达55.86%。

2021年主流区域市场全线“跳水”，是多重利空因素交织综合作用的结果：一是从时间纵轴分析，可追溯至2020年，正是当年主流区域市场全线飘红，且大幅度攀升，形成市场“高地”所致，如黑龙江、新疆、吉林等市场，均出现飙升；二是受补贴政策影响，一些区域2021年补贴遗留的问题较多，影响了市场销售，其中黑龙江市场退补风波最为典型；三是市场“透支”严重，主流区域市场因补贴“赤字”，引发农机市场需求“透支”连锁反应，市场调查发现，2021年下滑的主流区域市场均出现在补贴“透支”严重的区域，形成补贴“透支”与市场“透支”的联动效应，合力拉低市场需求。

尽管非主流区域市场占比出现较大幅度提升，但因为主流区域市场均是农业大省，也是农机需求大省，所以主流区域市场下滑导致整体市场下滑。

三、竞争加剧，洗牌加速

2021年大中拖市场竞争特点发生巨大变化，突出表现为两大特征。第一，头部企业稳健增长，市场集中度大幅度提高。市场监测显示，2021年十大主流品牌累计销售26万台，同比小幅增长4.4%；市场占比69.33%，较之2020年同期大幅度上扬15.54个百分点。第二，市场表现冰火两重天。销量前10的品牌表现差异较大，一方面，中国一拖、潍柴雷沃、常州东风、江苏沃得和山东萨丁五大品牌呈现不同程度的增长，其中，中国一拖、山东萨丁增幅分别达到27.94%、23.96%；与之相反，江苏常发、泰山国泰、潍坊鲁中、山东悍沃和山东五征五大品牌呈现不同程度的下滑，其中，泰山国泰、潍坊鲁中、山东悍沃降幅超过20%。另一方面，头部企业与尾部企业的表现大相径庭，绝大多数尾部企业均出现较大幅度滑坡，不少企业停工歇业，甚至退出市场，整个行业洗牌加速。

错综复杂的市场环境，催生出新的竞争特点，也触动竞争格局的变化。首先，2021年大中拖市场遇到的最大挑战就是原材料涨价，如钢材较之2020年同期大幅度上涨，轮胎也涨价至高位。大品牌面对涨价，其优势逐渐凸显。一是由于多数主流品牌2020年年底即已布局下一年的市场，提前购置了原材料，消弭了涨价风险；二是大企业具有资金实力雄厚、规模采购、议价能力强等多种优势，消化对冲原材料涨价的能力较强，受冲击相对较小。其次，大品牌价格虽然也有小幅度涨价，但自行消化涨价的能力较强；相反，一些小品牌一般对下一年市场的布局较晚，加之本身抗风险能力弱，难以承受因涨价带来的高成本压力，进而陷入提价则失去价格竞争优势，维持原价则大量损失利润的两难境地。最后，K值的引入对市场集中度提升也起到较大作用。2021年，多个省份陆续在农机购置补贴政策拖拉机产品分档技术参数中增加了K值，在补贴分档参数中增加K值能有效叫停“大马拉小车”拖拉机的生产销售，遏制围猎购机补贴政策的生产销售模式，迫使不达标的拖拉机生产企业要么转型升级，要么退出市场竞争。阻断一批低端、同质、重复，低技术含量、拼补贴价格的生产企业，不仅能促进一批企业转型开发生产较为先进的产品，而且对行业集中度的提升也起到了至关重要的作用。

大中拖市场内卷现象较为严重，产品迭代多集中于加大马力层面。随着大中拖市场大型化趋势的增强，市场竞争更多停留在马力段、品牌、价格等较低层次的竞争层面，未完成以技术领先为核心的产品区隔。以动力换挡为例，至今尚无真正成熟的动力换挡的大型拖拉机产品问世。由此决定了以此形成的竞争优势并不牢固，甚至是很脆弱的。随着这些因素的消失，低端品牌还会卷土重来，市场将再次进入混乱的低层次竞争旋涡。所以，头部企业要想从根本上确定自己的核心竞争优势，只有在技术创新层面上下功夫，才能形成独特的核心技术优势。

四、进出口全线飘红，拖拉机出口市场分析

2021 年拖拉机出口市场在各种利好因素的驱动下，进出口贸易均出现大幅度增长。统计显示，2021 年累计实现进出口额 7.76 亿美元，同比大幅度增长 48.34%；进出口量为 13.99 万台，同比增长 9.71%；实现贸易顺差 6.24 亿美元，同比增长 46.18%。其中，实现出口额和出口量分别为 7 亿美元、13.91 万台，同比分别增长 47.37%、9.62%；进口额和进口量分别达到 0.76 亿美元和 732 台，同比分别增长 57.9%、31.18%。

出口大幅度增长，出口结构持续优化，突出表现为以下几个特征。第一，出口额大幅度攀升，出口量小幅增长。2021 年出口额和出口量分别达到了 7 亿美元、13.91 万台，同比增长 47.37% 和 9.62%。第二，出口结构优势，聚焦 18 千瓦 < 发动机功率≤130 千瓦中大型拖拉机，出口额占比 80% 以上，同比均出现较大幅度增长。其中，18 千瓦 < 发动机功率≤37 千瓦、37 千瓦 < 发动机功率≤75 千瓦和 75 千瓦 < 发动机功率≤130 千瓦同比分别增长 36.11%、71.21% 和 72.73%。虽然发动机功率 > 130 千瓦的大型拖拉机同比出现 9.09% 的下滑，但因占比 1.43%，对出口结构影响较小。第三，拖拉机出口聚焦轮式机型，出口额占比高达八成以上。2021 年轮式拖拉机实现出口额 6.25 亿美元和出口量 6.14 万台，同比分别增长 53.56% 和 17.68%，分别高出平均增幅 6.19% 和 8.06%，占比分别为 89.29% 和 44.15%，较之 2020 年同比分别提高 3.6% 和 3.03%。第四，手扶拖拉机 2021 年累计实现出口额 0.71 亿美元和出口量 77369 台，同比分别增长 9.23% 和 3.8%；市场占比 10.14% 和 55.61%，较之 2020 年同期分别下挫 3.54% 和 3.12%。第五，履带式牵引车、拖拉机系列产品出口量虽很小，但也双双大幅度增长。2021 年实现出口额 0.04 亿美元和出口量 328 台，同比分别增长 33.33% 和 79.2%；市场占比分别增长 -0.06% 和 0.09%。

2021 年我国拖拉机出口国别地区达 174 个，其中出口乌克兰 1.08 亿美元，占 15.44% 市场份额，排名第一；出口法国 0.66 亿美元，排名第二。

2021 年的拖拉机出口贸易之所以会创下量、额同增，各个品类全线飘红的优良业绩，主要与其面临的众多利好因素分不开。一是国内经济稳中加固、稳中向好，市场主体活力增强，为外贸持续稳定增长提供了有力支撑；二是全球经济持续复苏，带动了外部需求增加，2021 年新冠肺炎疫情有所缓解，一些国家尤其是亚洲国家，经济复苏，需求增长，推动了农机出口的增长；三是 2020 年出口基数较低以及价格因素，对外贸增长在一定程度上也起到拉动作用；四是出口政策、措施加持，2021 年我国出口管理部门持续优化口岸营商环境，推出进一步简化通关作业流程、大力支持贸易新业态发展、积极打造高水平对外开放平台等措施，为农机出口提供了强大支撑；五是贸易往来持续活跃，“一带一路”沿线的东盟国家出口额增加，出口贡献率明显提高。

拖拉机出口增长的原因，除农机出口共性原因外，从拖拉机出口内生动力分析，出口优势较为突出。其一，与欧美等发达国家的高端拖拉机相比，我国农机产品性价比优势突出，竞争力较强，更受发展中国家用户的偏爱；其二，与其他发展中国家农机产品相比，我国拖拉机产品优势较为明显，我国拖拉机产品经历了国内市场多年激烈竞争的洗礼，产品品质、技术创新能力均出现较大提升，国际核心竞争力明显增强，夯实了农机出口的产品基础；其三，我国拖拉机出口与发达国家市场需求具有互补性，如欧美发达国家，其国内拖拉机生产主要以大型高端产品为主，中小型产品需求很大一部分依赖进口。

拖拉机进口额和进口量虽然较小，但 2021 年也出现了不同程度的增长，累计实现进口额 7631.67 万美元和进口量 732 台，同比分别增长 57.9% 和 31.18%。从进口机型看，轮式拖拉机占绝对份额，2021 年实现进口额 6557.88 万美元和进口量 686 台，同比分别增长 86.85% 和 36.93%，占比分别达到 85.93% 和 93.72%，较之 2020 年同期分别增长 13.32% 和 3.93%。进口机型聚焦于 130 千瓦以上的大型拖拉机，进口额和进口量占比分别达到了 83.92% 和 87.43%，较之 2020 年同期增长 16.24% 和 17.37%。大型拖拉机进口大幅度增长反映了国内拖拉机市场需求结构的重置步伐加快，这与土地规模化经营以及农服组织、农机和农业合作社、家庭农场、种植专业户等新型主体的崛起密不可分。

五、2022 年，下滑未终结，降幅或收窄

近年，我国大中拖市场形同过山车，大起大落。在经历了 2020 年的飙升后，2021 年大幅度下跌，下沉至谷底。2022 年一季度市场实现开门红，这是否意味着市场触底反弹，走出低谷？值得怀疑。

2022 年大中拖市场错综复杂的生态环境，突出表现为利好与利空因素交织，机遇与挑战并存，市场变数众多。强烈的利空因素表现得更为突出，市场形势不容乐观。

（1）从宏观环境和政策层面分析，利空因素表现在以下几个方面。第一，大中拖涨价将是市场绕不过去的坎。自 2021 年开始原材料价格居高不下，短期很难回归，必然推高拖拉机价格，高价格对市场需求有较强的抑制作用。第二，农机补贴单台补贴额度下调已经是多年形成的不变规律，随着补贴额度的下行，对市场需求也将产生较大负面影响。第三，零星散发的新冠肺炎疫情影响农机物流运输，导致原材料供应不及时，商品无法及时送达终端，对生产和销售均产生较大影响。同时，对用户跨区作业产生一定影响，进而影响作业户的收益，打击潜在客户购买信心。

（2）从内生动力层面分析，2022 年的大中拖市场面临两大利空因素。一是近年大中拖市场大型化趋势势头正盛，会进一步挤压数量空间；二是作为存量市场，大中拖市场单一的更新需求引擎较为单薄，虽然市场趋于高端化，如动力换挡拖拉机成为更新的主要动力，但 2022 年甚至未来 2 ~ 3 年仍不可能成为市场主流。

（3）从大中拖市场周期性变化分析，大中拖市场正处于下行通道中。大中拖市场在经历了 2020 年飙升后，进入拐点，2021 年出现较大幅度滑坡。从 2007 年以来大中拖市场走势特点分析，市场经历了三个发展阶段。2007—2012 年，大中拖市场虽然起起伏伏，但整体走势处于上升期；之后经过量的积累，市场过度至 2013—2016 年的第二发展阶段——平台期，突出表现为绝对量大，但增量和增幅较小，甚至出现下滑；2017 年至今，市场进入第三阶段——收缩期，下滑成为市场的总基调，2020 年市场的飙升系偶然因素所致，市场的基本走势并未改变，加之 2022 年正处于下行周期中，尤其是 2020

年的飙升形成的市场“高地”，没有两到三年难以“填平”。

相对于利空因素，利好因素则显得较为单薄。其一，多年实行的保护性耕作政策2022年还将延续，对推动大型拖拉机市场有一定的支撑作用；其二，农机补贴政策是推动市场的重要引擎；其三，排放标准由国三升国四带动的农机市场提前消费效应，生态环境部发布的《关于发布国家环境保护标准〈非道路柴油移动机械污染物排放控制技术要求〉的公告》规定：自2022年12月1日起，所有生产、进口和销售的560kW以下（含560kW）非道路移动机械及其装用的柴油机应符合国四排放标准，不少消费者因担心排放标准升级后拖拉机价格会随之大幅度上涨而提前消费。

基于以上分析，我们判断，2022年大中拖市场下行的趋势不会改变，但考虑到在经历了2021年市场大幅度下跌后，市场已经位于低点，下行空间并不是太大，市场降幅收窄的概率较高，或呈现盘整或小幅下跌的特点。由此我们预计2022年全年市场或呈现如下特征：销量徘徊在35万台基准线附近，降幅在6.67%上下（如图1所示）。

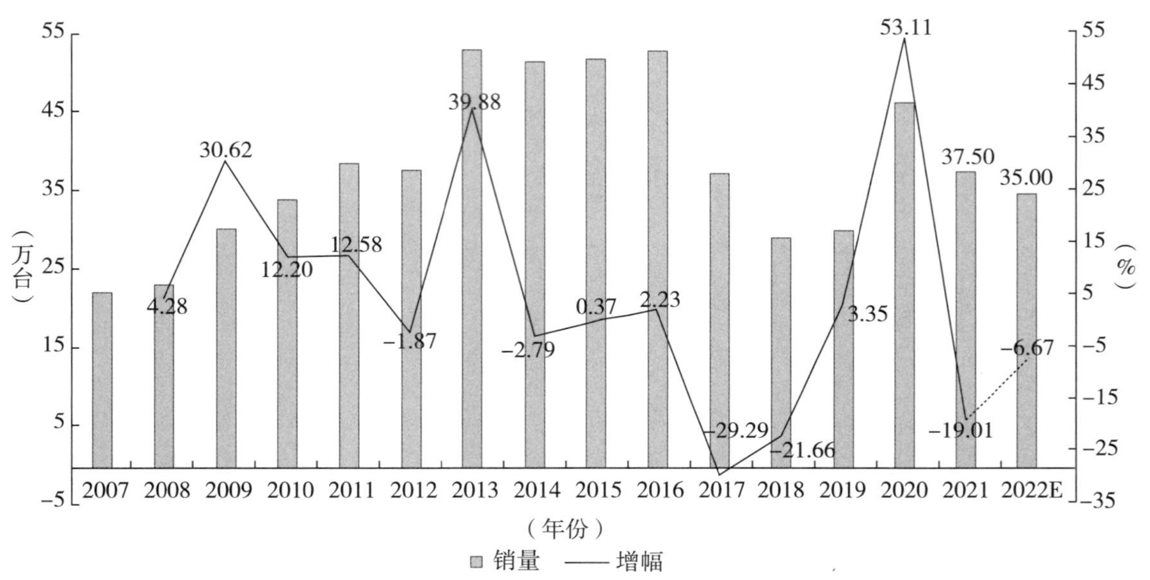

图1　2007—2021年大中拖市场销售走势与2022年预测

（享锐（洛阳）机械科技有限公司　总经理　寇海峰）

2021 年打捆机市场回顾与 2022 年展望

被一些媒体称为农机市场造富“梦工厂”或是农机市场下一个“王炸”，并经历 2013—2018 年连续 6 年大幅度增长的辉煌历程，于 4 年前即跨入年度需求 3 万台时代的打捆机市场，2021 年奔跑的脚步戛然而止，出现下滑，令业内人士大跌眼镜，也留下一个难解的谜团。让人不禁要问，如日中天的打捆机市场发生了什么？下跌折射出怎样的信号——市场拐点出现？周期性下滑？2022 年市场将往何处去？

一、潮起潮落，打捆机市场遭遇寒流

回溯 2021 年打捆机市场，下滑成为最为突出的特点。市场监控显示，全年累计销售各种打捆机 3.35 万台，同比下降 8.97%。

2021 年打捆机市场的下滑是多重利空因素综合作用的结果。

一是市场进入周期性调整期。打捆机市场在经历了 2020 年同比 19.48% 的大幅度增长后，形成市场“高地”，客观上为 2021 年的市场设置了较高的门槛，成为市场下滑的一个重要因素。

二是天气因素。2021 年 11 月初开始于辽宁，之后几天迅速蔓延至黑龙江、吉林等整个东北区域的大雪天气，对打捆机市场，尤其是饲料打捆机市场产生直接影响，导致当年打捆机市场提前结束，对市场销售产生了较大压制，也成为市场区域销量下滑的一个重要因素。市场调查显示，中联、顺邦、天朗等知名打捆机品牌在东北区域的销售均出现一定滑坡。

三是从打捆机内生动力分析，利空因素“三箭齐发”。首先，优势市场拉力减弱。持续大幅度攀升的饲草收获机市场，2021 年破天荒出现下滑，贡献率明显降低。2021 年受养殖成本提高、养殖业市场低迷、市场需求下降的影响，与之密切关联的、如日中天的饲草打捆机市场受到重创，应声下跌，由 2020 年 133.32% 的巨高增幅，骤降至 2021 年的 -10.59%，市场贡献率明显下降。其次，小圆捆打捆机市场出现断崖式下滑。2019 年国家开始整顿打捆机市场的“大嘴小胃”套取补贴行为，小圆捆打捆机市场即出现大幅度下滑。此影响一直延续至 2021 年，直接导致小圆捆打捆机市场的断崖式下跌，让本来就流年不利的打捆机市场雪上加霜。最后，2021 年 6 月 3 日发布的《2021—2023 年全国通用类农业机械中央财政资金最高补贴额一览表》，标志着全国农机购置补贴新的三年政策的最终出台。其中打捆机类农机补贴额大幅度下降，几近腰斩，对市场需求影响在 2021 年下半年开始凸显，预计对 2022 年市场需求和结构的影响会更加明显。随着最新农机购置补贴政策的出台，高技术、高质量、智能化、高性价比产品将逐渐挤压小型化、低端市场，市场需求逐渐回归理性。同时，主流区域市场支撑力减弱也是 2021 年市场下滑不可忽视的原因。2021 年十大主流区域有 7 个出现不同程度的下跌。

二、市场需求结构调整，大型化趋势强烈

打捆机市场需求结构大幅度调整，成为2021年该市场表现出的一个较为突出的特征。如果按照打捆机的捡拾宽度、打捆方式以及功能的不同，可将存在于现阶段的打捆机划分为三个大的类别，即传统捡拾方捆和大圆捆打捆机、小圆捆打捆机、饲料打捆机。2021年，三类细分市场的表现可谓天壤之别。其中传统捡拾方捆和大圆捆打捆机市场稳中增长，市场占比57. 31%。小圆捆打捆机市场断崖式下跌，饲料打捆机的跌幅也达到两位数，市场占比分别为20. 00%和22. 69%（见图1）。

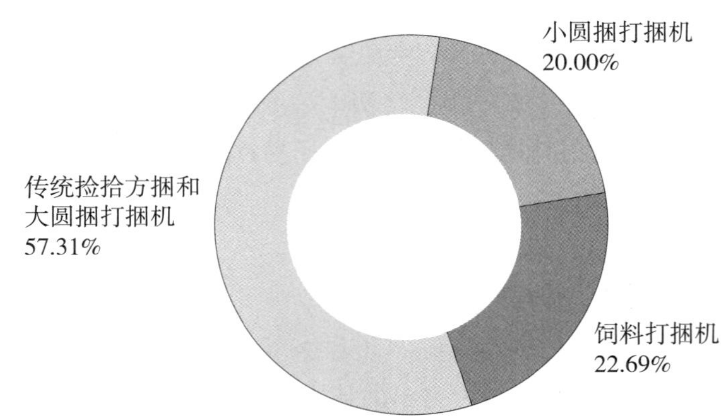

图1　2021年打捆机市场需求结构占比

（1）传统捡拾方捆和大圆捆打捆机市场稳步增长，竞争加剧。2021年此类打捆机生产企业猛增至143家，比2020年增加53家。除新进入企业外，有较大一部分自小圆捆打捆机市场转入。

销量大幅度攀升，集中度大幅度提升。市场监测显示，2021年累计销售1. 92万台，同比飙升66. 96%；市场占比57. 31%，较之2020年上扬26. 06个百分点。2021年大圆捆和传统捡拾方捆打捆机市场强势增长动力很大一部分原因来自市场需求大型化，以及小圆捆打捆机市场的断崖式下跌为其增长腾出了空间。市场监测显示，2021年捡拾宽度在2. 2米及以上打捆机市场占比有所攀升，销量前10大区域，包括河南、安徽、内蒙古在内的7个区域的销售机型聚焦于2. 2米及以上的传统捡拾方捆和大圆捆机型，包括内蒙古华德、辽宁海阔、黑龙江德沃在内的企业均出现较好的增长。随着农服组织、家庭农场、农机专业户等新型主体的崛起以及跨区作业半径的不断扩大，大型化已经成为一股不可阻挡的趋势，预示着打捆机市场大型化时代的来临。

随着众多企业的涌入，市场竞争加剧。从销量和竞争实力来看，传统捡拾方捆和大圆捆打捆机市场分为三个梯队，销量呈“金字塔”形分布。

第一梯队：销量前十大品牌，销量500台以上。市场监测显示（见图2），2021年累计销售1. 09万台，同比增长24. 51%，但低于平均增幅42. 45个百分点；市场占比56. 78%，较之2020年下挫19. 36个百分点。十大品牌除中联重机同比出现滑坡外，其他品牌全线飘红。内蒙古华德以2400余台的销量和18. 43%的增幅蝉联冠军，占比下挫5. 14个百分点。辽宁海阔、山东瑞科成为增幅最大的两个品牌，同比增幅分别达到了84. 91%和146. 08%。新乡花溪、爱科（济宁）、雷沃重工、内蒙古瑞丰和黑龙江德沃的同比增幅也分别达到了16. 95%、29. 28%、37. 57%、60%和70. 1%。

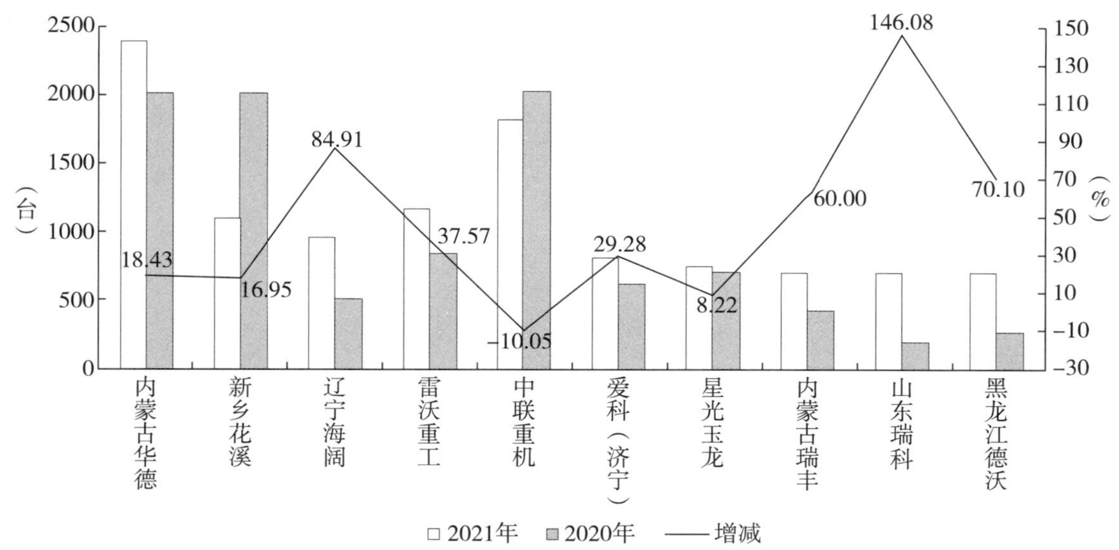

图 2　2021 年传统捡拾方捆和大圆捆打捆机主流品牌同比变化

第二梯队：销量介于 100 ~ 500 台，共有 26 个大品牌，市场占比 27.94%。此区间的品牌稳定性较差，一些品牌表现出较强的竞争力，或升级为第一梯队；另一些品牌则出现下滑，或跌入第三梯队。

第三梯队：销量不足百台，有 107 个品牌，市场占比不过 13.59%，其中 51 个品牌销量不足 10 台。尾大不掉，彰显出成长期的市场特征。虽有十大品牌领衔，但竞争格局并不稳定，尤其是十大品牌之间的位置之争在 2022 年乃至未来几年将变得更加激烈，加之未来黑马的出现，竞争格局变动的概率依然很大。

（2）小圆捆打捆机市场“跳水”。2021 年纳入补贴目录的小圆捆打捆机品牌共有 100 家，较之 2020 年大幅度减少至 50 余家，累计销售小圆捆打捆机 0.67 万台，同比大幅度下降 60.12%；市场占比 20%，较之 2020 年大幅度下挫 25.65 个百分点。

山东成为小圆捆打捆机最大生产基地，仅德州、潍坊两大区域就汇集了 63 家生产企业。在小圆捆打捆机销量前十大品牌中，山东占七成，2021 年累计销售 2900 余台，占比 43.3%。销量最大的福源机械也不过 500 余台，占比 7.61%。

小圆捆打捆机市场崛起于 2017 年前后，因当时按捡拾宽度补贴，一些企业推出“大嘴小胃”机型，市场销量大幅度攀升，吸引了众多企业加入。2019 年国家开始整顿打捆机市场，加之近年原材料涨价、市场需求大型化等多重因素挤压，小圆捆打捆机生产企业利润大幅度下跌甚至亏损，市场日渐式微，在 2021 年的 100 个品牌中，竟有 76 个品牌年销量不足百台。在此背景下，企业上演“敦刻尔克大撤退”，部分企业“转行”，退出打捆机行业；部分企业产品“升级”，改做大圆捆和传统捡拾方捆打捆机；部分企业加入饲料打捆机市场。从发展前景看，经过连年的断崖式滑坡，市场已经回归理性，市场容量在 6000 台左右，主要对象定位于丘陵山区的用户或散户，品牌数量还会进一步减少。

（3）饲料打捆机市场需求有所下滑。如图 3 所示，2021 年饲料打捆机累计销售 0.76 万台，同比下降 10.59%；市场占比 22.69%，较之 2020 年小幅下挫 0.41 个百分点。饲料打捆机市场因无打结器而区别于其他打捆机，又因其打捆主要用于饲料，成为独具特色的新兴市场，随着近年畜牧业的快速升温而成为打捆机细分市场中增长最快的市场。近五年，市场销量由 2017 年的 1000 余台猛增至 2020

年的8000余台，2018—2020年连续三年同比大幅度攀升，增幅分别为168.26%、35.53%和133.32%。2021年市场的下滑主要受畜牧业市场低迷影响，如生猪市场，因养猪持续亏损，中小规模的养殖场迫于现金流压力不得不退出市场，华东部分地区散养户退出比例达到60%~70%；加之2020年形成的市场“高地”，多重利空因素叠加所致。

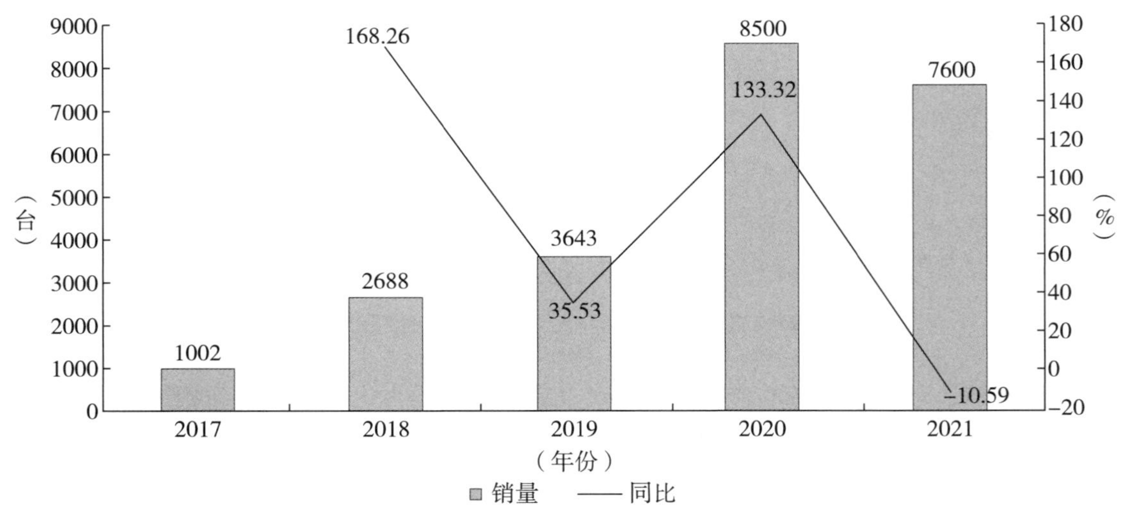

图3　2017—2021年饲料打捆机市场走势

饲料打捆机市场竞争格局较为稳定，2021年有19个品牌进入补贴系统，较之2020年减少了3家。此外，市场凸显“围城”现象，一些企业离场，如郑州一科、双辽众智、山东凯诺、草原瑞祥等8个品牌不见了踪影；一些企业跑步入场，如唐山鑫万达、辽宁宁越、三极科技和山东悍沃4家企业加入；还有正准备进入的，如九方泰禾等企业。

饲料打捆机市场集中度较高，市场份额主要控制在两大品牌手中：一个是四平顺邦，另一个是吉林天朗。2021年两大品牌累计销售5000余台，同比下滑7.46%。其中，四平顺邦以38.98%的市场占比夺冠，但同比出现7.5%的下滑。吉林天朗是近年来该市场涌现出的一匹黑马，2018—2020年连续三年创下天量增幅，分别高达1018.08%、89.84%和253.96%，2021年销量虽然同比下降7.41%，但占比达36.18%，高出第三名30.28个百分点，大有问鼎之势。

三、主流市场聚焦三大区域，市场表现冰火同炉

我国打捆机市场主要集中在三大区域，2021年占全国市场的92.78%（见表1）。一是包括黑龙江、吉林、辽宁、内蒙古在内的北方区域，市场占比高达49.53%；二是包括河南、安徽、河北、山西在内的黄淮海区域，市场占比29.36%；三是包括新疆、甘肃在内的西北区域，占全国市场的13.89%。

2021年，十大主流区域集中度小幅增长。市场监控显示，销量前10大区域累计销售2.95万台，同比下滑6.94%；市场占比88.06%，比2020年小幅攀升1.92个百分点。

十大主流区域市场表现可谓喜忧参半。从各个区域表现看，仅有3个区域出现不同程度的增长。包括内蒙古、安徽、甘肃在内的三大区域市场出现不同程度的增长，市场监测显示，三大区域分别销

表 1 2021 年打捆机市场主流区域销售一览表 单位：万台

序号	省份	销量		同比（%）	占比（%）		增减（%）
		2021 年	2020 年		2021 年	2020 年	
1	内蒙古	0.70	0.55	27.27	20.90	14.95	5.95
2	黑龙江	0.42	0.43	-2.33	12.54	11.68	0.86
3	河南	0.41	0.56	-26.79	12.24	15.22	-2.98
4	吉林	0.35	0.43	-18.60	10.45	11.68	-1.23
5	安徽	0.35	0.33	6.06	10.45	8.97	1.48
6	辽宁	0.18	0.20	-10.00	5.37	5.43	0.06
7	甘肃	0.17	0.15	13.33	5.07	4.08	0.99
8	新疆	0.14	0.15	-6.67	4.18	4.08	0.10
9	河北	0.12	0.25	-52.00	3.58	6.79	-3.21
10	山西	0.10	0.12	-16.67	2.99	3.26	-0.27
小计		2.95	3.17	-6.94	88.06	86.14	1.92
其他		0.40	0.51	-21.57	11.94	13.86	-1.92
合计		3.35	3.68	-8.97	100	100	0

售 0.7 万台、0.35 万台和 0.17 万台，同比增长 27.27%、6.06% 和 13.33%，占比也分别上扬了 5.95 个、1.48 个和 0.99 个百分点。内蒙古打捆机市场的主要动力来自饲料打捆机，随着近年内蒙古畜牧业的快速发展，饲料需求增长较快，带动了饲料打捆机市场的大幅增长。

从下滑的七大区域看，其一是河南、吉林、河北、山西市场出现较大幅度滑坡。市场监测显示，2021 年这 4 个区域分别销售 0.41 万台、0.35 万台、0.12 万台和 0.10 万台，同比下降 26.79%、18.60%、52.00% 和 16.67%。其二是黑龙江、辽宁和新疆市场，分别下降 2.33%、10.00% 和 6.67%。虽然同是下降，但下降的原因各自不同。如黑龙江市场，2021 年雪来得早，并且出现退补风波以及补贴资金不足问题，这些因素是市场下滑的主要原因。

四、竞争加剧，头部企业凸显核心竞争力

2021 年，打捆机市场的竞争呈现胶着状，打捆机市场的竞争凸显以下特点：

集中度稳健攀升。在整体市场下滑的大背景下，销量前 10 名的企业却逆势攀升，表现亮眼。市场监测显示，前十大品牌累计销售各种型号打捆机 1.59 万台，同比增长 10.33%，高出平均增幅 19.3 个百分点。市场占比随之水涨船高，达到了 47.48%，较之 2020 年提升 8.3 个百分点。但必须看到，处于成长期的打捆机市场，竞争格局尚处于形成过程中。从十大品牌占比不足 50% 以及销量第一、第二名的企业市场占比不到 9% 折射出的市场竞争现状看，市场竞争的特征表现为两个方面。一是品牌众多，集中度偏低。从市场现存品牌数量看，2020 年有 260 余家，2021 年虽有所减少，但也高达 220 多家，处于“诸侯八百、小国三千”的战国时代。二是竞争激烈，真正的强势品牌尚未出现。

受各种因素影响，十大头部企业的表现也是冷热不均，“温差”有点大。十大主流品牌“七增三

降”，其中作为风头正盛的饲料打捆机市场，尽管两大主流品牌的销量依然位居冠亚军，但整体表现差强人意。市场监测显示（见图4），2021 年四平顺邦、吉林天朗累计销售 5000 余台，分别下滑 7. 5% 和 7. 41%；市场分别占比 8. 84% 和 8. 21%。中联重机也出现了 10% 以上的滑坡，成为十大品牌大型打捆机系列里唯一出现下滑的品牌。

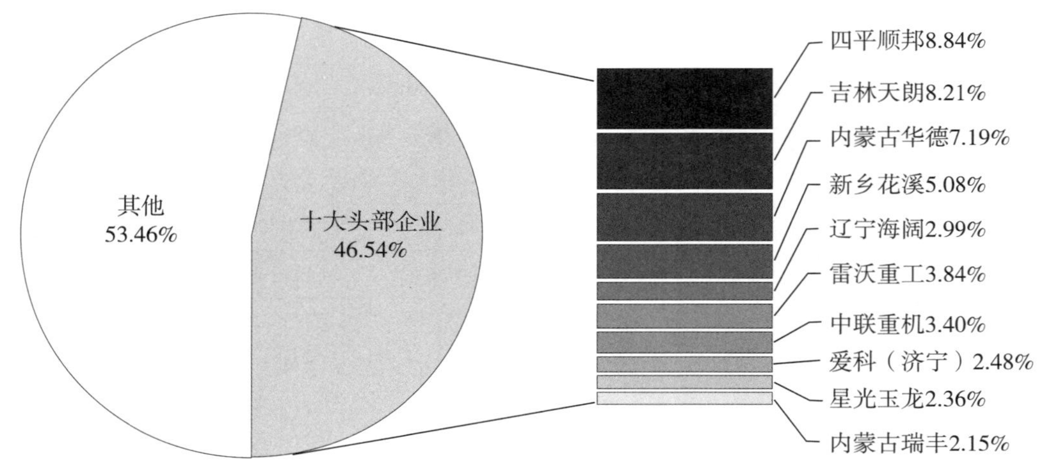

图 4　2021 年打捆机市场竞争格局占比

在增长的七大品牌中，除星光玉龙同比增幅 8. 22% 外，其他品牌均出现大幅度攀升。其中，辽宁海阔以超过 1000 台的销量位居前十位，同比出现 149. 06% 的飙升，成为当年成长较快的品牌。内蒙古华德依然占据着大型打捆机老大的位置，2021 年也有上乘表现，销售 2400 多台，同比大幅度增长 18. 43%，市场占比攀升 1. 66 个百分点。新乡花溪受河南打捆机市场容量大的红利，利用其地理优势，取得了良好业绩，同比增长 16. 9%，占比攀升 1. 48 个百分点。雷沃重工、爱科（济宁）、内蒙古瑞丰同比增幅也分别高达 37. 6%、29. 28% 和 60%。

打捆机市场的竞争围绕产品品质、品牌影响力、作业效率、价格四大因素展开。其中，产品品质以及由此外显的品牌影响力成为核心竞争力，作业效率也成为市场比拼的关键因素，价格成为新品牌渗透市场的撒手锏。辽宁海阔近年也以三位数的增幅，由 2019 年销量排名 105 位跃居 2021 年行业前十，实现跨越式增长。内蒙古华德稳居大型打捆机系列销售榜第一，所依靠的也是先进的技术和优良的品质。以吉林天朗 9YFQ－2. 2 秸秆饲料捡拾打捆机为例，其打捆效率高于其他同类产品 30% 左右，节油 10% 以上，成为行业最受欢迎的饲料打捆机。

五、环境复杂，市场下行压力大

2022 年打捆机市场面临着复杂严峻的市场形势，利好、利空因素交织，机遇、挑战并存，勾勒出错综复杂的市场生态环境，各种不确定因素增加了市场预测的难度。

从宏观环境分析，自 2020 年至今，新冠肺炎疫情对打捆机市场的物流、供应链乃至终端用户均产生较大影响。再看持续高企的粮价，全球谷物价格指数屡创新高，2022 年在地缘冲突的影响下再度出现短期暴涨。2020 年年初至 2022 年 3 月，全球谷物价格指数达 170. 1，涨幅超过 65%，创该指数有统计以来最高水平，直接摊薄畜牧业利润。2021 年不少小型畜牧养殖场因承受不住巨大亏损而关闭，传导至饲料打捆机市场，其上行压力加大。2022 年打捆机市场的利空因素还不止于此，原材料涨价推高产品价格、单台（套）补贴金额下降已成多年常态、2021 年因水灾导致的用户作业收益急剧下降，等等。任何一个看似关联度不高的孤立事件，都有可能形成对 2022 年打捆机市场的致命一击。

不仅宏观环境令人担忧，内生动力也遭遇诸多变数。国三国四切换，可能导致的产品适应性问题，以及价格提升引起的市场波动；一些主流区域市场，如 2021 年黑龙江市场经历的“退补风波”，对当地经销商打击很大，对 2022 年的市场依然影响较大；市场需求大型化也将客观上对需求总量形成压制；前几年政府对打捆机行业中存在的“大嘴小胃”的骗补行为进行整顿规范，补贴政策监管趋严，一些小企业退市，对市场的支撑作用随之下降。以上多种因素，构成市场巨大的下行压力。

利空因素表现强势，但利好因素对市场的强大支撑作用也不能忽视。从宏观因素看，国家和地方政府重视秸秆处理，近年陆续出台许多扶持政策，成为打捆机市场的强大支撑。秸秆产量巨大，决定了打捆机市场容量大。

刚性需求强劲，市场机遇期未变。我国打捆机保有量和打捆率偏低，统计显示，2020 年打捆机保有量不过 13.18 万台，秸秆捡拾打捆面积 11568.53 千公顷，秸秆捡拾打捆率不到 10%，这意味着我国打捆机市场存在较大的成长空间。

打捆机正成为专业农机大户、合作社和农服组织投资增值的农机及赚钱机器。虽然宏观环境对市场不是特别有利，饲料打捆机市场低迷，利空氛围较为浓厚，但畜牧业毕竟属于朝阳产业，加之近年粮价高企，秸秆饲料显得更加重要，有利于打捆机市场发展。市场调查发现，安徽地区一些机手购买 2 台中国农业机械化科学研究院呼和浩特分院华德大圆捆打捆机，一年回本，两年实现利润 50 万余元；新疆某合作社购买 3 台四平顺邦、吉林天朗饲料打捆机到内蒙古、宁夏、甘肃、安徽、江苏等地跨区作业，一年收回成本，第二年实现净利润 60 万元。此利好表现决定了饲料打捆机在经历了 2021 年周期性短暂低谷后，2022 年反弹的概率很大。

小圆捆打捆机市场在经历了 2020 年大幅度下滑后，2021 年再度出现断崖式滑坡。因“大嘴小胃”形成的市场泡沫基本散去，市场回归理性发展轨道，加之近年散户和丘陵山区用户需求量增长以及 2021 年形成的“洼地”，多项利好因素叠加，降低了市场下行压力。2022 年市场降幅大幅度收窄，甚至小幅增长概率较大。

打捆机市场的周期性变化的影响也不容忽视。纵观打捆机市场 10 余年的走势（见图 5），不难看出 2022 年的市场正处于波动较大的周期中。10 余年来，打捆机市场经历了三个大的发展阶段。第一阶段（2010—2017 年）成长期。其一，此阶段最大特点表现为增幅大，但销量不高，最高销量发生在 2017 年，也不过 1.43 万台；其二，众多企业涌入该市场，尤其是一些小企业钻补贴空子套取补贴，推出“大嘴小胃”机型，成为推动市场快速增长的主要动力。第二阶段（2018—2020 年）快速增长期。市场经过了 2018 年大幅度增长 132.87% 之后，进入快速增长期，突出表现为年度销量达 3 万台，但仍然有一定波动，波动期一年，但三年销量都较大。新的三年补贴标准在 2021 年正式出台，政府加大打捆机市场治理力度，推出新的补贴标准后，市场结束了野蛮增长期，进入理性发展期的第三阶段（2021 年至今）。2022 年市场经历了 2021 年的下滑后，正处于理性成长周期中，随着农机补贴政策下调，对市场的干预和影响逐渐降低，同时向高质量、高技术产品倾斜，打捆机市场将迎来良性的需求结构性改变。

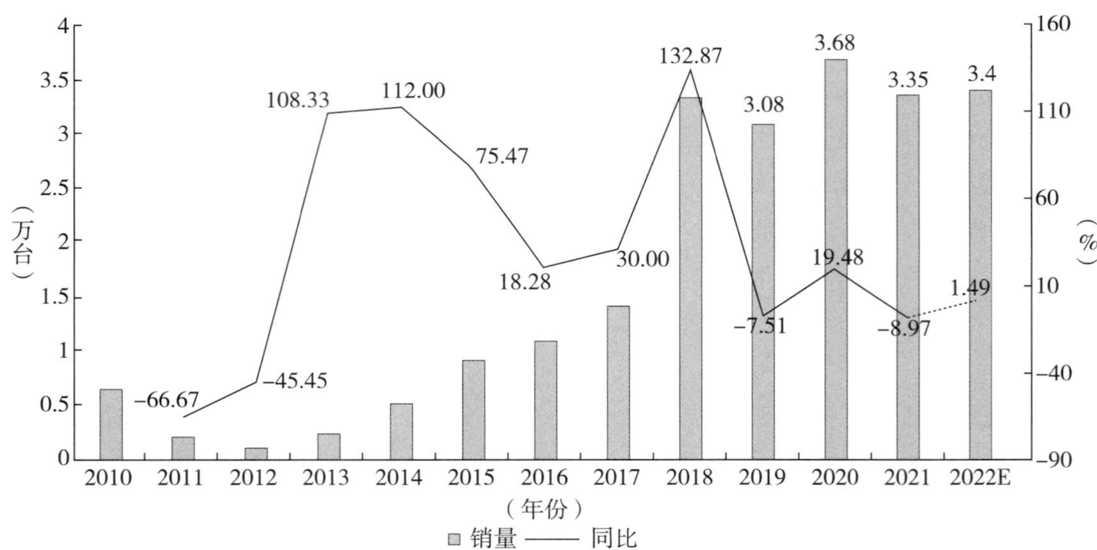

图 5　2010—2021 年打捆机市场销售走势与 2022 年预测

利好利空两大力量对冲，或形成市场的基本盘，进入盘整期。预计 2022 年全年需求量徘徊在 3 万 ~ 3.5 万台，小幅增长或与上年持平。

（中国农业机械化科学研究院呼和浩特分院有限公司　副院长　　张俊国）

青贮饲料收获机市场回顾与展望（2021—2022 年）

一、2021 年青贮饲料收获机市场回顾

（一）2021 年青贮饲料收获机市场发展环境分析

1. 2021 年农机工业运行稳中有升

2021 年整体机械工业经济运行虽受新冠肺炎疫情、芯片短缺、原材料价格高涨、电力供应紧张等多重因素影响，但全行业经济运行总体平稳，产品生产基本稳定。全年经济运行态势“前高后低”，一季度高位运行，二季度逐月下滑，三季度下滑幅度加大，四季度趋向平稳，年底出现翘尾，年度主要经济指标增幅超出预期。

2021 年农业机械营业收入同比增长 8.1%，利润总额同比增长 21.4%。自 2004 年国家颁布了《中华人民共和国农业机械化促进法》并出台农机购置补贴政策以来，我国农机工业进入了一个高速发展阶段。如图 1 所示，2004 年到 2014 年农机工业业务收入年平均增长大约 21%，被称为中国农机工业的黄金十年。2014 年农机工业开始增速放缓，进入个位数增长，之后一路下滑，2019 年出现了负增长（-4.43%），行业增速跌入十五年以来的低谷。2020 年出现强势反弹，增速由负转正（7.39%），2021 年继续向好，行业呈现欣欣向荣的发展局面。同时中国海关公布的 2021 年农机进出口数据显示，农业机械出口总额增长 19.6%，出口持续向好。

从整体经济运行形势看，农机工业存在以下问题：原材料价格上涨造成企业成本上升、行业利润率下滑、货款回收难问题延续。2021 年，原材料价格涨势如虹，成为影响农机市场的重要因素。根据官方数据显示，铜、塑料、铝、铁、锌合金、不锈钢价格分别上涨 38%、35%、37%、30%、48% 和 45%，轮胎经过三轮上涨，将价格推到高位。农机商品虽然也随之涨价，但涨幅远远低于原材料价格的涨幅，涨价很难对冲掉成本上涨的压力。这轮遍及整个行业的涨价风潮对农机行业产生了极为深刻的影响。其一，上游原材料价格上涨传导至农机供应端，直接摊薄制造企业利润。市场调查显示，许多农机制造企业的利润较 2020 年下降 2%~5% 不等，对利润本来就低的农机行业来说，无疑雪上加霜。其二，对需求端也产生了较大影响，尽管一些企业在尽量控制因部分原材料涨价而引发的价格增长，但农机商品涨价是躲不过去的坎。价格上涨的农机商品传导至需求端，势必压制市场需求，尤其是低端市场。

2. 粮改饲政策持续推动青贮产业

2021 年，粮改饲完成面积 2000 万亩以上，收贮优质饲草 5500 万吨，牛羊养殖减用玉米和豆粕

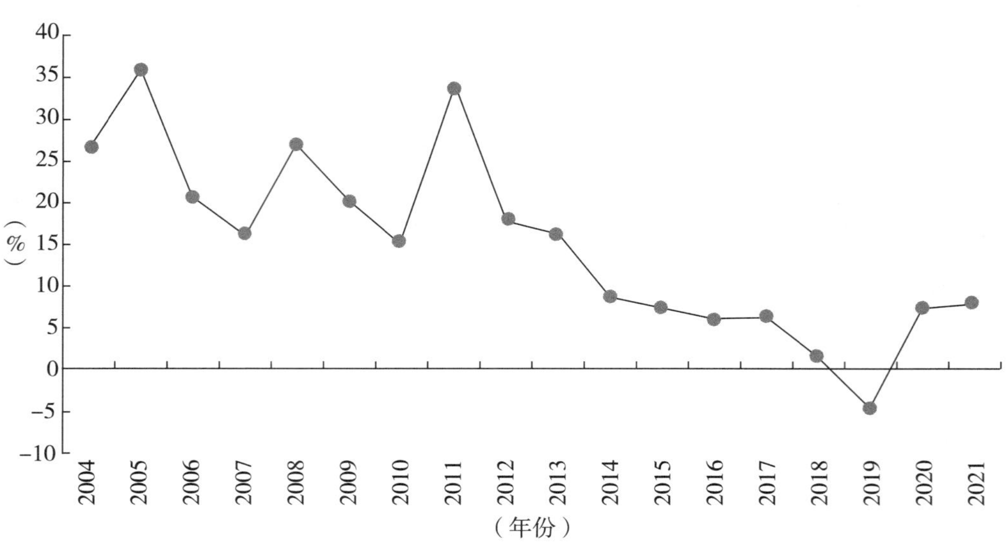

图 1 2004—2021 年农机工业业务收入增幅

720 万吨，相当于减少了 2600 万亩的玉米、大豆种植需求，节约耕地 600 万亩，实现了化草为粮的目标。自 2015 年"中央一号文件"提出"开展粮改饲和种养结合模式试点，促进粮食、经济作物、饲草料三元种植结构协调发展"以来，我国推进农业供给侧结构性改革，调整粮改饲结构，不断扩大青贮玉米等优质饲草料种植面积、增加收贮量，全面提升种、收、贮、用综合能力和社会化服务水平，推动饲草料品种专用化、生产规模化、销售商品化，全面提升种植收益、草食家畜生产效率和养殖效益。在主推青贮玉米的基础上，因地制宜推广苜蓿、燕麦、甜高粱等优质饲草料品种。大力发展社会化专业收贮服务组织，提高优质饲草料商品化供应能力。积极争取大型收获机设备购置、饲草料运输、收贮企业融资等配套政策支持，加强饲草料利用技术模式研发推广，加大宣传引导力度，营造良好政策氛围。

（二）2021 年青贮饲料收获机市场发展现状分析

2020 年国务院办公厅印发《关于促进畜牧业高质量发展的意见》要求健全饲草料供应体系，因地制宜推行粮改饲，提升畜牧业机械化水平。2021 年中国农业机械工业协会发布《农机工业"十四五"发展规划（2021—2025）》，提出行业公共平台建设工程、关键共性技术突破工程、高端农机装备发展工程、现代制造技术应用工程、"互联网 + 智能农机"工程五个建设工程。2021 年农业农村部印发《"十四五"全国农业机械化发展规划》，提出要深入推进农业机械化供给侧结构性改革，着力补短板、强弱项、促协调，大力推动机械化与农艺制度、智能信息技术、农业经营方式、农田建设相融合相适应，引领推动农机装备创新发展，做大做强农业机械化产业群产业链，加快推进农业机械化向全程全面高质高效发展。聚焦保障草食畜牧业饲草需求和促进饲草产业高质量发展的要求。

近年来我国牛羊存栏量整体保持增长，截至 2020 年我国奶牛存栏量为 615 万头（见图 2），肉牛存栏量为 9562. 1 万头（见图 3），羊存栏数量为 30654. 77 万头（见图 4）。假设以西方发达国家通常标准饲养，饲喂 1 头奶牛年需青贮玉米 3 亩，肉牛需 2 亩，则青贮玉米市场空间可达 2. 28 亿亩，如果存栏羊也部分采用青贮玉米喂养的话，需求量更大。可见，我国青贮玉米行业市场前景广阔。

青贮饲料收获机市场的持续走强也对行业产生了深刻的影响。一是身处青贮饲料收获机行业的企

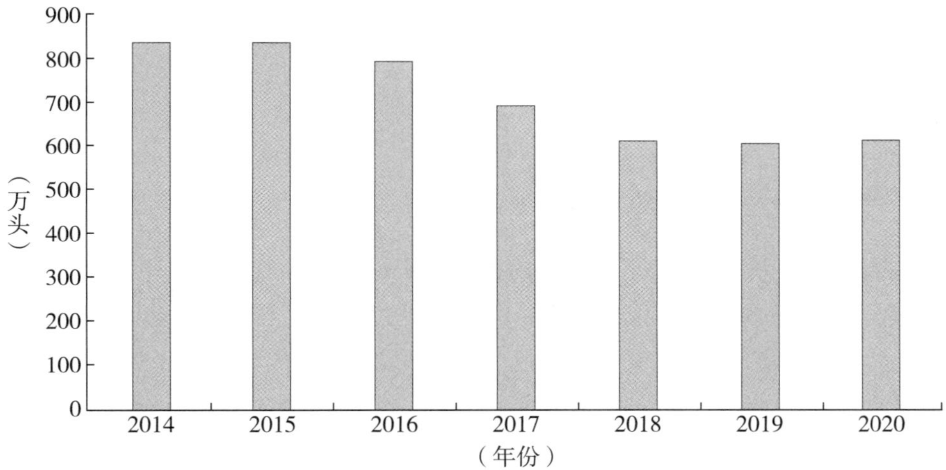

图 2　2014—2020 年中国奶牛存栏数量

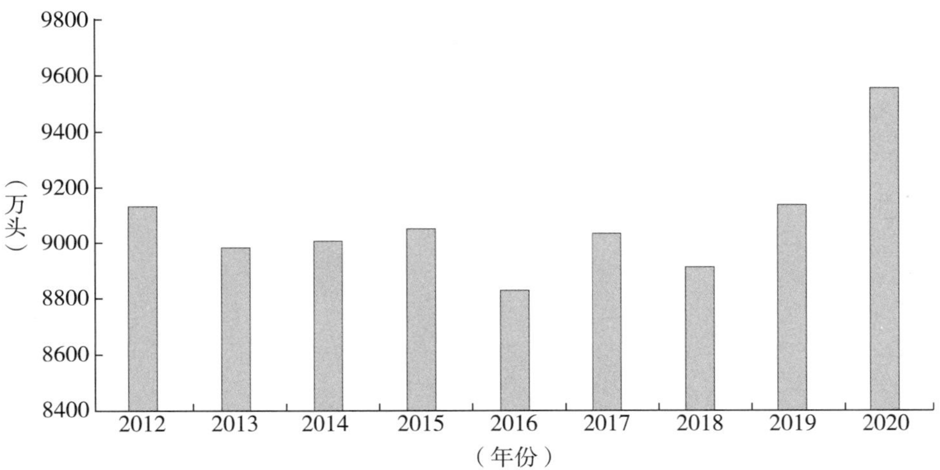

图 3　2012—2020 年中国肉牛存栏数量

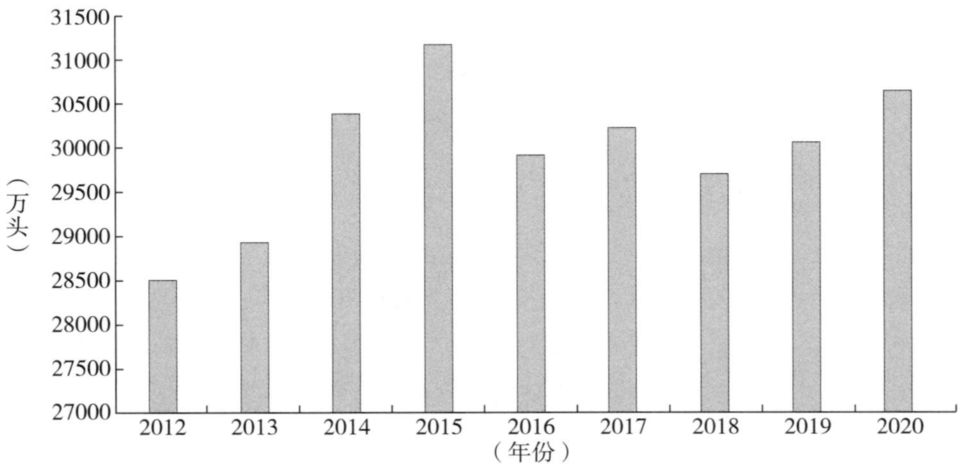

图 4　2012—2020 年中国羊存栏数量

业，为确保其竞争优势，通过扩大产业规模、产品升级、拓展产品品类、延长产业链等手段，进一步提升核心竞争力，扩大领先优势。二是投资者趋之若鹜，不少其他细分行业企业进入青贮饲料收获机市场，如中铁建等。三是迭代产品频出，中机美诺、石家庄美迪、五征集团在提升产品品质上下功夫，纷纷推出技术性能更高、品质更优的迭代产品，市场覆盖范围逐渐扩大。

（三）2021 年青贮饲料收获机市场需求分析

2021 年青贮饲料收获机市场延续了近几年的火爆势头，市场虽然出现周期性变化，由多年的两位数增幅降至一位数，增幅有所趋缓，但稳健增长的趋势不会改变，未来市场空间依然较大。2021 年补贴公示销量数据显示，包括新疆、内蒙古、河北等在内的 24 个地区累计销售 2000 多台，实现销售额 7.4 亿余元。从青贮饲料收获机的地区销量分布来看，有 6 个地区销量在 100 台以上。其中销量最高的是新疆，销售了 770 台；其次是内蒙古，销售了 288 台（见图 5）。

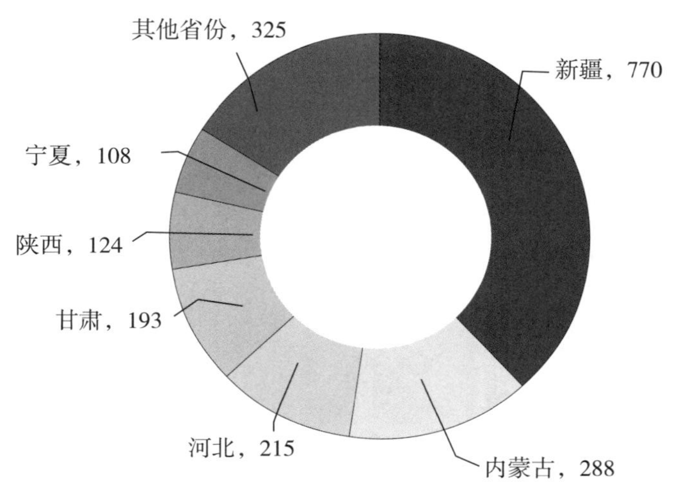

图 5　2021 年区域市场青贮饲料收获机销量（台）

（四）2021 年青贮饲料收获机市场竞争分析

国外自走式青贮饲料收获机品牌有 CLAAS、约翰迪尔、纽荷兰、科罗尼等，主要以大功率、高效率产品为主。该类产品具有良好的作业性能、较高的作业效率、良好的视野和操作舒适性，可以满足国内各种牧场的要求，同时可以有效减轻操作者大面积作业时的劳动强度。青贮饲料收获机产品在国外已有 40 多年的发展历史，我国该类产品的年度进口量不低于 200 台，该类产品拥有先进的智能控制系统、信息管理系统，产品自动化程度比较高，已成为各地高端牧场的首选。同时该类产品可以匹配捡拾割台、直切割台，满足多种作物的收获需要，具有较高的产品质量和可靠性。国外青贮饲料收获机凭借较高的产品可靠性、较好的产品性能、高智能化，被国内高端用户认可，甚至出现有的牛场非进口机不用的现象。

据统计，分布在全国各地的各种自走式青贮饲料收获机生产企业有 60 家左右。从企业构成看，有专业青贮饲料收获机制造企业，如美诺、美迪等；有以玉米收获机为主要产品的生产企业，如勇猛、新研股份、中联重科、巨明、国丰等；也有合资企业，如宗申戈梅利等。

目前国内青贮饲料收获机市场竞争比较激烈，主要是美迪、美诺、新研股份等老牌青贮饲料收获机厂家销量较多，代表了国内3种形式的主流青贮饲料收获机，其他几十家企业生产的机型主要还是与美迪同类型的机器，也有仿制美诺机型的厂家。配往复式割台的机型占据了国内较大市场份额，其特点是比较适应国内草多、产量低、茎秆矮的地块，且割茬低、售价低，但饲料切碎质量和籽粒破碎效果无法满足中高端用户需求。配圆盘割台的机型收获损失率低、收获饲料不含土，比较适合大地块、作物高大粗壮的青贮玉米，饲料切碎质量和籽粒破碎效果可以满足中端和部分高端用户需求。

由于青贮饲料收获机市场是小众市场，市场启动较晚，生产厂家众多，市场竞争激烈。从结构形式看，同质化严重，功能相差不大，相互仿制，除价格因素外，技术先进性、工作性能、可靠性、服务水平将成为竞争的主要方面。

二、2022年青贮饲料收获机市场展望

（一）2022年青贮饲料收获机市场需求预测

2022年2月，农业农村部印发了《“十四五”全国饲草产业发展规划》（以下简称《规划》）。“十四五”时期将以实施《规划》为抓手，以拓面增量、提质增效为主攻方向，优布局、壮主体、育良种、强支撑，加快建立规模化种植、标准化生产、产业化经营的现代饲草产业体系。聚焦保障草食畜牧业饲草需求和促进饲草产业高质量发展的要求，《规划》明确了到2025年的发展目标：全国优质饲草产量达到9800万吨，牛羊饲草需求保障率达80%以上，饲草种子总体自给率达70%以上，饲料（草）生产与加工机械化率达65%以上。“十四五”是我国饲草产业发展的重要战略机遇期，《规划》从四个方面提出了14项重点工作举措，其中明确指出“加大饲草产业化全程机械研发推广力度”。

2021年全年粮改饲完成2000万亩以上，收贮优质饲草5500万吨，初步测算，要确保牛羊肉和奶源的自给率目标，对优质饲草的需求总量将超过1.2亿吨，尚有近5000万吨的缺口。近几年国家一直在大力发展畜牧业、饲草产业，畜牧养殖业的发展拉动牧草需求大幅提升进而引发机械旺盛需求。当前，我国种植业结构正在深刻调整，青饲玉米种植的面积进一步增加。另外，规模化养殖如火如荼，用户对饲料品质的要求与日俱增。从供给和需求两方面都可以看出，青贮饲料正在成为农民增收的又一利器，国产大型自走式青贮饲料收获机将迎来发展的趋势也愈发明朗。同时在产业与消费升级的背景下，青贮饲料收获机的大型化、智能化趋势也日渐增强，而随着奶牛场的发展对青贮饲料要求越来越高，对青贮饲料收获机的可靠性、作业性能等也提出了更高要求，国内自走式青贮饲料收获机的发展面临着前所未有的考验。

（二）2022年青贮饲料收获机市场竞争形势预测

近几年国产青贮饲料收获机得到了快速发展，产品的可靠性及切碎质量都有了很大的提高。在此基础上用户也对国产青贮饲料收获机提出了更高的要求。首先是机器的收获效率，随着用户对收获效率的要求越来越高，各个主机厂家也不断提高配套发动机的动力以及割台的幅宽。目前几大国产青贮饲料收获机3米以上机型的发动机动力均超过了350马力。在此情况下，2022年青贮饲料收获机的市场竞争将会非常激烈，竞争的焦点依然集中在切碎质量、收获效率、机器质量及价格因素方面，只有切碎质量好、收获效率高、机器可靠性高且价格合适的机器才能最终被用户接受。

国四排放农机将于2022年12月入市，行业进入国四是一个新的阶段，困难、改变、进步是方方面面

的，对农机行业是一次综合性的大考，不及格就会被淘汰。国四升级工作推进的几年里，还有很多技术问题和难题没有解决好。国四排放标准对农机工业结构调整和产业升级是一次契机，国四产品升级对大企业、外资企业来说，有技术、有人力，重视程度也高，推进工作较快，这些企业的国四产品将按期进入市场；不少小企业就遇到了很多的困难，想依赖内燃机配套企业的帮扶完成国四产品的升级，估计难以实现预期目标。

毫无疑问，各企业国四产品的技术性能和整机的可靠性会出现较大差异，售后服务能力也会出现巨大的差异，一些企业面临淘汰。国四排放违法责任的主体是农机企业，行业龙头企业已经多次向政府表态，将联合起来向执法部门举报排放违法违规的企业，支持政府从严执法，优化市场公平竞争环境。有法规可依、政府联合执法、企业积极响应，国四阶段的投机行为会受到遏制，违法成本会大幅提高。国四产品升级是一次政策性的、强劲外力掀起的企业大洗牌浪潮，对不少企业来说可能是生死存亡的考验。

（三）青贮饲料收获机产品、技术发展趋势

从目前的市场情况看，青贮饲料收获机技术发展趋势主要有以下几点：

1. 大型宽割幅自走式青贮饲料收获机

近几年来，土地流转的速度不断加快，大的土地租户的土地面积也在不断扩大，各大牧场及草业公司也在逐渐扩大自己的青贮饲料种植面积。在此前提下，从事机械收获青贮饲料的用户（包括一些牧场）需要一些大型的更有效率的青贮饲料收获机进行收获作业。随着用户对作业效率的要求不断提高，大马力宽割幅的青贮饲料收获机越来越受欢迎。目前国内多个厂家都推出了400马力以上、割幅4.5米的机器，但数量都不是很多，还没有批量投入市场接受检验。同时，研制更大型的自走式青贮饲料收获机（500马力以上，割幅6米以上的机型）是今后国内青贮饲料收获机发展的趋势。

2. 自动跟车接料

目前自走式青贮饲料收获机作业时多采用两人共同操作的模式，一名人员负责操纵车辆前进及割台对行避障等，另一名人员负责控制抛臂将物料抛入接料车内。由于青贮饲料收获时作业环境十分恶劣，控制抛臂人员无法在驾驶室外长时间观察抛臂状态，容易将物料抛洒到接料车外部，进而造成损失，同时两人的默契程度也会直接影响青贮饲料收获机的作业效果。另外，随着用人成本的不断提升，两人操作一台青贮饲料收获机也给机主造成额外负担。自动跟车接料技术能够自动识别后部接料车料箱位置及料箱内物料的多少，并根据实际情况自动调整抛臂位置及抛头角度，采用该技术能够有效防止物料损失，并减轻机主负担，一名工作人员就能轻松操作一台青贮饲料收获机。

3. 智能控制

国产青贮饲料收获机经过近几年的发展，切碎质量及可靠性等方面有了很大的提高，但智能控制方面与国外先进机型仍有很大差距。金属探测技术（石块探测）、自动对刀技术、作业自适应技术及自动驾驶等先进技术是今后几年国产青贮饲料收获机亟待解决的短板。

4. 配置多类型割台

国内现有青贮饲料收获机一般只配置玉米割台，随着种植作物的多样化，也为了扩大机器的使用范围，将来需要配置收获大麦等矮秆青饲料的矮秆割台、收获在田间铺放的苜蓿等青饲料的捡拾割台、收获柠条等作物的柠条割台、收获构树等能源林的树木割台、收获菌草类作物的草类割台等。

（石家庄美迪机械有限公司　　王鹏程）

2021 年履带式谷物联合收获机市场回顾与 2022 年预测

履带式谷物联合收获机市场在经历了 2020 年稳健增长后，2021 年销量再创新高，在传统市场走低、小众市场增幅遇挫的大背景下实现逆袭，给 2021 年的农机装备市场留下浓重一笔。该类产品市场增长的背后隐含着怎样的必然逻辑，2022 年市场还会续写前两年的骄人业绩吗？

一、市场大幅增长，月度走势跌宕起伏

2021 年，履带式谷物联合收获机市场稳健增长，累计销售 7.57 万台，同比增长 14.18%。其中，自走式全喂入机型累计销售 6.4 万台，同比增长 17%；占比 96.68%，同比提升 1.55 个百分点。自走式半喂入收获机销量下滑 20% 以上。

从中国农业机械流通协会发布的景气指数看（如图 1 所示），全喂入履带式谷物联合收获机市场月度走势呈现前高后低的特点。形成这个结果的原因主要有四个：一是与水稻的收获时间关系密切，履带式谷物联合收获机市场主要集中在江苏、安徽、河南、湖南、湖北、四川、江西、广西等区域，需提前为七月收获季节备货；二是为麦收作业提前备货，近年履带式谷物联合收获机逐渐向小麦区渗透，尤其是江淮稻麦轮作区，秋季降水较多区域导致轮式机具无法进地作业情况频频出现，为履带式谷物联合收获机提供了绝佳替代机会；三是从购机用户分析，履带式谷物联合收获机购机用户绝大多数都是投资性购买，他们基于跨区作业需要，提前购机应对麦收和南方早稻的收获；四是黑龙江区域因政策调整以及水改旱等因素影响，需求明显下降。正是以上四大因素，促成了三四月市场出现销售高峰期；而到了秋季南方进行第二季水稻收获和东北进入集中收获之时，市场销售反而进入淡季。

2021 年，履带式谷物联合收获机市场的大幅度增长不仅说明环境利好，也意味着内在增长动力充沛。首先，从宏观环境看，水稻价格持续增长，水稻种植户收入提高，为市场高位需求和增量奠定了扎实的基础；其次，2021 年秋季水患严重，导致轮式机无法下地作业，履带式谷物联合收获机的作业优势得到最大限度发挥，继续抢占轮式谷物收获机市场；最后，农机补贴的推动也是不可忽视的重要因素。

内生动力充沛。其一，市场规模大，保有量高，推动市场更新速度进一步加快，客户更新换代动力充沛；其二，购机用户投资收益较好，激活潜在市场需求，尤其是大范围跨区作业用户群体，市场刚性需求较为强劲；其三，收获功能拓展，导致履带式谷物联合收获机市场需求扩容，主收水稻，更换部件即可兼收小麦、大豆、油菜、杂粮、玉米籽粒等多种作物，随着一机多用，应用空间的不断拓展，客观上壮大了用户群体；其四，新兴市场拉动，2021 年江苏、安徽等地传统需求稳步增长的同时，湖北、河南、江西等新兴市场崛起，成为推动市场增长的有生力量；其五，2020 年市场断货，

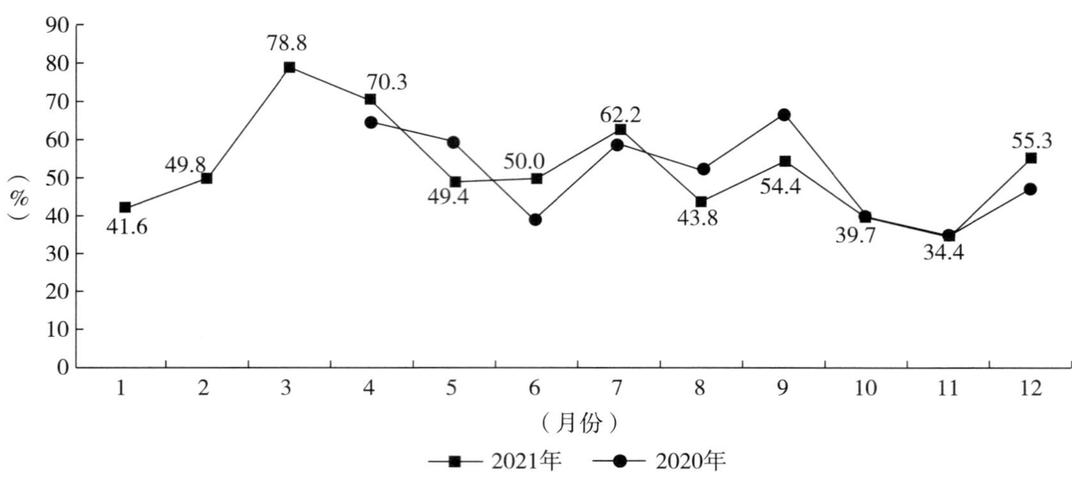

图1　2020—2021 年全喂入履带式谷物联合收获机月度指数走势

2021 年市场能量得到释放。

1. 客户需求升级，大型化发展趋势明显，产品需求进入 6kg/s 喂入量时代

2021 年履带式谷物联合收获机市场需求结构调整较大，市场进入喂入量 6kg/s 时代（见图 2）。市场监测显示，喂入量≥6kg/s 机型累计销售 5.45 万台，同比飙升 93.26%，占全年总销量的 71.99%，较之 2020 年大幅度上升 29.46 个百分点。2021 年履带式谷物联合收获机跨入喂入量 6kg/s 时代，但市场大型化趋势并未停歇。调查显示，2022 年前四个月，喂入量 7kg/s 机型出现大幅度增长，成为包括江苏沃得、潍柴雷沃在内的头部企业布局 2022 年市场的新动作。我们有理由相信，在大家还没有来得及仔细回味喂入量 6kg/s 时代带来的感受时，一个新的时代——6kg/s 机型与 7kg/s 机型共治的时代已经来临了，这就是履带式谷物联合收获机市场的发展速度和日新月异的变化。

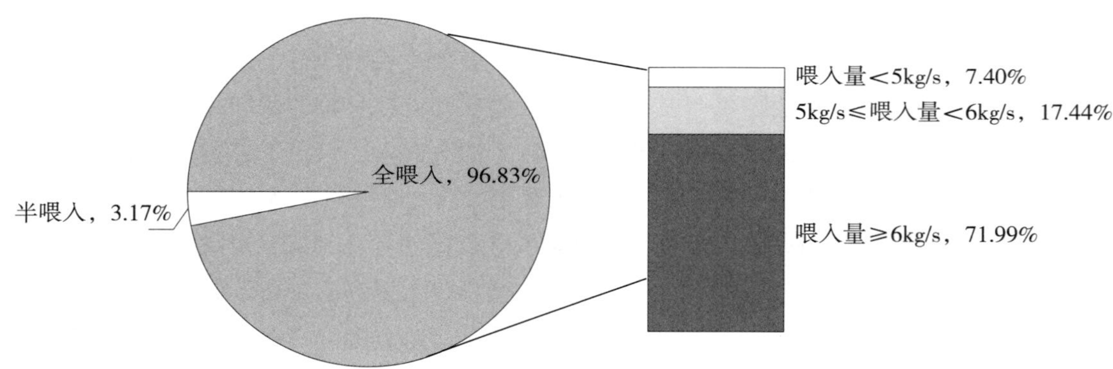

图2　2021 年履带式谷物联合收获机市场需求结构

伴随着需求大型化，中小喂入量机型销售市场萎缩。喂入量＜5kg/s 和 5kg/s≤喂入量＜6kg/s 机型销量出现不同程度的下滑，2021 年二者分别销售 0.56 万台和 1.32 万台，同比分别大幅下滑 54.47% 和 41.85%；分别占全年总销量的 7.40% 和 17.44%，较之 2020 年分别下挫 11.15 个和 16.8 个百分点。

半喂入履带式谷物联合收获机市场风光早已不在，2021 年市场继续下沉，累计销量 0.24 万台，同比大幅下滑 22.58%，占全年总销量的 3.17%，占比小幅下挫 1.51 个百分点。随着全喂入履带式谷物联合收获机作业优势的不断扩大，半喂入机型损失率低、脱粒干净、含杂率低等优势在全喂入机型产品技术升级浪潮中逐渐丧失，相反其作业效率低、成本高的劣势日渐凸显。特别是割台部分，整机成本太高，同等喂入量的全喂入和半喂入机型，半喂入机型会比全喂入机型贵一倍以上。在当前情况下，价格仍是农民选择农机的重点考虑因素，作业效率高低成为当下用户选择的重要参考指标，这些都成为半喂入履带式谷物联合收获机市场走向式微的关键因素。

履带式谷物联合收获机市场的结构性调整是个动态过程，并非 2021 年才出现。回溯过去 8 年的市场结构性需求的变化，不难发现，2014—2021 年，履带式谷物联合收获机市场大型化经过了漫长的日积月累的变化。喂入量＜5kg/s 机型占比由 2014 年的 69.94% 跌至 2021 年的 7.40%，下跌了 62.54 个百分点；与之相反的 5kg/s≤喂入量＜6kg/s 机型，由 2014 年的 2.15% 猛增至 2018 年的 82.10%，用了 5 年时间市场占比提升了 79.95 个百分点；之后开始逐年下降，到 2021 年降至 17.44%。市场让位于更大喂入量≥6kg/s 机型，该机型从 2018 年崛起，到 2021 年占比高达 71.99%，仅仅 4 年时间，增长了 67.89 个百分点，冲上巅峰。

2. 五大动因推动履带式谷物联合收获机市场掀起大型化高潮

从需求端看，近年随着土地流转、托管等政策的实施，土地规模化、集约化生产逐步提升，催生出以农服组织、农机专业户、农机和农业专业合作社、家庭农场等新型农业生产经营主体。市场调查显示，目前全国农业社会化服务组织达到 95.5 万个，服务面积 16.7 亿亩次，其中服务粮食作物面积 10.6 亿亩次，占全国服务总面积的 63.5%；服务小农户 7800 多万户，约占全国农业经营户总数的 37.7%。内蒙古、黑龙江、河南作为粮食主产省区，粮食作物托管服务面积占本省份托管服务总面积的比重分别达 81.4%、96.9% 和 83.3%。这些客户群体更加关注产品的作业效率和质量，高效、大型机具成为他们购机的首选。

从供应端看，头部企业为了赢得市场竞争优势，推动产品不断升级，尤其是推动市场需求大型化，以引领市场发展方向、引导客户需求，进而形成市场区隔，成为推动市场需求大型化发展的主要力量。

从作业端看，履带式谷物联合收获机的服务对象也偏好喂入量大、作业效率高、作业质量好的大型高端机具，农业种植户对产品作业品质要求的提升，也进一步推动了产品的升级。

从品类竞争端看，近年履带式谷物联合收获机由之前较为单一的水稻收获，逐步扩展到小麦、谷子、高粱、大豆、玉米籽粒收获等领域，为进一步缩小与轮式谷物收获机的喂入量差距，抢占更多份额，成为履带式谷物联合收获机生产企业推动市场需求大型化发展的驱动力。

从政策端看，按照喂入量大小给予不同程度的农机补贴也是推动市场需求大型化发展不可忽略的重要原因之一。如喂入量 6 千克的 4LZ－6G3 与喂入量 1.5 千克的 4LZ－1.5A，2022 年单台补贴额分别为 3.13 万元和 1.38 万元，二者相差 1.75 万元之多。

二、区域市场南移，区域集中度下降

2021 年，履带式谷物联合收获机市场具有两个较为突出的特点：一是主流区域市场南移，从销量前十大区域市场看，苏、皖、鄂、桂等南方区域均出现不同程度的增长，其他市场均呈现不同程度下滑。二是销量前十大区域市场集中度小幅下降。市场监测显示，前十大主流区域市场累计销售 6.17 万台，占总销量的 81.51%，较之 2020 年同期小幅下降 5.29 个百分点；而非主流区域销售 1.4 万台，同比大幅度攀升，主要是受秋季雨水较多，旱田区域对履带机产品需求大幅提升等因素影响。

如图3所示，履带式谷物联合收获机主流区域市场表现冰火同炉，呈现“七上三下”的特点。其中，江苏、安徽、湖北、河南、广西市场增势稳健，分别销售1.35万台、0.85万台、0.72万台、0.17万台和0.12万台，同比分别增长10.02%、11.97%、27.39%、13.11%和121.81%；黑龙江和四川市场分别销售1.18万台和0.15万台，同比分别增长7.70%和5.83%。与之相反，吉林、江西、湖南市场分别销售0.28万台、0.65万台和0.69万台，同比分别下降13.71%、7.35%和4.94%。

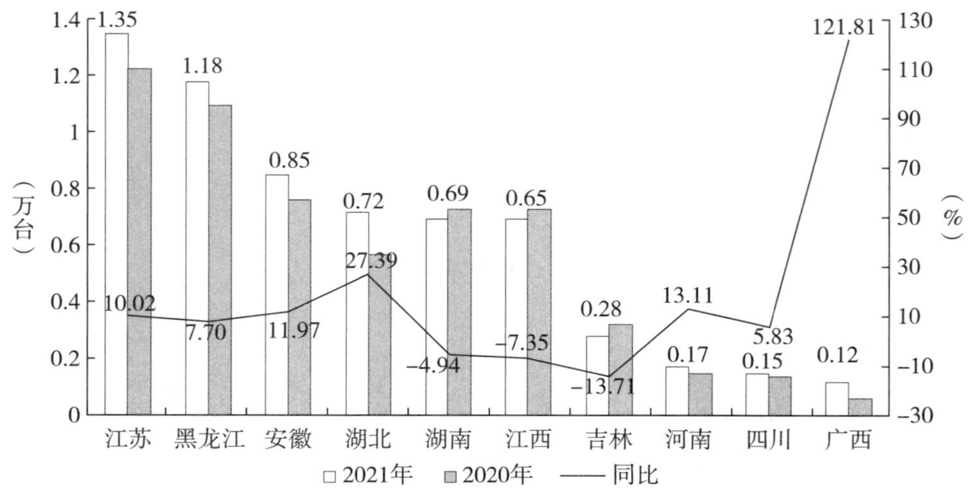

图3　2020年、2021年履带式谷物联合收获机主流区域销售同比

履带式谷物联合收获机主流区域市场销量的增降变化是多重因素综合作用的结果。刚性需求、补贴政策、更新需求三重力量对主流区域市场的变化具有重大影响。如江苏、黑龙江市场，已基本实现水稻收获机械化，是履带式谷物联合收获机最为成熟的市场。虽然刚性需求走弱，但补贴与更新需求强劲，成为拉升市场的主力。而湖北、广西市场不仅刚性需求强劲，2021年又有补贴政策和更新需求两大动力加持，成为销量增幅最大的区域市场。

三、集中度高企，品牌销量差距拉大

2021年，履带式谷物联合收获机市场竞争格局并未发生大的改变，在纳入补贴系统的57个品牌中，销量前六大品牌占据九成以上的市场份额。市场监测显示，该市场呈现出的最大特点是，两大主流品牌持续发力，大肆收割市场。市场调查显示，前六大品牌2021年累计销售7.2万台，同比增长19.64%；占总销量的95.17%，较之2020年上扬4.34个百分点，市场集中度再攀新高。履带式谷物联合收获机市场经过数年激烈的市场角逐，竞争格局渐趋稳定。江苏沃得、潍柴雷沃基本控制了绝大部分市场，继续演绎“双沃争霸”大戏。江苏沃得和潍柴雷沃两大品牌2021年累计销售5.74万台，同比攀升22.91%；占总销量的75.83%，较之2020年上扬5.39个百分点。

履带式谷物联合收获机市场虽然有57个品牌，但市场竞争主要在年度销量1000台以上的前六大品牌之间进行。如果没有奇迹发生，其他51个品牌无论品牌影响力还是核心竞争力，短时间内很难实现超越。2021年六大品牌之争又出现新的特点，一、二、三名之间的距离继续拉大，领头羊江苏沃得一骑绝尘，累计销售4.51万台，同比增长20.31%；占总销量的59.58%，较之2020年上扬3.04个百分点，与第二名拉开40多个百分点的差距。位居次席的潍柴雷沃是除江苏沃得之外唯一一家销量过万台的品牌，2021年累计销售1.23万台，同比攀升33.49%，占总销量的16.25%，高于第三名7个百分点之多。位居第三的久保田销量高出第四名一倍多，占比高出4.73个百分点。四到六名销量在3000台左右，但表现差异很大。星光农机、洋马农机表现亮眼，同比分别飙升102.31%和60.25%。中联重机滑坡较大。

冰冻三尺非一日之寒，从江苏沃得、潍柴雷沃、久保田、中联重机和星光农机五大品牌2015—2021年市场份额占比的变化不难看出，品牌之间的差距是逐年拉开的（见图4）。江苏沃得2015年占比不过32.25%，到了2021年占比高达59.58%，增长了27.33%；其他四个品牌呈现不同程度的下降，其中，中联重机降幅较大，达到了12.37%；潍柴雷沃、久保田、星光农机降幅较小，分别下降了5.74%、5.21%和5.06%。

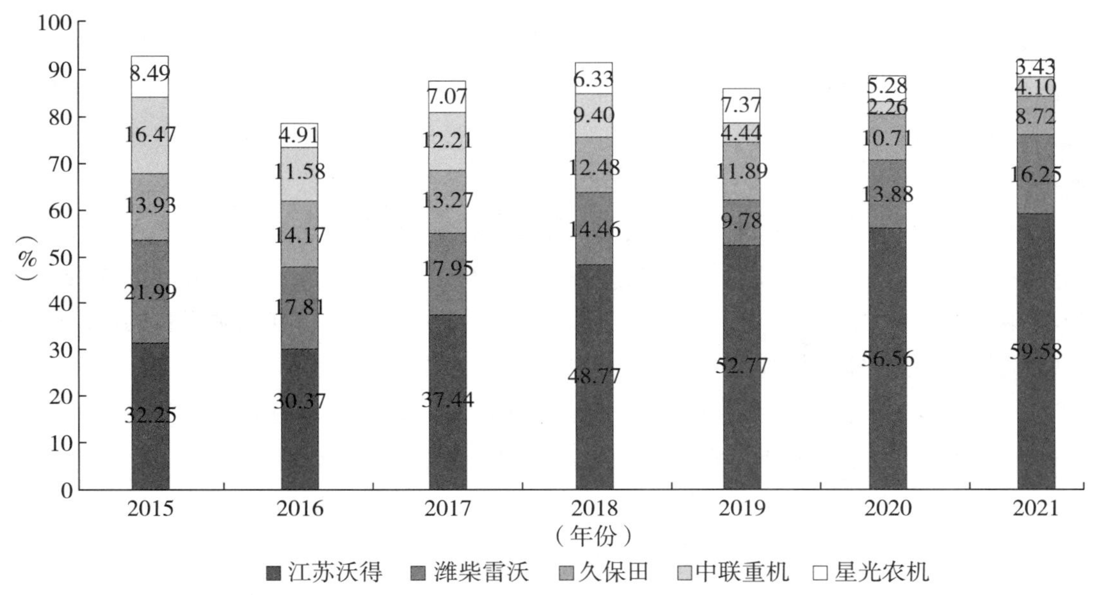

图4　2015—2021年履带式谷物联合收获机市场主流品牌占比变化

四、利好利空对冲，市场或稳健增长

2022年自走式、履带式收获机市场生态环境严峻且复杂，市场汇聚了太多的不确定因素，为市场判断增加了难度。

从宏观环境分析，以下四大因素对2022年的市场或将产生不同的影响。其一，受新冠肺炎疫情影响，物流受阻而降低供应链效能，进而影响制造端和需求端；疫情防控还将对跨区机械化作业服务产生影响，进而降低跨区作业收入。其二，原材料价格的上涨推高产品价格，燃油成本和机手雇用成本的提高压制用户收益，二者叠加，对2022年市场需求的影响不容小觑。其三，刚性需求下降，我国水稻机收水平2020年就达到了93.73%，2021年虽然统计数据尚未公布，但保守估计也将突破94%，基本实现水稻收获机械化，市场趋于饱和，由此决定了该市场已经进入存量时代，未来市场的引擎较为单一，由需求结构调整（大型化）拉动的更新需求成为市场增长的最后一根稻草。其四，由于水稻价格涨价幅度较低，玉米价格大幅度增长，加之政策引导扩大大豆种植面积，导致水稻与大豆、玉米的种植面积此消彼长，尤其是“东北三省一区（黑龙江、吉林、辽宁、内蒙古）”，“水改旱”现象较为普遍，水稻种植面积的缩减成为既定事实，对履带式谷物联合收获机市场产生较大影响。

内生动力降低，对2022年的市场形成多维度压制。一是市场动能减弱，“两连增”抬高市场门槛。履带式谷物联合收获机市场经过“两连增”后，2017—2019年“三连跌”所积聚的市场能量经过2020—2021年的“两连增”，其能量不仅消耗殆尽，还为2022年的市场设置了高门槛。正所谓强弩之末，势不能穿鲁缟。二是大型化需求带来作业效益的极大提升，同时也挤压市场空间。三是油价上涨、疫情防控和激烈的农机化服务作业竞争，提高了作业成本，减少了用户收益，打压了潜在市场需求。

履带式谷物联合收获机市场也面临着不少利好因素。从宏观政策层面看，一是政策红利依然是驱动市场的重要动力。截至2022年5月，中央财政已下达资金300亿元，支持夏收和秋播生产，缓解农资价格上涨带来的种粮增支影响。二是补贴政策继续扮演第一驱动力的角色，一方面政府进一步完善补贴政策，要求各地继续采取“一卡（折）通”等方式，及时足额将补贴资金发放到位；另一方面履带式作业机具成为2022年补贴政策重点支持的产品之一，履带式谷物联合收获机因而收益。

第一，履带式谷物联合收获机大举进军小麦区已汇聚成一股滚滚浪潮，尤其是近年水灾频发，履带式作业机具优势凸显，市场占比逐年提高。随着第二条战场拓展，市场扩容已经成为不争的事实。第二，2022年年底实施的国三升国四排放标准，让潜在用户和准备2023年更新设备的用户感受到价格提升带来的压力，避免因排放标准升级导致的价格上涨而提前购机或将成为这些用户的重要选择。第三，2021年受水患影响，履带式谷物联合收获机作业范围扩大，收益普遍增长，在一定程度上会撬动潜在市场需求。第四，2022年麦收时间差缩小，传统的由南向北跨区作业模式被打破，如湖北和河南几乎同时“开镰”，加之疫情防控，导致跨区作业机具减少。由此产生两个结果，一是单机作业面积增加，用户收益随之提高；二是刺激潜在用户购机，以应对南方早稻的收获。二者叠加，成为拉动市场的一股重要力量。第五，区域市场的拉动，近年新兴市场崛起明显，尤其是南方地块较小，机收水平偏低的区域，如云、贵、川以及“两广”市场，成为市场的一股新势力。

从履带式谷物联合收获机市场发展周期分析，2022年市场正处于上升周期中。履带式谷物联合收获机市场的更新周期一般在3～4年，四年前的2018年市场销量达到6.79万台，更新动力较为充沛。从2005—2021年履带式谷物联合收获机市场销售走势分析，2006—2007年大幅度下滑换来了2008—2009年连续两年的大幅增长；在2010—2011年出现下滑后，2012年出现峰值，接着2013—2014年再度出现“两连跌”；2017—2019年市场经历了连续三年的下跌，成就了2020—2021年的“两连增”；2022年适逢上行周期中，销量增长概率较大（见图5）。

基于以上分析，我们预计2022年的履带式谷物联合收获机市场整体需求平稳，但有下降拐点出现的迹象，预计整体市场销量约8万台，市场增幅在5%～10%。

市场竞争格局不会出现大的变动，但集中度依然会有小幅提升。从2022年前4个月的市场表现看，多数头部企业业绩亮眼，其中，江苏沃得、潍柴雷沃“二巨头”依然保持了近50%的增幅；中联重机增幅飙升，达到三位数；洋马农机大幅度攀升。主流品牌的表现折射出2022年全喂入履带式谷物

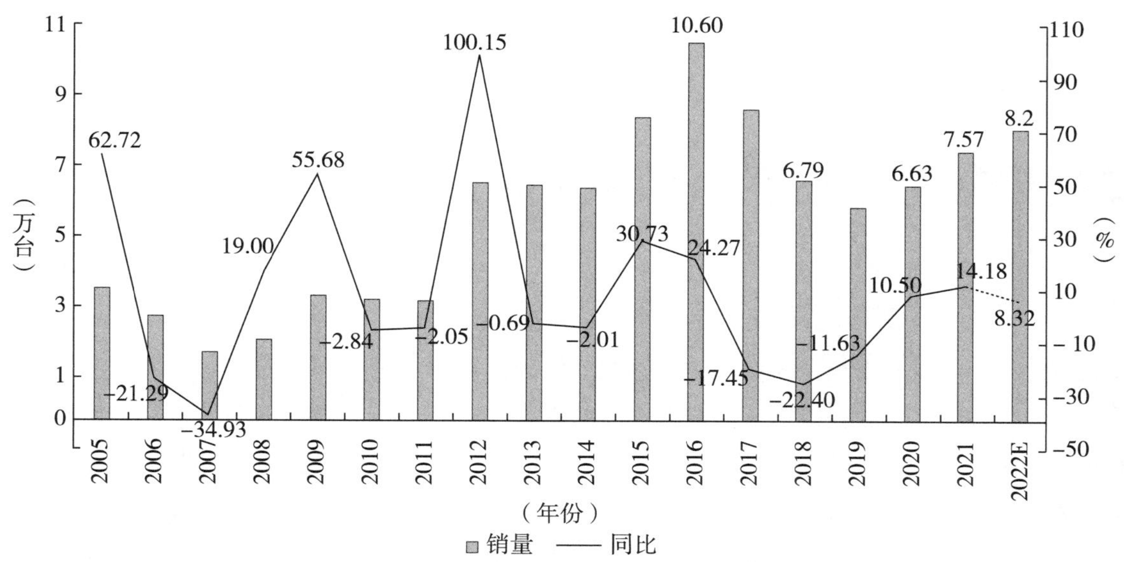

图 5　2005—2021 年履带式谷物联合收获机销售走势与 2022 年预测

联合收获机市场依然会保持稳定的市场竞争格局，头部企业占据 90% 以上的市场份额，“二沃”称雄的局面不会变化。市场需求结构或出现“两端凸起、中间塌陷”的新特点。

（洛阳智能农业装备研究院有限公司　部长、高级经济师　　许予永）

（农业农村部农业机械化总站　　张树阁）

2021 年轮式谷物联合收获机市场回顾与 2022 年展望

轮式谷物联合收获机市场一改多年之低迷状态，以前所未有的发展姿态走出“两连增”。2022 年前 5 个月，轮式谷物联合收获机市场仍然以充沛的动力，高位运行，刷新历史，实现大幅度增长。一个保有量居高不下、刚性需求低迷且饱和多年的细分市场，一个小麦收获已实现机械化的领域，一个众多企业离场、发展前景不被看好的行业，却重新焕发出第二春。连年走强，2022 年可望再创新高，预计销量会强势突破 3 万台大关。看似不合常理，不符合市场发展规律，不禁令人侧目，2022 年的轮式谷物联合收获机市场到底会发生什么？

一、需求增长，跑步进入大型化时代

轮式谷物联合收获机市场继 2020 年走出低谷，进入增长通道之后，2021 年持续增长。市场监测显示，全年累计销售各种自走轮式谷物联合收获机 2.56 万台，同比增长 11.79%。

新型农业经营主体成为推动轮式谷物收获机市场的强大力量。伴随土地流转、土地托管的持续推进，农机合作社、农业合作社、农机专业户等各类服务组织竞相发展，新型农机作业主体快速崛起，成为农机市场的主流客户。市场调查显示，农民合作社是社会化服务的主力军，服务对象中小农户数量最多。开展社会化服务的农民合作社达 31.3 万个，服务营业收入 705.1 亿元，服务对象数量近 4000 万个。新型农机作业主体推动市场大型化发展，同时带动市场更新换代，为市场高质量发展注入了强大动能。

自走轮式谷物收获机市场出现“两连增”，市场更新成为主要推手。经过多年的持续低迷后，近两年市场进入更新换代的高峰期。近年，农机专业服务组织和跨区用户的增多，以及活跃的二手机市场大大缩短了轮式谷物联合收获机的更新周期，由过去的 3 ~ 4 年缩短为现在的 2 ~ 3 年，甚至更短。调查发现，一大批农机专业户基本是当年买新机，然后自南至北跨区作业，整个作业季过完，就地处理旧机械，第二年重新购买新机。

用户收益提高，激活潜在用户。近年，由于绝大多数用户“三夏”时均跨区作业，随着跨区作业半径的增加，作业面积随之增加，进而产生较好的作业收益。市场调查中不少用户反映，作业面积大的用户一般一年即可收回成本，差一些的最多两年。良好的收益，点燃潜在用户购机热情。

产品升级，作业功能拓展。近年，轮式谷物联合收获机生产企业不断推动产品升级。如纵轴流轮式谷物收获机，拥有纵轴流滚筒脱粒分离技术，脱粒能力强，物料分离彻底；整机结构紧凑，实用美观；并且一机多用，兼收水稻、谷子、高粱、玉米籽粒、大豆等多种作物，作业时间更长，作业范围更广，收益更多。市场调查显示，2021 年虽然横轴流轮式谷物收获机市场占比高达 60.77%，但同比大幅度下滑 20. 01%；相反，纵轴流轮式谷物收获机同比大幅度攀升 71. 9%，占比较之 2020 年大幅度上升 13. 45 个百分点。2022 年前 5 个月纵轴流轮式谷物收获机继续保持强势增长，销量同比大幅增长 25. 47%，高于平均增幅 5 个百分点以上，市场占比高出 2021 年 1. 3 个百分点。

周期性变化推进市场上行。回溯自 2005 年以来的发展历程不难看出，市场在 2009 年冲击高点后，经历了 2010 年至 2019 年 10 年的低迷期。其间，除 2012 年、2013 年和 2016 年增长外，其余年份均处于低迷期，2019 年市场探底。直到 2020 年市场才出现拐点，进入增长的快车道，2021 年的增长正是多年低位运行积累的能量释放。

从深层次原因分析，2021 年粮价升高，加之跨区作业收益增加，农民收入提高，购买力增强，夯实了 2021 年市场增长的基础。而惠农政策尤其是农机补贴政策为市场注入强大动力，成为驱动市场增长的引擎。

二、市场需求结构加速调整，两类机型出现不同程度的下降

2021 年，轮式谷物联合收获机市场需求结构出现较大调整，9 千克以下机型出现不同程度的下滑。8 千克≤喂入量<9 千克机型 2021 年累计销售 2. 05 万台，同比小幅下降 2. 59%；虽然占比比 2020 年大幅度下挫了 11. 84 个百分点，但市场占比仍高达 80. 19%（见图 1），是当年的主力机型。喂入量<8 千克机型市场需求连年大幅度下滑，日渐式微，2021 年虽有 0. 23% 的小幅攀升，但销量不足千台，占比不过 3. 49%。

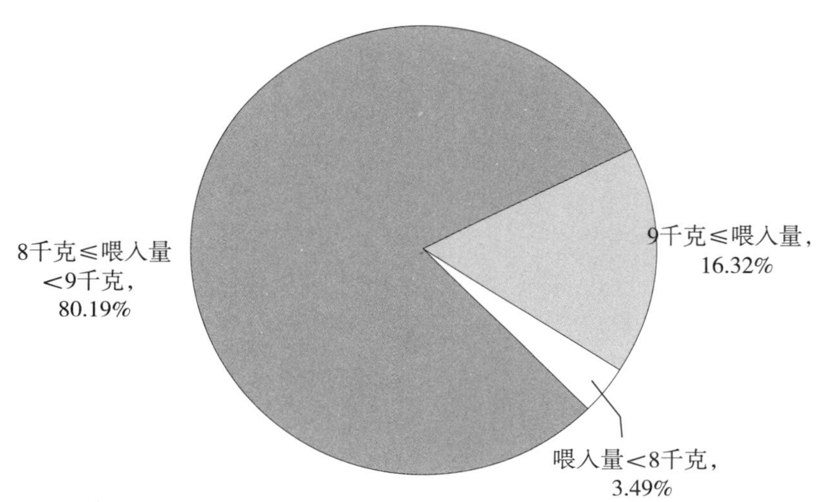

图 1 2021 年轮式谷物联合收获机市场需求结构

大型化趋势加速推进，喂入量≥9 千克机型跑步入场，销量同比飙升 347. 42%，占比上扬 12. 24 个百分点，预示着市场可能进入 9 千克时代。从近 8 年的发展情况看，轮式谷物联合收获机大型化有加速之势。2015 年，轮式谷物联合收获机市场的最大喂入量为 5 千克；但主流机型为 4 千克，占比 51. 11%。2016 年，4 千克机型销量直降 16. 71 个百分点；与此同时，5 千克机型占比达到了 37. 08%，大幅上升 27. 79 个百分点。2017 年，5 千克机型占比 69. 49%，2018 年高达 73. 49%，市场进入 5 千克时代。2018 年也同时开启了 8 千克时代，并一直持续至 2021 年。2022 年前 4 个月，9 千克机型占比高

达 76. 86%，意味着市场新时代的开启——9 千克时代。

轮式谷物联合收获机市场大型化缘于多重因素的综合推动。近年来，我国农业社会化服务蓬勃发展，特别是农业生产托管快速发展，催生出农机专业户、农机服务组织等新型农机用户主体，成为推动轮式谷物联合收获机市场大型化发展的有生力量。大型轮式谷物联合收获机以作业效率高、作业质量好、农机补贴金额高等多重优势，深受农机投资者青睐，也成为市场大型化的第一驱动力。

三、区域市场聚焦黄淮海，“三驾马车”领衔增长

我国小麦种植区域虽遍布全国 14 个省（自治区），但主产区集中在黄淮海区域，这也决定了轮式谷物联合收获机主流市场主要分布在包括河南、山东、河北在内的 7 大区域。市场调查显示，2021 年前 7 大区域累计销售 2. 31 万台，同比增长 27. 99%；市场占比高达 90. 23%，较之 2020 年同期上扬了 11. 42 个百分点。其中，山东、河南、河北作为我国小麦主产区，也是轮式谷物联合收获机的主流区域市场，有“三驾马车”之称，2021 年累计销售 1. 79 万台，同比大幅度增长 42. 74%；市场占比高达 69. 92%，较之 2020 年同期上扬 15. 16 个百分点，成为推动市场增长的主力。

各个区域市场表现冷热不均。如图 2 所示，位居前三的河南、山东、河北市场均出现大幅度增长，2021 年分别销售 0. 68 万台、0. 67 万台和 0. 44 万台，同比分别增长 47. 83%、30. 2% 和 57. 48%；市场分别占比 26. 56%、26. 17% 和 17. 19%，较之 2020 年分别攀升 6. 48 个、3. 70 个和 4. 99 个百分点。陕西、西藏虽大幅度增长，但销量较小，2021 年分别销售 0. 16 万台和 0. 07 万台，同比分别大幅度攀升 28. 62% 和 77. 22%；市场占比分别上扬 0. 82% 和 1. 01%。与上述增长市场不同的是安徽、山西市场均出现较大幅度下滑，分别销售 0. 32 万台和 0. 06 万台，同比分别下滑 27. 42% 和 14. 29%，较之 2020 年市场占比分别下挫 4. 85% 和 0. 71%。

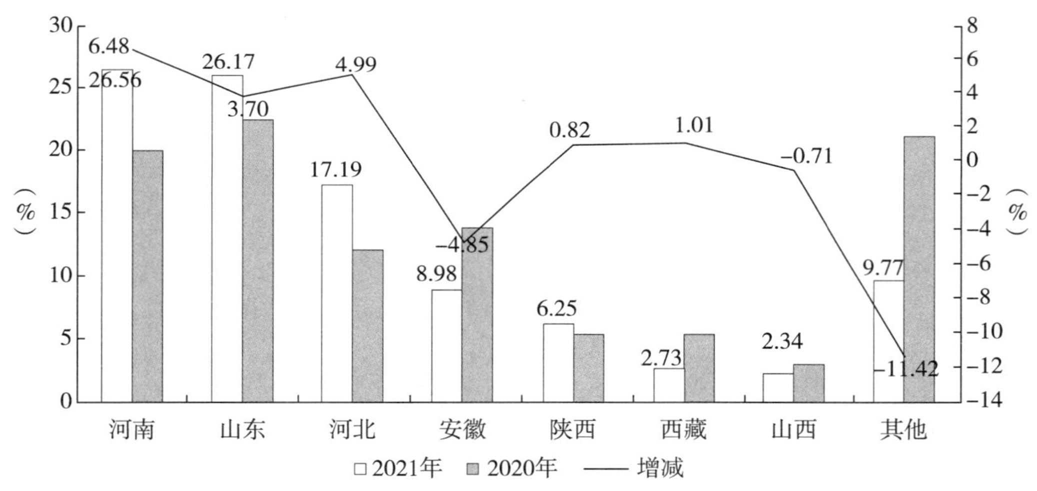

图 2　2020 年、2021 年轮式谷物联合收获机主流区域市场占比走势

轮式谷物联合收获机区域的市场增长与小麦种植面积扩容密切相关，如河南、山东区域，2021 年小麦播种面积分别达到了 5690. 69 千公顷、5991. 05 万亩，分别增加 17. 02 千公顷和 89. 4 万亩。河北区域也达到了 3394. 5 万亩，同比增长 2. 7%。

四、竞争格局稳定，谷神一骑绝尘

轮式谷物联合收获机市场经过多年的激烈竞争，已经形成较为稳定的竞争格局。2021 年纳入补贴系统的品牌仅 17 家，比 2020 年减少 5 家。其中前 5 家控制着八成以上的市场。市场调查显示，2021 年销量前 5 家累计销售 2.2 万台，同比增长 12.3%；市场占比 85.96%，较之 2020 年同期小幅攀升 0.39 个百分点。

谷神，这个起步于 20 世纪 90 年代末的民族品牌，时至今日，经历了 20 余年的市场竞争，依然稳居销量榜第一的位置。2013 年之前，谷神小麦收获机的鼎盛时期，始终处于行业绝对垄断地位，占据了 70% 以上的市场份额，可谓一骑绝尘。这种局面延续至 2013 年，因中联重机（当时叫奇瑞重工）进入市场第一梯队而发生改变，由原来的“一家独大”变成了“两大共治”，这种情况一直持续至今。但近年这两家虽位居前两位，但它们之间的差距越来越大。2021 年，谷神销售 1 万余台，同比小幅增长 0.86%；市场占比 45.70%（见图 3），较之 2020 年下挫 4.95 个百分点。而作为第二名的中联重机，销量不过 5000 台，同比小幅下滑 4.26%；市场占比 17.58%，较之 2020 年下挫 2.95%。

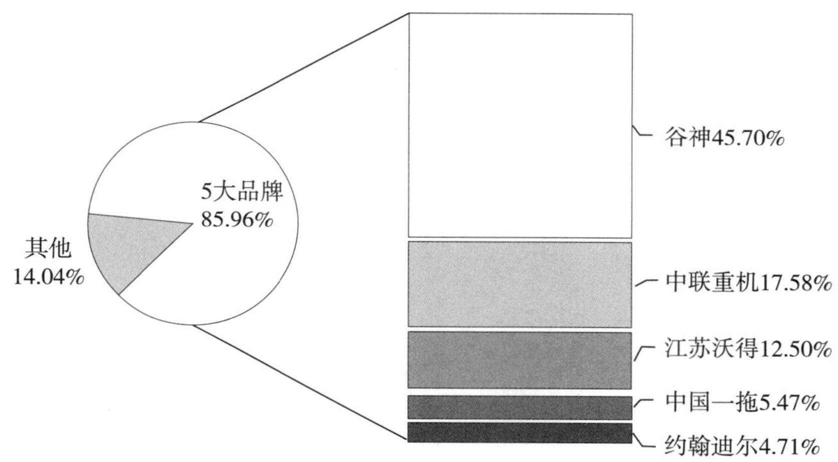

图 3　2021 年轮式谷物联合收获机市场竞争态势

2021 年江苏沃得扮演了搅动轮式谷物联合收获机市场竞争格局的一条“鲇鱼”，初露“黑马”相，2021 年虽销量不过 3000 余台，同比却大幅度增长 119.45%；市场占比达 12.50%，较之 2020 年大幅度上扬 6.13 个百分点，此靓丽业绩令业内人士侧目。江苏沃得在取得水田机械包括插秧机、履带式收获机市场的巨大优势后，发起对旱田机械市场的进军，如果按照 2021 年市场的发展势头，结合 2022 年前 4 个月品牌的竞争形势，轮式谷物收获机市场的竞争还远没有结束，但短期内由谷神、中联重机、江苏沃得形成的“三驾马车”的竞争格局不会发生变化。

中国一拖和约翰迪尔 2021 年业绩也很亮眼，中国一拖同比增长 16.67%，市场占比 5.47%，较 2020 年上扬了 0.23 个百分点；约翰迪尔同比大幅度攀升 89.17%，市场占比 4.71%，较 2020 年上扬了 1.93 个百分点。但因两家都是 1000 余台的销量，只能暂列二线梯队。

因为轮式谷物联合收获机市场是较为成熟的市场，在影响市场竞争的诸多因素中，品牌依然是最为关键的因素。谷神深耕市场几十年，无论是品牌影响力还是用户忠诚度、渠道资源都有很深的积淀，优势十分突出，这也是其多年始终遥遥领先的主要原因。但任何市场都不是一成不变的，如前些年的中联重机，在短时间内就抢占了较大的市场份额；又如 2021 年的江苏沃得，经过短时间的发展就杀入一线品牌行列。由此可以看出，在确保产品品质的前提下，品牌营销能力，以及产品价格是竞争中的利器。同时，品牌的外溢作用也不容轻视，如江苏沃得，虽然是轮式谷物联合收获机细分市场的新兵，但其水田机械积累的品牌外溢效应以及重叠的渠道、用户资源为其打拼新市场发挥了决定性作用。

五、利好因素强烈，市场或大幅度增长

2022 年的轮式谷物联合收获机市场面临着较为复杂严峻的生态环境，利空利好因素交织，各种变量增多。

2022 年宏观因素对轮式谷物联合收获机市场表现出较为复杂的两面性，从利空因素分析，其一，2022 年 3 月以来，复杂演变的国际局势和跌宕反复的新冠肺炎疫情等超预期因素叠加，以及原材料及燃油价格的提升推高产品价格，增加服务成本等，对 2022 年的轮式谷物联合收获机市场产生多维度利空因素影响。其二，我国小麦播种面积持续下降，统计显示（如图 4 所示），自 2017 年至 2021 年，我国小麦播种面积走出“五连跌”。从 2016 年的 2466. 6 万公顷降至 2021 年的 2291. 1 万公顷，减少 5. 5%。2021 年我国小麦播种面积同比下降 2. 01%。

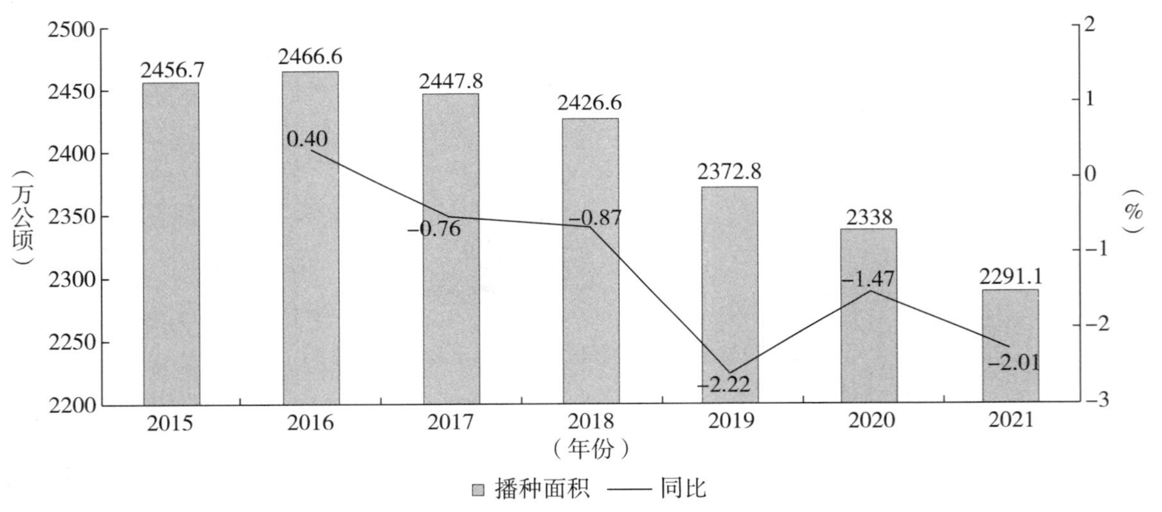

图 4　2015—2021 年小麦播种面积及同比变化情况

宏观因素表现得越是艰难，利好因素越显得珍贵。一是我国政府更加重视粮食安全，惠农红利依然强劲。截至 2022 年 5 月，中央财政已下达资金 300 亿元，支持夏收和秋播生产，缓解农资价格上涨带来的种粮增支影响。二是 2022 年由于整体经济面临一定压力，国家在更多行业实施存量和增量全额留抵退税，增加退税 1400 多亿元，全年退减税总量达 2. 64 万亿元。留抵退税突出“多予”，以“真金白银”为企业发展注入现金流。三是农机补贴依然扮演着市场第一驱动力的角色。四是我国既是农机生产大国，也是农机消费大国，由此决定了我国农机市场的韧性十足。

宏观环境固然对市场产生一定的影响，但内生动力仍是市场走势的决定性因素。

先看2022年轮式谷物联合收获机市场面临的各种利空因素。第一，我国小麦收获早已实现机械化，2020年机收率高达97.49%，小麦收获机有效保有量80万台，远远超过近年“三夏”期间跨区作业的60万台。这也决定了轮式谷物联合收获机市场早已进入成熟期，刚性需求尽失。第二，“高地”已形成。基于2017—2019年“三连跌”基础上的“两连增”，市场能量释放基本完成，形成市场“高地”。第三，生存空间不断被压缩。一是大型化需求对产品更新虽具有一定的推动作用，但对需求数量的影响显得微不足道，大型化蚕食轮式谷物联合收获机的需求数量已是多年不争的事实；二是近年履带式谷物联合收获机大举进军小麦区，对轮式谷物联合收获机产生强势挤压，2021年的水灾进一步推进了这一替代趋势。第四，2021年部分区域的水灾，如小麦、玉米种植重点区域河南、山东、河北等地发生水灾，导致轮式机无法下地作业，对用户当年收益产生较大的负面影响，压制潜在市场需求。

2022年的轮式谷物联合收获机利空因素固然较多，但也不乏充沛的内生动力。

（1）新冠肺炎疫情影响。2022年新冠肺炎疫情导致跨区作业难度加大，农业农村部农业机械化管理司会同农业机械化总站5月发布的《2022年“三夏”农作物机械化作业服务价格和成本变化趋势调查报告》（以下简称《市场调查报告》）显示，受新冠肺炎疫情影响，2022年217个样本明确表示不开展跨区作业，占样本总数的33.85%。这对2022年轮式谷物联合收获机市场更是雪上加霜。由此产生两个结果：一是跨区作业机械减少，市场出现空缺，一些投资者抓住机会投资轮式谷物联合收获机，从而推动市场扩容；二是单台机械作业量饱满，作业价格提高，《市场调查报告》显示，提高幅度大致20%。二者叠加，作业收益水涨船高，激活潜在需求，进而拉升市场。

（2）国三升国四影响。2022年年底实施的排放标准升级，势必推高机械价格。不少用户担心2023年轮式谷物联合收获机涨价，因此赶在升级前购买，导致消费市场前移。

（3）更新动力充沛。近年轮式谷物联合收获机升级换代加快，大型化的持续推进、纵轴流机型的广泛推广伴随使用功能的延伸以及跨区作业收入的提高等多重因素导致产品迭代加速，以及活跃的二手农机市场的加持，产品进入更新快车道，汇聚成推动市场增长的强大力量。

（4）从轮式谷物联合收获机市场的周期性变化看（如图5所示），我国轮式谷物联合收获机自2005—2021年经历了三个发展阶段。第一阶段：快速发展期（2005—2009年）。此阶段最大的特点是市场处于快速上升期，除2007年同比出现大幅度下降外，其他年份均处于高速增长期，2009年创下6.14万台的销量和72%的增幅。第二阶段：震荡下行期（2010—2019年）。此阶段的市场经历了漫长的10年动荡下行期，除2012年、2013年和2016年同比增长外，其他七年都处于下降通道中，市场销量也由6万台降至不足2万台。第三阶段：低位徘徊期（2020年至今）。此阶段的市场在经历了2017—2019年“三连跌”后，跌破2万台。2020年市场触底反弹，重回到2万台时代，并出现了“两连增”，2022年的市场即发生于市场上升的周期内。

（5）从2022年前四个月市场走势看，轮式谷物联合收获机市场表现抢眼。市场监测显示，头部企业的增幅高达20%以上，包括潍柴雷沃、江苏沃得、中联重机、山东巨明在内的主流品牌呈现出不同程度的增长，潍柴雷沃一度出现断货，中联重机同比增幅高达400%多，山东巨明的增幅也达到20%以上，汇聚成市场增长潮。

2022年轮式谷物联合收获机市场面临着利好与利空因素的交织，机遇与挑战并存的错综复杂的生

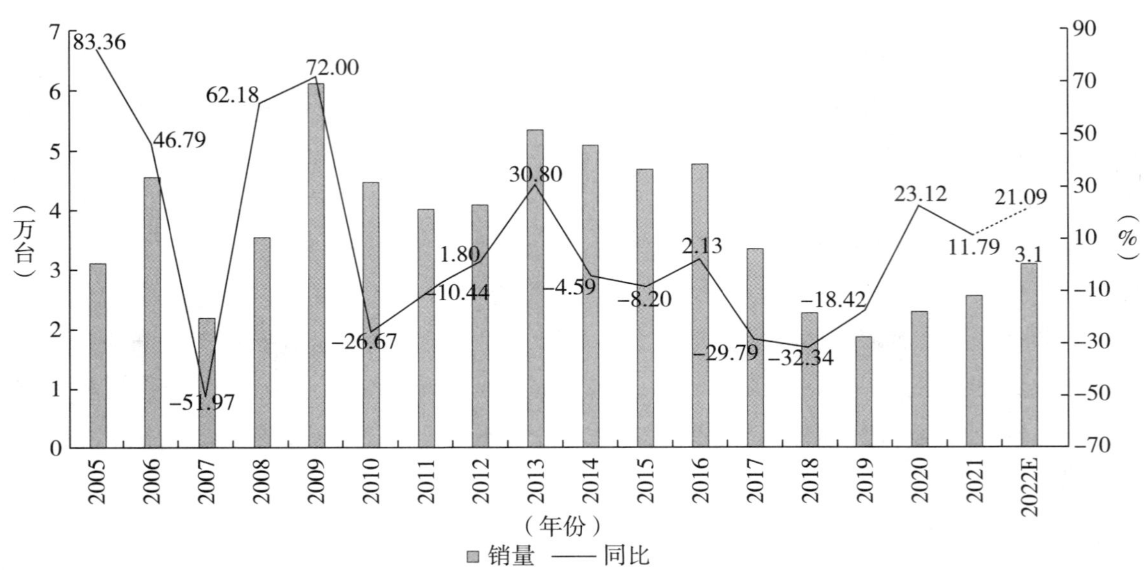

图 5　2005—2021 年轮式谷物联合收获机销售走势与 2022 年预测

态环境，加上新冠肺炎疫情、国三升国四等诸多偶发性因素的拉动，市场变得更加波澜诡谲、变化莫测。综合判断，在利好利空因素对冲后，利好因素或将成为2022 年的轮式全喂入联合收获机市场的主导力量。预计 2022 年市场销量可望突破 3 万台，仍然保持大幅增长。

（第一拖拉机股份有限公司营销管理部　品牌运营总监、公共关系科科长　　贺建国）

2021年植保喷雾机械市场回顾与2022年展望

我国植保机市场是规模巨大且最具发展潜力的市场之一，中国作为农业大国，拥有18亿亩基本农田，每年需要的农业植保作业也是一个了不得的数据。加之我国植保机械化水平低，喷雾植保机械技术水平与发达国家有几十年的差距。产品落后，潜在的更新换代规模巨大，这点从2020年所统计的近630万台植保机械保有量中，自走式植保喷雾机占比不过3.6%就能看出。

回溯近10年植保喷雾机市场的发展历程，可谓一波三折。虽然我国的植保喷雾机市场起步较晚，但发展速度却令人吃惊。先是经历了2010—2017年连续8年的黄金发展期，复合增长率高达49.84%，平均利润率也达到了15%~20%。一时间，整个农机行业甚至非农机行业的资本趋之若鹜，挤进了数百家企业。自2018年开始，市场进入剧烈的波动期，且低迷成为这几年的主色调。一些企业思退，一些企业观望不前，一些新企业还在不顾一切地进入，“围城”效应在植保喷雾机市场被演绎得淋漓尽致。2022年的植保喷雾机市场经历了2021年的断崖式滑坡，大概率下滑成为业内共识，众多企业备感焦虑。毋庸置疑，我国植保喷雾机械市场正处于逆境中。人们不禁要问，当下的植保喷雾机市场怎么了？是否陷入发展“陷阱”？发展前景如何？发展之路又在何方？

一、利空因素云集，市场演绎“高台跳水”

2021年，植保喷雾机市场遭遇寒流，市场遭遇断崖式滑坡。市场调查显示，累计销售各种植保机3.86万台，实现销售额7.82亿元，同比分别下降30.95%和49.39%。

多重利空因素云集，构成市场下滑合力。

宏观环境虽然不是决定植保喷雾机市场走势的决定性因素，但对市场的重大影响是不容忽视的。尤其市场利空与利好因素相当，又处于低谷期之际，2021年的植保喷雾机市场正是如此。其一，新冠肺炎疫情影响。2021年三四月份正值植保喷雾机销售旺季，一些关键区域市场，如新疆、东北三省等，受新冠肺炎疫情影响，不开展跨区作业，因而影响用户收益，对潜在市场形成较大压制；同时，影响供应链，导致企业无法正常生产。其二，社会化服务水平低。在农机播种、收获、烘干等细分市场社会化服务火热开展之际，植保喷雾机市场的社会化服务却不温不火，主要原因是受地块影响较大。土地承包政策下的地块分割，加之动辄10~20米的大型植保喷雾机喷幅，往往因一个“钉子户”的存在而无法进行规模植保服务，成为制约植保喷雾机社会化服务的主要障碍。市场调查中，一些农服组织负责人告诉我们，一大片土地经常因一家“钉子户”而达不成植保协议，无法进行规模化植保作业，甚至还出现过因药飘到他们地里而产生纠纷的情况。其三，政策影响。一些地方大力推进植保无人机而且补贴政策倾斜，从而减少对植保喷雾机的补贴，补贴政策市场驱动力因此而减弱。其四，原材料涨价推高产品价格，部分地方限电等因素，导致企业组织生产困难，传导至生产端和供应链环节，市场上行压力随之增大。

2021 年植保喷雾机市场不仅受制于各种宏观利空因素，内生动力也不充沛，其是导致市场下滑的最为直接的原因。

第一，2021 年导致植保喷雾机市场下滑的一个重要因素是基于 2020 年市场形成的“高地”。2020 年，植保喷雾机市场受补贴政策等众多利好因素驱动，突出表现为消费者担心 2021 年补贴实行新政策后，单台补贴额度下调，从而提前消费。由此对 2021 年的市场引发两大后果：一是直接引发多数区域农机补贴资金严重“透支”，进而导致 2021 年补贴资金不足，一些“透支”严重的区域甚至出现不到半年就用完了全年补贴的现象；二是 2020 年市场大幅度攀升，形成市场“高地”，客观上为 2021 年的市场设置了高门槛。2020 年市场爆发式增长，累计销售植保喷雾机高达 5.59 万台，同比大幅度攀升 37.94%。

第二，产品的影响。近年植保喷雾机市场动荡下行，从深层次原因分析，是企业产品更新缓慢与用户需求不断增长之间的矛盾日积月累的结果。我国众多农机细分市场早已经是产品为王的时代，但由于我国的植保喷雾机市场起步晚，技术落后，产品难以适应用户要求，突出表现为：①作业效率低，劳动强度大；②植保机械结构单一，专业化、系列化程度低；③植保机械产品质量有待提升；④植保机械新技术应用少，自动化监测、调控水平低；⑤植保机械基础部件质量不高、品种少。这些成为植保喷雾机市场下滑的重要因素。

第三，热点区域市场刚性需求下降，更新动力降低。一是往年的热点市场降温，新兴市场尚处于培育期，直接影响刚性需求；二是更新周期延长，因用户作业收益下降，加之购买力降低，更新周期速度放缓。

第四，替代品的挤压。近年兴起的植保无人机正处于高光时刻，尤其在地方政府的大力助推下，市场风生水起，严重挤压了植保喷雾机的市场空间。市场调查显示，植保喷雾机与植保无人机市场占比此消彼长，2017—2020 年，植保喷雾机的市场占比从 2017 年的 98.55% 降至 2020 年的 78.09%，4 年下降了 20.46 个百分点。与之相反，植保无人机却由 2017 年的销量不足千台，猛增至 2020 年的 1.5 万余台，增长了 16 倍之多，市场占比也由 1.45% 升至 21.91%，成为植保机市场的一股生力军。

二、三大品类市场各有千秋，喷杆式喷雾机成为“重灾区”

2021 年植保喷雾机市场需求结构出现较大变化，虽然受整体市场下滑的影响，三大品类市场同时下跌，但从各品类的下降幅度和占比变化看，喷杆式喷雾机市场跌幅明显高于其他两类，成为“重灾区”。市场调查显示（如图 1 所示），2021 年喷杆式喷雾机市场销售 1.23 万台，同比大幅度下跌 46.67%，高出平均跌幅 15.73 个百分点；市场占比 31.87%，大幅度下挫 9.39 个百分点，也是三大品类中占比唯一下降的品类。动力式、风送式喷雾机 2021 年分别销售 2.09 万台和 0.54 万台，虽然同比下降 18.57% 和 24.62%，但占比较之 2020 年上扬 8.24% 和 1.17%。

三大品类的植保喷雾机因作业功能的差异，区域市场分布也不同。

动力式喷雾机更多适用于丘陵山区，主要销往 12 个区域。2021 年，云南、福建、西藏、重庆、

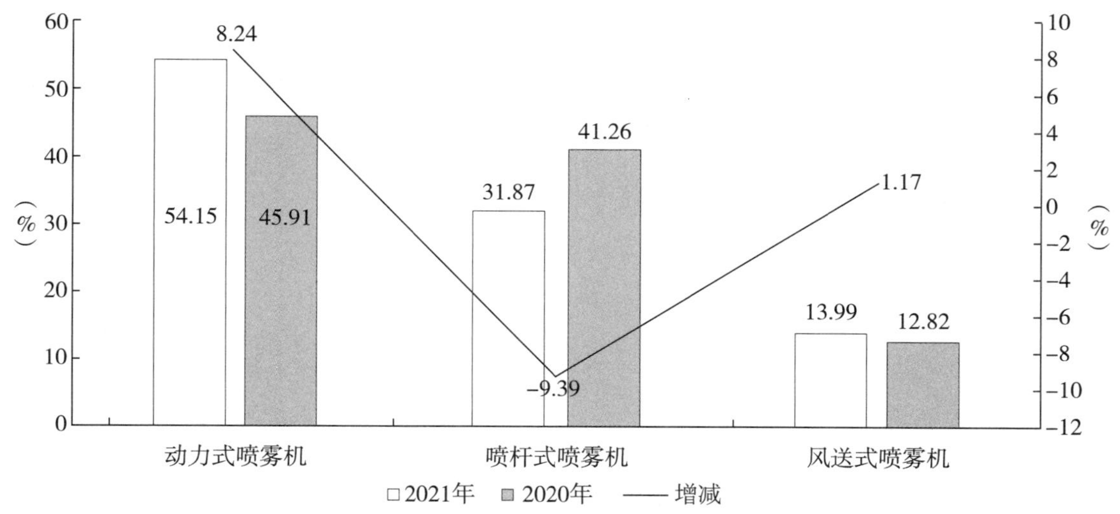

图1 2020 年、2021 年植保喷雾机市场三大品类销量占比结构

广西、江苏六大区域累计销售 2.01 万台，同比下降 31.08%；市场占比 95.98%，较之 2020 年上扬 1.5 个百分点。在六大主流区域市场中，云南、福建和西藏位居前三名，分别销售 7404 台、5841 台和 4037 台，占市场销售份额的八成以上。西藏飙升 243.31%，占比上扬 15.45 个百分点；重庆增长 16.52%，占比上扬 2.63 个百分点；其他市场出现不同程度的下滑。

喷杆式喷雾机主要适用于北方大田作物，主销 28 个区域。销量前八大区域累计销售 1.01 万台，同比下滑 46.42%；市场占比 82.91%，较之 2020 年下挫 0.83 个百分点。江苏、吉林、新疆和山东位居前四名，销量在 1000 ~ 3000 台，均出现不同程度的下滑。黑龙江市场成为前八大市场中唯一增长的市场，同比飙升 117.63%，但因占比 5.78%，对整个喷杆式喷雾机市场拉力有限。

风送式喷雾机更多适用于园林植保，主销 13 个区域。2021 年销量前七大区域累计销售 0.51 万台，同比下滑 18.69%；市场占比 96.73%，较之 2020 年上扬 4.86 个百分点。云南市场一家独大，不仅位居第一，而且占比六成以上，2021 年销售 0.33 万台，同比飙升 325.27%；市场占比 63.71%，较之 2020 年大幅度上扬 52.14 个百分点。位居次席的山东市场虽然也出现大幅度增长的态势，同比虽也大幅度增长 71.32%，但因销量不过 872 台，占比不过 16.64%，对市场的贡献率并不大。2021 年，河北、河南、新疆市场出现断崖式下滑，成为拉低市场的主力。湖南、江苏市场也出现两位数的滑坡。

从近 6 年三大品类的喷雾机市场销量占比变化看（如图 2 所示），呈现出以下几个突出特点。第一，动力式喷雾机销量占比较高，是市场主流机型。自 2017 年以来，其市场占比最低也在 45% 以上，最高接近 60%。第二，近年来，风送式喷雾机有回暖迹象，在经历了 2018 年、2019 年大起大落之后，市场占比连续两年出现增长。2021 年其降幅在三大品类最低，意味着果园植保机市场向好趋势明显。第三，喷杆式喷雾机市场占比波动幅度相对较小，除个别年份外，均保持在 30%~40% 的市场占比。

三、品牌表现“温差”大，竞争格局未形成

植保喷雾机市场曾因丰厚的利润回报引来众多分食者，市场竞争非常激烈。行业调查显示，过去

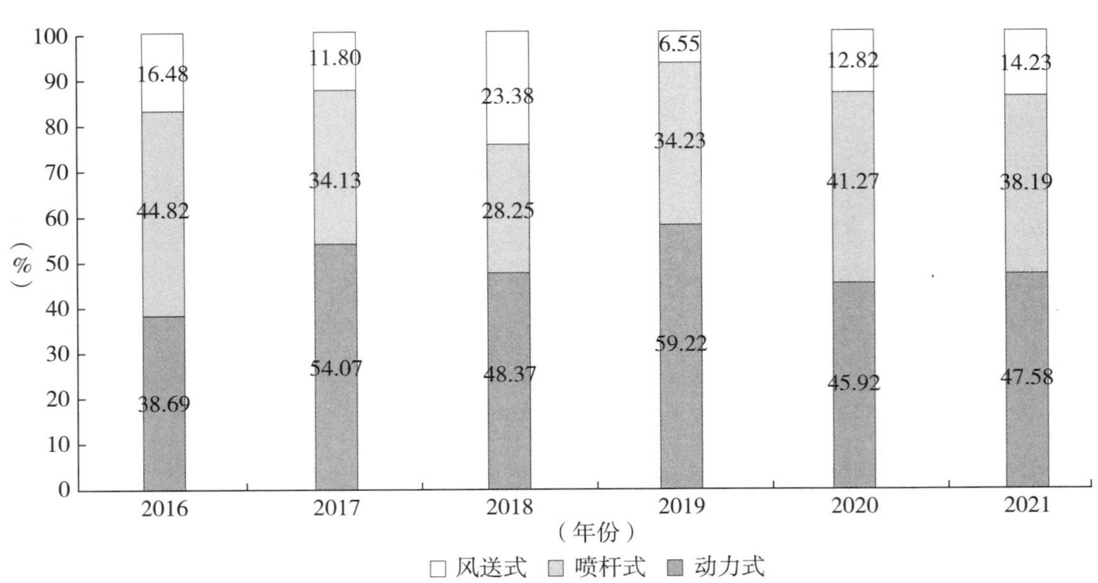

图 2　2016—2021 年植保喷雾机三大品类占比变化

几年，植保喷雾机行业的利润率达到了 15% 左右，这对平均利润率只有 6% 的农机行业来说无疑具有巨大的诱惑力，这也是造成现阶段植保喷雾机市场竞争乱象的根源之一。长期以来，因为植保喷雾机市场鱼龙混杂，很少有企业在产品品质、技术升级上下功夫，更多的是盲目占领市场，致使产品更新缓慢；并且配套体系混乱，困扰产品升级的技术瓶颈长期得不到有效解决，产品稳定性和实用性差，故障率居高不下，加之服务水平低，不少用户对产品失去信心，压制植保喷雾机市场健康快速发展。上述的种种问题至少导致两个结果：一是市场深陷价格竞争的泥潭。一些小企业以低价冲击市场，拉低整个行业利润，以致一些已经进入植保喷雾机市场的大企业因低利润而减少投入，以致近年市场拓展裹足不前。二是随着行业利润的持续下降，以及市场容量的萎缩，虽每年都有不少企业退出，但并没有降低无序而激烈的竞争烈度。2021 年，仅进入补贴目录的品牌就有 200 多家，尽管比 2020 年减少了几十家，但相对来说还是品牌繁杂。

短期来看，植保喷雾机市场的价格和营销优势可能会影响品牌的市场竞争力。但长期来看，营销和价格优势都不大可能提供决定性或持久的竞争优势，唯有产品质量和技术含量才是影响植保喷雾机市场竞争力的关键力量。

植保喷雾机市场尚处于成长期的初级阶段，稳定的竞争格局尚未形成，呈现出的突出特征是：竞争烈度高、品牌众多。市场调查显示（如图 3 所示），2021 年，在近 200 家生产企业中，销量千台以上的企业仅 10 家，累计销量 2. 05 万台，市场占比 53. 11%；销量 100 ~ 500 台的企业有 46 家，销售 1. 47 万台，占比 38. 08%；销量不足百台的企业有 143 家之多，销售 0. 34 万台，占比仅 8. 81%。

2021 年，植保机市场自 2020 年农机市场细分后集中度大幅度提升。

从植保喷雾机市场销售额前十大品牌分析，2021 年累计实现销售额 3. 01 亿元，同比下降 19. 75%，但较之平均降幅低 29. 64 个百分点；市场占比 38. 44%，较之 2020 年大幅度上扬 14. 2 个百分点。

当下的植保喷雾机虽品牌众多，但知名大品牌并不多。虽然潍柴雷沃、江苏沃得等知名大企业近年先后进入植保喷雾机市场，但因各种原因，并未在市场上发力，市场占比较低。从 2021 年销售额前

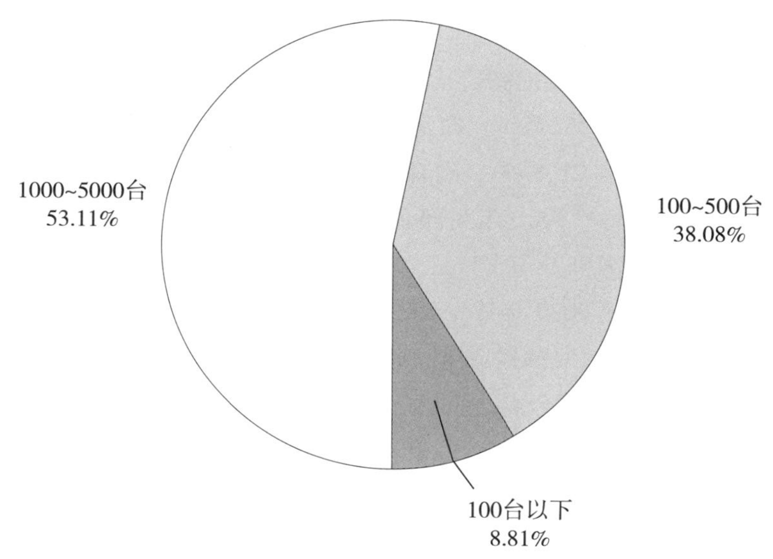

图 3　2021 年植保机市场占比结构

十大品牌看（如图 4 所示），排名第一的品牌市场占比也不过 6. 14%；并且销售额前十大品牌的区域高度集中，有 9 个在山东。如进一步聚焦还会发现，山东的九大品牌竟有 8 个在青州。

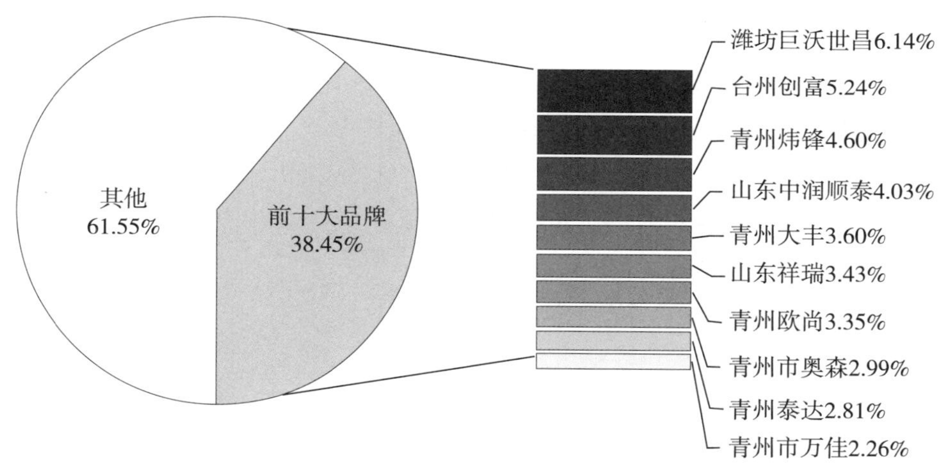

图 4　2021 年销量前 10 的植保喷雾机市场竞争态势

2021 年，销售额前十大品牌中，有六大品牌出现不同程度的下滑。其中，销售额老大潍坊巨沃世昌出现断崖式滑坡，销售额不足 5000 万元，同比大幅度下降 40% 以上。另外，青州炜峰、青州大丰、青州市奥森、青州泰达、青州市万佳五大品牌也未能逃脱销售额下滑的厄运，同比分别下降 37. 16% 、34. 08% 、23. 66% 、31. 29% 和 23. 75% 。在整个市场大幅度下滑的同时，也不乏一些品牌的逆袭。如销售额前 10 名中的台州创富、山东祥瑞、青州欧尚三大品牌，同比分别大幅度增长 82. 18% 、73. 81% 和 42. 35% ，山东中润顺泰同比小幅攀升 3. 4% 。

如果把植保喷雾机市场的竞争放到三大品类里分析，又呈现出不一样的竞争特点。

动力式喷雾机市场集中度大幅度提高，台州共源销量同比飙升四倍多。2021 年动力式喷雾机市场虽大幅下滑 20. 53% ，但销量前六大企业却出现大幅度增长，形成巨大反差，意味着头部企业发力。市场调查显示，2021 年，动力式喷雾机生产企业纳入补贴系统的共 27 家，比 2020 年减少 6 家。销量前六大品牌累计销售 1.32 万台，同比大幅度增长 18.35%；控制着 63.09% 的市场份额，比 2020 年大幅上扬了 20.73 个百分点，集中度明显提高。其中，台州共源位居销量之首，累计销售 3000 多台，同比飙升 4 倍多，市场占比也上升到 15.75%，较之 2020 年上扬 13.37 个百分点。劲牛、驰城、弘泰同比也分别增长 23.87%、61.35% 和 21.84%。欧森小幅下滑 7.69%，洋晟狂降 56.43%。

喷杆式喷雾机市场集中度分散，2021 年头部企业占比有所提升。有植保喷雾机市场风向标之称，且代表未来发展方向的喷杆式喷雾机市场成为三大品类中竞争最为激烈的市场。2021 年仅进入补贴系统的企业就达 148 家之多，尽管比 2020 年减少 24 家。在这个庞大的“家族”中，2021 年销量过百台的企业不过 42 家，市场极度分散。如销量前六大品牌，2021 年累计销售 3200 余台，同比下降 25.13%，但比平均降幅低 20.45 个百分点；市场占比不过 26.51%，较之 2020 年上扬 7.24 个百分点。六大品牌的表现显示出巨大“温差”，“三降三升”。从下降的三大品牌看，作为销量第一的博通，2021 年同比出现 46.61% 的大幅度滑坡，潍坊巨沃世昌的降幅也达到了 58.47%，青州市奥森小幅下滑 5.2%。与之不同的是青州欧尚、山东祥瑞同比大幅度增长 28.09% 和 92.44%，山东中润顺泰小幅攀升 6.24%。

风送式喷雾机市场集中度大幅度攀升，台州创富占比近六成。风送式喷雾机市场是三大品类中集中度最高的市场，台州创富异军突起。2021 年进入补贴系统的品牌有 34 家，比 2020 年减少 18 家。销量前六大品牌累计销售 4600 多台，同比大幅度增长 34.67%；市场占比高达 86.98%，比 2020 年大幅度飙升 37.16 个百分点。2021 年市场呈现出的最大特点莫过于台州创富的大幅度飙升，销量一骑绝尘，累计销售 3000 多台，同比飙升 172.52%；占比高达 57.23%，比 2020 年上扬 41.03 个百分点，成为前六大企业销量增长的关键因素，与同比大幅度增长 86.25% 和 44.97% 的浩宇和兴农两大品牌一起，成为稳定风送式喷雾机市场未出现大幅度下滑的主要力量。与之表现反差巨大的包括泓腾、济农、蓝翱在内的三大品牌，2021 年出现大幅度下滑，同比分别下降 31.24%、80.96% 和 85.53%。

四、主流区域占比上升，福建同比飙升

2021 年，植保喷雾机市场销售聚焦十大区域，集中度小幅度增长。市场监控显示，销量排名前十大区域市场累计销售 3.5 万台，同比下降 24.73%；市场占比 90.67%，与 2020 年同期相比上升 7.49 个百分点。

十大主流市场“八降两增”（见表 1），云南、福建领衔市场。2021 年因动力式喷雾机销量占比大，成就了云南、福建区域市场的销量冠亚军，并且呈现不同程度的增长。市场监测显示，2021 年分别销售 1.07 万台、0.67 万台，同比分别增长 2.88% 和 148.15%；占比分别为 27.72%、17.36%，较之 2020 年分别上扬 9.12 个和 12.53 个百分点。

表 1　　2021 年植保喷雾机区域市场前 10 名一览表　　单位：万台

序号	省份	销量		同比（%）	占比（%）		增减（%）
		2021 年	2020 年		2021 年	2020 年	
1	云南	1.07	1.04	2.88	27.72	18.60	9.12
2	福建	0.67	0.27	148.15	17.36	4.83	12.53

续 表

序号	省份	销量		同比（%）	占比（%）		增减（%）
		2021 年	2020 年		2021 年	2020 年	
3	江苏	0.36	0.90	-60.00	9.33	16.10	-6.77
4	吉林	0.33	0.46	-28.26	8.55	8.23	0.32
5	新疆	0.27	0.40	-32.50	6.99	7.16	-0.17
6	山东	0.23	0.34	-32.35	5.96	6.08	-0.12
7	西藏	0.21	0.40	-47.50	5.44	7.16	-1.72
8	河北	0.13	0.35	-62.86	3.37	6.26	-2.89
9	河南	0.12	0.35	-65.71	3.11	6.26	-3.15
10	广西	0.11	0.14	-21.43	2.85	2.50	0.35
小计		3.50	4.65	-24.73	90.67	83.18	7.49
其他		0.36	0.94	-61.70	9.33	16.82	-7.49
合计		3.86	5.59	-30.95	100.00	100.00	0.00

云南市场主要销售动力式喷雾机和风送式喷雾机两大类，2021 年分别销售 0.73 万台和 0.34 万台，同比分别增长 -22.83% 和 325.27%；占比分别为 35.32% 和 63.71%，较之 2020 年，分别上扬 4.27 个和 52.14 个百分点。正是动力式喷雾机市场销量的较大占比，对 2021 年云南植保喷雾机市场做出了巨大贡献，不仅确保了在整体市场大幅度下滑的背景下云南市场实现小幅增长的逆袭，也保住了区域销量第一的位置。云南风送式喷雾机市场的崛起原因有三点：一是园林产业的蓬勃发展；二是农机补贴政策的助推；三是社会化服务规模不断扩大的加持。

福建市场大幅度飙升，累计销售 0.67 万台，位居区域市场销量次席，同比飙升 148.15%，占比 17.36%，较之 2021 年同期大幅度上扬 12.53 个百分点。2021 年福建植保喷雾机市场的崛起，一是得益于农机补贴政策；二是福建 2020 年植保机市场销量低，形成市场“洼地”。

另外八大主流市场全线陷落，出现不同程度的下滑。同比降幅 60% 及以上的有江苏、河北、河南三大市场，同比降幅达到 60.00%、62.86% 和 65.71%；西藏降幅也高达 47.50%；新疆、山东市场分别下降 32.50% 和 32.35%；吉林、广西市场降幅虽低于平均降幅，但也分别达到了 28.26% 和 21.43%，占比分别上扬 0.32 个和 0.35 个百分点。

五、市场未探底，降幅或收窄

2022 年，植保喷雾机市场面临严峻复杂的市场形势，市场前景并不乐观。

第一，新冠肺炎疫情影响。新冠肺炎疫情对全年市场的影响超出人们的预期，植保喷雾机市场也难以幸免。因疫情防控影响供应链。从制造端看，制造企业因供应链受阻，影响正常生产与市场供应；从渠道端看，经销商因货物迟滞，陷入“无米可炊”的困境，而影响正常销售；从需求端看，终端用户因新冠肺炎疫情防控，无法正常购机。同时，疫情影响外溢对市场信心也产生了较大影响，直接拉长市场更新周期。尤其是 2022 年春季疫情反复，正值植保喷雾机市场的销售旺季，对市场影响较大。

第二，植保无人机的挤压。植保无人机作为植保喷雾机的替代产品，对植保喷雾机市场需求构成巨大威胁。近年，受国家和地方补贴政策驱动，加之植保无人机服务领域不断延伸至播种、施肥等环节，植保无人机市场如日中天，呈几何级数增长，极大地压缩了植保喷雾机市场的成长空间。

第三，用户投资收益下降。受新冠肺炎疫情影响，2021 年跨区植保作业服务受到较大制约，对本来跨区作业服务就不发达的植保喷雾机服务市场无异于雪上加霜。用户收益缩水，不仅压制了 2021 年的市场，对 2022 年潜在市场需求也产生了很大负面效应。

第四，产品与市场竞争的影响。长期困扰植保机市场的产品创新缓慢、适应性差的问题短时间内难以解决。由此引发的市场无序、恶性竞争、假冒伪劣产品猖獗等还将不同程度地影响市场，并从不同维度打击市场需求信心，成为严重威胁植保机市场健康发展的重要因素。

第五，周期性下滑。从 2010 年至今植保喷雾机市场发展周期分析（如图 5 所示），经历了 2010—2017 年高速发展的黄金 8 年，并于 2017 年创下年度 6 万余台的销售量；2018 年关闭了高速增长的窗口，进入震荡下行周期，紧接着带来了 2018 年、2019 年的“两连跌”；2020 年，消费者受 2021 年补贴政策调整影响，主要担心单台补贴额度下降，因而提前消费，在推动当年市场大幅度增长的同时，进一步导致市场的严重“透支”；2021 年市场大幅度下滑并未完全消弭，还会持续影响 2022 年的市场。

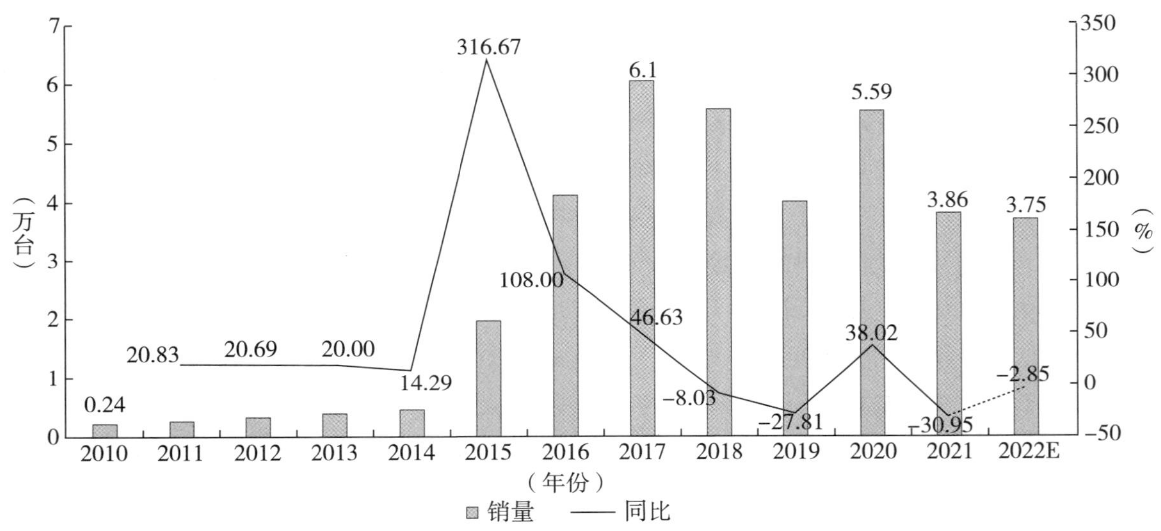

图 5　2010—2021 年植保喷雾机市场销售走势与 2022 年预测

虽然众多利空因素堵住上升通道，但两大利好因素或能阻止市场大幅度下滑的脚步。一是因为 2021 年市场出现大幅度下滑，形成市场“洼地”，客观上设置了低门槛；二是国三升国四，用户担心排放升级后植保喷雾机价格上涨而提前购买，激活潜在市场，加速市场更新。

基于以上分析，我们判断，2022 年植保喷雾机市场下滑的概率较大，但市场降幅收窄概率更大。市场或进入盘整期，预计销量难以超过 3.8 万台，同比小幅下降 2%~5%。

六、聚焦技术、产品创新，六大趋势锁定未来市场

我国植保喷雾机市场面临的“围城”困境是暂时的，是任何市场都经历过的发展中的曲折迂回，

其广阔的发展前景和巨大的更新空间决定了庞大的市场规模。谁抓住了市场发展趋势，谁就掌控了未来的市场。

趋势一：植保喷雾机械技术发展趋势。目前我国的植保机械和施药技术与发达国家相比还十分落后，仅相当于发达国家20世纪四五十年代的技术水平。技术瓶颈十分突出，无论是小型机动喷雾器还是大型喷雾机，装备的核心部件大都依赖进口。正是由于技术差距，造成产品附加值的巨大差距，一台进口的植保喷雾机售价高达200多万元，而国产品牌最高售价不过10万余元，由此决定了我国植保喷雾机市场，技术进步将成为未来市场的主要发展趋势。

（1）静电喷雾技术。近年来，实现静电喷雾作业的自走式喷杆喷雾机备受关注，其应用高压静电在喷头与喷雾目标之间建立一个静电场，液体经过喷头雾化之后，形成群体带电雾滴，然后在静电场力和其他外力联合作用下，雾滴做定向运动而吸附在目标各个部位，完成喷雾作业过程。这种作业方式缩短了沉积时间，减少了药液流失和飘失，是值得推广的喷雾作业方式之一。

（2）自动对靶施药技术。自动对靶施药技术可节约用药60%~80%。该技术是在喷雾器上按照电脑芯片、红外线光谱探测器、光学传感器或超声波传感器，自动辨别杂草，针对目标施药。美国FMC公司将计算机控制系统用于果园风送式喷雾机，通过超声波传感器确定果树形状，机载计算机使农药喷雾特性更精准地与果树形状相一致。俄罗斯研制的ПО-2型果园喷雾机也采用超声波技术确定果树位置，只对目标喷雾，在果树空挡则自动停止喷雾。

（3）电子显示和控制系统。国外大中型植保机械一般都安装有电子显示和控制系统，该系统可以依据机组前进速度自动调节单位时间喷药量，并依据施药对象和环境条件严格控制施药量。系统除可以与个人计算机相连外，还可配GPS系统，实现精确、精量施药。

（4）农药回收技术。德国在植保机械上设置农药回收装置，利用静电或气流负压等技术将靶标外的雾滴回收。

（5）无人驾驶喷雾机。为避免对操作者的人身危害，日本开发了一种感应电缆式无人驾驶果树喷雾机，作业时无人操作，沿事先设置好的感应电缆行走。

（6）农药直接注入系统。20世纪80年代中期，美国开发了Mid-WestTechnologyCCI-2000型农药直接注入系统，将水与药液进行分置，由蠕动泵控制使药液定量进入主水管道与水混合，与传统喷药机相比，农药直接注入系统在药液处理及清洗方面更加安全、方便。

（7）多级过滤系统。国外大中型喷雾机一般都具备4级过滤系统，即在药液箱加液口、加液斗和水源吸水头处都装有过滤网，在系统中还装有一种自洁压力过滤器，避免了系统堵塞、漏喷和雾化不良现象。

（8）防飘设施。雾滴飘移和沉降是喷药过程中不可避免的问题，雾滴飘移和沉降严重时，引起的浪费可达施药量的70%~80%。少飘喷头和防风屏有效解决了这一问题，国外发达国家早有应用，但我国植保机尚无此技术应用。

趋势二：大型化趋势。随着中国农业生产经营模式由分散式向种粮大户、家庭农场、农村合作社逐步转型，以及农服组织、农机专业户等新型主体的崛起，植保喷雾机大型化将成为趋势。大型自走式喷杆喷雾机具有机动性和方便性好、作业效率高等优点，不受地块限制，对作物无损伤，适用于水稻、小麦、玉米等多种农作物作业。通过提高雾化效果、雾滴大小、穿透性能和分布均匀度等药械的技术性能，可大幅度提高农药利用率。据测算，自走式喷杆喷雾机农药利用率在50%左右，高于手动喷雾器 20%~40%、背负式机动喷雾机 30%~50%，单台单人作业效率是手动喷雾机的 85 倍、机动喷雾机的 15 倍。

趋势三：智能化趋势。引入机电液一体化，将计算机技术应用到植保机械中，通过电子计算机技术与植保机具的结合，提高植保机具的机电一体化水平和自动化水平。加强先进电子技术在施药机具上的应用，操作员仅需输入正确的作业参数便可进行作业，复杂的施药过程通过计算机自动控制，如运用电子控制系统控制和显示机具速度、倾斜角度、喷洒量、药箱药量等工作参数，实现智能化控制，提高施药精确度和农药利用率，提升植保机械的自动化水平。

趋势四：竞争加剧，市场加速洗牌。2022 年的植保喷雾机市场竞争将是往年竞争特点与新特点的叠加：一是竞争乱象短期内难以根绝，或将延续；二是低档次的价格竞争依然会笼罩市场；三是无序的低价竞争进一步摊薄企业利润，行业洗牌的脚步将因此而加速。与此同时，一些有为企业或加大技术与产品创新步伐，依靠强大的产品竞争力走出低价竞争的泥潭，抢占市场高地，或将成为 2022 年市场竞争的最大亮点。

趋势五：产业区域集群化趋势。我国植保喷雾机行业虽然企业众多，但产业集群化特点十分突出。当下已经形成山东、浙江、新疆、江苏四大企业生产基地，2021 年在 200 家左右的生产企业中，四大基地就占了 70% 以上，其中仅山东就有 83 家之多，主要集中在青州和临沂，占比高达 41.71%。浙江是仅次于山东的第二大生产基地，24 家企业销量占比高达 46.81%，主要以小型动力式喷雾机为主，其中台州有“喷雾机之乡”的美誉。

趋势六：零部件生产系列化、专业化、标准化趋势。系列化、产业化、标准化不仅是当前植保喷雾机行业的客观要求，也是提高植保机械零部件科技含量、产品质量，降低生产成本的必由之路。

较低的发展水平注定成为农机化发展的短板，也带来了更多的政策红利，决定了植保喷雾机市场机遇期尚在，决定了未来市场广阔的发展空间和光明的发展前景。市场或有曲折，但风口本色不会变。越是在市场低迷期，越要对未来市场有信心。这就是我们对未来喷雾机市场的主张！

（山东祥瑞农林科技有限公司　总经理　　张　鹏）

2021 年多缸柴油机市场回顾与 2022 年展望

一、多缸柴油机总体产销形势

2021 年是“十四五”开局之年，也是新中国历史上极不平凡的一年。面对复杂的国际环境、新冠肺炎疫情和极端天气等多重挑战，国民经济持续恢复，发展水平再上新台阶，一个个新突破见证着中国经济社会的变化。我国经济发展和疫情防控保持全球领先地位，构建新发展格局迈出新步伐，高质量发展取得新成效，实现了“十四五”良好开局。

2021 年，我国国内生产总值（GDP）比上年增长 8.1%，两年平均增长 5.1%，其中第一产业增加值 83086 亿元，比 2021 年增长 7.1%；第二产业增加值 450904 亿元，增长 8.2%；第三产业增加值 609680 亿元，增长 8.2%。第一产业增加值占国内生产总值比重为 7.3%，第二产业增加值比重为 39.4%，第三产业增加值比重为 53.3%。经济规模突破 110 万亿元，达到 114.4 万亿元，稳居世界第二大经济体。2021 年，我国货物进出口总额 391009 亿元，比 2021 年增长 21.4%。其中，出口 217348 亿元，增长 21.2%；进口 173661 亿元，增长 21.5%。货物进出口顺差 43687 亿元，比 2021 年增加 7344 亿元。

2021 年，经济总量和人均水平实现新突破。我国经济规模达到 114.4 万亿元，人均 GDP 突破 8 万元，达到 80976 元，按年平均汇率折算达 12551 美元，超过世界人均 GDP 水平。产业发展韧性彰显，农业生产稳中有进，2021 年我国第一产业增加值比上年增长 7.1%；制造业占 GDP 的比重为 27.4%，比上年提高 1.1 个百分点，主要工业产品产量稳居世界首位；服务业逐步恢复，2021 年第三产业增加值比上年增长 8.2%；国际影响力继续扩大，2021 年按年平均汇率折算，我国经济总量达到 17.7 万亿美元，预计占世界经济的比重超过 18%，对世界经济增长的贡献率达到 25% 左右。我国货物贸易额、外汇储备均居世界首位，服务贸易、对外投资、消费市场规模稳居世界前列，为推动世界经贸复苏、维护全球产业链供应链稳定发挥了不可替代的重要作用。

从国内环境看，生态环境部 2020 年 12 月 28 日发布实施 HJ 1014—2020《非道路柴油移动机械污染物排放控制技术要求》，自 2022 年 12 月 1 日起，所有生产、进口和销售的 560 kW 以下（含 560 kW）非道路移动机械及其装用的柴油机应符合该标准要求，非道路用多缸柴油机技术升级加快，非道路用多缸柴油市场将会受到较大冲击；从国际环境看，国际环境日趋复杂，新冠肺炎疫情和极端天气等多重挑战，区域保护日趋严重，在种种不利因素的综合作用下，2021 年全年多缸柴油机销售累计完成 532.8558 万台，与上年同期比较，销量增加 0.31%。

从 2021 年全年的多缸柴油机销售量来看：潍柴（含扬柴）、玉柴、云内、全柴、江铃、一汽、新柴、北汽、东风、一拖（含扬动）、常柴，名列多缸柴油机累计生产前 11 位，销量分别为 992546 台、569362 台、495552 台、435690 台、340158 台、333416 台、301726 台、292257 台、208445 台、149396 台、105854 台。上述 11 家企业共销售 422.4402 万台，占柴油机累计销售总量的 79.28%，而同期 2020 年前 11 家企业共销售 426.5712 万台，占柴油机累计生产总量的 80.3%，数据显示受行业整体波动的影响，品牌优势依然凸显，行业集中度略有下滑（见图 1 和表 1）。

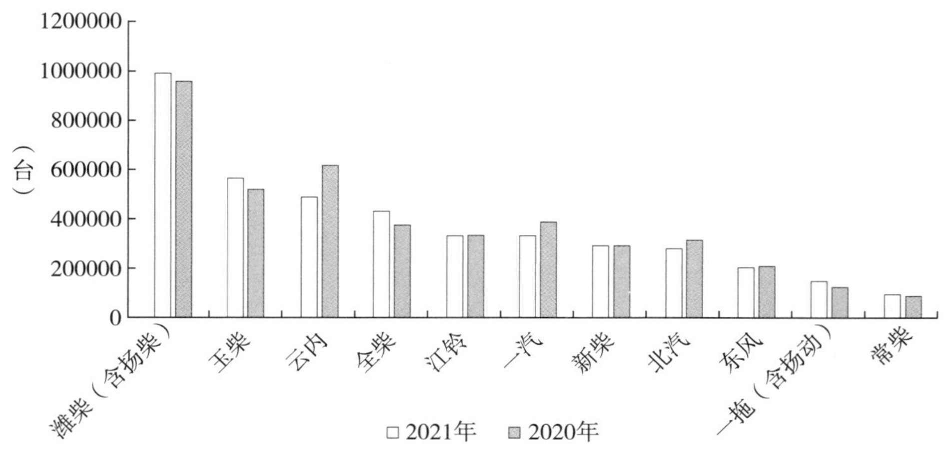

图 1　多缸柴油机累计销售情况

表 1　2021 年及 2020 年多缸柴油机行业各家企业销量　单位：台

品牌	销量		增长率（%）
	2021 年	2020 年	
总计	5328558	5312234	0.31
潍柴（含扬柴）	992546	960628	3.32
玉柴	569362	522535	8.96
云内	495552	613769	-19.26
全柴	435690	380508	14.50
江铃	340158	342092	-0.57
一汽	333416	390972	-14.72
新柴	301726	300455	0.42
北汽	292257	318708	-8.30
东风	208445	211996	-1.68
一拖（含扬动）	149396	130280	14.67
常柴	105854	93769	12.89

从行业整体销量来看，增长不大，但销量排名波动较大，潍柴增长 3.32%，销量继续保持行业第一；玉柴实现大幅增长，增长率 8.96%，排名从 2020 年的第三位升至第二位；云内下滑较大，下滑达到了 19.26%，下滑幅度行业第一，排名从 2020 年的第二位下滑至第三位；全柴销量增长较大，增长

率达14.50%，排名从2020年的第五位升至第四位；江铃小幅下滑0.57%，由于下滑幅度小于其他家，排名从2020年的第六位上升至第五位；一汽销量下滑14.72%，由于下滑较大，排名从2020年的第四位下滑至第六位；新柴小幅增长0.42%，排名从2020年的第八位升至第七位；北汽下滑8.30%，超过行业平均水平，排名跌至行业第八位；东风小幅下滑1.68%，行业排名保持不变，维持在行业第九位；受农业机械行业增长的影响，一拖东方红销量大幅增加，增幅14.67%，增长幅度行业第一，排名维持在第十位；常柴销量也实现了较大幅度的增长，增长率达到12.89%，排名维持在第十一位。

2022年，国内外形势仍存在很多不确定因素，形势更趋复杂严峻。从外部形势看，全球通胀、供应链短缺、国际局势等问题短期内难以完全解决，经济复苏和增长仍面临不确定性。从内部形势看，我国经济发展面临需求收缩、供给冲击、预期转弱等压力。一是经济下行压力持续。我国经济仍将处于新冠肺炎疫情冲击后的恢复阶段，经济发展动力不足，不稳定不确定因素增多，国内企业缺乏活力，经济下行压力将持续加大。二是就业压力加大。教育部数据显示，2022年将有1076万名毕业生走向社会，高校毕业生规模和增量均创历史新高。叠加新冠肺炎疫情干扰、经济增速放缓因素，就业压力将进一步加大。三是产业链供应链安全隐忧可能更加突出。2020年和2021年由于全球新冠肺炎疫情影响和供应紧张，2022年有可能对我国更多领域的关键零部件供应形成更大的挑战。四是通胀压力将有所增加。综合考虑大宗商品价格传导、部分领域关键零部件供应短缺、猪肉价格可能触底回暖等因素，预计2022年CPI涨幅呈现逐步回升态势。五是地方政府偿债压力将进一步加大。面对经济下行压力持续的局面，财政收入增长将有所放缓，同时，债务还本付息加重，地方政府债务规模或将进一步扩大。六是中小企业经营困难。国内消费、投资等恢复仍然较慢，叠加原材料、物流以及人工成本上涨因素，中小企业生产经营困难加大，裁员减员情况较多，现金流紧张，甚至导致不少企业出现倒闭和破产。

综上所述，2022年中国经济将面临较大的挑战，不确定性增多，但中国经济的未来，迎来重大转机的可能性也在不断增大。预计2022年全年多缸柴油机销售累计完成500万台，与上年同期比较，销量下降9.06%。

二、配套农机多缸柴油机宏观环境

2021年，我国农业生产保持稳中有进，粮食产量保持在1.3万亿斤以上，脱贫攻坚成果得到巩固和拓展，全面推进乡村振兴迈出坚实步伐，成绩来之不易。农业农村改革发展取得的显著成效，对开新局、应变局、稳大局发挥了重要作用。中央经济工作会要求，要全力抓好粮食生产和重要农产品供给，稳定粮食面积，大力扩大大豆和油料生产，确保2022年粮食产量稳定在1.3万亿斤以上。强化“菜篮子”市长负责制，稳定生猪生产，确保畜禽水产和蔬菜有效供给。落实好耕地保护建设硬措施，严格耕地保护责任，加强耕地用途管制，建设1亿亩高标准农田。大力推进种源等农业关键核心技术攻关，提升农机装备研发应用水平，加快发展设施农业，强化农业科技支撑。要巩固拓展好脱贫攻坚成果，加大对乡村振兴重点帮扶县倾斜支持力度，抓紧完善和落实监测帮扶机制，加强产业和就业帮扶，确保不发生规模性返贫。要聚焦产业促进乡村发展，深入推进农村一二三产业融合，大力发展县域富民产业，推进农业农村绿色发展，让农民更多分享产业增值收益。要扎实推进乡村建设，以农村人居环境整治提升为抓手，立足村庄现有基础，重点加强普惠性、基础性、兜底性民生建设，加快县域内城乡融合发展，逐步使农村具备基本现代生活条件。要加强和改进乡村治理，发挥农村基层党组织战斗堡垒作用，创新农村精神文明建设有效平台载体，妥善解决农村矛盾纠纷，维护好农村社会和谐稳定。

2021 年，《“十四五”全国农业机械化发展规划》（以下简称《规划》）印发，明确了新时期农业机械化高质量发展的思路目标举措。《规划》提出，到 2025 年，全国农机总动力稳定在 11 亿千瓦左右，农机具配置结构趋于合理，农机作业条件显著改善，覆盖农业产前产中产后的农机社会化服务体系基本建立，农机装备节能减排取得明显效果，农机对农业绿色发展支撑明显增强，机械化与信息化、智能化进一步融合，农业机械化防灾减灾能力显著增强，农机数据安全和农机安全生产进一步强化。具体指标为：全国农作物耕种收综合机械化率达到 75%，粮棉油糖主产县（市、区）基本实现农业机械化，丘陵山区县（市、区）农作物耕种收综合机械化率达到 55%，设施农业、畜牧养殖、水产养殖和农产品初加工机械化率总体达到 50% 以上；农业机械化产业群产业链更加稳固，农机服务总收入持续增长，农业机械化进入全程全面和高质量发展时期。

当今世界，数字经济已经进入加速创新，引领发展的新阶段。谁把握好数字经济发展，谁就掌握了新一轮经济社会发展的主动权。感知系统、云计算与云服务、大数据、智慧与智能，成为研究数字农业科技发展的新时代特征。只有进一步强化问题意识，坚持问题导向，认真研究农业农村和农业机械化发展的现实问题，才能赢得农业科技创新发展新未来。

2021 年发展表明，我国农业生产正在进入机械化主导阶段，农机正由部分品种生产的局部需求转变为种养加全链条的需求，由非刚性需求转变为刚性需求。我们必须深刻认识发展的新特点、新规律，深入推进农业机械化供给侧结构性改革，着力补短板、强弱项、促协调，加快推进农业机械化向全程全面高质高效发展。把握好“十四五”推进农业机械化发展的主要方向和目标，实现全程导向、绿色引领、创新驱动、数字赋能、合力推动，为保障粮食等重要农产品有效供给、巩固拓展脱贫攻坚成果、全面推进乡村振兴、加快农业农村现代化提供有力支撑。

《中华人民共和国国民经济和社会发展第十四个五年规划和 2035 年远景目标纲要》提出：要开发智能型大马力拖拉机、精量（免耕）播种机、喷杆喷雾机、开沟施肥机、高效联合收割机、果蔬采收机、甘蔗收获机、采棉机等先进适用农业机械，发展丘陵山区农业生产高效专用农机。推动先进粮油加工装备研发和产业化。研发绿色智能养殖饲喂、环控、采集、粪污利用等装备。研发造林种草等机械装备。此外还提出：要加强大中型、智能化、复合型农业机械研发应用，农作物耕种收综合机械化率提高到 75%；要推广大田作物精准播种、精准施肥施药、精准收获，推动设施园艺、畜禽水产养殖智能化应用；要实施东北地区 1.4 亿亩黑土地保护性耕作；要创建 300 个农作物生产全程机械化示范县，建设 300 个设施农业和规模养殖全程机械化示范县，推进农机深松整地和丘陵山区农田宜机化改造。这表明国家高度重视农业机械装备对农业的支撑保障作用，为农机行业指明了具体的发展方向，对加快农机装备转型升级、推进乡村振兴、加快农业农村现代化建设具有重要意义。

2021 年 11 月 29 日，农业农村部、工业和信息化部在京联合召开农机装备补短板工作推进会议。会议强调，要坚持问题导向，瞄准农业生产需求，着眼全产业链强化农机装备研发制造和推广应用，加快补齐短板弱项；要系统梳理农机装备短板弱项清单，明确重点攻关的整机产品、关键核心零部件、基础软件、基础材料、基础工艺等，组织“产学研用推”各方优质资源协同攻关，力争每年部署一批、突破一批、推广一批；推动农田农艺品种与农机相适应相匹配，把改地改路宜机作为农田建设的重要方向，推进种植模式、作物品种宜机化，拓展农机应用场景；发展农机社会化服务，在主产区支持建设一批区域性农机社会化服务中心，引导农机服务主体优化布局，扩大覆盖范围，加强农机防灾救灾能力建设；发挥好农机购置与应用补贴政策导向作用；加强优质企业培育，持续优化市场环境。加快补齐农机装备短板是一项系统工程，既需要发挥好政策导向作用，促进农业机械化转型升级，更好支撑全面推进乡村振兴、加快农业农村现代化，又要发挥好市场决定性作用，以企业为主体整合资源精准有效投向短板机具研发，增强产业链供应链稳定性和竞争力。

1. 2021 年政策环境回顾

2021 年，中央财政安排 190 亿元资金，同比 2020 年的 170 亿元，增加 20 亿元。各地加快推进政策实施，做优管理服务细节，扶持 179 万农民和农业生产经营组织购置机具 209 万台（套），其中畜禽水产养殖、设施农业等机械超过 26 万台（套）。农机报废更新补贴扩面增量，报废旧机数量和受益农户数量是上年的 3 倍。扎实推进东北黑土地保护性耕作行动计划，实施面积达 7200 万亩，较上年增加 2500 万亩。实施农机深松整地补助，作业面积超过 1 亿亩。推动落实 14 亿元专项资金重点支持灾区排涝、抢收、播前整地等重点环节农机服务。

补贴标准有升有降，支持农机装备转型升级，补贴政策在范围、标准等方面作了适当调整，引导农民购置使用先进适用的农业机械，推动农业机械化向全程全面高质高效转型升级，加快提升农业机械化产业链现代化水平。补贴范围上，突出稳产保供，农机购置补贴范围，调整扩展为 15 大类 44 个小类 172 个品目，基本涵盖了粮食等主要农作物以及重要畜禽产品全程机械化生产所需的主要机具装备。其中，重点增加了丘陵山区农业生产和畜牧水产养殖、农产品初加工急需以及支持农业绿色发展和数字化建设的机具品目。补贴标准上，突出“有升有降”，总体上，继续实行定额补贴，依据同档产品上年市场销售均价按不超过 30% 的比例测算确定各档次补贴额，且通用类机具补贴额不超过农业农村部发布的最高补贴额。提高重点区域水稻插（抛）秧机、重型免耕播种机、玉米籽粒收获机等粮食生产薄弱环节所需机具，丘陵山区特色农业发展急需机具以及高端、复式、智能农机产品的补贴额测算比例（见表 2、图 2）。

表 2　2009—2021 年中央财政投入农机购置补贴资金及 2022 年预测

年份	补贴资金（亿元）	增长率（%）
2009	130	225.0
2010	154.4	18.8
2011	175	13.3
2012	215	22.9
2013	217.5	1.2
2014	237.5	9.2
2015	236.4	-0.5
2016	237.5	0.5
2017	186	-21.7
2018	186	0
2019	180	-3.2
2020	170	-5.6
2021	190	11.8
2022 E	210	10.5

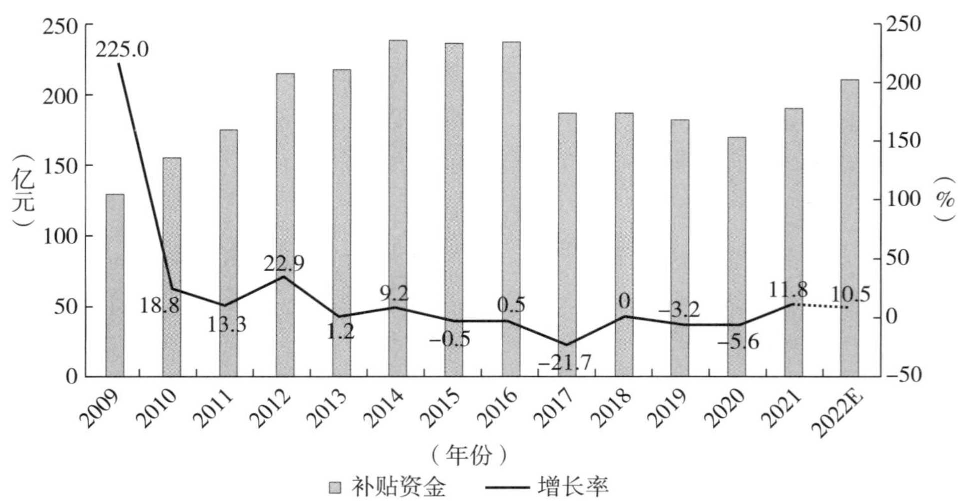

图 2　2009—2021 年中央财政投入农机购置补贴资金及 2022 年预测

2022 年农机购置补贴政策继续实施，预计中央财政安排 210 亿元资金，同比 2021 年的 190 亿元，增加 20 亿元，势必会对农机行业带来利好，进而带动农用柴油机行业的发展。各省份围绕提升粮食生产薄弱环节和丘陵山区农机化水平、支持引导农民购置使用高端、智能农机产品，可选择不超过 10 个品目的产品，或同一品目不同档次的产品，提高其补贴额测算比例至 35%，且通用类机具的补贴额可在 20% 的幅度内高于相应档次中央财政资金最高补贴额。各省份选择区域内保有量明显过多、技术相对落后的轮式拖拉机等机具品目或档次，降低其补贴标准，到 2023 年将其补贴额测算比例降至 15% 以下，推进农机装备转型升级和结构优化。由农业农村部、财政部统一制定发布全国补贴范围内各机具品目的主要分档参数，各省份在此基础上优化参数及增加分档。同时，明确在公开补贴产品信息表时，不再公布具体产品的补贴额，增强购机者议价自主权，鼓励市场充分竞争，防范部分企业按照补贴额来定价，维护市场公平（见表 3）。

表 3　　2011—2022 年上半年与下半年补贴额度占比对比表

年份	补贴额度及占比	全年	第一批资金	第二批资金
2011	补贴额度（亿元）	175	115. 9	59. 1
	占全年额度比例（%）	—	66	34
2012	补贴额度（亿元）	215	136. 9	78. 1
	占全年额度比例（%）	—	64	36
2013	补贴额度（亿元）	217. 5	200	17. 5
	占全年额度比例（%）	—	92	8
2014	补贴额度（亿元）	237. 5	170	67. 5
	占全年额度比例（%）	—	72	28
2015	补贴额度（亿元）	236. 4	209	27. 4
	占全年额度比例（%）	—	88	12

续 表

年份	补贴额度及占比	全年	第一批资金	第二批资金
2016	补贴额度（亿元）	237.5	209.4	28.1
	占全年额度比例（%）	—	88	12
2017	补贴额度（亿元）	186	186	0
	占全年额度比例（%）	—	100	—
2018	补贴额度（亿元）	186	186	0
	占全年额度比例（%）	—	100	—
2019	补贴额度（亿元）	180	180	0
	占全年额度比例（%）	—	100	—
2020	补贴额度（亿元）	170	170	0
	占全年额度比例（%）	—	100	—
2021	补贴额度（亿元）	190	142.5	47.5
	占全年额度比例（%）	—	75	25
2022 E	补贴额度（亿元）	210	150	60
	占全年额度比例（%）	—	71	29

2. 2022 年政策环境分析

2022 年是党的二十大召开之年，也是实施“十四五”规划承上启下之年。中央农村工作会议强调，要全力抓好粮食生产和重要农产品供给，稳定粮食面积，大力扩大大豆和油料生产，提升农机装备研发应用水平，加快发展设施农业。中央一号文件对提升农机装备研发应用水平作出专门部署。《政府工作报告》将“提高农机装备水平”作为 2022 年政府工作任务。全国春季农业生产暨加强冬小麦田间管理工作会议要求，大力推进农业机械化，加强耕地整备建设和宜机化改造，加强先进适用农机装备研发，创新适应农机作业的品种和技术模式。全国农业农村厅局长会议明确了粮食生产稳面积提产能、产业发展稳基础提效益、乡村建设稳步伐提质量、农民增收稳势头提后劲“四稳四提”的工作布局，强调切实打牢种子耕地农机基础，加力推进农机装备补短板。这一系列决策部署，对农业机械化寄予厚望，为做好全年农业机械化工作指明了方向，提出了要求。概括起来就是，要紧贴实际需求加快推进适用型的农业机械化，紧盯为各类食物生产提供装备支撑，加快农机装备补短板，加快机械化与农艺制度、智能信息技术、农业经营方式、农田建设相融合，强化粮食生产、大豆油料扩种、设施农业等“米袋子”“油瓶子”“菜篮子”产品生产机具装备保障，持续推进农业机械化全程全面和高质量发展，提升农机研发应用水平，有力支撑“四稳四提”，为牢牢守住保障国家粮食安全和不发生规模性返贫两条底线，做出实打实的农机贡献。

在经历了多年的行业发展之后，国内农机产业进步有目共睹，为保障粮食安全、丰产丰收、农业现代化发挥了不可替代的作用。2021 年对于持续转型升级的农机行业而言，经受住了新冠肺炎疫情持续、全球经济回落、原材料疯涨、限电限产、秋收遇涝、新旧三年购置补贴政策交替等一系列因素的叠加影响，仍能保持稳步向前的运行态势，实属不易。综合多方因素预测，2022 年仍然是农机行业深度转型升级的关键年，趋稳、高质、平衡进步的基调将愈加明显，市场的发力点仍呈现出结构特性。

自 2015 年开始，经历了连续 7 年的产业转型升级，农机市场稳步提升、产业质量升级的主调一直延续，并显示出新的运行特征。毋庸置疑，2022 年，农机市场运行主调将不变，产业升级将进入新的层次，农机行业或将显现出不一样的特征，农机企业必须结合实际采取针对性策略。

一是整体市场“稳增长”“调结构”主线继续演绎。农机市场期待的稳增长政策持续发力，“稳增长”链条仍具备较高的性价比。因此，农机企业必须稳扎稳打，不断锻造自身核心竞争力，把关注的目光放在产品上、放在市场上、放在用户需求和提供完善的服务上。在内部管控环节，要保证现金流，夯实管理基础，拓宽销售渠道，打造核心团队，筑牢协同资源基石，提升品牌影响力。

二是传统大众产品持续向高端、大型化、适用性升级，更新迭代加速；新型小众产品持续勃兴、改善、进步，在调整中成长。不管是传统农机产品，还是新兴农机产品，市场的“蓝海”产品必定是用户刚需的产品，是国家政策强力推动的产品，所有农机企业都必须要具备政策研究能力和市场洞察能力，善于捕捉市场商机，把握市场需求变化，不断提高市场占有率。

三是短板农机产品、短板工艺技术、短板机械化领域等环节，将获得更多的关注与布局，农机行业跨越性进步的脚步不止。能够实现快速发展的企业，必定是在产业短板领域发力的企业，可以是颠覆性技术创新，可以是技术壁垒突破，也可以是原材料加工工艺路径开拓，更有可能是原创产品量产……不管怎样，在竞争中胜出的企业，必定拥有过硬的技术与产品。

四是农机市场消费发展风向全面由“以产定销”转向“用户需求”，用户不再被动接受企业与经销商提供的产品与服务，而是更多地为满足自身个性化需求作出选择。满足用户诉求将愈加成为企业经营活动的出发点。因此，农机企业的营销定位既要考虑产业结构性调整方向，又要聚焦用户消费变化趋向，深度挖掘传统市场的细分个性化需求，对于传统大众农机产品，要采取针对性订制，运用灵活机动的营销策略，在拥挤的竞争中寻求独特空间，创造“红海”市场中的相对“蓝海”市场；对于新兴小众农机品类，要客观评估市场潜力与发展空间，树立品质向上的经营理念，杜绝粗制滥造，向精益制造看齐，向智能化迈进，打造成为农机产业增长“新势力”，努力成长为特定专业领域的隐形冠军。

五是新冠肺炎疫情影响下的农机进出口市场仍充满变数，尤其是在船运费疯涨、集装箱紧缺、各国新冠肺炎疫情控制程度不一等因素影响下，将生出更多不确定因素，值得各方高度关注与研究，其中尤其要特别关注“一带一路”国家业务合作。据统计，我国农机出口业务中，园艺、牧草机械为出口第一大类农机产品，农用车出口列第二位，粮食加工、家禽养殖机械出口列第三位。从农机整机、农机具和农机零部件三大商品结构构成看，农机整机和农机零部件占比达 90% 以上。新的竞争环境下，国内农机产业要持续提升产品品质，依靠自生力与其他资源补充，持续推进结构性调整，强化与不同国家产业链上下游合作，完善海外服务体系，并借力国家“一带一路”倡议，加强与相关国家合作，推进属地化运营，在海外用户当中持续树立中国农机品牌形象，不断提升国际市场份额。

三、配套自走式小麦收割机用多缸柴油机回顾与预测

2021 年配套小麦收割机用多缸柴油机市场，实现小幅增长，但从补贴数据来看，2021 年公示补贴销量 12596 台，同比下滑了 33%，较 2019 年也有明显下滑。小麦收割机生产厂家数量和经销商数量都有所减少：2015—2021 年，生产企业从 36 家减少到 16 家；经销商数量从 1725 家减少到 1141 家。虽然小麦收割机厂商数量整体呈减少趋势，但小麦收割机喂入量升级一直在继续，2021 年的主流产品喂入量依然是

8kg/s 机型，但 8kg/s 机型占比有所下降，占全部小麦收割机销量的 81%，较 2020 年减少了 15 个百分点。同时，9kg/s 及以上机型销量占比不断攀升，占比 18.5%，较 2020 年增加了 16 个百分点；7kg/s 及以下机型，在 2021 年销售甚少，基本退出了市场。

从小麦收割机行业的品牌竞争格局来看，销量前三名出现变动，潍柴雷沃和中联农机依然坚守前两名，但江苏沃得反超了中国一拖，晋级第三名。约翰迪尔、山东巨明、山东金大丰也都紧追不舍，行业集中度越来越高（见表 4、图 3）。

表 4　2021 年与 2020 年配套自走式小麦收割机用多缸柴油机主要企业销量一览表　单位：台

公司名称	销量		同比（%）
	2021 年	2020 年	
潍柴雷沃	11585	11558	0.23
中联农机	4459	4664	-4.40
江苏沃得	3197	1458	119.27
中国一拖	1306	1642	-20.46
约翰迪尔	1228	639	92.18
山东巨明	1022	1335	-23.45
山东金大丰	710	450	57.78
凯斯纽荷兰	529	157	236.94
科乐收（山东）	432	457	-5.47
久保田（苏州）	67	28	139.29
爱科中国	7	5	40.00
山东五征	1	0	—
新研牧神	0	1	-100.00
合计	24543	22394	9.60

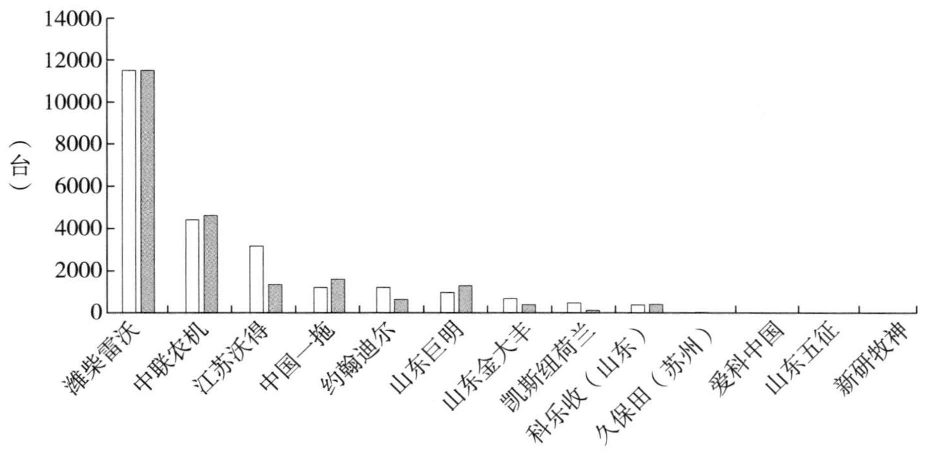

图 3　2021 年与 2020 年配套自走式小麦收割机用多缸柴油机主要企业销量对比

从配套各马力段情况来看，配套 8kg/s 横轴流机型虽然市场同比下降 20%，但仍为 2021 年主销机型（见表 5、图 4）；配套 8kg/s 纵轴流机型销量增长较大，江苏沃得在该机型发力明显，累计销售 0.32 万台，同比增长 1.19 倍；配套 9kg/s 横轴流机型 2021 年也有较大幅度增长，中国一拖、中联农机在该机型平分秋色；配套 10kg/s 纵轴流机型主要由潍柴雷沃包揽；配套 11kg/s 以上机型仍是约翰迪尔、凯斯纽荷兰、科乐收三家外资企业主销产品，潍柴雷沃 2021 年在该机型也有较好表现。

表 5　2021 年与 2020 年配套自走式小麦收割机用多缸柴油机各功率段机型销量对比　单位：台

各功率段配套自走式小麦收割机用多缸柴油机（kg/s）	销量		同比（%）
	2021 年	2020 年	
6kg/s≤喂入量<7kg/s（横轴流）	33	216	-84.72
6kg/s≤喂入量<7kg/s（纵轴流及逐稿器）	357	183	95.08
7kg/s≤喂入量<8kg/s（横轴流）	3	454	-99.34
7kg/s≤喂入量<8kg/s（纵轴流及逐稿器）	450	0	—
8kg/s≤喂入量<9kg/s（横轴流）	13682	17104	-20.00
8kg/s≤喂入量<9kg/s（纵轴流及逐稿器）	5927	3448	71.90
9kg/s≤喂入量<10kg/s（横轴流）	1691	151	1019.87
9kg/s≤喂入量<10kg/s（纵轴流及逐稿器）	166	161	3.11
10kg/s≤喂入量<11kg/s（横轴流）	0	2	-100.00
10kg/s≤喂入量<11kg/s（纵轴流及逐稿器）	1092	294	271.43
喂入量≥11kg/s	1142	381	199.74

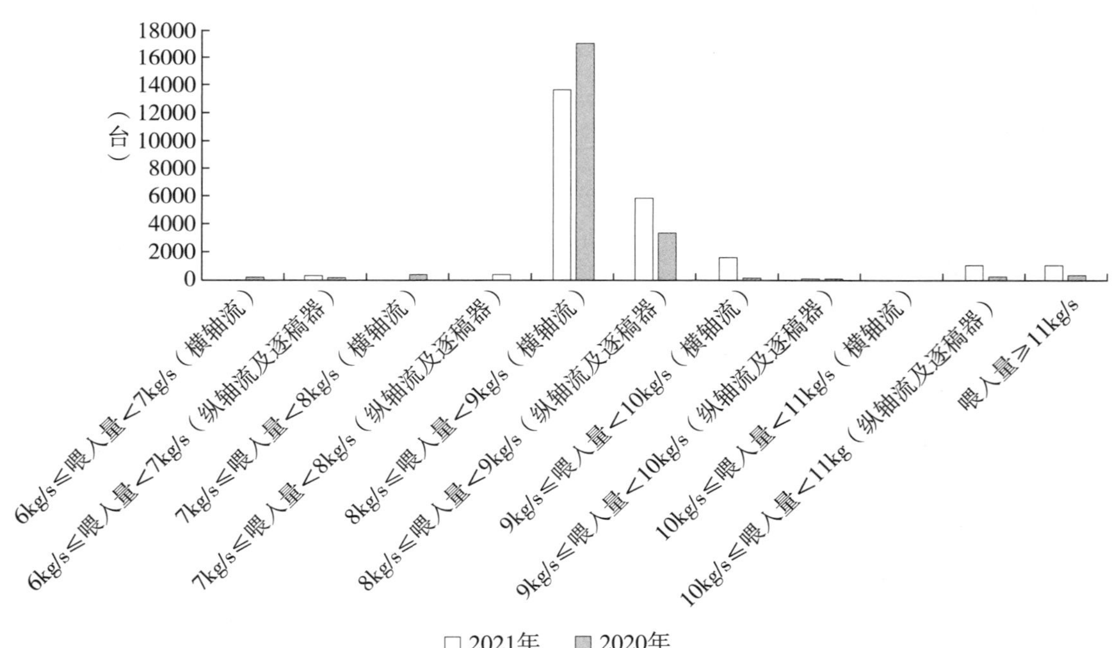

图 4　2021 年与 2020 年配套自走式小麦收割机用多缸柴油机各功率段机型销量对比

目前，我国农业机械化程度最高的粮食作物是小麦，在 2021 年小麦收割季节，全国就有 68 万台以上小麦联合收割机投入使用，2021 年小麦机械化程度已达 98% 以上，日机收小麦面积达 500 万亩以上，大大缩短了夏收小麦农忙时间。当前，除一些特殊地形的农户会以传统方式收割外，全国基本上已经实现小麦收割机械化作业，小麦收割机在我国是最早进入需求饱和期的一款农业机械。2021 年，有过补贴销量数据的小麦收割机生产企业和经销商数量，分别只有 16 家和 1141 家。生产企业数较 2020 年减少了 3 家，较 2019 年减少了 7 家；经销商数量也出现下滑，降至 1141 家，较 2020 年减少了 262 家。从小麦收割机的补贴消费大数据统计结果来看，近三年，有过补贴销量数据的小麦收割机生产企业，表现为逐年减少趋势。生产企业数量从 2019 年的 23 家，降至 2020 年的 19 家，2021 年又减少至 16 家。有补贴公示销量的经销商数据，整体上也在减少：经销商数量从 2019 年的 1353 家，回升至 2020 年的 1403 家，2021 年又降至 1141 家，相比 2019 年减少了 212 家。小麦收割机市场经过多年的竞争洗牌，生产厂家数量已达到相对稳定的状态，经销商数量则会因市场变化而有小幅波动。目前小麦收割机向综合系统化方向转型，不仅仅要完成小麦收割机械化，更应该充分考虑大部区域尤其是中原区域自然晾晒所带来的霉变、浪费、占用道路引发的安全隐患等问题，大力推进小麦收获后机械化烘干，并针对小麦秸秆打捆回收、饲料化、肥料化以及加工再利用等达成一系列机械化解决措施。

综合以上分析，预计 2022 年配套自走式小麦收割机用多缸柴油机销量会有较小幅度下滑，幅度在 10% 左右，总量在 2. 23 万台左右（见表 6 和图 5）。

表 6　　2006—2021 年配套自走式小麦收割机用多缸柴油机销量及 2022 年预测　　单位：台

年份	销量	增长率（%）
2006	41135	10. 84
2007	21050	-48. 83
2008	38201	81. 48
2009	62039	62. 40
2010	41182	-33. 62
2011	40302	-2. 14
2012	32806	-18. 60
2013	48623	48. 21
2014	44035	-9. 44
2015	43522	-1. 66
2016	38113	-12. 45
2017	31467	-17. 44
2018	19361	-38. 47
2019	17826	-8. 61
2020	22394	20. 40
2021	24543	8. 76
2022E	22300	-10. 06

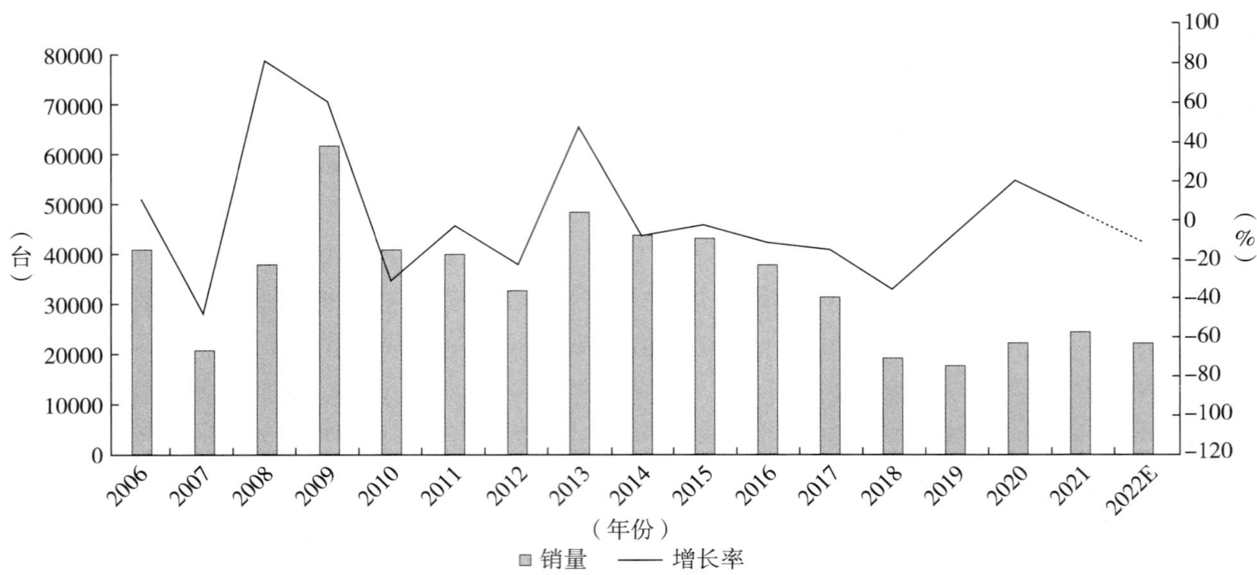

图5　2006—2021 年配套自走式小麦收割机用多缸柴油机销量趋势及 2022 年预测

四、配套水稻收割机用多缸柴油机回顾与预测

在配套水稻收割机用多缸柴油机领域，2021 年，主要企业累计销售 7.18 万台，同比增长 20.5%。从各企业销量来看，江苏沃得销量稳居行业首位，总销量占据行业总销量的 62.73%；潍柴雷沃、久保田位居行业第二、第三位（见表 7 和图 6）。

表 7　　2021 年与 2020 年配套水稻收割机用多缸柴油机主要企业销量一览表　　单位：台

公司名称	2021 年	2020 年	同比（%）
江苏沃得	45061	37453	20.31
潍柴雷沃	12264	9187	33.49
久保田	6645	7060	−5.88
星光农机	3065	1515	102.31
洋马农机	2407	1502	60.25
中联农机	1593	2413	−33.98
东风农机	408	328	24.39
东风井关	148	70	111.43
爱科中国	92	30	206.67
浙江四方	84	54	55.56
山东金大丰	47	0	—
中国一拖	23	2	1050
合计	71837	59614	20.5

2021 年配套喂入量 4～5kg/s 水稻收割机销量下滑幅度最大，达到 63.24%；配套喂入量 5～6kg/s 水稻收割机销量也有较大下滑，下滑达到 60.04%；配套喂入量 6kg/s 以上水稻收割机销量出现大幅增

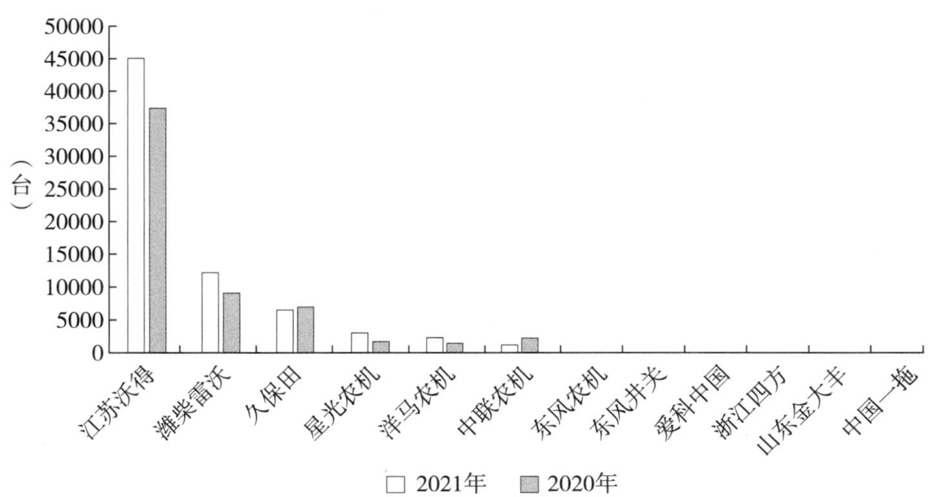

图6　2021 年与 2020 年配套水稻收割机用多缸柴油机主要企业销量对比

长，增长率达到 105.41%，占据配套水稻收割机行业的主要地位，占行业销量的 80.82%。从各机型销售情况来看，6 千克以上喂入量机型为 2021 年主销机型（见表 8、图 7）。

表 8　　2021 年与 2020 年配套水稻收割机用多缸柴油机各功率段机型销量对比　　单位：台

各功率段配套水稻收割机用多缸柴油机	2021 年	2020 年	同比（%）
喂入量 < 2kg/s	86	68	26.47
2kg/s≤喂入量 < 3kg/s	322	260	23.85
3kg/s≤喂入量 < 4kg/s	957	1047	-8.60
4kg/s≤喂入量 < 5kg/s	2784	7573	-63.24
5kg/s≤喂入量 < 6kg/s	9255	23163	-60.04
喂入量≥6kg/s	56493	27503	105.41

水稻收割机是传统四大主流农机（轮式拖拉机、小麦收割机、玉米收割机、水稻收割机）之一。水稻耕种收综合机械化率已超 85%，因此，从行业发展的角度来看，水稻耕种收已基本实现机械化生产，新增市场需求占比较小，市场需求整体进入存量更新阶段。但随着产品不断迭代升级，也可能出现产品创新激发市场需求的局面。比如，提升产品喂入量，提高作业效率；升级产品功能，机器智能化升级，一机多用，不仅可以收水稻，还可以兼收油菜、大豆、荞麦、高粱、青稞、谷子等农作物。不管是喂入量的增大，还是智能化、多功能化的产品升级，都可以提高机手的购机效益，从而刺激购机需求，拉升市场销量。对区域市场已基本饱和的水稻收割机市场来说，生产企业的退出，市场份额向头部企业集中，是市场发展的必然趋势。2021 年，有补贴销量数据的全喂入水稻收割机生产企业数量继续下滑，已减少至 46 家，比 2019 年减少了 8 家。经销商数量也有大幅下滑，降至 2270 家。

综合以上情况，预计 2022 年配套水稻收割机用多缸柴油机市场需求总量在 6 万台左右，较 2021 年下降 16% 左右（见表 9、图 8）。

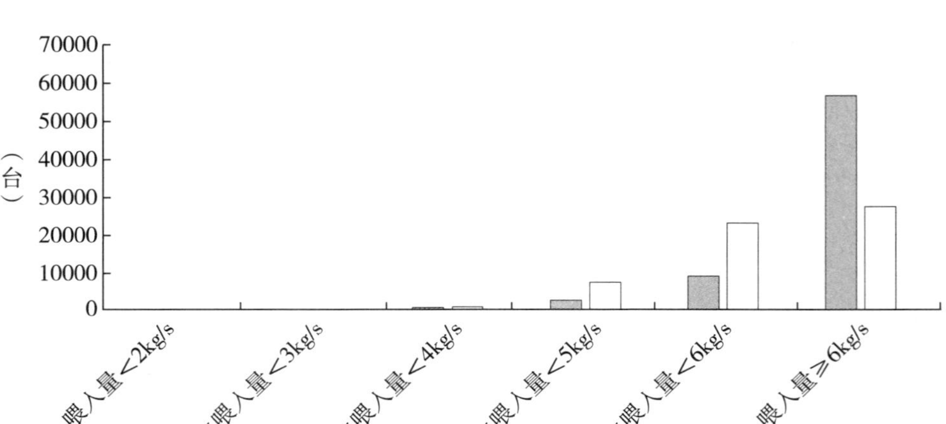

图 7　2021 年与 2020 年配套水稻收割机用多缸柴油机各功率段机型销量对比

表 9　　2005—2021 年配套水稻收割机用多缸柴油机销量及 2022 年预测　　单位：台

年份	销量	增长率（%）
2005	44200	60. 14
2006	39100	－11. 54
2007	37200	－4. 86
2008	35300	－5. 11
2009	47200	33. 71
2010	41000	－13. 14
2011	38413	－6. 31
2012	60442	57. 35
2013	67496	11. 67
2014	65747	－13. 61
2015	79735	18. 33
2016	94689	18. 75
2017	78996	－16. 57
2018	65628	－16. 92
2019	58893	－16. 19
2020	59614	1. 22
2021	71837	20. 5
2022E	60300	－16. 06

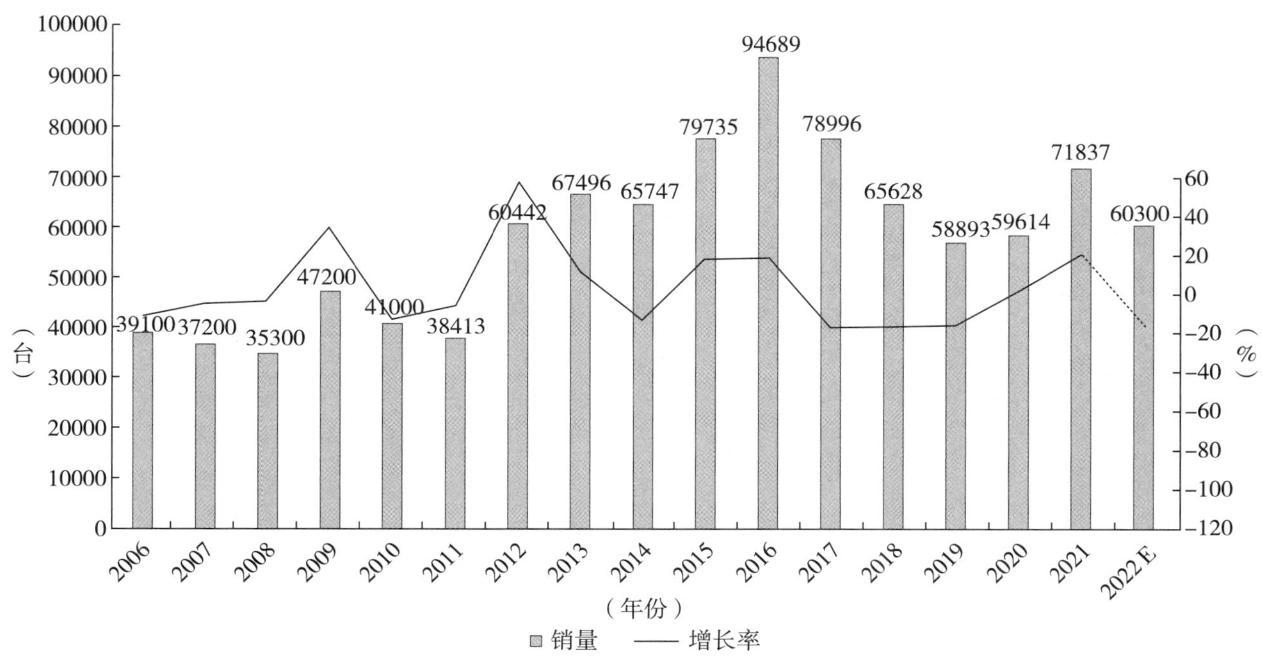

图 8 2006—2021 年配套水稻机用多缸柴油机销量走势及 2022 年预测

五、配套自走式玉米机用多缸柴油机回顾与预测

2021 年，配套自走式玉米机用多缸柴油机销售 3.72 万台，同比增长 28.52%。从各企业销量来看，潍柴雷沃、九方泰禾同比增幅较大，市场占有率明显增长；山东巨明、河北英虎、山东金大丰虽同比增长，但市场占有率均有所下降。中国一拖市场占有率下降 1.05 个百分点（见表 10、图 9）。

表 10 2021 年与 2020 年配套自走式玉米机用多缸柴油机主要企业销量一览表 单位：台

主要企业	销量		同比（%）
	2021 年	2020 年	
潍柴雷沃	8984	6093	47.45
山东巨明	6026	5934	1.55
河北英虎	5788	4682	23.62
山东金大丰	5524	4430	24.7
九方泰禾	3874	1818	113.09
勇猛机械	2350	1600	46.88
新研牧神	2201	1380	59.49
江苏沃得	740	200	270
中国一拖	711	857	-17.04
洛阳福格森	525	620	-15.32
中联农机	219	308	-28.9
久保田	219	101	116.83
科乐收	35	863	-95.94
山东五征	5	60	-91.67
合计	37201	28946	28.52

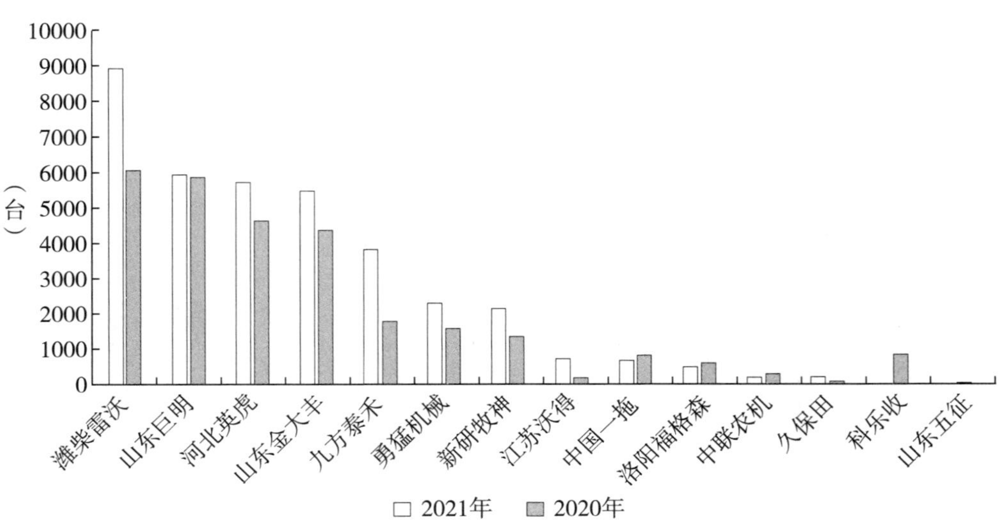

图 9　2021 年与 2020 年配套自走式玉米机用多缸柴油机主要企业销量对比

2021 年，玉米机的行业销量主要集中在 4 行机型，占行业销量的 65. 31%，市场集中度较高（见表 11、图 10）。5 行及以上机型的销量同比也在增长，勇猛机械、九方泰禾、新研牧神在该机型明显发力，主要得益于国家补贴政策的刺激，行数越多单台补贴金额越高。

表 11　　2021 年与 2020 年配套自走式玉米机用多缸柴油机不同机型销量一览表　　单位：台

机型	销量		占比（%）	
	2021 年	2020 年	2021 年	2020 年
2 行及以下	1285	3129	3. 45	10. 81
3 行	4577	4467	12. 30	15. 43
4 行	24298	18233	65. 31	62. 99
5 行	5942	2426	15. 97	8. 38
6 行	113	115	0. 30	0. 40
7 行	8	0	0. 02	0. 00
8 行及以上	978	576	2. 63	1. 99
总计	37201	28946	—	—

2021 年配套玉米机用多缸柴油机市场持续增长。玉米收获机行业从宏观环境来看，出现了很多促进市场销售的因素，如土地集约化发展推高大型玉米机需求、畜牧业发展促进穗茎兼收机热销、秋收遇涝灾促使履带式玉米收获机热销等。从玉米价格走势来看，玉米价格保持了持续走高的态势，这就大大促进了玉米收获机的销量上涨。2021 年玉米收获机生产企业和经销商数量分别有 88 家和 2192 家，玉米收获机生产企业数量在 2021 年出现下调，较 2020 年减少 12 家，减幅为 12%；经销商数量相比 2020 年减少 461 家，减幅为 17. 38%。

综上所述，2022 年市场总量需求预计 4 万台，行业整体开始回暖，销量会小幅增长，增幅在 7%左右（见表 12、图 11）。

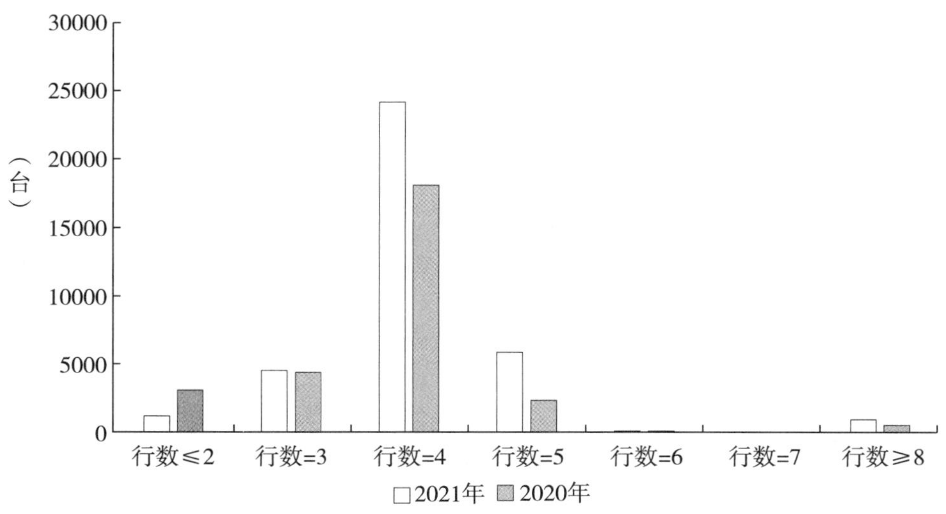

图 10　2021 年与 2020 年配套自走式玉米机用多缸柴油机不同机型销量对比

表 12　　2007—2021 年配套自走式玉米机用多缸柴油机销量及 2022 年预测　　单位：台

年份	销量	增长率（%）
2007	3000	15.3
2008	3500	16.67
2009	4700	34.29
2010	12000	155.32
2011	26200	118.33
2012	49000	87.02
2013	58000	18.37
2014	67169	15.81
2015	65848	-1.97
2016	41404	-37.12
2017	22653	-45.29
2018	35277	55.73
2019	25885	-26.62
2020	28946	11.83
2021	37201	28.52
2022E	40000	7.52

六、配套拖拉机用多缸柴油机回顾与预测

2021 年配套拖拉机用多缸柴油机市场销量有所增加，实现销售 31.5 万台，同比增加 3.62%（见表 13）。2021 年配套大轮拖行业（100 马力及以上）销售 8.77 万台，同比增长 9.5%，中国一拖仍稳

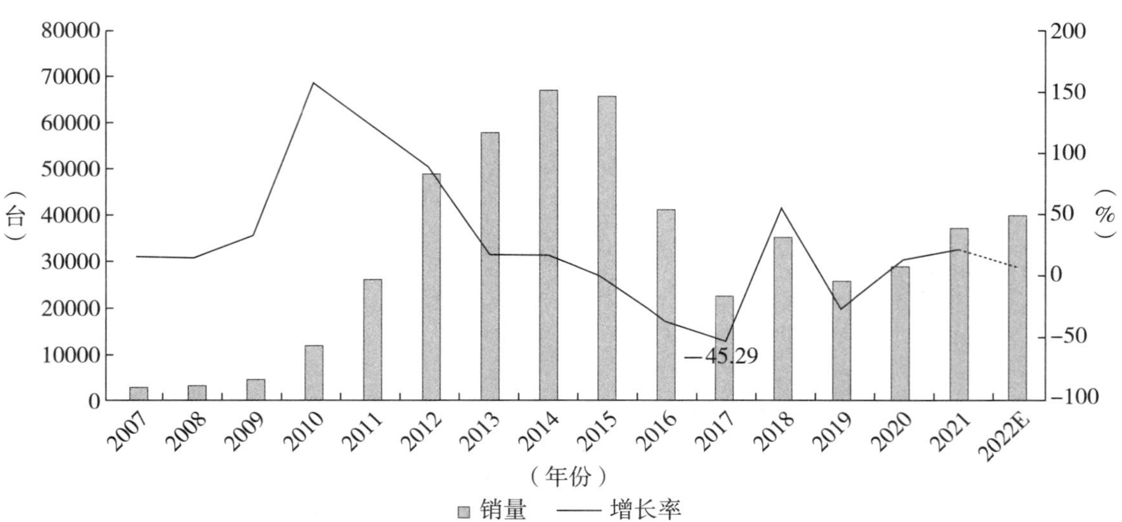

图 11　2007—2022 年配套自走式玉米机用多缸柴油机销量走势

居行业首位，大马力产品持续增长；160 马力及以上的四驱轮拖销量同比大幅增长，尤其是 180 马力机型增长幅度较大，功率上延的趋势非常明显。2021 年，配套中轮拖行业（25～100 马力）销售 22.72 万台，同比增长 1.53%，中国一拖、潍柴雷沃、东风农机仍居于市场前三，市场占有率均有不同幅度增长，其中中国一拖市场占有率 20.05%，同比提高 4.24 个百分点，从 2020 年第二跃居 2021 年第一。其他二、三流企业，如泰山国泰、江苏常发、潍坊鲁中等企业销量均有明显下滑（见图 12）。

表 13　　2021 年与 2020 年配套拖拉机用多缸柴油机主要企业销量一览表　　单位：台

公司名称	销量		同比（%）
	2021 年	2020 年	
中国一拖	69288	53867	28.63
潍柴雷沃	60262	53703	12.21
东风农机	39323	34051	15.48
江苏沃得	23731	22095	7.4
江苏常发	19987	22799	－12.33
泰山国泰	16412	21110	－22.25
潍坊鲁中	9774	13346	－26.76
山东五征	9255	10775	－14.11
山东悍沃	9135	12007	－23.92
山东萨丁	7756	5968	29.96
爱科中国	6495	3347	94.05
中联农机	6328	4908	28.93
山东时风	5991	9563	－37.35
约翰迪尔	5933	4120	44.00

续 表

公司名称	销量		同比（%）
	2021 年	2020 年	
山东双力	5792	7089	-18.30
江苏悦达	5040	5438	-7.32
潍坊泰鸿	4497	8695	-48.28
久保田	4403	3709	18.71
河南千里	2168	3398	-36.20
徐州凯尔	1017	726	40.08
凯斯纽荷兰	947	876	8.11
河北铠特	588	1775	-66.87
东风井关	563	361	55.96
浙江四方	138	117	17.95
科乐收	101	51	98.04
洋马农机	89	108	-17.59
合计	315013	304002	3.62

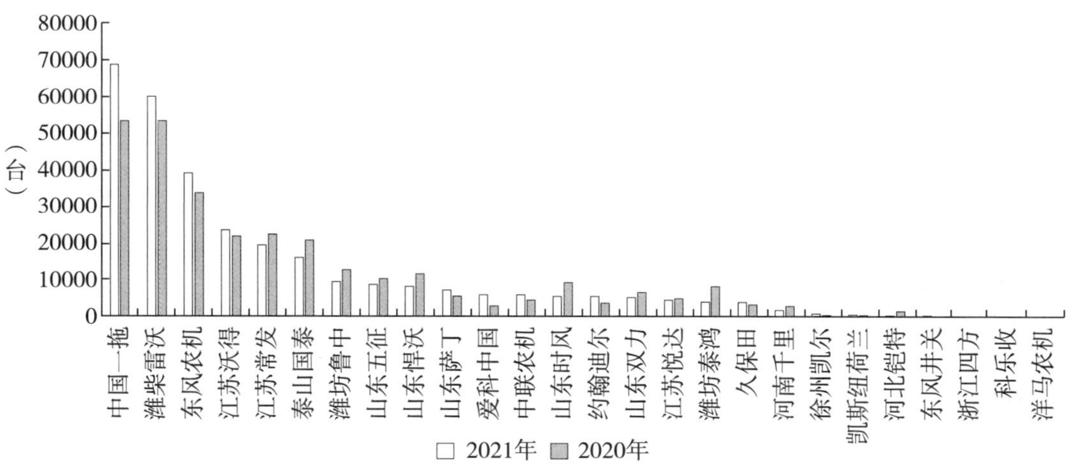

图 12 2021 年与 2020 年配套拖拉机用多缸柴油机主要企业销量对比

从轮式拖拉机的补贴消费大数据统计结果来看，2019—2021 年，有补贴销量数据的轮式拖拉机生产企业数量是逐年增加的。轮式拖拉机生产企业数量从 2019 年的 213 家，增加至 2021 年的 237 家，增加了 24 家，增长幅度达 11.27%；经销商数量在年度间有很大波动，从 2019 年的 8542 家，增加至 2020 年的 10364 家，到 2021 年又降至 7343 家。

综上所述，2022 年配套拖拉机用多缸柴油机总量预计在 28 万台左右，同比下滑约 11%（见表 14、图 13）。其中，70 马力以下机型下滑幅度进一步加大，160 及以上马力机型同比增长，但增长幅度将大幅缩窄。

表 14　2005—2021 年配套拖拉机用多缸柴油机销量及 2022 年预测　单位：台

年份	销量	增长率（%）
2005	157686	61.55
2006	200233	26.98
2007	208659	4.21
2008	218490	4.71
2009	283618	29.81
2010	318001	12.12
2011	374274	17.70
2012	348410	－6.91
2013	373616	7.23
2014	187956	－49.69
2015	202483	7.73
2016	282403	39.47
2017	226895	－19.66
2018	179821	－20.75
2019	187305	4.16
2020	304002	62.30
2021	315013	3.62
2022E	280000	－11.11

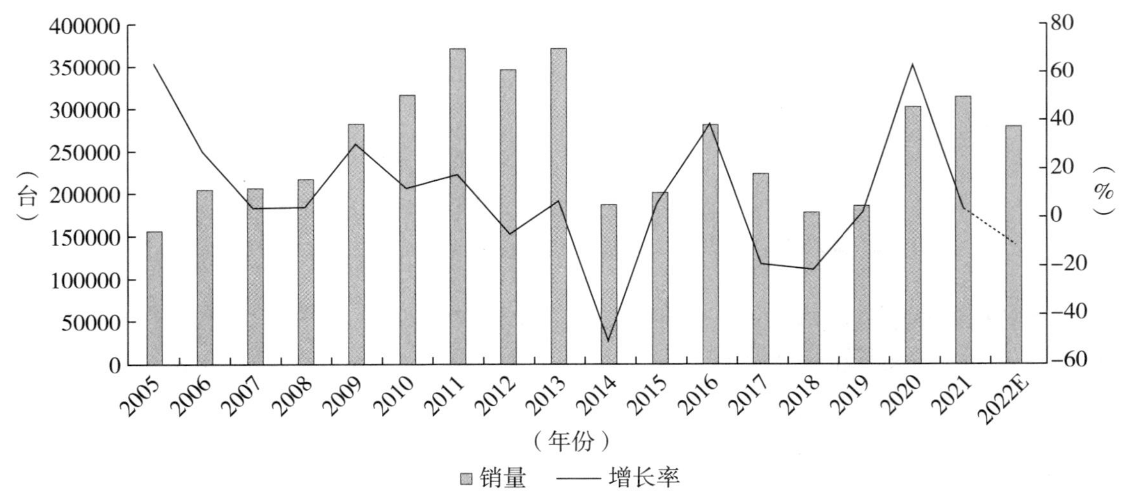

图 13　2005—2021 年配套拖拉机用多缸柴油机销量走势及 2022 年预测

七、打造农机领域工业互联网平台，推动行业数字化转型

随着云计算、大数据、物联网、移动互联网等新一代信息技术与各行业的深度融合，这一变化带来制造模式、服务模式、生产方式、产业形态和产业分工格局不断变革。全球创新体系也随之转变：创新载体从单个企业向跨领域多主体协同创新网络转变，创新流程从线性链式向协同并行转变，创新模式由单一技术创新向技术创新与商业模式创新相结合转变。而具有跨界、融合、协同特征的新型创新载体——工业互联网平台创新生态系统正在形成。

1. 农业装备工业互联网平台建设的必要性

（1）新技术发展演进的结果

工业互联网（Industry Internet）的概念最早由美国通用电气公司（以下简称“GE”）于2012年提出。随后，GE联合IBM（国际商业机器公司）、思科、英特尔和AT&T（美国电话电报公司）组建了工业互联网联盟（Industry Internet Consortium，IIC），将这个概念大力推广开来。IIC指出，工业互联网就是物联网、机器、计算机和人员的互联网络，它通过使用高级数据分析驱动业务转型，实现智能工业运营，体现了全球工业生态体系。工业互联网的概念一经提出后，立即在全球引起了极大的关注。为了占据新一轮工业革命的制高点，美国、德国、日本等工业强国先后将工业互联网提升到了国家战略层面，纷纷布局工业互联网平台，加快推动制造业数字化转型。2017年11月，国务院印发了《国务院关于深化“互联网+先进制造业”发展工业互联网的指导意见》，正式推出了工业互联网创新发展战略。工业互联网平台成为促进我国制造业转型升级、实现高质量发展的重要驱动，是企业数字化转型的基石。我国工业互联网平台正在如火如荼地发展，但整体市场格局尚不明朗，仍处于风云变幻、群雄纷争的时代。

我国是制造业大国，但不是制造强国，2020年年底，中国的制造业产量占世界制造业产量的近28%，超过德国成为世界制造业产出最大的国家，但是我国的制造业总体上发展水平较低。因此，积极借鉴发达国家的战略部署成功经验，以工业互联网平台建设为途径，打通不同行业、不同领域的技术、组织、商业、资本之间的分割壁垒，整合重组各类创新资源和主题，推动平台化机制创新、模式创新、管理创新，既是全面提升我国行业持续竞争力的重要途径，也是重新塑造我国国际竞争新优势的机会。

（2）国家发展战略规划的要求

工业互联网专项工作组2021年印发《工业互联网创新发展行动计划（2021—2023年）》（以下简称《三年行动计划》），提出到2023年，新型基础设施进一步完善，融合应用成效进一步彰显，技术创新能力进一步提升，产业发展生态进一步健全，安全保障能力进一步增强。工业互联网新型基础设施建设量质并进，新模式、新业态大范围推广，产业综合实力显著提升；《三年行动计划》明确将实施网络体系强基行动、标识解析增强行动、平台体系壮大行动、数据汇聚赋能行动、新型模式培育行动、融通应用深化行动、关键标准建设行动、技术能力提升行动、产业协同发展行动、安全保障强化行动、开放合作深化行动11项重点行动。

到2023年，在10个重点行业打造30个5G全连接工厂。

（3）数字化转型升级的需要

数字化转型过程中，服务型制造能力成为决定制造企业竞争力的关键以及利润主要来源，传统制

造企业必须将业务重心从生产型制造向服务型制造转移，全球制造业发展呈现出制造业服务化，即以生产过程为主向服务型制造转型的趋势。物联网应用功能越来越深入地拓展到农业机械、工程机械、动力系统、物流、家居等行业；各大企业或科研院所也在借助物联网信息技术实现向服务型企业的转型升级。以农机装备检修为例，传统的农机检修服务模式为：农机故障—机主报修—人工调度配件—专业人员维修—农机恢复正常。该服务模式流程长、效率低，在农忙时节更是成本代价高；同时广大农机用户也不再满足简单的三包服务、换件、故障维修培训等，转而向智能化、信息化的故障自动诊断、自动报警、预测性维护等更高层次的平台化远程运维服务转变。

（4）农机装备跨越提升的支撑

近年来，国外农机装备广泛采用数字化设计与柔性化制造等组合技术，通过精准化和智能化控制、大型化联合复式作业等，引领农机装备向智能化、环保化、多功能方向发展。目前，我国农机制造水平稳步提升，农业生产已从主要依靠人力畜力转向主要依靠机械动力，进入了以机械化为主导的新阶段。但与发达国家相比，我国的农机装备水平还有很大差距，并面临在信息化、智能化应用方面差距拉大的严峻挑战。

2020 年，我国农机工业主营业务收入 2800 亿元，农作物耕种收综合机械化率超过 68%，农机工业主要指标总量已位于世界前列。国际农机行业巨头，如约翰迪尔、凯斯、天宝、Ag Leader 等根据自己企业特点和服务对象建立互联网信息管理平台。在美国，农业大数据与精准农业概念相结合，已经应用于大部分农场并产生理想收益。通过对农业生产全过程的精准化、智能化管理，可以极大程度地减少化肥、水资源、农药等投入，提高作业质量，使农业经营变得有序化，从而为经营打下良好基础。

2. 农业装备工业互联网平台建设的迫切性

（1）从现代农机技术体系构建方面来看

新中国成立以来，我国引进苏联农机技术体系形成的第一代农机工业体系，通过消化、吸收及后续技术引进逐步发展为外部借鉴与自主发展结合的技术体系及产业现状。进入 21 世纪以来，世界农机强国均开始布局以智能化为主要特征的新一代农机技术体系，并陆续推出新一代农机的概念产品。目前，国际竞争及我国复杂的农情决定了不能再靠简单引进技术来推动我国农机产业发展，必须因地制宜构建自主可控的农机产业创新体系，充分利用国家战略契机，实现农机制造技术和装备水平提升。

（2）从农机装备有效供给方面来看

我国现有农机装备有效供给不足，在品种种类、全程全面机械化、适合地域条件和特色作物农机装备供给等方面亟待提升，产品低水平重复、同质化竞争等现象已成为行业发展的痛点。与美国 7000 多种农机产品相比，我国目前仅有 4000 多种，且主要集中在大宗粮食作物，特色作物等领域几乎空白。高性能的水稻插秧机、大型采棉机、精准作业机具等高端产品基本被外资品牌占领，大葱、蒜、胡萝卜等具有中国地域优势及自然环境特色作物的生产机械几乎空白。北方平原和旱田地区发展较快，南方水田地区特别是西南丘陵山区发展较慢。

（3）从现代农机装备产品性能方面来看

我国农机产品性能方面处于中低端，在技术性能、制造水平、应用效能等方面与国外存在较大的差距。国外拖拉机产品广泛采用电子控制系统、自动导航技术、线控技术、虚拟现实技术和液压技术等高新技术，不仅使农机装备的经济性得到提升，同时也改善了驾驶操纵舒适性和维护便捷性；国外谷物联合收获机割幅基本在 10m 以上，最大功率达到了 520kW，并采用新型多功能脱粒、分离系统，脱粒效果好、含杂率低、籽粒破碎少；集犁耕、耙地、施肥、播种和镇压等多功能于一体的复式作业机具发展迅速，具备自动监测、显示、控制、自动调节耕深、保持机组水平和作业速度等功能。

（4）从现代农机产品可靠性方面来看

国内产品可靠性难以满足用户需要。农机属于季节性、高强度作业机械，可靠性直接关系到农时抢收、抢种的结果，影响用户的切身利益。我国拖拉机、联合收割机等标志性产品的平均故障间隔时间（MTBF）不到国际先进企业同类产品的2/3，达到国际领先水平的产品不到5%，难以满足广大农机用户对农机的使用需求。

（5）从现代农机作业效率方面来看

发达国家农机动力机械与作业机具之比为1∶（3～6），收获机械通过更换不同的割台，可收获小麦、水稻、玉米、大豆等多种作物，实现一机多用。我国动力机械与作业机具之比约为1∶1.6，农机作业效率和综合利用率不高。我国农机单位面积作业动力投入是美国的5.7倍、韩国的1.2倍，国内农机作业效率低增加了生产成本。在核心技术及零部件方面：国内高端装备核心零部件不过关，农业机械专用传感器、发动机高压共轨系统、动力换挡、大型轮式拖拉机用无级变速器（CVT）、联合收获机用高性能传动带、高性能打结器、高效率高可靠性的静液压驱动装置等关键核心零部件技术水平与国外差距巨大。

（6）从现代农机机械装备智能化、信息化方面来看

随着物联网、大数据挖掘分析、云服务等技术的逐步成熟，农机的制造和服务进入信息化、数字化时代，凯斯纽荷兰、约翰迪尔等国际先进农机企业均可提供成熟的“互联网+服务”，如路径规划、自动导航、辅助操作、远程诊断等。近年来，高、新、尖技术广泛应用于农业机械，提高了农业机械的科技含量，由性能单一的机具发展到现在的机电液一体化和专业化程度很高的复式机械，呈现出耕作机械、收获机械、灌溉机械、施药机械和采摘机械全面智能化的总体趋势，使农业机械作业效率更高、作业质量更好，驾驶操作更加简单、方便和舒适。大型拖拉机、联合收割机为适应精准农业的要求普遍采用GPS、北斗卫星定位、激光制导等高新技术，精确地指导用户进行耕种、施肥、收获和植保用药，从而得到最佳的投入产出效果。

3. 农业装备工业互联网平台建设的技术思路

农业装备工业互联网平台建设要结合现代农业装备特点，以物联网为手段，逐步扩展到数控加工中心等装备数据应用，获取海量数据，建设基于现代农机装备监控及运维管理系统平台（包括App体系），逐步增加机理模型和人工智能算法，实现定位查找、状态监控、作业统计、数据分析、快速服务、预警报警、故障报修等功能，实现智能装备的数字化、网络化和可视化，建立智能装备运行管理及全方位服务的大平台创新生态，为提升产品品质、实施产品全寿命周期管理、提高服务品质和服务效率、发展现代化农业发挥重要作用。基于云平台，开发一套智能北斗终端数据采集系统；构建大数据分析模型库及边缘计算模块；推广使用智能装备大数据管理工业互联网平台工业App；建设一个智能装备大数据管理工业互联网平台。

（1）建设基础平台

建立一套平台体系，数据标准、业务应用接入标准、业务管理流程规范、安全运维标准等。从建设（数据标准、业务应用接入标准）与使用（业务管理流程规范、安全运维标准）两个方面提供标准化指导，为业务应用的全生命周期提供标准支撑。建立两个门户，PC（个人计算机）门户、移动门

户。PC 门户为用户提供服务，可能由 1 到多个具体的门户组成，分别服务于个人、机构、专用主题的应用使用需要；移动门户则为移动端提供服务，包括使用者的注册、能力申请与使用、应用上架与运营，PC 端的所有功能在移动端都能实现。建立三个中台，即技术中台、数据中台、业务中台，从应用服务的管理、数据资源的管理、业务应用的管理三个方面为应用提供服务层、数据层以及展示层的接入与共享支撑。每个中台都需要体现体系建设中的工作内容，体现与整体框架之间的关系。建立 N 个应用，业务基于数据资源池与服务资源池，构建基于微服务应用的业务应用池。这类应用主要服务于公司日常工作的需要，先从集团自身开始，再逐步辐射集团其他子单位以及类似行业的其他企业需要。

（2）现代农机装备物联网接入平台

可连接的工业设备种类 11 类 3000 个，可连接开关量的设备数 100000 个，可管理的工业设备 11 类 3000 个，可提供的操作控制功能种类 26 类。平台是以农业机械智能化为基础，通过前装和后装 M2M（数据算法模型）智能终端，使农业机械智能化。M2M 智能终端获取农业机械运行工况、位置等海量数据，开展大数据分析，优化管理和业务模式。

（3）现代农机装备数据传输、控制平台

本平台设计运营商使用的现代农机装备大数据管理平台、用户使用的 App、服务车（站）使用的信息终端等多个远程监控终端，设定不同的权限获取现代农机装备的工作状态信息及对装备的远程操作。其中远程监控平台、服务车（站）信息终端可批量对装备进行管理控制，用户 App 可获取绑定的装备信息。

（4）现代农机装备与用户、模块绑定

通过现代农机装备大数据管理平台或用户 App 将用户的手机号与装备模块进行绑定，确保绑定的唯一性，可实时将绑定模块所在的装备状态信息上传到智能装备大数据管理平台、用户 App、服务车显示终端等，也可以进行远程控制，平台可向模块绑定的手机发送催款、保养等信息。

（5）现代农机装备定位与围栏设定

通过装备定位与状态采集控制模块中的北斗定位系统，对现代农机装备进行实时定位，并可以通过现代农机装备大数据管理平台设定工作范围，当现代农机装备超出工作范围时进行报警，另外用户也可设定现代农机装备的非法移动距离，保证装备的停置安全。

（6）现代农机装备远程限速、停机控制

现代农机装备定位与状态采集控制模块接入设备 CAN（控制器域网）总线系统，可根据智能装备大数据管理平台发出的控制指令，对装备进行限速、停机操作，实现装备的高效管理控制。

（7）现代农机装备定位与状态采集控制模块异常处理

现代农机装备定位与状态采集控制模块无通信信号 24 小时后，对现代农机装备执行停机操作；模块被恶意拆除时，无法与装备电动机通信，立即对装备执行停机操作；模块供电电量过低时，通过远程监控平台进行报警。

（8）现代农机装备工作状态信息获取分析

装备定位与状态采集控制模块可以将 CAN 总线中各种设备状态进行获取并上传到远程监控中心进行分析处理，实时观测装备状态，及时保养和维修，提高装备的使用寿命及安全性。且可以在装备上安装土壤检测、陀螺仪等传感器，全方位获得作业环境信息，对装备的作业进行智能化管理。

（9）现代农机装备故障、销售、维修等信息分析

在收集大量数据的基础上，通过与销售、服务、质量等部门的结合，将装备相关的故障、销售、

维修等信息接入智能装备大数据管理平台，对这些数据进行处理和分析，直观展示智能装备的工作状态及运营数据，为运营商的生产管理提供依据。

4. 农业装备工业互联网平台预期解决的问题

（1）解决智能农业装备的加密通信问题

针对平台对通信实时性、网络吞吐量、覆盖范围等需求，提出协同通信网络系统，规范基于不同开发系统、中间件技术研发的软硬件设施接口标准、数据交互协议，最大效率地进行数据分析、优化、调度、决策等。为使多源异构数据无缝连接，基于可扩展标记语言架构建立公共模型，采用中间层设计异构数据集成中间构件，研究应用 API 网关、服务注册中心与服务适配层等公共服务构件，屏蔽不同数据源在平台、系统环境、内部数据结构等方面的异构性，为数据访问提供统一接口和存储管理解决方案，实现数据库与健康诊断分析的集成应用。

（2）提高工业互联网平台数据资源量和覆盖范围

数据资源量及覆盖范围是互联网平台能力、影响力最直观的体现。以国内农业平台为例，目前普遍存在缺乏数据支撑的问题，对于环境、气候、土壤等的监测也往往是定点式监测手段，数据的覆盖范围也会受到很大限制。而通过本项目的实施，将逐步把各种数据采集设备集成到农业装备上，在农机作业过程中实时采集动态数据并实时回传，对数据的全范围覆盖及时效性都有着积极的作用，将使得数据产生更大的价值。

（3）填补国内智能农业装备工业互联网平台空白

目前越来越多的企业、投行、创业公司将目光聚焦到工业互联网平台的建设上。以农业领域为例，涉农创业公司集中分布在生鲜 B2B（企业与企业之间通过专用网络，进行数据信息的交换、传递，开展交易活动的商业模式）、电商、服务、科技、金融、供应链及土地等几大行业，其中电商又分流为生鲜电商、农资电商、食品电商等细分赛道。当今国内的优势农业互联网平台覆盖了农业生产的很多领域，但在互联网与传统农机的结合方面有着明显的空白和欠缺。新一代无人化、智能化农机的发展也应该是在传统农机基础上的创新发展，互联网与传统农机的结合对于农机与农业的发展也有着重大的意义。通过项目实施，打造涵盖技术、人才、平台、政策以及国际合作等要素互动融合的创新生态系统，营造创新文化氛围，发挥已有各类创新载体的作用，打破单元、组织、区域和行业的界限，形成高水平有特色的农机协同创新互联网平台，塑造我国制造业国际竞争新优势。

（4）打造大数据驱动的服务型制造新模式

通过智能装备主动获取装备作业工况、状态信息等，通过协同通信网络系统传输数据并进行大数据的挖掘分析，使用数学模型进行智能诊断、故障预测及监控。通过数据计算、数据挖掘（成员关系服务、地理信息服务、感知数据服务等）推送至不同角色的终端手机，为公司生态圈提供一整套“闭环感知智能信息感知系统”，实现对装备信息的实时监控，让用户实时了解相关数据内容信息。

如智能装备发生故障征兆或触发预警信息等，将主动向用户发布告警信息和操作指导，提前防止故障发生；同时向服务人员主动发布派工信息，指导服务人员对设备进行预防性维护，实现“报修—派工”的被动服务方式向“实时监测—在线故障诊断—主动维护”的主动服务模式转变。通过积累的智能装备运行数据与环境感知数据，针对不同配件构建相应特征的仿真模型库，为厂商优化整机及配件的设计提供可靠的依据。

5. 农业装备工业互联网平台预期达到的目标

农业装备工业互联网平台，基于农机全产业链传感矩阵的人工智能大数据决策体系，围绕智能农业机械全生命周期管理相关需求开发，通过物联网平台、大数据技术、智能制造技术、共享经济与农业装备相结合，研发智能数据采集系统和智能感知系统，通过各类传感器、探测器、北斗终端等实现农机、农业（土壤、环境、苗情、墒情等）数据的对接，为农业全产业链提供大数据支撑。平台围绕智能农业机械（拖拉机、小麦机、玉米机、水稻机、烘干机）完成基础系统搭建、农机电控信号和总线信号收集传输存储以及展示、基本的作业统计、报表分析等，将内外平台对接，实现物联网平台与各系统对接，将产品外部数据与企业的业务系统打通，使产品数据直接服务于研发、生产、供应链、市场营销等环节。打造智能农业平台，整合需求与服务，推动商业模式变革。

农业装备工业互联网平台建设完成后，将形成面向农业机械行业上下游全流程应用场景的平台及解决方案，平台具有30种以上类型设备规模接入能力，具备10万台以上工业设备同时在线能力，通过一系列工业数据分析模型、机理模型、计算模块、可视化仿真分析模型的建立实现海量大数据的分析和应用；通过工业App的推广和应用，实现设计、生产、服务过程的工业知识经验固化，形成知识共享库，打造工业App。基于平台所覆盖的大量用户，向行业内农机行业制造商、供应商、服务商、农机用户、管理部门开放，围绕装备购买、使用、维修、配件供应、设备远程运维、供应链协同等业务，以及农业机械化生产所需生产资料、科技服务、融资保险等需求，以农机装备为核心，为现代农业提供核心价值服务，将其打造成为现代农业装备行业生态圈。探索新的业态，实现产业链上下游企业的数字化转型以及经济高质量发展，助力中小企业上云上平台实现数字化改造，促进现代农业装备行业数字化转型升级。

2021年已然过去，2022年农机行业形势依然严峻。人生就是不停的战斗，2021年无论好坏，都已经成为过去，放眼未来才更为重要。总结二十年的经验，凡是前一年粮食价格较高，第二年大宗农作物的种植面积就会增加，而种植面积增加，必然会增加对农机的需求及加快老旧农机的更新，所以对农机行业是利好的。对农机行业即将产生短暂性影响的还有国三切换国四政策，该政策原计划在2020年执行但连续推迟了两次。目前在“碳达峰、碳中和”的大背景下，非道路排放政策会坚决执行，不但国四要执行，而且国五的执行时间有可能会提前。参照国一切换国二、国二切换国三的经验，每次切换当年的农机市场就会出现前扬后抑的现象，也就是上半年市场会出现一波集中销售的大行情，下半年会出现生产企业生产保守，经销商备货谨慎现象，预计2022年也会出现这种现象。整体看，2022年宏观环境向好，国家更加重视农业生产，会出台强有力的政策提高粮食安全系数，并会维持粮食价格稳定向上，这有利于维持农机的需求，所以农机市场应该大趋势向好，小变化难料。2021年国内农机行业的竞争格局出现了较大变化，整体看“马太效应”威力开始显现，具体表现就是资源和市场占有率向大企业大品牌集中，而中小微企业情况很不乐观，大量的中小企业正在打算退出，说明决定行业发展的仍然是硬实力。2022年这种竞争特点会更加明显，大企业的竞争实力会进一步加强，机会主义者和中小企业会大批退场。

习近平总书记在2021年新年贺词中提到，征途漫漫，唯有奋斗。中国农机行业人，必将用锐意进取的奋斗韧劲迎接挑战，用奋斗打磨出美好未来的模样，铸就新的农机历史！

（中国一拖集团有限公司　边　恺　王　勇　潘海涛　吴丽伟
李玄浩　伊瑞涯　王　洁　孙战胜）

2021—2022 年旋耕机市场回顾与展望

旋耕机作为耕整地机械的重要组成部分，在农业机械化发展中发挥着十分重要的作用。旋耕机是与拖拉机配套完成耕、耙作业的耕耘机械。因其具有打破犁底层粉碎土块和根茬、水田提浆打浆平整耕地、恢复土壤耕层结构、提高土壤蓄水保墒能力、消灭部分杂草、减少病虫害、平整地表以及提高农业机械化作业标准等作用，还具有碎土能力强、耕后地表平坦等特点，为后期播种提供良好种床，便于播种机作业，在我国大部分区域农业耕作时被广泛使用。

我国农机市场正经历着前所未有的大变局，包括大中拖、耕整地、三大主粮收获机、播种机等市场在内的多数传统市场渐次进入存量市场，刚性需求下降、更新动力减弱、市场竞争内卷等特点日渐突出，未来企业如何走出困境实现突围，成为业内人士思考的重点问题。本文所描述的旋耕机市场正是传统大众市场之一，近年来通过创新产品、延伸作业功能、探索未来替代品等手段，实现自我救赎，一些经验值得我们借鉴。

近年随着农业规模化集约化进程的推进，旋耕机产品从技术到作业功能与时俱进。作业功能不断延伸，由之前单一的旋耕功能延伸到灭茬、深松、碎土、做畦、起垄、开沟、精量或半精量播种等多种功能，保护性耕作的特点更加突出。作为传统耕作机具，其实用性较为广泛，不仅广泛用于平原、山区和丘陵地区的各种土质田块的作业以及水旱田兼用等，而且进一步发展到大棚、园林等更广泛的应用领域。随着新农村建设的蓬勃发展、社会化服务程度的不断提升以及产品的不断进步，市场需求也随之衍生出诸多新特点。

一

（1）2021 年，旋耕机市场呈现出的突出特征：一是需求升级，大型化趋势渐强；二是履带式旋耕机市场崛起；三是销量延续往年下滑的走势，但销售额却出现稳健增长，意味着市场内部结构进入加速调整期。

我国旋耕机市场起步早，发展快，早已成为存量市场。在此大背景下，近年旋耕机市场年度销量稳定，基本维持在 25 万 ~30 万台，市场规模维持在 20 亿元以上。近年，随着履带自走式旋耕机市场的高速发展，市场规模逐年扩大，接近 30 亿元。2021 年市场延续了近年基本走势特点，累计销售各种旋耕机 24.68 万台，同比下降 5.4%；实现销售额 25.99 亿元，同比增长 3.63%。

从 2021 年旋耕机市场面临的生态环境分析，销量下滑并不出人意料。从宏观因素分析，2021 年受新冠肺炎疫情、限电、水患等多重利空因素影响，导致物流受阻、供应链“断裂”，传导至生产端，无法正常组织生产；传导至渠道端，因缺货无法正常组织销售；传导至终端，用户收益下降，市场需求受到压制。从旋耕机市场的内生动力分析，主要有以下几个因素。第一，旋耕机市场作为成熟的大众市场，刚性需求基本消失，需求更新成为市场的主要引擎，2021 年市场更新正处于低谷期，成为市场下行的重要因素；第二，旋耕机市场需求大型化，挤压需求量，如履带自走式旋耕机市场的高速发展，占据了包括苏皖、“两湖”、浙江等众多南方水田市场；第三，旋耕机替代品压缩了市场空间，近年，秸秆粉碎还田机、播种机等一些耕种机具本身就具有旋耕功能，而动力驱动耙的崛起成为旋耕机有力替代品，以及全国各地推动的土地深松深翻等保护性耕作汇聚成合力，形成对旋耕机市场多维度的挤压；第四，旋耕机市场近年产品创新速度缓慢，加之市场品牌鱼龙混杂，市场竞争仍然停留在低端的价格竞争层面，进一步加速市场需求向其他替代品的转移。

（2）2021 年，旋耕机市场需求结构调整，最抢眼的变化莫过于履带自走式旋耕机市场风生水起，并成为风口，呈现出连年大幅攀升的新特点。

履带自走式旋耕机市场的崛起与其独特的产品结构、作业功能密不可分。它采用履带式行走机构，拖拉机驱动原理，独立式三点悬挂装置。这既是对产品作业方式的原始创新，又是多种耕作机械的功能集成。它综合了各类机型的优点，不仅轻巧，而且履带接地面积大，弥补了轮式拖拉机水田通过性能不足的缺点，通过配置柴油发动机，换装不同的机具或刀片，即可进行旋耕作业，又可进行宽幅起垄作业，具有结构简单、功能广、效率高、操作方便、水田通过性能好等特点。

履带自走式旋耕机市场的持续高速发展，成为触发 2021 年旋耕机市场变化新势力。因其单价高，履带自走式旋耕机成为改变旋耕机市场销售额构成的关键力量。市场监测显示，2021 年履带自走式旋耕机生产企业虽仅有 30 家，且较之 2020 年减少 11 家，但并未影响位于风口市场的履带自走式旋耕机市场的大幅度增长，全年累计销售 1.47 万余台，实现销售额 10.21 亿元，同比分别大幅度增长 38.77% 和 35.06% 。

履带自走式旋耕机市场的异军突起早于 2018 年即以凸显端倪，目前已经发展成为旋耕机市场不可分割的重要组成部分。市场监测显示，自 2018 年至 2021 年的 4 年间，由于旋耕机 25 万台以上的较大市场容量，履带自走式旋耕机市场销量占比在旋耕机销售总量中的变化并不明显，只不过由 2018 年的 1.69% 上升至 2021 年的 5.96% ，4 年提高了 4.27 个百分点，非履带自走式旋耕机依然以高达 94.04% 占比占据旋耕机市场垄断地位。但因履带自走式旋耕机单台价格高，使得销售额占比出现了根本性变化。市场监测显示，履带自走式旋耕机销售额由 2018 年 3.13 亿元猛增至 2021 年的 10.21 亿元，4 年增加了 7.08 亿元，占比也由 14.12% 上升至 39.28% ，增长了 25.16 个百分点。

旋耕机市场需求结构正因履带自走式旋耕机市场销售额的快速提升而发生重大改变，此变化从履带自走式旋耕机与非履带自走式旋耕机近 4 年的变化可见一斑（见图 1）。履带自走式旋耕机市场，逆势走出了大幅度增长的路线图，2019 年、2020 年和 2021 年同比分别增长 11.82% 、116% 和 35.05% ，市场占比也分别增长 1.71% 、14.31% 和 9.14% 。非履带自走式旋耕机市场的销售走势，震荡下行且降幅逐年扩大的特点十分突出。2019 年、2020 年和 2021 年分别实现销售额 18.61 亿元、17.52 亿元和 15.78 亿元，同比分别下降 2.21% 、5.86% 和 9.93% 。

存在即合理。履带自走式旋耕机市场大幅度增长是作业环境的变化与政策因素叠加作用的结果。

从作业环境的变化分析，近年包括江苏、安徽、湖南在内的南方稻区推行“鳖虾稻种养”“虾稻共作”“鳖虾稻种养”“香稻嘉鱼种养”等多种新型种养结合模式，导致稻田更烂，一般旋耕机无法进地作业。

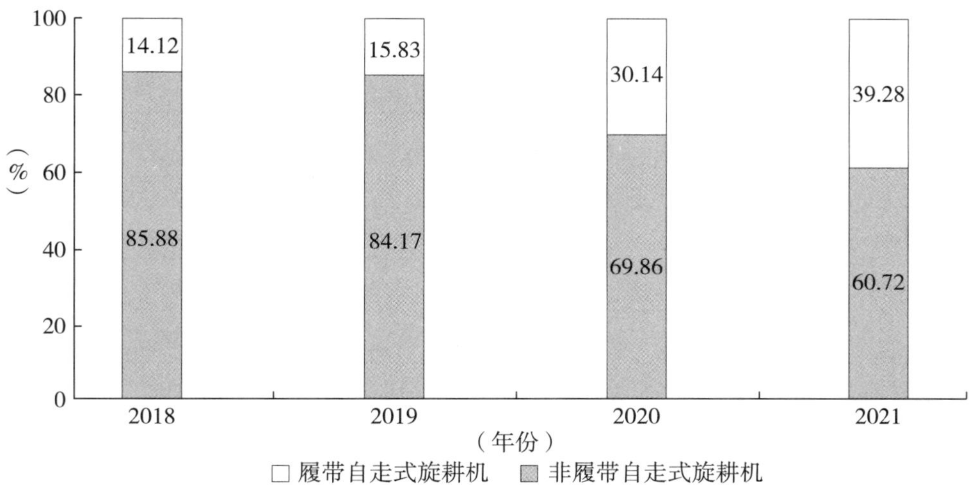

图 1　2018—2021 年履带自走式旋耕机与非履带自走式旋耕机占比变化

从政策因素看，履带自走式旋耕机因其具有保护性耕作机具的特点，受到更多地方补贴政策青睐。如作为新型的水田保护性耕作机具享受更多政策红利，在南方一些稻区此机型享受国家和地方的叠加补贴，且补贴额度远远大于普通旋耕机。又如 2022 年农业农村部农业机械化总站发布《早稻育插秧机械化技术指导意见》，提出耕整地宜采用橡胶履带式农业机械，禁止 90 及以上马力轮式拖拉机开展水田机械化作业，减少接地比压，减少水田犁底层的破坏。

从产品因素分析，履带自走式旋耕机水田作业优势突出：一是因履带接地面积大，对田地的压力小，对农田压实、破坏程度轻而深受稻区农户欢迎；二是具有较强的附着性和较大的牵引力，能适应重负荷作业，在潮湿泥泞或作业环境恶劣的农田具有较好的工作性能。

二

我国当前的旋耕机区域市场主要分布于两大区域：黄淮海区域和南方水田区域。2021 年区域市场呈现出以下特征：第一，旋耕机主流区域市场南移趋势较为明显；第二，从十大主流区域内部表现看，冷热不均的特点较为突出。

从 2021 年旋耕机市场销量前十大区域市场分析，区域集中度呈上升趋势。市场调查显示，2021 年累计销售各种旋耕机 21. 1 万台，同比小幅增长 4. 54%；市场占比 79. 1%，较之 2020 年同期上扬 7. 24 个百分点。

我国旋耕机市场主要分布于南方水田区域和黄淮海区域，2021 年旋耕机区域市场表现出的最大变化是市场南移。在十大主流市场中，湖南、湖北、江苏、安徽、江西、云南六大市场集中在南方区域。在六大市场中，除江苏、安徽同比出现较大滑坡外，其他市场均出现不同程度的增长。两大引擎推动 2021 年南方市场的崛起，一是履带自走式旋耕机市场的高位快速增长，成为拉动市场增长的重要驱动力；二是包括江西、广东、广西在内的丘陵山区市场发力。

2021 年十大主流区域市场冷热不均，“五增五降”（见表 1）。湖南市场发力，2021 年累计销售各种旋耕机 4. 23 万台，同比飙升 143. 10%；市场占比 15. 85%，较之 2020 年同期上扬 9. 66 个百分点。位居销售次席的河南市场，累计销售 2. 98 万台，同比小幅增长 1. 71%。江西、湖北、云南市场分别销售2.93万台、2.87万台和1.41万台，同比大幅度分别增长36.92%、26.43%和51.61%。

表1　2020—2021年旋耕机区域市场销售一览表　单位：万台

序号	区域市场	销量		同比（%）	占比（%）		增减（%）
		2021年	2020年		2021年	2020年	
1	湖南省	4.23	1.74	143.10	15.85	6.19	9.66
2	河南省	2.98	2.93	1.71	11.17	10.43	0.74
3	江西省	2.93	2.14	36.92	10.98	7.62	3.36
4	湖北省	2.87	2.27	26.43	10.76	8.08	2.68
5	江苏省	1.55	2.25	-31.11	5.81	8.01	-2.20
6	安徽省	1.42	3.49	-59.31	5.32	12.42	-7.10
7	云南省	1.41	0.93	51.61	5.28	3.31	1.97
8	山东省	1.40	1.82	-23.08	5.25	6.48	-1.23
9	河北省	1.35	1.65	-18.18	5.06	5.87	-0.81
10	陕西省	0.97	0.97	0	3.64	3.45	0.19
小计		21.10	20.19	4.51	79.09	71.88	7.21
其他		5.58	7.90	-29.37	20.91	28.12	-7.21
合计		26.68	28.09	-5.02	100.00	100.00	0.00

与上述市场形成巨大反差的是2021年江苏、安徽、山东和河北市场出现较大幅度滑坡，全年累计分别销售1.55万台、1.42万台、1.40万台和1.35万台，同比分别下降31.11%、59.31%、23.08%和18.18%。陕西市场销售0.97万台。

三

旋耕机市场成为农机细分市场中集中度最为分散的市场之一，品牌众多、鱼龙混杂、龙头企业缺位、竞争激烈、竞争格局不稳定、低价竞争泛滥等诸多因素影响着当下旋耕机市场。

当下的旋耕机市场呈现的一个特点是位居前列的均为中小型企业，中国一拖、江苏沃得、潍柴雷沃、中联重机等大型企业虽进入旋耕机行业，但因种种原因，在此细分市场并未发力，销量占比不大。江苏沃得更是侧重于履带式旋耕机市场，销量贡献也十分有限。由此决定了市场份额较为分散，即使销量前两名的河南沃正、河北圣和，各自占比也不过13.36%、13.01%（见图2）。

我国旋耕机市场品牌众多，竞争激烈，销量聚焦前29个品牌。从销量看市场占比，泾渭分明。2021年，纳入补贴系统的旋耕机品牌近300个，其中，销量1000台以上的企业不过29家，控制着近八成的市场份额。市场调查显示，2021年累计销售20.43万台，占比高达76.59%。销量100~1000台的品牌117个，销售5.74万台，占比21.5%；其他130余个品牌，销量不足百台，累计销售0.51万台，占比不到2%。

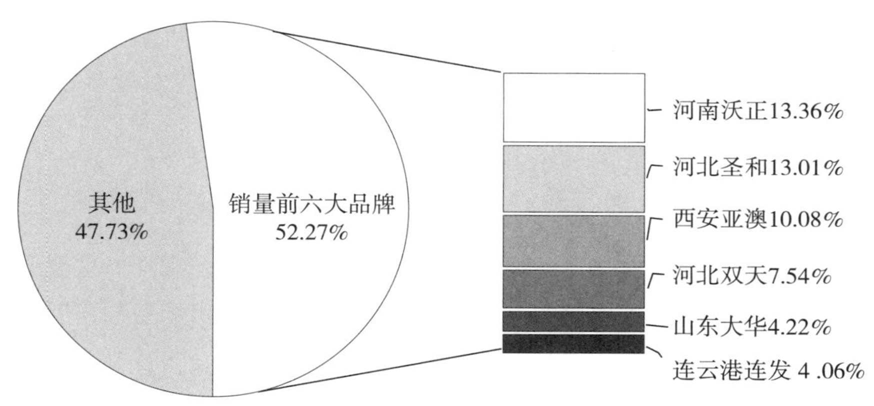

图 2 2021 年旋耕机市场销量占比

2021 年旋耕机市场呈现的另一个突出特点是集中度高。销量前六大主流品牌累计销售 12. 13 万台，同比增长 12. 3%；占比 48. 12%，市场集中度比 2020 年上扬 8. 16%。因原材料价格上扬，推高生产成本，进一步摊薄行业利润，一些小企业的价格优势大大缩水，成为改变 2021 年旋耕机市场的重要力量，也成为拉升市场集中度的引擎。

销量前六大品牌除河南沃正表现差强人意外，其他五大品牌均出现不同程度的增长。市场调查显示，2021 年河南沃正虽以 3 万余台的销量位居首位，但市场占比不过 13. 36%，也成为六大品牌中唯一一个销量下滑的品牌，同比小幅下降 2. 64%；销售额下滑幅度更大，实现销售额 2 亿多元，同比大幅度下滑 22. 96%，占比 12. 14%，较之 2020 年下挫 2. 14 个百分点。河北圣和、西安亚澳和连云港连发分别销售 3. 02 万台、2. 34 万台和 0. 94 万台，同比分别大幅度攀升 19. 37%、21. 24% 和 78. 03%，市场占比分别为 11. 98%、9. 28 和 3. 74%，较之 2020 年同期上扬 2. 62 个、2. 14 个、1. 78 个百分点；实现销售额 2. 14 亿元、1. 83 亿元和 0. 67 亿元，同比分别增长 36. 31%、27. 97% 和 97. 06%。河北双天、山东大华分别销售 1. 75 万台和 0. 98 万台，同比小幅分别增长 4. 17%、3. 16%；分别实现销售额 0. 75 亿元和 0. 67 亿元，同比分别增长 13. 33% 和 8. 7%。

从履带自走式旋耕机市场头部品牌表现分析，2021 年履带自走式旋耕机市场六大品牌全线飘红，市场占比出现变化。中联重机（浙江）位居销量之首，销售 4000 多台，同比大幅度增长 41. 16%；占比 27. 69%，较之 2020 年小幅上扬 0. 47 个百分点。在其他五大品牌中，星光农机销售 1100 余台，同比飙升 21 倍多，占比上扬了 7. 51 个百分点。湖州丰源销售近千台，同比飙升 378. 26%，占比上扬 4. 77 个百分点。浙江柳林销售 1200 余台，同比大幅度增长 65. 3%，占比提升 1. 32 个百分点。湖南龙舟、江苏沃得销售分别销售 2600 余台和 2300 余台，同比虽增长 13. 74% 和 12. 06%，但因低于平均增幅，占比分别下挫 3. 92 个百分点和 3. 8 个百分点。

2021 年，随着旋耕机市场竞争中新元素加入，如履带式旋耕机销售额占比的持续加大、多功能旋耕机地盘的不断扩大，市场竞争呈现新的特点，突出表现为以下几点：一是价格竞争的特点较为突出，在现存的 300 多个品牌中，知名品牌较少，一些小品牌以牺牲产品品质形成低成本优势，以低价冲击市场，不少主流区域市场出现劣币驱逐良币的不正常乱象。二是市场集中度高。2021 年因原材料涨价，不少小品牌失去低价优势，主流品牌顺势发力。市场调查显示，销量前六大品牌，2021 年累计销售 1. 24 万台，实现销售额 8. 62 亿元，同比分别大幅度增长 50. 05% 和 45. 78%；市场占比分别高达 84. 42%、84. 38%，较之 2020 年同期上扬 6. 35 个、6. 21 个百分点。三是履带自走式旋耕机产业集群在浙江初具雏形，能够对产业的竞争优势产生广泛而积极的影响。产业调查发现，2021 年在履带自走式旋耕机销量前六大品牌中，有五大品牌聚集在浙江，销量和销售占市场总量近七成。

四

2022 年，旋耕机市场面临着错综复杂而严峻的生态环境，无论是宏观环境呈现的利空与利好交织的不可控因素，还是内生动力变化滋生出的市场不确定性，均增加了市场变数，但基本盘或呈现出两个突出特征：销量小幅下滑，销售额两位数增长。

旋耕机市场面临着复杂而严峻的生态环境。从利空因素分析，国际局势和新冠肺炎疫情等因素叠加，以及原材料及燃油涨价推高生产成本和增加服务成本等，将从物流、供应链、利润、购买力等多方面影响旋耕机市场走势。

与利空因素并存的利好因素表现更为强烈。其一，我国政府更加重视粮食安全，惠农红利依然强劲。截至 2022 年 5 月，中央财政已下达资金 300 亿元，支持夏收和秋播生产，缓解农资价格上涨带来的种粮增支影响。其二，2022 年由于经济面临一定压力，国家在更多行业实施存量和增量全额留抵退税，增加退税 1400 亿余元，全年退减税总量 2. 64 万亿元。留抵退税突出“多予”，以“真金白银”为企业发展注入现金流。其三，财政部、农业农村部 2022 年 6 月发布了 2022 年包括粮食生产支持、耕地保护与质量提升、种业创新发展、新型经营主体培育等在内的 9 个方面 34 项重点强农惠农政策。其四，农机补贴依然扮演着市场第一驱动力的角色。其五，我国既是农机生产大国，也是农机消费大国，由此决定了我国农机市场的韧性十足。

固然宏观政策因素对 2022 年旋耕机市场走势将产生各种重大影响，但决定市场走势的依然是市场的内生动力。第一，我国旋耕机市场早已进入存量时代，发生在旋耕机市场的商业仗都是存量之战，由此决定了市场引擎较为脆弱；第二，大型化已经成为近年旋耕机市场不可逆的发展趋势，由此决定了 2022 年还将演绎大型化挤压数量增长空间的戏码；第三，2021 年受新冠肺炎疫情影响，用户跨区作业收益下降，对 2022 年的潜在市场形成某种程度的压制；第四，大型履带自走式旋耕机在南方稻区快速占领市场，也将挤压旋耕机市场空间；第五，替代品的挤压，如近年动力驱动耙以其独特的优势正在崛起，又如秸秆粉碎还田机、播种机功能延伸至旋耕作业等，从不同维度，对旋耕机市场形成挤压。

从利好因素分析，一是从旋耕机市场发展周期性变化分析，旋耕机市场在经历“三连跌”后，已经接近市场底部，形成“洼地”，2022 年降幅收窄的概率很大；二是履带自走式旋耕机市场还将扮演生力军的角色，尤其是在 2022 年年底国三升国四的大背景下，消费者担心 2023 年涨价而提前购买，市场或将继续保持高位运行，其市场贡献率也会水涨船高，对市场支撑力将增大；三是旋耕机市场的自我救赎，近年许多生产企业加大产品创新力度，新技术将推动市场的更新速度进而成为稳定市场的重要力量；四是农机（农业）合作社、家庭农场、农机专业户、社会化服务组织等新型主体的快速成长，一方面推动了市场需求大型化趋势，另一方面也加速市场更新，对市场将产生积极影响。

2022 年旋耕机市场或稳健增长（见图 3），预计全年销量在 25 万台左右，实现销售额 30 亿元左右，同比分别增长 1. 3% 和 13. 51%。其中，非履带自走式旋耕机销售 23 万台左右，实现销售额 15 亿余元，走势偏弱，市场进入盘整期概率较大；但履带自走式旋耕机市场还将大幅度增长，累计销量 2 万台左右，实现销售额 13 亿多元，比 2020 年增长 30% 以上。

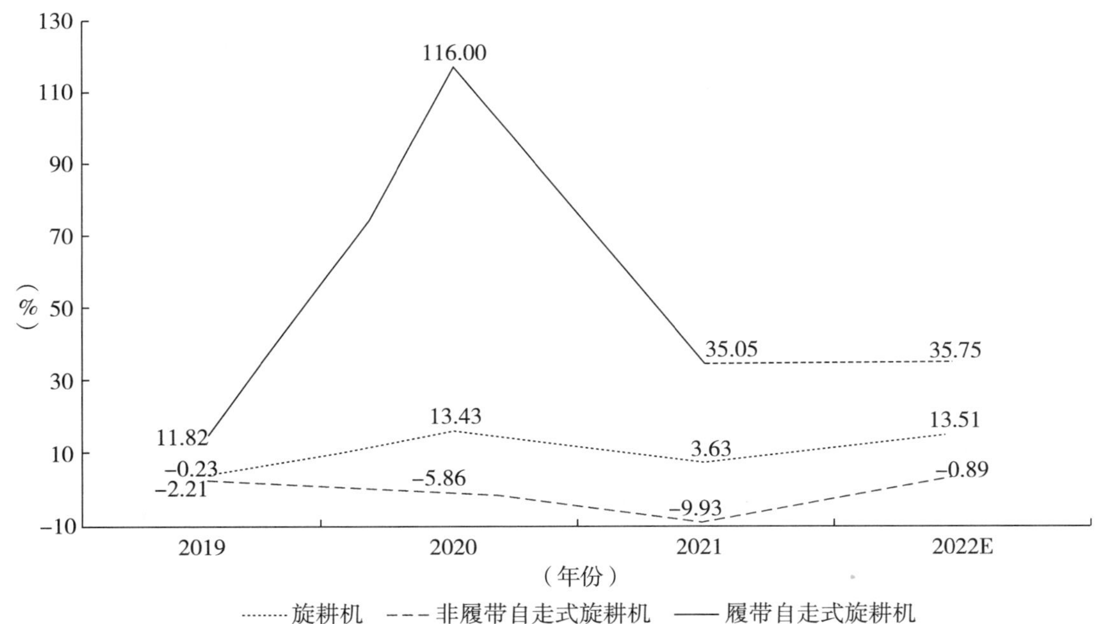

图 3　2019—2021 年旋耕机市场销售额同比走势与 2022 年预测

五

看似波澜不惊的旋耕机市场，难掩内部的暗流涌动。随着时间的推移，未来旋耕机市场还将发生一系列新的变化，其中产品定位、功能拓展、技术升级、替代品的崛起以及生产管理模式创新或将引领旋耕机市场的新一轮革命，也决定了未来的发展趋势。

趋势一，旋耕机创新、迭代升级，不断适应复杂多样的耕作环境，提升作业质量。

一是向大型方向发展。未来旋耕机市场将向更宽耕幅、较深耕深、高速等方向发展，一则基于水稻集约化、规模化生产的发展，水田耕整地用宽幅高速型旋耕机将成为未来几年发展方向；二则南方水田土壤含水率高，抗剪切抗压强度低，附着力和摩擦力也很小，需要工作宽幅 3 米以上的高度、高效旋耕机，满足水稻集约化生产的需求；三则为满足薯类、中药材等根茎类作物的耕深需求，耕深在 20 厘米以上的旋耕机也将成为今后的研究重点和发展方向。

近年旋耕机市场需求大型化主要受以下两方面因素影响。其一，农机市场新型主体快速发展。以社会化服务的主力军农民合作社为例，2021 年开展社会化服务的农民合作社达 31. 3 万个，服务对象数量近 4000 万个。其二，农机补贴政策的引导。新型主体推动市场大型化，同时带动市场更新换代进一步提速，为市场高质量发展注入了强大动能。

二是向小型方向发展。其一，适合大棚作业的旋耕机具有较为广阔的发展前景。随着我国温室技术的发展，农村大棚作业面积日益增大，适合于大棚作业的小型旋耕机市场将成为新的发力点。其二，适合丘陵山区作业的小型旋耕机市场将升温。由于我国丘陵山区机械化水平偏低，成为我国农机政策扶持的重点，小型旋耕机市场因此将迎来发展的春天。

趋势二，向一机多用，联合作业机组方向发展。机具功能多样化，适应范围更广泛。未来的旋耕机可与耕前耕后越来越多的作业机具组合，形成不同的联合作业机具，一次进地完成灭茬、深松、碎土、做畦、起垄、开沟、精量或半精量播种、深施化肥、铺膜、镇压和喷药等联合作业，可大幅度提高生产效率，降低作业成本。国外发达国家已推广使用了以作业工序排列组合、以旋耕机为主体的联合作业机组，如加拿大的万能旋耕机、日本的联合耕耙犁和旋耕播种机等。如，一台旋耕机，变化部分部件，辅以必要的调整，可完成不同作业。如把旱田旋耕与水田搅浆机集成于一体，只需要改变刀轴总成，适当改变传动速比，就可以完成相应作业。

趋势三，向动力驱动耙方向发展。动力驱动耙早已在欧美发达国家普及，近两年，国内包括新研股份、山东当康、山东大华、亚澳农机、河南龙丰在内的不少农机具厂均在开发动力驱动耙。

动力驱动耙不是旋耕机，却是旋耕机的强大替代品。在中国，旋耕机的普及率要大大超过动力驱动耙，旋耕机作业深度较浅，但具有碎土能力强、动力要求低、价格与成本低、作业效率高、碎土效果更佳等优势。与之相反，在欧洲各发达国家，旋耕机的市场占有率正在逐年下降。这主要是因为旋耕机在作业效果上存在严重缺陷：旋耕机将土壤粉碎后非常不利于土壤保墒，表层细土会逐渐蒸发并随风飘走，造成严重的水土流失，土地沙化，在以黑黏土为主的欧洲地区影响更为明显。另外，土壤在被旋耕机打碎后除了水分蒸发外，微生物群落也会遭到严重的破坏，而微生物的活动状况与土壤肥力存在紧密的关系。同一块土地在多年连续使用旋耕机作业后，会造成土壤肥力持续下降的隐患。这些也正是欧洲各国逐渐摒弃旋耕机的主因。

趋势四，向高端智能化方向发展。电气化、智能化是未来的主流，随着 GPS、GIS、RS、北斗定位系统等现代卫星技术的发展，精细农业以生态环保、集约化、可持续发展为特点，作为国家提倡的一种新型农业发展方式，将电气化、智能化的技术（数显技术、远红外技术、信息技术等）应用到旋耕机上，可实现自动调节幅宽、耕深、耕作时间、行走方式等无人操作的旋耕机具将是未来的发展趋势。应用智能化信息化技术，可提高作业过程监控自动化程度。随着自动驾驶和无人驾驶技术的应用，必然带来旋耕机的智能化升级，操作者可以根据土壤条件、地块条件，自动调整作业方式，控制作业参数，记录作业数据。

趋势五，向可持续发展战略型发展。降低污染和资源重用已成为当前农机设计的最终目的，能完成秸秆还田的反转灭茬旋耕机等新机型将成为今后旋耕机重要的研究方向。另外，随着现代科学技术的迅速发展，一些新技术也将在旋耕机上得到广泛应用，如信号系统、电控系统等。

趋势六，竞争加剧，洗牌加速。随着一批优秀企业的崛起，以产品创新、技术升级为核心的产品竞争将终结长期存在的价格竞争，从根本上改变目前旋耕机市场的竞争乱象。产品为王的时代将到来，一批靠低价生存的企业随着原材料价格的高企退出市场竞争将成为未来旋耕机市场的必然发展趋势。《财富》杂志的一组数据显示，在中国，中小企业的平均寿命仅 2.5 年，集团企业的平均寿命仅 7 ~ 8 年。我们预计近年，旋耕机行业将有 60% 以上的企业逐渐退出。

趋势七，产品装配结构模块化。尺寸高度标准化和系列化，以及零部件高度通用化，使得制造和维修更高效、更方便，满足用户需要更灵活、更快捷。

（西安亚澳农机股份有限公司　总经理　　史炳直）

智能农机市场的现状与前瞻

智能农机是未来农机向全程全面高质高效转型升级的关键一环，是推进农机现代化的重要步骤，是克服产能过剩、同质化严重、可靠性适应性差的出路，是农业机械化短板弱项，也是农机行业升级的重要标志之一。

智能制造是实现产品个性化，提升核心竞争力的需要。以新技术应用为向导，以实现生产环节的互联互通、柔性制造、虚实结合、闭环质量、智能决策为目标，并一步一步向产品个性化、供应协同化、服务主动化、决策智能化的目标迈进，进而不断提升自身核心竞争力。通过智能制造，不断提高行业智慧生态圈端到端的智能化能力，从而提升供应链全域整体运作能力，助力产业升级。

智能制造不仅仅是制造环节的智能化，更是全链条的智能化，即把研发、生产、供应、销售、服务的企业制造全链条都串联起来的全面的智能化，以及按照客户的需求设计开发、采购部件、组织生产、精准营销，并提供个性化服务的全流程的智能化。

社会正从工业化时代、信息化时代快速进入智能化时代，智能化所需要的基本要素包括物联网、边缘计算、云计算、5G 网络等。在智能化方面，中国农机企业与全球其他国家的企业相比有很大差距，但通过近年的不懈努力，差距正在缩小，只有奋起直追，才能为实现农机产品创新、打响国际品牌提供新的起跳板。

一、农机智能化，扬帆正当时

智能农机面临着良好的发展环境，人类进入工业社会之后，制造业逐渐成为一个国家的经济乃至综合国力的基石。当前全球经济普遍面临转型压力，作为经济体系的稳定器，制造业迎来了前所未有的发展机遇，同时也面临着多重挑战。

智能化正成为一股滚滚浪潮，在世界范围内方兴未艾。德国、美国和日本仍然是智能制造发展的焦点地区。德国在 2013 年正式推出“工业 4.0”战略，2013 年和 2016 年发布的《确保德国制造业的未来——实施战略行动工业 4.0 的建议》和《实施工业 4.0 战略》，提出将物联网及服务技术融入制造业，希望通过将信息通信技术和物理生产系统相结合，打造全球领先的装备制造业，使德国成为先进智能制造技术的主要创造国和供应国。2009 年美国制造业开始回归，通过智能制造解决美国制造业在人力成本等方面的问题，重振美国高端制造业，2012 年和 2014 年先后发布了《获取先进制造业国内竞争优势》和《加速美国先进制造业》两份报告，明确了三个制造技术优先领域及技术战略建议。日本的智能制造业发展势头也非常强劲，作为机器人领域强国，日本于 2015 年提出“机器人新战略”，通过将机器人与 IT、大数据、网络、人工智能等深度融合，在日本建立世界机器人技术创新高地，打造世界一流的机器人应用社会，继续引领物联网时代机器人领域的发展。

作为国家间经济竞争的主战场，制造业在中国经济转型升级以及国际分工重新划分中占据着至关重要的地位，决定了这次“史诗级”战役的成败。在高新技术密集爆发的大背景下，智能制造无疑是制造业发展的重要驱动力，也是制造业高质量发展的主攻方向。大力推进智能制造发展，是创造新动能，打造新优势，不断增强核心竞争力，推动我国产业迈向中高端的关键举措。

《“十四五”全国农业机械化发展规划》在“强化支持发展政策举措”中明确指出：第一，推动产学研深度融合，支持开展智能农机装备、农业机器人等重点项目研究，推动智能农机装备技术重点实验室和协同创新中心建设；第二，加大对智能、高端安全农机装备支撑力度，持续提升政策实施精准化、规范化、便利化水平。

二、起步晚，短板突出

我国农机工业化起步较晚，智能化发展面临诸多挑战。首先，农机工业基础设施和核心技术创新能力不足，对外依存度高；其次，信息化、智能化水平整体滞后；再次，产业结构有待改善，低端市场同质化竞争严重；最后，农机专业人才数量欠缺。在智能化技术方面，农机装备面临着一系列发展瓶颈。

1. 农机装备传感器关键核心技术

国外高性能传感器技术成熟，典型代表企业有德国的 elobau，美国的 Honeywell 等；国内具备一定的传感器集成开发能力，属于应用设计层面，但民用高性能传感器依赖进口。

2. 电控单元（控制器）关键核心技术

电控单元（控制器）是自动化、智能化控制的核心部件，电控单元包括硬件电路（如电源管理、CPU、IO 驱动、存储等）、底层驱动软件和应用层软件。电控单元在农机装备上已广泛应用，国外技术成熟、全面，应用多年；国内电控单元仅在应用集成设计和应用层软件开发方面有较好的能力，其他方面差距较大。

3. 传感器高性能芯片、自动控制、GNSS 板卡 DSP/ARM 等芯片关键核心技术

高性能芯片是控制单元和传感单元的核心零部件，是完成核心功能、实现农机装备自动化智能化控制的关键技术。当前应用需求广泛且迫切，国内集成 IC 处于研究和应用起步阶段，与国外差距巨大，体现在无成熟的 IC 企业，无成熟的高性能 IC 产品和制造能力；国外集成 IC 知名企业主要集中在日本和欧美等国。

4. 农机导航用陀螺加速度传感器（MEMS 传感器）关键核心技术

陀螺仪和加速度传感器统称为惯性测量单元（IMU），主要用于测量物体的运动姿态（横滚、俯仰和航向），是导航自动驾驶等运动控制领域核心零部件，农机装备自动驾驶技术方面有较急迫的应用需求。国外在 IMU 的传感单元、集成 IC 和融合算法方面均已形成成熟的技术和产品，应用广泛，国外代表企业有 ADI、ST 等；国内仅具备一定的集成应用开发能力。

5. 农机导航用电动方向盘电机关键核心技术

农机导航目前有两种驱动方式，即液压阀和电动方向盘，液压阀具有控制精度高、驱动力大，但容易受液压油脏导致卡阀的特点。电动方向盘无卡阀风险，但驱动力小，复杂地面控制响应性能和控制精度不如液压阀。近年来，电动方向盘技术的应用发展速度很快，国外已经成熟应用；国内近两年开始应用，电动方向盘的电机本身与国外差距不大，只是缺乏针对自动驾驶领域的集成应用经验。

6. 拖拉机与机具一体化控制关键核心技术

拖拉机与机具一体化控制技术主要体现在机器协同作业方面，可以提升作业质量和降低劳动强度，其包含以下支撑技术：机具的监测与自动化控制；基于ISOBUS（农机总线）交互控制协议的开发和认证。国外主要拖拉机品牌均已完成基于ISOBUS的机具一体化控制技术的产品化应用，国内仍处于研究和应用的初级阶段，未通过ISOBUS认证。

7. 基于全球导航卫星系统的精准变量喷雾控制系统关键核心技术

基于高精度GNSS定位导航辅助驾驶技术，根据作物长势、病虫害等情况或者作业处方图，实时控制喷雾流量，实现按需精准作业，在高效精准农业生产模式下会逐步应用。国外Trimble、Topcon等企业已经有成套解决方案，国内有部分科研院所已开展研究，但无商品化应用。

但我国农机装备产业正在向高质量发展迈进，科技创新能力持续提升，新技术、新产品、新服务、新模式、新业态不断涌现，信息化、智能化、数字化技术加快普及应用，产业链供应链自主可控能力稳步提升，为充分满足农业生产各领域对机械化的需求创造了良好条件，为快速推进农业机械智能化注入持久的动力。

三、提高农机智能化认知，夯实智能制造基础

农机机械智能化是一项艰难、复杂的系统工程，很难毕其功于一役。农机智能化离不开智能制造，我国在《智能制造发展规划（2016—2020年）》中对智能制造给出了明确定义：智能制造是基于新一代信息通信技术与先进制造技术深度融合，贯穿于设计、生产、管理、服务等制造活动的各个环节，具有自感知、自学习、自决策、自执行、自适应等功能的新型生产方式。具体来说，智能制造包含两层含义：第一，“智能”包含人工智能、云计算、大数据、物联网、5G等新一代信息技术与先进制造技术；第二，“制造”包含制造业研发、设计、供应链、生产、销售、服务等全价值链产业链各个环节和人、机、料、法、环、制造过程中各个生产要素，以及基于产业链协同打造的绿色制造。从实践意义上来说，智能制造即各类新技术在制造业全价值链及生产过程中的应用。

（1）政策引领，重点突破。《“十四五”全国农业机械化发展规划》（以下简称《发展规划》）第八章关于“加快推动农业机械化智能化、绿色化”中，对智能农机装备进行了较为详细的描述，主要包括三个层面。

第一，推动智能农机装备技术创新。推动农机导航、农机作业管理和远程数据通信管理等技术系统集成，加快农机装备作业传感器、智能网联终端等关键技术攻关，推进农机作业监测数字化进程。围绕农田精细平整、精准播种、精准施肥、精准施药，创制智能化机具装备，提升精准作业技术水平。推进北斗自动导航、ISOBUS（农机总线）、高压共轨、动力换挡、无级变速、新能源动力、机电液一体化等技术在农机装备上的集成应用，加快创新发展大型高端智能农机装备，推进畜禽水产养殖装备信息化、智能化，促进智慧农业示范应用。

第二，示范运用智能化技术。积极引导高端智能农机装备投入农业生产，加快提升农机装备“耕、种、管、收”全程作业质量与作业效率。大力推广基于北斗、5G的自动驾驶、远程监控、智能控制等技术在大型拖拉机、联合收割机、水稻插秧机等机具上的应用，引导高端智能农机装备加快发展。加快播种、施肥施药、收获等环节智能装备的广泛应用，推动设施园艺、畜禽水产养殖、农产品初加工

的机械化、自动化、智能化装备应用。

第三，推进机械化生产数字化管理。加快机械化生产物联网建设，推广应用具有农机作业监测、远程调度、维修诊断等功能的信息化服务平台，实现对重要农时机械化生产的信息化管理与调度。推广应用手机 App、人脸识别、补贴机具二维码管理和物联网监控等技术，加快农机购置补贴业务全流程线上高效安全办理。提升农机试验鉴定、安全监理、质量监督等业务信息化管理水平，努力实现农机购置补贴、试验鉴定、安全监理、质量监督等数据信息互联互通，提升政策实施质量和效率。大力推进农机智能装备数据服务标准体系建设，引领农业机械化管理、农机作业监测、农机作业服务供需对接向数字化转型，做好机械化生产数据安全管理。

以上内容为农机行业指明智能农机的发展目标与方向，企业只有充分领会《发展规划》精神，从自身实际出发，循序推进，才能少走弯路，逐步实现目标。

（2）农机制造企业要充分发挥新一代智能制造技术在制造业中的能动性，必须将制造技术和制造业生产过程相结合，通过统一平台整合、调配所有制造资源，实现制造资源的横向与纵向协同。我国当前推动建设的工业互联网平台，正是这一策略的具体体现，是智能制造实现的重要基础。智能制造的发展，需要工业互联网相关技术作为基础和助力。通过智能设备、物联网和边缘计算，帮助企业实现人、机、料、法、环，全制造过程和研、产、供、销、服全价值链的泛在连接；基于大数据技术和云计算混合架构，实现海量工业数据的存储、管理、计算、分析。通过工业机理和人工智能的结合，实现知识的积累、固化和资源化；通过全平台资源的统一管理、调度，提供开放的工业 App 开发环境，实现工业 App 在智能化生产、个性化定制、网络化协同和服务化转型等典型工业场景中的创新应用，促进产品质量和生产效率的提高，降低企业生产成本，加快技术和产品创新，提高我国制造业整体竞争力，实现制造业高质量发展的长期目标。

（3）农机企业要基于自身产业特点提出对智能制造的认知。智能制造应该是贯穿企业制造整个链条的全面、系统的智能化，是运用物联网、大数据、人工智能、5G、区块链等新兴技术来构建具备产品个性化、供应协同化、服务主动化、决策智能化的全流程的绿色智能协同生态链。

一是在市场层面，越来越多的行业面临全球性产能过剩问题。农机行业诸如拖拉机、粮食作物收获机械、种植机械和耕整地机具等传统大众市场产能过剩早已是常态，市场竞争激烈，红海特征突出，而经济作物收获种植机械、畜牧机械以及以丘陵山区为代表的小众市场需求旺盛。市场需求正从过去的大批量、规模化，逐渐转向小规模、个性化定制的新型模式。因此智能化是产品个性化的重要途径，它能满足客户多样化个性化需求，让客户能做最真实的自己。无论什么样的个性化需求，都可以在自己的产品上得到满足。

二是在社会层面，随着农业劳动力人口数量不断下降和劳动力成本急剧上升，现有环境资源负担沉重，整个社会生产组织方式面临转型升级压力。农机行业从生产、经销到终端用户的组织化程度在逐年提高，《“十四五”全国农业机械化发展规划》中特别强调，培育壮大农机作业服务公司、农机合作社、农机服务专业户等农机社会化服务主体。这些变化将进一步夯实农机智能化基础，为农机智能化开辟广阔的发展前景。

三是在技术层面，在普遍自动化的基础上，物联网、边缘计算、云计算、大数据、人工智能等技术的发展为制造业的进一步升级提供了强大的技术支撑，同时也提出了更高的管理要求。可以说，智能制造是技术、社会和市场多方面要素驱动的结果。近年来，世界主要工业国纷纷将智能制造上升到国家战略层面，致力于在关键智能制造技术上取得领先地位。

（千寻位置网络有限公司　张　鹏）

2021 年低速汽车市场回顾与 2022 年展望

低速汽车市场经历了从高速发展期到成熟期，目前进入了沉淀转型期。多元化的载货工具挤压着三轮汽车原有的市场空间，一部分市场被轻型载货汽车取代，一部分被电动三轮车占据，土地流转，规模化作业，减少了传统三轮车的使用频次。三轮汽车在供给侧改革的进程中不断转型升级，正朝高质量、节能、环保、高性价比的方向发展。区域、个性化市场在西部、西南、西北市场仍有一定的潜在需求，其耐用、高通过性仍是市场竞争获胜的利器，在市场和用户渐趋理性的当下，三轮汽车仍保持着强劲的生命力。

一、2021 年低速汽车市场回顾

（一）2021 年低速汽车市场发展环境分析

2021 年，面对国内外复杂的经济环境和各种严峻挑战，以习近平同志为核心的党中央统揽全局、沉着应对，团结带领全党全国各族人民，推动我国经济发展和新冠肺炎疫情防控双双保持全球领先地位。2021 年是“十四五”开局之年，国民经济全年发展主要目标任务均已完成，构建新发展格局迈出新步伐，高质量发展取得新成效。2021 年我国农业农村发展实现稳中有进，在推进农业现代化发展进程中，也需要先进适用型的各类农机产品，包括发挥重要作用的低速汽车。低速汽车的发展与农村经济结构的调整密切相关，通过分析其发展环境，对于解读国家相关政策和产业展望至关重要。

1. 中国宏观经济形势

2021 年，我国经济总体上表现出较好的复苏态势。经济增长处于合理区间，就业形势总体稳定，外贸继续保持增长，制造业比重提升，科技创新的引领作用有所增强，营商环境持续优化，产业链、供应链加速重构，区域协调发展与新型城镇化有效推进，绿色转型和生态文明建设取得重要进展，改革开放持续深化，高质量发展的新动力进一步凝聚。

2021 年中国经济稳中有进，经济总量迈上 110 万亿元新台阶，达到 114. 367 万亿元，在世界经济中的比重由 17% 以上扩大到 18% 以上。国内物价、就业态势总体稳定，高科技产业发展势头迅猛，经济结构持续优化。从消费、投资与净出口三驾马车对经济增长的贡献来看，2021 年第一季度，三驾马车对经济增长的拉动分别为 11. 6 个、4. 5 个与 2. 2 个百分点，而到 2021 年第三季度，上述指标分别回落至 3. 8 个、0. 0 个与 1. 1 个百分点。由此看出，在 2021 年，消费与投资对经济增长的贡献显著回落，而净出口对经济增长的贡献表现出很强的韧性。从整体产业结构分析，新动能快速成长，经济结构不断优化，受农村土地流转、新兴合作社及农村劳动力减少的影响，低速汽车市场结构发生着改变，传统产品市场需求减少，新产品竞争越来越激烈，市场拓展难度越来越大，总量下滑。在此背景下，低速汽车企业面临结构性改革问题，只有始终保持先进性和实用性，才能真正适销对路，主动适应需求变化，满足我国宏观经济的新要求。

2. 原材料价格复杂多变，总体价格高位运行

2021 年，面对复杂多变的市场行情，持续低迷的终端实体经济形势，环保限产造成的钢材资源减少，汽车、家电、房地产行业整体下行等诸多不利因素，供给侧发生着深刻变化，钢材、煤炭、橡胶、己内酰胺、有色金属等大宗物资价格波动。从全年情况看，2021 年六大地区钢材价格水平均高于 2020 年。其中，华北地区、东北地区、华东地区、中南地区、西南地区和西北地区分别上升 37.12%、37.42%、36.71%、36.47%、33.90%和36.22%。螺纹钢最高价达 6120 元/吨，热轧板最高价达 6820 元/吨，冷轧板最高价达 7250 元/吨。国内煤炭价格呈现“先涨再跌后涨再跌”的行情，2021 年 2 月底，煤炭价格约为 571 元/吨；到了 10 月，秦皇岛 5500 大卡动力煤价格已从 2020 年平均 577 元/吨飞涨到史上最高点 2600 元/吨。燃料成本的大幅增长令煤电企业陷入“成本倒挂发电、全线亏损”的状态，多地出现限电限产。天然橡胶行情整体呈先高后低态势。2021 年 1 月我国国产天然橡胶主流报价约为 13000 元/吨，截至 12 月市场主流报价约为 17480 元/吨，年度涨幅约 5.75%。由于价格波动大，为下游企业的运营带来了一定风险。

3. 中央持续改善农村人居环境，带动了低速汽车区域市场销售

近年来，国家不断加大精准扶贫、精准脱贫力度，同时加强农村人居环境整治及美丽乡村建设，重点部署村庄内“三清一改”，即清理农村生活垃圾、清理村内塘沟、清理畜禽养殖粪污等农业生产废弃物，乡村振兴迈入高质量发展之路。农村环境整治工作取得阶段性成就，各类型号的环卫专用三轮汽车成为新需求，特别适用于清理河塘沟渠、排水沟，清理农业投入品包装物、废旧农膜等农业生产废弃物。三轮汽车的专用车型适用于乡村建设的垃圾清运车、环卫车、吸污车等，成为政府采购的首选，为实现农村垃圾清运、污水治理和村容村貌提升做出了重要贡献。

4. 粮食再获丰收，农业种植结构优化，粮食单产水平提高

2021 年全国粮食总产量达 13657 亿斤，比上年增加 267 亿斤，同比增长 2.0%，全年粮食产量再创新高，连续 7 年保持在 1.3 万亿斤以上。2021 年，各地在保障粮食生产能力不降低的同时，稳步推进耕地轮作休耕试点工作，调减低质低效作物种植，扩大大豆、杂粮等优质高效作物种植规模，因地制宜发展经济作物，全国粮、经、饲种植结构进一步优化。新建成高标准农田 1.05 亿亩，实施东北黑土地保护性耕作 7200 万亩。同时，农机装备转型升级迈出新步伐，农作物耕种收综合机械化率超过 72%，三大主粮机收损失率平均降低 1 个百分点。此外，谷物、豆类、薯类三大类粮食单产水平均有所提高，主要粮食品种单产均有不同程度提高。种植结构的不断优化，有力地调动了农民的种粮积极性，全年农民工总量 2.9 亿多人次，比上年增长 2.4%。在产业带动、就业创业拉动下，全年农村居民人均可支配收入达到 18931 元，高于城镇居民收入增速。低速汽车作为重要的生产工具，增加了农民收入，带动了他们对低速汽车新增需求和更新需求的增长。

5. 国内国际双循环，消费作为拉动经济增长的内生动力进一步增强

2020 年 5 月 14 日，中共中央政治局常务委员会会议上提出了“构建国内国际双循环相互促进的新发展格局”，力求通过发挥内需潜力、联通国内国际市场，更好利用两个市场、两种资源，实现更加强劲可持续的发展。2021 年国内消费逐步恢复，全年中国社会消费品零售总额 44.1 万亿元，比上年增长 12.5%。最终消费支出对经济增长贡献率达 65.4%，消费重新成为经济增长第一拉动力。一是城乡市场同步恢复，城镇、乡村社会消费品零售总额比上年分别增长 12.5% 和 12.1%；二是升级类商品消费增长明显，新能源汽车销量增长 1.6 倍；三是餐饮等服务消费有序恢复，餐饮收入增长 18.6%，已接近新冠肺炎疫情前水平；四是新型消费快速发展，实物商品网上零售额 10.8 万亿元，比上年增长 12.0%，占社会消费品零售总额比重达 24.5%。消费始终成为拉动经济增长的重要内生动力。

（二）2021 年低速汽车市场发展现状分析

1. 全年产销情况分析

2021 年，三轮汽车总产销量分别达到 285469 辆和 282187 辆，同比分别增长了 -20.1% 和 -21.3%。从图 1 可以看出，2009 年以来三轮汽车总产量总体保持递增的态势，2017 年出现负增长，2018 年出现断崖式下跌，2019—2021 年逐年下降。

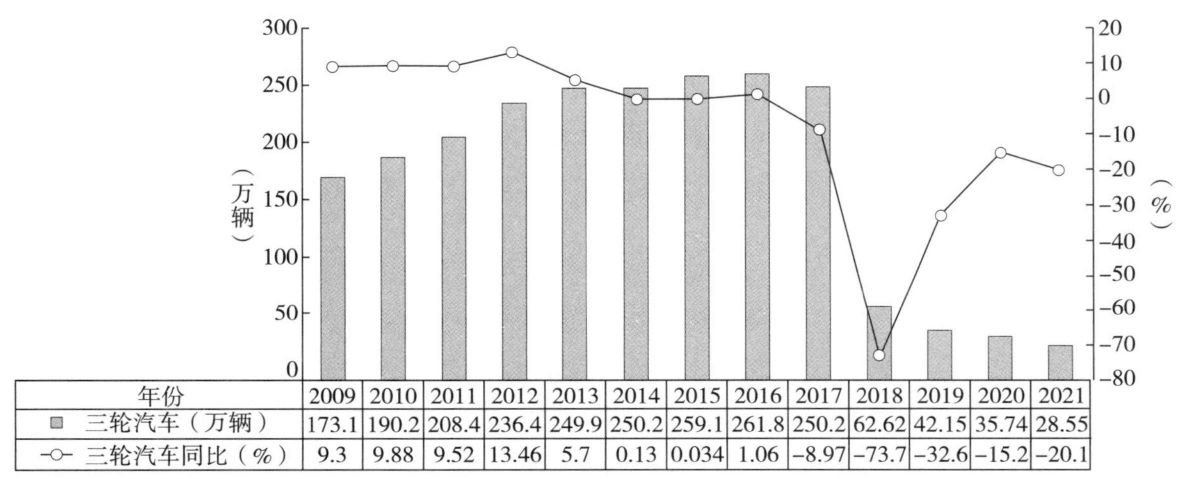

年份	2009	2010	2011	2012	2013	2014	2015	2016	2017	2018	2019	2020	2021
三轮汽车（万辆）	173.1	190.2	208.4	236.4	249.9	250.2	259.1	261.8	250.2	62.62	42.15	35.74	28.55
三轮汽车同比（%）	9.3	9.88	9.52	13.46	5.7	0.13	0.034	1.06	-8.97	-73.7	-32.6	-15.2	-20.1

图 1　2009—2021 年三轮汽车产量走势

2. 产销量月度情况分析

三轮汽车 2021 年同比保持了较低位的运行，最旺销售月份为 3 月，其次为 1 月和 4 月（见图 2）。1 月三轮汽车产量达到了 3.26 万辆，同比增长了 133.75%。进入 3 月，三轮汽车市场消费需求陡增，产量达到 3.79 万辆，创造了全年单月产量最高值，但与 2020 年同期相比产量有所减少。前两个季度总体为销售旺季，销售 16.71 万辆，占全年销量的 58.5%，表现出该产品区域市场的更新需求和新增需求仍有很大潜力。进入 7 月，三轮汽车市场表现出淡季的销售形势，7 月产量达到 1.97 万辆，同比 2020 年减少了 25.2%；9 月产量达到 2.53 万辆；10—12 月产量较 2020 年同期出现较大幅度下降，受新冠肺炎疫情和整体经济结构调整的影响，没有出现销售冲量的现象，销量较 2020 年有一定幅度的下滑。

（三）2021 年低速汽车市场基本特征

（1）为更好地适应农业产业结构变化，低速汽车朝“一机多用化、专用化、区域市场化”方向发展。随着农业机械现代化步伐的加快，农民富裕程度的提高，作为运输工具和农田作业车辆，三轮车的功能发生了深刻变化。田间作业和农村生资、作物转运的季节性较强，用户为提高三轮汽车

图 2　2021 年 1—12 月三轮汽车月度产量走势

产品的利用率，提出了一机多用的新要求，为满足这种市场变化，各生产企业纷纷研发多功能车型。

（2）市场保有量大，受众群体仍集中在农村及农村城镇结合部。低速汽车主要厂家在农村地区都建立了比较健全的营销服务网络。经过二十多年的发展，全国低速汽车总体保有量有 3500 多万辆，各主要生产厂家，在全国县城甚至乡镇都设有经销店或专卖店，建立了比较健全的服务网络，农民购买、维修零部件都极为方便。

（3）以市场为导向，不断推进产品创新，以变应变。为更好地解决宜机化问题，低速汽车各生产企业为设施农业专门开发了果园采摘车、大棚作业车、生资用品转运车；为建设美丽乡村和现代化城镇开发了环卫清扫车、垃圾清运车、洒水车、沼渣沼液吸排车等特色产品；为满足西南地区矿山开采的需要，专门开发了矿用自卸车；为城镇基础设施建设开发了随车起重运输车、检修车；为运输具有保鲜功能的蔬菜、鲜果、水产、畜产等开发了专用车辆；为适应集贸市场的特点，开发了既能运输货物又能进行货架销售的专用车。

（四）2021 年低速汽车市场需求分析

如表 1 所示，三轮汽车按额定载质量一般分为 200kg、300kg、500kg、750kg 四种车型；按驾驶室形式分为半封闭、全封闭、简易棚三种；按卸货方式分为自卸和非自卸两种；按传动方式可分为轴传动、皮带 + 联体、皮带 + 链条三种；按启动方式分为手摇启动和电启动两种；按卸货方式分为自卸和非自卸两种。

表 1　2021 年三轮汽车各型号产销量情况

型号		产量（辆）	占比（%）	销量（辆）	占比（%）
按额定载质量分	200kg	/	/	/	/
	300kg	38592	13.52	28088	9.95
	500kg	221812	77.70	229505	81.33
	750kg	25065	8.78	24594	8.72

续 表

型号		产量（辆）	占比（%）	销量（辆）	占比（%）
按驾驶室形式分	半封闭	111131	38.93	101892	36.11
	简易棚	15841	5.55	15692	5.56
	全封闭	158497	55.52	164603	58.33
按卸货方式分	自卸	141001	49.39	117232	41.54
	非自卸	144468	50.61	164955	58.46
按操纵方式分	方向把	11189	3.92	18936	6.71
	方向盘	274280	96.08	263251	93.29
按启动方式分	手摇启动	358	0.13	5090	1.80
	电启动	285111	99.87	277097	98.20
按传动方式分	皮带+链条	/	/	/	/
	皮带+联体	275494	96.51	273985	97.09
	轴传动	9975	3.49	8202	2.91

三轮汽车产品结构继续沿袭以往的主要形式，以额定载质量500kg的三轮汽车为主导，半封闭、简易棚、全封闭结构形式的三轮汽车所占比例与2020年基本不变。方向盘、皮带+联体的三轮汽车依然是2021年的主导产品。

（五）2021年低速汽车市场竞争分析

纵观三轮汽车市场，优胜劣汰的激烈竞争使一些企业淘汰出局，优强企业保持优势，产业集中度不断提高。

在三轮汽车方面，主要的低速汽车生产企业有山东时风（集团）有限责任公司、山东五征集团有限公司、雷沃重工股份有限公司、山东双力车辆有限公司，前4名企业产量之和占全行业的99.6%，排名前五名的生产企业没有变化，占据市场份额的优势地位比较稳固。

（六）2021年低速汽车典型区域市场分析

三轮汽车产地相对集中，山东省作为三轮汽车的生产大省，产量一直占有绝对优势，稳居龙头位置，2021年较2020年提高1.52个百分点。

三轮汽车销售地区相对集中，2021年山东、河南、甘肃和山西四个区域市场销量之和占三轮汽车总销量的57.11%。河北、辽宁和陕西等区域市场销量约占总销量的21.81%，其他区域市场累计销量占三轮汽车总销量的21.08%。山东、河南、山西是我国三轮汽车的三大销售市场，其销量居全国前列。由于西部大开发的推进，山东市场以25.28%的销售比例位居第一。前10名区域市场销售份额的竞争基本稳定（见表2）。

表 2　　2021 年前 10 名区域市场三轮汽车销售份额占比

区域市场	山东	河南	山西	甘肃	河北	辽宁	陕西	江苏	安徽	湖北	其他
占比（%）	25.28	12.18	10.47	9.18	9.05	7.23	5.53	4.16	3.78	3.66	9.48

（七）2021 年低速汽车市场消费者特征分析

2021 年，全国居民人均可支配收入 35128 元，比上年名义增长 9.1%，扣除价格因素，实际增长 8.1%；比 2019 年增长（以下如无特别说明，均为同比名义增速）14.3%，两年平均增长 6.9%，扣除价格因素，两年平均实际增长 5.1%。其中，城镇居民人均可支配收入 47412 元，增长 8.2%，扣除价格因素，实际增长 7.1%；农村居民人均可支配收入 18931 元，增长 10.5%，扣除价格因素，实际增长 9.7%（见表 3）。

表 3　　2015—2021 年我国城镇和农村居民收入变化

地域分布	指标	2015 年	2016 年	2017 年	2018 年	2019 年	2020 年	2021 年
城镇居民	人均纯收入（元）	31195	33616	36396	39251	42359	43834	47412
	增长率（%）	8.2	7.8	6.5	7.8	7.9	3.5	8.2
农村居民	人均纯收入（元）	11422	12363	13432	14617	16021	17131	18931
	增长率（%）	8.9	8.2	7.3	8.8	9.6	3.8	10.5

注：增长率是扣除价格因素后的数值。

从 2015—2021 年我国居民可支配收入的变化情况来看，城镇居民和农村居民的收入都呈现出较快的增长态势。我国农村居民收入的持续增长为低速汽车的发展带来了积极影响。

从居民消费支出情况看，2021 年，全国居民人均消费支出 24100 元，比上年名义增长 13.6%，扣除价格因素影响，实际增长 12.6%；比 2019 年增长 11.8%，两年平均增长 5.7%，扣除价格因素，两年平均实际增长 4.0%。从城乡看，城镇居民人均消费支出 30307 元，增长 12.2%，扣除价格因素，实际增长 11.1%；农村居民人均消费支出 15916 元，增长 16.1%，扣除价格因素，实际增长 15.3%。

这种消费的持续增长，带动了低速汽车市场的发展，经营净收入增长、新型农民的作业方式的转变，引导三轮汽车新功能的研发，新增和更新复合需求将成为未来几年低速汽车市场新的消费特征。

（八）2021 年低速汽车市场主要生产企业运营状况分析

低速汽车行业有多家核心骨干企业。山东时风（集团）有限责任公司拥有三轮汽车和载货汽车公告资质。三轮汽车有双座车、小型手把车、矿用工程车、果园专用车、垃圾清运车等系列车型，满足了城乡各种需求。多缸三轮车在可靠性、舒适性上更适用于运输，开发了风骏 1360J1、1400K1 笼型结构系列车型，风骏 1280Q1 全封、1280J1 简易棚、1280K1 双座系列车型，实现三轮汽车优化升级。

山东五征集团有限公司三轮车驾驶室的产品主要有五征迈昂驾驶室，五征奥翔 1300、1200、1600、1500、1600A，翔运虎，小银虎，奥翔 1500A，翔瑞虎，凌驭 1600，凌驭 1500，如意虎等多系列产品。

雷沃重工股份有限公司旗下福田五星汽车是三轮汽车、摩托车、五星汽车产业研发、生产厂，主导产品有福田五星果园车、举升车、打药车、观光车、高尔夫球车、电动车等，全年销售三轮汽车

5.1 万辆，排名全国第三。

（九）2021 年低速汽车市场价格走势分析

2021 年国内煤炭、钢材等原材料价格巨幅波动，总体呈不断上涨趋势。1 月煤炭价格由 580 元/吨上涨至 703 元/吨，春节期间上涨至 800 元/吨，3 月回落至 540 元/吨，4 月开始涨价，10 月中旬达到高点。Q5500 大卡动力煤，10 月主流市场价格 1705 元/吨，达到年内最高点，较年初的 505 元/吨累计上涨 1200 元/吨，累计涨幅达 237.62%；10 月下旬价格下行，12 月主流市场趋于理性，但较年初仍上涨 140 元/吨左右。煤价大幅上扬并维持高位运行，煤电企业燃料成本大幅上涨，高企的燃料成本使煤电企业产销成本严重倒挂，企业发电意愿受到压制，电价上涨无疑增加了下游及生产制造成本，造成有的企业巨亏，正常经营难以为继。

2021 年国内冷轧价格震荡向上，螺纹钢 16mm 均价为 4925 元/吨，较 2020 年同比增长 1200 元/吨，同比增长率为 32.21%；5#角钢均价为 5292 元/吨，较 2020 年同比增长 1361 元/吨，同比增长率为 34.62%；20mm 中厚板均价为 5317 元/吨，较 2020 年同比增长 1411 元/吨，同比增长率为 36.12%；3.0mm 热轧卷板均价为 5346 元/吨，较 2020 年同比增长 1426 元/吨，同比增长率为 36.38%；1.0mm 冷轧薄板均价为 6067 元/吨，较 2020 年同比增长 1533 元/吨，同比增长率为 33.81%；0.5mm 镀锌板均价为 6330 元/吨，较 2020 年同比增长 1593 元/吨，同比增长率为 33.63%；219×10mm 热轧无缝管均价为 6056 元/吨，较 2020 年同比增长 1419 元/吨，同比增长率为 30.60%。

从全年形势看，2021 年 1—10 月钢材价格指数呈现倒 V 形走势，钢材价格全年呈现大幅震荡。2021 年 1—4 月呈上行走势，5—10 月高位震荡，11—12 月价格下降。具体而言，4 月下旬到 5 月中旬钢价快速上行，之后在严控大宗商品价格的政策影响下，5 月下旬钢价又出现大幅回调，6 月到 7 月初三大品种价格小幅波动，7 月初螺纹钢、热轧板、冷轧板三大品种价格小幅回升，10 月中旬整体价格呈现小幅波动，从 10 月下旬开始三大品种价格大幅下滑。全年三大品种价格呈现大幅震荡：1—10 月螺纹钢最高价 6120 元/吨，最低价 4270 元/吨；热轧板最高价 6820 元/吨，最低价 4500 元/吨；冷轧板最高价 7250 元/吨，最低价 5360 元/吨。11 月，国内冷轧板价格震荡下行，1.0mm 冷轧板市场均价为 5445 元/吨，比 10 月末下跌 766 元。12 月，国内市场钢材需求相对平稳，钢材价格降幅收窄。

2021 年天然橡胶行情整体呈先高后低态势。1 月我国国产天然橡胶主流报价约为 13000 元/吨，截至 12 月市场主流报价约为 17480 元/吨，年度涨幅约 5.75%。4 月，天然橡胶现货市场行情呈类“V”形态势波动。天然橡胶国产全乳胶报价为 13300 元/吨，月涨 0.81%。7 月，天然橡胶国产全乳胶行情月初大幅上扬之后持续宽幅震荡，呈现“W”形态，7 月底主流报价为 13107.5 元/吨左右，月涨 5.96%。10 月，月涨 4.09%。

焦煤供给不足，国内增产有限、进口受限。2021 年，焦化利润不佳，推动了价格上涨。1 月价格 2370 元/吨，2 月价格上行至 2722 元/吨，3—4 月价格小幅下跌，5 月回归年初水平，6 月焦炭价格一路飙升，9 月达到 3619.9 元/吨，10 月高达 4086 元/吨，11—12 月有所回落，但与期初相比，价格仍上涨了 1100 元/吨左右。

低速汽车作为钢材、橡胶、化工等大宗物资的使用大户，受原材料价格上涨的影响，整车制造成本大幅上升，与2020年同期相比，2021年三轮汽车成本上升1500～3000元/辆，企业经营风险加剧。同时，土地、水资源、物流运输、环境保护、安全生产等相关费用大幅增长，再加上智能化装备的技术改造，电泳、喷涂技术的升级，使企业生产成本压力越来越大。因此，从市场上看，三轮汽车整车售价与2020年相比，2021年部分车型加价500～700元，企业进入了微利甚至负利润时代。

（十）2021年低速汽车产品、技术发展趋势分析

1. 三轮汽车产品开发依法依规，公告生产一致性得到进一步规范

为进一步提升各地道路交通管理水平，全国各地的公安交警部门，联合市场监督管理局、城管执法部门相继对辖区范围内三轮汽车违法行为开展了专项整治活动。这些整治规范工作在优化城市交通环境的同时，也进一步肃清了行业中缺乏生产资质、无法上牌的杂牌军，有助于行业成熟发展。

行业内骨干企业严格依照国家相关规定，认真清理整顿，规范车型参数和产品选装配置，扩展、变更、新增公告，使产品达标运行。通过三轮汽车公告和生产的一致性自我管理，保障了车辆的安全运行，规避了市场风险，实现了公告和开发同步。行业内生产企业开发了大量区域性、特色化专用型产品，在满足农民和农村个性化需求的同时，车型和选装配置也要符合公告管理要求，减少运行风险。

2. 三轮汽车轻量化车型，拓展配置，降低成本，提高竞争力

三轮汽车作为承载车辆，从车身、车架、货厢三大部件方面开展轻量化设计，不是简单地减轻重量，而是在保证整车安全性、NVH、耐久性等功能的前提下，采用高强度板材，优化零部件结构、降低板材厚度、优化零件断面的组合，采用铝合金、尼龙水箱等，不断加大对车型轻量化开发力度，解决部分符合公告尺寸的车型因重量超标导致无法挂牌、影响销售的问题。这样不仅增加了合规车型品种，又能够减少材料消耗降，降低整车重量，减少燃油消耗，降低生产和使用成本，提高产品竞争力。

3. 三轮汽车融合人机工程，配置日趋完善，智能化水平不断提升

三轮汽车融合人机工程、智能传感等先进技术，对整车结构、配置、功能等方面进行了多项优化升级，如增加多媒体、倒车影像、电动门窗、中控门锁、高位示廓灯、仿重卡高位进气管等高端配置，提升了整车性能，打造最高性价比产品。从安全稳定性、操控性、舒适性、耐久性、经济性、便利性全方位转型升级。为增加产品竞争力，2021年简易棚、双座车型持续优化升级，断气刹自卸系列车型增加性能更好的温控辅助散热系统选装配置，同时增加电子助力转向系统选装，在三轮汽车上实现了轿车化驾驶性能，大大减轻驾驶疲劳，深受市场欢迎，该系列车型已成为南方市场销售的主导车型。

4. 在脱贫攻坚、美丽乡村建设中，低速汽车专用化特点日益凸显

2021年，国家在美丽乡村建设、农村“旱改厕”推广应用方面不断加大力度，各大主机厂不断加速专用车开发，小型改装厂也通过采购主机厂底盘，利用主机厂的底盘和公告资源来参与竞争。目前专用车已形成环卫、吸污、喷洒三大系列产品，可满足各地招投标、定做、底盘定制等需求，成为三轮汽车升级的重要产品。为满足建筑工地抑尘绿化使用，开发雾炮车，具有洒水、水炮、喷雾、清洗功能；为满足部分地区矿山开采的需要，开发矿用自卸车；为满足城镇基础设施建设需要，开发随车自装卸车；为设施农业专门开发果园采摘车；开发用于运输蔬菜、鲜果、水产、畜产等具有保鲜功能的多用途车辆，满足了美丽乡村建设多元化、专用化市场需求。

二、2022年低速汽车市场展望

（一）2022年低速汽车需求预测

1. 不利因素分析

展望2022年，外部环境更趋复杂严峻，疫情防控和供应链危机可能继续对全球经济增长产生影响，而通货膨胀、金融市场风险、应对气候变化压力等因素，更增加了世界经济复苏的不确定性。

（1）产品转型升级，关键零部件受到制约

为满足排放升级及智能化管控升级的要求，汽车产品正发生着深刻的变化，整车数字化设计水平越来越高，整车的舒适性、操控性、智能化、绿色低碳指标也越来越高，但由于整车核心零部件的产业化能力滞后，“缺芯少控”的情况时有发生，严重影响生产企业的正常生产。

（2）企业运行成本增加，制造成本上升

为加强大气污染防治工作，工业企业按照“一厂一策”实施停产或限产。生产企业为实现生产环保达标，投资进行技改排放升级，并采用袋式除尘等高效除尘设施等。同时原材料价格及电价的上涨，使企业承受着较高的成本压力，造成制造成本上升。

2. 有利因素分析

（1）消费支出触底反弹，为经济增长提供主要支撑，加快农村基础设施建设，三轮汽车仍是现代农业农村建设的主力军

2022年中央一号文件提出，2022年扎实稳妥推进乡村建设，全面完成高标准农田建设阶段性任务，扎实开展重点领域农村基础设施建设。有序推进乡镇通三级及以上等级公路，较大人口规模自然村（组）通硬化路，实施农村公路安全生命防护工程和危桥改造。扎实开展农村公路管理养护体制改革试点，推进农村供水工程建设改造，配套完善净化消毒设施设备。深入实施农村电网巩固提升工程。推进农村光伏、生物质能等清洁能源建设。实施农房质量安全提升工程，继续实施农村危房改造和抗震改造，完善农村房屋建设标准规范。三轮汽车不管在农村供水工程、路桥工程、危房改造方面都是主力军，使用成本低、操作灵活的特性是其他车辆无法取代的。

（2）国家通过制定积极的财政政策提升效能

一是继续保持适当的赤字规模，支出节奏适当前移，实施新的减税降费政策。二是优化财政支出结构，加大对中小微企业、个体工商户、制造业风险化解等的支持力度，通过财政支出助力供给侧固本培元。三是优化地方政府债务管理，提高地方政府专项债发行与“十四五”重大投资项目匹配度，提高地方债发行和使用效率，提高社会资本参与专项债项目的积极性。四是完善社会保障制度，加快改革户籍制度，降低人户分离人口比例，推进基本公共服务均等化，缓解人口流入地与流出地之间的收支矛盾。

（3）继续适度稳健的货币政策，将降低企业融资成本，保障就业

2022年上半年，货币政策在坚持稳健的基础上，边际上适度宽松，保持实体经济流动性合理充裕。一是统筹用好再贷款、再贴现、直达工具等结构性工具和货币政策总量工具，保持货币政策在宏观调控中发挥有力有效的作用。二是供需两侧双管齐下，增强信贷总量增长的稳定性。缓解信贷需求

端的不合理约束，适度提高市场化高效能主体的信贷意愿，增强对商业银行尤其是中小银行发行永续债的支持力度，提高银行体系信贷投放能力。三是有效降低实体经济存量债务利息负担，缓解大宗商品价格上涨、劳动力市场结构性错配等因素对实体经济尤其是中小微企业造成的成本上升压力。

（4）坚持就业优先政策，加快破除劳动力市场结构性矛盾

一是扩大市场的就业容纳能力，加大对民营企业的减负力度，优化保市场主体援企稳岗的方式。二是促进制造业与高等教育、职业教育、技能培训的互动融合，增强制造业就业机会对青年劳动者的吸引力，缓解制造业招工难问题。三是持续扩大服务业就业的吸纳能力，科学统筹促进生活服务等密接服务业加快修复，吸纳更多农村适龄劳动力到城市务工，提高农村劳动力工资性收入。

（5）提升产业链、供应链韧性，增强产品供给保障能力

一是强化科技创新在初级产品供给保障中的支撑引领作用。加快优化基础研究和基础应用研究支持体系，着力解决产业链、供应链“卡脖子”问题。二是强化能源生产供应能力。加快风能、光能等可再生能源规模化发展，有效发挥煤炭、煤电等传统能源的托底作用，持续完善能源产供储销体系，推动新能源和传统能源形成保障合力，加快推进能源结构调整优化。三是强化粮食现代供应链建设。坚持最严格的耕地保护制度，深入实施“藏粮于地、藏粮于技”战略，加快推进农业机械化、数字农业等现代农业基础设施建设，巩固和提升粮食综合生产能力。加快完善粮食产、购、储、销体系，推动重要农产品国际合作，扎实提升粮食保供稳价能力。

（6）推进组合式税费支持和减费降税政策，大力度为企业减负

2022 年 3 月 5 日，国务院总理李克强在《政府工作报告》中指出，在 2022 年政府工作任务方面，实施新的组合式税费支持政策，坚持阶段性措施和制度性安排相结合，减税与退税并举。延续实施扶持制造业、小微企业和个体工商户的减税降费政策，并提高减免幅度、扩大适用范围。为低速汽车企业的经营带来了更大的利润空间，更有利于企业的自身发展。

（7）乡村振兴战略全面实施，为低速汽车提供舞台

2 月 22 日，2022 年中央一号文件发布，《中共中央　国务院关于做好 2022 年全面推进乡村振兴重点工作的意见》，这是 21 世纪以来第 19 个指导“三农”工作的中央一号文件。文件指出，做好乡村发展、乡村建设、乡村治理重点工作，推动乡村振兴取得新进展、农业农村现代化迈出新步伐。

推进农业农村绿色发展。加强农业面源污染综合治理，深入推进农业投入品减量化，加强畜禽粪污资源化利用，推进农膜科学使用回收，支持秸秆综合利用。建设国家农业绿色发展先行区。开展水系连通及水美乡村建设。实施生态保护修复重大工程，复苏河湖生态环境，加强天然林保护修复、草原休养生息。

这些基础设施的建设，都为低速汽车提供了广阔的发展空间，特别是三轮汽车满足狭窄道路的运输及多功能的作业性能，具有皮实耐用、驾驶灵便的不可替代性，能够承担起大量的建设任务，特别是在无硬化路面的工况下，能快捷高效地完成转运任务，因此三轮汽车具有较大的区域增长空间。

综合有利和不利因素，2022 年，新增需求和更新需求在后三季度稳定或相对增长，特别是在新农村经济活跃的地区会有一定的增量，预计 2022 年三轮汽车与 2021 年持平或相对减少。

（二）2022 年低速汽车市场趋势预测

1. 低速汽车农村保有量大，购车价格低、维护使用成本低

低速汽车始终定位于服务“三农”，以皮实耐用为基本特征，走的是一条符合中国国情和市场经

济规律，能极大满足农村市场和农民需求的发展道路。各生产制造企业立足三农事业，特别注重成本控制，最大限度地降低生产成本和附加利润，保持了低速汽车相对低价位，其价格区间从几千元到两万元，而一般载货汽车，特别是国六排放机型，售价八万元到十几万元。三轮汽车维修保养成本低、配件齐全。在全国县城甚至乡镇都设有经销店或专卖店，有比较健全的服务网络，农民购买、维修零部件都极为方便。当前农民整体收入水平不高，特别是西部地区、山地和相对落后地区，低速汽车在农村市场凭借其独有的性价比优势仍是农村生产活动的首选。

2. 低速汽车环境适应性强

三轮汽车从无到有，从小到大，完全是市场经济的产物，农村路况复杂，弯道、坑洼路、泥土路等都很常见，这使农民对车辆通过性要求较高，相对速度较低，需要用途较多，在简化结构，降低成本的同时，还要具有生资、粮食、水果、蔬菜转运和大棚、设施农业专用等多种功能，品种多，城乡、农村环境适应性强。

3. 适应农村种植结构性变化，专用特征更加明显

农村以前以粮食、经济作物种植为主，现在向蔬菜种植、水果种植、花卉种植、第三产业、商贸经营方面转型，特殊地区还有矿山开采、物料转运等经营活动，三轮汽车因其功用不断细分，有农村物流、工矿、环卫、果园、社区消防等各系列车型不断扩大了新型农民的活动半径，改善了农村生产、生活的环境和条件。

（三）2022年低速汽车产品、技术发展趋势

1. 三轮汽车通过自主创新升级，向高质量发展模式切换，凸显中国国情特色

三轮汽车自20世纪80年代初在中国大地诞生以来，因适合中国国情而得以迅猛发展，成为我国道路交通运输工具的重要组成部分，为我国经济发展和社会建设起到了积极的推动作用。经过了成长期、发展期到成熟期，随着消费群体购买力的提升，产品结构升级、技术升级将成为必然的发展趋势，高端全封车型配置向轻型汽车靠拢，车身全数字化设计，抗震减噪技术取得突破，全包内饰，密闭性好。低端产品仅满足一般功用的果园型、矿山型、半封闭、简易棚等系列产品简化配置，配备小功率发动机，负载轻，车体小，驾驶转向灵便，以轻量化为主基调，满足多元化用户需求，向高质量高效益转型。

2. 三轮汽车节能环保标准日趋严格，节能、减排性能将持续提升

现阶段的三轮汽车整车产品及其使用的发动机排放要严格执行《农用运输车自由加速烟度排放限值及测量方法》和《三轮汽车和低速货车用柴油机排气污染物排放限值及测量方法（中国Ⅰ、Ⅱ阶段）》中第Ⅱ阶段型式核准排放限值要求。为做好碳达峰、碳中和工作，按照国务院发布的《大气污染防治行动计划》，生态环境部将三轮汽车纳入非道路国四标准管理范围，三轮汽车2022年12月1日即将实施《非道路柴油移动机械污染物排放控制技术要求》。排放标准要求，颗粒物限值为0.6g/kwh，CO排放为5.5g/kwh，HC+NOX排放为7.5g/kwh，三轮汽车排放污染物大幅度降低。三轮汽车燃油消耗限值在5.7L/100km以下，最大限度地利用和节约石化资源。各生产企业提前做好国Ⅳ三轮汽车发动机匹配，申报非道路移动机械用柴油机环保认证，全系车型的规划，试验验证到位，争取发动机型式试验及整车公告检测同步，为整车排放升级做好充足的准备。

3. 产品配置不断升级，品种规格日益完善

在当前激烈的竞争形势下，各生产企业不断挖掘潜在需求，不断优化产品结构，开发特色产品，做到适销对路。全封车型选装配置豪华，框架式车架，比以往整体钢梁车架更轻便，更结实，在减重的同时又很好地增加了车身的刚性，比传统的三轮车减重达35%，笼型车身刚性增强30%，成就更高的安全系数。

洒水、喷雾、清洗多种功能模块选装组合的清洁车为三轮车在运输用途之外开辟了新领域。挂桶环卫车增加了推板压缩功能，改进提升机构，性能进一步完善，成为农村垃圾收集转运的特色产品。针对果园、矿用小车型开发的专用车型，丰富了产品品种，满足了市场需求。

4. 小型电动三轮货车在数量上呈上升态势

GB/T 24945—2021《三轮汽车　通用技术条件》于2022年5月1日正式实施，在环保要求、试验方法、可靠性、检验规则等方面出台相应的标准，使电动三轮汽车产品合法化。电动三轮汽车是在传统三轮汽车的基础上，去掉发动机，加装电池、电机及控制器，驾驶灵活，环保节能，使用成本低，深受农民欢迎。在农村电动三轮货车能当代步工具，安全快捷方便，全封型的可以遮风挡雨；电动三轮车也是运输工具，春种的时候，可以运化肥、地膜、农具等，秋收的时候，可以运送庄稼、秸秆等。在市场和农民的双向选择中，电动三轮汽车成为三轮汽车的有效补充。

5. 多缸三轮汽车将迎来较大幅度增长

2022年1月12日，《工业和信息化部　公安部关于进一步加强轻型货车、小微型载客汽车生产和登记管理工作的通知》发布，该通知旨在通过对轻型货车发动机型号、轮胎规格、货厢尺寸等控制达到限制超载治理“大吨小标”的目的。该通知附件《轻型货车、小微型载客汽车安全技术规范》规定轻型货车发动机（柴油）排量不大于2.5L（冷藏车不大于3.0L）；轮胎名义断面宽度不超过195mm；后轮采用单胎的，后轮胎名义断面宽度不超过265mm；货厢内部宽度不大于2100mm（自卸式货车不大于1800mm）。面对新规，很多不合规的载货汽车将不能生产，特别是自卸式货车，无法满足用户多拉快跑的要求。多缸三轮汽车作为单缸三轮汽车和轻型载货汽车的中间产品，具备传递动力效率高，安全可靠的优势，很好地填补了新规导致无法生产的后双胎自卸式货车的空缺，区域市场将迎来快速增长。

（四）2022年市场价格走势分析

2022年，我国经济将按照“稳字当头、稳中求进”的发展要求，推动高质量发展。正视经济运行中的困难、矛盾和问题，如大宗商品价格高位波动，外部环境更趋复杂严峻和不确定等，不断激发宏观动力和微观活力，保持经济增长。从低速汽车使用的大宗物资角度分析，可初步判定未来的价格走势。

据预测，2022年全年中国GDP增速有望达到5.3%~5.5%，季度经济增速保持前低后高态势。全年CPI增速达到2%~3%、PPI增速回落至6%左右，城镇调查失业率稳定在5%左右。这意味着中国经济将会继续维持平稳较快增长，也将继续为全球经济复苏做出重要贡献。

在碳达峰、碳中和的目标下，作为碳排放大户的钢企掀起了一场减碳风暴，国家层面也部署了钢铁去产能“回头看”、粗钢产量压减、取消出口退税等政策。钢材供给收缩，板块逐渐筑底企稳。

2022年一季度冷轧板卷市场价格震荡上涨，行情于2月中下旬有所回落，期内最低价为1月初的5457元/吨，最高价为3月上旬的5738元/吨。截至3月24日，2022年一季度冷轧板卷均价为5573元/吨，较 2021 年同期的 5636 元/吨下跌 1. 12%。2022 年二季度冷轧板卷市场价格先涨后跌，4 月行情达到上半年高点。终端需求方面，冷轧板卷市场需求有较为稳定的季节性规律，4 月终端消费的传统旺季结束后，冷轧板卷市场将经历一段主动降库存行情，市场行情将有所回落。

2022 年一季度国内动力煤市场整体保持高位偏强态势，截至 3 月底 Q5500 大卡动力煤主流市场价格在 750 ~ 850 元/吨，较年初累计上涨 205 元/吨。

2022 年，行业预计受拉尼娜的影响，下游汽车行业需求受"缺芯"及疫情防控影响颇大，尤其是国内卡车胎需求或继续回落，轮胎企业开工率相对疲弱。全国天然橡胶总库存处于高位，但库存持续有所去化，进口量到港不及预期，国内保税库存全年低位运行或为常态。综合分析，天然橡胶基本面缺乏明显的大驱动。预计 2022 年天然橡胶行情将长时间震荡，市场主流报价约为 13000 元/吨，增幅和降幅区间有限。

与低速汽车密切相关的钢材、煤炭等大宗物资价格趋于稳定，天然橡胶价格上涨，各整车生产企业大宗物资采购调控能力较强，同时三轮汽车制造业科技进步、产品升级更新等因素消化了部分上游原材料涨价带来的影响，原材料成本价格较 2021 年总体持平。综合用工成本、环保投资、限产成本、运输等成本因素，整车成本预计与 2021 年持平或略有上升，售价同等配置的三轮汽车价格预计上涨 200 ~ 300 元。区域市场率先实施国四排放的三轮汽车整机会上涨 800 ~ 1000 元，加上营销政策，预计整机会上涨 1000 ~ 1200 元。

（山东时风（集团）有限责任公司　　徐海港　杨　健）

第三部分

国　际　篇

2021 年农业机械进出口回顾与 2022 年展望

2021 年，中国对外贸易持续向好、增势迅猛，进出口规模再创历史新高，全商品货物贸易进出口总值 6.06 万亿美元，同比增长 30.2%。其中，机电产品进出口贸易额达到 3.13 万亿美元，同比增长 25.5%。

虽然受新冠肺炎疫情等因素影响，但我国农业机械出口继续保持高速增长态势，出口再创新高。2021 年农业机械产品进出口贸易额为 147.26 亿美元，同比增长 41.87%，超过全商品和机电产品的进出口增速。

一、2021 年我国农业机械进出口整体情况

1. 进出口贸易额创历史新高

据中国海关统计，2021 年我国农业机械产品（农业机械按商品编码 84 种，其中主机产品 63 种，零部件 21 种）进出口贸易总额为 147.26 亿美元，与 2020 年同期相比（下同）增长 41.87%。其中，出口额 130.26 亿美元，大幅增长 49.20%，创历史新高；进口额 17.00 亿美元，增长 3.09%，略低于 2018 年 17.10 亿美元的历史极值。农业机械对外贸易顺差 113.26 亿美元，增长 42.44 亿美元（如图 1、表 1 所示）。

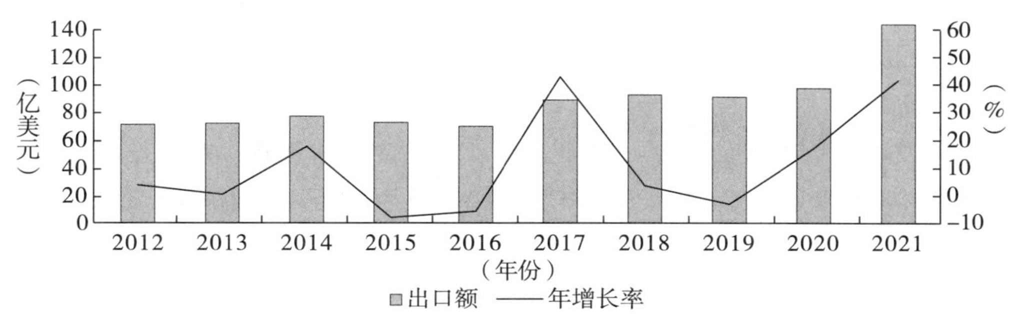

图 1 2012—2021 年中国农机出口走势

表 1 2020—2021 年农机进出口额一览表

	贸易额（亿美元）		增长率（%）	
	2020 年	2021 年	2020 年	2021 年
进出口贸易额	103.80	147.26	9.29	41.87

续 表

	贸易额（亿美元）		增长率（%）	
	2020 年	2021 年	2020 年	2021 年
出口额	87.31	130.26	9.22	49.20
进口额	16.49	17.00	9.67	3.09
出口顺差额	70.82	113.26	9.11	59.92

2. 出口实现全年持续高速增长

2021 年农机出口增幅从 1 月的 22.7% 到 2 月爆发出了 243.5% 的报复性增长，随后各月一直保持 31.2%~62.0% 的增幅，全年增长率达到 49.2%（如图 2 所示）。

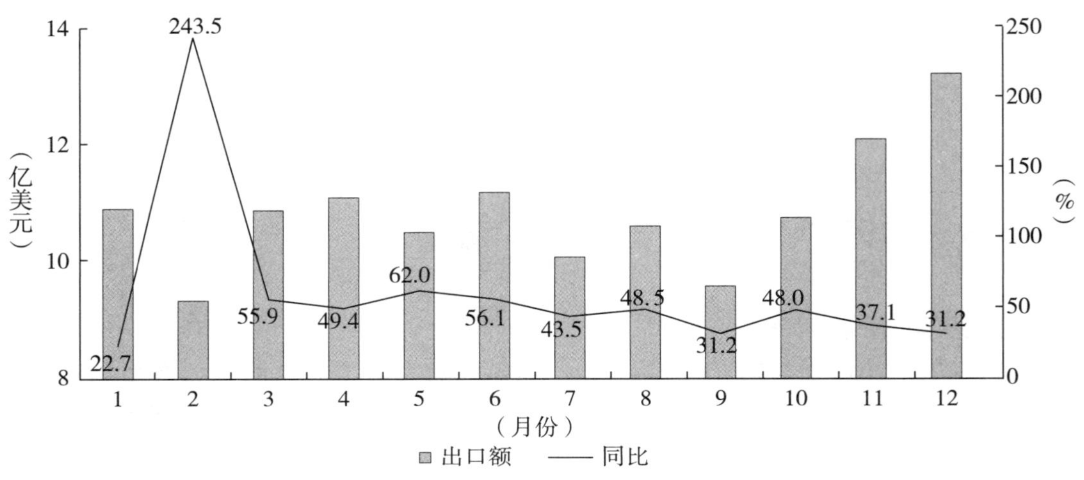

图 2　2021 年农机出口月度走势

3. 出口份额显著提升

据全球贸易观察（GTF）数据显示，2021 年全球农机出口总额约 779.10 亿美元，同比小幅增长 0.20%。其中，中国农机出口 130.26 亿美元，同比增长 49.20%，占全球农机出口市场份额的 16.72%（如表 2 所示）。

2020 年我国农机以 87.31 亿美元的出口额、11.23% 的市场份额首次超过美国（77.39 亿美元，9.95%），位列全球农机出口第二。我国农机出口额连续两年明显好于其他农机产品主要出口国，在全球出口份额显著提升。

2021 年，德国农机产品以 160.16 亿美元的出口额，20.56% 的市场占有率，继续位列全球首位。农机前五大出口国（德国、中国、美国、意大利、法国）累计出口额约占全球农机出口总额的 62.12%。

表 2　2019—2021 年前十大出口国农机出口一览表

	出口额（亿美元）			年增长率（%）		市场占比（%）		
	2019 年	2020 年	2021 年	2020 年	2021 年	2019 年	2020 年	2021 年
总计	804.28	777.56	779.10	-3.32	0.20	—	—	—

续 表

	出口额（亿美元）			年增长率（%）		市场占比（%）		
	2019 年	2020 年	2021 年	2020 年	2021 年	2019 年	2020 年	2021 年
德国	127.76	125.06	160.16	−2.11	28.07	15.89	16.08	20.56%
中国	79.93	87.31	130.26	9.23	49.20	9.94	11.23	16.72
美国	87.03	77.39	97.13	−11.08	25.51	10.82	9.95	12.47
意大利	46.52	44.77	53.95	−3.76	20.50	5.78	5.76	6.93
法国	36.72	34.79	42.45	−5.26	22.02	4.57	4.47	5.45
波兰	22.22	23.30	28.56	4.86	22.58	2.76	3.00	3.67
荷兰	23.28	22.64	26.21	−2.75	15.77	2.89	2.91	3.36
英国	24.80	21.98	24.01	−11.37	9.24	3.08	2.83	3.08
比利时	19.84	15.40	21.20	−22.38	37.66	2.47	1.98	2.72
西班牙	23.26	23.24	20.58	−0.09	−11.45	2.89	2.99	2.64

4. 出口产品结构继续呈优化趋势

2021 年，我国农业机械产品出口额为 130.26 亿美元，其中主机产品出口 85.07 亿美元，同比增长 47.51%；零部件出口 45.18 亿美元，同比增长 52.48%（如表 3 所示）。零部件出口的占比从 2015 年的 44%，逐年下降到 2020 年的 33.94%，2021 年为 34.70%，略有上升。随着整机产品质量提升，代表我国农业装备制造水平的农机主机产品出口呈快速增长趋势，显示出我国农业机械出口结构趋于健康、合理、稳定。

表 3　　2020—2021 年中国农机产品出口结构一览表

	出口额（亿美元）		市场占比（%）		年增长率（%）	
	2020 年	2021 年	2020 年	2021 年	2020 年	2021 年
合计	87.30	130.25	100	100	9.22	49.20
农业机械主机	57.67	85.07	66.06	65.31	15.58	47.51
拖拉机	4.76	7.01	5.45	5.38	8.23	47.27
农用车	9.43	22.91	10.80	17.59	−0.22	142.95
耕作、田间管理机械	4.93	6.99	5.65	5.37	18.95	41.78
收获机械	3.31	3.30	3.79	2.53	1.24	−0.30
园艺牧草机械	27.63	36.72	31.65	28.19	28.62	32.90
粮食加工与家禽养殖机械	7.62	8.15	8.73	6.26	6.40	6.96
农业机械零部件	29.63	45.18	33.94	34.69	−1.34	52.48
180 马力以上柴油机零件	7.45	11.49	8.53	8.82	−13.33	54.23

在农业主机产品出口中，园艺牧草机械全年出口 36.72 亿美元，同比增长 32.90%，为我国出口第一大类农机主机产品，主要出口国有美国（市场占比 23%）、德国（市场占比 10%）、英国（市场占比 5%）、法国、澳大利亚、印度、波兰、俄罗斯、意大利、加拿大等。位列第二的农机出口产品是农

用车（包括柴油货车、牵引车），全年出口 22.91 亿美元，同比增长 142.95%，在各类农机出口中增速最高，主要出口国有智利（市场占比 18.8%）、澳大利亚（市场占比 13%）、沙特阿拉伯（市场占比 5.5%）、秘鲁、南非、哥伦比亚、越南、菲律宾、厄瓜多尔、新西兰等。其中对智利出口最为亮眼，出口额从 2020 年的 0.9 亿美元，猛增到 2021 年的 4.3 亿美元，年增速达到 377.78%。粮食加工与家禽养殖机械位列第三，全年出口 8.15 亿美元，同比增长 6.96%，主要出口国有印度（市场占比 12%）、越南（市场占比 6.9%）、印度尼西亚（市场占比 6.8%）、泰国、美国、菲律宾、孟加拉国、尼日利亚、巴基斯坦、柬埔寨等。

5. 主要出口市场格局稳定，"一带一路"、RCEP 市场稳步发展

2021 年，我国农机产品向全球 214 个国家和地区完成出口。出口欧洲市场 35.89 亿美元，同比增长 59.65%，超越传统亚洲市场，位列第一，占我国农机出口总额的 27.55%；出口亚洲市场 35.4 亿美元，同比增长 26%，位列第二，占我国农机出口总额的 27.19%；出口北美洲市场 27.7 亿美元，同比增长 44.9%，位列第三，占我国农机出口总额的 21.3%；出口拉美市场 16.1 亿美元，位列第四，增速达到 104%（主要增长点是智利和秘鲁），占比从 2020 年的 9% 增加到 12.3%；出口非洲市场 7.9 亿美元，同比增长 34.3%，占比降幅为 6%；出口大洋洲 7.3 亿美元，同比增长 90%，占比 5.6%。2021 年我国农机对"一带一路"沿线 64 个国家和地区的出口额为 44.1 亿美元，占同期农机出口总额的 34%，同比增长 32%；对 RCEP（区域全面经济伙伴关系协定）国家的出口额为 26.6 亿美元，占同期农机出口总额的 20.1%，同比增长 41.5%。

出口额排名前 20 的国家和地区，其出口额占我国农机出口总额的比重为 68.1%，涉及亚洲、欧洲、北美洲、拉丁美洲、大洋洲，涵盖了发达国家和发展中国家，具有较强的代表性，体现出我国农业机械出口的特点。

2021 年，我国农业机械出口额排名前十的国家依次为美国（一直保持第一的位置）、德国、澳大利亚、俄罗斯、智利、印度、英国、越南、泰国、法国。其中出口额增长最快的是智利，增长率为 318.80%，其次为英国，增长率为 83.33%（如表 4 所示）。

表 4　2020—2021 年我国农机主要出口市场一览表

序号	出口额（亿美元）				占比（%）		
	国别名称	2020 年	2021 年	增长率（%）	2020 年	2021 年	增减
1	美国	17.58	25.21	43.40	20.14	19.36	-0.78
2	德国	4.11	6.42	56.20	4.71	4.96	0.22
3	澳大利亚	3.15	5.74	82.22	3.61	4.41	0.80
4	俄罗斯	2.96	4.95	67.23	3.39	3.80	0.41
5	智利	1.17	4.90	318.80	1.34	3.76	2.42
6	印度	4.10	4.47	9.02	4.70	3.43	-1.27
7	英国	2.04	3.74	83.33	2.34	2.87	0.53
8	越南	2.83	3.73	31.80	3.24	2.86	-0.38
9	泰国	2.03	3.33	64.04	2.33	2.56	0.23
10	法国	1.91	3.27	71.20	2.19	2.51	0.32

续 表

序号	出口额（亿美元）				占比（%）		
	国别名称	2020 年	2021 年	增长率（%）	2020 年	2021 年	增减
小计		41.88	65.76	57.02	47.97	50.49	2.52
其他		45.42	64.49	41.98	52.03	49.51	-2.52
总计		87.30	130.25	49.20	100	100	0

6. 进口相对稳定

2021 年，我国农机产品进口 17.00 亿美元，同比增长 3.16%。主要进口产品为农业机械零部件（占比 56.88%），收获机械（占比 12.59%），粮食加工与家禽养殖机械（占比 10.12%），园艺牧草机械（占比 9.59%），拖拉机（占比 4.47%），农用车（占比 4.00%）（如表 5 所示）。

表 5　2020—2021 年中国农机产品进口结构一览表

	进口额（亿美元）		占比（%）		增速（%）	
	2020 年	2021 年	2020 年	2021 年	2020 年	2021 年
合计	16.48	17.00			9.67	3.16
农业机械主机	7.77	7.33	47.15	43.12	12.77	-5.66
拖拉机	0.48	0.76	2.91	4.47	-43.97	58.33
农用车	0.60	0.68	3.64	4.00	10.28	13.33
耕作、田间管理机械	0.47	0.40	2.85	2.35	10.18	-14.89
收获机械	2.88	2.14	17.48	12.59	13.63	-25.69
园艺牧草机械	1.41	1.63	8.56	9.59	15.37	15.60
粮食加工与家禽养殖机械	1.93	1.72	11.71	10.12	48.13	-10.88
农业机械零部件	8.71	9.67	52.85	56.88	7.04	11.02
180 马力以上柴油机零件	5.16	5.71	31.31	33.59	20.44	10.66

农业机械零部件的进口占比从 2020 年的 52.85% 上升到 2021 年的 56.88%，同比增长 11.02%；农业机械主机进口占比从 2020 年的 47.15% 下降到 2021 年的 43.12%，年增速为 -5.66%。零部件中的 180 马力以上柴油机零件是进口额最大的商品（5.71 亿美元，同比增长 10.66%，占农机进口总额的 33.59%），进口额位列第二的是未列名收割机（0.95 亿美元，同比增长 116%，占农机进口总额的 5.6%），进口额位列第三的是联合收割机（0.82 亿美元，同比增长 316%，占农机进口总额的 4.8%）。前十大进口国依次是德国（4 亿美元，增长 29.5%）、美国（3.5 亿美元，降低 22%）、日本（2.1 亿美元，降低 13%）、意大利（1 亿美元）、法国、荷兰、英国、比利时、奥地利、墨西哥，这十国的进口额占我国农机进口总额的 80.1%，其中前三国（德国、美国、日本）累计占比 57%。

二、重点产品出口分析

1. 拖拉机出口从小型机械向中大型机械转变趋势加快

2021 年我国拖拉机出口 13.9 万台，较之 2020 年同比增长 9.6%；出口额 7 亿美元，同比增长 47.2%。其中，100 马力以上的大型拖拉机（以下简称“大拖”）出口数量和出口额均大幅增长。大拖出口 6821 台，同比增长 64.6%；出口额 2 亿美元，同比增长 65.2%。大拖出口占拖拉机出口总额的 28.6%，主要出口国为俄罗斯、乌克兰、哈萨克斯坦、埃塞俄比亚、法国，出口额增速均超过 80%。对俄罗斯出口 1316 台，出口额 4080 万美元；对乌克兰出口 1374 台，出口额 3947 万美元；对哈萨克斯坦出口 487 台，出口额 1500 万美元；对埃塞俄比亚出口 433 台，出口额 1400 万美元；对法国出口 328 台，出口额 1252 万美元，这五国占大拖出口额的 60.8%。

25～100 马力的中型拖拉机（以下简称“中拖”）出口也大幅增长。2021 年中拖出口 33994 台，同比增长 21.4%；出口额 3.73 亿美元，同比增长 55.4%。中拖出口占拖拉机出口总额的 53.3%，主要出口国为法国、乌克兰、澳大利亚、美国、埃及、德国、马来西亚、俄罗斯，出口额均超过 1000 万美元。其中美国和德国的出口额增速较快，分别为 195%、173%。

25 马力以下的小型拖拉机（以下简称“小拖”）出口略有增长。2021 年小拖出口 20614 台，同比增长 2.9%；出口额 5220 万美元，同比增长 13.6%。主要出口国为乌克兰、俄罗斯、白俄罗斯等。其中出口乌克兰 13833 台，出口额 3689 万美元，占小拖出口额的 70.7%。出口均价是 2532 美元/台，比 2020 年增加 10.5%。

手扶拖拉机（以下简称“手拖”）出口小幅增长。2021 年手拖出口 77370 台，同比增长 3.8%；出口额 7091 万美金，同比增长 8.4%。主要出口国为孟加拉国、乌克兰。其中出口孟加拉国 33639 台，出口额 4039 万美元，占手拖出口额的 57.7%。出口均价是 916 美元/台，比 2020 年增加 4.5%。

2021 年我国拖拉机出口国家和地区达 174 个，其中出口乌克兰 1.08 亿美元，占 15.44% 的市场份额，排名第一；出口法国 0.66 亿美元，排名第二。中大型拖拉机出口额占拖拉机出口总额的比重已超过 3/4，说明我国拖拉机出口结构已逐步优化调整，拖拉机出口从小型机械向中大型机械转变趋势加快。

2. 收获机械出口相对稳定

2021 年我国各类收获机出口额为 3.3 亿美元，同比减少 0.53%。虽然受到棉花采摘机出口大幅下滑的影响，但作为主力市场的联合收获机出口大幅增长，所以收获机整体出口相对稳定。

2021 年联合收获机出口 15741 台，同比增长 22.7%；出口额 2.84 亿美元，同比增长 32.7%。90% 左右的收获机出口集中在亚洲，联合收获机出口额排名前十的国家依次是孟加拉国、印度尼西亚、印度、菲律宾、斯里兰卡、泰国、越南、哥伦比亚、秘鲁、厄瓜多尔（如表 6 所示）。出口均价是 18064 美元/台，比 2020 年增加 8.1%。

表 6　　2021 年联合收获机主要出口市场一览表

序号	国别名称	出口额（万美元）	同比（%）	出口量（台）	同比（%）
1	孟加拉国	4785.59	171.94	2432	167.55

续 表

序号	国别名称	出口额（万美元）	同比（%）	出口量（台）	同比（%）
2	印度尼西亚	3976.86	13.94	2401	1.57
3	印度	3910.05	16.56	2219	2.40
4	菲律宾	3194.09	95.85	1745	84.07
5	斯里兰卡	2948.01	84.25	1912	79.03
6	泰国	1848.14	1018.10	772	543.33
7	越南	992.27	538.07	565	194.27
8	哥伦比亚	812.88	-6.54	484	-3.39
9	秘鲁	760.31	31.01	487	24.87
10	厄瓜多尔	441.02	-33.34	253	-39.90

排名第二的棉花收获机出口额为 1468 万美元，同比减少 84%，主要出口国为土耳其、土库曼斯坦、阿拉伯联合酋长国、阿塞拜疆等。其他脱粒机排名第三，出口额为 1267 万美元，同比增长 43%。

3. 割草机出口目的地集中度提高

2021 年，园艺牧草机械出口 36.72 亿美元，同比增长 32.9%。其中割草机出口 22.55 亿美元，同比增长 52.5%，位列农机单项产品出口第一。割草机出口排名前几位的国家是美国、德国、英国、法国、澳大利亚、波兰，年出口额均在 1 亿美元以上。出口美国 5.24 亿美元，占我国割草机出口总额的 23.2%。

4. 柴油货车出口大幅增长

总重 5 吨以下的其他柴油货车出口 14.1 万台，出口额为 16.3 亿美元；出口均价为 11592 美元/台，同比增长 170%。此类产品出口大幅度增长，带动了农用车出口，进而带动了整个农机产品出口的高速增长。主要出口国有智利（3.9 亿美元，年增长 392%）、澳大利亚（2.9 亿美元，年增长 154%）、沙特阿拉伯（1.2 亿美元，年增长 197%）、南非（0.96 亿美元，年增长 607%）。

180 马力以上的柴油机零件出口额为 11.5 亿美元，年增长 54.3%，主要出口国有美国（4 亿美元）、德国（0.84 亿美元）、英国（0.65 亿美元）。

三、我国农业机械进出口特点

1. 多重因素，拉动全球农机市场需求

根据美国设备制造商协会（AEM）发布的统计报告，2021 年全球农机销售增长约 6.5%，其中美国、加拿大和俄罗斯的拖拉机、联合收获机的销量普遍增长。美国拖拉机销量 31.8 万台，同比增长 10.3%，联合收获机销量 6272 台，同比增长 24.7%；加拿大拖拉机和联合收获机销量分别增长 19% 和 23%；俄罗斯拖拉机和联合收割机销量分别增长 11% 和 28%。

国际粮价上涨释放海外农机需求。新冠肺炎疫情暴发后，各国愈发重视粮食安全，对粮食出口进行了限制，推高了国际粮价。2021 年全球粮食价格指数创 10 年新高。据联合国粮食及农业组织统计，2021 年全球粮食进口额高达 1.75 万亿美元，比 2020 年增长 14%，上涨主要原因是国际贸易粮食商品价格水平整体提高以及运费上涨。

在此背景下，各国政府纷纷出台农机购置补贴政策，以此促进农机销售。如孟加拉国政府出台了重点针对收割机产品的农机补贴政策，使孟加拉国成为我国联合收获机第一进口国，进口额同比增长171.94%；英国各级政府部门出台了农机补贴补助政策，且不少私人基金会和相关组织也有相应的捐赠计划，小农场主可从中获得资金，使农机设备得到更新；津巴布韦税务局于2021年1月宣布对部分农业机械免征进口关税和增值税，拖拉机、联合收获机、施肥机、干草打包机等农机均在免征范围之内。

综上，国际粮食价格维持高位，推动粮食种植面积扩大，海外农机需求得到进一步释放。各国政府特别是亚洲各国政府的农机购置补贴政策，也助推了中国农机的出口。

2. 核心竞争力明显增强

我国农机装备行业规模连续多年保持快速增长，行业数据显示，我国农机生产企业总数超过8000家，规模以上企业超过1700家。农机产品数量达到4000多种，主要产品年产500万台（套），市场规模占全球市局规模的45%以上，出口占全球市场份额的16.7%。在经历了市场多年激烈竞争洗礼后，产品品质、技术创新能力均有较大提升，国际核心竞争力明显增强。与发达国家相比，产品具有较强的互补性，尤其是中小型产品竞争优势突出；与发展中国家相比，我国农机产品性价比优势突出，竞争力较强。

3. 龙头企业出口业绩突出

2021年国内农机行业总体呈现良好运行态势，农机产业集中度不断提高，龙头企业出口业绩持续增长，品牌影响力提升。

2021年潍柴雷沃全年实现营业收入175亿元，同比增长27%；利润总额突破6亿元，同比增长164%。

2021年一拖实现营业收入93.34亿元，同比增长23.1%。其中，农业机械营业收入84.62亿元，动力机械营业收入22.77亿元。在产品销售方面，实现大中型拖拉机销售6.93万台，同比增长29.35%；出口额增幅为30.02%，利润增长31%，实现了非洲、拉美、中东欧及俄语国家等海外重点市场的销量增长。

2021年中联重科出口农业装备2.5亿元，同比增长40%，主销产品为履带式水稻收割机、大中型拖拉机、甘蔗收割机，主要出口市场为东南亚、南亚、拉丁美洲等。

2021年江苏沃得全年实现营业收入99亿元，利润14.5亿元，其中水稻收获机出口同比增长8%。

2021年时风集团全年实现出口5760万美元，同比增长17%。

2021年山东永佳动力出口额为3320万美元，增长率为21.07%，利润增长率为3%。

4. 外资品牌出口强势增长

跨国农机企业将中国工厂定位为全球制造基地，借助我国完整的产业链及成本优势，扩大产品出口。

2021年，约翰迪尔（中国）销售总额增长20%，实现出口业务稳定增长，在中国的两家工厂出口农机产品约11.5亿元，其中拖拉机销售额和销量均翻番；凯斯纽荷兰（中国）全年销售额达15亿元，同比增长50%左右；爱科（中国）整机销量同比增长83%，销售额同比增长55%，出口整机销量同比增长87%，出口创汇同比增长59%；道依茨法尔（中国）农机产品销量同比增长27%，出口销量同比增长53%；久保田（苏州）公司业绩较2020年同比增长13%，出口业绩同比增长超过45%，成为日本久保田集团重要的海外生产基地，主要面向东盟等地区出口农机产品。

5. 出口利润降低

2021年原材料价格上涨、国际运费大幅上涨、汇率大幅波动“三重压力”持续压缩企业利润空间，叠加限电、停工等各种因素导致的供应链紧张，使得企业出口经营难度加大，利润率明显下降。市场调查显示，许多农机制造企业的利润较之2020年下降2%~5%。这对利润本来就低的农机行业来说，无疑雪上加霜。

6. 高端农机依赖进口

我国农机虽然产业配套体系相对健全，但大而不强，多而不精，农机工业水平仍处于全球产业链中低端，智能化高端农机在农机总体规模中占比不到10%。国产大农机在设计、材料、工艺方面与国外品牌还存在明显差距，动力换挡和无级变速技术、液压系统技术等大型农机关键技术、核心零部件及高端农机装备主要依赖进口。国内农机高端市场被进口农机垄断，如250马力以上的大型农机中，进口农机占90%以上，外资品牌的青饲料收获机依靠其高端技术牢牢控制着我国的大型牧场。

7. 产品稳定性和可靠性有待提升

目前我国农业机械特别是大农机仍然存在研发能力较弱、创新能力不足、农机作业效率低、故障率高等问题，农机产品的稳定性和可靠性与国际品牌相比差距较大。据统计，我国拖拉机平均故障间隔时间仅为国外品牌产品的30% ~50%。

从市场份额占比来看，我国大农机出口目的地仍以发展中国家为主，出口欧美等发达国家的大农机仍以外资品牌为主。目前我国农机还没有进入国际主流市场，也没有一个真正的跨国品牌。

四、我国农业机械行业发展展望

1. 多重利好政策频出

2021年12月，农业农村部印发《“十四五”全国农业机械化发展规划》，明确我国农业机械化发展目标。2022年中央一号文件《中共中央　国务院关于做好2022年全面推进乡村振兴重点工作的意见》明确提出：提升农机装备研发应用水平，全面梳理短板弱项，加强农机装备工程化协同攻关，加快大马力机械、丘陵山区和设施园艺小型机械、高端智能机械研发制造并纳入国家重点研发计划予以长期稳定支持。以上政策对农机行业是多重利好，助推我农机企业转型升级的步伐。因此笔者预测我国农机装备产业面临的前景必定是向好的。

2. 行业竞争格局不断优化

目前全球农机制造行业已形成农机生产巨头规模化竞争和中小企业专业化竞争并存的局面。我国农机制造企业数量众多，竞争激烈，一直存在低水平重复制造，行业结构散、乱等问题。近年来，我国农机行业集中度呈逐渐上升的趋势，竞争格局出现了较大变化，行业领先、产业链条完整、技术先进的规模以上农机制造企业持续扩大生产，规模效应不断显现；一些中小规模的农机企业难以实现规模经济，不具备核心竞争力，逐渐被市场淘汰。在此背景下，只有推动大企业做大做强、中小企业做专做精，集中力量攻克重要农机短板，才能提升我国农机行业的整体竞争力。

3. 挑战与机遇并存

当前我农机市场正处于发展机遇期，市场结构性调整方向为大型化、高端化、智能化。未来 3 ~ 5 年，依托强大的内需市场支撑，以及国际、国内双循环驱动，我国农机制造企业可凭借完备的产业链，提升全球竞争力。

2022 年农机市场的竞争会更加激烈，一方面是国内大企业大品牌之间的行业排位之争，另一方面是国际大品牌与国内品牌之间的市场份额之争。我国农机制造企业只有不断完善优化产品结构，提升产品品质，完成传统产品的升级换代，突破高端产品的行业壁垒，聚焦新兴小众农机产品的有效供给，才能提升在全球市场的核心竞争力。

2022 年国际形势复杂多变，全球粮食安全将面临新的严峻挑战。全球粮食价格仍然会维持高位，势必会刺激粮食种植面积增长，这会增加用户对农机的需求及加快老旧农机的更新换代。我国农机制造企业需把握全球农机市场需求变化，强化与不同国家产业链上下游合作，完善海外服务体系，推进属地化运营，并借力“一带一路”倡议、“RCEP”战略，以优质的产品和服务，打造中国农机品牌，不断提高市场占有率，使中国从“农机大国”向“农机强国”迈进。

（中国机电产品进出口商会　　伍静芳）

印度农机市场发展情况

一、印度农业现状综述

印度是粮食、棉花、园艺作物、奶制品、家禽肉类、水产养殖和香料的主要出口国，世界第二大农业生产国。2017 年印度的农业生产总值为 4040 亿美元。1970—2001 年，印度的农业生产总值从 250 亿美元增加到 1010 亿美元；2001—2020 年，农业生产总值飙升到 4040 亿美元。目前，除油菜籽外，印度的主要农产品绝大多数已实现自力更生。在过去的 70 年里，印度的土地利用发生了重大变化。水稻、小麦、豆类、油菜籽、马铃薯、棉花、甘蔗等作物的种植面积明显增加，而高粱、杂粮和花生的种植面积有所下降。各种作物的生产率均呈增长趋势，但不同作物、不同时期的生产率增长幅度有所不同。1950—1991 年的产量增幅远高于 1990—2020 年的产量增幅。此外，2012—2017 年，作物的种植面积和产量的变化不是很大（如表 1 所示）。

表 1　　2012—2019 年印度主要农作物种植面积和产量一览表

序号	农作物	种植面积（百万公顷）/产量（百万吨）	2012 年	2013 年	2014 年	2015 年	2016 年	2017 年	2018 年	2019 年
1	水稻	种植面积	43.95	44.14	44.1	43.39	43.56	43.77	44.15	43.78
		产量	106.54	106.7	105.5	104.4	109.7	112.76	116.48	118.43
2	小麦	种植面积	31.19	30.47	31.46	30.23	30.58	29.65	29.32	31.45
		产量	95.91	95.9	86.5	92.3	98.5	99.87	103.60	107.59
3	玉米	种植面积	9.43	8.96	8.55	8.69	10.24	9.38	9.03	9.72
		产量	24.35	24.17	22.5	25.9	28.72	28.75	27.72	28.64
4	所有豆类	种植面积	25.23	25.21	23.55	25.26	25.85	29.80	29.17	28.34
		产量	19.27	19.3	17.2	16.4	23.1	25.42	22.08	23.15
5	花生	种植面积	5.53	5.5	4.77	4.6	4.15	4.89	4.73	4.89
		产量	9.67	9.7	7.4	6.74	5.48	9.25	6.73	10.10
6	油菜籽、芥菜	种植面积	6.7	6.65	5.8	6.51	6.89	5.98	6.12	6.78
		产量	7.96	7.88	6.28	6.8	8.5	8.43	9.26	9.12
7	马铃薯	种植面积	12.2	11.72	10.91	11.66	11.39	10.33	11.13	12.09
		产量	11.99	11.86	10.37	8.6	13.79	10.93	13.27	11.22

续 表

序号	农作物	种植面积（百万公顷）/产量（百万吨）	2012 年	2013 年	2014 年	2015 年	2016 年	2017 年	2018 年	2019 年
8	油菜籽合计	种植面积	28.53	28.05	25.6	26.13	26.67	24.50	24.80	27.04
		产量	32.88	32.74	27.51	25.3	31.3	31.46	31.52	33.42
9	甘蔗	种植面积	5.01	4.99	5.07	4.95	4.44	4.74	5.06	4.57
		产量	350.02	352.1	362.3	352.16	306.1	379.90	405.42	355.70
10	棉花	种植面积	11.69	11.96	12.82	12.29	10.83	12.59	12.57	13.37
		产量 *	36.59	35.9	34.8	30.15	32.6	32.81	27.93	35.49
11	蔬菜合计	种植面积	9.2	9.4	9.54	10.1	10.29	10.26	10.10	10.32
		产量	162.2	162.9	169.5	169	175	184.39	185.86	189.46
12	水果合计	种植面积	7.19	7.22	6.11	6.3	6.48	6.51	6.65	6.70
		产量	86.82	89	86.6	90.18	92.85	97.36	98.58	100.45

* 百万捆，每捆 170 公斤。

资料来源：Singh（2019）；Singh（2016）；年报（2016—2017）；Data Book 2021 ICAR IASRI。

在过去的 60 多年里，印度的作物密度从 1950 年的 111 增加到 2014 年的 141.6，主要是由于同期总灌溉面积从 2260 万公顷增加到 9646 万公顷。在印度，63% 的农户土地种植面积不足 1 公顷，占总经营面积的 19%；超过 86% 的土地种植面积低于 2 公顷，占总经营面积的 40%。究其原因，农场经营的分散，农场的平均种植规模从 1970 年的 2.82 公顷缩小到 2015 年的 1.08 公顷。在过去的 50 年里，印度农场的数量从 1970 年的 7100 万个增加到 2015 年的 1.46 亿个，增长了 105%。

印度的主要粮食作物有水稻、小麦、玉米、粟米、珍珠粟、鸭脚稗和豆类；主要经济作物有棉花、黄麻、甘蔗、油菜籽等；主要水果和蔬菜有苹果、桃、梨、杏、扁桃、草莓、核桃、杧果、香蕉、柑橘类水果、马铃薯、洋葱和胡萝卜等；主要种植园作物有茶、咖啡、香料（豆蔻、辣椒、生姜、姜黄）、椰子、槟榔和橡胶等（如表 2 所示）。

表 2　　印度不同作物种植面积一览表　　单位：百万公顷

作物	1950 年	1990 年	2016 年	2019 年
水稻	23.5	23	21.6	22.3
小麦	7.6	12.9	15.4	16.1
高粱	11.8	7.6	2.2	2.4
珍珠粟	7.4	5.8	3.4	3.8
玉米	2.5	3.2	4.9	5.0
谷物合计	61.1	55.5	48.7	48.2
鹰嘴豆	5.9	4	5	—
树豆	1.7	1.9	2.3	—

续 表

作物	1950 年	1990 年	2016 年	2019 年
豆类合计	15. 6	13. 4	15. 1	14. 5
粮食合计	76. 7	68. 9	63. 8	65. 1
花生	3. 3	4. 5	2. 3	2. 5
油菜籽、芥菜	0. 8	2. 8	3. 6	3. 5
马铃薯	—	1. 4	5. 7	6. 2
油菜籽合计	8. 3	13. 5	13. 2	13. 8
甘蔗	1. 3	2. 1	2. 7	2. 3
水果合计	0. 6	1. 4	3. 4	3. 4
蔬菜合计	1. 2	2. 2	5. 4	5. 3
棉花	4. 3	4. 1	6. 3	6. 8
纺织纤维合计	5. 1	4. 7	6. 7	—
总计	131. 9	185. 7	193. 1	196

资料来源：Singh（2019）；Data Book 2021 ICAR IASRI。

从过去作物的种植趋势可以清楚地看出，产量增长或价格上涨的作物，种植面积有所扩大。

二、印度农业机械化发展情况

1. 机械化发展概况

在集约化农业的各种投入中，农业机械化通过作业的及时性、投入要素的高效率使用、土壤和水资源的节约，在提高农业产量和生产率方面做出了重大贡献，使产量提高了 10%~15%。除提高种植密度外，还减少了农场的损失、对环境的污染和农民的繁重劳作。在劳动力短缺和农业企业盈利不断下降的情况下，需要性能好、价格低和节能的设备实现作物的高效生产和加工。这些设备和技术通过定位管理措施提高了产量，降低了种植成本，增加了收益。农民已认识到这些优势，因此机械化率在全国大部分地区呈现出增长趋势（如表3 所示）。然而，适合种植的设备类型和引进新设备的速度需要根据具体需求采用多学科方法加以考虑。

表 3　　2018 年印度农场机械化水平（总体机械化水平大概 55%）

不同阶段	机械化水平
土壤作业和苗床准备	60%
播种和移植	40%
植物保护	50%
灌溉	45%
收割和脱粒	小麦和水稻可达 70%~80%，其他不足 25%

资料来源：Singh and Singh（2018）。

2. 拖拉机销售趋势

印度拖拉机销售2004—2013年呈上升趋势，2014年和2015年略有下降，2020年再次出现上升势头（如图1所示）。2004年拖拉机国内销量为24.7万台，2011年度增加到60.7万台，复合年增长率（CAGR）为12.73%。2013年，销量再次呈大幅上升趋势，约为69.7万台，复合年增长率为10.18%。2005—2020年复合年增长率为6.5%。2016—2017年不同马力拖拉机的生产和销售情况见表4。印度拖拉机销售多年来的增长趋势表明农民对农用机械和设备的接受程度在不断提高。

图1分析了2004—2020年拖拉机的出口趋势。2004年拖拉机出口量为20076台，2020年增加至88621台，复合年增长率为6.5%。

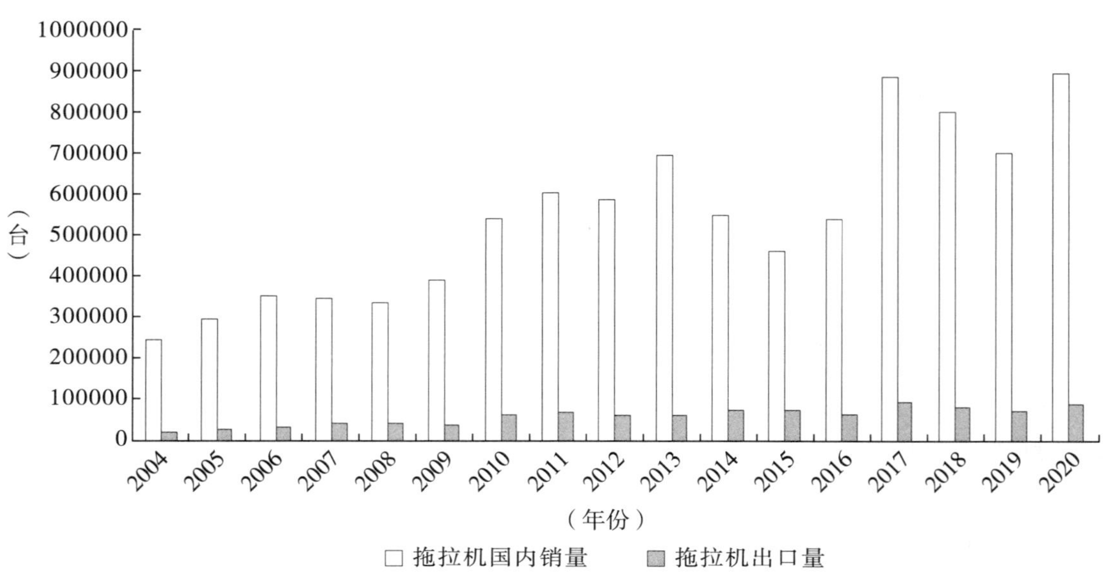

图1　印度2004—2020年拖拉机国内销量和出口量

资料来源：Singh（2016）；Singh（2016a）；Singh（2021）。

在全国所有的拖拉机制造企业中，2016—2018年销售额排前五名的制造商有Mahindra & Mahindra集团、TAFE集团、Sonalika、Escorts和John Deere（如表5所示）。2009—2012年这五家制造企业的拖拉机销量占全国拖拉机销售总量的90%以上，2018年约占93%。就单个制造企业而言，2018年拖拉机市场占比前五位排序依次是Mahindra & Mahindra集团（42.47%），TAFE集团（19.10%）、Sonalika（12.20%）、Escorts（11.03%）和John Deere（8.76%）。2009—2017年，其他制造企业，如New Holland、SAME、VST、HMT和Force Motors的市场份额累计占拖拉机销售总额的9%~15%。表4对2016—2017年不同厂家销售的各种型号的拖拉机进行了分析。2016年在不大于20马力范围内，拖拉机销量排名第一的是Mahindra & Mahindra集团，VST排名第二，Sonalika排名第三；在21~30马力范围内，Mahindra & Mahindra集团再次排名第一，TAFE集团排名第二，Sonalika排名第三；在31~40马力范围内，Mahindra & Mahindra集团位居第一，TAFE集团位居第二，Sonalika位居第三，Escorts位居第四；41~50马力的拖拉机系列是最受欢迎的，Mahindra & Mahindra集团销量排名第一，TAFE集团位列第二，Escorts位列第三，Sonalika位列第四，John Deere位列第五；在大于50马力范围内，Mahindra & Mahindra集团排名第一，John Deere排名第二，Sonalika排名第三，New Holland排名第四。

表 4 **2016—2017 年印度主要企业不同马力拖拉机销售一览表** 单位：台

制造企业	马力范围	产量		销量		出口		合计	
		2016 年	2017 年	2016 年	2017 年	2016 年	2017 年	2016 年	2017 年
VST	≤20 马力	5147	6280	5458	5873	33	92	5491	5965
Escorts		588	1300	587	1297	0	0	587	1297
Mahindra & Mahindra 集团		11989	10389	10636	10362	7	13	10643	10375
TAFE 集团		0	112	0	104	0	0	0	104
Sonalika		2313	2659	2068	2261	325	278	2393	2539
合计		20037	20740	18749	19897	365	383	19114	20280
Force Motors	21 ~ 30 马力	1755	1594	2051	1853	11	0	2062	1853
Escorts		197	276	197	279	0	0	197	279
VST		1704	1825	1575	1810	2	20	1577	1830
Mahindra & Mahindra 集团		14797	15313	12003	14909	38	26	12041	14935
TAFE 集团		5780	7352	6272	7923	66	59	6338	7982
Sonalika		2975	3544	2221	2331	888	1283	3109	3614
合计		27208	29904	24319	29105	1005	1388	25324	30493
Force Motors	31 ~ 40 马力	209	113	177	207	2	0	179	207
Escorts		19970	26426	20009	25643	152	192	20161	25835
Mahindra & Mahindra 集团		71669	75811	69471	77304	2802	2394	72273	79698
TAFE 集团		44869	48303	44252	60576	704	802	44956	61378
John Deere		7703	9997	7231	11997	0	0	7231	11997
New Holland		3859	4211	3733	3994	208	242	3941	4236
SAME		171	151	63	133	106	0	169	133
Sonalika		20782	21440	20577	21976	538	555	21115	22531
合计		169232	186452	165513	201830	4512	4185	170025	206015
Force Motors	41 ~ 50 马力	550	418	491	531	6	7	497	538
Escorts		26521	26876	25284	25186	274	410	25558	25596
Mahindra & Mahindra 集团		102649	127119	101777	123260	5047	5564	106824	128824
TAFE 集团		50050	56970	45445	38699	5786	6588	51231	45287
John Deere		19834	26356	18367	23959	0	0	18367	23959
New Holland		12184	12851	10141	11351	1878	1769	12019	13120
SAME		2462	3138	882	1389	1264	1920	2146	3309
Sonalika		24888	30493	22405	27413	2327	2930	24732	30343
合计		239138	284221	224792	251788	16582	19188	241374	270976

续 表

制造企业	马力范围	产量		销量		出口		合计	
		2016 年	2017 年	2016 年	2017 年	2016 年	2017 年	2016 年	2017 年
Escorts	≥51 马力	2345	3208	1997	3029	252	801	2249	3830
Mahindra & Mahindra 集团		14403	15867	9110	10765	3154	3826	12264	14591
TAFE 集团		6294	7599	869	1159	5386	6017	6255	7176
John Deere		16080	23657	7795	9277	8972	11109	16767	20386
SAME		7395	4708	431	589	7060	4369	7491	4958
Sonalika		12612	13850	7329	9224	5145	4187	12474	13411
New Holland		9447	10862	3086	3968	6475	7138	9561	11106
合计		68576	79751	30617	38011	36444	37447	67061	75458
所有制造企业和所有马力范围									
Escorts	所有马力范围	49621	58086	48074	55434	678	1403	48752	56837
Force Motors		2514	2125	2719	2591	19	7	2738	2598
Sonalika		63570	71986	54600	63205	9223	9233	63823	72438
Mahindra & Mahindra 集团		215507	244499	202997	236600	11048	11823	214045	248423
TAFE 集团		106993	120336	96838	108461	11942	13466	108780	121927
John Deere		43617	60010	33393	45233	8972	11109	42365	56342
New Holland		25490	27924	16960	19313	8561	9149	25521	28462
SAME		10028	7997	1376	2111	8430	6289	9806	8400
VST		6851	8105	7033	7683	35	112	7068	7795
合计		524191	601068	463990	540631	58908	62591	522898	603222

资料来源：拖拉机机械化协会（TMA），Singh（2016a）。

表 5　2016—2018 年印度主要拖拉机制造企业产量合计及占比情况　　单位：台

制造企业	2016 年		2017 年		2018 年	
	产量合计（台）	占比（%）	产量合计（台）	占比（%）	产量合计（台）	占比（%）
Mahindra & Mahindra 集团	214045	40. 93	248423	41. 18	301934	42. 47
TAFE 集团	108780	20. 80	121927	20. 21	135800	19. 10
Sonalika	63823	12. 21	72438	12. 01	86700	12. 20
Escorts	48752	9. 32	56837	9. 42	78446	11. 03
John Deere	42365	8. 10	56342	9. 34	62300	8. 76
New Holland	25521	4. 88	28462	4. 72	26100	3. 67
SAME	9806	1. 88	8400	1. 39	5901	0. 83
VST	7068	1. 35	7795	1. 29	11369	1. 60
Force Motors	2738	0. 52	2598	0. 44	2450	0. 34
合计	522898	100	603222	100	711000	100

资料来源：拖拉机机械化协会（TMA）；Singh et al. （2015）。

3. 微耕机概况

微耕机的生产始于1961年，有12个型号，不仅适用于平原地区，还适用于山地和湿地。它们的推出与农用拖拉机的推出时间差不多，农用拖拉机更适合山地作业，为作业者提供了更舒适的工作环境。动力微耕机主要适用于湿地，现有型号的牵引功率在5.3～10.7千瓦。微耕机的年度销售情况见图2，生产和进口情况见表6。

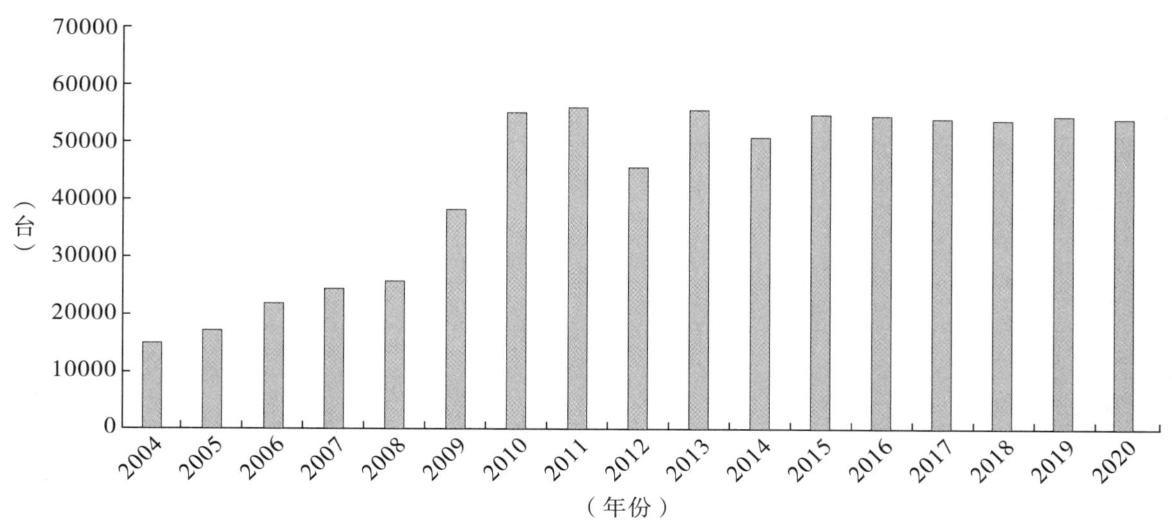

图2 印度2004—2020年微耕机销售数据

资料来源：Singh（2016）；Singh（2016a）；Singh（2021）。

表6 **2010—2020年印度生产和进口微耕机情况一览表** 单位：台

年份	产量	进口量	出口量	国内销量	销售量合计
2010	38500	16500	—	55000	55000
2011	39482	17392	—	56874	56874
2012	32812	13288	—	46100	46100
2013	40748	11103	—	51851	51851
2014	39500	11500	—	51000	51000
2015	40500	14500	—	55000	55000
2016	42500	12500	—	55000	55000
2017	NA	NA	—	54000	54000
2018	NA	NA	—	53500	53500
2019	NA	NA	—	55000	55000
2020	NA	NA	—	54000	54000

资料来源：Singh（2016）；Singh（2021）；VST手扶拖拉机有限公司；微耕机制造商协会（PTMA）。

4. 印度机械的产量

农民越来越能够认识到在农业生产中使用机械的好处，近年来，印度许多地方的农业机械化水平显著提高。不过，需要采用多学科方法且根据场地的具体情况来考虑适合的设备和引进新设备的速度。

在过去的40年里，农机制造企业生产了大量的农用机械，如土地平整机、播种机、种植机、除草机、脱粒机等（如表7所示）。

表7　印度1992年、2003年、2013年农用机械总量　单位：万台

分类	1992年	2003年	增长率（%）	2013年	增长率（%）
手动操作的机械					
喷雾器	182.7	204.6	12.0	221.4	8.2
动物拉动的机械					
木犁	4346.4	4426.7	1.8	4499.7	1.6
钢犁	1264.9	1962.2	55.1	2597.2	32.4
播种机/播种施肥机	47.2	96.3	104.0	147.4	53.1
湿地搅拌机	515.1	855	66.0	1164	36.1
动物拉车	1522	1657.7	8.9	1766.3	6.6
拖拉机/微耕机					
动力喷雾器/除尘器	30.3	56.1	85.1	79.6	41.9
MB犁	40.8	85.2	108.8	132.8	55.9
松土除草机	70.6	94.9	34.4	117	23.3
圆盘耙	53.1	91.3	71.9	126	38.0
播种施肥机	39	101.1	159.2	285.2	182.1
种植机	5.4	7.5	38.9	9.2	22.7
土地平整机	105.7	182.7	72.8	234.3	28.2
脱粒机/多种作物脱粒机	259.7	530.9	104.4	777.5	46.4
组合（拖拉机驱动和自推进式）	0.85	2	135.3	5.9	195

资料来源：牲畜普查（2003）；Tyagi et al.（2010）。

预计未来10年，印度农机市场将以每年10%左右的复合年增长率增长。印度的脱粒机（多种作物和稻谷）、旋耕机、播种机和整地机市场高度无序，主要以中小型企业为主。从机械类型来看，拖拉机的销售额是各类型机械中最高的，2009年为32.569亿美元，2017年为105.82亿美元；脱粒机的市场规模2009年为1.869亿美元，2017年增长为3.25亿美元；旋耕机的市场规模2009年为1.178亿美元，2017年增长为4.81亿美元。未来几年，为鼓励大量农民购买农机设备，预计政府会提供高达50%的高额补贴。表8给出了一些农用机械的年度总量，除旋耕机外，其他设备是按需生产，而8%~10%的旋耕机用于出口。

表8　印度2010—2020年部分农用机械总量　单位：台

年份	水稻插秧机	自走式/拖拉机驱动的收割机	自走式割捆机	旋耕机
2010	377	5926	2145	46000
2011	753	8776	2805	71000

续 表

年份	水稻插秧机	自走式/拖拉机驱动的收割机	自走式割捆机	旋耕机
2012	1157	11976	3855	111000
2013	1979	15536	4855	161000
2014	2913	19386	6235	221000
2015	4433	28186	7575	291000
2016	6113	38686	8905	392000
2017	7910	52486	10255	491000
2018	10010	69286	11705	593000
2019	12260	90786	13220	695000
2020	14710	115800	14770	798000

资料来源：VST 耕耘拖拉机有限公司；收割机制造商评估；BCS 印度有限公司。

印度农机市场经历了快速增长，预计未来的增长潜力会很大。过去几年，拖拉机、微耕机、联合收割机、旋耕机、脱粒机和水稻插秧机市场需求激增。2015 年，拖拉机年度市场交易量已达 70 万台以上，微耕机年度市场交易量达 5.5 万台以上（如表 9 所示）。据估计，印度每年对旋耕机、脱粒机、动力除草机和联合收割机的需求分别为 150000 台、80000 台、60000 台和 8000 台。MB 犁（60000 台）、激光土地平整机（3500 台）和种植机（30000 台）等机械，尽管价格很高，但租赁方面的需求增长迅速。鉴于使用机械的天数有限，农民可以通过租的方式赁来获取机械，从而使运营成本达到最优状态。这样，即使小农也能从农业机械化中获益。这些销量的变化与天气息息相关。如果降雨量足够，庄稼丰收，农业机械的销量就会增加。除喷雾器、动力除草机、小型联合收割机和微耕机外，印度农用机械市场的需求主要通过本地生产来满足。

表 9　　2015 年印度主要农业机械年度市场销量 *　　单位：万台

类别	销量	类别	销量
拖拉机	70	微耕机	5.5
MB 犁	6	旋耕机（旋转式翻土机）	15
中耕机	17.5	耙土机	12
播种施肥机	7.5	种植机	3
水稻插秧机	0.4	动力除草机	6
收割机	2.5	脱粒机	8
联合收割机	0.8	拖车	16
喷雾器（TD）	2.5	激光土地平整机	0.35
马铃薯挖掘机	4		4

* 平均数字。

资料来源：Singh（2016）；Singh（2016a）；印度农机制造商协会（AMMA – India）；TMA。

5. 农业设备的进出口状况

从历史上看，印度一直是农业设备进出口国，出口额持续增长，进口额除个别年份外均呈下降趋势。然而，由于季节变化和农业的发展，其出口需求一直有很大波动。但不管怎样，印度始终是农用机械出口大国，2014—2020 年出口复合年增长率为 6. 2% （如图 3 所示）。印度农业机械的主要出口国是美国，尽管出口额从 2016 年的 23. 2% 下降到 2017 年的 20% 。相比之下，农业机械进口复合年增长率约为 6. 8% 。中国一直是印度最大的进口国，占印度农业机械进口总额的 10. 2% 。

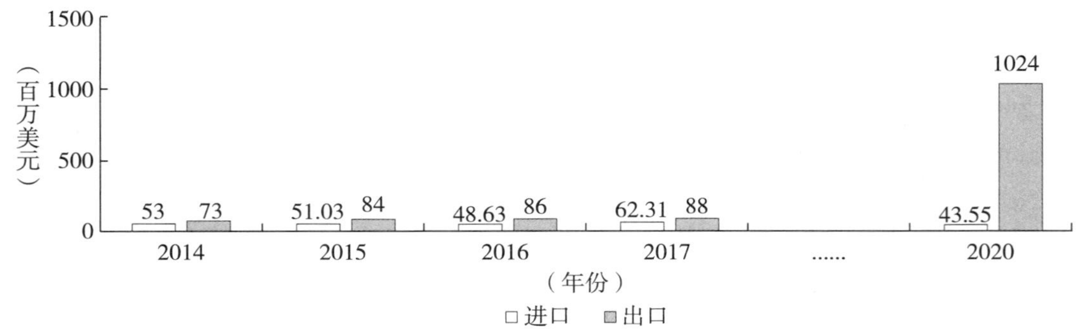

图 3　不同年份农业机械进出口情况

资料来源：FICCI（2017，2019）。

6. 趋势分析：拖拉机

印度的拖拉机行业是世界上最大的农业机械行业，约占全球产量的 1/3。在过去的 20 年里，尽管拖拉机的需求会因季节变化而自然波动，但拖拉机行业的销售量仍以每年 6. 5% 的速度增长。影响农民在某一年是否购买拖拉机的因素有：金融机构对拖拉机融资的期限和条件、主要作物的最低支持价格、降雨量偏离正常的程度、灌溉强度、每公顷土地农业信贷的可获得性和生产成本以及各种有时间限制的农业作业劳动力的可获得性等。在印度，当政府允许私营企业全面经营农用机械市场，包括进口和国内贸易时，农业机械化程度则越来越高，表现为市场高度发达，并配备良好的支持和相通的融资渠道。

7. 按应用阶段划分的机械化

2013 年，印度 75%~95% 的作物苗床准备已实现机械化；水稻插秧机械化率仅为 30% ；而小麦、玉米、马铃薯播种机械化率高达 95% 以上，除草机械化率为 85% ，小麦、水稻和马铃薯收获机械化率达 85%~95% （如表 10 所示）。

表 10　2013 年耕种作物机械化现状一览表

作物	机械化率＊（%）			
	苗床准备	播种/种植/移植	除草/害虫控制	收割/脱粒
水稻	90	30	95	85
小麦	95	95	95	95
马铃薯	95	95	95	85
棉花	95	65	85	10
玉米	95	95	85	65
鹰嘴豆（鸡豆）	95	65	85	45
高粱	95	50	85	45

续 表

作物	机械化率（%）			
	苗床准备	播种/种植/移植	除草/害虫控制	收割/脱粒
粟米	95	45	85	45
油菜籽	95	45	85	45
向日葵	95	55	85	65
饲料作物	95	40	85	35
蔬菜作物	85	30	85	<20
园艺作物	75	35	45	<20

＊估计数字。

资料来源：Singh（2016a）；印度农机制造商协会（AMMA - India）。

8. 按应用阶段划分的机械化差距

从表 10 可以看出，在印度，棉花采摘主要是人工操作。同样，蔬菜作物和园艺作物的幼苗培育、栽种和收获大部分也是由人工完成。

三、终端用户的特征

从表 11 可以看出，不同类别农户的平均土地持有规模在逐年下降。1970 年，所有类别农户的平均土地持有规模为 2. 28 公顷，2015 年为 1. 08 公顷。

表 11　　印度不同年份不同类别农户的平均土地持有量　　单位：公顷

类别	主要大小等级	经营性土地的平均持有规模					
		1970 年	1990 年	2000 年	2005 年	2010 年	2015 年
微型	<1 公顷	0. 4	0. 39	0. 4	0. 38	0. 39	0. 38
小型	1 ~ 2 公顷	1. 44	1. 43	1. 42	1. 38	1. 42	1. 40
准中型	2 ~ 4 公顷	2. 81	2. 76	2. 72	2. 68	2. 71	2. 69
中型	4 ~ 10 公顷	6. 08	5. 9	5. 81	5. 74	5. 76	5. 72
大型	10 公顷以上	18. 1	17. 33	17. 12	17. 08	17. 38	17. 07
合计		2. 28	1. 55	1. 33	1. 23	1. 16	1. 08

资料来源：农业合作部，印度政府（2014），Data Book 2021 ICAR IASRI。

印度的小型农场通常不具备广泛使用农用机械的经济条件，大多数农户的投资能力较低，无法购买昂贵的农业设备和机械。但是可以通过租赁的方式来获取农业机械的使用权，有助于提高作业的及时性，提高土地生产率，增加经济效益。如印度的旁遮普（Punjab）和哈里亚纳邦（Haryana）等粮仓建立了“租赁中心”。农业对新机械的需求和引进方式的多样化，以及农民对拖拉机需求的增强，将进一步扩大农业设备租赁的范围。

1. 目前未得到满足的不同作物的应用需求

机械化差异表现在水稻插秧、棉花采摘和果蔬作物的种植与收获方面。在低地和干旱的高地，目前正在推广使用滚筒式播种机直接播种水稻，也在推广手动和动力驱动的插秧机。2018 年，印度政府鼓励有创业目标的自助团体在定制租赁的基础上经营动力插秧机，为满足各村庄农户的需求，鼓励有能力的农户在商业化基础上发展大规模育苗场。另外，根据糖厂的定制租赁方案，政府推出了甘蔗切割机、种植机和收割机。正在推广用于间作作业的动力除草机和用于植保作业的标准化或改进的打药设备，以便在行间作物和果蔬作物中应用。

2. 需求

2017 年，印度的农业设备市场估值为 88 亿美元，预计到 2022 年将达到 125 亿美元。充足、及时和低成本信贷的可获得性和便利性对可持续和盈利的农业系统至关重要。印度多年来的政策措施一直侧重于提高信贷机构的可靠性，避免农民落入非法放贷者的陷阱。特别是小微农户，在获得低成本信贷方面往往面临严重困难，阻碍了他们使用提高农业产量和生产率所需的机械设备。有鉴于此，政策措施的主要目的是逐步增加对农业部门信贷机构的分配。

印度政府每年都为银行制定农业信贷目标，多年来银行一直超额完成目标。国家农业和农村发展银行（NABARD）发布了过去几年政府确定的农业信贷目标和银行实现目标的详细情况（如表 12 所示）。

表 12　　不同年度印度银行农业信贷额一览表　　单位：卢比

年份	目标金额	完成金额	完成率（%）
2014	8000000	8453282	105.67
2015	8500000	9155099	107.71
2016	9000000	10657557	118.42
2020	15000000	15753980	105.03

资料来源：国家农业和农村发展银行（NABARD）。

放贷活动受印度各州放贷法管制。印度国家抽样调查组织（NSSO）在第 70 轮国家抽样调查期间（2013 年 1—12 月），以 2012 年 7 月—2013 年 6 月农业年度作为参考期，在全国农村地区对农户进行了家庭情况评估调查（SAS），结果显示，约 52% 的农户处于负债状态。在印度，大约 60% 的未偿贷款来自机构，其中包括政府（2.1%）、合作社（14.8%）和银行（42.9%）。印度储备银行（RBI）采取了若干措施来增加机构信贷流量，并将越来越多的农户，包括小微农户纳入机构信贷范围。这些措施包括向小微农户提供手续简便的作物贷款。

根据印度储备银行（RBI）的指示，国内商业银行必须将调整后的银行信贷净额（ANBC）或相当于表外风险（CEOBE）信贷额的 18%（以较高者为准）贷给农业相关产业。还规定了 8% 的次级目标用于向小微农户提供贷款。对于地区农村银行，则要求其未偿贷款总额的 18% 用于农业相关产业，并设定了 8% 的次级目标用于向小微农户提供贷款。

为确保每年以 7% 的低利率向农户提供农业信贷，印度农业合作部和农民福利部联合发起了一项短期的作物贷款利息补助计划，最高可达 30 万卢比。该计划向使用自身资源的银行提供每年 2% 的利息补助。此外，对迅速偿还贷款的农民给予 3% 的额外奖励，从而将有效利率降至 4%。为了防止农民低价出售作物，还向拥有 Kisan 信用卡的小微农户提供利息补助，期限长达六个月（收获后），利率与可转让仓单的作物贷款利率相同，便于将收获后的农产品储存在仓储发展管理局（WDRA）认可的仓库中。

印度政府还推出了 Kisan 信用卡（KCC）计划，即向农民发放 Kisan 信用卡，便于农民购买种子、化肥、杀虫剂等，还可透支现金以满足生产需要。在计划中，银行可根据微型农户持有的土地和种植的作物向其提供 10000 ~ 50000 卢比额度的贷款，提供与仓库储存相关的信贷需求和其他农业支出、消费需求等服务，以及不与土地价值挂钩的小额贷款投资。印度储备银行明确表示，免除高达百万卢比的农业贷款保证金和担保要求，以及向小微农户、收益分成的佃农等提供的 50000 卢比以下的小额贷款也取消了“无逾期证明”的要求。只要借款人自我声明，就可以将小微农户、佃农、口头承租人等纳入机构信贷范围。目前联合债务集团（以下简称 JLGs）已被银行广泛推广。JLGs 融资的主要目标是为没有土地但作为佃农、口头承租人、收益分成佃农、种植庄稼的农民，以及从事农业活动和非农业活动的小微农户和其他穷人提供信贷流量。截至 2017 年 3 月 31 日，累计有 245.3 万人通过 JLGs 得到了全国银行 26848130 万卢比的贷款。据印度国有农业和农村发展银行（NABARD）报告，在所有机构供资的账户总数中，小微农户账户的份额从 2015 年的 60.07% 增长到 2016 年的 72.06%。

由于印度农民的购买力普遍较低，政府为那些在经济和社会上处于不利地位的农民提供了补贴（如表 13 所示）和低利率信贷，使他们能够使用先进的农业机械设备。长期信贷适用于购买机械设备，短期信贷适用于购买种子、化肥等生产要素。

表 13　　印度农业机械补贴一览表　　单位：万卢比

农用机械的类型	针对小微农户、女性等受益人		针对其他受益人	
	每位受益人每台机器（设备）允许得到的最高补贴	援助模式（%）	每位受益人每台机器（设备）允许得到的最高补贴	援助模式（%）
拖拉机				
（i）拖拉机 2 驱（8 ~ 20 马力）	20	50	16	40
（ii）拖拉机 4 驱（8 ~ 20 马力）	22.5	50	18	40
（iii）拖拉机 2 驱（20 ~ 40 马力）	25	50	20	40
（iv）拖拉机 4 驱（20 ~ 40 马力）	30	50	24	40
（v）拖拉机 2 驱（40 ~ 70 马力）	42.5	50	34	40
（vi）拖拉机 4 驱（40 ~ 70 马力）	50	50	40	40
微耕机				
（vii）微耕机（8 马力以下）	6.5	50	5	40
（viii）微耕机（大于等于 8 马力）	8.5	50	7	40
水稻插秧机				
自走式水稻插秧机（4 行）	15	50	12	40
自走式水稻插秧机（4 ~ 8 行）	50	50	40	40
自走式水稻插秧机（8 ~ 16 行）	80	50	65	40

续 表

农用机械的类型	针对小微农户、女性等受益人		针对其他受益人	
	每位受益人每台机器（设备）允许得到的最高补贴	援助模式（%）	每位受益人每台机器（设备）允许得到的最高补贴	援助模式（%）
自走式设备				
作物割捆机（3 轮）	17.5	50	14	40
作物割捆机（4 轮）	25	50	20	40
除草机（2 马力以下）	2.5	50	2	40
除草机（2～5 马力）	3.5	50	3	40
除草机（5 马力以上）	6.3	50	5	40
专用自走式设备				
作物割晒机	7.5	50	6	40
挖孔机	7.5	50	6	40
气吸式/ 其他播种机	9	50	7	40
自走式果蔬机械				
轨道推车	20	50	16	40
育秧设备	20	50	16	40
多用途液压系统	20	50	16	40
用于修剪、出芽、磨碎、剪切等的电动园艺工具	5	50	4	40

资料来源：农业合作部（印度政府）（2020）。

3. 需求的一致性

印度农机市场是开放性的，所有中型和大型拖拉机、微耕机、联合收割机和农用机械制造商在全国都有自己的经销商，农民（用户）可以自由选择机器品牌。在获得投资方面，农民可以选择交易商提供的比商业银行利率高 2%～3% 的融资，也可以选择商业银行获得贷款。商业银行最大的优点是利率较低，并且可以随时结账，不收取任何额外费用。

4. 供应链

人们普遍认识到，为了满足农民对农用机械的需求，有必要加强国家对市场的管制，并扩大销售渠道。农用机械供应链是一个系列流程（包括决策制定和执行），旨在满足农民需要的物资、信息和货币资源的流动，目的是向农民提供用于农业生产和加工的高效、优质的机械化服务。农业动力和机械供应链涉及一系列利益方，如制造商、进口商、经销商、雇佣服务提供商、维修商和农民。农用设备制造商在竞争激烈的市场中的表现在一定程度上取决于多种因素，如天气、人口、作物价格、技术发展等。为了适应日益增长的市场需求，农业设备原始设备制造商（OEM）必须维护其生产设施，以一种快速和灵活的方式做出反应。

对农业产出需求的不断增加，需要将农业作业聚集起来，以获得可持续的生产率。这种聚集既可以通过农场的实际聚集实现，也可以通过合作社或农民机构实现，如农民生产者组织（FPOs）或农民生产者公司（FPCs）、印度工商会联合会（FICCI）。在供应方面，印度拥有丰富的原材料资源，可以满足食品加工业的需求，生产优势非常显著。然而，印度易腐食品的加工水平仍然很低，水果和蔬菜的加工水平更低。另外，农业生产浪费程度很高，每年超过约150亿卢比（2亿美元）。印度的仓储和供应链能力没有跟上生产和采购能力的增长。政府从农民那里购买谷物，但没有足够的空间来储存它们。而中间商和代理人在印度农业中所占的优势让农民和农业状况更加恶化，农民的需求由拥有碎片化供应链的中间商和代理人控制，他们甚至还控制着农产品的定价。如此复杂的供应链和糟糕的基础设施需要数字化和颠覆性的解决方案来改善，现在，政府正在对此采取措施。

5. 生产者如何接近最终用户

印度农业机械化的总体水平约为55%。在印度农业和农民福利部、农业合作司的协助下，印度农业研究理事会（ICAR）发起了改进机械的前沿示范，以便于试行技术。该项目向自愿参加的农民提供工具、服务和培训，以提高他们的农业知识和技能。印度农业研究理事会通过全印度农具和机械协调研究项目（AICRPS），根据新开发机械的前沿示范，在农民的田地上进行试验。印度农业研究理事会建立了650多个农业科学中心（Krishi Vigyan Kendras），除向农民和乡村工匠提供技能培训外，还负责技术验证和技术推广服务。

6. 产品的可获得性（针对终端用户）

印度的农机市场是开放的，农民可以通过农业科学中心（KVKS）获得各种各样的设备。1950年，只有少数农民拥有拖拉机、发动机和电动机这样的原动机，政府组织进口的重型农用拖拉机和机械主要用于开垦土地和发展大型农场。20世纪60年代早期，随着高产小麦和水稻的引进，情况发生了变化。机械化的早期始于使用固定动力源，如用于水泵、管井和脱粒机的发动机和电动机。印度第一台动力脱粒机于1957年在旁遮普邦被发明，随后是动力驱动的条播机、挖掘机、除草机等相继问世。自此一种作物或作业的机械化设备总是从旁遮普邦开始，然后传播到邻近的各州，再到整个国家。农民很快意识到，传统的由耕畜驱动或人工操作的提水工具已不能满足高产小麦和水稻的用水需求，而柴油发动机或电动泵可以满足提水作业，因此很快实现了机械化。这使得20世纪60年代末70年代初的小麦产量急剧增加，但农民因无法在正常收获期内收割完毕而遭受重大损失。由于需要迅速完成脱粒作业，由电动机、柴油发动机和拖拉机驱动的脱粒机在70年代早期被大规模采用。随后，拖拉机被广泛用于耕作和运输，还有拖拉机驱动的和自走式收割设备。

在20世纪40年代中期，第二次世界大战导致生产的剩余拖拉机和推土机被印度进口，用于土地开垦和耕种。1947年，印度成立了中央和州拖拉机组织，以发展和促进拖拉机在农业中的使用。直到1960年，印度的拖拉机需求完全是通过进口来满足的，1951年有8500台拖拉机在用，1955年有20000台，1960年有37000台。拖拉机在印度农业中的使用始于20世纪50年代，每年引进约8000台进口拖拉机。印度拖拉机的本土制造始于1961年，由5家制造商开始，1961年的年产量为880台，1965年增加到5000台以上。

在20世纪60年代中期的绿色革命之后，农民越来越认识到使用拖拉机及时完成作业的好处。改进的农业技术、政府的政策支持、农民意识的提高和资源可利用率的提高，为拖拉机的需求带来了额外的动力，从而加快了本地生产来满足需求。从60年代后期开始，新制造商进入了市场。到了70年代，年产量约为20000台，在政府持续提供农业信贷的情况下产量迅速增长。1971—1980年出现了6家新的制造商。80年代初，由于信贷分配的波动，增长也出现波动，导致到1986年只有8家制造商幸存下来。此后的十年里，拖拉机的销售量再次增长，平均每年约75000台，并且在90年代一直保持这种趋势，每年生产超过150000台。农户信贷不断完善，拖拉机市场迅速扩大。印度在70年代中期之前是净进口国，80年代成为主要面向非洲国家的出口国。

自1992年以来，在印度生产拖拉机不需要获得工业许可证。到1997年，印度拖拉机的年生产量超过25.5万台，全国拖拉机保有量突破200万台大关。印度现在是轮式拖拉机生产的世界领导者之一。M/S VST微耕机和拖拉机有限公司是唯一一家生产20马力以下拖拉机的公司，其余公司都销售21～30马力、31～40马力、41～50马力和>51马力的拖拉机。

印度农业合作部（DAC）采取了促进农业机械化发展的倡议，并根据该倡议在全国建立了四个测试和培训机构。印度农业合作部还推出了各种宣传计划，向农民/用户提供补贴和银行贷款。众所周知，印度的农业机械化是由农民的需要和需求推动的，是实现农业生产现代化的标志。中型和大型农场主可以通过自筹资金或通过定制租赁获得更高水平的农用机械。由于资源有限，小农场主需要依赖传统的作物种植设备和方法。由于土地生产率低，他们不采用高产的种子品种。印度政府认识到农业对国家发展的重要性，因此通过了若干倡议和方案，以促进农业持续增长。其中非常成功的有国家附加中央援助计划（RKVY），国家粮食安全任务（NFSM），国家园艺任务（NHM），资本投资补贴计划，油籽、豆类、油棕和玉米综合计划（ISOPOM），以及农业机械化次级任务（SMAM）等。

7. 服务支持：零部件和技术支持

大中型制造商在全国各地有良好的分销商和经销商组织，在各自的区域内进行广告宣传和产品推广；对潜在客户进行产品意识培训；为客户提供免费服务、维修保养、零部件供应等售后服务。因此，这一有组织的部门占有全国范围的市场，这增加了他们的产量和信息反馈。一些小规模的企业已经建立了当地的营销网络，因此可以在其场所内提供服务支持。在零部件缺乏标准化的情况下，农民只能将他们的机器运到制造厂修理和更换零部件。由于这种限制，他们的市场规模只能被限制在附近，业务无法得到进一步发展。另外，乡村工匠可以直接关注周边农民的需求，他们制造的工具和器具等都是针对个别客户的特定要求的。

8. 财政支持可行性：类型和机制

农业占印度国内生产总值的20%。因为认识到农业在印度经济可持续发展中的重要性，印度政府和印度储备银行在创建基础广泛的体制框架以满足农业部门日益增长的信贷需求方面发挥了重要作用。政府会不时审查农业政策，以符合农业发展的变化要求，农业部门是可以优先预定商业银行贷款的一个重要部门，该部门可获得银行信贷净额的18%。

小额融资和Kisan信用卡计划，是近年来解决信贷分配缺陷的主要政策。Kisan信用卡计划已成为向农户提供信贷的最有效模式，因为它具有及时性、操作简便、信贷充足、交易费用和手续少等特点。在向农民提供贷款方面，合作银行占主要份额（51.5%），其次是商业银行（36.9%）。据估计，每年高达95%的拖拉机销售都是赊销的，信贷由商业银行、国家土地开发银行和地区农村银行提供。

9. 可持续性问题

农业推广服务提高了机器在农业作业中的使用率，但现在的重点是定制机械化，要匹配技能组合，并注意性别层面的差异。例如，1960年大约92.30%的农用动力来自动物源，2020年动物源的贡献率下降到9%左右，机械和电力源的贡献率从1960年的7.70%上升到2020年的91%左右（如图4所示）。印度的农业机械化进程受到以下因素的制约：土地所有权日益分散，使个人难以拥有农用机械；能力有限、缺乏资金的小微农户占多数；在为现代技术提供充分支持方面存在技能障碍；日益增加的环保问题等。因此，要在农业机械化的可持续发展与由于矿物燃料供应不足和成本高而造成的能源缺乏和环境退化之间建立联系。此外，一些创新的解决办法，如为不同地区定制农业机械和设备，以满足最少耕作的需要和间作惯例，在应对促进农业机械化方面新出现的挑战时非常重要。农用机械的融资是另一个令人关切的问题。目前，只有拖拉机这个细分部门可以获得长期机构信贷，必须逐步扩大到其他类别的农用机械中，以满足农民不断变化的需求。为了在小微农户以及机械化水平很低的地区促进农业机械化，政府在2014 年启动了农业机械化次级任务。该任务不仅包括传统的农业机械培训、试验、示范和采购补贴，还包括为定制租赁设立的农用机械库、有关定制租赁模式的高科技高产设备中心以及在选定村庄实施农业机械化，以提高小微农户的生产率，并创建适当的农用设备所有权。此外，印度还在通过农业部的各种其他计划和方案促进农业机械化。

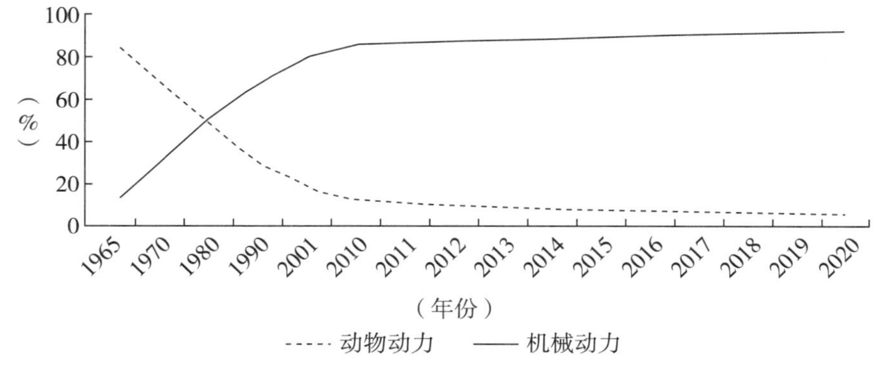

图 4　印度农业的动物和机械动力情况

资料来源：Singh and Singh（2016，2021）。

10. 弥补差距

正在推广用于间作作业的动力除草机和用于植物保护作业的标准化（经改进）的喷洒设备，可应用于棉花作业中。需要大量引进用于秸秆的收割、回收、致密化、强化、处理和运输的设备，以便于充分将稻草和其他秸秆用作饲料、草料和能源。需要开发和推广大容量、高能效的设备，以便及时作业，降低作业成本和能源损耗。

建议推广大容量设备的定制租赁，以便于中小微型农户也能利用机械化的优势。窄行和宽行作物的电动除草机有待引进和推广，而间作作业需要采用窄轮胎高间隙的拖拉机。正在引进飞机喷雾器、果园喷雾器和静电喷洒设备，以便在大田和高大作物（果园）进行适当喷洒，并更好地沉积农药。需要引进和推广高粱、珍珠粟、玉米、豆类、油料、甘蔗、棉花、红花、向日葵、蓖麻等作物的联合收割机，以便及时收获。需要引进和推广果园作物机械化设备用于挖坑、树苗移栽、修剪、高大作物喷洒、果实收获等。蔬菜生产必须机械化，设计和引进用于种床准备、种植、籽苗移栽、间作、灌溉、喷洒、收获、采摘、挖掘等的设备。鉴于奶牛、役畜数量众多，要引进合适的播种、收割、打捆、青贮制作等农用设备，以及制作饲料块、饲料盘的机械。

四、结论

印度不仅是世界第二大粮食作物生产国，还是棉花、园艺作物、奶制品、家禽、水产养殖和香料的生产国。2021 年，印度的农业生产价值为 4040 亿美元。1970—2001 年，印度的农业国内生产总值从 250 亿美元增加到 1010 亿美元；2001—2021 年，印度的农业国内生产总值飙升到 4040 亿美元。目前，除油菜籽外，印度的主要农产品几乎都已实现自力更生。近 70 年来，各种作物的生产率均呈增长趋势，但不同作物的生产率增长幅度有所不同，1950—1990 年的产量增幅远高于 1990—2020 年的产量增幅。

在过去的 40 年里，印度农业作业开发了大量的农具、器具和机械，如用于土地平整、苗床准备、播种和种植、除草和锄地、植物保护、收获、脱粒、脱壳和去皮的农具、器具和机械。自走式联合收割机市场呈增长趋势，2005 年以来增长显著，预计未来 10 年农机市场将以每年 10% 左右的复合年增长率增长。印度脱粒机（多种作物和稻谷）、旋耕机、播种机和不整地播种机的市场高度无组织性，主要由大量中小型企业为主导。拖拉机的销售额是各类型机械中最高的，2017 年销售额为 10. 582 亿美元。类似地，2017 年，脱粒机的市场份额为 3. 25 亿美元，旋耕机的市场份额为 4. 81 亿美元。未来几年，为鼓励大量农民购买农业设备，预计政府会提供高达 50% 的高额补贴。

五、建议

1. 针对私有企业

制造商生产的农业设备应符合产品标准化要求，不仅在零部件方面，还应该在安全、最终性能和环境方面。但是，目前对农业设备的标准化要求主要集中在机械结构方面，而不是上述方面。这需要有技术的创新、升级和研发。

人们充分认识到，为了满足对农用机械的需求，有必要加强市场管理和销售渠道管理。制造商应该确保他们的产品适合用户需求。

2. 针对政府

从资金支持方面看，农民无法获得除拖拉机、微耕机和联合收割机以外的其他农用机械的资金支持。对 20 万卢比以下的农机贷款，各银行应立即向有需要的农民发放，且不得要求低于 20 万卢比的贷款提供抵押品担保。农业产业是为农业服务的，因此，应以与农业贷款相同的利率向农业产业提供建设和升级基础设施以及技术更新的一切财政援助。同时，政府应与制造商合作，通过技术升级基金（TUF）和共同设施中心（CFC）加强农业机械行业的基础设施建设。

通过成立农业机械出口营销委员会来确定国内外对农用机械的需求，以促进印度中小型企业生产的农具和机械的销售。特别是针对非洲国家，应成立专门的营销委员会（机构），以便及时处理出口需求。

尽管全球农用机械市场价值 1600 亿美元，但印度的出口份额仍微乎其微，国内市场约为 80 亿美元。如果在基础设施、现代化、创新和营销支持方面得到适当支持，印度的农用机械行业可以在不断增长的全球农用机械市场中分一杯羹。因此，政府应大力支持开拓海外市场的项目。政府要加强市场网络建设，确保市场得到适当监管，用户能够及时、便利地购买农用机械。

3. 针对机构

从事农用机械研发的机构应积极主动地参与全球农用机械新技术的发展，如自动化、创新、机器人、GPS、电子控制等。农用机械行业应朝着工业 4. 0 的方向发展，并与之并驾齐驱。

印度在水稻机械化插秧、棉花采摘和果蔬作物机械化方面落后，印度政府、印度农业研究委员会下属机构和国立农业大学应促进这些领域的技术创新。

欧洲农机行业发展报告

一、欧洲农机产值发展趋势

近两年，欧洲农机市场受新冠肺炎疫情影响较大，生产过程中断变得更加频繁。自 2021 年夏天以来，这种情况一直在持续。欧洲保护协会（CEMA）发布的 2022 年 2 月欧盟农机行业景气指数显示，51% 的受访制造商表示，由于供应商的原因，他们预计未来四周将出现部分停产。这个问题在拖拉机和收获机制造商中更为普遍，分别有 64%（拖拉机制造商）和 71%（收获机制造商）的受访者表示他们预计生产将被迫停止，3 月以后供应链危机将更为严重。运输压力和集装箱短缺导致物流成本大幅增加；原材料和能源价格上涨以及新冠肺炎疫情导致人力资源紧张，以上因素使制造商在开工不足的情况下满负荷运行。

欧洲保护协会最新发布的欧盟农机行业景气指数数据显示，欧洲农用机械行业的整体景气指数仍处于较高水平。2022 年，欧洲各国行业代表预测欧洲公司的营业额将增长 5%。根据调查，预计东欧的销售损失将被世界其他地区销售量的进一步增长所抵消，特别是在美洲、西欧、澳大利亚和新西兰。

从 2015—2019 年欧洲农机产值发展趋势看，在经历了 2015—2016 年剧烈波动后归于平静，2017—2019 年，呈现出稳中有升的走势特点，如图 1 所示。

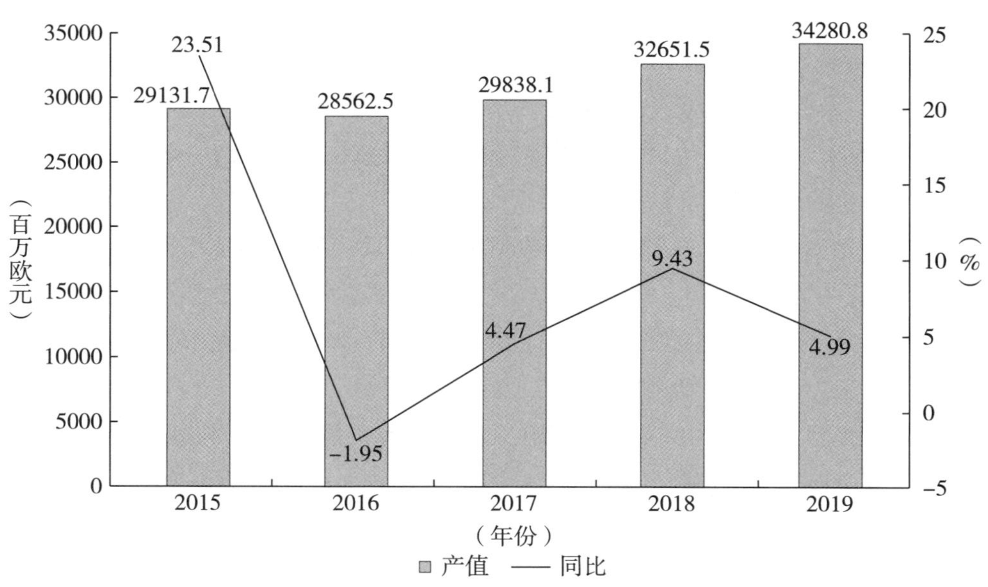

图 1 2015—2019 年欧洲农机产值走势

二、欧洲主要农机生产概况

（一）拖拉机发展现状

1. 拖拉机生产企业的产值与产量情况

欧洲拖拉机生产国家主要分布在德国、法国、意大利、英国、奥地利和芬兰六个国家，六大主要市场占据欧洲拖拉机生产总量的3/4。欧洲最大的两个农用拖拉机市场是法国和德国，在欧洲新注册的农用拖拉机中，这两个国家注册的农用拖拉机数量几乎占欧洲的40%。然而，到2021年，这两个国家的注册增长数量却低于欧洲其他国家，法、德两国增长率分别为10%和9%。相比之下，欧洲第三大农用拖拉机市场意大利和第五大市场波兰的增长尤为强劲，分别为36%和42%，加上英国和西班牙，这四个国家占欧洲注册量的35%（如表1所示）。

表1　　2019年欧洲主要国家拖拉机生产情况　　单位：亿欧元；台

序号	国别	产值	产量	工厂名称
1	德国	24. 89	50271	马克托贝多夫的芬特工厂，曼海姆的约翰迪尔工厂，劳英根道依茨－法尔工厂
2	法国	15. 94	24304	博威的迈赛弗格森工厂，勒芒的克拉斯工厂，比尔内的久保田工厂
3	意大利	15. 85	50788	杰西的纽荷兰工厂（专用拖拉机），特来维奥的道依茨法尔工厂，雷焦艾米利亚省的AGRO集团工厂
4	英国	13. 75	18000	巴斯尔登的纽荷兰工厂
5	奥地利	7. 23	10633	圣瓦伦丁的凯斯工厂，昆德尔的Lindner工厂
6	芬兰	6. 09	7926	索拉赫蒂的Valtra工厂

2. 欧洲拖拉机产值发展趋势

根据欧洲国家官方数据显示，2021年欧洲注册了近23万台拖拉机。在已注册的拖拉机中，功率为37千瓦（50马力）及以下的机型占比略低于30%，而其余超过70%的机型则为37千瓦（50马力）以上。欧洲保护协会估计，这些拖拉机中有约18万台是农用拖拉机，其余的是被归类为拖拉机的各种车辆，包括ATV（全地形车）、伸缩臂叉装车和其他设备。

与2020年相比，2021年欧洲农用拖拉机的注册量增加了约17%。虽然2020年市场销售因新冠肺炎疫情而中断（特别是在第二季度），但注册数量的增长表明欧洲拖拉机市场状况得到显著改善。事实上，2021年拖拉机的注册数量是过去10年中最高的。尽管全球制造业供应链普遍中断，并且由于新冠肺炎疫情导致用工短缺，但市场销售仍取得了良好效果。

从2010—2019年欧洲拖拉机产值变化趋势看，产值同比走势经历了2011—2012年的“两连增”；2013—2017年进入负增长通道，持续“五连跌”；2018年出现大幅度增长；2019年增幅有所趋缓，但依然呈现出稳健增长的发展态势（如图2所示）。

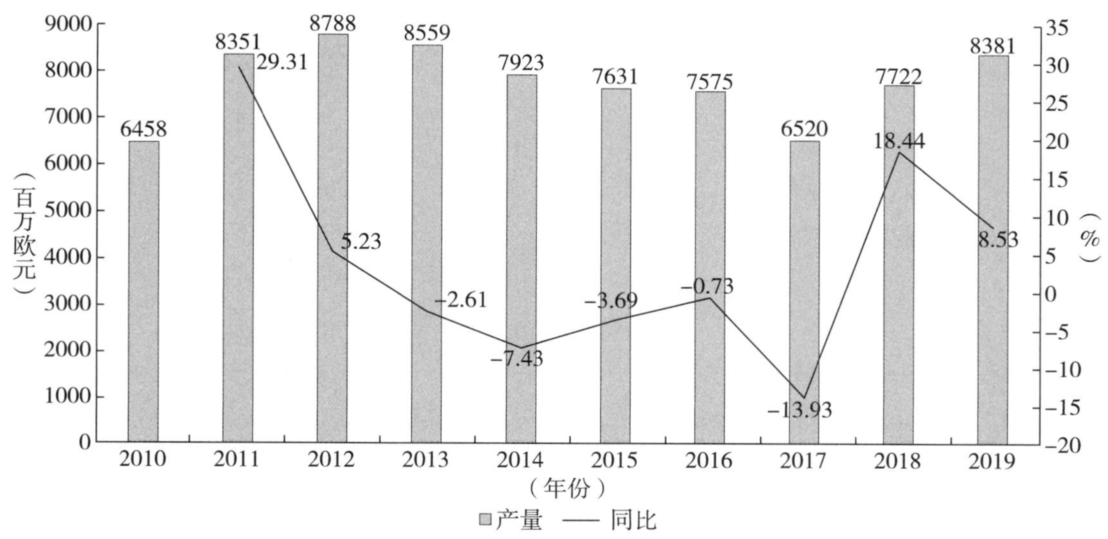

图 2　2010—2019 年欧洲拖拉机产值走势

资料来源：INSEE，AXEMA。

（二）收获机产值发展趋势

从 2015—2019 年欧洲收获机产值的变化看，呈现出如下特征：第一，2019 年成为收获机总产值的一个拐点，在经历了 2017 年和 2018 年的“两连增”后，同比出现 10.53% 的下滑，同时，在前 6 个品类中除根茎和块茎收获机产值增长外，其余 5 类收获机产值均呈现不同程度的滑坡；第二，联合收获机在各个品类收获机中占据半壁江山，但 2019 年首度跌破 50%，占比 48.09%，较 2018 年下跌 6.34 个百分点；第三，饲料收获机在收获机各个细分行业中，产值位居第二，在经历了 2015 年飙升后，进入平稳发展期，2016—2018 年连续三年稳步小幅增长，意味着该市场较为成熟；第四，甜菜和马铃薯收获机震荡下行的特点较为突出（如表 2 所示）。

表 2　　2015—2019 年欧洲收获机产值一览表　　单位：百万欧元；%

序号	品类		2015 年	2016 年	2017 年	2018 年	2019 年
1	联合收获机	产值	1732. 4	1590. 2	1714. 9	2069. 1	1635. 8
		同比	59. 49	−8. 21	7. 84	20. 65	−20. 94
2	饲料收获机	产值	439. 3	458. 8	487. 3	512. 2	511. 4
		同比	41. 66	4. 44	6. 21	5. 11	−0. 16
3	甜菜收获机	产值	146. 2	144	250	240	196
		同比	5. 94	−1. 50	73. 61	−4. 00	−18. 33
4	马铃薯收获机	产值	130	159. 2	179. 6	179. 1	166. 2
		同比	−4. 48	22. 46	12. 81	−0. 28	−7. 20
5	脱粒机	产值	83. 4	81. 6	74. 1	99. 7	89
		同比	204. 38	−2. 16	−9. 19	34. 55	−10. 73

续 表

序号	品类		2015 年	2016 年	2017 年	2018 年	2019 年
6	根茎和块茎收获机	产值	34.3	43.5	41.9	36.3	40.7
		同比	-29.42	26.82	-3.68	-13.37	12.12
7	其他收获机械	产值	577	565	630.2	665	762.2
		同比	40.66	-2.08	11.54	5.52	14.62
合计		产值	3142.5	3042.3	3378	3801.4	3401.3
		同比	45.72	-3.19	11.03	12.54	-10.53

（三）耕作、种植和施肥机械产值发展趋势

2015—2019 年，欧洲耕作、种植和施肥三类机械的总产值在经历了 2015 年大幅度增长后，2016 年出现短暂下滑，2017—2019 年呈现稳步增长的特点。耕作机械产值连续五年稳健增长，从增幅变动看，在经历了 2015—2017 年增幅出现较大波动后，2018—2019 年增幅稳定在个位数。种植机械产值在经历了 2015 年大幅度增长后，2016—2019 年呈小幅增长态势。施肥机械产值波动性较大，但多数年份在增长区间内浮动（如表 3 所示）。

表 3　　2015—2019 年欧洲耕作、种植和施肥机械产值一览表　　单位：百万欧元;%

序号	品类		2015 年	2016 年	2017 年	2018 年	2019 年
1	犁	产值	261.3	255.0	285.0	279.1	231.0
		同比	31.84	-2.41	11.76	-2.07	-17.23
2	松土机械和中耕机械	产值	362.8	368.2	430.9	469.1	456.1
		同比	12.01	1.49	17.03	8.87	-2.77
4	耙	产值	321.3	353.9	409.6	396.1	433.1
		同比	46.11	10.15	15.74	-3.30	9.34
5	除草机械	产值	115.8	112.5	133.6	123.9	141.5
		同比	32.95	-2.85	18.76	-7.26	14.21
6	其他耕整机械	产值	1040.0	1027.8	1159.9	1248.0	1430.0
		同比	38.61	-1.17	12.85	7.60	14.58
耕作机械合计		产值	2101.2	2117.4	2419	2516.2	2691.7
		同比	33.04	0.77	14.24	4.02	6.97
7	种植机械	产值	704.2	727.3	761.2	763.4	810.4
		同比	56.21	3.28	4.66	0.29	6.16
8	施肥机械	产值	368.3	320.7	326.3	375.5	403.2
		同比	29.55	-12.92	1.75	15.08	7.38
合计		产值	3173.6	3165.4	3506.5	3655.1	3905.3
		同比	37.12	-0.26	10.78	4.24	6.85

（四）园林、畜牧等细分行业

2015—2019 年欧洲园林、畜牧等细分行业农机产值情况如表 4 所示。

表 4　　2015—2019 年欧洲园林、畜牧等细分行业农机产值一览表　　单位：百万欧元

序号	品类	2015 年	2016 年	2017 年	2018 年	2019 年
Ⅰ	园林机械					
1	电动链锯	38.6	44.8	44.4	65.3	57.9
2	树篱修剪机和草坪切边机	123	120	80.3	84.2	69.5
3	电锯以外的链锯	611.9	569.2	596.2	478.5	412.8
4	旋转式耕耘机械	41	38.7	37.6	38.3	71.5
5	旋耕机械	58.8	43.2	42.4	38.2	23.7
6	电动割草机械	256.9	240.7	284.2	297.8	280.5
7	非电动旋转式割草机	754	745.5	764.1	726.7	579.8
8	机动割草机械	108.8	103.9	217.5	488	460
9	割草机械	26.3	23.1	20.7	9.9	10
10	其他割草机械	48.8	54	59.6	68.1	64.4
11	林业机械	806.8	891.7	950.4	1042.20	1260.00
合计		2874.9	2874.7	3097.4	3337.4	3290.1
Ⅱ	畜牧业机械					
1	挤奶机械	403.0	338.5	394.2	434.7	598.8
2	动物饲料配制机械	560.9	544.1	551.5	591.2	641.5
3	家禽孵化箱和育雏器机械	116.7	93.1	105.8	116.9	126.8
4	家禽饲养机械	278.3	250.0	243.3	180.0	191.8
5	其他畜牧业机械	1000.0	1000.0	1500.0	1200.0	1904.9
合计		2358.9	2225.7	2794.8	2522.8	3463.9
Ⅲ	打包机械和牧草机械					
1	割草机械	731.9	681.8	745.2	837.7	945.5
2	牧草加工机械	548.1	473.1	528.1	585.7	574.4
3	稻草或饲料打包机械	702.2	685.8	774.7	812.0	799.0
合计		1982.3	1840.7	2048.0	2235.4	2319.0
Ⅳ	浇水和作物保护机械					
1	农业或园艺浇水用具	146.3	147.1	229.6	333.8	348.5
2	便携式机械	150.0	100.0	111.4	110.0	105.0
3	喷雾器和粉末分配器	607.3	613.7	661.9	706.2	724.8
4	其他农用或园艺用具	348.4	341.3	354.8	268.2	315.5
合计		1252.0	1202.1	1357.7	1418.3	1493.7
Ⅴ	农用自装、自卸挂车和半拖车	1150.0	998.7	1132.0	1284.7	1375.1

续 表

序号	品类	2015 年	2016 年	2017 年	2018 年	2019 年
Ⅵ	农产品清洗分拣机械	657.7	693.2	755.1	928.0	823.0
Ⅶ	农业专用装载机械	497.9	484.5	538.8	558.3	619.0
Ⅷ	机器零件和配件	4410.3	4460.1	4709.4	5188.2	5211.5
小计		17902.2	17173.5	19536.3	20312.1	22581.7
其他		11229.5	11389.0	10301.8	12339.4	11699.1

资料来源：Eurostat。

三、全球及欧洲出口贸易综述

（一）全球农机出口情况

近年，全球农机出口贸易额呈现稳中有降的走势特点。在经历了 2018 年小幅攀升（4.73%）后，2019 年增幅再度下降至 1.83%，直至 2020 年，受新冠肺炎疫情影响，增幅跌入下滑区间（如图 3 所示）。

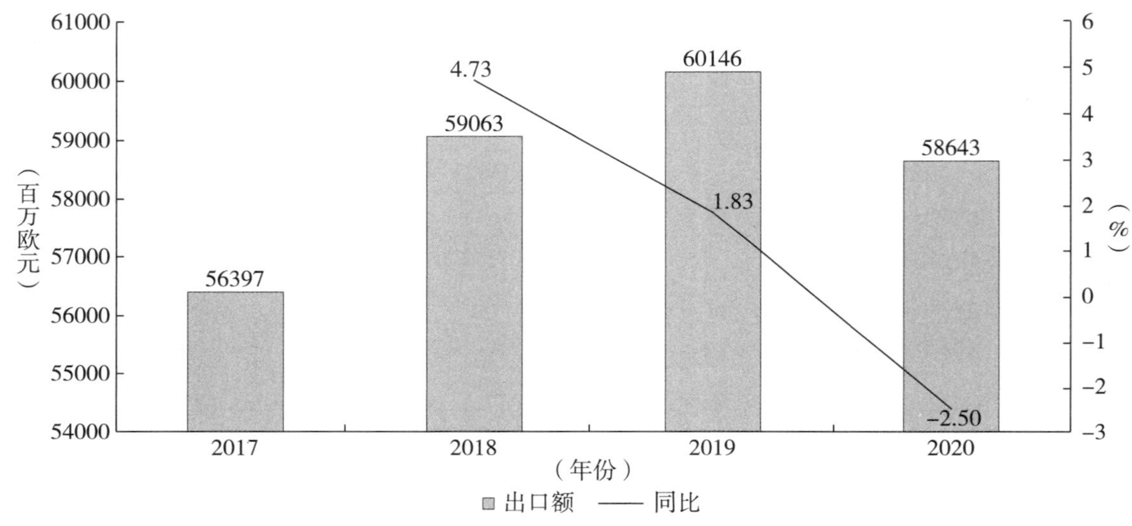

图 3　2017—2020 年全球农机出口额走势

从全球农机出口国看，2020 年德国农机出口额高达 10521 百万欧元，占全球出口总额的 17.94%；美国、中国农机出口额占比位列第二、第三，占比分别为 11.22% 和 10.39%（如表 5 所示）。

表 5　2020 年全球农机出口额前 20 名出口分析　　单位：百万欧元

序号	国别	出口额	占比（%）
1	德国	10521	17.94
2	美国	6581	11.22
3	中国	6095	10.39

续 表

序号	国别	出口额	占比（%）
4	意大利	4261	7.27
5	荷兰	3081	5.25
6	法国	3040	5.18
7	比利时	2122	3.62
8	英国	1910	3.26
9	日本	1842	3.14
10	加拿大	1646	2.81
11	奥地利	1628	2.78
12	波兰	1369	2.33
13	瑞典	1094	1.87
14	芬兰	1052	1.79
15	印度	908	1.55
16	土耳其	893	1.52
17	巴西	854	1.46
18	捷克	846	1.44
19	丹麦	789	1.35
20	白俄罗斯	671	1.14
小计		51203	87.31
其他		7440	12.69
合计		58643	100.00

（二）欧洲农机出口情况

欧洲农机出口额在经历了2018年、2019年“两连增”后，2020年受新冠肺炎疫情影响，出现小幅下滑。欧洲农机出口额占全球农机出口额的比重呈逐年小幅增长的趋势，2020年占比接近60%，彰显出欧洲农机行业在全球较强的竞争力（如表6所示）。

表6　2017—2020年欧洲农机出口额及全球占比分析　单位：百万欧元

	2017年	2018年	2019年	2020年
出口额	32158	34356	35020	34966
同比（%）		6.84	1.93	-0.15
占比（%）	57.02	58.17	58.22	59.63
增减（%）		1.15	0.05	1.41

从欧洲农机四强国出口额占全球农机出口总额的比重分析，2020年占比33.65%，较2019年下降

了1.95%。其中，意大利、法国占比分别下降3.23%和1.02%；德国在新冠肺炎疫情形势下，表现依然较好，占比增长了1.54%，英国也出现小幅增长（如表7所示）。

表7　　2020年与2019年欧洲农机四强国出口额在全球农机出口总额中的占比一览表　　单位：%

国别	占比		增减
	2020年	2019年	
德国	17.94	16.40	1.54
意大利	7.27	10.50	-3.23
法国	5.18	6.20	-1.02
英国	3.26	2.50	0.76
合计	33.65	35.60	-1.95

从欧洲农机出口前20国2020年的出口额看，累计实现出口额34603百万欧元，同比小幅下降0.14%；占比98.96%，较2019年增长0.01%（如表8所示）。

2020年受新冠肺炎疫情等多重因素影响，欧洲各国出口“冷热不均”。德国作为领头羊，以其30.09%的占比和0.90%的增幅，稳定了欧洲出口大盘，避免了欧洲农机出口额大幅度滑坡。

表8　　2020年欧洲28国农机出口额前20名出口分析　　单位：百万欧元

序号	国别	出口额		同比（%）	占比（%）		增减（%）
		2020年	2019年		2020年	2019年	
1	德国	10521	10427	0.90	30.09	29.77	0.31
2	意大利	4261	4077	4.51	12.19	11.64	0.54
3	荷兰	3081	3145	-2.03	8.81	8.98	-0.17
4	法国	3040	3256	-6.63	8.69	9.30	-0.60
5	比利时	2122	2325	-8.73	6.07	6.64	-0.57
6	英国	1910	2122	-9.99	5.46	6.06	-0.60
7	奥地利	1628	1633	-0.31	4.66	4.66	-0.01
8	波兰	1369	1074	27.47	3.92	3.07	0.85
9	芬兰	1052	1215	-13.42	3.01	3.47	-0.46
10	瑞典	1094	1087	0.64	3.13	3.10	0.02
11	捷克	846	777	8.88	2.42	2.22	0.20
12	丹麦	789	754	4.64	2.26	2.15	0.10
13	西班牙	673	668	0.75	1.92	1.91	0.02
14	匈牙利	749	618	21.20	2.14	1.76	0.38
15	斯洛伐克	365	362	0.83	1.04	1.03	0.01
16	保加利亚	238	298	-20.13	0.68	0.85	-0.17
17	爱尔兰	253	249	1.61	0.72	0.71	0.01
18	立陶宛	247	246	0.41	0.71	0.70	0.00

续 表

序号	国别	出口额		同比（%）	占比（%）		增减（%）
		2020 年	2019 年		2020 年	2019 年	
19	斯洛文尼亚	202	170	18. 82	0. 58	0. 49	0. 09
20	罗马尼亚	163	148	10. 14	0. 47	0. 42	0. 05
小计		34603	34651	－0. 14	98. 96	98. 95	0. 01
其他		363	369	－1. 63	1. 04	1. 05	－0. 01
合计		34966	35020	－0. 15	100. 00	100. 00	0. 00

（三）欧洲农机进口情况

2017—2020 年欧洲 28 国农机进口额同比增幅呈逐年下降趋势，2020 年出现 1. 07% 的负增长。从全球占比看，在经历了 2018 年增长后，2019—2020 年稳定在 46% 以上，占比增幅小幅波动（如表 9 所示）。

表 9　2017—2020 年欧洲 28 国农机进口额与占比分析　单位：百万欧元

	2017 年	2018 年	2019 年	2020 年
全球进口额	54985	58738	59462	58273
同比（%）		6. 83	1. 23	－2. 00
欧洲 28 国进口额	24405	27268	27625	27329
同比（%）		11. 73	1. 31	－1. 07
占比（%）	44. 38	46. 42	46. 46	46. 90
增减（%）		2. 04	0. 04	0. 44

从欧洲 28 国农机进口额看，进口额前 21 名，2020 年累计进口 26432 百万欧元，同比小幅下降 0. 72%；占比 97. 04%，较 2019 年增长了 0. 66%。法国农机进口额位居首位，但 2020 年同比下降 7. 16%，占比也下挫了 1. 01 个百分点。进口额超过 1000 百万欧元的有 9 个国家，位居前三的法国、德国、英国均出现不同程度的下滑（如表 10 所示）。

表 10　2020 年欧洲 28 国农机进口额前 21 名出口分析　单位：百万欧元

序号	国家	出口额		同比（%）	占比（%）		增减（%）
		2020 年	2019 年		2020 年	2019 年	
1	法国	4422	4763	－7. 16	16. 23	17. 24	－1. 01
2	德国	4347	4461	－2. 56	15. 96	16. 15	－0. 19
3	英国	2090	2353	－11. 18	7. 67	8. 52	－0. 85
4	荷兰	1809	1739	4. 03	6. 64	6. 30	0. 34
5	比利时	1616	1827	－11. 55	5. 93	6. 61	－0. 68
6	波兰	1550	909	70. 52	5. 69	3. 29	2. 40

续 表

序号	国家	出口额		同比（%）	占比（%）		增减（%）
		2020 年	2019 年		2020 年	2019 年	
7	意大利	1471	1456	1. 03	5. 40	5. 27	0. 13
8	奥地利	1124	1097	2. 46	4. 13	3. 97	0. 16
9	西班牙	1099	1261	-12. 85	4. 03	4. 56	-0. 53
10	瑞典	918	946	-2. 96	3. 37	3. 42	-0. 05
11	丹麦	917	810	13. 21	3. 37	2. 93	0. 43
12	捷克	883	882	0. 11	3. 24	3. 19	0. 05
13	罗马尼亚	808	877	-7. 87	2. 97	3. 17	-0. 21
14	匈牙利	768	668	14. 97	2. 82	2. 42	0. 40
15	保加利亚	454	545	-16. 70	1. 67	1. 97	-0. 31
16	爱尔兰	449	480	-6. 46	1. 65	1. 74	-0. 09
17	芬兰	441	441	0	1. 62	1. 60	0. 02
18	立陶宛	420	318	32. 08	1. 54	1. 15	0. 39
19	葡萄牙	308	350	-12. 00	1. 13	1. 27	-0. 14
20	斯洛伐克	291	284	2. 46	1. 07	1. 03	0. 04
21	希腊	247	156	58. 33	0. 91	0. 56	0. 34
小计		26432	26623	-0. 72	97. 04	96. 37	0. 66
其他		807	1002	-19. 46	2. 96	3. 63	-0. 66
合计		27239	27625	-1. 40	100. 00	100. 00	0. 00

四、欧洲农机市场未来发展趋势

第一，欧洲农机行业将继续受新冠肺炎疫情的影响。由于冠状病毒新变体的到来，欧洲某些国家面临再次封锁，2022 年可能会继续下去。

第二，原材料涨价对市场产生重要影响。一些制造商担心生产线将在未来几个月出现故障甚至关停。除此之外，还会导致交货时间延长和订单取消。所有这些因素都对部分客户产生影响，他们不愿意在当前的环境下投资，可能更愿意推迟购买。除了钢材，其他原材料价格，如玻璃、塑料、铝和聚氯乙烯价格也开始出现大幅增长，这引发了人们对生产成本大幅上涨的担忧。

第三，与汽车行业一样，农用机械的电气化以及氢的使用无疑是未来农机行业的发展方向。与此同时，用户对更舒适，尤其是更高效的机械的需求越来越大。

第四，社会对生态的关注将促使农机行业走上环保、高效的转型之路。

法国农用机械行业发展报告

一、法国在全球农机市场中的位置

2019 年，全球农机市场价值 1380 亿欧元；欧洲农机市场价值 342 亿欧元，占全球 24.78%，位居全球第三（如表 1 所示）。

表 1　2019 年全球农机市场价值一览表　单位：亿欧元

序号	国家和地区	市场价值	占比（%）
1	亚洲	442	32.03
2	北美洲	408	29.57
3	欧洲	342	24.78
4	中南美洲	69	5.00
5	俄罗斯	40	2.90
6	大洋洲	35	2.54
7	中东	25	1.81
8	非洲	19	1.38
合计		1380	100.00

从全球农机分析，2019 年全球排名前 15 的国家农机市场价值为 1092 亿欧元，占全球农机市场价值的 79.13%。美国、中国分别为 352 亿欧元、260 亿欧元，占比分别为 25.51% 和 18.84%，远远领先于其他国家。法国农机市场价值 61 亿欧元，全球占比 4.42%，与德国并列位居全球农机第四。法国还是世界第二大农机进口国，也是对外国制造商最开放的市场之一。（如表 2 所示）。

表 2　2019 年全球排名前 15 的国家农机市场价值一览表　单位：亿欧元

序号	国家和地区	市场价值	占比（%）
1	美国	352	25.51
2	中国	260	18.84
3	印度	75	5.43
4	法国	61	4.42

续　表

序号	国家和地区	市场价值	占比（%）
5	德国	61	4.42
6	加拿大	56	4.06
7	日本	32	2.32
8	俄罗斯	32	2.32
9	意大利	30	2.17
10	澳大利亚	27	1.96
11	巴西	25	1.81
12	英国	24	1.74
13	阿根廷	20	1.45
14	韩国	19	1.38
15	泰国	18	1.30

二、法国主要农用机械制造综述

（一）法国农机产业环境

法国基本上是一个平原国家，全国大部分地区气候温和，适于农业生产。法国国土总面积为55万平方千米，森林面积约为17万平方千米，耕地面积约为28万平方千米（其中60%用于粮食生产、35%为牧场、5%用于葡萄园及种植其他水果蔬菜）。近年来，随着农业机械化水平的不断提高，法国农业人口不断下降，目前仅为总人口的2%，约95万人。

法国农业在欧盟占有十分重要的地位，其农业总产值为4200亿法郎，农业产量占欧盟总产量的20%，占全欧洲粮食产量的1/2；其农产品出口仅次于美国位居世界第二。法国既是欧盟最大的农业生产国，也是世界主要农副产品出口国。法国经过50年的农业政策改革和调整，目前农业发展处于相对稳定阶段。政府通过政策引导，不断提高森林覆盖率；提倡天然放牧，压缩草场面积；扩大耕地面积，用于发展粮食和经济作物的种植。

法国政府推行积极的农机扶持政策。农民购买农机具，不仅享受价格补贴，还能得到5年以上低息贷款，贷款金额占自筹资金的一半以上。农用内燃机和燃料全部免税，农业用电也远比工业便宜。为保证农机质量及其方便使用，政府颁发“特许权证”，指定专门企业在各地建立销售、服务网点。不论哪个厂家、哪一年的产品，其零部件都能随处买到。农用机械价廉物美，售后服务有保障。

法国早在19世纪60年代就开始生产农业机械，到20世纪30年代拥有内燃机、电动机、拖拉机、割捆机、脱粒机等农机具。第二次世界大战后，法国农业机械化迅速发展，农业生产在整地、播种、田间管理等环节均实现了机械化。随着农业生产和农产品销售量的相对稳定，农机消费水平和主要农业机械保有量已基本稳定。经过近50年的发展，到2000年法国拥有拖拉机130万台、联合收获机11

万台、割捆机27万台。2000年，法国农机销售额250亿法郎，其中自有品牌销售额为100亿法郎，其余150亿法郎是进口品牌，主要来自欧盟国家。在进口农机产品中拖拉机占36%。法国农机生产企业约有2000家，共有6万多名职工，年产值350亿法郎，71%用于出口，出口总量中70%销往德国等欧盟国家。随着农业经济效益逐年稳步增长，农机总利润年增长0.4%，农机化水平和农机产品质量不断提高，农机社会化服务体系日趋完善。

（二）法国主要农用机械产品概况

（1）拖拉机。拖拉机产量占法国农用机械总产量的1/3，2019年生产24304台，共计15.94亿欧元。法国是欧洲第二大拖拉机生产国，与意大利并列，仅次于德国。法国有三个大型拖拉机厂，分别位于博韦斯（迈赛弗格森）、勒芒（克拉斯）和敦刻尔克附近的比尔内（久保田）。

（2）打包机和牧草设备。干草机（割草机、翻草机、搂草机）以及圆形和方形打包机的制造部门是一个在统计上保密的业务部门。在没有确切数据的情况下，据估计，2019年法国打包机和牧草设备的产值为5.3亿欧元，占2019年欧洲打包机和牧草设备产量的23%。法国打包机和牧草设备产量在欧洲排名第二，落后于德国，领先于奥地利。

（3）畜牧设备。畜牧设备（家禽设备、饮水和饲养设备、粉草机和其他畜牧设备）占2019年法国农用机械产量的9%，产值为4.4亿欧元。在欧洲，四个国家集中占据了畜牧设备生产的2/3：荷兰位居第一，其是挤奶机细分市场无可争议的领导者；德国位居第二；意大利位居第三；法国位居第四。

（4）耕作设备。耕作设备（犁、耙、中耕机、除草机等）是法国的另一个主要农机生产领域。2019年，其耕作设备产值为3.75亿欧元，使法国成为欧洲第三大此类设备生产国，仅次于德国（7.95亿欧元）和意大利（5.97亿欧元）。2019年，法国在欧洲犁产量上排名第二，产量为3558台，共计5700万欧元。

（5）运输设备。农业运输设备部门（拖车、翻斗卡车、饲料托盘、牲畜拖车等）涉及法国约100家中小企业，根据欧洲统计局（Prodcom）调查报告显示，2019年法国生产和销售了此类设备21000台。法国是欧洲第二大运输设备生产国（2.665亿欧元），仅次于德国（6.108亿欧元），领先于波兰（1.469亿欧元）。

（6）植保设备。植保设备（喷雾器）制造是法国农机制造业中重要的一个细分市场。2019年，法国植保设备年产值为2亿欧元，是欧洲第二大植保设备生产国，仅次于德国。该设备的生产占法国农用机械生产的4%。

（7）起重和搬运设备。法国国家统计局的年度生产调查显示，农业起重和搬运设备的生产价值为1.88亿欧元，包括安装在拖拉机上的液压装载机（1.52亿欧元）和农业伸缩搬运机（3600万欧元）。

（8）园林机械。关于园林机械（割草机、电锯、树篱修剪机、割灌机等）生产的数据大多处于统计保密之下。在法国，2019年汽油割草机的产值为6700万欧元。据估计，2019年法国园林机械总产值为1.25亿欧元，在欧洲园林机械产值中排名第五，仅次于意大利、德国、瑞典和奥地利。

（9）播种机和种植机。2019年，法国播种机和种植机的产值接近1亿欧元，产量约3000台。在这一生产领域，法国以8.1亿欧元的产值位列欧洲第三，仅次于德国（3.71亿欧元）和瑞典。

（10）农产品清洗和分拣机械。2019年，法国农产品清洗和分拣机械产值为9800万欧元，产量为

2700 台。同年，包括英国在内的欧洲 28 国，该类设备的总产值为 8.23 亿欧元，主要生产国家是荷兰、意大利和英国，法国位居第四。

（11）浇水灌溉设备。尽管使用浇水灌溉设备的面积有限（占可用农业面积的 5%），但法国仍是欧洲三大浇水灌溉设备生产国之一，产值达 4600 万欧元。在欧洲该设备生产领域，法国被德国和意大利超越，这两个国家的产值约为法国的 2 倍。

（12）零部件。农用机械零部件（拖拉机驾驶室、车轴、变速器、犁刀、圆盘等）和配件的制造在法国和欧洲农用机械生产中占有很大份额，根据国家的不同，一般在 10% ~ 15%，法国的份额为 10.4%。

（三）聚焦法国收获机市场

1. 法国收获机市场现状

2019 年，法国收获机产值为 2.2 亿欧元，占法国农用机械总产值的 5%。法国是欧洲生产葡萄收获机的第一大生产国，2019 年生产了 1182 台，产值为 1.57 亿欧元。该国还生产专用作物设备（例如亚麻），但不生产联合收获机或自走式饲料收获机。在欧洲，75% 的收割设备由德国和比利时制造，法国排名第四，远远落后于这两个国家和意大利。

法国联合收获机市场停滞不前，出现两连跌。统计显示，2020 年、2021 年分别销售 1390 台和 1360 台，同比分别下降 4.92% 和 2.16%（如图 1 所示）。因此下降的主要原因有两点：一是受新冠肺炎疫情影响，导致生产和销售非常缓慢。原定于 2020 年 6 月在阿姆斯特丹举行的国际绿色科技展被取消。同时在该行业最重要的贸易展中，原定于 2021 年 1 月举行的国际农业博览会（SIVAL）也被取消，水果博览会也是如此。二是恶劣的天气条件影响了生产水平，导致小麦、大麦产量大幅下降，油菜籽产量也有小幅下降，2020 年对法国农业来说仍是糟糕的一年。

2020 年法国收获机市场呈现以下几个特点：第一，市场仍然由高端细分市场主导，超过 400 马力的机械占非标准联合收获机细分市场销售的近 90%；第二，在标准机械类别中，6 行机型仍然占 61%；第三，市场正在向大型机器市场迈进，无论标准与否。

2. 法国收获机市场发展趋势

法国收获机市场经过 20 多年的发展，已经进入成熟期，近年每年产量稳定在 1300 ~ 1400 台的水平。

大型化趋势表现较为强烈。无论是非标准联合收获机还是标准联合收获机，呈现的共同特征是大型化趋势，并且表现得十分强烈。从非标准联合收获机占比变化看，400 马力以上机型由 2010 年的 60%，增长到 2020 年的 89%，增加了 29 个百分点（如图 2 所示）。从标准联合收获机占比变化看，6 行机型由 2015 年的 57%，增至 2020 年的 61%（如图 3 所示）。

三、法国农业机械产业发展现状与特点

（一）法国农机产业发展现状

法国是欧洲第三大工业强国，农用机械产值仅次于德国（约 100 亿欧元）和意大利（约 50 亿

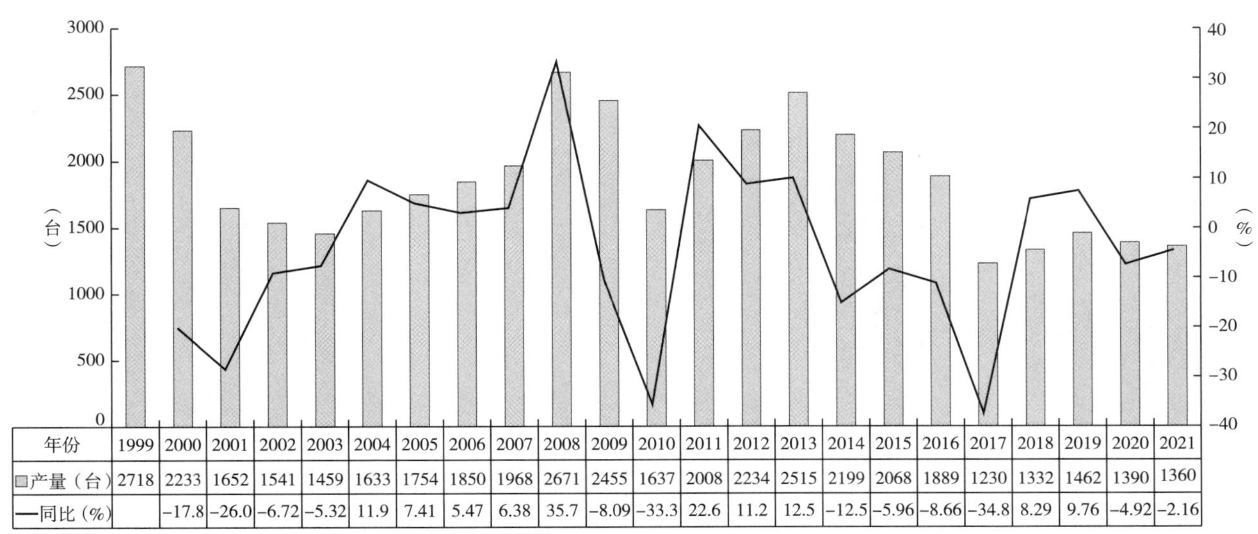

年份	1999	2000	2001	2002	2003	2004	2005	2006	2007	2008	2009	2010	2011	2012	2013	2014	2015	2016	2017	2018	2019	2020	2021
□产量（台）	2718	2233	1652	1541	1459	1633	1754	1850	1968	2671	2455	1637	2008	2234	2515	2199	2068	1889	1230	1332	1462	1390	1360
—同比（%）		−17.8	−26.0	−6.72	−5.32	11.9	7.41	5.47	6.38	35.7	−8.09	−33.3	22.6	11.2	12.5	−12.5	−5.96	−8.66	−34.8	8.29	9.76	−4.92	−2.16

图 1　1999—2021 年法国收获机产量走势

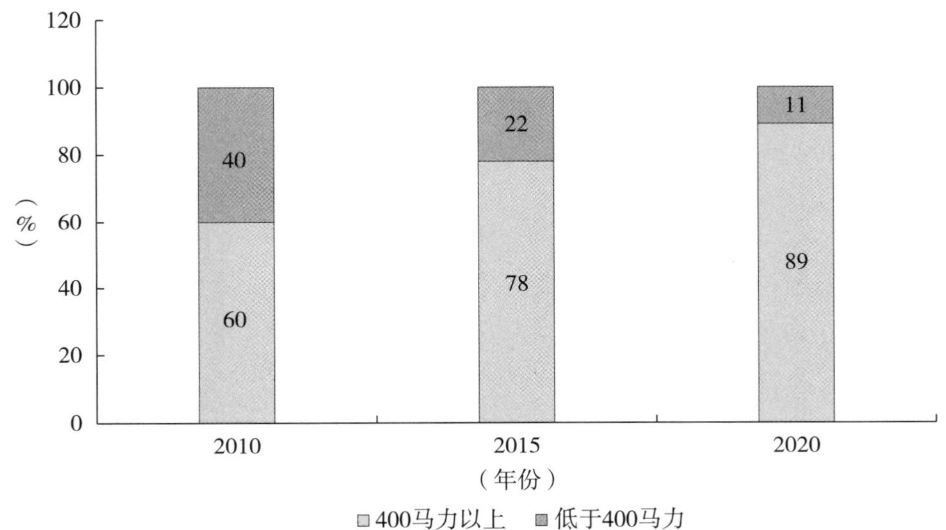

图 2　不同年度非标准联合收割机占比变化

欧元）。

2019 年，法国农用机械产值创下历史新高 47.96 亿欧元，同比增长 0.9%；2020 年下降至 46.29 亿欧元，同比下降 3.48%。近年来这一份额一直在下降，下降原因有以下几点：第一，受新冠肺炎疫情影响，生产和销售受阻；第二，法国虽然国内市场良好，却因国外销售网点减少而处于不利地位；第三，新的竞争对手崛起，尤其是东欧生产国的崛起。

2020 年，由于新冠肺炎疫情影响，法国农用机械产量下降。为了满足持续需求，制造商动用了库存，致使年末时库存处于较低水平，虽然加快了生产速度，但仍无法完全弥补疫情期间造成的损失。

2010—2020 年，法国农机产量跌宕起伏，经历了 2011—2014 年连续 4 年的同比下降后，自 2015 年进入恢复增长期，2018 年基本达到 2013 年的水平。2019 年、2020 年再度调头下行，2020 年出现负增长（如图 4 所示）。

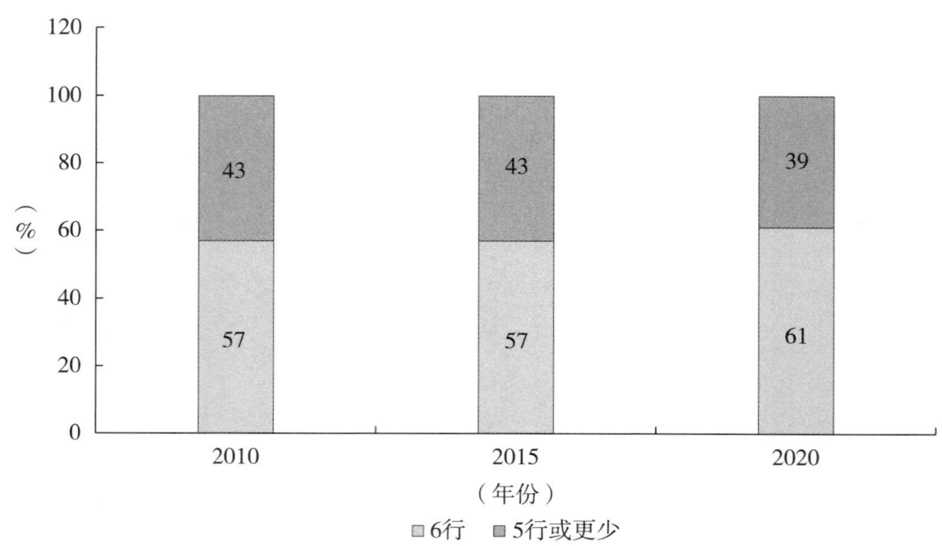

图 3　不同年度标准联合收割机占比变化

资料来源：Axema – Unit：% of the total – Campaigns from September to August。

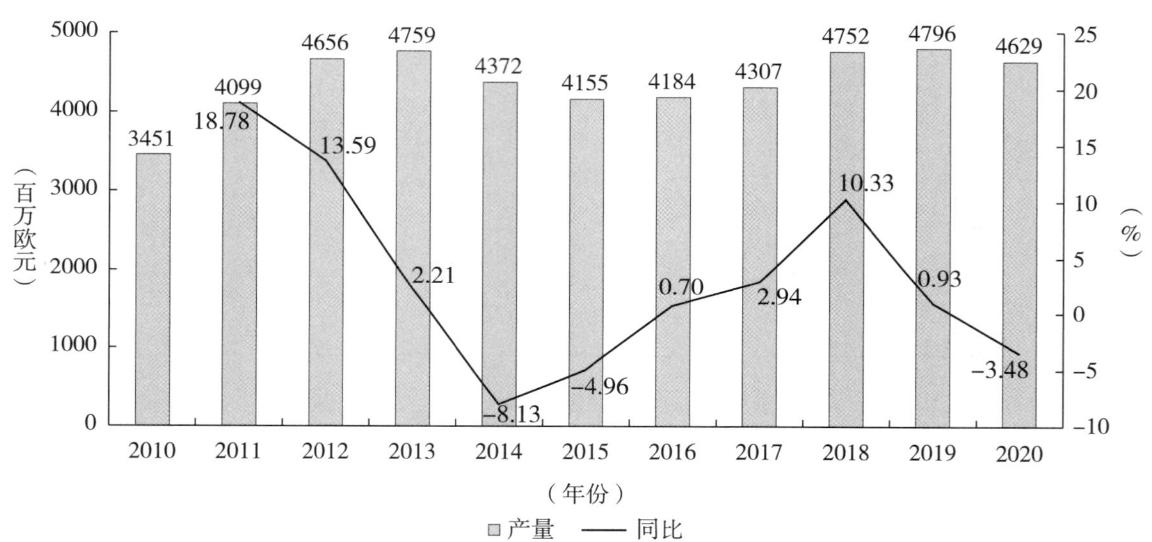

图 4　2010—2020 年法国农用机械产量走势

说明：以上数据按 AXEMA 定义的产品范围摘取自年度生产调查（PRODFRA），并与其成员的活动相对应。年度生产调查是一个行业调查。在这里，产量对应于无论生产农用机械是否是其主营业务的所有法国制造公司，以及其所生产的农用机械的全部销售额（法国 + 出口）。

资料来源：INSEE，AXEMA。

（二）法国农机产业发展特点

一是政府制定了一系列促进农业和农机化发展的政策。围绕提高农业生产率、增加农民收入、稳定市场以及保证农产品的高质量，法国政府制定了相关农业和农机化扶持政策，如土地集中政策、农业专业化政策、农业信贷政策、农业生产价格补贴政策、农用燃油减税政策等。在农业机械化新技术、新机具推广初期，国家对农机购买者给予补贴、优惠贷款等扶持政策，以鼓励高效低耗、高技术含量的专业化配套机具的研发、生产与推广，这些优惠和补贴直接给到农民。目前农机化处于稳定发展时期，补贴、优惠贷款等鼓励政策已较少使用，但农机用油补贴政策一直在执行。农机政策更多地体现在保护使用者安全、降低劳动强度、保护环境、利于国土整治等方面。1960 年，法国颁布了《关于农业现代化的指导方针》，2000 年对该政策进行了补充修订，增加了对农业机械作业的环保要求内容。为保证偏远地区土地的开发和有效利用，法国政府仍然为当地农民提供购买农机具的补贴资金。

二是发展“居马”合作社，提高农机具的利用率。在第二次世界大战后农业现代化过程中，农业机械逐步取代了畜力和手工劳动。为了解决购买昂贵农机设备资金困难的问题，农民自发组织建立了“居马（CUMA）”合作社。一些大型、专用农业机械，如经济作物作业机械、大型收获机械和农田基本建设机械等，都通过“居马”合作社集体购买。法国共有 1 万多个“居马”合作社，分布在全国各地，入社农户拥有土地规模一般为 300～500 公顷，机具使用费比个人购机使用费低 40%。该组织的主要经费来源是社员交纳的会费和农机作业服务费。在“居马”合作社购机时，社员要提交作业申请计划，提出某种作业服务需求的社员要对所需机械投资 10%。

三是积极发挥农业协会组织的作用，推广农机化新技术。法国政府对农业生产和农机化发展方向的引导是通过经济杠杆（如项目资助、低息贷款）实现的，而农机化新技术的推广，主要依靠发明者和制造商通过农业协会等民间组织，利用电视和专业报纸等向农民宣传推荐。同时农业协会组织及时发布技术需求信息、市场销售信息等，做好与农户的沟通；政府的各种政策措施亦通过农业协会组织传达给农户。农业协会组织成为政府、企业与农户间的纽带和桥梁，并在农机化新技术的推广中发挥重要作用。

四是农机生产企业十分注重技术创新。法国有纽荷兰、约翰迪尔、道依茨和迈赛弗格森等世界著名的跨国农机企业，其产品为世界知名品牌，销往世界各地。这些企业规模基本在 2000 人左右，年产量在 2000 台以上，其共同特点为：其一，具有较强的技术创新能力。根据市场、用户需要，不断开发和研究高技术联合收获机产品。企业的研发费用占总收入的 6% 左右。其二，十分重视产品的质量把控。每个车间均有质量检测室，严把每道生产工序的质量关。如迈赛弗格森公司平均 4 名员工中就有 1 名质检人员。其三，工艺装备先进，生产现代化程度高。加工中心、数控机床、激光切割、电子喷涂、超声波清洗等先进技术得到广泛应用。外协外购件仓储以及零部件加工、热处理、部装、总装、检测等生产线布局合理。随着现代科技的发展和竞争的需要，企业十分注重技术改造，如约翰迪尔公司对技术改造的投入超过总收入的 4%，迈赛弗格森公司一台数控机床高达 880 万法郎（约 120 万美元）。其四，生产社会化程度高。除变速箱等关键零部件、钣金件自己生产外，大部分零配件都由外协厂生产。其五，重视对员工的培训。员工重视文明生产，安全、卫生、环保意识强。

（三）法国农机行业竞争力、发展规模和趋势研判

1. 法国农机行业竞争力判断

法国 2021 年农机进出口虽然出现下滑，但法国农机行业并未失去竞争力。过去二十多年来，法国在全球出口中的份额从 2001 年的 6.2% 下降至 2020 年的 5.3%，但这一变化并没有持续，法国出口额在 2010 年年中开始上升，然后趋于平稳。从长远来看，法国一直是农用机械的净进口国。

2. 法国农机发展周期与发展规模判断

法国农机市场是一个成熟的、更新的市场，在中长期内变化不大，但年度之间可能会经历重大波动。农用机械市场实际上与农业收入和农产品价格密切相关，农产品价格波动较大。因此，行情下跌周期之后便是强有力的上涨周期，整个周期持续 24 ~48 个月。

如果将 1960 年的法郎换算成 2020 年的欧元，那么 1960 年法国农用机械市场销售额为 26 亿欧元。1980—2007 年，法国农用机械市场销售额在 40 亿 ~50 亿欧元波动。2008 年，市场销售额突破 50 亿欧元。在过去的十年里，按不变价值计算的销售额分别在 2012 年（62. 3 亿欧元）、2013 年（65. 5 亿欧元）和 2019 年（62. 5 亿欧元）三次超过 60 亿欧元（以 2020 年欧元价值计算）。

3. 发展趋势判断

农用机械正在向智能化、高效化和大型化方向发展。农用机械装备技术已逐步融合现代微电子技术和仪器、控制技术、信息技术，向智能化、机电一体化方向发展。田间自动导航系统、机器视觉系统等技术已应用于拖拉机与自走式农业机械上，实现了农业机械化作业的高效率、高质量、低成本，改善了操作者的舒适性与安全性。拖拉机平均功率已增加到 72 千瓦。自动化程度的提高，为在农业生产中推广使用新技术以及降低作业成本创造了条件，也为提高社会化服务的集约化水平提供了空间。

四、法国农机进出口综述

（一）法国农机出口市场

近年，法国出口受新冠肺炎疫情等多重因素的影响，出口明显放缓，尤其是对欧洲国家的出口，如德国、奥地利、捷克和俄罗斯。

1. 出口市场下滑

2020 年，法国农用机械出口额为 32. 79 亿欧元，同比下降了 8. 5%。出口在经历了 2020 年上半年 17% 大幅度下滑之后，下半年有所恢复，同比增长了 2. 5%，但也无法弥补前六个月的损失。就出口而言，法国在 2020 年的表现不如其他多数邻国，尤其是德国和意大利。造成出口下降的原因主要有以下几个方面：第一，新冠肺炎疫情影响。新冠肺炎疫情导致第一次封锁期间生产停工时间久。第二，主流产品出口下降。拖拉机出口下跌 4%，拖拉机发动机出口锐减 82%。第三，区域市场的影响。从地域上看，法国农用机械出口遭受了来自英国的大量订单损失，其次是来自美国和比利时的订单损失。

自 2010 年以来，法国农机出口走势跌宕起伏，经历了三个发展阶段，分别为 2011—2015 年的震荡下行期，2015—2017 年的恢复增长期，2017—2020 年再度回到下行轨道（如图 5 所示）。

2. 出口国

从法国的出口区域看，2020 年德国、英国等 7 个国家占法国农机出口的 55%，其中出口较多的国家为德国，占比 19%（如图 6 所示）。

法国出口主要集中在欧洲 20 个国家，2020 年占法国农用机械总出口的 81. 5%，较之 2019 年同期猛增 23. 5 个百分点。从 20 个国家的出口变化看，英国、奥地利、匈牙利、挪威、乌克兰等占比出现较大幅度下滑，土耳其占比大幅度增长，其他国家小幅波动（如表 3 所示）。

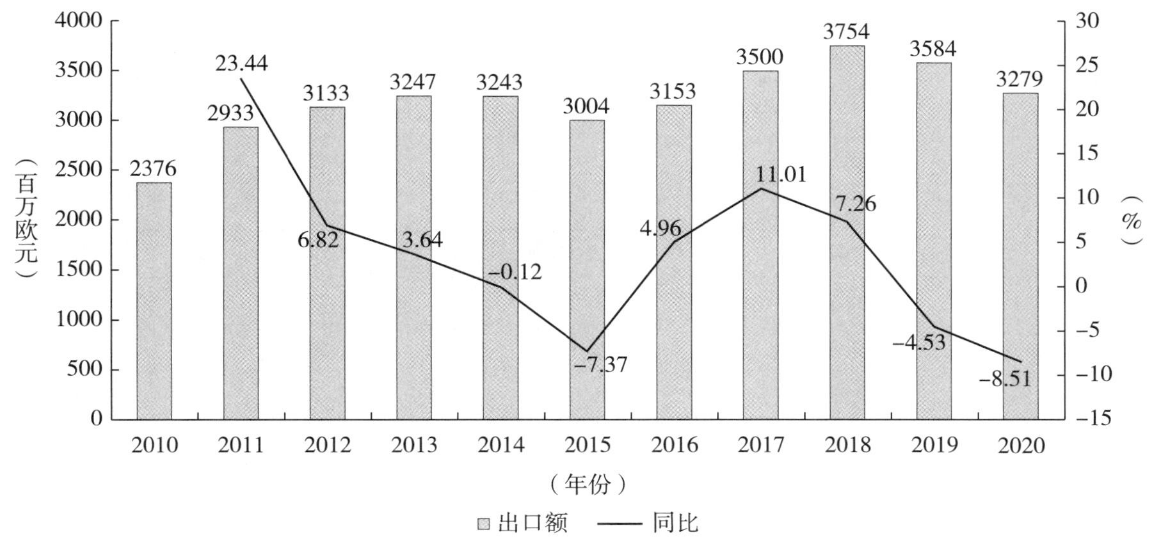

图 5　2010—2020 年法国农机出口走势

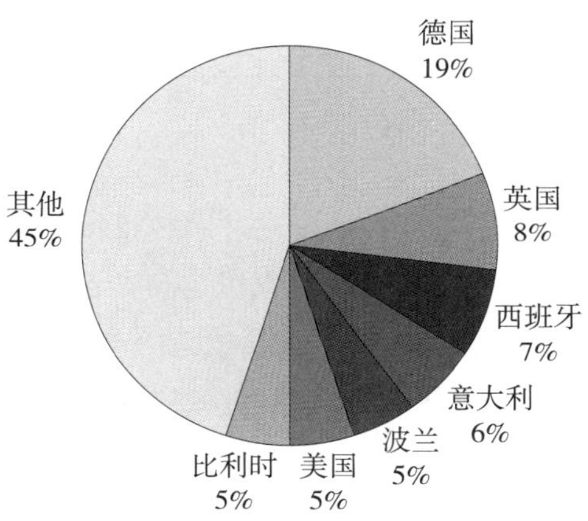

图 6　2020 年部分国家在法国的出口占比

表 3　　2020 年法国农用机械出口欧洲 20 国的占比变化

序号	国别	占比（%）		增减（%）
		2020 年	2019 年	
1	德国	19.20	16.90	2.30
2	英国	8.10	26.60	-18.50
3	西班牙	6.30	6.60	-0.30
4	意大利	6.00	8.80	-2.80
5	波兰	5.30	3.90	1.40
6	美国	5.30	13.50	-8.20
7	比利时	5.20	13.70	-8.50
8	荷兰	3.00	-9.30	12.30
9	澳大利亚	2.90	-3.50	6.40

续　表

序号	国别	占比（%）		增减（%）
		2020 年	2019 年	
10	奥地利	2.60	22.60	-20.00
11	土耳其	2.30	-147.70	150.00
12	瑞典	2.20	13.60	-11.40
13	瑞士	2.20	2.20	0.00
14	俄罗斯	2.10	7.90	-5.80
15	日本	1.90	12.70	-10.80
16	匈牙利	1.60	20.40	-18.80
17	丹麦	1.50	-1.00	2.50
18	挪威	1.40	27.30	-25.90
19	乌克兰	1.20	35.70	-34.50
20	罗马尼亚	1.20	-12.90	14.10
合计		81.50	58.00	23.50

3. 出口品类

法国农机出口产品主要有拖拉机、零部件或配件、园林机械等，占全部出口的97%，其中，拖拉机出口占比高达43%（如图7所示），成为主要农机出口产品。从2018年至2020年三年的农机出口品类发展变化看，呈现出如下特点：第一，2020年，14类产品出口占比99.02%；第二，2020年，在所列的14类出口产品中，除浇水和作物保护机械、预制温室机械外，其他机械均出现不同程度的下滑；第三，拖拉机，零部件或配件，耕整地、播种和施肥机械，伸缩搬运机和前置装载机，拖拉机发动机，农用拖车和半拖车6类产品的出口额出现“两连跌”；第四，浇水和作物保护机械成为唯一“两连增”的出口品类；第五，2020年拖拉机出口占比高达42.57%，成为法国农机出口主要产品（如表4所示）。

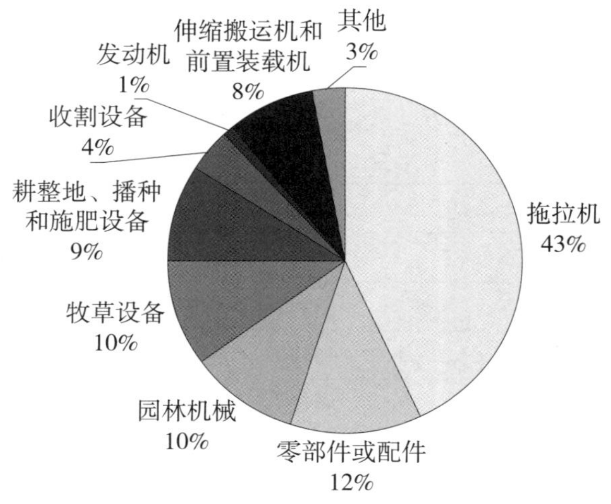

图7　2020年法国不同类别的农用机械产品出口占比

表 4　2018—2020 年法国细分农用机械出口变化　单位：百万欧元

序号	品类	出口额			同比（%）		占比（%）
		2018 年	2019 年	2020 年	2019 年	2020 年	2020 年
1	拖拉机	1486	1458	1396	-1.88	-4.25	42.57
2	零部件或配件	432	423	407	-2.08	-3.78	12.41
3	园林机械	355	358	343	0.85	-4.19	10.46
4	牧草（稻草）机械	337	339	310	0.59	-8.55	9.45
5	耕整地、播种和施肥机械	293	266	256	-9.22	-3.76	7.81
6	收割机械	137	164	147	19.71	-10.37	4.48
7	伸缩搬运机和前置装载机	144	136	126	-5.56	-7.35	3.84
8	浇水和作物保护机械	57	66	70	15.79	6.06	2.13
9	畜牧业机械	72	75	56	4.17	-25.33	1.71
10	预制温室机械	71	34	48	-52.11	41.18	1.46
11	农产品烘干、清洗和分拣	44	50	34	13.64	-32.00	1.04
12	拖拉机发动机	244	152	27	-37.70	-82.24	0.82
13	农用拖车和半拖车	27	24	21	-11.11	-12.50	0.64
14	林业机械	6	7	6	16.67	-14.29	0.18
小计		3705	3552	3247	-4.13	-8.59	99.02
其他		31	31	32	0.00	3.23	0.98
合计		3734	3584	3279	-4.02	-8.51	100.00

（二）法国进口市场

法国是全球第二大农用机械进口国。近年，法国农机进口出现波动，进口额在 2019 年达到 4949 百万欧元的峰值后，下降至 2020 年的 4537 百万欧元，同比下降 8.32%。但是，数额仍然很高，与 2013 年相当，比 2018 年高（如图 8 所示）。

（三）贸易差额略有改善

法国农机进出口贸易逆差从 2019 年的 1365 百万欧元降至 2020 年的 1258 百万欧元，同比下降 7.84%（如图 9 所示）。

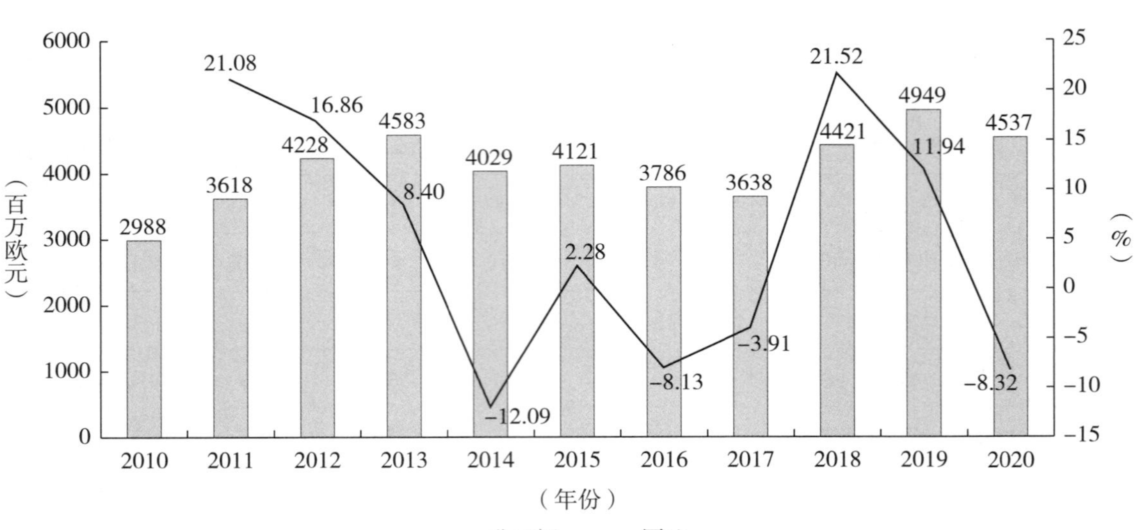

图 8　2010—2020 年法国农机进口走势

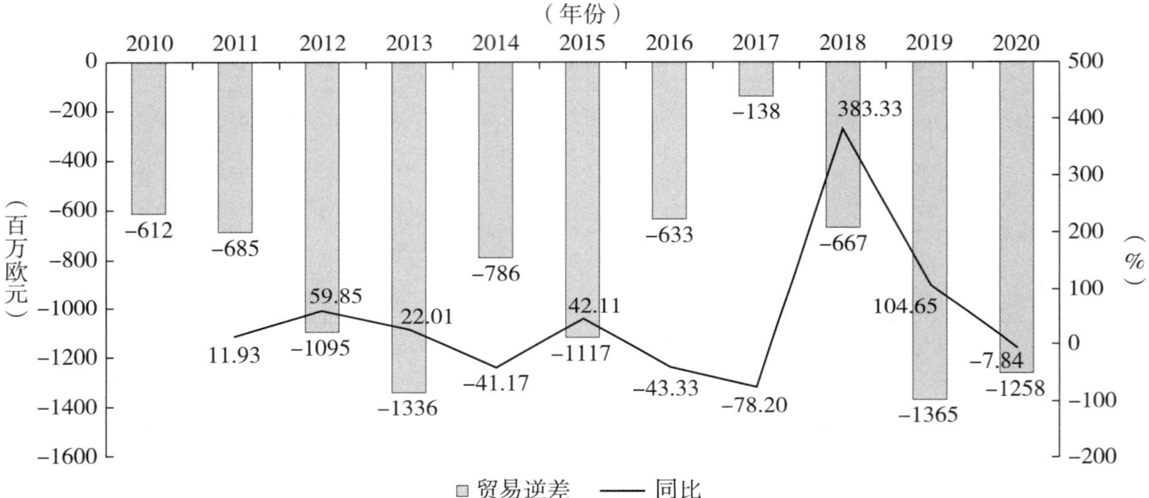

图 9　2010—2020 年法国农机进出口贸易逆差走势

斯里兰卡国家市场

一、综述

斯里兰卡，全称斯里兰卡民主社会主义共和国，是南亚的一个岛国，位于孟加拉湾西南方的印度洋，印度南端以下。该国面积65610平方千米，人口有2129万人（2021年），识字率为92.6%（2018年）。按当前市场价格计算，其国内生产总值为889亿美元，国民总收入为865亿美元。2018年，人均国内生产总值为4102美元。在就业总人数中，有25.5%的人口从事农业活动。面对充满挑战的国内外环境带来的动荡，2017年斯里兰卡国内生产总值增长3.6%，而2018年增长3.3%（如图1、图2所示）。2018年，在主要耕作季节，充足和及时的降水促进了农业耕作和生产的强劲恢复，实现了水稻大丰收。服务业对该国经济的贡献率为57.7%，主要以批发零售业、旅游业和金融服务业的增长为主。

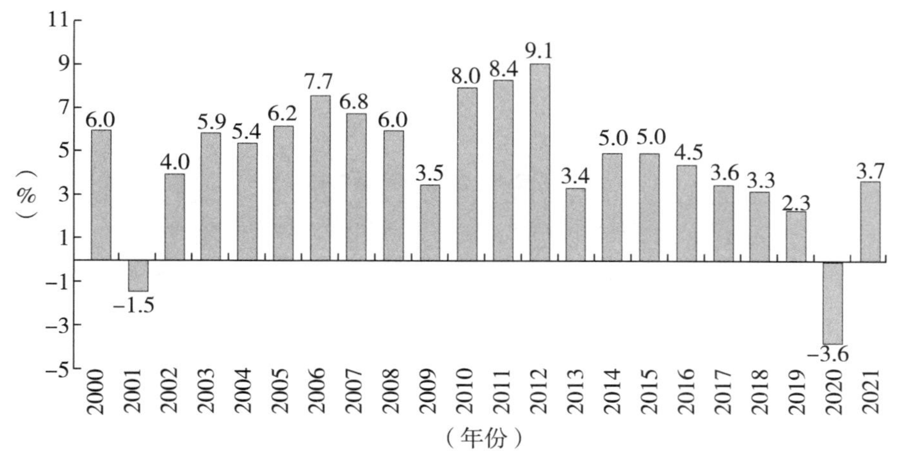

图1　2000—2021年斯里兰卡国内生产总值增长率

1. 农业

农业仍然是斯里兰卡经济最重要的组成部分之一。过去5年来，农业对斯里兰卡国内生产总值的贡献有所下降，但仍然为25.5%的劳动力提供就业机会，其中大多数来自斯里兰卡农村。斯里兰卡农业分为传统农业和非传统农业，传统农业作物有茶叶、橡胶和椰子，而非传统农业作物有水稻、水果、蔬菜、山药、豆类、种子、香料以及其他出口作物。

斯里兰卡的主要粮食作物是水稻。水稻在两个季节栽培，即“亚拉”（5月至8月）和“玛哈”（9月至下一年3月）。在过去十年间，水稻种植面积的扩大，再加上产量的提高，使斯里兰卡的水稻生产接近自给自足。茶叶是斯里兰卡主要的出口作物，种植在中部高地，是斯里兰卡外汇的主要来源。

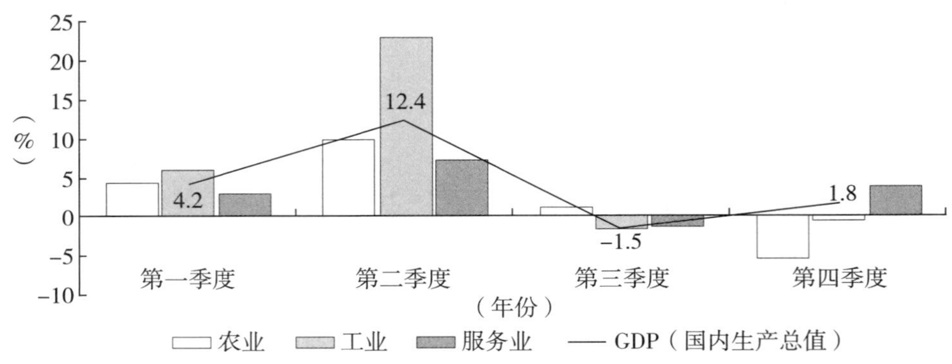

图 2　2021 年四季度部分行业增长率

资料来源：斯里兰卡中央银行 2021 年年报。

近年来，斯里兰卡的玉米产量有了显著提高，其产量主要被日益增长的畜牧业消耗。

总体而言，近年来斯里兰卡农业经历了重大的结构变化。农业、林业和渔业对 GDP（国内生产总值）的贡献从 2005 年的 17. 5% 下降到 2018 年的 7%，而制造业和服务业的贡献增加到 83. 8%，尤其是服务业增幅显著，这反映了斯里兰卡当前的经济状况。然而，由于大约 70% 的人口生活在农村和种植园地区，并以从事农业劳动为生，所以农业仍然是斯里兰卡经济的支柱。农业部门主要由独立的农民和私营部门组织开展，而政府主要参与提供必要的基础设施，制定监管框架，从事研究与开发。

在自由市场中，政府干预的方面是为化肥补贴提供现金拨款和以预先确定的价格购买稻谷产品（数量有限），以增加农民的收入。在价值链的其他方面，即农业生产、加工、增值和销售等方面，大多由独立的农民和私营公司处理。

在农业方面，可以看到传统作物茶叶、橡胶和椰子的产量指数下降，而其他作物的产量指数比前几年有所增加（如表 1 所示）。

表 1　　2011—2021 年农业产量指数

作物	2011 年	2012 年	2013 年	2014 年	2015 年	2016 年	2017 年	2018 年	2019 年	2020 年	2021 年
茶叶	106. 0	106. 4	109. 74	109. 03	105. 15	94. 38	99. 25	98. 00	96. 80	89. 83	96. 60
橡胶	174. 4	166. 4	144. 8	108. 90	97. 84	87. 38	91. 77	91. 21	82. 58	86. 39	84. 94
椰子	114. 2	119. 6	102. 20	116. 71	124. 03	122. 45	99. 43	106. 67	125. 50	125. 50	126. 88
水稻	139. 5	134. 5	161. 56	118. 21	168. 51	154. 55	83. 33	137. 41	160. 56	179. 05	180. 06
杂粮	443. 2	641. 5	711. 28	770. 94	833. 35	780. 00	626. 35	857. 00	771. 15	981. 90	1473. 93
其他粮食	120. 3	141. 7	143. 72	154. 1	157. 40	158. 50	124. 82	139. 06	129. 74	153. 38	179. 71
蔬菜	154. 2	177. 9	106. 87	197. 13	196. 23	208. 61	177. 14	213. 07	183. 45	215. 97	200. 37
水果	232. 9	121. 5	123. 48	120. 42	162. 39	154. 68	174. 83	196. 82	159. 50	212. 97	180. 01
牲畜和牲畜产品	136. 3	148. 5	157. 49	148. 93	162. 10	162. 70	169. 26	169. 79	169. 84	173. 96	180. 12
次要出口作物	117. 2	119. 9	122. 1	122. 38	161. 95	160. 67	167. 02	190. 55	180. 95	184. 36	193. 00
总体指数	156. 8	153. 8	177. 87	153. 01	184. 30	179. 40	138. 77	172. 68	180. 11	195. 02	199. 10

资料来源：农业和环境统计部统计数据。

2018 年，斯里兰卡农业从 2016 年和 2017 年因不利天气条件而出现的负增长中复苏过来。2018 年，农业对斯里兰卡国内生产总值的贡献率为7%，比2017年增长4.8%。在这一贡献中，渔业占1.2%，畜牧业占0.6%（如表2所示）。

表2　　2010—2019年斯里兰卡主要农作物产量　　单位：吨

作物	2010年	2011年	2012年	2013年	2014年	2015年	2016年	2017年	2018年	2019年
茶叶	331400	327500	330000	340230	338032	326100	292600	307720	303840	300120
橡胶	152990	158198	150600	130421	98573	88567	79100	83070	82560	74750
椰子	2317	2808	2940	2513	2870	3050	3011	2445	2623	3086
肉桂	15800	15937	16087	15866	16230	23968	24503	24680	23019	24821
咖啡	5240	5324	5340	5568	6090	5360	5593	5431	6445	4887
可可	1730	1633	1753	1608	1810	1497	1723	1485	2115	1499
辣椒	26620	25770	25637	26727	27850	35459	32145	35142	48253	41429
肉蔻	570	578	555	619	590	538	669	629	528	624
水稻	4301000	3875000	3845945	4620728	3380780	4819400	4420085	2383153	3929831	4592056
年种植总计	2630000	1996000	2716961	2846276	2235851	2876990	2902693	1473832	2396926	3072581
玛哈	1671000	1879000	1128984	1774452	1144929	1942410	1517392	909321	1532905	1519475
玉米	6310	5411	5984	7011	8850	8920	8565	8574	8060	5474
年种植总计	6210	4274	5008	5782	7630	7410	7059	4468	7176	4386
玛哈	100	1137	976	1229	1220	1510	1506	1106	884	1088
高粱	161690	137797	202315	209042	240590	261110	243960	196900	270041	245647
年种植总计	127760	104491	165999	173320	210890	230870	207075	164889	242935	220425
玛哈	33930	33306	36316	35722	29700	30240	36885	32011	27106	25222
绿豆	20	18	26	33	40	40	25	34	57	68
年种植总计	10	6	4	6	10	20	12	12	20	52
玛哈	10	12	22	27	30	20	13	22	37	16
豇豆	100	96	89	138	140	110	114	155	169	136
年种植总计	80	52	59	76	90	90	96	84	94	85
玛哈	20	44	30	62	50	20	18	71	75	51
芝麻	11700	10838	11956	14252	14350	15060	14546	9392	9856	7355
年种植总计	7590	5786	7740	7669	7420	7620	7975	4896	6659	4730
玛哈	4110	5052	4216	6583	6930	7440	6571	4496	3197	2625
种植年	11610	10453	14812	14185	15120	12280	13740	8576	11180	8067
玛哈	8140	6642	9483	9477	10290	7240	8811	4937	7993	5502
亚拉	3470	3811	5329	4708	4830	5040	4929	3639	3187	2565
总量	16950	11293	12435	14236	14160	13290	12414	7754	8589	6085
玛哈	1700	1297	2182	1808	1870	3190	2486	2054	2218	1932
亚拉	15250	9996	10253	12428	12290	10100	9928	5700	6371	4153

资料来源：斯里兰卡中央银行。

在过去几年里，斯里兰卡其他大田作物（有机食物）的产量也有所增长，但产量不足以满足当地需求，因此需要进口以弥补这种不足。有机食物产量从2017年的509076吨增长到2018年的606926吨。

玉米种植面积显著增长，从2014年的67219公顷增加到2018年的70895公顷。斯里兰卡是肉桂的最大生产国和出口国，其肉桂的内在品质位居世界第一。整体来说，农业和渔业生产指数较2017年增长10.7%（如表3所示）。

表3　农业产量指数

项目	2012年	2013年	2014年	2015年	2016年	2017年	2018年（a）	2019年（b）
农业和渔业	116.77	121.71	120.46	127.66	127.24	113.63	126.14	126.18.
1. 农业	110.84	115.16	112.29	121.88	120.71	104.29	119.62	120.97
1.1 农作物	109.30	113.03	109.28	118.69	115.98	96.45	112.52	113.30
茶叶	105.39	109.12	108.48	105.51	93.89	98.54	97.54	96.31
橡胶	113.33	97.21	73.52	66.01	58.96	61.94	61.54	55.72
椰子	103.77	88.72	101.31	107.87	106.30	86.47	92.60	108.92
水稻	102.84	123.56	90.40	128.87	118.19	63.73	105.09	122.79
其他粮食	117.94	124.17	139.32	140.75	150.22	135.67	152.82	136.26
1.2 牲畜	123.06	132.10	136.15	147.23	158.24	166.68	176.45	181.91
2. 渔业	145.72	153.71	160.37	155.91	159.13	159.25	157.97	151.61

资料来源：2021年斯里兰卡中央银行年报。

在非传统农业中，水稻生产是最重要的组成部分。斯里兰卡有100多万农民（大部分在农村）直接和间接从事水稻生产。一个值得注意的特点是，斯里兰卡水稻产量在过去十年中从365.2万吨增长到393.0万吨。每公顷产量也从2009年的4337千克/公顷提高到2018年的4443千克/公顷。如今，斯里兰卡水稻产量已接近自给自足（如表4所示）。

表4　水稻种植总面积　单位：吨

年份	主要方案	次要方案	雨养	总量
1995—1996	323318	175215	237849	736382
1996—1997	323799	176491	237021	737311
1997—1998	327748	176380	228347	732475
1998—1999	328460	177305	228363	734128
1999—2000	333105	177400	228542	739047
2000—2001	333229	177410	229264	739903
2001—2002	335026	177433	229257	741716
2002—2003	322399	171440	197575	691414
2003—2004	329797	171993	200082	701872
2004—2005	330393	172204	200667	103264
2005—2006	331784	173992	202962	708738
2006—2007	332688	174577	204846	712111
2007—2008	330839	184406	201215	716460
2008—2009	327689	193769	198224	719682
2009—2010	350408	202851	221129	774388
2010—2011	362858	204205	234379	501442
2011—2012	361664	207699	236206	805569
2012—2013	367797	229387	248260	845444
2013—2014	395898	231099	250861	877858

续 表

年份	主要方案	次要方案	雨养	总量
2014—2015	398314	234070	252726	885110
2015—2016	400016	233226	252960	886202
2016—2017	399944	237114	255887	892945
2017—2018	381352	230950	245396	857698
2018—2019	373274	244490	248063	865827

资料来源：2021 年斯里兰卡中央银行年报。

尽管有这些长足发展，但斯里兰卡农业仍然存在大量问题。大多数生产者是小型农户，他们获得优质投入要素、融资设施、边缘化土地所有权和营销渠道的机会有限，整体收入水平很低，从非正规渠道借钱是他们的主要融资来源。因此，他们经常负债。年轻人对传统农业兴趣的下降也造成了该行业劳动力的短缺。机械化在这方面发挥了重要作用，特别是在整地和收割方面。政府对农用机械进口的免税政策在一定程度上促进了农业机械化。世界银行发起的农业现代化项目以及政府为改善农业基础设施而采取的其他举措，包括现代气候控制仓储项目等，都为斯里兰卡农业机械化发展起到了推动作用。

2. 机械化

自 1952 年以来，斯里兰卡经历了从传统的牲畜加人工耕作方式逐步向机械化方式转变。迈赛弗格森（Massey Ferguson）首次进入斯里兰卡，推出了“灰色弗吉”（Grey Furgie）拖拉机，标志着农业机械化的开始。自那以后，各种机械和工具逐渐增加，推动了斯里兰卡农业的机械化进程。该国最常用的农业机械有拖拉机、联合收割机、微耕机、喷雾机、九齿微耕机、旋耕机和圆盘犁等。自从引进晚稻插秧机以来，机械化耕种的作物有水稻、玉米、甘蔗和其他大田作物。对于这些作物的生产，机械化主要体现在整地、作物管理、收获以及有限的种植方面。

斯里兰卡的主要制造业有服装、食品饮料和烟草，工业制造业很少。到目前为止，约 95% 的农用机械需求是进口的。当地唯一制造生产的农业机械是一些基本工具，如用于非传统农业的九齿旋耕机和拖车。对于传统的农业生产，如茶叶生产，有相当多的实业家为当地工业和出口市场制造产品。斯里兰卡制造了大量不锈钢喷雾器，但现在要与成本相对较低的进口塑料喷雾器竞争。

像亚太地区的许多其他国家一样，斯里兰卡在粮食生产方面面临着几个挑战。第一，劳动力短缺。大多数农村劳动力或者到国外就业，或者在国内其他行业（特别是建筑业）工作以获得更高收入。因此，从事农业生产的传统家庭单位及村庄社区减少了。第二，农民的第二代和第三代子女都不再从事农业生产，而是到其他行业去寻找工作机会。因此，从事农业的个人（家庭）在数量上有所减少。第三，每个人的土地持有量也在减少。这是由于土地被代代相传，并在兄弟姐妹之间分割，导致每个人的所有权太小，农业种植无法形成规模经济。调查显示，这些人把他们的土地租赁给那些选择继续从事农业生产的人，而他们选择从事蓝（白）领工作。第四，到目前为止，最大的挑战是气候变化带来的糟糕天气对农业的影响。以前，人们可以用加减七天的变化相当准确地预测季风来临的时间，这样农民有充足的时间进行规划和准备。然而，近年来，人们不仅感受到了不可预测的天气对农业的影响，而且经历了长期的干旱，给农民和消费者带来了毁灭性打击。

从积极的方面来看，劳动力市场的衰退和不利的天气因素促使人们渴望更快速地工作和提高生产率。这些因素激励着农业耕种转向机械化。此外，考虑到近年来所经历的频繁的周期性干旱，水管理也成为一个关键问题。离开这个行业的人将土地租赁出去，从而成就了一批新的大型农场主从事规模种植。

拖拉机，尤其是47～55马力的拖拉机，主要用于土地整备以及物流运输。当需要把联合收割机从一个地方运到另一个地方时，拖拉机就变得相当有用。在耕作中，拖拉机与旋耕机配合使用，在某些情况下也与圆盘犁和九齿微耕机配合使用。拖拉机的主要用途体现在整地方面。微耕机，曾经是使用最广泛的机械，现在市场需求开始下降，特别是在快速整地的时候。最常用的微耕机是12马力机型，其次是8马力和5马力机型。8马力和5马力微耕机是针对特定地理位置来使用的。微耕机再次被用于土地整备，并与旋耕机配合使用。5马力的微耕机，适用于丘陵地形，先搭配板式犁整地，随后再用平地机平整耕地。

斯里兰卡政府提出了一项倡议，通过为农民引进水稻插秧机来促进水稻播种机械化。具体来说，除以前的政策措施外，斯里兰卡政府还推出了一项补贴计划，以激励农民采用机械从事农业生产。但该计划的成果并不十分明显，因为机械化进程所需的资金成本很高。

水泵（发动机驱动）和喷雾器被广泛用于作物管理。这两种产品有本地制造的，也有进口的。在水泵和不锈钢喷雾器领域有几个大型和成熟的制造商。喷雾器的使用非常广泛，因为斯里兰卡是一个热带国家，潮湿的条件有利于杂草和害虫滋生。此外，应对洪灾的传统做法促使农民使用水泵和碱性管道一起灌溉土地，以保持土壤中的水分。然而，随着水源的逐渐减少，低成本的灌溉系统开始进入市场，以完善水管理。考虑到建造一体化灌溉系统的巨大成本，农民开始根据自己的预算和水资源的可获得性来选择适合自己的适应性系统。

2021年拖拉机数量异常增加的原因是，人们在与农业生产无关的情况下，因为低利率而投资于车辆，这是营销公司通过研究得出的结论。

3. 趋势分析

（1）拖拉机

拖拉机市场已失去增长动力，出现饱和迹象（如表5所示）。目前，拖拉机的购买已经由刚需市场转向置换市场。47～55马力机型占斯里兰卡拖拉机市场近95%的销售份额。由于稻田是软泥地，所以斯里兰卡近3年来对四轮驱动拖拉机的需求不断增长。但这种四轮驱动拖拉机维修费用较高，随着这个问题在农业社区内的迅速传播，农民正在考虑转向其他经济选择。最受欢迎的是25～30马力的迷你拖拉机，对于那些拥有微耕机，并希望升级为拖拉机的小农户来说，这种替代方案特别适合他们的实际情况。

表5　2014—2021年拖拉机进口情况　单位：台

国别	2021年	2020年	2019年	2018年	2017年	2016年	2015年	2014年
印度	6943	3569	2705	3046	4068	5358	3618	1190
中国	1	7	5	2	3	22	19	101
日本	1093	855	662	690	1078	670	476	191
巴基斯坦	18	6	17	1	36	20	18	58
泰国	28	32	18	21	27	109	30	0
其他	102	24	46	22	136	33	5	17
合计	8185	4493	3453	3782	5348	6212	4166	1557

资料来源：作者根据人口普查和统计部门的数据编纂。

（2）联合收割机

联合收割机市场接近饱和，多为置换市场（如表6所示）。如今，斯里兰卡近95%的水稻收割是由联合收割机进行的。由于联合收割机的寿命有限，其年总需求量将保持在 1000 台左右。因为市场竞争激烈，进口商持续推出具有各种新功能的联合收割机，以创造差异，吸引客户。

表 6　　2014—2021 年联合收割机进口情况　　单位：台

国别	2021 年	2020 年	2019 年	2018 年	2017 年	2016 年	2015 年	2014 年
中国	876	827	573	727	360	1504	900	454
日本	173	180	160	20	10	5	33	95
印度	8	15	28	1	23	106	89	0
泰国	325	171	180	159	28	170	9	0
其他	39	80	113	3	5	60	48	48
合计	1421	1273	1054	910	426	1845	1079	597

资料来源：作者根据人口普查和统计部门的数据编纂。

（3）微耕机

微耕机，曾经是斯里兰卡农业的主导产品，现在逐渐衰落，销量已经降到了过去 20 年来的最低水平（如表 7 所示）。随着众多消费者转向购买或租用拖拉机，微耕机的市场需求将继续下降。鉴于目前的天气条件和融资计划的可获得性（即使是有成本的），农民拥有拖拉机的机会增加了。

表 7　　2014—2018 年微耕机进口情况　　单位：台

国别	2018 年	2017 年	2016 年	2015 年	2014 年
中国	380	1253	1521	4200	1547
印度	52	13	184	47	38
日本	690	996	724	724	1089
新加坡	0	100	0	0	0
泰国	96	44	368	2	0
越南	810	1667	2170	3136	1368
其他	23	0	60	0	7
合计	2051	4073	5027	8109	4049

资料来源：作者根据人口普查和统计部门的数据编纂。

4. 机械化的差距

通过对表 8 的观察，可以发现作物和机械化相关应用方面的差距。很明显，大部分机械化仍集中在水稻作物上。在整个作物中，我们还观察到有几项应用可以采用机械化，如育苗、播种和种植、收割和收割后。

表 8　　主要作物按应用阶段划分的机械化情况

<table>
<tr><th></th><th>土地耕整</th><th>泥滩和苗床制作</th><th>播种/种植</th><th>作物管理</th><th>收割</th><th>收割后</th></tr>
<tr><td rowspan="4">水稻</td><td>拖拉机</td><td rowspan="4">无</td><td rowspan="4">插秧机</td><td>喷雾器</td><td>联合收割机</td><td></td></tr>
<tr><td>微耕机</td><td>水泵</td><td>脱粒机</td><td>无</td></tr>
<tr><td>旋耕机</td><td>少量灌溉</td><td>扬谷器</td><td></td></tr>
<tr><td>犁/圆盘耙</td><td></td><td></td><td></td></tr>
</table>

续 表

	土地耕整	泥滩和苗床制作	播种/种植	作物管理	收割	收割后
玉米	拖拉机	无	无	喷雾器	去苞叶机	无
	动力耕耘机			水泵	脱粒机	
	旋耕机					
	犁/圆盘耙					
蔗糖	拖拉机	无	无	喷雾器	无	无
	旋耕机			水泵		
	犁/圆盘耙					
马铃薯	拖拉机	无	无	喷雾器	无	无
	微耕机			水泵		
	旋耕机					
	犁/圆盘耙					
洋葱	拖拉机	无	无	喷雾器	无	无
	微耕机			水泵		
	旋耕机					
	犁/圆盘耙					
山药	拖拉机	无	无	喷雾器	无	无
	微耕机			水泵		
	旋耕机					
	犁/圆盘耙					
其他蔬菜	拖拉机	无	无	喷雾器	无	干燥（规模有限）
	微耕机			水泵		
	旋耕机					
	犁/圆盘耙					
水果	拖拉机	无	无	喷雾器	无	干燥（规模有限）
	微耕机			水泵		
	旋耕机					
	犁/圆盘耙					

（1）土地耕整

虽然土地耕整似乎已很好地实现了机械化，但仍有发展空间。拖拉机在全国的土地耕整中占主导地位，微耕机占次要地位。来自印度的 Tafe 品牌领先市场，其次是 Mahindra & Mahindra 和 Kubota。在微耕机市场，越南的 Vykino 和中国的四方品牌是斯里兰卡用户的首选，同时市场上也有许多来自中国的小品牌微耕机。与亚太地区其他国家（例如泰国）有大片平坦的农田不同，斯里兰卡的土地通常是起伏不平的。这一既定的地理条件限制不可避免地影响到该国的播种（种植）、发芽和水管理。研究发现，激光平地可使水稻产量平均提高约 8%，可以说，激光平地似乎是一种理想的解决方案，可使农民在节约水资源和减少温室气体排放的同时获得更高的回报。

（2）泥滩和苗床制作

除耕种土地之外，泥滩和苗床制作等仍然是手工作业，这是一个需要进一步机械化的领域。泥滩制作需要大量的劳动力，因而农民渴望采用技术和机械化以减少劳动力的投入。在一次实地访问中，一位农民描述了如何将一个九齿微耕机改造成泥滩制造机，这是泥滩制造机的粗略版本。对于中等规模的蔬菜和山药种植，苗床制作涉及大量人力成本，引入苗床制作机和泥滩制造机似乎是减少人力成本的理想方式。

（3）播种和种植

农民可以在直接播种和移植之间进行选择。目前，斯里兰卡水稻直接播种的规模非常有限，而播种和移栽是在没有机器干预的情况下进行的。经常有播种的机器被引进，但结果并不理想。究其原因，主要是因为斯里兰卡土地不平整所致。在此背景下，需要来引进适合当地自然环境的农机。

（4）作物管理

作物管理是提高农业作物生长、发育和产量的关键环节，具体做法有施肥、控制害虫和杂草、水管理等。在这一环节中，充分使用工具和设备可以更快更好地完成任务，从而提高时间效率，同时也提高农民的生产效率。目前，在大多数情况下，这一阶段的机械化仅仅是使用喷雾器和水泵，以及在有限程度上安装微型灌溉系统。随着中等到大规模耕作的出现，对引进撒肥机、精准喷雾器和喷杆喷雾器以及针对特定作物的具有成本效益的微型灌溉系统的需求将会不断增长。

（5）收割

如前所述，收割机械化已经基本覆盖了水稻种植领域。收割机市场供应充足，产品种类繁多，普及率接近 99%。在斯里兰卡收割机市场中，久保田和洋马是水稻联合收割机的两个领先日本品牌，其次是中联和沃德等中国品牌。除水稻外，其他大量需要机械化收割的作物有玉米、马铃薯、甘蔗、洋葱、木薯、花生、芝麻等，这些作物的市场规模不同，引进合适的收割机械将促进这些作物种植。由于受劳动力限制，大多数农民都不种植那些虽利润丰厚却需要大量劳动力的作物，如玉米、马铃薯、花生等，因此，引进收割机械可能会起到刺激农民投入生产这些作物的作用。大约十年前，水稻种植也出现过类似的情况。

（6）收割后

实际上，斯里兰卡水稻种植机械化仍然处于初期阶段，因此，还要注意水稻收割后的机械化，这个阶段的机械化作业主要由拥有干燥和储存设施的大型磨坊主负责。然而，一个容易被忽视的群体是小农户，他们大部分时间不得不临时在太阳底下晒干水稻，其他作物也是如此。在农业部主持下成立的采后国家技术研究所（NIPHT）已开始通过研究、培训、推广、顾问（咨询）和其他发展活动，改进水稻、其他谷物、大田作物、水果、蔬菜和香料的采后技术并开发了一系列小型机械，用于水稻、谷物、水果、蔬菜和油料作物的收割后加工。这些小型机械缺乏商业可扩展性，现有公司有可能与采后国家技术研究所合作，在收割后的加工技术方面引入解决方案。

5. 最终用户介绍

斯里兰卡的耕地总面积为 5643277 英亩（2283803 公顷），约占该国土地总面积的 36%。其中，持有土地 40 英亩及以下的小规模农户土地持有量为 239677 英亩（96996 公顷），持有土地 40 英亩以上规模农户土地持有量为 4404599 英亩（1782517 公顷），拥有种植园规模的农户土地持有量为 999001 英亩（404290 公顷）。在全部农业用地中，86% 的土地用于种植作物和饲养牲畜。

6. 农户的类别及规模

斯里兰卡农户按种植面积大小可以分为以下几类：

（1） 土地持有量小于等于 1/4 英亩的农户

这一群体大多为了满足家庭需求而从事农业（如家庭园地）生产，很少有商业目的。

（2） 土地持有量在 1/4 ~ 19 英亩的小规模农户

这一群体由斯里兰卡的主要农民组成。这些农民中的大多数因为安置计划获得了土地，Mahaweli（马哈威利）计划是斯里兰卡最大的定居点计划之一。得益于定居点灌溉计划，农民分配到了 1/2 ~ 5 英亩的土地。这些土地分为湿地和旱地两种类型，湿地耕作以水稻为主，旱地耕作则以非水稻作物如玉米、蔬菜、豆类、种子、山药等为主。而耕作类型取决于是否有水供农业生产所用。这些农民群体大多使用微耕机等小型机械或出租机械进行农业生产。

（3） 土地持有量在 20 ~ 49 英亩的中等规模农户

这一类别的农户一般比较富裕，日后可能会成为商业农户。有些人拥有自己的土地，有些人从放弃农业生产的农户那里租赁土地，以便拥有一个相当大单位的毗连土地。这一类别的农户大多是个人农户或家庭农户，在农业生产中会使用较大型的机械。他们中的大多数人至少拥有一台拖拉机，有的还拥有一台联合收割机。此外，他们还可能拥有其他工具，如喷雾器、水泵等。这一群体也被认为是农业机械化新技术的早期适应者，以及村庄的主要影响者。

（4） 土地持有量在 50 英亩及以上的大规模农户

这一群体包括公司和个人。在资源充足的情况下，他们从事商业化种植，常见的作物有茶叶、橡胶、椰子（传统作物）、水果和蔬菜、香料和其他大田作物。随着专业人员的加入和机械化设备的广泛使用，农业生产更加科学化。机械化首先体现在整地方面，其次是播种（种植）、作物管理、收割和收割后等方面。为了提高生产效率，机械化设备的应用仍需改进。

（5） 土地持有量在 500 英亩以上的种植园公司

种植园公司由私营企业管理，政府也是利益相关者，种植的作物几乎涵盖了斯里兰卡所有的传统作物。这些大片毗连的土地，最初是在英国统治斯里兰卡期间形成的。这些种植园公司受到劳动力短缺和生产成本上升的困扰，但他们仍努力保持盈利状态，努力实现劳动效率高的机械化收割和作物管理。

7. 当前未满足的需求

综上所述，在农业生产领域存在着提高机械化的问题。机械化主要集中在水稻种植上，而其他作物在不同生产环节引入机械化的需求较大。在这方面，政府增加了除稻田以外的几种大田作物，以推动国家粮食生产计划，这些作物包括玉米、绿豆、马铃薯、小米、豇豆、黑豆、洋葱。斯里兰卡每年对这些作物的需求量中近 42% 都依赖进口。除马铃薯和洋葱外，其他大田作物大多由小农户生产，其中家庭单位农户是劳动力的主要提供者。另外，这些农作物的机械化也仅限于整地方面，而播种、种植、除草、作物管理和收割等方面主要还是依靠人工作业，可以说其他大田作物机械化的需求很大。推动农业生产机械化将会产生积极的结果，将为农民和机械设备供应商带来双赢的局面。Hector Kobbekaduwa（农业研究培训机构）对其他大田作物机械化进行的一项研究表明，机械化受多方面因素制约，主要有以下几点：

（1）供应方面的制约因素

市场上的机械设备与农户需求不协调。

（2）需求方面的制约因素

农民缺乏对现有技术的了解（认识）；农民对采用新技术持否定态度。

（3）机械的费用和贷款选择

土壤被侵蚀并且变得松软，耕作环境变差。农民开始使用四轮驱动拖拉机，但维护成本太高，有些人又重新使用微耕机进行作业。

水稻种植的整体操作费用较高，尤其是泥滩的整备和清理，多为人工操作，成本较高。

插秧步骤烦琐，并且在不同的条件下难以操作。一些农民恢复了传统的播种方式，另一些农民采用了即兴的播种方式，即降落伞法，并发现这种方式非常有效。

除草环节是人工作业。害虫和杂草管理是生产总成本中的另一个重要组成部分。

除水稻以外，其他作物的收割都是人工作业。劳动力成本较高仍是亟须解决的问题。

总的来说，劳动力成本和使用机械的效率（在某些情况下）是需要改进的两个主要问题。由于机械费用较高，融资对农户来说很重要，因为他们在为购买机械提供资金方面几乎没有选择。

斯里兰卡需要引入农业机械化以及智能生产新技术。虽然通过拖拉机、微耕机、农具、联合收割机等实现的机械化对农业在很大程度上做出了贡献，但这些机械是否足以应对未来不断变化的环境挑战还有待验证。劳动力成本并不是斯里兰卡农户当下面临的唯一问题，水的供应、不断变化的农业耕作时区、土壤被侵蚀、可用耕地减少等问题都需要解决。从整地开始，一直到收获后，斯里兰卡农民必须更多地采用现代技术进行农业生产，以提高生产效率。

二、需求

上述农民所面临的问题，对农业机械化的需求已经很迫切了。值得注意的是，斯里兰卡政府没有出台针对农业机械化的长期补贴政策，但有一些短期的特设方案，向农民提供补贴并鼓励农民采用机械化。例如，近年来，斯里兰卡政府针对水稻插秧机提供有约定期限的补贴。

机械化的刺激因素首先是劳动力短缺，其次是由于难以预测的天气状况导致的种植和收获期变短。劳动力短缺是促使农民农业生产机械化的一个因素，劳动力成本的增加是促使农民转向机械化的另一个因素。在成本、效率和便利性方面，机械化已被证明远比人工劳动更富有成效。实现机械化唯一的障碍是资金短缺。

20 世纪 90 年代，大多数农民会通过储蓄购买机械，少数人会依靠商业银行贷款。融资租赁公司的进入改变了农用机械融资的格局。商业银行提供一笔资金需要一周到一个月的时间，而融资租赁公司最多需要两天到一周的时间。此外，融资租赁公司还提供灵活的贷款方式以及更低的首付，而商业银行坚持最低 40% 的首付。融资租赁公司还改变了还款方式，他们提供季节性还款，并且允许农民在收获之后再还款。如今，融资租赁公司已经成为农民获取融资的首选，否则他们将以较高的价格向个人或机构租赁所需的机械。但是，与商业银行贷款利率相比，融资租赁公司的贷款利率远远高于商业银行的贷款利率。

除以上因素外，机械化的另一个重要因素是可支配的收入水平。机械的选择主要由农民的负担能力所决定。虽然对 Kubota 等高端品牌存在需求，但大部分市场都被平价与低价位的机械所瓜分。

1. 需求的稳定性

对农用机械的需求在很大程度上取决于耕种的土地面积，还取决于整地、播种、种植期间的供水情况，以及收割期间的气候条件（干燥天气）。在过去的十年里，由于天气条件的变化，需求一直不稳定，给不同的利益相关者带来了众多问题。对农民来说，这种情况影响了他们的现金流和生计。对于进口商和分销商来说，这种情况导致他们有过多的存货，进而影响资金周转以及提升成本。就融资租赁公司而言，由于贷款表现欠佳，导致借款人的抵押品即其机械最终被融资租赁公司卖掉，将影响新机械的当季销售；此外，当出现这种情况时，融资租赁公司往往会提高所需的首付款，从而在短期内抑制市场需求。总之，对适当机械化的需求是稳定的，因为斯里兰卡农民通常愿意采用新技术。考虑到农业会受变幻莫测的天气的影响，因此需求的周期性不能被忽视。

2. 供应链

图 3 显示了斯里兰卡农用机械从生产者到终端用户的供应链流程。

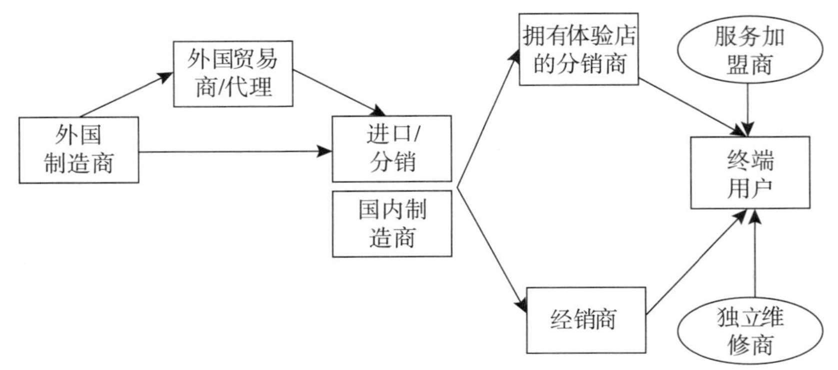

图 3　斯里兰卡农用机械供应链流程

资料来源：Author。

在斯里兰卡，农用机械的供应链结构合理，制度完善。市场主要由进口商和分销商主导，因为国内生产轻型机械的厂家很少，如拖车、水槽车、九齿微耕机、剥皮机、脱壳机和打谷机。

重型机械需求也依靠进口。大多数进口商不仅代理斯里兰卡国内品牌还代理全球领先品牌。进口商和分销商（以下统称分销商）直接从制造商那里进口，在某些情况下也通过知名贸易公司进口。进口机械（拆卸或完全组装的形式）储存在分销商的仓库，然后通过既定的经销商交付市场，这是主要的销售渠道。产品通过分销商的仓库销售，然后通过既定的分销商交付到市场，这是主要的销售渠道。另外，分销商也可以通过自己的分支网络销售产品。需要注意的是，市场上没有独家经销商，所有经销商都经营多个品牌，使得他们能够根据客户的负担能力或品牌喜好，为其提供选择。除少量的现金交易以外，销售后的融资服务都是由分销商代表或经销商本人协助金融公司办理的。在融资服务中，并不包括为喷雾器、水泵等工具和小型机械提供融资便利。机械配件也通过同一渠道进行交易和融资，购买配件的信贷服务是客户和经销商之间的个人事务，取决于他们的个人关系。

售后服务有几种方式：一是保修期内的服务由分销商直接承担，并由分销商自己的服务团队提供支持；二是超出保修期的保养及维修服务由服务加盟商或私人经营的独立服务中心提供；三是服务加盟商由分销商提供技术知识、机械培训和原装配件的供应；四是独立的服务供应商可以自己决定，他们大多根据农民的负担能力来提供适用的服务，这些服务方式都不排除农民会直接与分销商打交道，尤其是在出现重大技术故障时；五是分销商还不时开展全国性的移动服务活动，免费为农民提供检查和维修，农民只需支付更换零件的费用，这个方案在农民中最受欢迎。

分销商可以通过以下几种方式提高农民对现有产品和新技术的认识：一是分销商直接开展销售访问；二是开展现场活动，包括在全国各地向农民群体展示，有时这些活动是在农业部或地方农业服务中心的支持下进行的；三是产品介绍并与农民群体进行讨论，向他们介绍技术和可获得的利益，让农民有机会提出问题并对其进行答疑解惑；四是针对四季选择不同的金融机构提供不同的融资计划；五是在村里开展街头活动，花车展示产品；六是分发产品传单；七是经销商门店的产品促销；八是媒体广告，在报纸、电视和电台进行宣传。

随着农业机械化市场的发展，各大分销商之间的竞争也越来越激烈。这导致了每个分销商都向农民群体进行了大量相关产品的宣传活动，大大提高了农民对产品的认知水平。在此背景下，农民对品牌相当了解，性能不佳的产品很难打开销路。

经销商网络在全国范围内相当发达。农民很容易在这些站点选择到合适的机械。大多数城镇都有代理各种产品和品牌的经销商，为客户提供便利。

零配件（正品）的进口由分销商自己负责，然后通过经销商网络进行销售。市场上也有专门的零配件进口商，但他们不一定会提供原厂配件，反而会提供低价的复制品。有些经销商专门销售零配件和润滑剂，有时机械经销商自己也会储存零配件。总之，无论是原厂零配件还是复制品，都有良好的品牌代表。

3. 融资

如前所述，金融机构和银行在斯里兰卡城市和农村都有广泛的代表。因此，对于农民来说，只要他们有足够的借款和偿还能力，就可以获得贷款。对当地农民来说，银行的贷款机制并不利于他们；对企业农场主来说，尽管之前合作得很好，但也无法改变银行贷款周期长的事实，这就是为什么融资租赁公司会脱颖而出。租赁公司的处理速度短至两天，多则一周，然而，这些都是有条件的，农民经常不得不在贷款期结束时支付相当一大笔利息。

除以上问题外，资金成本还产生了可持续性问题。贷款通常在 3 ~4 年偿还，这意味着农民获得的大部分利润都被支付的利息消耗掉了。不同的利益相关者特别是政府，在各种讨论会上提出过这一问题，但尚未找到合适的解决办法。政府不时提供低息再融资计划，但这些计划是通过银行系统进行的，而银行系统从未将这些计划传导至农民。这些计划的最终受益者是企业农场主。

4. 可持续性：经济、社会和环境

2019 年 7 月，斯里兰卡规划部发布了《总体农业政策》，以应对全球和国家层面不断变化的挑战。这项政策是根据将斯里兰卡转变为“印度洋中心的知识型、出口导向型竞争经济体”的国家愿景制定的。该政策的重点是农业现代化，支持可持续的国家发展和繁荣，尤其侧重于提高生产力、改善水管理等方面。

然而，该项政策明显缺乏可持续性，如没有提供更精确和节能高效的生产技术（如减少耕作和免耕/直接播种的做法）、排放标准、保护性农业做法等。

三、结论

目前，水稻种植机械化是斯里兰卡所有农作物中最先进的。水稻已经成为并将继续成为斯里兰卡主要农作物的趋势是完全可以预期的。但是，在作物生产过程中，如泥滩清理、播种和种植、除草和收割后的加工等，仍需加强机械化生产。

据调查显示，在有机食品方面，如茶叶、橡胶和椰子等传统作物中，机械化需求更大。政府渴望在有机食品方面实现自给自足，因为斯里兰卡的大部分机械需求仍依赖进口。虽然不时引进机械和设备，但这些设备和机械的使用尚未在农民心中根深蒂固。农业部（DOA）下属的农业机械化研究中心（FMRC）也生产了几台用于商业化的原型机器，但取得的效果非常有限。在有机食品机械化方面，存在几个重大的挑战：一是直接由分销商向农民转让技术或者通过农业部的推广服务向基层农民转让技术；二是调整现有机械以适应目前的农业条件；三是通过示范影响农民的思维方式；四是在安装方案中建立与农民合作的良好机制；五是提供农民负担得起的合适的机械和可靠的融资机构。

“适合于适当机械化的农场”与“适合现有农场的机械化”之间的两难境地可能会持续下去，没有解决办法。对于传统的小型农户来说，他们往往选择代代相传的传统农业做法。针对农民固守传统习俗的现状，私营企业必须以同理心采取行动，理解农民可能存在的担忧，并耐心地消除这些担忧，以创造双赢局面。关于如何使用机械方面，最少的维护程序、持续的支持将有助于增强农民对机械应用的信心。经过几年的经营，从事收割机分销的私营企业意识到，现在是引进大型联合收割机的最佳时机，因此更大、更高效的机器被推出，从 65 马力机型开始，随着技术的改进和标准的提高，联合收割机市场得到了很好的支持。联合收割机花了将近十年的时间才被农民真正接受，虽然也有一些问题，但随着时间的推移和信心水平的提高，农民已经适应了这种新技术。

对斯里兰卡农用机械生产企业的另一项建议是与海外制造商组建合资企业，生产合适的设备和机械，以满足斯里兰卡农场的需求。虽然发动机和变速箱等核心部件需要进口，但其余零部件可以在斯里兰卡境内制造。通过与农民的对话以及与当地研究发展机构的合作，再加上分销公司的营销能力，可以使机械化在非水稻作物中的普及率更高。

总之，在气候变化的背景下，可持续农业机械化一直是并将继续是确保粮食安全的重要措施之一。为此，通过公私合作模式采用气候智能型生产的综合方法将特别有用。

泰国农机市场发展情况

一、泰国农业概述

泰国是东盟国家之一，属热带气候。就人口数量和土地利用而言，农业是泰国的主要产业。2018年国内生产总值为16万亿泰铢，较过去5年平均每年增长约4.7%。如表1所示，2018年泰国农业国内生产总值为1.3万亿泰铢，较过去5年平均每年增长约5.2%。

表1　2014—2018年泰国国内生产总值　单位：百万泰铢

	2014年	2015年	2016年	2017年	2018年
农业	1335153	1219798	1229961	1286586	1324369
种植业、林业及畜牧业	1225199	1116773	1120051	1172474	1215580
渔业	109954	103025	109910	114112	108789
农业以外的领域	11895149	12523666	13324608	14165374	14992048
国内生产总值	13230302	13743464	14554569	15451960	16316417

2018年农产品出口总额约为1.4万亿泰铢，主要出口至东亚，出口总额约为5320.6亿泰铢，较2017年同期下降了6.7%；第二大出口国是东盟，出口总额约为3554.0亿泰铢，较2017年同期增长了6.1%；对美国的出口额约为1602.8亿泰铢，较2017年同期下降了6.4%；对欧盟的出口额约为1168.9亿泰铢，较2017年同期下降了1.2%。

泰国最重要的作物是橡胶，2018年总产值为2214.12亿泰铢，水稻紧随其后，总产值为1993.92亿泰铢。其他作物像水果、木薯、甘蔗和蔬菜，总产值分别为1423.10亿、985.04亿、970.18亿、290.40亿泰铢。从机械方面来说，甘蔗和木薯比橡胶更依赖农用机械，因为它们是一年生作物，需要农民更及时更频繁的照料。

（一）水稻

2018年泰国水稻产量占全球水稻产量的3.9%，其次是中国、印度、印度尼西亚、孟加拉国和越南，分别占全球水稻产量的29.8%、22.5%、7.5%、7.0%和5.6%。在出口方面，除2015年、2016年和2018年外，泰国连续十年都是世界上最大的水稻出口国。2014—2018年年产量分别约为3100万、2800万、3200万、3300万和3200万吨。

在泰国149平方千米的农业用地中，水稻种植面积为60平方千米，此外，还有额外的10平方千米灌溉用地也用于水稻种植，供反季节水稻使用。2018年，总计约70平方千米的土地用于水稻种植。每年水稻平均产量为3000万~3200万吨。如图1所示，这一趋势在2009—2012年一直保持稳定增长；之后，由于炎热干旱的气候，水稻产量在2013—2015年短暂下降，2016—2018年年产量整体恢复稳定增长。

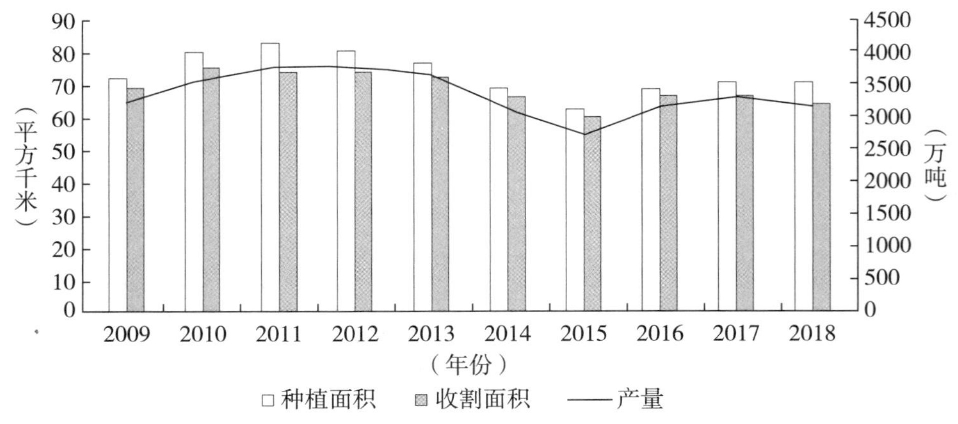

图1　2009—2018年泰国水稻种植情况

资料来源：农业经济办公室，2019年。

（二）甘蔗

甘蔗的收割面积从2009年的6平方千米稳步增长至2018年的11平方千米，这是由于全国各地糖厂的增加，以及在稻田种植甘蔗的有利政策。甘蔗产量从2010年到2014年一直较为稳定，2015年短暂下降，但该行业很快在2017年回暖。2017年，由于天气有利甘蔗产量达到1.27亿吨。由于价格下跌，2018年产量再次下降（如图2所示）。

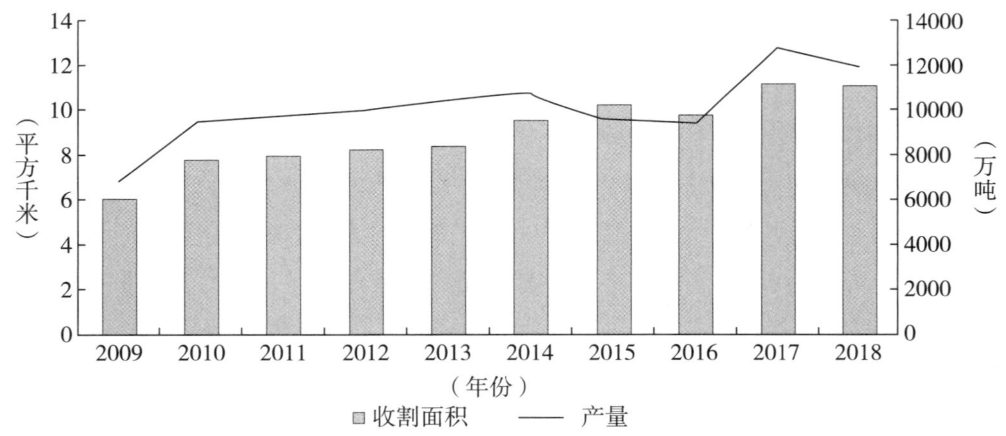

图2　2009—2018年泰国甘蔗产量和收割面积

资料来源：农业经济办公室，2019年。

（三）木薯

2011—2018 年，木薯种植和收割面积大致保持不变，木薯的种植面积约为 9 平方千米，产量为 2900 万～3200 万吨（如图 3 所示）。

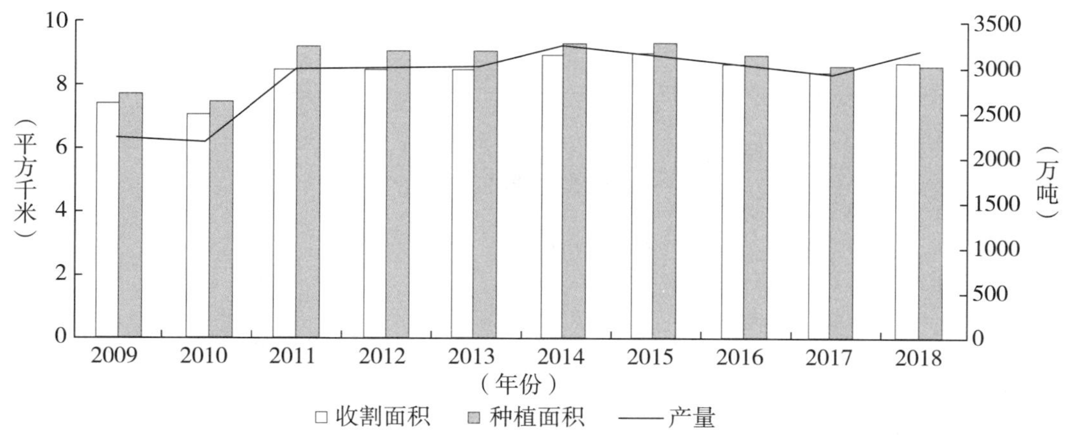

图 3 2009—2018 年泰国木薯种植情况

资料来源：农业经济办公室，2019 年。

二、泰国农业机械

泰国的农民一般使用小型机械，最常用的机械有 10～12 马力和 24～50 马力的机械以及可在小场地和道路崎岖的地区行驶的手扶拖拉机。这些机械通常都是本地制造的。

泰国农业推广部对登记在“农民身份数据库”下的农民进行调查发现，每个农业阶段都会使用到农用机械，包括整地、种植、田间管理以及收获等环节，机械化使用率呈逐年增长趋势，使用的机械类型如表 2 所示。

表 2 2017—2019 年农业机械使用情况* 单位：台

	2017 年		2018 年		2019 年	
	合计	每户	合计	每户	合计	每户
拖拉机类型						
手扶拖拉机	6452003	0.92	6665284	0.92	6661365	0.89
24～50 马力	958725	0.14	1100780	0.15	1332152	0.18
51～80 马力	252343	0.04	280640	0.04	378211	0.05
81～100 马力	122742	0.02	143085	0.02	189712	0.03
100 马力以上	65720	0.01	70821	0.01	87314	0.01
机械设备						
整地机械	2884711	0.41	2945124	0.41	3150688	0.42
种植机械	1465372	0.21	1596652	0.22	1600369	0.21

续　表

	2017 年		2018 年		2019 年	
	合计	每户	合计	每户	合计	每户
田间管理机械	5758305	0.82	6293951	0.87	6486676	0.86
收割机械	907305	0.13	1018201	0.14	1086624	0.14
总户数	7010191		7271759		7522003	

＊注释：
整地机械包括犁、旋耕机、轧车、松土机等；
种植机械包括水稻插秧机、甘蔗播种机、播撒鼓风机、木薯播种机等；
田间管理机械包括水泵、喷雾器、机械除草机等；
收割机械包括水稻收割机、甘蔗收割机、联合收割机、木薯收割机等。
资料来源：泰国农业推广部，2019 年。

拖拉机方面，泰国的农民更喜欢使用小马力拖拉机。手扶拖拉机通常用于轻型作业，如稻田填土、发动机抽水、牵引小型拖车等。大型、重型拖拉机由于重量较大不能在软稻田作业，特别是中部地区，因此大多数稻农会选择 50 马力左右的机械，使得小马力拖拉机在泰国市场占据主导地位。特别是 2017—2019 年小马力拖拉机（50 马力以下）的用户数量增长了 7.96%，其中手扶拖拉机和 24 ~ 50 马力拖拉机的用户数量分别增长了 3.24% 和 38.95%。表 2 显示，2018—2019 年，手扶拖拉机用户数量的增长率实际上有所下降。2017—2019 年，51 ~ 80 马力、81 ~ 100 马力和 100 马力以上拖拉机用户数量的增长率分别为 49.88%、54.56% 和 32.86%，它们常用于甘蔗和木薯的种植中。

2017—2019 年，整地、种植、田间管理和收割机械的使用量分别增长了 9.22%、9.21%、12.65% 和 19.76%。

（一）农业机械的进口和出口

由于自由贸易政策，泰国对从世界各地进口农业机械持开放态度。泰国与很多国家和地区保持自由贸易协定（FTA），包括东盟、澳大利亚、新西兰和印度等。数据表明，日本在泰国的拖拉机进口市场占主导地位，中国在泰国整地和田间管理机械市场占主导地位，巴西则在泰国收割机械市场占主导地位（如表 3、表 4 所示）。

表 3　　2014—2018 年泰国农业机械进口额一览表　　单位：泰铢

机械设备	2018 年	2017 年	2016 年	2015 年	2014 年
拖拉机	12811820000	13963398000	6279563000	6482592000	6645000000
整地机械	742710000	776340000	675191000	704024000	982000000
田间管理机械	3712741000	3387317000	3546084000	3982071000	4177000000
收割机械	3503316000	3449345000	2434541000	2410972000	1852000000

资料来源：农业信息中心，农业经济办公室，2018 年。

表 4　**2014—2018 年泰国农业机械主要国家进口额一览表**　单位：泰铢

机械设备	主要国家	2018 年	2017 年	2016 年	2015 年	2014 年
拖拉机	日本	6229603000	7526488000	4165411000	4310649000	3749043000
	印度	2046043000	1456166000	554074000	595667000	670067000
	墨西哥	634748000	373102000	63174000	162506000	433404000
	中国	777599000	877463000	332838000	162053000	252000000
	英国	706394000	1158162000	368339000	549571000	777554000
	其他	2417433000	2572017000	795727000	702146000	762932000
整地机械	中国	372503000	310707000	230103000	177380000	971734000
	印度	131471000	120754000	125353000	120538000	38834000
	韩国	49429000	64217000	69571000	41291000	58023000
	意大利	15302000	16345000	16066000	12617000	43365000
	其他	165350000	227854000	213883000	304134000	55586000
田间管理机械	中国	1526137000	1522273000	1549483000	1474680000	1640924000
	日本	706425000	534298000	573650000	944640000	845555000
	美国	491029000	423021000	422818000	496283000	527903000
	德国	140899000	155051000	142589000	160727000	286645000
	其他	735946000	605457000	733171000	775497000	733228000
收割机械	巴西	1117675000	1011540000	110214000	436683000	218143000
	中国	932394000	960520000	915906000	821144000	618575000
	日本	399740000	581533000	445180000	243366000	119546000
	美国	247729000	243501000	430482000	461601000	455031000
	马来西亚	189600000	181321000	153280000	144010000	179678000
	其他	616178000	470930000	379479000	304168000	261027000

资料来源：农业信息中心，农业经济办公室，2018 年。

在出口方面，泰国向许多国家出口农业机械。表 5 显示了 2014—2018 年泰国农业机械出口额整体呈上升趋势。这一趋势背后的主要原因是泰国在相关机械的物流和技术方面保持了较高的水平。据表 6显示，2014—2018 年东盟是泰国农业机械的主要出口国。

表 5　**2014—2018 年泰国农业机械出口额一览表**　单位：泰铢

机械设备	2018 年	2017 年	2016 年	2015 年	2014 年
拖拉机	19995711000	19105032000	8835170000	8937203000	8131991000
整地机械	1964367000	1919702000	1817251000	1429645000	1210975000
田间管理机械	739980000	804141000	842495000	880469000	732479000
收割机械	9360001000	9411986000	9938016000	7112795000	3571987000

资料来源：农业信息中心，农业经济办公室，2018 年。

表 6　**2014—2018 年泰国农业机械主要国家出口额一览表**　单位：泰铢

机械设备	主要国家	2018 年	2017 年	2016 年	2015 年	2014 年
拖拉机	柬埔寨	5782296000	4843705000	2926950000	4286758000	4238802000
	印度	4044991000	4302224000	654476000	652405000	636615000
	菲律宾	3270110000	2855880000	684019000	427053000	188145000
	越南	1647990000	1432558000	375206000	234577000	25887000
	印度尼西亚	1274410000	1127863000	546397000	511958000	119089000
	其他	3975914000	4542802000	3648122000	2824452000	2923453000
整地机械	缅甸	782094000	802246000	792908000	577831000	373812000
	柬埔寨	546785000	507718000	450917000	485686000	457044000
	菲律宾	275224000	220006000	131403000	34940000	6295000
	印度尼西亚	197356000	154423000	170127000	79923000	10842000
	老挝	76584000	96981000	113878000	124256000	267391000
	其他	86324000	138328000	158018000	127009000	95591000
田间管理机械	墨西哥	121534000	122337000	135218000	180263000	100189000
	日本	57447000	62663000	118026000	72517000	74259000
	越南	43667000	39533000	47565000	52860000	60325000
	巴西	52269000	39286000	70671000	68056000	52831000
	美国	46556000	37418000	46923000	71043000	27358000
	其他	418507000	502904000	424092000	435730000	417517000
收割机械	缅甸	2607115000	1754816000	3354179000	1505759000	1066892000
	柬埔寨	2340905000	2832879000	2861705000	3235016000	1523441000
	菲律宾	1520046000	1943440000	1093572000	505190000	14041000
	越南	1207398000	1567101000	1246867000	1273894000	294034000
	印度	836144000	266808000	310213000	326029000	289714000
	其他	848393000	1046942000	1071480000	266907000	383865000

资料来源：农业信息中心，农业经济办公室，2018 年。

（二）劳动力和农业机械使用变化情况

2003—2013 年劳动力和农业机械使用数据显示，泰国劳动力数量平均减少了 77%，同一时期，农业机械使用数量增加了 18%，大部分来自泰国北部、东北部和南部地区。除泰国南部和东部地区外，几乎所有农民都在使用传统机械，传统机械（手扶拖拉机、手动喷雾器等劳动强度大的机械）仍然主导着泰国的农机市场（传统机械是指那些仍然需要密集人力操作的机械）。

三、按作物划分的主要机械的不同应用

（一）水稻

泰国水稻生产周期在 4 个月左右。在获得灌溉的地区，每年有 2 ~ 3 个作物周期。大多数稻农在每年的 5—10 月只种 1 种作物，主要收割期为 10—12 月，整地工具有圆盘犁、旋耕机。圆盘犁主要用于

雨水灌溉的地区，旋耕机主要用于灌区。连同手扶拖拉机一起，拖拉机的动力一般在 36 ~ 50 马力。大多数稻农使用鼓风机播秧。水稻播种机在一些地区使用，主要是在灌溉地区，还会使用背负式动力喷雾机施用杀虫剂。收割环节，几乎所有的稻农都使用联合收割机。

（二）甘蔗

甘蔗的作物周期在 12 ~ 14 个月左右。农民通常在 9—10 月整地，10—12 月播种，12 月至第二年 4 月收割。圆盘犁是最常用的整地工具。农民通常使用 3 ~ 4 盘圆盘犁进行初次耕作，二次耕作时农民通常使用 6 ~ 7 盘圆盘犁，同时使用 48 ~ 135 马力的拖拉机。泰国的甘蔗种植绝大部分使用双排全秆播种机，而切段式甘蔗收割机近年来逐渐被采用。

（三）木薯

木薯的作物周期约为 12 个月。农民通常在 4—6 月整地，5—6 月开始种植，第二年 1—3 月收割。48 ~ 75 马力拖拉机主要用于整地和起垄。种植环节通常由人工完成，有的农民也会选择木薯种植机。田间管理环节农民通常使用机械除草机，以及使用背负式动力喷雾机来施用杀虫剂和除草剂。收割环节农民会使用拖拉机牵引收割机或通过人工将木薯运到农用拖车上。

四、在实践中仍然以劳动力为主的作业

水稻种植上，种植和植保环节仍是人工作业。在种植环节，体力劳动主要体现在人工操作播撒设备方面。在植保环节，农民通常会用机械设备喷洒农药和施肥。

甘蔗种植上，收割环节仍然是人工作业。这种现象持续的原因是甘蔗收割机价格昂贵，普通的蔗农买不起。此外，甘蔗收割机的使用要求农民在种植甘蔗时采用更宽的行距，而泰国农民不想这样做，这意味着甘蔗种植行数的减少，从而降低产量。

木薯种植上，收割和种植环节大部分由人工完成。在收割期间，农民还需通过人工将收获的作物运送到农用拖车上。

（一）劳动力

2003—2013 年劳动力统计数据显示，2013 年，泰国农业劳动力总数约为 1000 万人，泰国正面临农业劳动力老龄化问题。15 ~ 40 岁的劳动力数量从 2003 年的 48% 急剧下降到 2013 年的 32%，40 ~ 60 岁的劳动力数量从 2003 年的 39% 上升到 2013 年的 49%，60 岁以上的劳动力数量也显著上升。农业劳动力老龄化还被视为适应新技术的障碍，而增加年轻农民的数量和提高农业劳动力的教育水平将在帮助农场采用新技术方面发挥关键作用。

橡胶收割被认为是一项耗时的工作，但不会对农民造成身体上的伤害。这项工作的主要内容是由工人割开橡胶树皮，然后收集每棵树的橡胶，且必须在清晨完成。人工作业是这项工作成本高昂的原因。由于农业劳动力老龄化，迫切需要机械来解决这一问题。

泰国农业大学（Kasetsart University）经济学教授 Witsanu Attavanich 表示，2017 年，农场收入为每户 57032 泰铢，低于政府制定的到 2021 年实现每户 6 万泰铢的目标。而曼谷附近、泰国中部和南部一

些地区的人均收入普遍较高。农业部门的债务负担也是一个重要挑战，30%的农户债务高于人均农业收入，10%的农户债务高于3倍，50%的农户债务低于0.6倍。

（二）主要农作物的地理分布

水稻是泰国的优势作物。稻田主要位于泰国的东北部和中部地区，而橡胶主要位于泰国的东部和南部地区。然而，橡胶生产的机械化水平普遍较低，迄今为止能有效替代人工收割橡胶的技术非常有限。橡胶收割消耗了生产所需的大部分劳动力。

2017年，5%的农户耕地面积低于10平方米，80%的农户耕地面积在10～20平方米，每个农业家庭总体平均拥有耕地14.3平方米。目前这一数字还在持续下降，农户拥有的土地正在减少。大部分持有面积较大的农户（超过40平方米）位于泰国中部和东北部地区。

合作农场政策的设计和实施是为了解决土地碎片化问题。简单来说，合作农场政策就是把几块种植相同作物的小块土地聚集在一起，形成协作关系。这样他们将来就有资金购买农业机械了。协作的农民将作为一个单一的“实体”，购买的机器归大家所有，他们可以自由设置使用规则。大部分自有土地位于泰国东北部地区，而租用的农田大多位于泰国中部地区。

（三）按工具划分的最终用户

农民通常拥有自己的拖拉机和犁等整地设备，但他们没有种植或收获设备，而是通过承包商来完成种植和收获作业。承包商也属于拥有机器的农民，通常按作业面积收费。这也产生了一个问题，即承包商现场作业质量不够好。由于收费标准是按作业面积来计算的，所以他们并不关心作业质量，只想尽快完成工作，详细信息如表7所示。

表7　不同农业阶段使用农业设备情况

农业阶段	设备	最终用户
整地	犁	农民
水稻播种	播撒设备	承包商
水稻收割	联合收割机	承包商
木薯播种	没有机械（人工）	承包商
木薯收割	木薯收割机（挖掘机）	承包商
甘蔗播种	甘蔗播种机	承包商
甘蔗收割	甘蔗收割机	承包商

（四）农民的需求

农民还需要一些特别的机械，比如高地隙拖拉机，用来喷洒、施肥、除草，因为农作物在达到一定高度后，常规拖拉机无法进入田间，导致农作物在很长一段时间内没有人照料。通过使用高地隙拖拉机，农民可以在更长的时间内照料农作物，降低农作物营养成分不足的风险。它还将取代喷洒或除草的手工劳动。

对于木薯种植者来说，还没有一种足够有效的机械可以让农民从手工劳动转向机械劳动。在木薯收割和运输环节，农户希望将收割的作物一步到位直接卸到农用拖车上，但目前市场上的木薯收割机仍然需要通过人工将收获的木薯装载到农用拖车上。

此外，农民还有其他需要，如水稻农药喷雾器、段茎式甘蔗种植机、甘蔗收割机（性价比高的）等。

五、泰国农业机械的供应链

在农业机械的供应链上，制造商通常向供应商采购或订购特定零部件，并在其工厂自行生产并组装，然后，他们将组装好的产品发送给经销商，经销商再推广给用户。

在农业机械售后上，主要存在两种模式：第一种模式是大品牌制造商常用的操作方式，制造商向经销商提供售后服务培训，并让经销商管理各自地区的客户；第二种模式是制造商建立直接与最终用户打交道的售后服务团队。

农业机械原材料的价格随合同期的变化而波动。市场参与者通常在可能的情况下与供应商签订长期合同，以便最大程度地减少价格波动。供应商对农业机械的产品质量起关键作用。一些农业机械公司依赖国内供应商，特别是特定零部件。现在，由于受来自中国和印度等国家的供应商强大竞争力的影响，泰国供应商的影响力正在下降。

农业机械市场的参与者大多是具有一定历史和多样化产品的老牌公司。因此，作为小公司进入农业机械市场是非常困难的。农业机械制造企业通常依赖于广泛的经销商网络，发展这样的分销系统也是进入该行业的一个壁垒。农机企业只有在研发和开发产品方面进行大量的投资，并对市场有深入的了解，才能建立企业的竞争优势。因此，进入农业机械行业对新入行的企业来说是比较困难的。

泰国农业机械市场由久保田（Kubota）、洋马（Yanmar）、凯斯纽荷兰（Case New Holland）和约翰迪尔（John Deere）等少数大型跨国企业主导，这些跨国公司之间的竞争也很激烈。

（一）产品的可及性

在农业机械产品和技术推广上，制造商和经销商通过促销活动和广告宣传使终端用户了解新产品和新技术。政府部门也在示范推广新产品和新技术方面发挥了一定作用。此外，研讨会为制造商和经销商提供了展示产品和技术的平台。产品和技术有时也会出现在农民很容易获得的农业杂志、小册子或报纸上。

如今，农民可以自由上网，这使得线上采购成为可能。在购买方式上，农民有了更多的选择。线上市场不仅有新的机械和工具，还有二手的。

农业展览是农民获得产品信息的另一种途径。每年都会有几次农业展览，展示的重点各不相同。由于泰国农民的购买能力有限，农业机械公司会通过现场演示的方式在主销省份推广他们的产品。

（二）融资渠道

农业和农业合作社银行（简称BAAC）是一家专门帮助农民获得农业机械和机具贷款的银行。其他类型的融资也可以获得，比如融资租赁公司。大多数农业机械品牌都与融资租赁公司合作，以便农民能够及时获得机械。有些公司，如久保田（Kubota），甚至有自己的租赁部门。许多农业机械公司也通过与金融公司合作直接向农民提供贷款，且获得贷款的过程更方便快捷。

根据与世界贸易组织的协议，泰国政府不得向农民提供补贴，但为了帮助农民获得机械以解决劳动力不足问题，他们为合作农场项目提供低利率贷款。合作农场是一个将农户们团结起来的“实体”，小规模农户可以共同经营合作项目，他们可以共同申请贷款、共同管理、共同使用在该项目下购买的机械设备。

（三）经济可持续性

对于农民来说，农业合作社银行可以帮助农民贷款购买农业机械。此外，泰国农业部门提出了一项倡议，旨在利用技术实施“智慧农业”，即在施肥、播种、机械等领域通过使用生物技术取代传统农业。它已被列入《2017—2036 年 20 年战略规划》（以下简称《规划》），旨在以“智慧农业”的形式将新技术和创新融入农业，以提高作物产量和价值。《规划》还指出，通过推广使用精准农业技术，如各种传感器、温室、数据收集等，加上更好的管理和向农民转让技术知识，将有助于实现农产品增产和增值的目标。农业合作社还为合作农场成员提供了一个农业机械低利率贷款方案，以支持政府的战略规划。此外，泰国政府还与国内外的大学建立合作关系，在给予财政支持的基础上，向农民提供技术和知识服务。

（四）环境可持续性

泰国政府发起的《规划》的目标之一是利用生态友好型技术使泰国成为全球的农业和食品中心，旨在为农场提供更好的专业和行业知识，以改善农场的管理。最终，该《规划》将通过促进可持续农业和环保投资，将传统农场转变为“智慧农场”。相关配套政策法规还包括《水资源法》和土地改革政策，进而促进资源获取的平等性。鉴于气候变化对农业的影响越来越大，低碳农业也是泰国政府实现联合国可持续发展的目标之一。

（五）社会可持续性

由于泰国有较长的农业种植历史，大多数居住在城市以外的人生活在三代同堂的大家庭里，农民通常以家族企业的方式获得收入。与上一辈的农民相比，现代年轻农民受过高等教育，他们希望利用新技术来改善农业。许多年轻农民也有意愿回归家族企业，因此越来越多的新技术被融入农业中。

泰国政府通过提供资金的方式，支持创办中小企业的青年和妇女的发展，颁布了《青年智慧农户计划》，旨在将新一代农民培养成企业家。农业合作社也为新一代农民提供了长达 10 年的资金支持。对于当代农民及其家庭来说，政府支持地方社区企业的建设，农业合作社也向社区企业提供贷款。

第四部分

数 据 篇

2005—2021年五大类农业机械保有量走势

一、农业机械总动力保有量

表1　2005—2021年农业机械总动力保有量　单位：万千瓦

序号	地区	2005年	2006年	2007年	2008年	2009年	2010年	2011年	2012年	2013年	2014年	2015年	2016年	2017年	2018年	2019年	2020年	2021年
0	全国	68549.35	72635.96	76878.65	82190.41	87496.10	92780.48	97734.66	102558.96	103906.75	108056.58	111728.07	97245.59	98783.35	100371.74	102758.26	105622.15	107764.32
1	山东省	9199.33	9555.29	9917.80	10350.00	11080.66	11628.97	12098.25	12419.87	12739.83	13101.40	13353.02	9797.61	10144.05	10415.22	10679.84	10964.66	11186.07
2	河南省	7934.23	8309.14	8718.74	9429.27	9817.84	10195.89	10515.79	10872.73	11149.96	11476.81	11710.08	9854.96	10038.32	10204.46	10356.97	10463.70	10650.20
3	河北省	8485.81	8794.28	9143.01	9525.38	9861.12	10151.30	10349.19	10553.81	10762.72	10942.86	11102.81	7401.97	7580.58	7706.20	7830.72	7965.74	8096.81
4	安徽省	3963.83	4239.93	4535.30	4807.46	5108.85	5409.78	5657.08	5902.77	6140.28	6365.83	6580.99	6867.50	6312.86	6543.81	6650.47	6799.50	6924.31
5	湖南省	3189.86	3416.61	3684.41	4021.14	4352.39	4651.54	4935.59	5189.24	5433.99	5672.10	5894.06	6097.54	6254.83	6338.57	6471.82	6588.95	6676.40
6	黑龙江省	2234.04	2570.62	2785.30	3018.36	3401.27	3736.29	4097.84	4552.93	4849.28	5155.52	5442.29	5634.27	5813.76	6084.65	6359.08	6775.09	6912.13
7	江苏省	3135.33	3278.53	3392.44	3630.86	3810.57	3937.34	4106.11	4214.64	4405.62	4649.98	4825.49	4906.55	4991.41	5017.71	5111.95	5213.83	5148.24
8	湖北省	2057.36	2263.15	2551.09	2796.99	3057.24	3371.00	3571.23	3842.16	4081.05	4292.90	4468.12	4187.75	4335.09	4424.61	4515.73	4626.07	4731.46
9	四川省	2181.70	2344.87	2523.05	2687.55	2952.66	3155.13	3426.10	3694.03	3953.09	4160.12	4404.55	4267.32	4420.30	4603.88	4682.30	4754.00	4833.88
10	内蒙古自治区	1921.98	2053.11	2209.27	2779.44	2891.64	3033.58	3172.70	3280.56	3430.57	3632.55	3805.11	3331.09	3483.55	3663.66	3866.42	4056.58	4239.42
11	广西壮族自治区	1909.65	2011.41	2127.21	2373.56	2550.93	2767.67	3033.15	3195.91	3382.98	3567.49	3803.18	3527.26	3658.33	3750.82	3840.04	3901.40	3886.35
12	山西省	2288.71	2363.09	2440.79	2509.90	2655.04	2809.17	2927.30	3056.09	3183.30	3286.20	3351.65	1744.26	1376.30	1441.09	1517.57	1595.26	1654.25
13	云南省	1666.05	1755.39	1860.38	2013.92	2159.40	2411.05	2628.39	2874.45	3070.33	3215.03	3333.04	3440.64	3534.53	2693.51	2714.40	2786.75	2838.89
14	吉林省	1471.13	1572.00	1678.33	1800.00	2001.13	2145.00	2355.04	2554.65	2730.04	2919.09	3152.54	3105.27	3284.65	3466.00	3653.74	3896.95	4149.23

续 表

序号	地区	2005年	2006年	2007年	2008年	2009年	2010年	2011年	2012年	2013年	2014年	2015年	2016年	2017年	2018年	2019年	2020年	2021年
15	辽宁省	1918.05	1995.30	2082.07	2042.68	2142.93	2248.66	2399.89	2526.89	2631.98	2730.22	2813.86	2168.45	2215.14	2243.72	2353.89	2471.26	2552.60
16	广东省	1898.42	1963.30	2017.14	2093.91	2190.18	2345.28	2414.82	2496.68	2564.89	2632.37	2696.79	2390.50	2410.77	2429.94	2455.79	2495.43	2524.48
17	甘肃省	1406.92	1466.34	1577.27	1686.32	1822.65	1977.55	2136.48	2279.08	2418.46	2545.71	2684.95	1903.90	2018.59	2102.80	2174.01	2289.53	2384.85
18	陕西省	1430.14	1498.28	1604.64	1709.88	1832.98	2000.00	2182.85	2350.17	2452.72	2552.13	2667.27	2171.91	2242.51	2311.79	2331.49	2387.96	2431.21
19	贵州省	1011.51	1207.19	1411.77	1537.50	1606.42	1730.31	1851.40	2106.65	2240.80	2458.40	2575.15	2041.06	2181.43	2376.65	2484.60	2582.36	2705.41
20	浙江省	2111.27	2293.00	2331.63	2343.45	2384.03	2427.46	2461.25	2489.40	2462.20	2420.13	2360.73	2136.69	2072.27	2009.33	1908.04	1813.17	1773.65
21	江西省	1781.26	2137.13	2506.34	2946.43	3358.93	3805.00	4200.03	4599.68	2014.13	2118.39	2260.82	2201.62	2309.60	2381.97	2470.66	2591.05	2695.35
22	新疆维吾尔自治区	871.75	919.38	975.83	1056.49	1164.71	1273.58	1399.68	1543.91	1707.14	1854.20	1983.84	2062.57	2148.83	2226.67	2276.88	2409.32	2466.85
23	福建省	999.99	1027.84	1063.08	1112.47	1175.01	1206.16	1250.81	1286.80	1336.76	1368.35	1384.13	1269.09	1232.42	1228.27	1237.73	1260.20	1270.52
24	重庆市	775.96	820.01	860.31	903.15	967.41	1071.09	1140.30	1162.00	1198.88	1243.34	1299.73	1318.66	1352.60	1428.12	1464.67	1497.99	1532.45
25	宁夏回族自治区	562.17	592.19	629.77	657.89	702.55	729.12	768.73	787.28	801.98	813.02	831.26	580.54	605.38	621.88	632.15	644.09	653.82
26	西藏自治区	231.00	245.00	258.00	349.64	358.44	378.06	427.90	464.95	517.30	570.82	619.69	635.14	523.09	545.78	559.02	576.78	595.90
27	天津市	611.94	603.39	604.90	596.60	595.00	587.79	583.87	568.13	554.18	552.33	546.92	470.00	464.65	347.98	359.84	365.08	372.48
28	海南省	298.70	320.64	348.01	373.06	396.07	425.24	444.33	479.66	502.10	517.31	511.59	516.57	569.80	565.82	581.23	615.57	630.75
29	新疆生产建设兵团	249.29	270.59	299.66	319.07	338.60	370.09	397.01	425.02	458.72	487.56	505.48	489.58	2148.83	505.12	512.09	520.12	529.02
30	青海省	317.80	326.24	342.95	355.68	388.68	421.31	430.69	434.99	410.58	440.90	453.87	458.56	462.35	472.09	484.24	491.41	493.32
31	北京市	337.71	325.51	300.48	267.05	271.54	276.00	265.20	241.10	207.72	195.76	186.05	144.45	133.51	125.65	122.84	120.22	121.25
32	上海市	96.46	97.23	97.68	95.32	99.23	104.06	105.68	112.73	113.17	117.76	119.01	122.31	121.84	93.97	98.04	102.12	102.74

表2　2005—2021年农业机械总动力保有量前十名走势分析

单位：万千瓦

序号	地区	类别	2005年	2006年	2007年	2008年	2009年	2010年	2011年	2012年	2013年	2014年	2015年	2016年	2017年	2018年	2019年	2020年	2021年
0	全国	保有量	68549.35	72635.96	76878.65	82190.41	87496.10	92780.48	97734.66	102558.96	103906.75	108056.58	111728.07	97245.59	98783.35	100371.74	102758.26	105622.15	107764.32
		同比（%）		6.0	5.8	6.9	6.5	6.0	5.3	4.9	1.3	4.0	3.4	−13.0	1.6	1.6	2.4	2.8	2.0
1	山东省	保有量	9199.33	9555.29	9917.80	10350.00	11080.66	11628.97	12098.25	12419.87	12739.83	13101.40	13353.02	9797.61	10144.05	10415.22	10679.84	10964.66	11186.07
		同比（%）		3.9	3.8	4.4	7.1	4.9	4.0	2.7	2.6	2.8	1.9	−26.6	3.5	2.7	2.5	2.7	2.0
2	河南省	保有量	7934.23	8309.14	8718.74	9429.27	9817.84	10195.89	10515.79	10872.73	11149.96	11476.81	11710.08	9854.96	10038.32	10204.46	10356.97	10463.70	10650.20
		同比（%）		4.7	4.9	8.1	4.1	3.9	3.1	3.4	2.5	2.9	2.0	−15.8	1.9	1.7	1.5	1.0	1.8
3	河北省	保有量	8485.81	8794.28	9143.01	9525.38	9861.12	10151.30	10349.19	10553.81	10762.72	10942.86	11102.81	7401.97	7580.58	7706.20	7830.72	7965.74	8096.81
		同比（%）		3.6	4.0	4.2	3.5	2.9	1.9	2.0	2.0	1.7	1.5	−33.3	2.4	1.7	1.6	1.7	1.6
4	安徽省	保有量	3963.83	4239.93	4535.30	4807.46	5108.85	5409.78	5657.08	5902.77	6140.28	6365.83	6580.99	6867.50	6312.86	6543.81	6650.47	6799.50	6924.31
		同比（%）		7.0	7.0	6.0	6.3	5.9	4.6	4.3	4.0	3.7	3.4	4.4	−8.1	3.7	1.6	2.2	1.8
5	湖南省	保有量	3189.86	3416.61	3684.41	4021.14	4352.39	4651.54	4935.59	5189.24	5433.99	5672.10	5894.06	6097.54	6254.83	6338.57	6471.82	6588.95	6676.40
		同比（%）		7.1	7.8	9.1	8.2	6.9	6.1	5.1	4.7	4.4	3.9	3.5	2.6	1.3	2.1	1.8	1.3
6	黑龙江省	保有量	2234.04	2570.62	2785.30	3018.36	3401.27	3736.29	4097.84	4552.93	4849.28	5155.52	5442.29	5634.27	5813.76	6084.65	6359.08	6775.09	6912.13
		同比（%）		15.1	8.4	8.4	12.7	9.8	9.7	11.1	6.5	6.3	5.6	3.5	3.2	4.7	4.5	6.5	2.0
7	江苏省	保有量	3135.33	3278.53	3392.44	3630.86	3810.57	3937.34	4106.11	4214.64	4405.62	4649.98	4825.49	4906.55	4991.41	5017.71	5111.95	5213.83	5148.24
		同比（%）		4.6	3.5	7.0	4.9	3.3	4.3	2.6	4.5	5.5	3.8	1.7	1.7	0.5	1.9	2.0	−1.3
8	湖北省	保有量	2057.36	2263.15	2551.09	2796.99	3057.24	3371.00	3571.23	3842.16	4081.05	4292.90	4468.12	4187.75	4335.09	4424.61	4515.73	4626.07	4731.46
		同比（%）		10.0	12.7	9.6	9.3	10.3	5.9	7.6	6.2	5.2	4.1	−6.3	3.5	2.1	2.1	2.4	2.3
9	四川省	保有量	2181.70	2344.87	2523.05	2687.55	2952.66	3155.13	3426.10	3694.03	3953.09	4160.12	4404.55	4267.32	4420.30	4603.88	4682.30	4754.00	4833.88
		同比（%）		7.5	7.6	6.5	9.9	6.9	8.6	7.8	7.0	5.2	5.9	−3.1	3.6	4.2	1.7	1.5	1.7
10	内蒙古自治区	保有量	1921.98	2053.11	2209.27	2779.44	2891.64	3033.58	3172.70	3280.56	3430.57	3632.55	3805.11	3331.09	3483.55	3663.66	3866.42	4056.58	4239.42
		同比（%）		6.8	7.6	25.8	4.0	4.9	4.6	3.4	4.6	5.9	4.8	−12.5	4.6	5.2	5.5	4.9	4.5

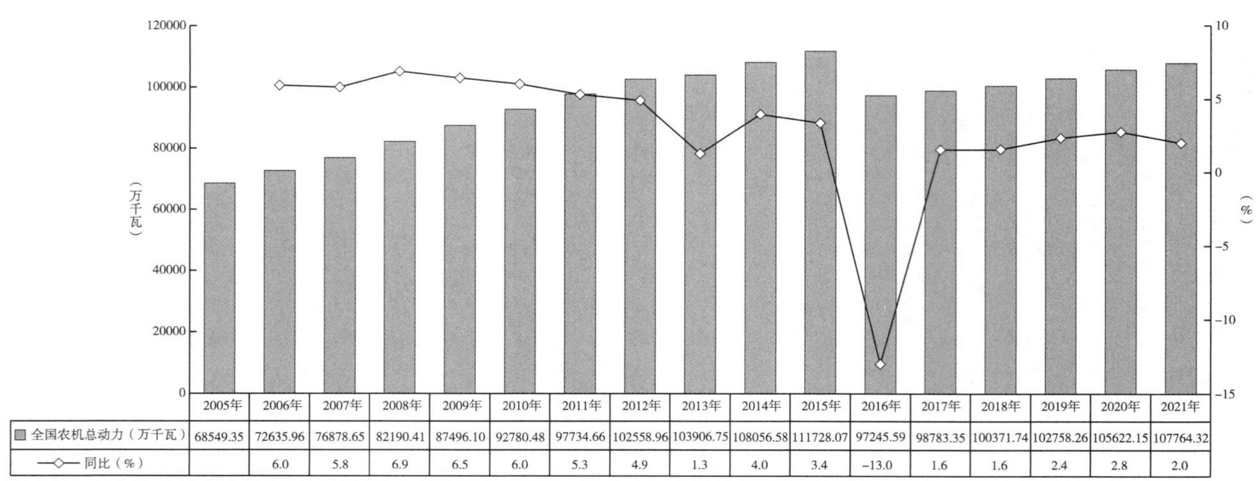

	2005年	2006年	2007年	2008年	2009年	2010年	2011年	2012年	2013年	2014年	2015年	2016年	2017年	2018年	2019年	2020年	2021年
全国农机总动力（万千瓦）	68549.35	72635.96	76878.65	82190.41	87496.10	92780.48	97734.66	102558.96	103906.75	108056.58	111728.07	97245.59	98783.35	100371.74	102758.26	105622.15	107764.32
同比（%）		6.0	5.8	6.9	6.5	6.0	5.3	4.9	1.3	4.0	3.4	−13.0	1.6	1.6	2.4	2.8	2.0

图1　2005—2021年全国农机总动力保有量走势

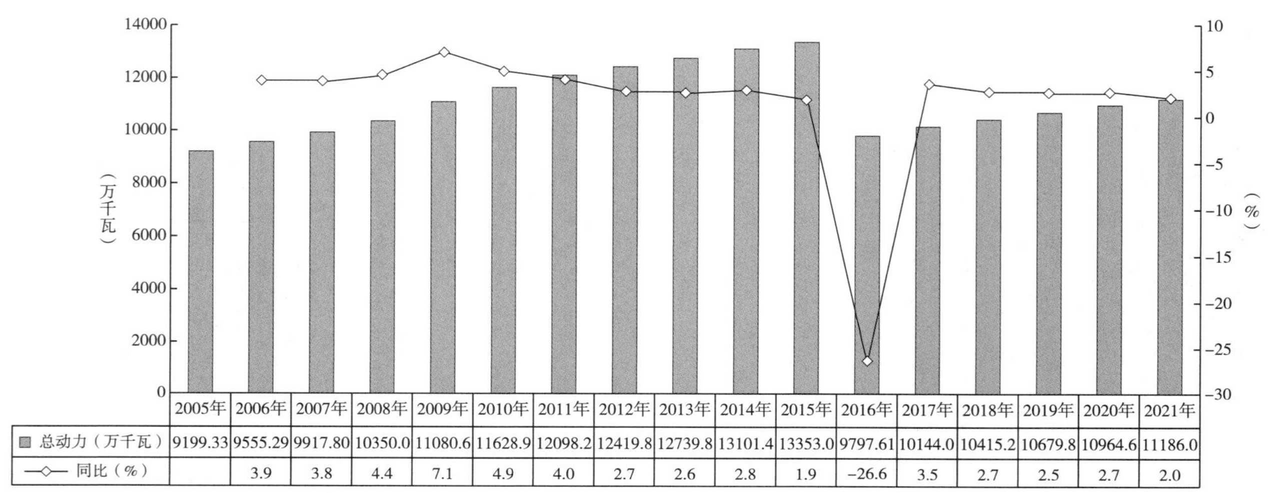

	2005年	2006年	2007年	2008年	2009年	2010年	2011年	2012年	2013年	2014年	2015年	2016年	2017年	2018年	2019年	2020年	2021年
总动力（万千瓦）	9199.33	9555.29	9917.80	10350.0	11080.6	11628.9	12098.2	12419.8	12739.8	13101.4	13353.0	9797.61	10144.0	10415.2	10679.8	10964.6	11186.0
同比（%）		3.9	3.8	4.4	7.1	4.9	4.0	2.7	2.6	2.8	1.9	−26.6	3.5	2.7	2.5	2.7	2.0

图2　2005—2021年山东省农机总动力保有量走势

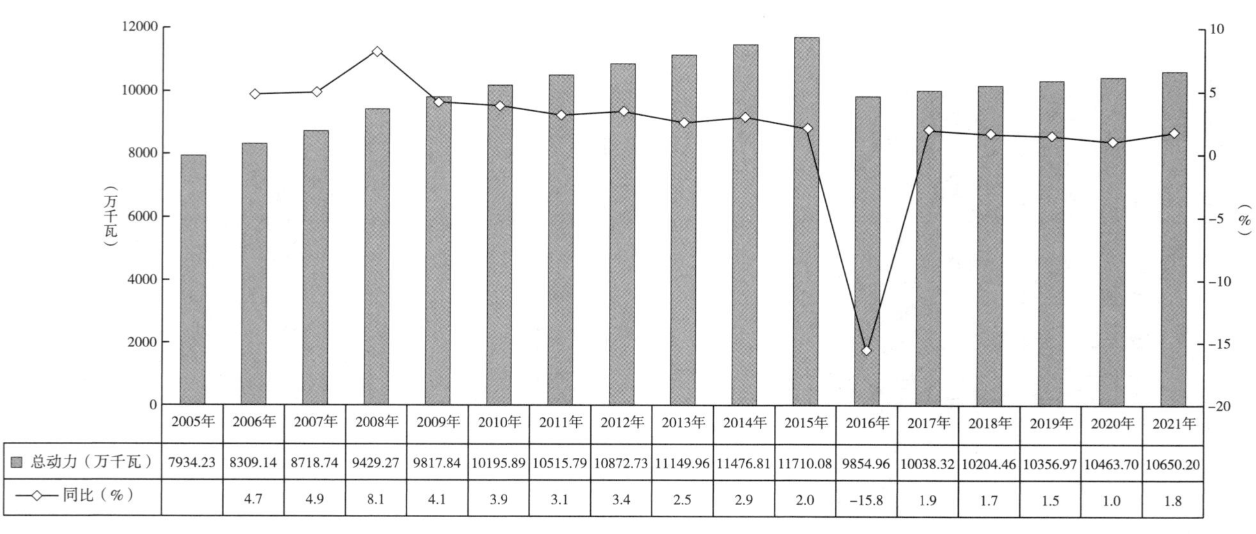

	2005年	2006年	2007年	2008年	2009年	2010年	2011年	2012年	2013年	2014年	2015年	2016年	2017年	2018年	2019年	2020年	2021年
总动力（万千瓦）	7934.23	8309.14	8718.74	9429.27	9817.84	10195.89	10515.79	10872.73	11149.96	11476.81	11710.08	9854.96	10038.32	10204.46	10356.97	10463.70	10650.20
同比（%）		4.7	4.9	8.1	4.1	3.9	3.1	3.4	2.5	2.9	2.0	−15.8	1.9	1.7	1.5	1.0	1.8

图3　2005—2021年河南省农机总动力保有量走势

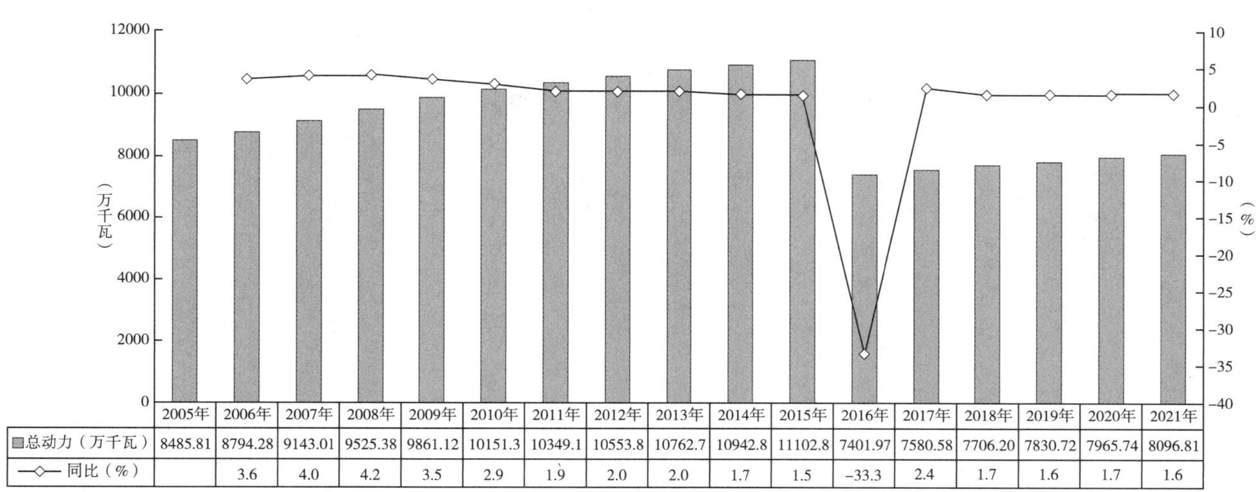

	2005年	2006年	2007年	2008年	2009年	2010年	2011年	2012年	2013年	2014年	2015年	2016年	2017年	2018年	2019年	2020年	2021年
总动力（万千瓦）	8485.81	8794.28	9143.01	9525.38	9861.12	10151.3	10349.1	10553.8	10762.7	10942.8	11102.8	7401.97	7580.58	7706.20	7830.72	7965.74	8096.81
同比（%）		3.6	4.0	4.2	3.5	2.9	1.9	2.0	2.0	1.7	1.5	−33.3	2.4	1.7	1.6	1.7	1.6

图4　2005—2021年河北省农机总动力保有量走势

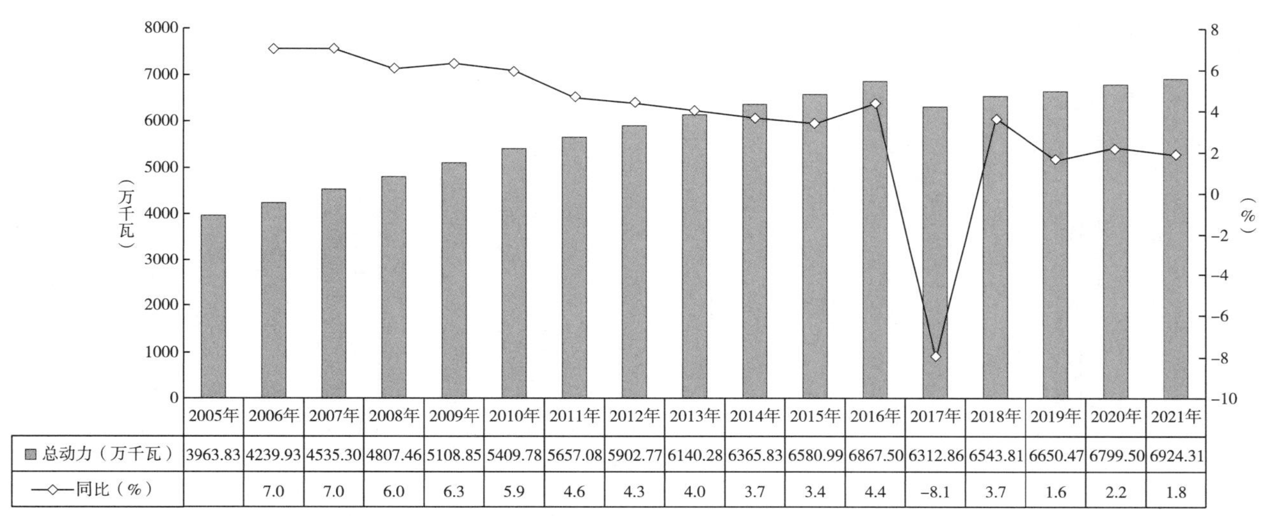

	2005年	2006年	2007年	2008年	2009年	2010年	2011年	2012年	2013年	2014年	2015年	2016年	2017年	2018年	2019年	2020年	2021年
总动力（万千瓦）	3963.83	4239.93	4535.30	4807.46	5108.85	5409.78	5657.08	5902.77	6140.28	6365.83	6580.99	6867.50	6312.86	6543.81	6650.47	6799.50	6924.31
同比（%）		7.0	7.0	6.0	6.3	5.9	4.6	4.3	4.0	3.7	3.4	4.4	−8.1	3.7	1.6	2.2	1.8

图5　2005—2021年安徽省农机总动力保有量走势

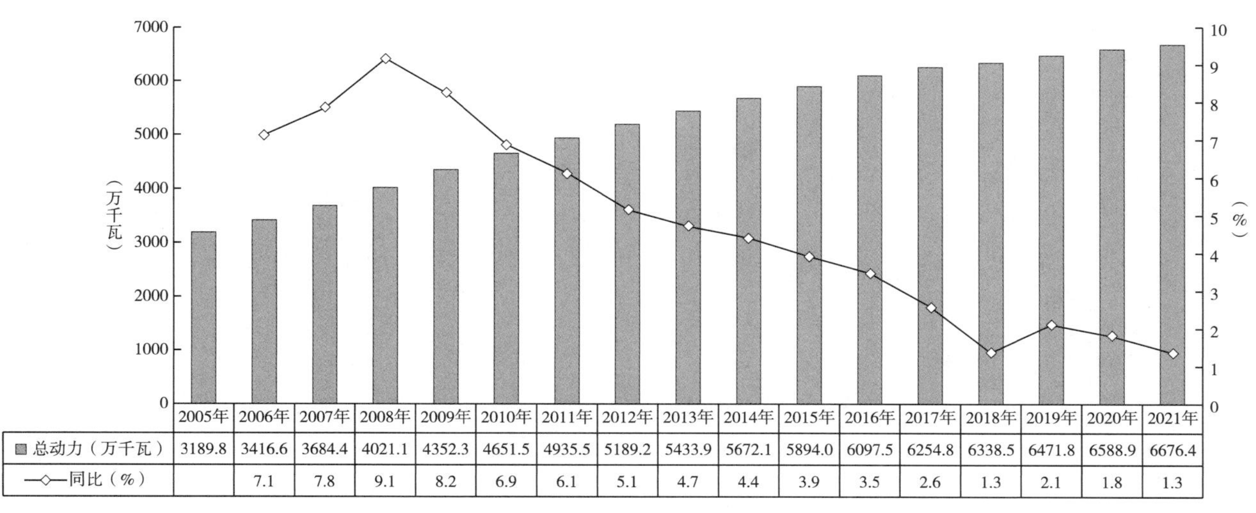

	2005年	2006年	2007年	2008年	2009年	2010年	2011年	2012年	2013年	2014年	2015年	2016年	2017年	2018年	2019年	2020年	2021年
总动力（万千瓦）	3189.8	3416.6	3684.4	4021.1	4352.3	4651.5	4935.5	5189.2	5433.9	5672.1	5894.0	6097.5	6254.8	6338.5	6471.8	6588.9	6676.4
同比（%）		7.1	7.8	9.1	8.2	6.9	6.1	5.1	4.7	4.4	3.9	3.5	2.6	1.3	2.1	1.8	1.3

图6　2005—2021年湖南省农机总动力保有量走势

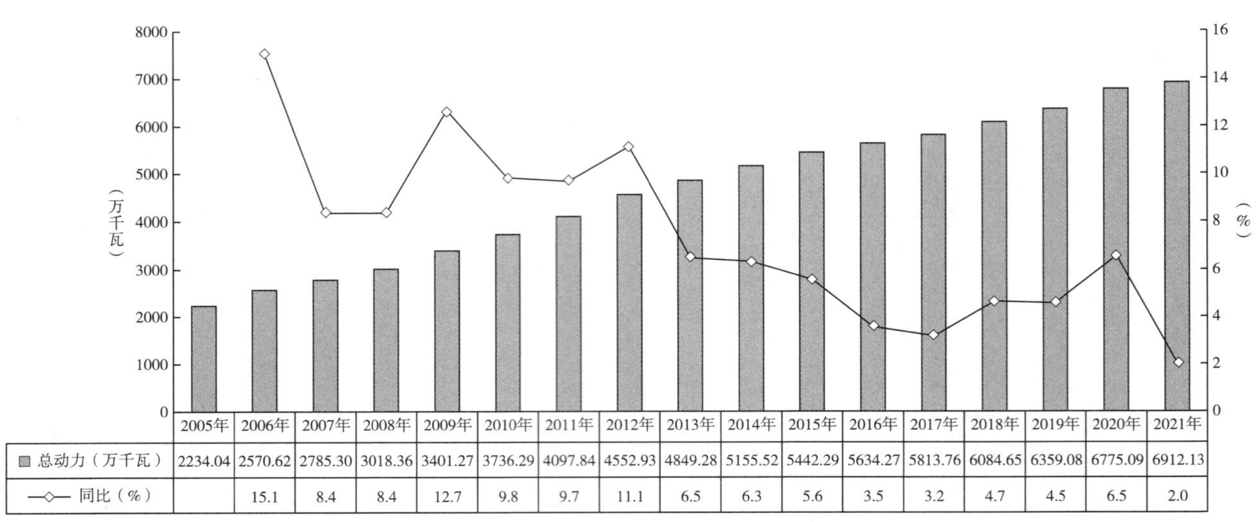

	2005年	2006年	2007年	2008年	2009年	2010年	2011年	2012年	2013年	2014年	2015年	2016年	2017年	2018年	2019年	2020年	2021年
总动力（万千瓦）	2234.04	2570.62	2785.30	3018.36	3401.27	3736.29	4097.84	4552.93	4849.28	5155.52	5442.29	5634.27	5813.76	6084.65	6359.08	6775.09	6912.13
同比（%）		15.1	8.4	8.4	12.7	9.8	9.7	11.1	6.5	6.3	5.6	3.5	3.2	4.7	4.5	6.5	2.0

图7　2005—2021年黑龙江省农机总动力保有量走势

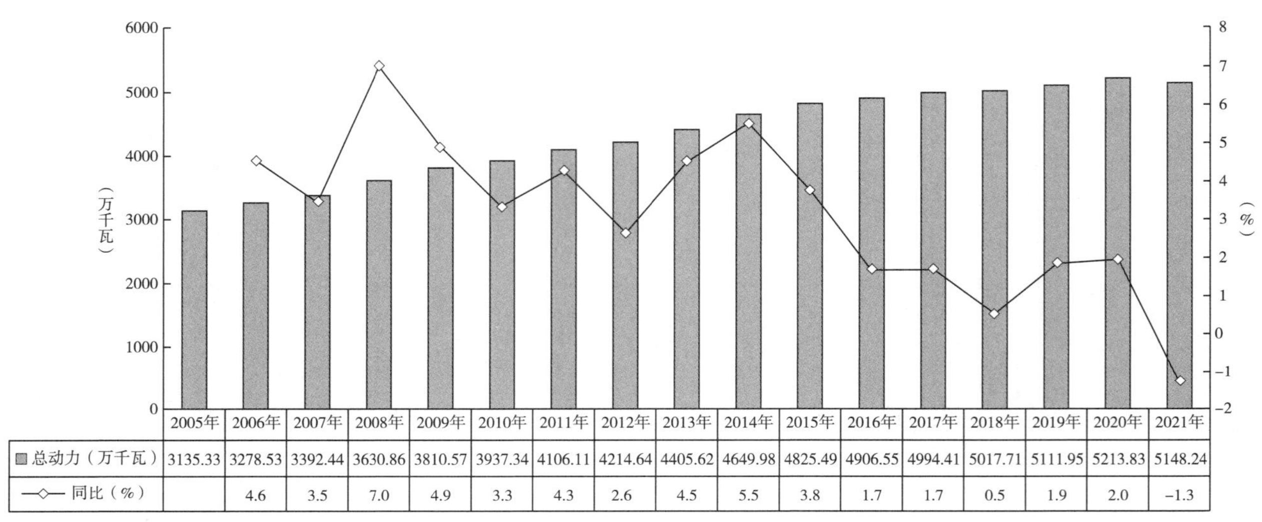

	2005年	2006年	2007年	2008年	2009年	2010年	2011年	2012年	2013年	2014年	2015年	2016年	2017年	2018年	2019年	2020年	2021年
总动力（万千瓦）	3135.33	3278.53	3392.44	3630.86	3810.57	3937.34	4106.11	4214.64	4405.62	4649.98	4825.49	4906.55	4994.41	5017.71	5111.95	5213.83	5148.24
同比（%）		4.6	3.5	7.0	4.9	3.3	4.3	2.6	4.5	5.5	3.8	1.7	1.7	0.5	1.9	2.0	−1.3

图8　2005—2021年江苏省农机总动力保有量走势

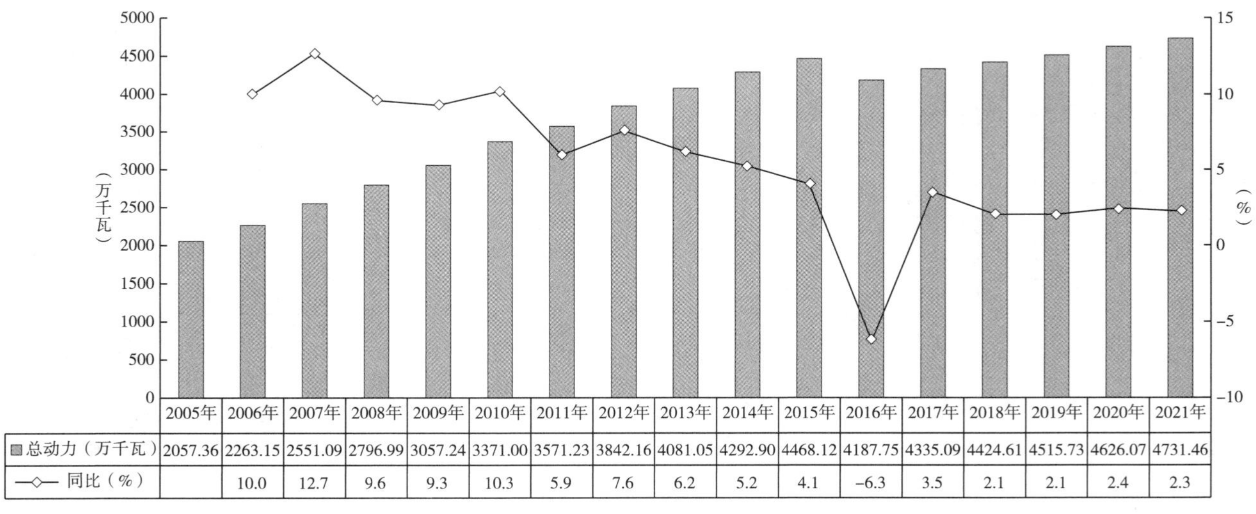

	2005年	2006年	2007年	2008年	2009年	2010年	2011年	2012年	2013年	2014年	2015年	2016年	2017年	2018年	2019年	2020年	2021年
总动力（万千瓦）	2057.36	2263.15	2551.09	2796.99	3057.24	3371.00	3571.23	3842.16	4081.05	4292.90	4468.12	4187.75	4335.09	4424.61	4515.73	4626.07	4731.46
同比（%）		10.0	12.7	9.6	9.3	10.3	5.9	7.6	6.2	5.2	4.1	−6.3	3.5	2.1	2.1	2.4	2.3

图9　2005—2021年湖北省农机总动力保有量走势

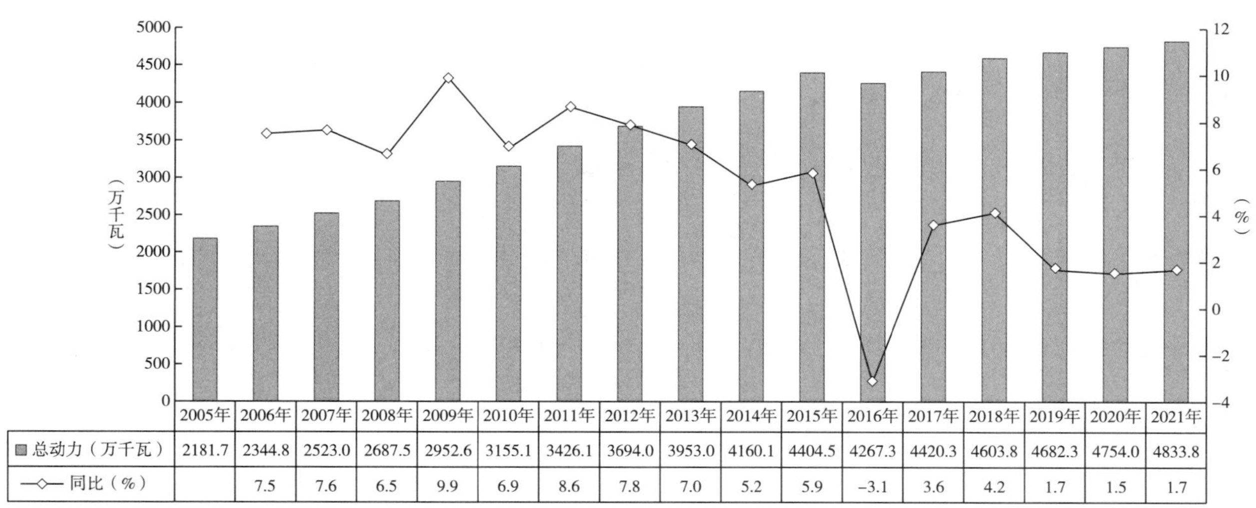

	2005年	2006年	2007年	2008年	2009年	2010年	2011年	2012年	2013年	2014年	2015年	2016年	2017年	2018年	2019年	2020年	2021年
总动力（万千瓦）	2181.7	2344.8	2523.0	2687.5	2952.6	3155.1	3426.1	3694.0	3953.0	4160.1	4404.5	4267.3	4420.3	4603.8	4682.3	4754.0	4833.8
同比（%）		7.5	7.6	6.5	9.9	6.9	8.6	7.8	7.0	5.2	5.9	−3.1	3.6	4.2	1.7	1.5	1.7

图10　2005—2021年四川省农机总动力保有量走势

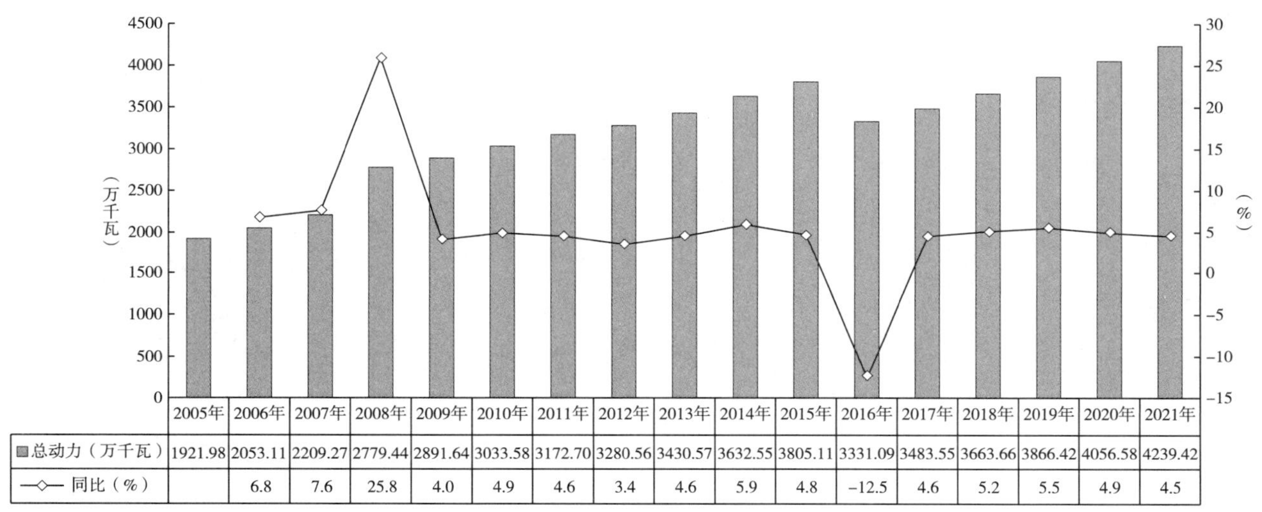

	2005年	2006年	2007年	2008年	2009年	2010年	2011年	2012年	2013年	2014年	2015年	2016年	2017年	2018年	2019年	2020年	2021年
总动力（万千瓦）	1921.98	2053.11	2209.27	2779.44	2891.64	3033.58	3172.70	3280.56	3430.57	3632.55	3805.11	3331.09	3483.55	3663.66	3866.42	4056.58	4239.42
同比（%）		6.8	7.6	25.8	4.0	4.9	4.6	3.4	4.6	5.9	4.8	−12.5	4.6	5.2	5.5	4.9	4.5

图11　2005—2021年内蒙古自治区农机总动力保有量走势

二、拖拉机保有量

表3　　2005—2021年拖拉机保有量一览表　　单位：万台

序号	地区	2005年	2006年	2007年	2008年	2009年	2010年	2011年	2012年	2013年	2014年	2015年	2016年	2017年	2018年	2019年	2020年	2021年
0	全国	1679.37	1728.34	1834.32	2021.91	2101.42	2177.96	2255.87	2282.45	2279.28	2297.70	2310.41	2317.02	2304.34	2240.26	2224.29	2204.88	2173.06
1	河南省	309.54	322.35	338.69	383.93	390.22	386.05	386.83	387.79	387.10	384.07	379.85	372.77	363.40	353.80	351.27	341.32	336.43
2	山东省	205.51	209.13	221.90	236.85	236.76	244.24	247.22	250.66	249.77	248.57	244.45	246.41	247.97	249.23	247.33	248.00	245.01
3	安徽省	211.59	221.22	230.23	239.55	243.74	248.59	252.59	249.23	242.96	238.83	236.68	234.10	233.12	230.63	228.93	226.74	222.94
4	河北省	154.51	156.12	159.77	163.65	164.66	167.76	168.89	167.64	165.85	164.08	163.70	161.68	160.46	149.60	150.39	143.08	141.03
5	黑龙江省	96.14	107.79	113.90	119.50	129.40	134.74	142.04	147.34	151.86	154.56	157.10	158.57	160.49	160.89	161.54	161.62	158.86
6	湖北省	56.05	64.19	83.41	95.65	102.69	111.81	119.56	125.40	129.06	128.83	130.65	132.85	134.08	132.66	132.16	130.75	129.86
7	吉林省	62.88	67.57	72.37	76.81	84.12	90.56	98.84	105.66	111.13	114.16	116.81	118.95	120.25	121.74	123.14	126.39	128.98
8	内蒙古自治区	61.83	66.73	70.87	96.27	98.33	101.54	102.68	101.86	105.16	107.93	110.59	113.41	115.28	117.39	118.95	122.52	124.83
9	江苏省	94.26	95.79	94.91	127.61	131.82	132.51	134.09	110.30	105.66	103.28	98.62	94.04	89.24	83.98	79.39	75.91	68.99
10	甘肃省	39.39	40.83	44.28	46.15	49.54	53.39	58.36	66.47	70.61	74.26	77.36	80.42	81.90	82.38	82.76	84.15	85.19
11	云南省	31.97	32.74	35.08	47.08	53.02	56.42	59.85	63.89	66.40	66.96	68.94	69.58	69.55	38.46	36.42	36.29	34.99
12	新疆维吾尔自治区	40.65	42.83	45.36	48.24	51.80	54.06	56.95	60.06	63.70	65.92	67.10	67.41	68.26	69.01	68.38	67.97	64.51
13	辽宁省	27.86	28.93	30.77	35.45	38.03	41.49	45.68	49.89	53.06	55.59	57.16	57.03	57.02	57.77	57.89	58.64	59.06
14	广西壮族自治区	36.13	29.74	30.26	31.41	34.52	37.95	42.41	45.62	49.09	50.77	52.84	55.42	56.37	56.86	58.38	58.59	54.17
15	山西省	28.72	29.00	30.09	31.93	34.72	37.27	40.50	43.16	45.46	47.44	48.86	49.23	37.23	37.94	38.44	39.19	39.18
16	湖南省	17.75	19.73	21.27	24.23	26.00	28.34	30.40	31.69	33.41	35.19	37.24	39.06	43.13	39.70	35.69	32.69	32.21
17	广东省	35.79	35.66	36.00	36.87	37.31	38.96	36.55	34.98	35.30	36.14	35.83	35.81	35.02	34.49	34.27	33.67	32.27
18	江西省	15.98	20.00	22.48	29.94	34.36	40.69	51.68	55.38	29.99	32.18	35.16	37.95	39.37	37.91	37.91	37.57	37.93
19	陕西省	21.75	21.45	22.20	23.10	24.63	26.34	26.88	27.89	29.80	30.6	32.93	33.56	33.74	31.83	32.05	32.10	31.86
20	青海省	21.95	22.83	24.21	25.00	26.41	27.70	28.49	28.73	25.50	27.47	27.55	27.57	27.04	26.99	26.97	26.60	25.95
21	西藏自治区	8.57	8.80	9.42	10.26	9.70	15.58	17.01	18.79	20.47	23.02	25.18	25.63	26.58	27.38	27.60	28.07	28.38
22	四川省	13.76	14.42	15.37	16.98	19.61	21.14	23.22	24.05	24.08	23.97	23.68	23.53	23.10	22.78	22.44	22.43	22.09
23	宁夏回族自治区	18.29	18.51	18.57	19.08	20.10	20.78	21.61	21.96	22.24	21.69	21.44	21.30	21.53	21.15	21.31	21.39	21.91
24	贵州省	6.22	6.93	7.04	7.17	7.84	8.19	9.76	11.23	12.77	13.73	14.21	14.54	15.46	14.22	14.27	13.70	12.32
25	浙江省	32.78	25.43	25.91	17.20	17.75	17.75	17.77	17.34	15.10	14.16	13.13	13.12	12.31	11.56	7.10	6.63	5.48
26	福建省	10.02	8.42	8.77	9.78	11.10	11.03	11.47	11.10	10.75	10.30	10.20	10.26	9.64	9.28	9.02	8.72	8.41
27	海南省	4.88	5.20	6.04	6.72	7.37	7.95	8.42	9.12	9.72	10.79	10.14	9.83	9.97	8.75	8.48	8.07	8.04

续 表

序号	地区	2005年	2006年	2007年	2008年	2009年	2010年	2011年	2012年	2013年	2014年	2015年	2016年	2017年	2018年	2019年	2020年	2021年
28	新疆生产建设兵团	5.66	5.91	6.33	6.99	7.12	6.41	7.61	7.70	7.72	8.09	8.07	7.92	7.86	7.82	7.83	8.12	8.25
29	天津市	4.56	4.58	4.51	4.38	4.46	4.42	4.21	3.81	2.48	2.04	1.79	1.77	1.73	1.69	1.68	1.68	1.68
30	重庆市	0.40	0.49	0.91	0.95	0.96	1.01	1.13	1.14	1.16	1.17	1.26	1.39	1.41	0.68	0.67	0.71	0.70
31	上海市	1.24	1.22	1.15	1.13	1.15	1.16	1.13	1.10	1.03	1.05	1.05	1.05	1.00	1.00	1.00	0.96	0.94
32	北京市	2.75	2.61	2.25	2.04	2.18	2.15	2.05	1.47	0.89	0.86	0.84	0.86	0.83	0.69	0.64	0.61	0.60

表4　2005—2021年拖拉机保有量前十名走势分析

单位：万台

序号	地区	类别	2005年	2006年	2007年	2008年	2009年	2010年	2011年	2012年	2013年	2014年	2015年	2016年	2017年	2018年	2019年	2020年	2021年
0	全国	保有量	1679.37	1728.34	1834.32	2021.91	2101.42	2177.96	2255.87	2282.45	2279.28	2297.70	2310.41	2317.02	2304.34	2240.26	2224.29	2204.88	2173.06
		同比（%）		2.9	6.1	10.2	3.9	3.6	3.6	1.2	−0.1	0.8	0.6	0.3	−0.5	−2.8	−0.7	−0.9	−1.4
1	河南省	保有量	309.54	322.35	338.69	383.93	390.22	386.05	386.83	387.79	387.10	384.07	379.85	372.77	363.40	353.80	351.27	341.32	336.43
		同比（%）		4.1	5.1	13.4	1.6	−1.1	0.2	0.2	−0.2	−0.8	−1.1	−1.9	−2.5	−2.6	−0.7	−2.8	−1.4
2	山东省	保有量	205.51	209.13	221.90	236.85	236.76	244.24	247.22	250.66	249.77	248.57	244.45	246.41	247.97	249.23	247.33	248.00	245.01
		同比（%）		1.8	6.1	6.7	0.0	3.2	1.2	1.4	−0.4	−0.5	−1.7	0.8	0.6	0.5	−0.8	0.3	−1.2
3	安徽省	保有量	211.59	221.22	230.23	239.55	243.74	248.59	252.59	249.23	242.96	238.83	236.68	234.10	233.12	230.63	228.93	226.74	222.94
		同比（%）		4.6	4.1	4.0	1.7	2.0	1.6	−1.3	−2.5	−1.7	−0.9	−1.1	−0.4	−1.1	−0.7	−1.0	−1.7
4	河北省	保有量	154.51	156.12	159.77	163.65	164.66	167.76	168.89	167.64	165.85	164.08	163.70	161.68	160.46	149.60	150.39	143.08	141.03
		同比（%）		1.0	2.3	2.4	0.6	1.9	0.7	−0.7	−1.1	−1.1	−0.2	−1.2	−0.8	−6.8	0.5	−4.9	−1.4
5	黑龙江省	保有量	96.14	107.79	113.90	119.50	129.40	134.74	142.04	147.34	151.86	154.56	157.10	158.57	160.49	160.89	161.54	161.62	158.86
		同比（%）		12.1	5.7	4.9	8.3	4.1	5.4	3.7	3.1	1.8	1.6	0.9	1.2	0.2	0.4	0.0	−1.7
6	湖北省	保有量	56.05	64.19	83.41	95.65	102.69	111.81	119.56	125.40	129.06	128.83	130.65	132.85	134.08	132.66	132.16	130.75	129.86
		同比（%）		14.5	29.9	14.7	7.4	8.9	6.9	4.9	2.9	−0.2	1.4	1.7	0.9	−1.1	−0.4	−1.1	−0.7
7	吉林省	保有量	62.88	67.57	72.37	76.81	84.12	90.56	98.84	105.66	111.13	114.16	116.81	118.95	120.25	121.74	123.14	126.39	128.98
		同比（%）		7.5	7.1	6.1	9.5	7.7	9.1	6.9	5.2	2.7	2.3	1.8	1.1	1.2	1.2	2.6	2.0
8	内蒙古自治区	保有量	61.83	66.73	70.87	96.27	98.33	101.54	102.68	101.86	105.16	107.93	110.59	113.41	115.28	117.39	118.95	122.52	124.83
		同比（%）		7.9	6.2	35.8	2.1	3.3	1.1	−0.8	3.2	2.6	2.5	2.5	1.6	1.8	1.3	3.0	1.9
9	江苏省	保有量	94.26	95.79	94.91	127.61	131.82	132.51	134.09	110.30	105.66	103.28	98.62	94.04	89.24	83.98	79.39	75.91	68.99
		同比（%）		1.6	−0.9	34.5	3.3	0.5	1.2	−17.7	−4.2	−2.3	−4.5	−4.6	−5.1	−5.9	−5.5	−4.4	−9.1
10	甘肃省	保有量	39.39	40.83	44.28	46.15	49.54	53.39	58.36	66.47	70.61	74.26	77.36	80.42	81.90	82.38	82.76	84.15	85.19
		同比（%）		3.7	8.4	4.2	7.3	7.8	9.3	13.9	6.2	5.2	4.2	4.0	1.8	0.6	0.5	1.7	1.2

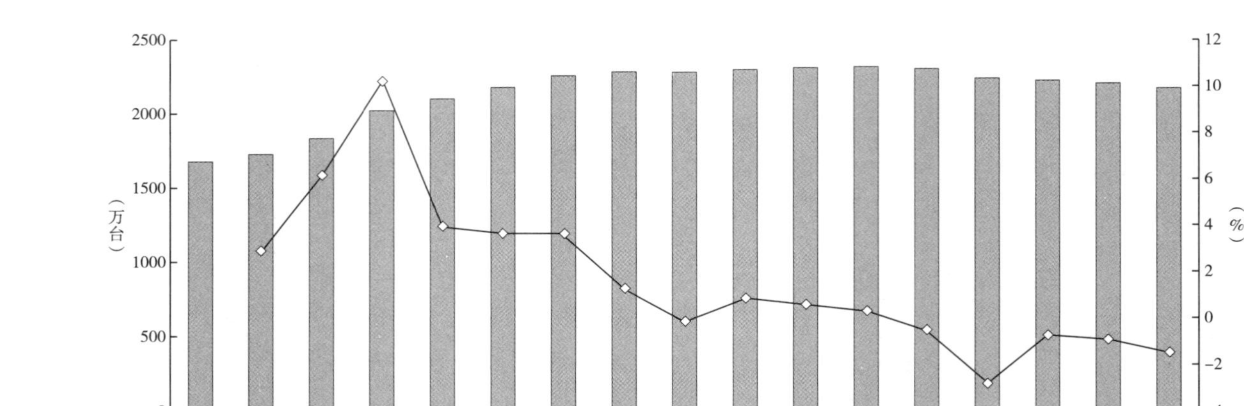

	2005年	2006年	2007年	2008年	2009年	2010年	2011年	2012年	2013年	2014年	2015年	2016年	2017年	2018年	2019年	2020年	2021年
保有量（万台）	1679.37	1728.34	1834.32	2021.91	2101.42	2177.96	2255.87	2282.45	2279.28	2297.70	2310.41	2317.02	2304.34	2240.26	2224.29	2204.88	2173.06
同比（%）		2.9	6.1	10.2	3.9	3.6	3.6	1.2	−0.1	0.8	0.6	0.3	−0.5	−2.8	−0.7	−0.9	−1.4

图12　2005—2021年全国拖拉机保有量走势

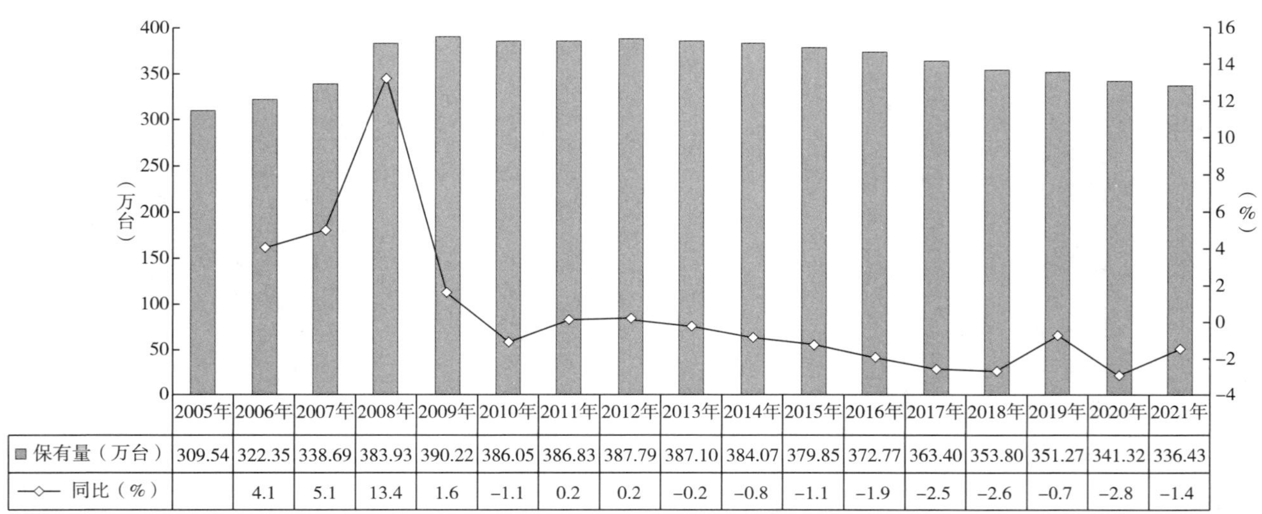

	2005年	2006年	2007年	2008年	2009年	2010年	2011年	2012年	2013年	2014年	2015年	2016年	2017年	2018年	2019年	2020年	2021年
保有量（万台）	309.54	322.35	338.69	383.93	390.22	386.05	386.83	387.79	387.10	384.07	379.85	372.77	363.40	353.80	351.27	341.32	336.43
同比（%）		4.1	5.1	13.4	1.6	−1.1	0.2	0.2	−0.2	−0.8	−1.1	−1.9	−2.5	−2.6	−0.7	−2.8	−1.4

图13　2005—2021年河南省拖拉机保有量走势

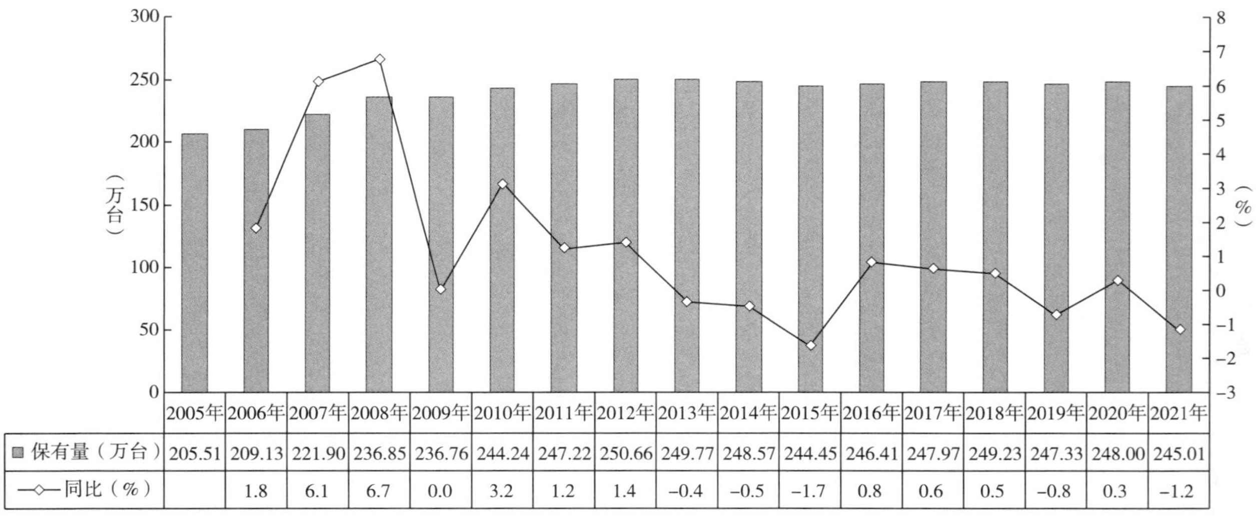

	2005年	2006年	2007年	2008年	2009年	2010年	2011年	2012年	2013年	2014年	2015年	2016年	2017年	2018年	2019年	2020年	2021年
保有量（万台）	205.51	209.13	221.90	236.85	236.76	244.24	247.22	250.66	249.77	248.57	244.45	246.41	247.97	249.23	247.33	248.00	245.01
同比（%）		1.8	6.1	6.7	0.0	3.2	1.2	1.4	−0.4	−0.5	−1.7	0.8	0.6	0.5	−0.8	0.3	−1.2

图14　2005—2021年山东省拖拉机保有量走势

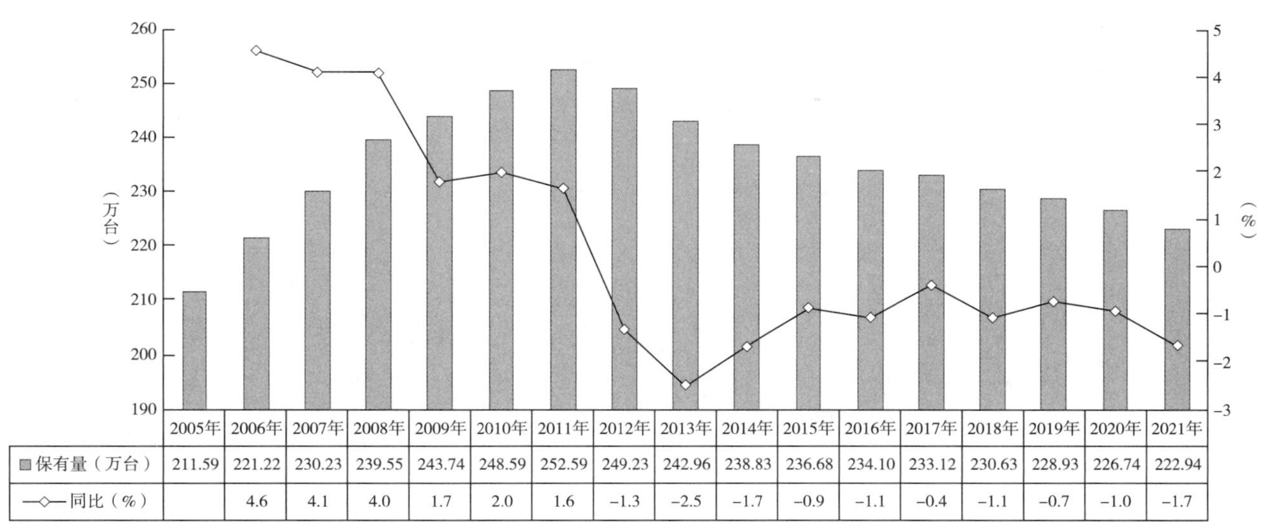

	2005年	2006年	2007年	2008年	2009年	2010年	2011年	2012年	2013年	2014年	2015年	2016年	2017年	2018年	2019年	2020年	2021年
■保有量（万台）	211.59	221.22	230.23	239.55	243.74	248.59	252.59	249.23	242.96	238.83	236.68	234.10	233.12	230.63	228.93	226.74	222.94
—◇—同比（%）		4.6	4.1	4.0	1.7	2.0	1.6	−1.3	−2.5	−1.7	−0.9	−1.1	−0.4	−1.1	−0.7	−1.0	−1.7

图15　2005—2021年安徽省拖拉机保有量走势

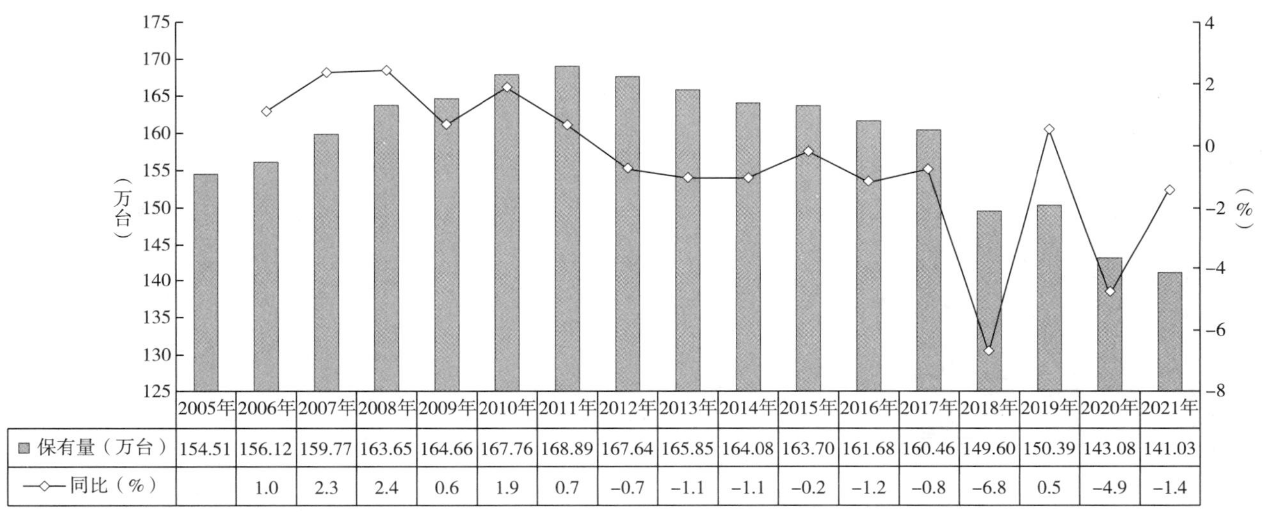

	2005年	2006年	2007年	2008年	2009年	2010年	2011年	2012年	2013年	2014年	2015年	2016年	2017年	2018年	2019年	2020年	2021年
■保有量（万台）	154.51	156.12	159.77	163.65	164.66	167.76	168.89	167.64	165.85	164.08	163.70	161.68	160.46	149.60	150.39	143.08	141.03
—◇—同比（%）		1.0	2.3	2.4	0.6	1.9	0.7	−0.7	−1.1	−1.1	−0.2	−1.2	−0.8	−6.8	0.5	−4.9	−1.4

图16　2005—2021年河北省拖拉机保有量走势

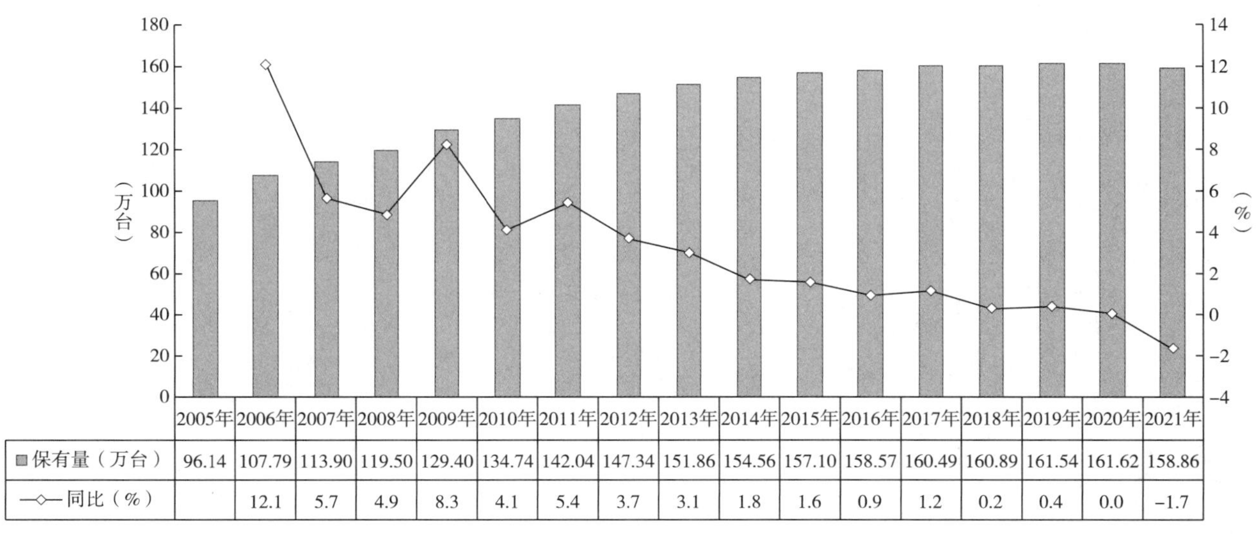

	2005年	2006年	2007年	2008年	2009年	2010年	2011年	2012年	2013年	2014年	2015年	2016年	2017年	2018年	2019年	2020年	2021年
■保有量（万台）	96.14	107.79	113.90	119.50	129.40	134.74	142.04	147.34	151.86	154.56	157.10	158.57	160.49	160.89	161.54	161.62	158.86
—◇—同比（%）		12.1	5.7	4.9	8.3	4.1	5.4	3.7	3.1	1.8	1.6	0.9	1.2	0.2	0.4	0.0	−1.7

图17　2005—2021年黑龙江省农机保有量走势

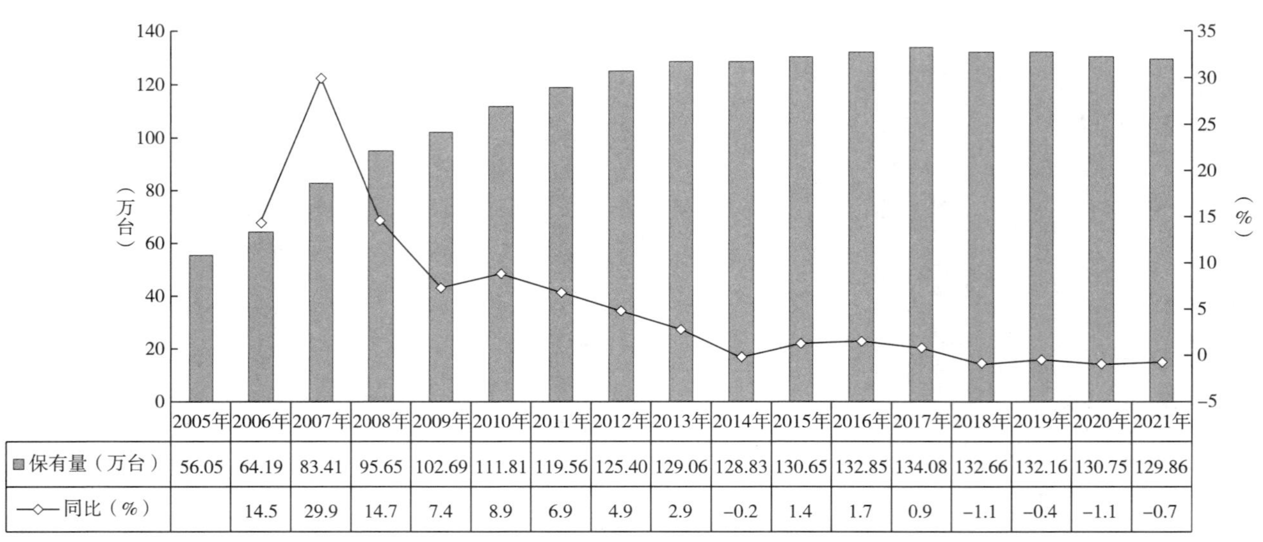

	2005年	2006年	2007年	2008年	2009年	2010年	2011年	2012年	2013年	2014年	2015年	2016年	2017年	2018年	2019年	2020年	2021年
■保有量（万台）	56.05	64.19	83.41	95.65	102.69	111.81	119.56	125.40	129.06	128.83	130.65	132.85	134.08	132.66	132.16	130.75	129.86
—◇—同比（%）		14.5	29.9	14.7	7.4	8.9	6.9	4.9	2.9	−0.2	1.4	1.7	0.9	−1.1	−0.4	−1.1	−0.7

图18　2005—2021年湖北省拖拉机保有量走势

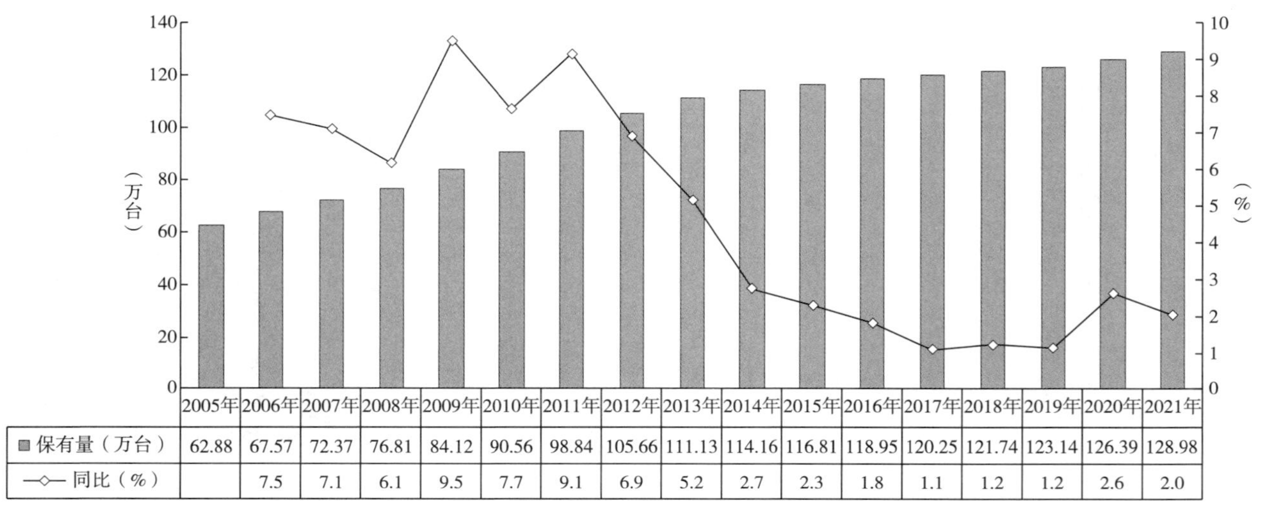

	2005年	2006年	2007年	2008年	2009年	2010年	2011年	2012年	2013年	2014年	2015年	2016年	2017年	2018年	2019年	2020年	2021年
■保有量（万台）	62.88	67.57	72.37	76.81	84.12	90.56	98.84	105.66	111.13	114.16	116.81	118.95	120.25	121.74	123.14	126.39	128.98
—◇—同比（%）		7.5	7.1	6.1	9.5	7.7	9.1	6.9	5.2	2.7	2.3	1.8	1.1	1.2	1.2	2.6	2.0

图19　2005—2021年吉林省拖拉机保有量走势

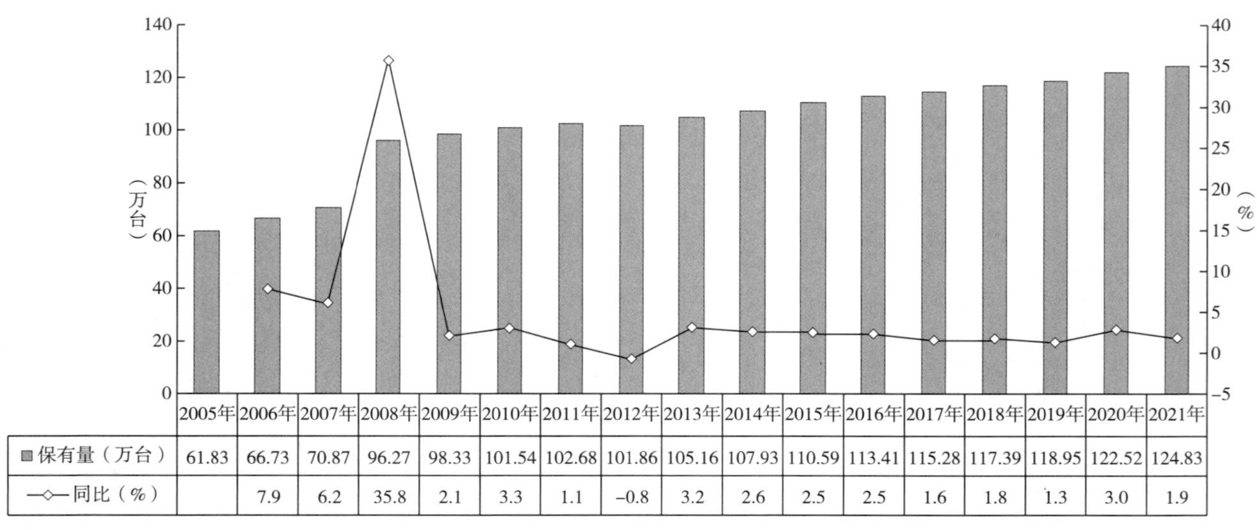

	2005年	2006年	2007年	2008年	2009年	2010年	2011年	2012年	2013年	2014年	2015年	2016年	2017年	2018年	2019年	2020年	2021年
■保有量（万台）	61.83	66.73	70.87	96.27	98.33	101.54	102.68	101.86	105.16	107.93	110.59	113.41	115.28	117.39	118.95	122.52	124.83
—◇—同比（%）		7.9	6.2	35.8	2.1	3.3	1.1	−0.8	3.2	2.6	2.5	2.5	1.6	1.8	1.3	3.0	1.9

图20　2005—2021年内蒙古自治区拖拉机保有量走势

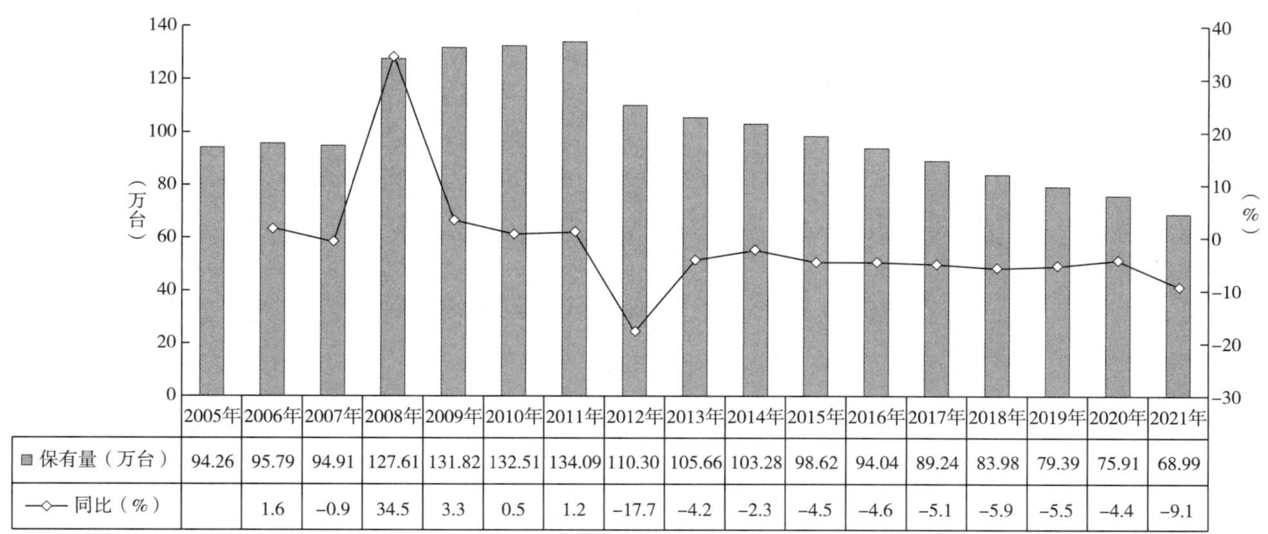

	2005年	2006年	2007年	2008年	2009年	2010年	2011年	2012年	2013年	2014年	2015年	2016年	2017年	2018年	2019年	2020年	2021年
保有量（万台）	94.26	95.79	94.91	127.61	131.82	132.51	134.09	110.30	105.66	103.28	98.62	94.04	89.24	83.98	79.39	75.91	68.99
同比（%）		1.6	−0.9	34.5	3.3	0.5	1.2	−17.7	−4.2	−2.3	−4.5	−4.6	−5.1	−5.9	−5.5	−4.4	−9.1

图21　2005—2021年江苏省拖拉机保有量走势

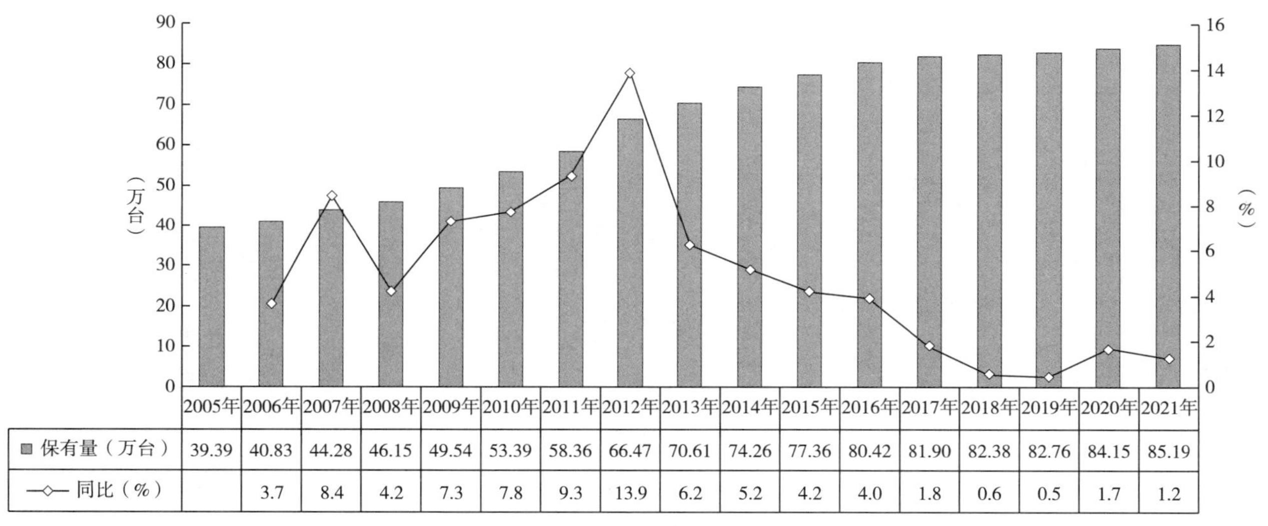

	2005年	2006年	2007年	2008年	2009年	2010年	2011年	2012年	2013年	2014年	2015年	2016年	2017年	2018年	2019年	2020年	2021年
保有量（万台）	39.39	40.83	44.28	46.15	49.54	53.39	58.36	66.47	70.61	74.26	77.36	80.42	81.90	82.38	82.76	84.15	85.19
同比（%）		3.7	8.4	4.2	7.3	7.8	9.3	13.9	6.2	5.2	4.2	4.0	1.8	0.6	0.5	1.7	1.2

图22　2005—2021年甘肃省拖拉机保有量走势

表5　**2005—2021年大中型拖拉机保有量一览表**　单位：万台

序号	地区	2005年	2006年	2007年	2008年	2009年	2010年	2011年	2012年	2013年	2014年	2015年	2016年	2017年	2018年	2019年	2020年	2021年
0	全国	139.56	167.63	204.80	299.52	350.52	392.17	440.65	485.24	527.02	567.95	607.29	645.35	670.08	421.99	443.86	477.27	498.07
1	黑龙江省	21.73	32.31	38.18	48.20	58.30	65.47	73.21	80.89	87.33	92.16	96.8	101.56	106.06	55.17	57.82	63.73	66.69
2	内蒙古自治区	7.37	10.39	17.07	45.19	48.26	51.41	54.77	57.94	62.34	67.15	72.38	76.74	79.68	31.65	35.40	39.12	42.38
3	山东省	22.78	25.16	28.80	36.55	39.93	42.57	45.43	47.69	50.07	51.84	53.52	57.18	60.40	47.94	48.25	50.41	51.68
4	吉林省	9.08	10.87	16.53	20.13	25.12	29.36	35.07	39.59	44.04	48.08	52.16	56.00	58.43	31.59	34.10	38.47	41.68
5	新疆维吾尔自治区	9.23	10.61	12.62	14.60	18.45	21.68	25.60	29.99	35.06	39.20	41.98	43.70	45.19	29.03	32.31	34.56	35.23
6	河南省	11.08	12.77	14.72	20.26	24.69	27.44	31.07	33.85	35.78	37.81	40.23	43.27	45.85	35.35	37.31	39.72	41.83
7	云南省	4.50	4.86	6.40	17.51	20.90	22.50	24.33	26.77	28.70	30.13	31.76	32.13	32.09	7.91	6.92	7.33	6.85
8	河北省	10.02	11.08	11.59	13.62	15.52	17.26	19.34	21.37	23.43	25.46	27.43	29.87	31.47	27.30	28.00	30.64	32.00
9	辽宁省	4.30	4.50	6.76	11.76	13.57	15.16	17.42	19.06	20.80	22.34	23.15	24.26	25.07	17.00	17.68	19.19	20.53
10	安徽省	3.60	4.77	6.67	9.02	10.50	12.47	14.53	16.45	17.99	19.93	22.01	24.65	25.96	22.76	24.44	26.25	27.69
11	湖北省	7.66	8.50	9.29	10.42	11.86	12.71	13.08	13.84	14.94	15.85	16.84	18.18	18.97	16.17	17.22	18.17	18.93
12	江苏省	4.15	4.42	4.96	7.17	8.50	9.67	10.68	11.59	13.13	15.12	16.76	17.99	18.03	16.54	16.77	17.16	16.33
13	甘肃省	1.83	2.38	3.12	3.83	5.82	7.32	9.29	11.62	13.04	14.43	16.03	17.52	18.87	8.88	9.72	11.47	12.56
14	四川省	1.27	1.59	2.02	5.55	7.77	9.11	10.75	11.50	12.18	12.61	13.22	13.48	13.41	7.44	7.44	7.61	7.67
15	山西省	3.59	4.00	4.14	5.17	6.26	7.32	8.89	9.78	10.72	11.90	13.07	13.81	13.08	9.87	10.46	11.32	11.90
16	湖南省	0.88	1.97	2.45	6.75	7.53	8.48	8.90	9.73	10.66	11.63	12.88	13.57	14.10	11.27	11.71	10.77	10.76
17	陕西省	3.55	3.82	4.57	5.48	7.07	8.08	8.91	9.41	9.93	10.17	11.11	11.82	12.38	9.84	10.40	11.05	11.56
18	西藏自治区	0.67	0.00	0.68	1.21	0.25	2.55	3.65	5.14	6.64	8.88	10.77	12.23	12.91	6.74	6.82	6.97	7.14
19	新疆生产建设兵团	2.23	2.31	2.70	3.04	3.33	2.68	4.06	4.28	4.66	5.15	5.45	5.51	5.68	4.59	4.69	5.17	5.44
20	宁夏回族自治区	1.34	1.52	1.54	1.79	2.21	2.79	3.21	3.75	4.26	4.91	5.32	5.73	6.05	3.87	4.21	4.56	5.08
21	海南省	0.58	0.69	1.00	1.76	2.45	2.98	3.46	4.10	4.45	4.49	4.37	4.19	3.52	2.04	2.10	2.29	2.24
22	贵州省	1.39	2.17	1.92	2.36	2.50	2.53	3.12	3.92	4.19	4.21	4.28	4.24	4.17	1.81	1.85	1.92	1.66
23	广西壮族自治区	1.70	1.72	1.42	1.71	1.96	2.17	2.69	3.05	3.42	3.79	4.24	4.77	5.19	5.08	5.38	5.49	5.62
24	广东省	0.59	0.79	0.83	1.36	1.61	1.84	1.96	2.25	2.39	2.81	2.87	3.00	3.04	2.45	2.50	2.63	2.74
25	江西省	1.28	1.12	1.20	1.31	1.52	1.66	1.80	2.05	1.02	1.42	1.96	2.75	3.19	3.84	4.33	5.13	5.69
26	青海省	0.27	0.29	0.36	0.44	0.79	0.82	0.91	1.01	1.11	1.59	1.69	1.78	1.84	1.22	1.31	1.25	1.33
27	天津市	1.03	1.07	1.10	1.15	1.28	1.30	1.43	1.50	1.56	1.58	1.50	1.54	1.55	1.38	1.32	1.34	1.34
28	浙江省	0.45	0.51	0.60	0.58	0.74	0.84	0.96	1.07	1.17	1.20	1.26	1.40	1.44	1.32	1.45	1.59	1.54

续 表

序号	地区	2005年	2006年	2007年	2008年	2009年	2010年	2011年	2012年	2013年	2014年	2015年	2016年	2017年	2018年	2019年	2020年	2021年
29	上海市	0.42	0.43	0.46	0.48	0.54	0.58	0.61	0.65	0.67	0.72	0.75	0.77	0.77	0.74	0.76	0.74	0.73
30	北京市	0.85	0.81	0.72	0.69	0.78	0.83	0.89	0.74	0.65	0.66	0.70	0.73	0.69	0.47	0.43	0.41	0.42
31	重庆市	0.01	0.06	0.23	0.26	0.28	0.33	0.36	0.37	0.38	0.38	0.41	0.50	0.52	0.20	0.21	0.24	0.25
32	福建省	0.14	0.15	0.15	0.16	0.24	0.26	0.29	0.29	0.31	0.35	0.39	0.48	0.48	0.53	0.55	0.58	0.61

表6 **2005—2021年大中型拖拉机保有量前十名走势分析** 单位：万台

序号	地区	类别	2005年	2006年	2007年	2008年	2009年	2010年	2011年	2012年	2013年	2014年	2015年	2016年	2017年	2018年	2019年	2020年	2021年
0	全国	保有量	139.56	167.63	204.80	299.52	350.52	392.17	440.65	485.24	527.02	567.95	607.29	645.35	670.08	421.99	443.86	477.27	498.07
		同比（%）		20.1	22.2	46.3	17.0	11.9	12.4	10.1	8.6	7.8	6.9	6.3	3.8	−37.0	5.2	7.5	4.4
1	黑龙江省	保有量	21.73	32.31	38.18	48.20	58.30	65.47	73.21	80.89	87.33	92.16	96.8	101.56	106.06	55.17	57.82	63.73	66.69
		同比（%）		48.7	18.2	26.2	21.0	12.3	11.8	10.5	8.0	5.5	5.0	4.9	4.4	−48.0	4.8	10.2	4.6
2	内蒙古自治区	保有量	7.37	10.39	17.07	45.19	48.26	51.41	54.77	57.94	62.34	67.15	72.38	76.74	79.68	31.65	35.40	39.12	42.38
		同比（%）		41.0	64.3	164.7	6.8	6.5	6.5	5.8	7.6	7.7	7.8	6.0	3.8	−60.3	11.9	10.5	8.3
3	山东省	保有量	22.78	25.16	28.80	36.55	39.93	42.57	45.43	47.69	50.07	51.84	53.52	57.18	60.40	47.94	48.25	50.41	51.68
		同比（%）		10.4	14.5	26.9	9.2	6.6	6.7	5.0	5.0	3.5	3.2	6.8	5.6	−20.6	0.6	4.5	2.5
4	吉林省	保有量	9.08	10.87	16.53	20.13	25.12	29.36	35.07	39.59	44.04	48.08	52.16	56.00	58.43	31.59	34.10	38.47	41.68
		同比（%）		19.7	52.1	21.8	24.8	16.9	19.4	12.9	11.2	9.2	8.5	7.4	4.3	−45.9	7.9	12.8	8.4
5	新疆维吾尔自治区	保有量	9.23	10.61	12.62	14.60	18.45	21.68	25.60	29.99	35.06	39.2	41.98	43.70	45.19	29.03	32.31	34.56	35.23
		同比（%）		15.0	18.9	15.7	26.4	17.5	18.1	17.1	16.9	11.8	7.1	4.1	3.4	−35.8	11.3	7.0	1.9
6	河南省	保有量	11.08	12.77	14.72	20.26	24.69	27.44	31.07	33.85	35.78	37.81	40.23	43.27	45.85	35.35	37.31	39.72	41.83
		同比（%）		15.3	15.3	37.6	21.9	11.1	13.2	8.9	5.7	5.7	6.4	7.6	6.0	−22.9	5.5	6.5	5.3
7	云南省	保有量	4.50	4.86	6.40	17.51	20.90	22.50	24.33	26.77	28.70	30.13	31.76	32.13	32.09	7.91	6.92	7.33	6.85
		同比（%）		8.0	31.7	173.6	19.4	7.7	8.1	10.0	7.2	5.0	5.4	1.2	−0.1	−75.4	−12.5	5.9	−6.5
8	河北省	保有量	10.02	11.08	11.59	13.62	15.52	17.26	19.34	21.37	23.43	25.46	27.43	29.87	31.47	27.30	28.00	30.64	32.00
		同比（%）		10.6	4.6	17.5	14.0	11.2	12.0	10.5	9.6	8.7	7.7	8.9	5.4	−13.3	2.6	9.4	4.4
9	辽宁省	保有量	4.30	4.50	6.76	11.76	13.57	15.16	17.42	19.06	20.80	22.34	23.15	24.26	25.07	17.00	17.68	19.19	20.53
		同比（%）		4.7	50.2	74.0	15.4	11.7	14.9	9.4	9.1	7.4	3.6	4.8	3.3	−32.2	4.0	8.6	7.0
10	安徽省	保有量	3.60	4.77	6.67	9.02	10.50	12.47	14.53	16.45	17.99	19.93	22.01	24.65	25.96	22.76	24.44	26.25	27.69
		同比（%）		32.5	39.8	35.2	16.4	18.8	16.5	13.2	9.4	10.8	10.4	12.0	5.3	−12.3	7.4	7.4	5.5

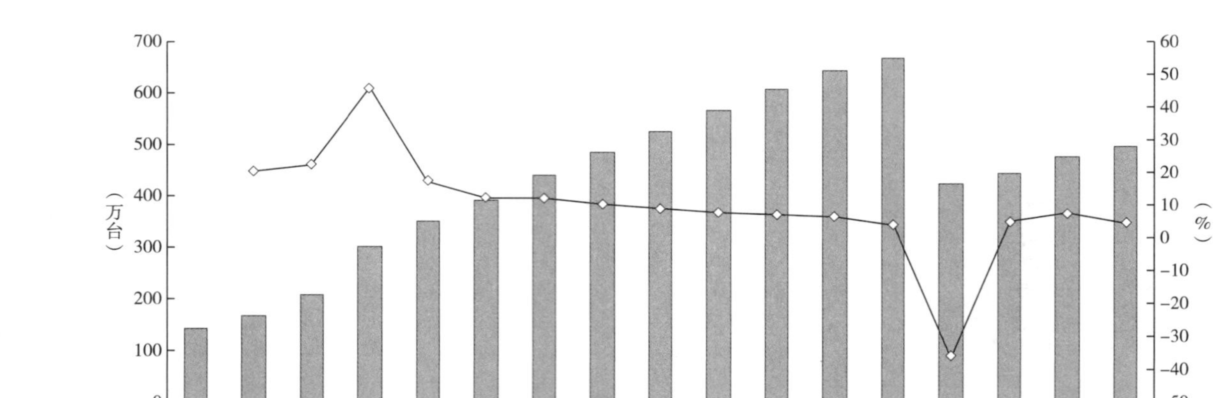

	2005年	2006年	2007年	2008年	2009年	2010年	2011年	2012年	2013年	2014年	2015年	2016年	2017年	2018年	2019年	2020年	2021年
保有量（万台）	139.56	167.63	204.80	299.52	350.52	392.17	440.65	485.24	527.02	567.95	607.29	645.35	670.08	421.99	443.86	477.27	498.07
同比（%）		20.1	22.2	46.3	17.0	11.9	12.4	10.1	8.6	7.8	6.9	6.3	3.8	-37.0	5.2	7.5	4.4

图 23　2005—2021 年全国大中型拖拉机保有量走势

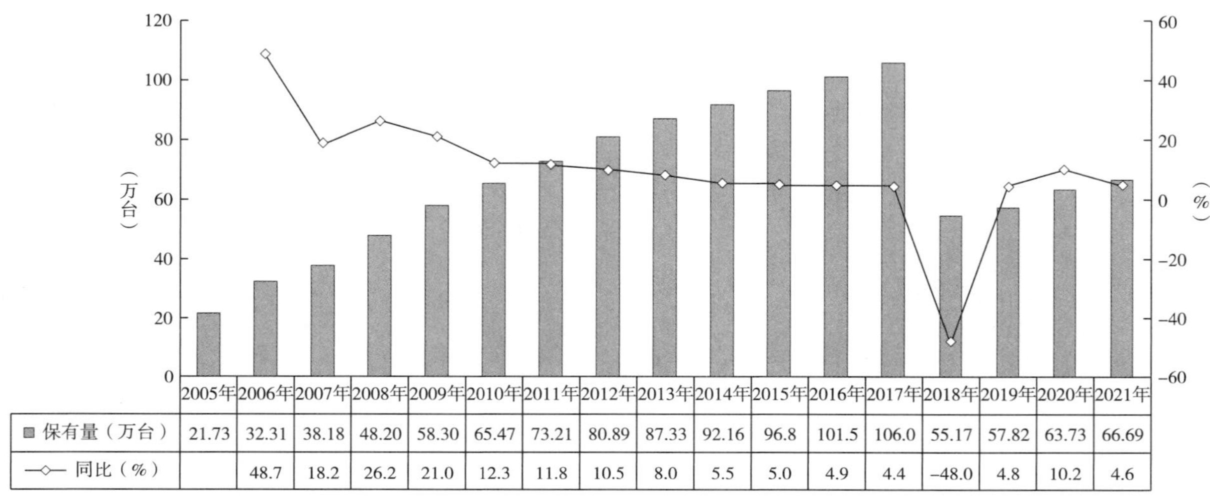

	2005年	2006年	2007年	2008年	2009年	2010年	2011年	2012年	2013年	2014年	2015年	2016年	2017年	2018年	2019年	2020年	2021年
保有量（万台）	21.73	32.31	38.18	48.20	58.30	65.47	73.21	80.89	87.33	92.16	96.8	101.5	106.0	55.17	57.82	63.73	66.69
同比（%）		48.7	18.2	26.2	21.0	12.3	11.8	10.5	8.0	5.5	5.0	4.9	4.4	-48.0	4.8	10.2	4.6

图 24　2005—2021 年黑龙江省大中型拖拉机保有量走势

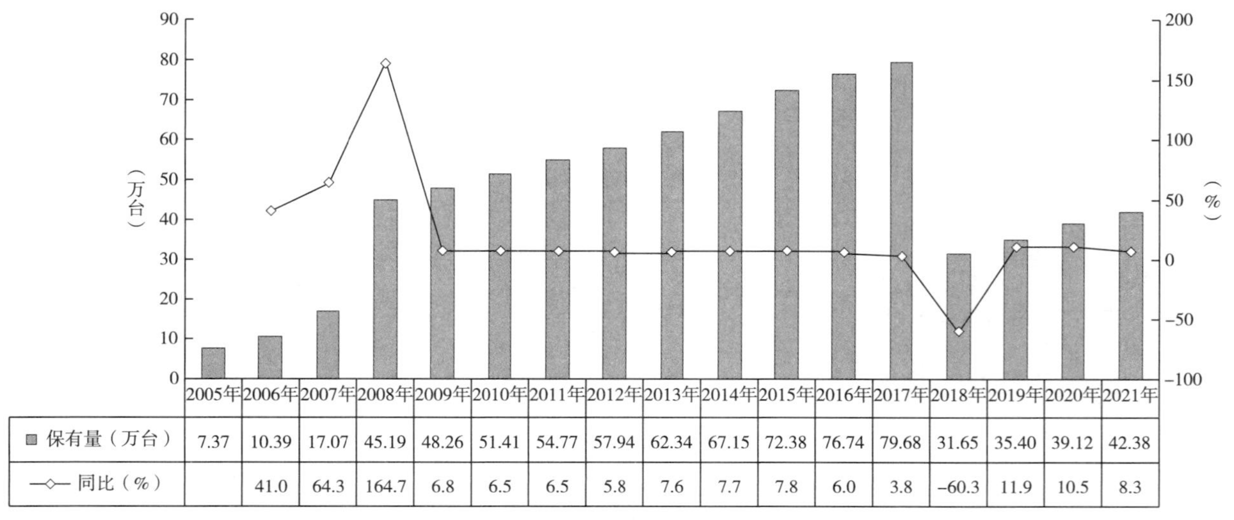

	2005年	2006年	2007年	2008年	2009年	2010年	2011年	2012年	2013年	2014年	2015年	2016年	2017年	2018年	2019年	2020年	2021年
保有量（万台）	7.37	10.39	17.07	45.19	48.26	51.41	54.77	57.94	62.34	67.15	72.38	76.74	79.68	31.65	35.40	39.12	42.38
同比（%）		41.0	64.3	164.7	6.8	6.5	6.5	5.8	7.6	7.7	7.8	6.0	3.8	-60.3	11.9	10.5	8.3

图 25　2005—2021 年内蒙古自治区大中型拖拉机保有量走势

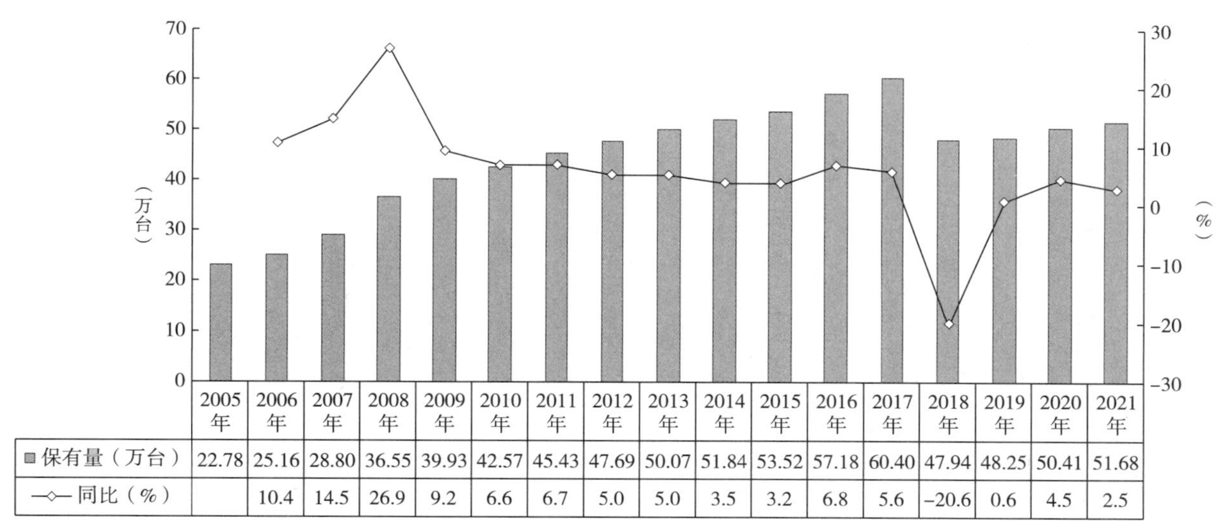

	2005年	2006年	2007年	2008年	2009年	2010年	2011年	2012年	2013年	2014年	2015年	2016年	2017年	2018年	2019年	2020年	2021年
保有量（万台）	22.78	25.16	28.80	36.55	39.93	42.57	45.43	47.69	50.07	51.84	53.52	57.18	60.40	47.94	48.25	50.41	51.68
同比（%）		10.4	14.5	26.9	9.2	6.6	6.7	5.0	5.0	3.5	3.2	6.8	5.6	−20.6	0.6	4.5	2.5

图26　2005—2021年山东省大中型拖拉机保有量走势

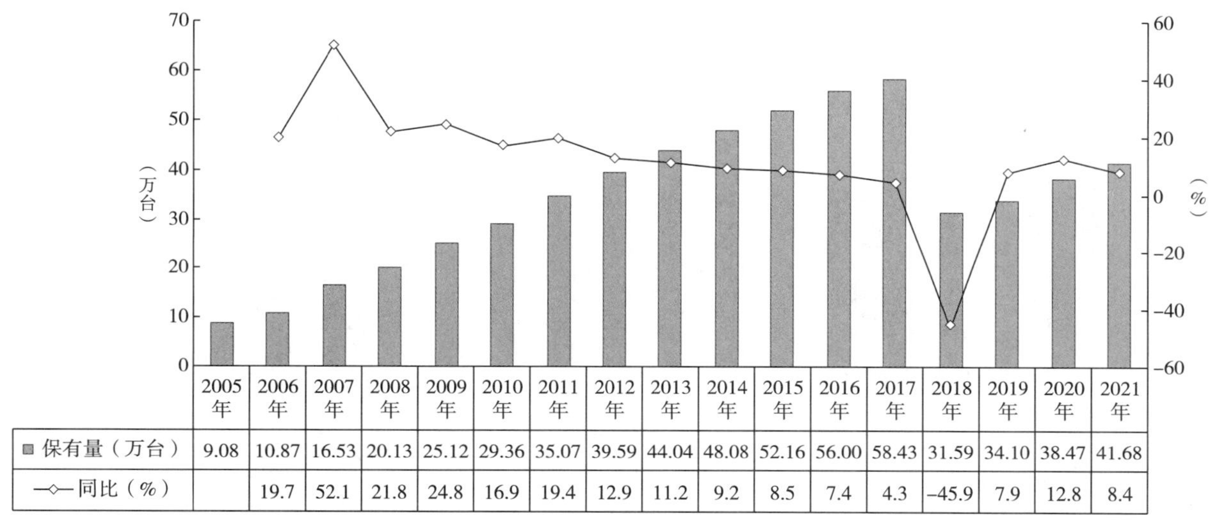

	2005年	2006年	2007年	2008年	2009年	2010年	2011年	2012年	2013年	2014年	2015年	2016年	2017年	2018年	2019年	2020年	2021年
保有量（万台）	9.08	10.87	16.53	20.13	25.12	29.36	35.07	39.59	44.04	48.08	52.16	56.00	58.43	31.59	34.10	38.47	41.68
同比（%）		19.7	52.1	21.8	24.8	16.9	19.4	12.9	11.2	9.2	8.5	7.4	4.3	−45.9	7.9	12.8	8.4

图27　2005—2021年吉林省大中型拖拉机保有量走势

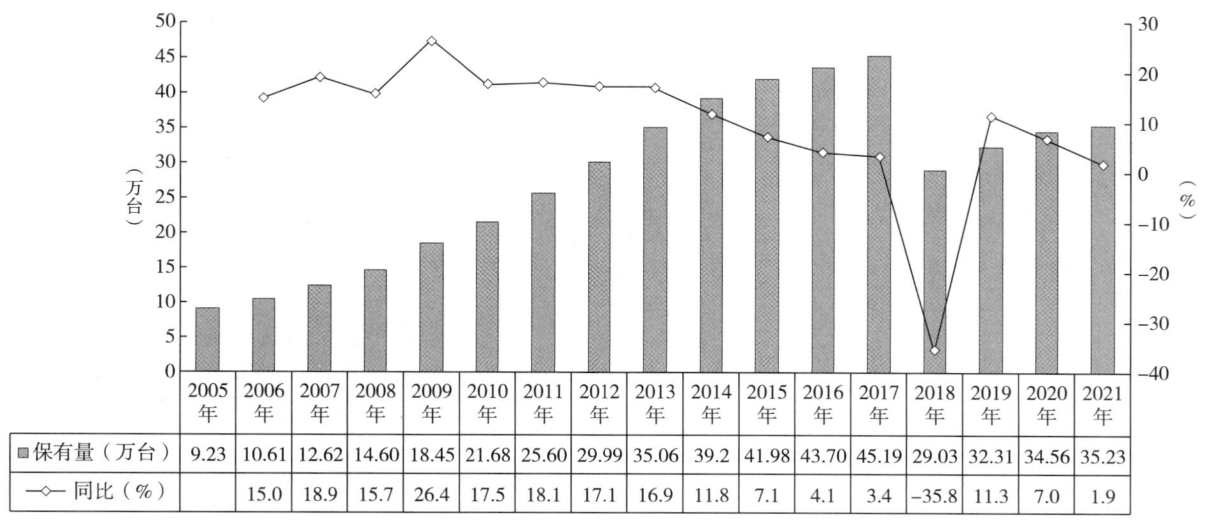

	2005年	2006年	2007年	2008年	2009年	2010年	2011年	2012年	2013年	2014年	2015年	2016年	2017年	2018年	2019年	2020年	2021年
保有量（万台）	9.23	10.61	12.62	14.60	18.45	21.68	25.60	29.99	35.06	39.2	41.98	43.70	45.19	29.03	32.31	34.56	35.23
同比（%）		15.0	18.9	15.7	26.4	17.5	18.1	17.1	16.9	11.8	7.1	4.1	3.4	−35.8	11.3	7.0	1.9

图28　2005—2021年新疆维吾尔自治区大中型拖拉机保有量走势

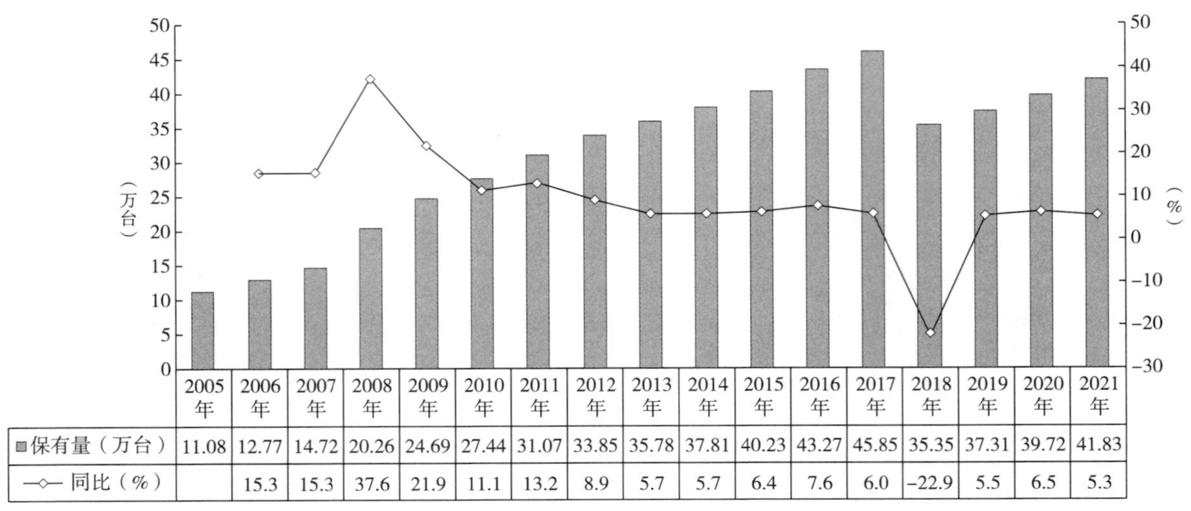

	2005年	2006年	2007年	2008年	2009年	2010年	2011年	2012年	2013年	2014年	2015年	2016年	2017年	2018年	2019年	2020年	2021年
保有量（万台）	11.08	12.77	14.72	20.26	24.69	27.44	31.07	33.85	35.78	37.81	40.23	43.27	45.85	35.35	37.31	39.72	41.83
同比（%）		15.3	15.3	37.6	21.9	11.1	13.2	8.9	5.7	5.7	6.4	7.6	6.0	-22.9	5.5	6.5	5.3

图29　2005—2021年河南省大中型拖拉机保有量走势

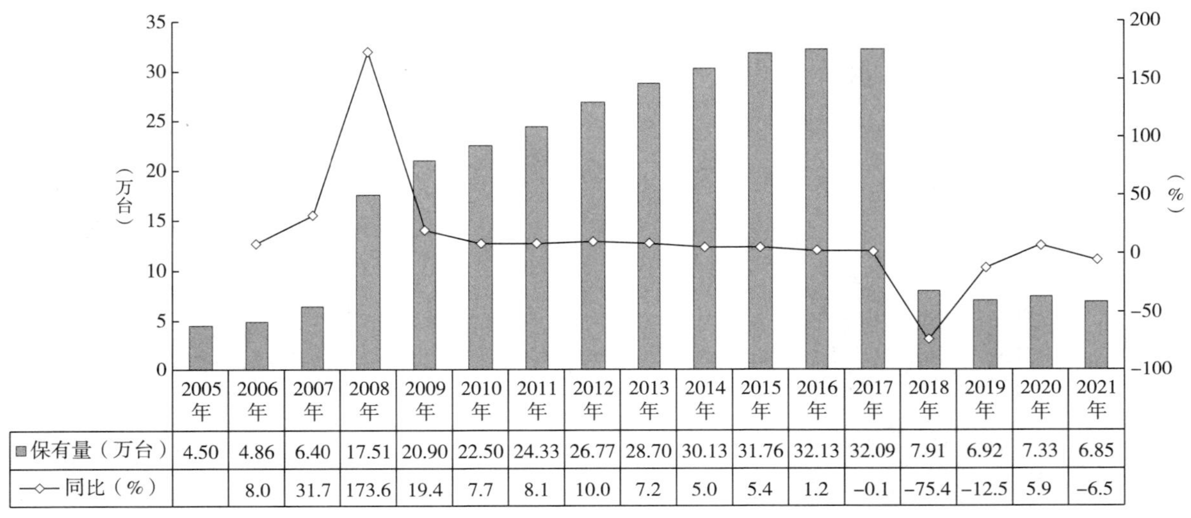

	2005年	2006年	2007年	2008年	2009年	2010年	2011年	2012年	2013年	2014年	2015年	2016年	2017年	2018年	2019年	2020年	2021年
保有量（万台）	4.50	4.86	6.40	17.51	20.90	22.50	24.33	26.77	28.70	30.13	31.76	32.13	32.09	7.91	6.92	7.33	6.85
同比（%）		8.0	31.7	173.6	19.4	7.7	8.1	10.0	7.2	5.0	5.4	1.2	-0.1	-75.4	-12.5	5.9	-6.5

图30　2005—2021年云南省大中型拖拉机保有量走势

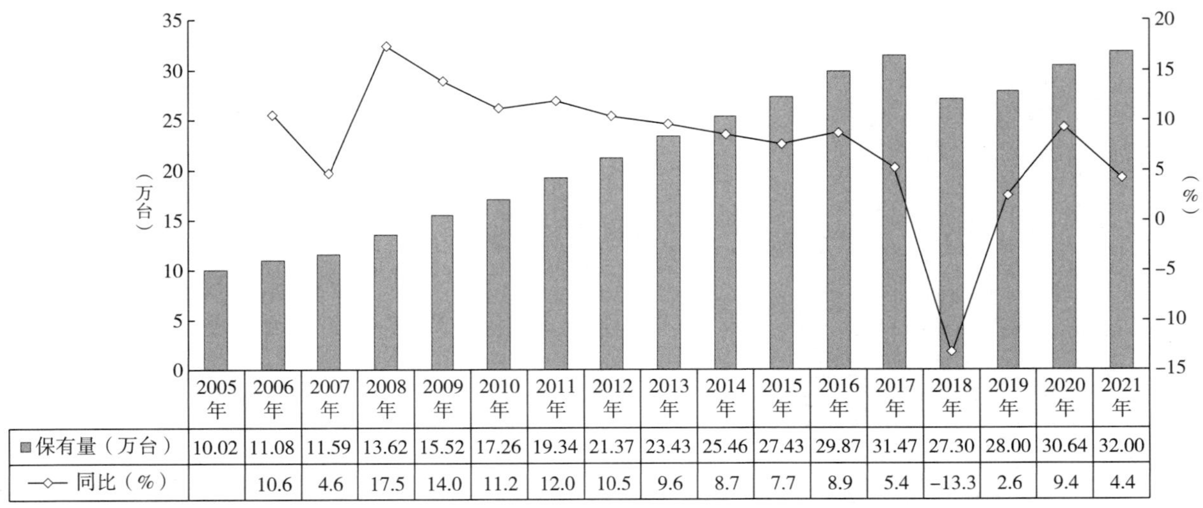

	2005年	2006年	2007年	2008年	2009年	2010年	2011年	2012年	2013年	2014年	2015年	2016年	2017年	2018年	2019年	2020年	2021年
保有量（万台）	10.02	11.08	11.59	13.62	15.52	17.26	19.34	21.37	23.43	25.46	27.43	29.87	31.47	27.30	28.00	30.64	32.00
同比（%）		10.6	4.6	17.5	14.0	11.2	12.0	10.5	9.6	8.7	7.7	8.9	5.4	-13.3	2.6	9.4	4.4

图31　2005—2021年河北省大中型拖拉机保有量走势

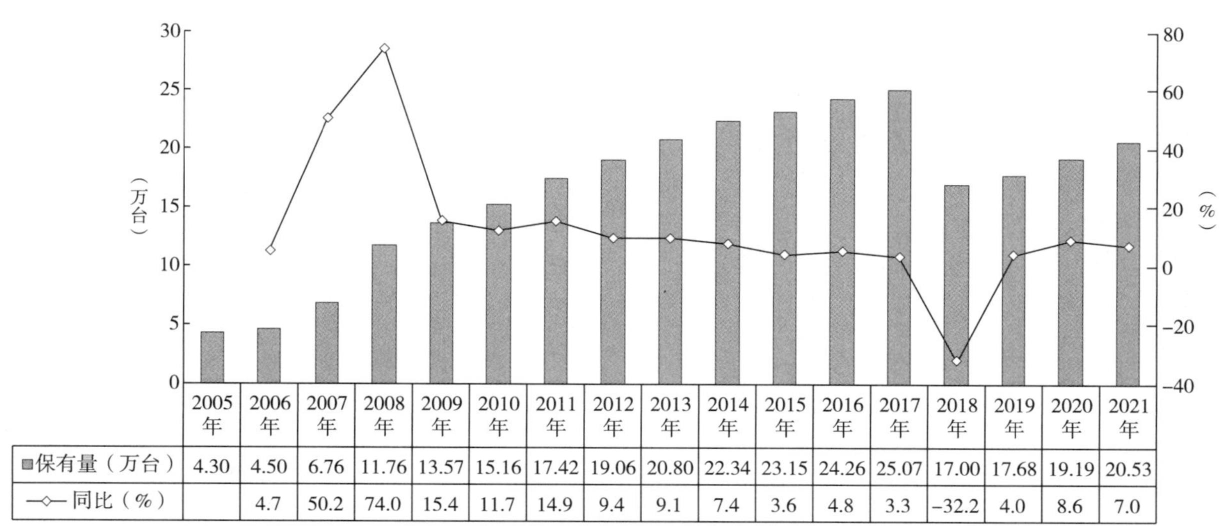

	2005年	2006年	2007年	2008年	2009年	2010年	2011年	2012年	2013年	2014年	2015年	2016年	2017年	2018年	2019年	2020年	2021年
保有量（万台）	4.30	4.50	6.76	11.76	13.57	15.16	17.42	19.06	20.80	22.34	23.15	24.26	25.07	17.00	17.68	19.19	20.53
同比（%）		4.7	50.2	74.0	15.4	11.7	14.9	9.4	9.1	7.4	3.6	4.8	3.3	–32.2	4.0	8.6	7.0

图32　2005—2021年辽宁省大中型拖拉机保有量走势

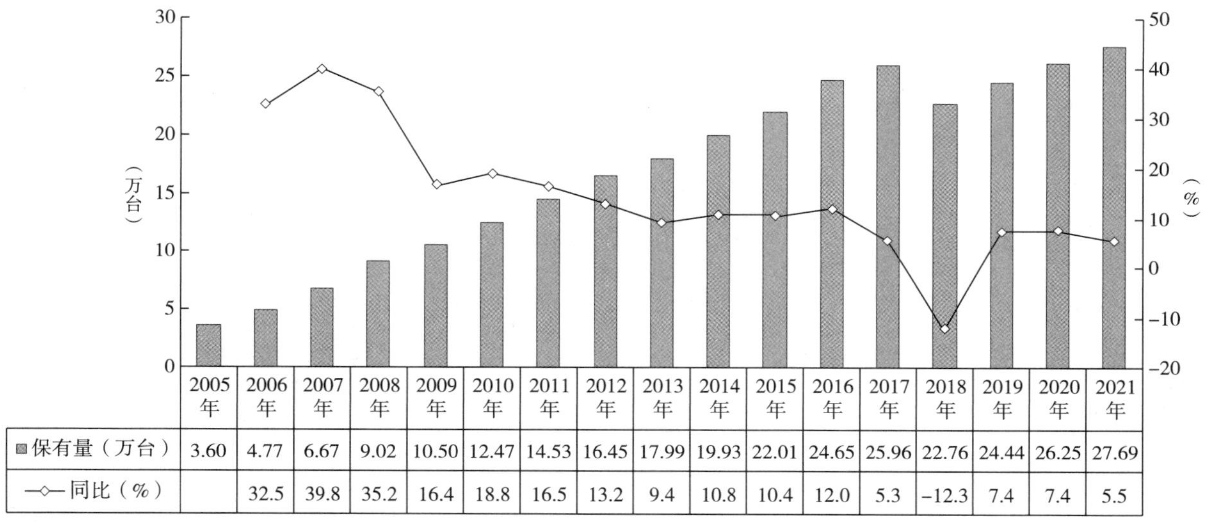

	2005年	2006年	2007年	2008年	2009年	2010年	2011年	2012年	2013年	2014年	2015年	2016年	2017年	2018年	2019年	2020年	2021年
保有量（万台）	3.60	4.77	6.67	9.02	10.50	12.47	14.53	16.45	17.99	19.93	22.01	24.65	25.96	22.76	24.44	26.25	27.69
同比（%）		32.5	39.8	35.2	16.4	18.8	16.5	13.2	9.4	10.8	10.4	12.0	5.3	–12.3	7.4	7.4	5.5

图33　2005—2021年安徽省大中型拖拉机保有量走势

表7

2005—2021年小型拖拉机保有量一览表

单位：万台

序号	地区	2005年	2006年	2007	2008年	2009年	2010年	2011年	2012年	2013年	2014年	2015年	2016年	2017年	2018年	2019年	2020年	2021年
0	全国	1539.81	1560.71	1629.52	1722.41	1750.90	1785.79	1811.27	1797.23	1752.28	1729.77	1703.04	1671.61	1634.24	1818.26	1780.42	1727.60	1674.99
1	河南省	298.45	309.58	323.97	363.67	365.53	358.61	355.76	353.94	351.32	346.26	339.62	329.50	317.54	318.45	313.97	301.60	294.60
2	安徽省	207.98	216.45	223.56	230.53	233.24	236.12	238.06	232.78	224.97	218.9	214.67	209.45	207.16	207.87	204.48	200.49	195.25
3	山东省	182.73	183.97	193.10	200.30	196.83	201.67	201.79	202.97	199.70	196.72	190.93	189.23	187.57	201.29	199.09	197.58	193.33
4	河北省	144.49	145.04	148.18	150.05	149.14	150.50	149.10	146.27	142.42	138.62	136.26	131.81	128.99	122.30	122.39	112.44	109.03
5	湖北省	48.39	55.69	74.12	85.23	90.83	99.10	106.48	111.56	114.12	112.98	113.81	114.67	115.12	116.49	114.94	112.58	110.93
6	江苏省	90.11	91.37	89.95	120.44	123.32	122.84	123.41	98.71	92.54	88.16	81.86	76.05	71.20	67.44	62.61	58.75	52.67
7	吉林省	53.80	56.70	55.84	56.68	59.00	61.20	63.77	66.07	67.08	66.08	64.64	62.95	61.81	90.15	89.04	87.92	87.30
8	甘肃省	37.56	38.45	41.16	42.32	43.72	46.07	49.07	54.85	57.56	59.83	61.32	62.90	63.03	73.50	73.04	72.69	72.63
9	黑龙江省	74.41	75.48	75.72	71.30	71.10	69.27	68.83	66.45	64.53	62.40	60.30	57.00	54.43	105.71	103.72	97.89	92.17
10	广西壮族自治区	34.44	28.02	28.84	29.70	32.56	35.77	39.72	42.58	45.68	46.98	48.60	50.65	51.18	51.78	53.00	53.10	48.56
11	内蒙古自治区	54.46	56.34	53.80	51.08	50.07	50.13	47.91	43.93	42.82	40.78	38.21	36.67	35.60	85.74	83.54	83.40	82.45
12	云南省	27.48	27.88	28.68	29.57	32.12	33.92	35.52	37.12	37.70	36.83	37.18	37.44	37.46	30.54	29.50	28.97	28.14
13	山西省	25.13	25.00	25.95	26.76	28.47	29.95	31.61	33.38	34.74	35.53	35.79	35.41	24.15	28.07	27.98	27.88	27.28
14	辽宁省	23.56	24.43	24.01	23.69	24.46	26.33	28.26	30.84	32.25	33.25	34.01	32.76	31.95	40.77	40.22	39.45	38.53
15	江西省	14.70	18.88	21.28	28.63	32.84	39.03	46.38	53.32	28.98	30.76	33.20	35.21	36.18	34.07	33.57	32.44	32.25
16	广东省	35.20	34.87	35.17	35.51	35.70	37.12	34.59	32.73	32.92	33.33	32.96	32.80	31.98	32.05	31.76	31.03	29.53
17	青海省	21.68	22.54	23.85	24.57	25.62	26.88	27.59	27.71	24.39	25.89	25.86	25.79	25.20	25.77	25.66	25.35	24.61
18	新疆维吾尔自治区	31.42	32.22	32.74	33.64	33.35	32.38	31.35	30.07	28.63	26.72	25.12	23.71	23.07	39.97	36.07	33.41	29.29
19	湖南省	16.87	17.76	18.82	17.48	18.47	19.86	21.50	21.96	22.75	23.56	24.36	25.49	29.02	28.43	23.99	21.92	21.45
20	陕西省	18.20	17.63	17.63	17.61	17.56	18.25	17.97	18.48	19.87	20.44	21.81	21.73	21.36	21.99	21.65	21.05	20.30
21	宁夏回族自治区	16.95	16.99	17.03	17.29	17.89	17.99	18.40	18.21	17.98	16.78	16.12	15.57	15.48	17.28	17.10	16.83	16.84
22	西藏自治区	7.90	0.00	8.74	9.05	9.45	13.03	13.37	13.65	13.83	14.13	14.40	13.40	13.68	20.64	20.78	21.10	21.24
23	浙江省	32.33	24.92	25.31	16.62	17.01	16.91	16.81	16.27	13.93	12.97	11.86	11.72	10.86	10.25	5.65	5.05	3.94
24	四川省	12.49	12.83	13.35	11.43	11.84	12.03	12.47	12.55	11.91	11.36	10.45	10.06	9.69	15.34	15.00	14.82	14.42
25	贵州省	4.83	4.76	5.12	4.82	5.34	5.66	6.64	7.31	8.58	9.52	9.92	10.30	11.29	12.41	12.41	11.78	10.66
26	福建省	9.88	8.28	8.62	9.62	10.86	10.77	11.18	10.82	10.45	9.96	9.82	9.77	9.16	8.75	8.47	8.13	7.80
27	海南省	4.30	4.51	5.04	4.96	4.92	4.97	4.96	5.02	5.27	6.30	5.78	5.64	6.45	6.71	6.38	5.78	5.79
28	新疆生产建设兵团	3.43	3.60	3.63	3.95	3.79	3.73	3.55	3.42	3.06	2.94	2.62	2.41	2.19	3.23	3.14	2.95	2.80

续 表

序号	地区	2005年	2006年	2007	2008年	2009年	2010年	2011年	2012年	2013年	2014年	2015年	2016年	2017年	2018年	2019年	2020年	2021年
29	重庆市	0.39	0.43	0.68	0.69	0.68	0.68	0.77	0.77	0.78	0.80	0.84	0.89	0.89	0.48	0.46	0.47	0.46
30	上海市	0.82	0.79	0.69	0.65	0.61	0.58	0.52	0.45	0.36	0.33	0.30	0.28	0.23	0.26	0.24	0.22	0.21
31	天津市	3.54	3.51	3.41	3.23	3.18	3.12	2.78	2.31	0.92	0.46	0.28	0.22	0.18	0.31	0.36	0.34	0.34
32	北京市	1.90	1.80	1.53	1.35	1.40	1.32	1.17	0.73	0.24	0.20	0.14	0.13	0.14	0.22	0.21	0.20	0.19

表8　2005—2021年小型拖拉机保有量前十名走势分析

单位：万台

序号	地区	类别	2005年	2006年	2007年	2008年	2009年	2010年	2011年	2012年	2013年	2014年	2015年	2016年	2017年	2018年	2019年	2020年	2021年
0	全国	保有量	1539.81	1560.71	1629.52	1722.41	1750.90	1785.79	1811.3	1797.23	1752.28	1729.77	1703.04	1671.61	1634.24	1818.26	1780.42	1727.60	1674.99
		同比（%）		1.4	4.4	5.7	1.7	2.0	1.4	−0.8	−2.5	−1.3	−1.5	−1.8	−2.2	11.3	−2.1	−3.0	−3.0
1	河南省	保有量	298.45	309.58	323.97	363.67	365.53	358.61	355.76	353.94	351.32	346.26	339.62	329.50	317.54	318.45	313.97	301.60	294.60
		同比（%）		3.7	4.6	12.3	0.5	−1.9	−0.8	−0.5	−0.7	−1.4	−1.9	−3.0	−3.6	0.3	−1.4	−3.9	−2.3
2	安徽省	保有量	207.98	216.45	223.56	230.53	233.24	236.12	238.06	232.78	224.97	218.9	214.67	209.45	207.16	207.87	204.48	200.49	195.25
		同比（%）		4.1	3.3	3.1	1.2	1.2	0.8	−2.2	−3.4	−2.7	−1.9	−2.4	−1.1	0.3	−1.6	−2.0	−2.6
3	山东省	保有量	182.73	183.97	193.10	200.30	196.83	201.67	201.79	202.97	199.70	196.72	190.93	189.23	187.57	201.29	199.09	197.58	193.33
		同比（%）		0.7	5.0	3.7	−1.7	2.5	0.1	0.6	−1.6	−1.5	−2.9	−0.9	−0.9	7.3	−1.1	−0.8	−2.2
4	河北省	保有量	144.49	145.04	148.18	150.05	149.14	150.50	149.10	146.27	142.42	138.62	136.26	131.81	128.99	122.30	122.39	112.44	109.03
		同比（%）		0.4	2.2	1.3	−0.6	0.9	−0.9	−1.9	−2.6	−2.7	−1.7	−3.3	−2.1	−5.2	0.1	−8.1	−3.0
5	湖北省	保有量	48.39	55.69	74.12	85.23	90.83	99.10	106.48	111.56	114.12	112.98	113.81	114.67	115.12	116.49	114.94	112.58	110.93
		同比（%）		15.1	33.1	15.0	6.6	9.1	7.5	4.8	2.3	−1.0	0.7	0.8	0.4	1.2	−1.3	−2.1	−1.5
6	江苏省	保有量	90.11	91.37	89.95	120.44	123.32	122.84	123.41	98.71	92.54	88.16	81.86	76.05	71.20	67.44	62.61	58.75	52.67
		同比（%）		1.4	−1.6	33.9	2.4	−0.4	0.5	−20.0	−6.3	−4.7	−7.1	−7.1	−6.4	−5.3	−7.2	−6.2	−10.4
7	吉林省	保有量	53.80	56.70	55.84	56.68	59.00	61.20	63.77	66.07	67.08	66.08	64.64	62.95	61.81	90.15	89.04	87.92	87.30
		同比（%）		5.4	−1.5	1.5	4.1	3.7	4.2	3.6	1.5	−1.5	−2.2	−2.6	−1.8	45.9	−1.2	−1.3	−0.7
8	甘肃省	保有量	37.56	38.45	41.16	42.32	43.72	46.07	49.07	54.85	57.56	59.83	61.32	62.90	63.03	73.50	73.04	72.69	72.63
		同比（%）		2.4	7.0	2.8	3.3	5.4	6.5	11.8	4.9	3.9	2.5	2.6	0.2	16.6	−0.6	−0.5	−0.1
9	黑龙江省	保有量	74.41	75.48	75.72	71.30	71.10	69.27	68.83	66.45	64.53	62.4	60.3	57.00	54.43	105.71	103.72	97.89	92.17
		同比（%）		1.4	0.3	−5.8	−0.3	−2.6	−0.6	−3.5	−2.9	−3.3	−3.4	−5.5	−4.5	94.2	−1.9	−5.6	−5.8
10	广西壮族自治区	保有量	34.44	28.02	28.84	29.70	32.56	35.77	39.72	42.58	45.68	46.98	48.6	50.65	51.18	51.78	53.00	53.10	48.56
		同比（%）		−18.6	2.9	3.0	9.6	9.9	11.0	7.2	7.3	2.8	3.4	4.2	1.0	1.2	2.3	0.2	−8.5

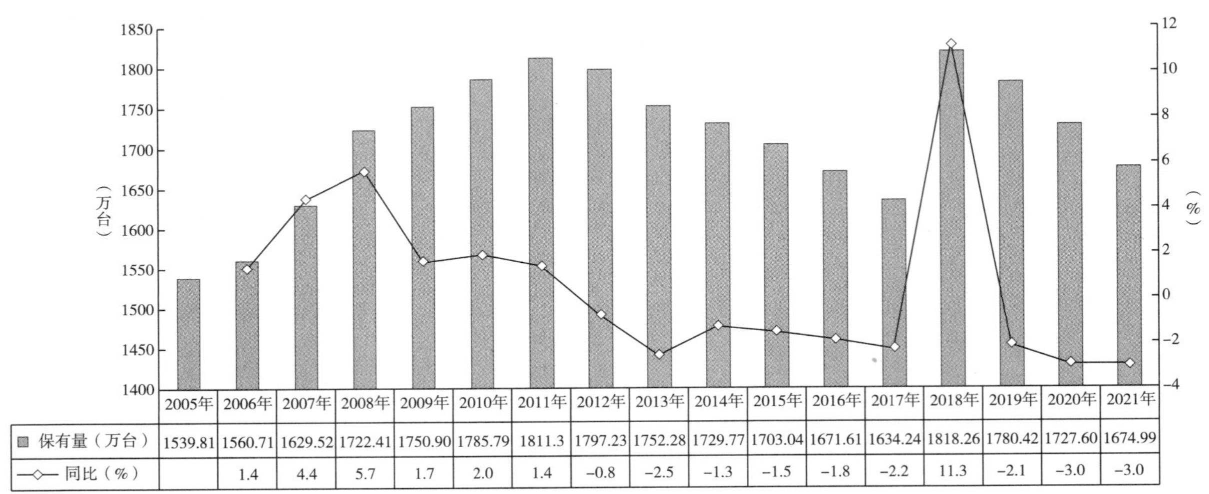

	2005年	2006年	2007年	2008年	2009年	2010年	2011年	2012年	2013年	2014年	2015年	2016年	2017年	2018年	2019年	2020年	2021年
保有量（万台）	1539.81	1560.71	1629.52	1722.41	1750.90	1785.79	1811.3	1797.23	1752.28	1729.77	1703.04	1671.61	1634.24	1818.26	1780.42	1727.60	1674.99
同比（%）		1.4	4.4	5.7	1.7	2.0	1.4	−0.8	−2.5	−1.3	−1.5	−1.8	−2.2	11.3	−2.1	−3.0	−3.0

图 34　2005—2021 年全国小型拖拉机保有量走势

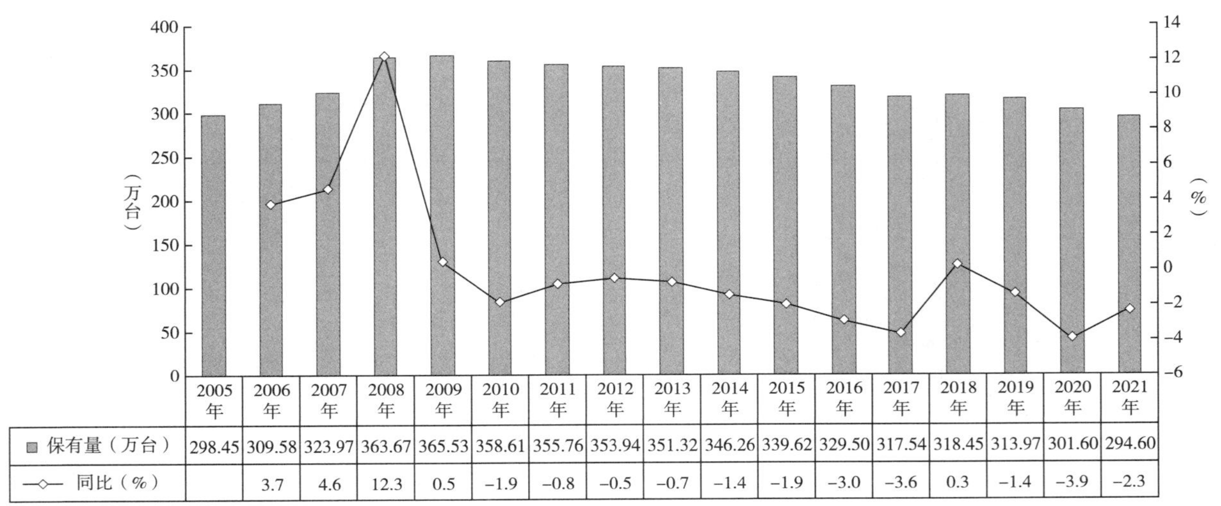

	2005年	2006年	2007年	2008年	2009年	2010年	2011年	2012年	2013年	2014年	2015年	2016年	2017年	2018年	2019年	2020年	2021年
保有量（万台）	298.45	309.58	323.97	363.67	365.53	358.61	355.76	353.94	351.32	346.26	339.62	329.50	317.54	318.45	313.97	301.60	294.60
同比（%）		3.7	4.6	12.3	0.5	−1.9	−0.8	−0.5	−0.7	−1.4	−1.9	−3.0	−3.6	0.3	−1.4	−3.9	−2.3

图 35　2005—2021 年河南省小型拖拉机保有量走势

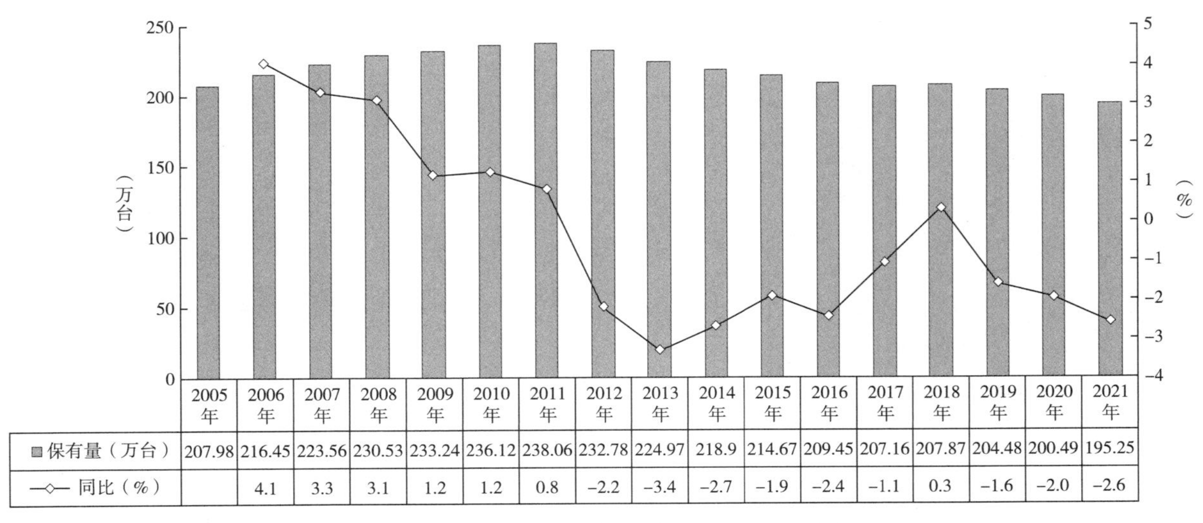

	2005年	2006年	2007年	2008年	2009年	2010年	2011年	2012年	2013年	2014年	2015年	2016年	2017年	2018年	2019年	2020年	2021年
保有量（万台）	207.98	216.45	223.56	230.53	233.24	236.12	238.06	232.78	224.97	218.9	214.67	209.45	207.16	207.87	204.48	200.49	195.25
同比（%）		4.1	3.3	3.1	1.2	1.2	0.8	−2.2	−3.4	−2.7	−1.9	−2.4	−1.1	0.3	−1.6	−2.0	−2.6

图 36　2005—2021 年安徽省小型拖拉机保有量走势

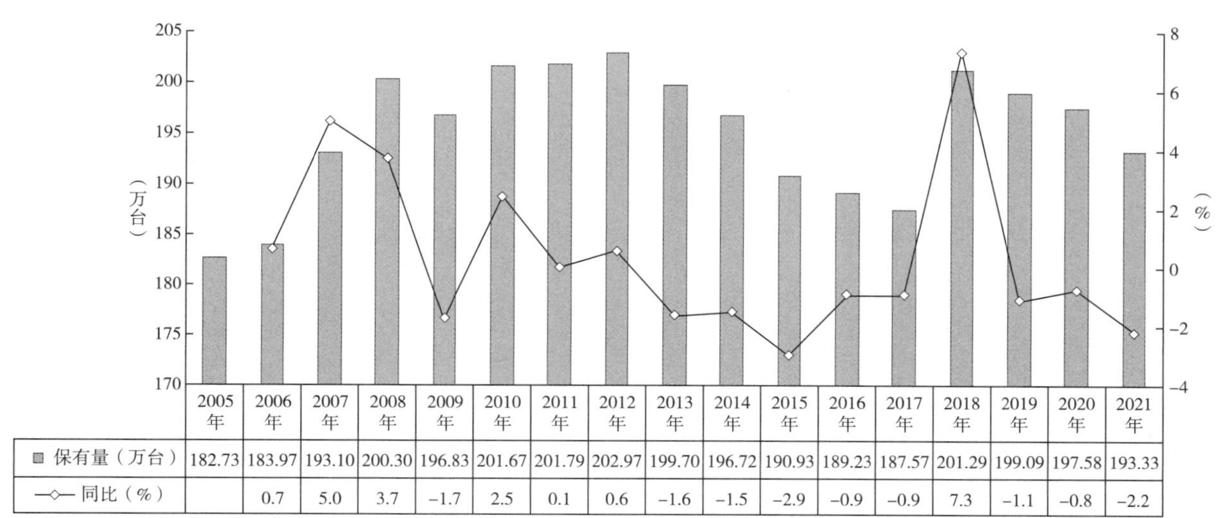

	2005年	2006年	2007年	2008年	2009年	2010年	2011年	2012年	2013年	2014年	2015年	2016年	2017年	2018年	2019年	2020年	2021年
保有量（万台）	182.73	183.97	193.10	200.30	196.83	201.67	201.79	202.97	199.70	196.72	190.93	189.23	187.57	201.29	199.09	197.58	193.33
同比（%）		0.7	5.0	3.7	−1.7	2.5	0.1	0.6	−1.6	−1.5	−2.9	−0.9	−0.9	7.3	−1.1	−0.8	−2.2

图 37　2005—2021 年山东省小型拖拉机保有量走势

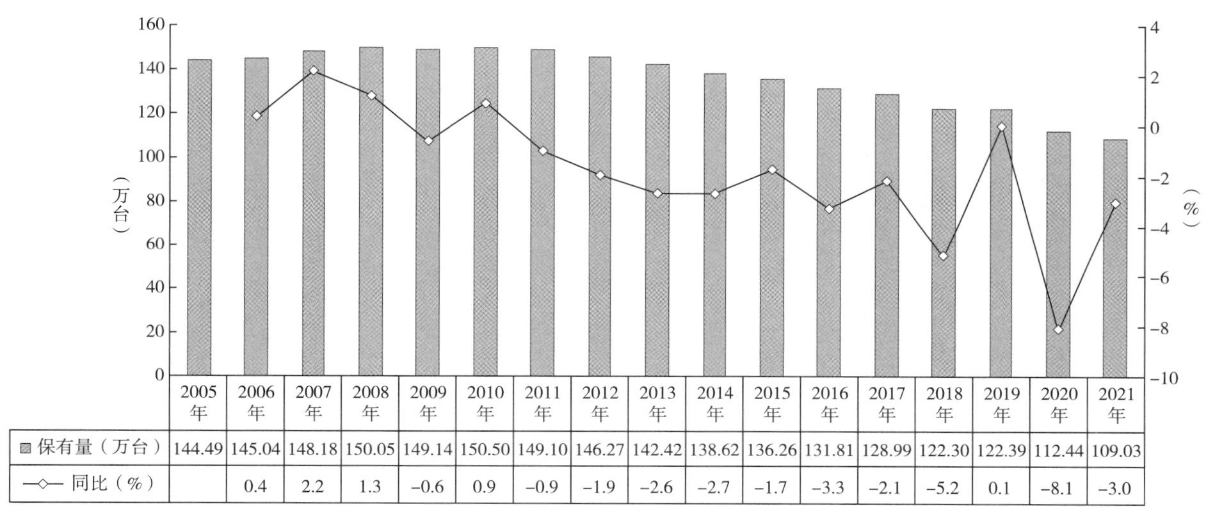

	2005年	2006年	2007年	2008年	2009年	2010年	2011年	2012年	2013年	2014年	2015年	2016年	2017年	2018年	2019年	2020年	2021年
保有量（万台）	144.49	145.04	148.18	150.05	149.14	150.50	149.10	146.27	142.42	138.62	136.26	131.81	128.99	122.30	122.39	112.44	109.03
同比（%）		0.4	2.2	1.3	−0.6	0.9	−0.9	−1.9	−2.6	−2.7	−1.7	−3.3	−2.1	−5.2	0.1	−8.1	−3.0

图 38　2005—2021 年河北省小型拖拉机保有量走势

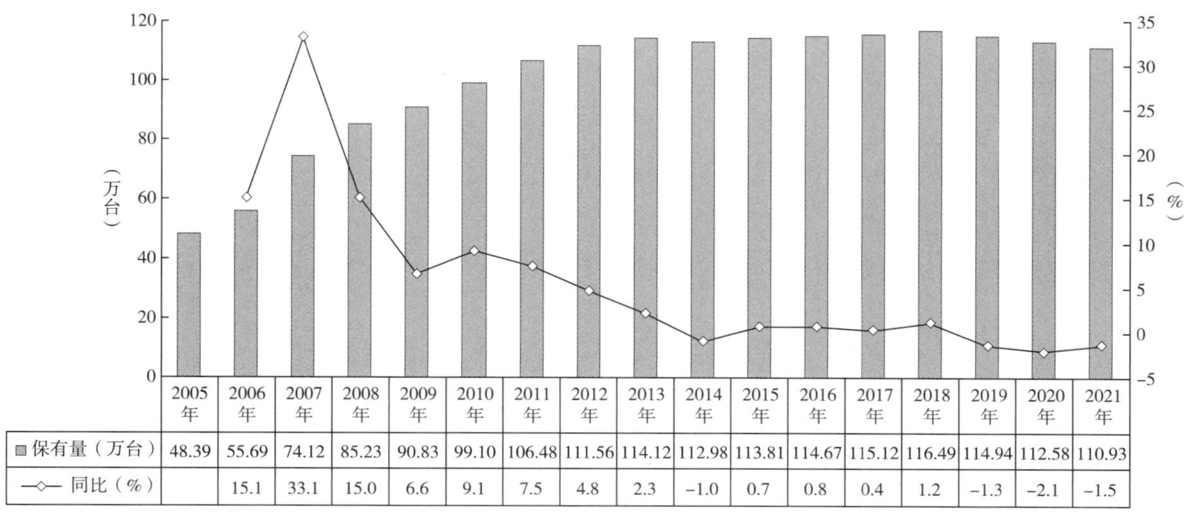

	2005年	2006年	2007年	2008年	2009年	2010年	2011年	2012年	2013年	2014年	2015年	2016年	2017年	2018年	2019年	2020年	2021年
保有量（万台）	48.39	55.69	74.12	85.23	90.83	99.10	106.48	111.56	114.12	112.98	113.81	114.67	115.12	116.49	114.94	112.58	110.93
同比（%）		15.1	33.1	15.0	6.6	9.1	7.5	4.8	2.3	−1.0	0.7	0.8	0.4	1.2	−1.3	−2.1	−1.5

图 39　2005—2021 年湖北省小型拖拉机保有量走势

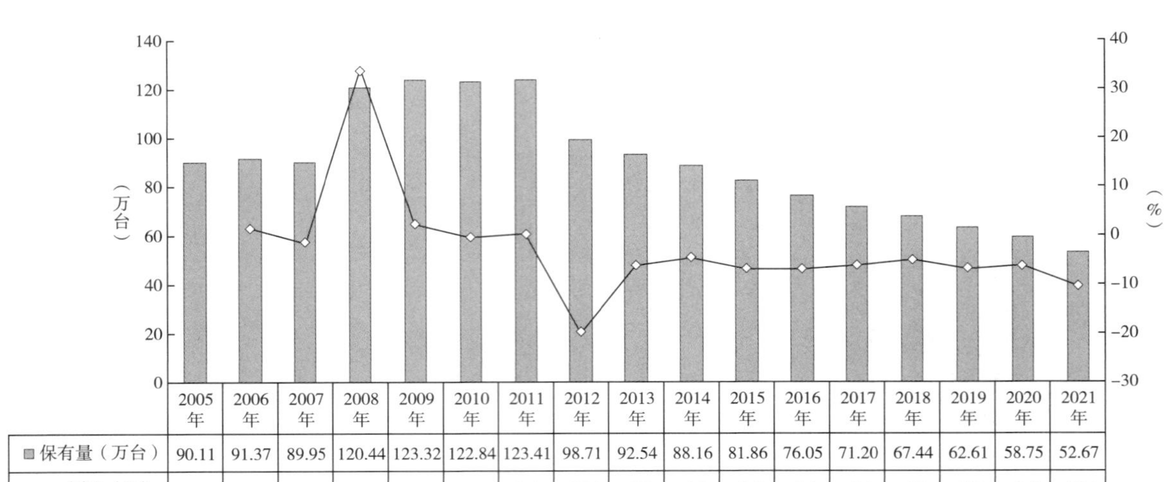

	2005年	2006年	2007年	2008年	2009年	2010年	2011年	2012年	2013年	2014年	2015年	2016年	2017年	2018年	2019年	2020年	2021年
保有量（万台）	90.11	91.37	89.95	120.44	123.32	122.84	123.41	98.71	92.54	88.16	81.86	76.05	71.20	67.44	62.61	58.75	52.67
同比（%）		1.4	−1.6	33.9	2.4	−0.4	0.5	−20.0	−6.3	−4.7	−7.1	−7.1	−6.4	−5.3	−7.2	−6.2	−10.4

图40　2005—2021年江苏省小型拖拉机保有量走势

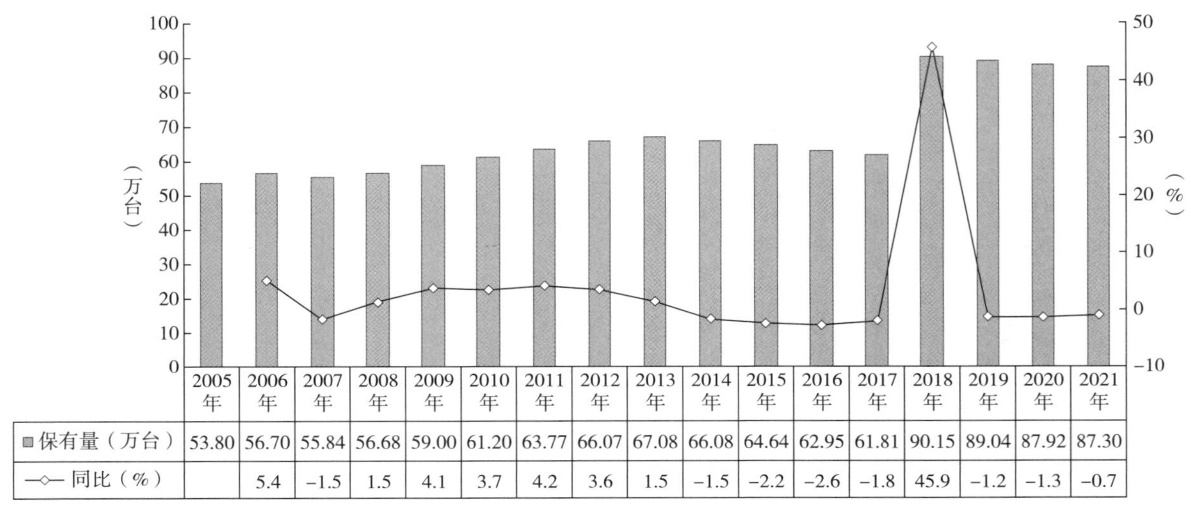

	2005年	2006年	2007年	2008年	2009年	2010年	2011年	2012年	2013年	2014年	2015年	2016年	2017年	2018年	2019年	2020年	2021年
保有量（万台）	53.80	56.70	55.84	56.68	59.00	61.20	63.77	66.07	67.08	66.08	64.64	62.95	61.81	90.15	89.04	87.92	87.30
同比（%）		5.4	−1.5	1.5	4.1	3.7	4.2	3.6	1.5	−1.5	−2.2	−2.6	−1.8	45.9	−1.2	−1.3	−0.7

图41　2005—2021年吉林省小型拖拉机保有量走势

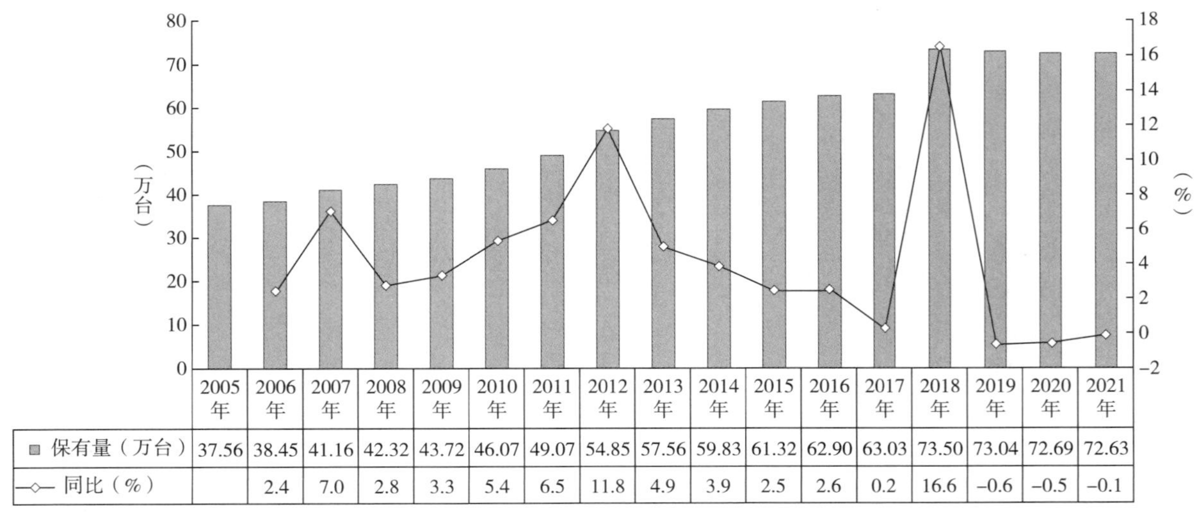

	2005年	2006年	2007年	2008年	2009年	2010年	2011年	2012年	2013年	2014年	2015年	2016年	2017年	2018年	2019年	2020年	2021年
保有量（万台）	37.56	38.45	41.16	42.32	43.72	46.07	49.07	54.85	57.56	59.83	61.32	62.90	63.03	73.50	73.04	72.69	72.63
同比（%）		2.4	7.0	2.8	3.3	5.4	6.5	11.8	4.9	3.9	2.5	2.6	0.2	16.6	−0.6	−0.5	−0.1

图42　2005—2021年甘肃省小型拖拉机保有量走势

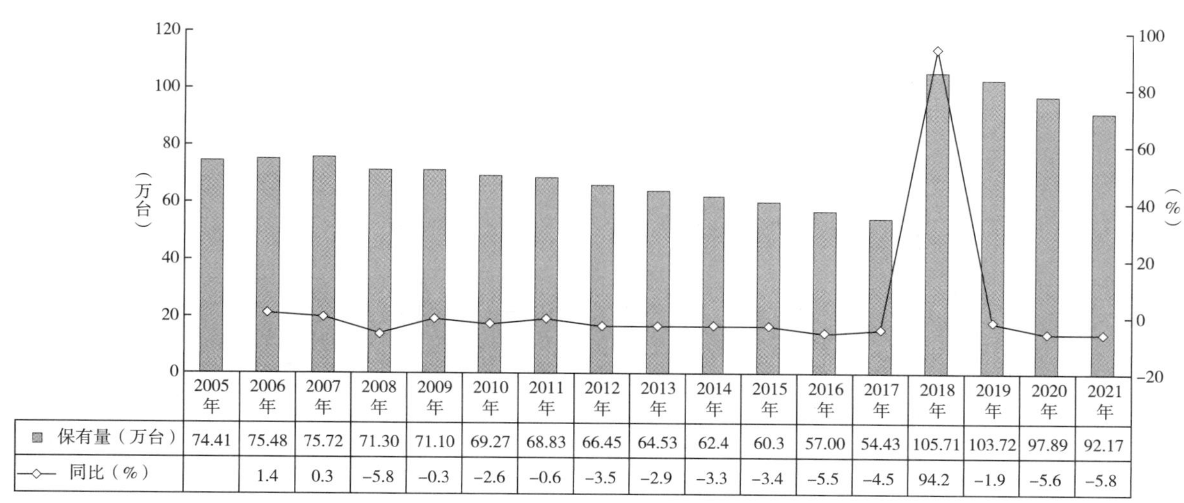

	2005年	2006年	2007年	2008年	2009年	2010年	2011年	2012年	2013年	2014年	2015年	2016年	2017年	2018年	2019年	2020年	2021年
保有量（万台）	74.41	75.48	75.72	71.30	71.10	69.27	68.83	66.45	64.53	62.4	60.3	57.00	54.43	105.71	103.72	97.89	92.17
同比（%）		1.4	0.3	−5.8	−0.3	−2.6	−0.6	−3.5	−2.9	−3.3	−3.4	−5.5	−4.5	94.2	−1.9	−5.6	−5.8

图43　2005—2021年黑龙江省小型拖拉机保有量走势

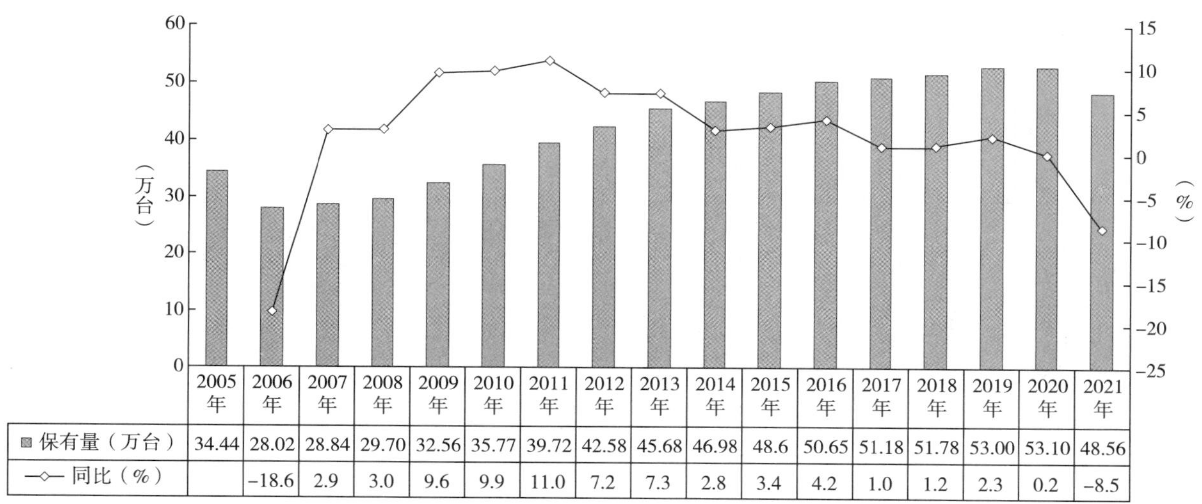

	2005年	2006年	2007年	2008年	2009年	2010年	2011年	2012年	2013年	2014年	2015年	2016年	2017年	2018年	2019年	2020年	2021年
保有量（万台）	34.44	28.02	28.84	29.70	32.56	35.77	39.72	42.58	45.68	46.98	48.6	50.65	51.18	51.78	53.00	53.10	48.56
同比（%）		−18.6	2.9	3.0	9.6	9.9	11.0	7.2	7.3	2.8	3.4	4.2	1.0	1.2	2.3	0.2	−8.5

图44　2005—2021年广西壮族自治区小型拖拉机保有量走势

三、部分耕整、种植、收获机械保有量

（一）耕整及种植机械保有量

表9　　2005—2021年旋耕机保有量一览表　　单位：万台

序号	地区	2005年	2006年	2007年	2008年	2009年	2010年	2011年	2012年	2013年	2014年	2015年	2016年	2017年	2018年	2019年	2020年	2021年
0	全国	283.01	306.56	331.86	375.54	409.50	463.34	502.3	530.72	532.45	584.63	608.68	632.91	642.18	642.03	652.17	660.38	663.38
1	江苏省	73.00	74.10	74.67	85.33	87.27	88.39	90.9	88.19	89.40	90.46	91.76	92.46	92.80	90.11	89.93	84.75	78.65
2	安徽省	41.62	43.63	43.87	50.58	54.06	56.48	59.1	61.79	46.41	67.72	68.67	70.93	71.30	72.00	73.20	74.41	75.05
3	湖北省	14.85	18.06	24.21	33.08	39.40	51.78	53.1	54.26	59.45	61.54	66.17	69.58	71.50	69.02	74.20	75.54	75.93
4	山东省	21.14	23.29	24.40	27.17	29.24	31.53	32.7	31.77	32.31	32.81	33.16	33.11	33.98	34.72	35.73	36.69	37.58
5	河北省	16.71	20.23	19.61	20.10	21.36	22.58	24.9	25.38	26.62	27.94	29.12	29.87	29.18	29.71	30.26	30.88	31.29
6	江西省	8.97	9.79	12.05	18.20	19.72	27.30	30.6	35.96	26.34	27.30	28.70	29.71	30.60	31.01	31.38	32.87	33.63
7	吉林省	2.79	3.86	4.20	6.70	8.40	14.60	18.4	20.30	25.34	26.18	26.44	28.49	28.74	27.25	25.69	25.94	26.41
8	河南省	8.20	10.85	12.91	13.74	15.46	18.38	20.2	21.92	23.41	24.70	26.33	27.91	29.63	32.14	33.67	35.35	36.34
9	甘肃省	2.84	3.73	4.86	5.47	6.68	7.85	9.0	10.00	10.50	20.82	22.85	24.86	25.99	27.16	28.22	29.24	29.93
10	黑龙江省	4.40	5.77	10.68	11.37	12.50	14.80	17.0	18.56	19.85	21.36	22.02	23.71	24.88	26.00	27.12	27.86	27.81
11	云南省	7.89	8.70	9.34	9.72	10.88	12.67	14.5	17.19	20.40	21.24	21.99	21.29	21.30	21.17	21.06	20.43	20.73
12	广东省	13.91	13.89	14.20	10.41	11.93	13.47	15.6	16.44	18.60	19.10	18.88	19.02	19.20	19.01	19.05	19.64	20.12
13	陕西省	5.83	5.60	6.25	7.11	8.46	9.68	11.5	13.10	14.77	16.99	18.72	20.62	21.17	21.60	22.16	22.43	22.81
14	四川省	7.34	8.82	9.38	9.72	9.85	13.08	14.4	16.85	14.58	15.01	18.71	20.58	20.93	20.71	20.38	20.62	20.78
15	广西壮族自治区	11.08	11.12	11.12	10.21	11.79	12.66	14.3	16.17	16.63	17.86	17.54	19.60	19.62	19.56	20.09	20.62	20.86
16	山西省	4.53	4.59	5.05	6.00	6.70	7.48	10.2	12.17	14.14	15.66	17.02	17.88	16.53	17.06	17.48	18.28	18.66
17	湖南省	5.94	7.95	8.46	9.23	10.24	10.56	11.4	11.97	13.43	14.69	16.35	17.43	17.72	18.53	19.20	19.87	20.09
18	福建省	5.11	6.04	6.66	7.19	8.36	8.74	9.4	10.05	10.61	10.77	10.85	10.64	10.68	10.89	10.74	10.90	10.98
19	浙江省	13.12	11.15	11.25	11.83	12.27	12.69	12.5	12.22	11.37	11.07	10.44	10.40	9.89	9.78	6.74	6.78	7.02
20	辽宁省	3.05	3.36	3.82	4.59	5.31	5.43	6.9	8.35	9.20	9.70	10.24	10.53	10.74	10.34	10.55	10.73	11.33
21	内蒙古	1.11	1.29	1.81	3.42	3.78	4.68	5.4	6.19	6.95	7.74	8.66	9.62	10.56	10.64	11.11	11.63	12.07
22	青海省	4.21	4.74	6.06	6.20	5.61	6.58	6.8	7.05	6.13	7.78	6.93	6.88	7.08	7.28	7.31	7.34	7.15
23	新疆维吾尔自治区	0.97	1.14	1.33	1.60	2.19	2.69	3.1	3.62	4.17	4.58	5.16	5.46	5.66	5.84	5.99	6.27	6.56
24	贵州省	0.73	0.87	1.40	1.94	2.45	2.65	3.0	3.36	3.68	3.40	3.43	3.24	3.29	1.17	1.23	1.37	1.36
25	宁夏回族自治区	0.20	0.26	0.39	0.58	0.78	1.30	1.6	1.88	2.05	2.31	2.59	2.79	2.90	3.01	3.14	3.29	3.45
26	天津市	1.79	1.83	1.91	1.96	2.06	2.11	2.2	2.24	2.28	1.94	1.88	1.90	1.93	1.88	1.85	1.87	1.86

续 表

序号	地区	2005年	2006年	2007年	2008年	2009年	2010年	2011年	2012年	2013年	2014年	2015年	2016年	2017年	2018年	2019年	2020年	2021年
27	海南省	0.69	0.72	0.82	0.79	0.90	1.14	1.4	1.53	1.65	1.65	1.61	1.57	1.47	1.62	1.80	1.83	1.87
28	上海市	0.43	0.63	0.60	0.44	0.61	0.68	0.7	0.72	0.75	0.75	0.77	0.82	0.81	0.72	0.74	0.74	0.76
29	新疆生产建设兵团	0.00	0.00	0.01	0.06	0.09	0.22	0.3	0.32	0.33	0.45	0.49	0.51	0.55	0.55	0.57	0.57	0.59
30	重庆市	0.00	0.00	0.00	0.27	0.44	0.44	0.4	0.45	0.48	0.46	0.48	0.53	0.57	0.58	0.60	0.63	0.63
31	北京市	0.57	0.55	0.54	0.53	0.55	0.55	0.5	0.50	0.38	0.36	0.36	0.36	0.31	0.29	0.29	0.29	0.30
32	西藏自治区	0.00	0.00	0.00	0.00	0.15	0.17	0.2	0.22	0.24	0.29	0.36	0.61	0.67	0.68	0.70	0.74	0.76

表10 2005—2021年旋耕机保有量前十名走势分析

单位：万台

序号	地区	类别	2005年	2006年	2007年	2008年	2009年	2010年	2011年	2012年	2013年	2014年	2015年	2016年	2017年	2018年	2019年	2020年	2021年
0	全国	保有量	283.01	306.56	331.86	375.54	409.50	463.34	502.3	530.72	532.45	584.63	608.68	632.91	642.18	642.03	652.17	660.38	663.38
		同比（%）		8.32	8.25	13.16	9.04	13.15	8.40	5.67	0.33	9.80	4.11	3.98	1.46	−0.02	1.58	1.26	0.45
1	江苏省	保有量	73.00	74.10	74.67	85.33	87.27	88.39	90.9	88.19	89.4	90.46	91.76	92.46	92.80	90.11	89.93	84.75	78.65
		同比（%）		1.51	0.77	14.28	2.27	1.28	2.88	−3.02	1.37	1.19	1.44	0.76	0.37	−2.90	−0.20	−5.76	−7.19
2	安徽省	保有量	41.62	43.63	43.87	50.58	54.06	56.48	59.1	61.79	46.41	67.72	68.67	70.93	71.30	69.02	73.20	74.41	75.05
		同比（%）		4.83	0.55	15.30	6.88	4.48	4.55	4.64	−24.89	45.92	1.40	3.29	0.52	−3.20	6.05	1.65	0.87
3	湖北省	保有量	14.85	18.06	24.21	33.08	39.40	51.78	53.1	54.26	59.45	61.54	66.17	69.58	71.50	72.50	74.20	75.54	75.93
		同比（%）		21.62	34.05	36.64	19.11	31.42	2.62	2.11	9.57	3.52	7.52	5.15	2.76	1.40	2.34	1.81	0.51
4	山东省	保有量	21.14	23.29	24.40	27.17	29.24	31.53	32.7	31.77	32.31	32.81	33.16	33.11	33.98	34.72	35.73	36.69	37.58
		同比（%）		10.17	4.77	11.35	7.62	7.83	3.65	−2.78	1.70	1.55	1.07	−0.15	2.63	2.18	2.90	2.69	2.42
5	河北省	保有量	16.71	20.23	19.61	20.10	21.36	22.58	24.9	25.38	26.62	27.94	29.12	29.87	29.18	29.71	30.26	30.88	31.29
		同比（%）		21.07	−3.06	2.50	6.27	5.71	10.05	2.13	4.89	4.96	4.22	2.58	−2.31	1.82	1.84	2.05	1.35
6	江西省	保有量	8.97	9.79	12.05	18.20	19.72	27.30	30.6	35.96	26.34	27.30	28.70	29.71	30.60	31.01	31.38	32.87	33.63
		同比（%）		9.14	23.08	51.04	8.35	38.44	12.12	17.48	−26.75	3.64	5.13	3.52	3.00	1.34	1.19	4.73	2.32
7	吉林省	保有量	2.79	3.86	4.20	6.70	8.40	14.60	18.4	20.30	25.34	26.18	26.44	28.49	28.74	27.25	25.69	25.94	26.41
		同比（%）		38.35	8.81	59.52	25.37	73.81	25.96	10.39	24.83	3.31	0.99	7.75	0.88	−5.17	−5.75	1.00	1.81
8	河南省	保有量	8.20	10.85	12.91	13.74	15.46	18.38	20.2	21.92	23.41	24.70	26.33	27.91	29.63	32.14	33.67	35.35	36.34
		同比（%）		32.32	18.99	6.43	12.52	18.89	10.07	8.35	6.80	5.51	6.60	6.00	6.16	8.47	4.77	5.00	2.80
9	甘肃省	保有量	2.84	3.73	4.86	5.47	6.68	7.85	9.0	10.00	10.50	20.82	22.85	24.86	25.99	27.16	28.22	29.24	29.93
		同比（%）		31.34	30.29	12.55	22.12	17.51	14.65	11.11	5.00	98.29	9.75	8.80	4.55	4.50	3.91	3.60	2.35
10	黑龙江省	保有量	4.40	5.77	10.68	11.37	12.50	14.80	17.0	18.56	19.85	21.36	22.02	23.71	24.88	26.00	27.12	27.86	27.81
		同比（%）		31.14	85.10	6.46	9.94	18.40	14.59	9.43	6.95	7.61	3.09	7.67	4.93	4.50	4.32	2.72	−0.16

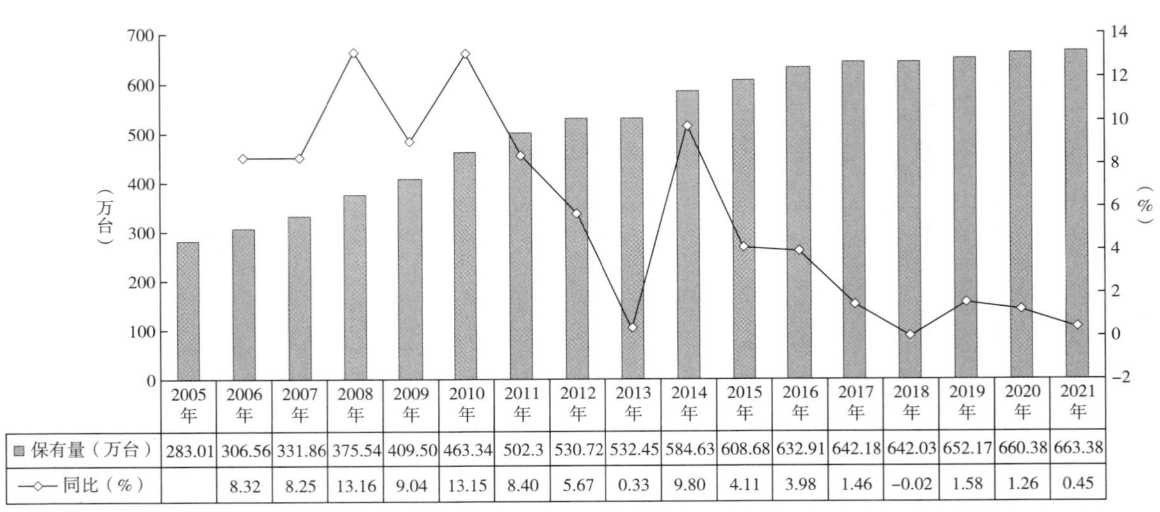

	2005年	2006年	2007年	2008年	2009年	2010年	2011年	2012年	2013年	2014年	2015年	2016年	2017年	2018年	2019年	2020年	2021年
■保有量（万台）	283.01	306.56	331.86	375.54	409.50	463.34	502.3	530.72	532.45	584.63	608.68	632.91	642.18	642.03	652.17	660.38	663.38
—◇—同比（%）		8.32	8.25	13.16	9.04	13.15	8.40	5.67	0.33	9.80	4.11	3.98	1.46	−0.02	1.58	1.26	0.45

图45　2005—2021年全国旋耕机保有量走势

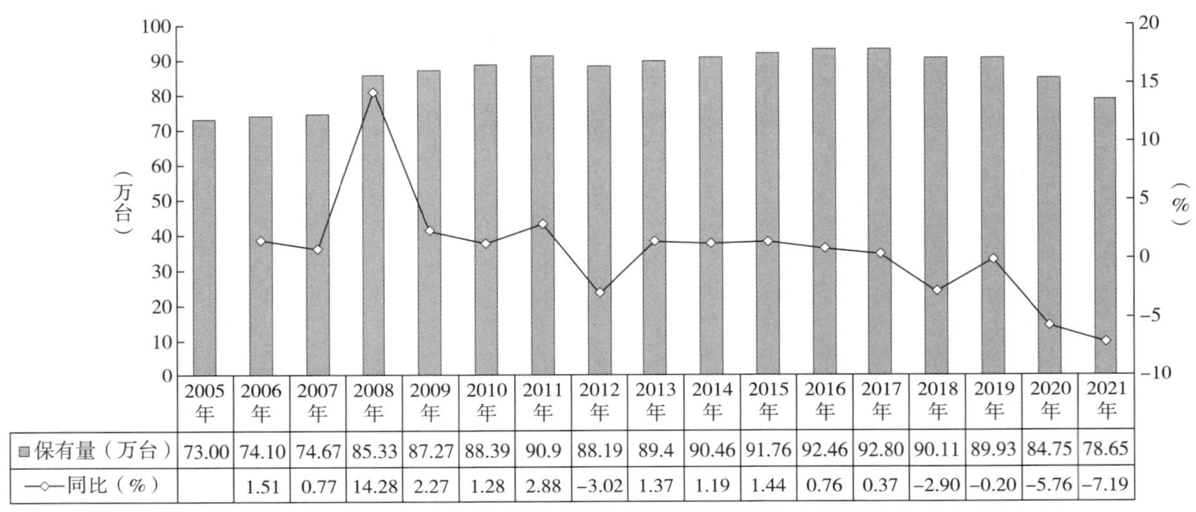

	2005年	2006年	2007年	2008年	2009年	2010年	2011年	2012年	2013年	2014年	2015年	2016年	2017年	2018年	2019年	2020年	2021年
■保有量（万台）	73.00	74.10	74.67	85.33	87.27	88.39	90.9	88.19	89.4	90.46	91.76	92.46	92.80	90.11	89.93	84.75	78.65
—◇—同比（%）		1.51	0.77	14.28	2.27	1.28	2.88	−3.02	1.37	1.19	1.44	0.76	0.37	−2.90	−0.20	−5.76	−7.19

图46　2005—2021年江苏省旋耕机保有量走势

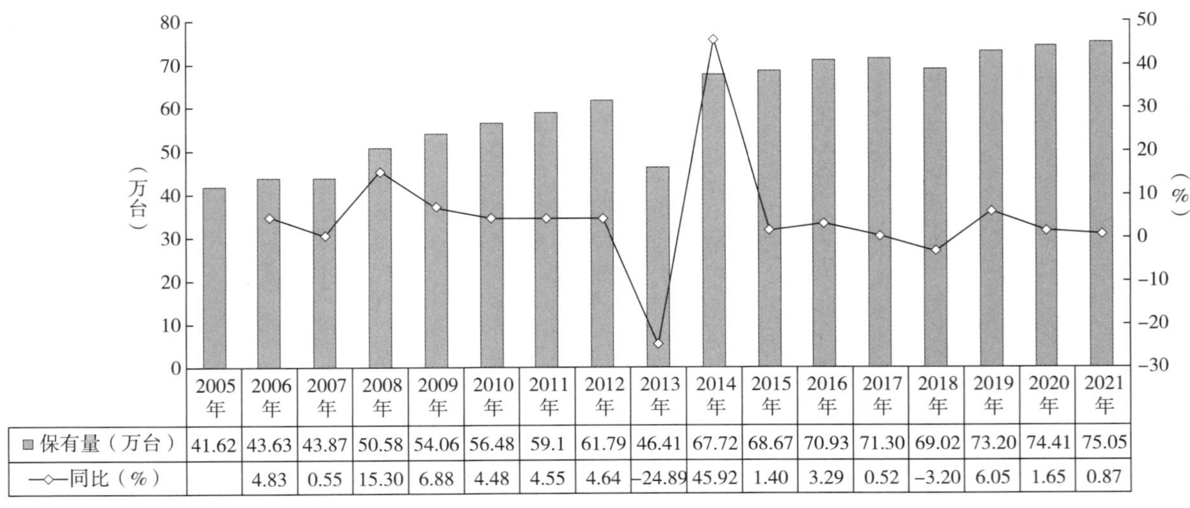

	2005年	2006年	2007年	2008年	2009年	2010年	2011年	2012年	2013年	2014年	2015年	2016年	2017年	2018年	2019年	2020年	2021年
■保有量（万台）	41.62	43.63	43.87	50.58	54.06	56.48	59.1	61.79	46.41	67.72	68.67	70.93	71.30	69.02	73.20	74.41	75.05
—◇—同比（%）		4.83	0.55	15.30	6.88	4.48	4.55	4.64	−24.89	45.92	1.40	3.29	0.52	−3.20	6.05	1.65	0.87

图47　2005—2021年安徽省旋耕机保有量走势

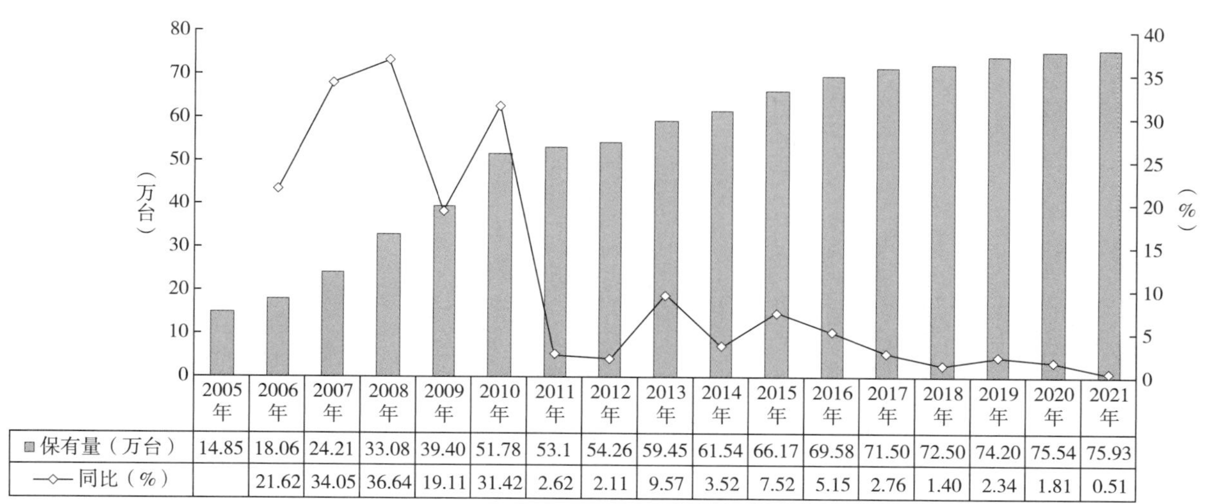

	2005年	2006年	2007年	2008年	2009年	2010年	2011年	2012年	2013年	2014年	2015年	2016年	2017年	2018年	2019年	2020年	2021年
保有量（万台）	14.85	18.06	24.21	33.08	39.40	51.78	53.1	54.26	59.45	61.54	66.17	69.58	71.50	72.50	74.20	75.54	75.93
同比（%）		21.62	34.05	36.64	19.11	31.42	2.62	2.11	9.57	3.52	7.52	5.15	2.76	1.40	2.34	1.81	0.51

图48　2005—2021年湖北省旋耕机保有量走势

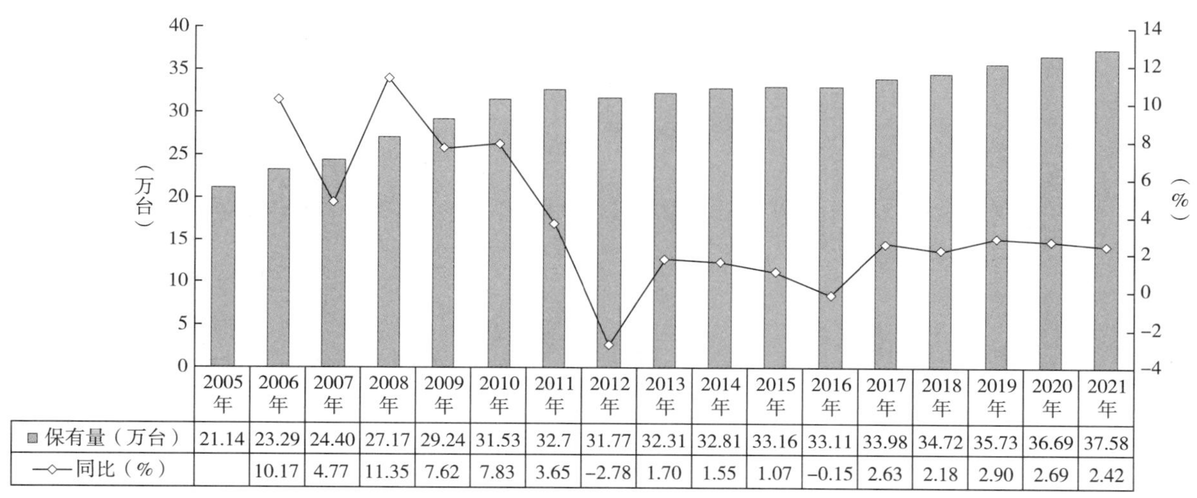

	2005年	2006年	2007年	2008年	2009年	2010年	2011年	2012年	2013年	2014年	2015年	2016年	2017年	2018年	2019年	2020年	2021年
保有量（万台）	21.14	23.29	24.40	27.17	29.24	31.53	32.7	31.77	32.31	32.81	33.16	33.11	33.98	34.72	35.73	36.69	37.58
同比（%）		10.17	4.77	11.35	7.62	7.83	3.65	–2.78	1.70	1.55	1.07	–0.15	2.63	2.18	2.90	2.69	2.42

图49　2005—2021年山东省旋耕机保有量走势

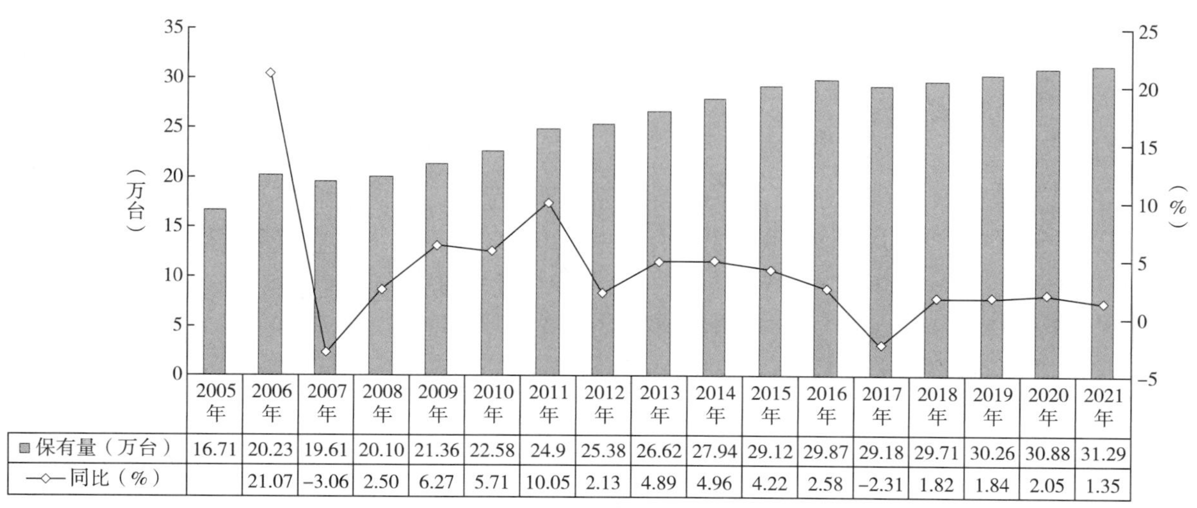

	2005年	2006年	2007年	2008年	2009年	2010年	2011年	2012年	2013年	2014年	2015年	2016年	2017年	2018年	2019年	2020年	2021年
保有量（万台）	16.71	20.23	19.61	20.10	21.36	22.58	24.9	25.38	26.62	27.94	29.12	29.87	29.18	29.71	30.26	30.88	31.29
同比（%）		21.07	–3.06	2.50	6.27	5.71	10.05	2.13	4.89	4.96	4.22	2.58	–2.31	1.82	1.84	2.05	1.35

图50　2005—2021年河北省旋耕机保有量走势

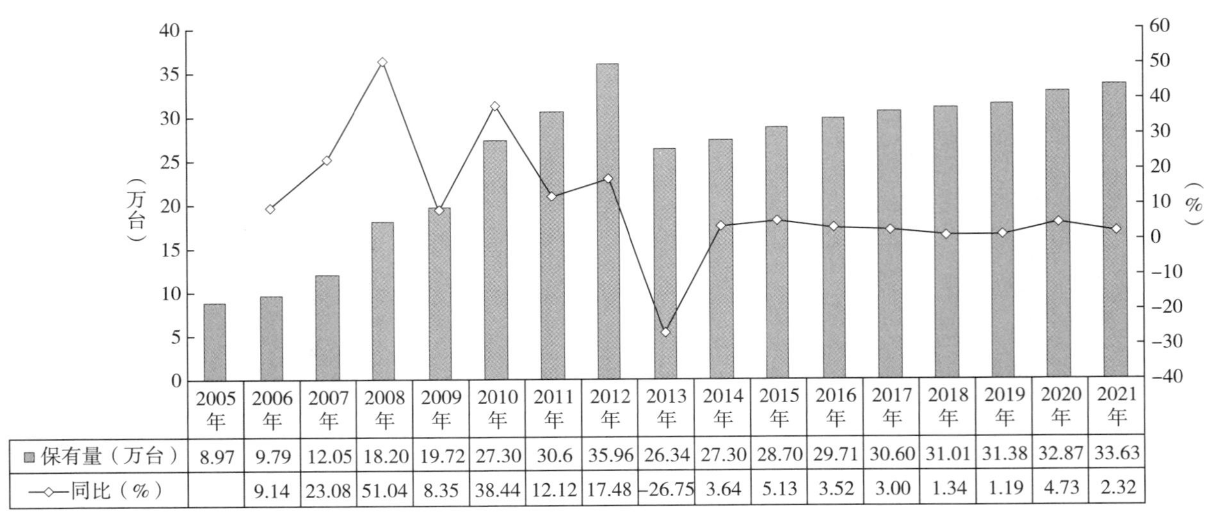

	2005年	2006年	2007年	2008年	2009年	2010年	2011年	2012年	2013年	2014年	2015年	2016年	2017年	2018年	2019年	2020年	2021年
保有量（万台）	8.97	9.79	12.05	18.20	19.72	27.30	30.6	35.96	26.34	27.30	28.70	29.71	30.60	31.01	31.38	32.87	33.63
同比（%）		9.14	23.08	51.04	8.35	38.44	12.12	17.48	-26.75	3.64	5.13	3.52	3.00	1.34	1.19	4.73	2.32

图51　2005—2021年江西省旋耕机保有量走势

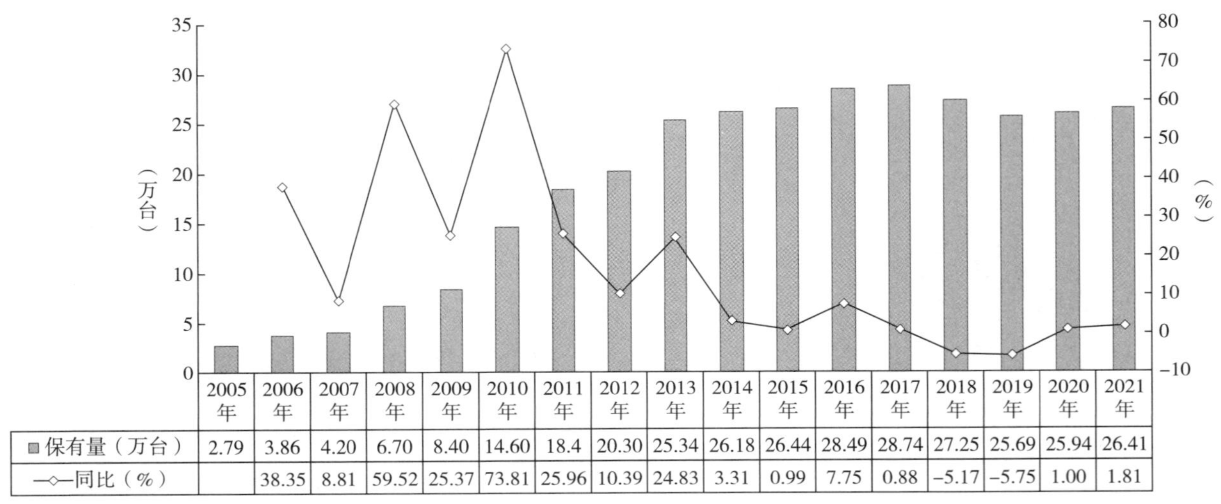

	2005年	2006年	2007年	2008年	2009年	2010年	2011年	2012年	2013年	2014年	2015年	2016年	2017年	2018年	2019年	2020年	2021年
保有量（万台）	2.79	3.86	4.20	6.70	8.40	14.60	18.4	20.30	25.34	26.18	26.44	28.49	28.74	27.25	25.69	25.94	26.41
同比（%）		38.35	8.81	59.52	25.37	73.81	25.96	10.39	24.83	3.31	0.99	7.75	0.88	-5.17	-5.75	1.00	1.81

图52　2005—2021年吉林省旋耕机保有量走势

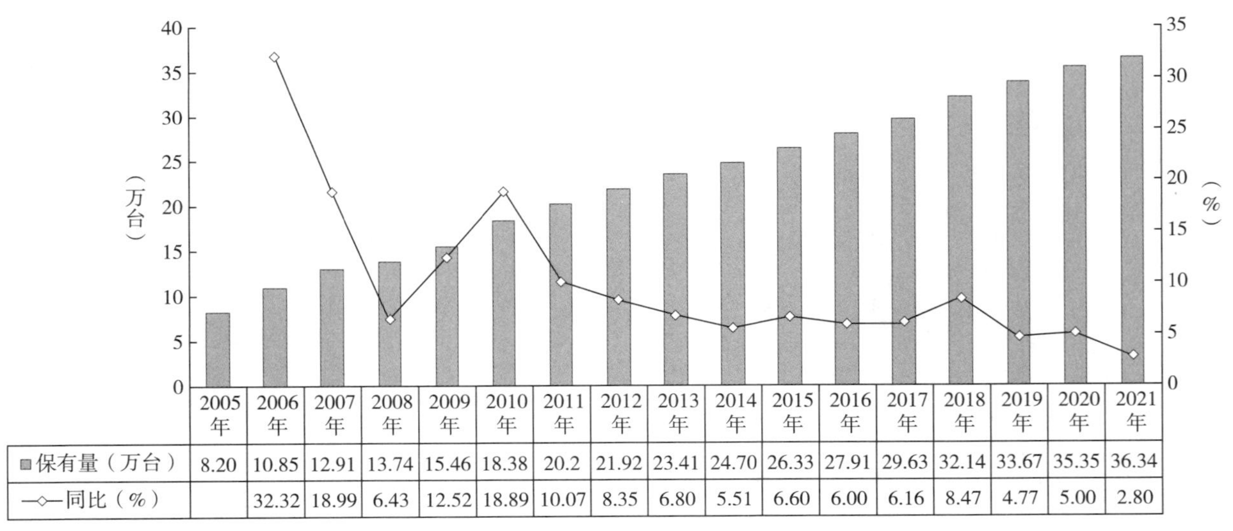

	2005年	2006年	2007年	2008年	2009年	2010年	2011年	2012年	2013年	2014年	2015年	2016年	2017年	2018年	2019年	2020年	2021年
保有量（万台）	8.20	10.85	12.91	13.74	15.46	18.38	20.2	21.92	23.41	24.70	26.33	27.91	29.63	32.14	33.67	35.35	36.34
同比（%）		32.32	18.99	6.43	12.52	18.89	10.07	8.35	6.80	5.51	6.60	6.00	6.16	8.47	4.77	5.00	2.80

图53　2005—2021年河南省旋耕机保有量走势

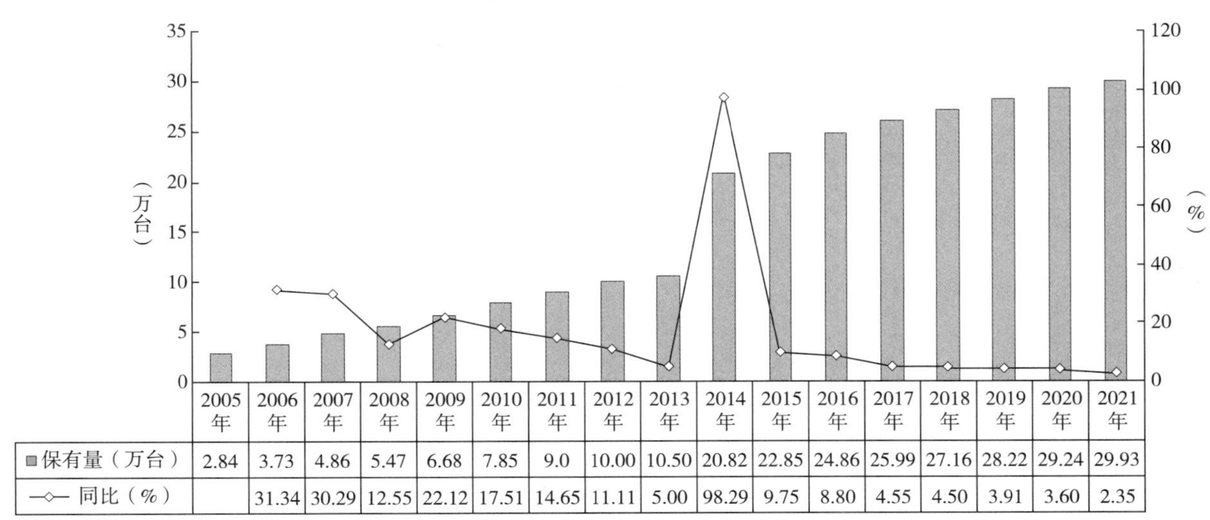

	2005年	2006年	2007年	2008年	2009年	2010年	2011年	2012年	2013年	2014年	2015年	2016年	2017年	2018年	2019年	2020年	2021年
保有量（万台）	2.84	3.73	4.86	5.47	6.68	7.85	9.0	10.00	10.50	20.82	22.85	24.86	25.99	27.16	28.22	29.24	29.93
同比（%）		31.34	30.29	12.55	22.12	17.51	14.65	11.11	5.00	98.29	9.75	8.80	4.55	4.50	3.91	3.60	2.35

图54　2005—2021年甘肃省旋耕机保有量走势

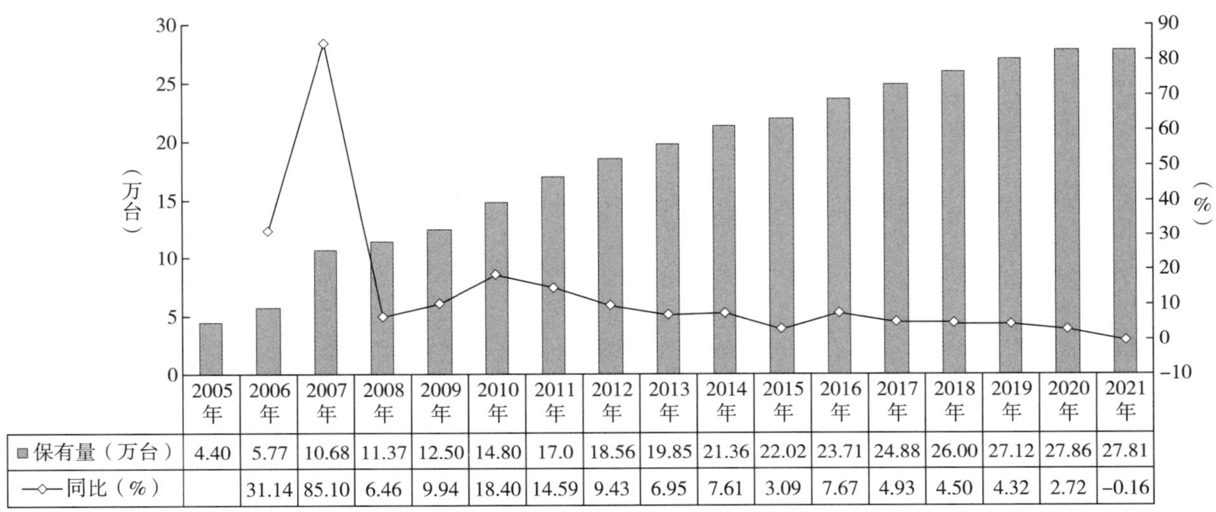

	2005年	2006年	2007年	2008年	2009年	2010年	2011年	2012年	2013年	2014年	2015年	2016年	2017年	2018年	2019年	2020年	2021年
保有量（万台）	4.40	5.77	10.68	11.37	12.50	14.80	17.0	18.56	19.85	21.36	22.02	23.71	24.88	26.00	27.12	27.86	27.81
同比（%）		31.14	85.10	6.46	9.94	18.40	14.59	9.43	6.95	7.61	3.09	7.67	4.93	4.50	4.32	2.72	-0.16

图55　2005—2021年黑龙江省旋耕机保有量走势

表11　　2005—2021年播种机保有量一览表　　单位：万台

序号	地区	2005年	2006年	2007年	2008年	2009年	2010年	2011年	2012年	2013年	2014年	2015年	2016年	2017年	2018年	2019年	2020年	2021年
0	全国	364.65	393.59	424.20	482.11	514.80	538.14	553.8	580.20	600.50	623.36	636.73	650.19	646.67	532.13	541.27	549.88	554.83
1	河南省	81.80	90.47	97.31	111.09	119.24	121.61	126.5	129.32	132.18	134.27	136.07	138.77	138.62	104.99	106.64	107.75	108.56
2	山东省	43.32	44.39	48.20	53.73	61.04	63.81	66.3	66.82	69.84	71.40	72.52	73.66	74.86	51.88	53.93	55.49	57.06
3	黑龙江省	34.23	40.13	43.10	49.00	51.80	55.73	55.6	58.62	61.59	63.84	65.74	65.81	66.11	65.34	65.46	65.98	66.42
4	内蒙古自治区	23.40	27.38	32.50	45.51	48.03	51.12	54.1	55.57	58.61	57.26	59.76	63.75	63.13	58.94	60.27	61.37	62.45
5	吉林省	31.44	34.35	36.33	43.25	43.28	44.80	42.4	49.74	50.69	53.26	54.27	55.23	54.93	53.86	54.38	54.87	55.13
6	河北省	41.06	42.89	45.59	47.98	49.81	51.39	52.4	51.16	51.94	53.04	53.28	53.14	48.37	42.02	42.20	42.42	42.51
7	安徽省	33.41	34.68	35.58	36.36	38.10	40.00	41.0	41.64	44.12	45.88	46.22	47.43	48.63	43.53	44.81	45.67	46.10
8	江苏省	16.87	17.94	20.29	22.80	22.73	23.26	24.6	28.85	29.53	29.85	30.30	30.66	30.68	27.23	27.05	27.20	25.45
9	甘肃省	7.68	8.76	9.32	9.94	11.20	12.00	12.5	13.80	14.00	22.88	23.15	23.62	23.91	17.31	17.48	17.91	18.27
10	辽宁省	9.16	10.30	11.62	13.22	15.12	16.70	17.7	20.13	20.53	20.87	21.20	21.78	21.97	17.80	17.77	18.06	18.66
11	新疆维吾尔自治区	7.14	7.31	7.61	9.51	9.92	11.53	12.3	13.29	14.03	15.09	15.39	16.08	16.46	11.32	11.61	11.85	11.67
12	山西省	7.45	7.93	8.38	8.99	9.82	10.35	11.3	12.53	13.37	14.32	15.11	15.12	11.88	8.85	9.32	9.57	9.86
13	陕西省	9.99	10.42	10.18	10.47	11.01	11.20	11.3	11.95	12.48	12.75	12.89	12.95	12.89	10.17	10.28	10.43	10.56
14	宁夏回族自治区	3.70	3.65	3.73	6.40	7.65	7.81	8.5	8.65	8.77	8.78	8.83	8.82	8.82	2.10	2.16	2.22	2.28
15	青海省	4.75	3.48	4.06	4.43	5.39	5.41	4.7	4.76	5.62	5.97	6.61	5.83	6.73	2.87	2.86	2.88	3.04
16	湖北省	1.42	1.72	2.20	2.10	2.75	3.36	4.1	4.56	4.55	4.98	5.72	6.22	6.50	7.07	7.88	8.22	8.49
17	西藏自治区	1.95	2.00	2.05	1.17	1.71	1.85	2.1	2.21	2.28	2.57	3.06	4.56	4.78	0.26	0.27	0.27	0.27
18	四川省	1.55	1.59	1.64	1.71	1.66	1.59	2.0	1.95	1.93	1.92	2.00	2.05	2.46	1.92	1.90	1.95	1.97
19	新疆生产建设兵团	1.30	1.30	1.37	1.35	1.41	1.43	1.4	1.54	1.52	1.62	1.75	1.75	1.81	1.34	1.41	1.87	1.91
20	天津市	1.56	1.56	1.69	1.73	1.75	1.82	1.9	1.86	1.87	1.62	1.57	1.56	1.53	1.50	1.50	1.51	1.59
21	北京市	0.97	0.99	0.99	0.92	0.94	0.93	0.9	0.81	0.52	0.47	0.45	0.44	0.41	0.37	0.35	0.34	0.34
22	云南省	0.21	0.11	0.11	0.08	0.09	0.09	0.1	0.11	0.15	0.22	0.32	0.36	0.54	0.15	0.21	0.22	0.27
23	湖南省	0.04	0.04	0.05	0.05	0.04	0.05	0.1	0.11	0.12	0.15	0.18	0.26	0.33	0.63	0.82	0.87	0.92
24	江西省	0.03	0.04	0.12	0.14	0.16	0.16	0.0	0.04	0.07	0.08	0.08	0.09	0.09	0.14	0.14	0.17	0.20
25	重庆市	0.11	0.11	0.11	0.04	0.07	0.04	0.1	0.05	0.05	0.05	0.06	0.06	0.06	0.05	0.05	0.05	0.06
26	浙江省	0.05	0.01	0.03	0.02	0.02	0.02	0.0	0.04	0.04	0.05	0.05	0.06	0.06	0.22	0.23	0.29	0.30
27	海南省	0.00	0.00	0.01	0.00	0.00	0.00	0.0	0.00	0.00	0.05	0.05	0.00	0.00	0.02	0.00	0.00	0.00
28	贵州省	0.04	0.02	0.02	0.03	0.02	0.03	0.0	0.03	0.03	0.03	0.04	0.04	0.04	0.02	0.03	0.03	0.04

续 表

序号	地区	2005年	2006年	2007年	2008年	2009年	2010年	2011年	2012年	2013年	2014年	2015年	2016年	2017年	2018年	2019年	2020年	2021年
29	上海市	0.01	0.01	0.01	0.10	0.03	0.04	0.1	0.06	0.06	0.06	0.03	0.04	0.04	0.15	0.16	0.17	0.18
30	福建省	0.00	0.00	0.00	0.00	0.00	0.00	0.0	0.00	0.01	0.02	0.02	0.04	0.02	0.01	0.01	0.15	0.16
31	广东省	0.00	0.00	0.00	0.00	0.00	0.00	0.0	0.00	0.00	0.01	0.01	0.01	0.01	0.01	0.02	0.03	0.03
32	广西壮族自治区	0.00	0.00	0.00	0.00	0.00	0.00	0.0	0.00	0.00	0.00	0.00	0.00	0.00	0.05	0.06	0.09	0.09

表12 **2005—2021年播种机保有量前十名走势分析** 单位：万台

序号	地区	类别	2005年	2006年	2007年	2008年	2009年	2010年	2011年	2012年	2013年	2014年	2015年	2016年	2017年	2018年	2019年	2020年	2021年
0	全国	保有量	364.65	393.59	424.20	482.11	514.80	538.14	553.8	580.20	600.50	623.36	636.73	650.19	646.67	532.13	541.27	549.88	554.83
		同比（%）		7.94	7.78	13.65	6.78	4.53	2.91	4.77	3.50	3.81	2.14	2.11	–0.54	–17.71	1.72	1.59	0.90
1	河南省	保有量	81.80	90.47	97.31	111.09	119.24	121.61	126.5	129.32	132.18	134.27	136.07	138.77	138.62	104.99	106.64	107.75	108.56
		同比（%）		10.60	7.56	14.16	7.34	1.99	4.05	2.20	2.21	1.58	1.34	1.98	–0.11	–24.26	1.57	1.04	0.76
2	山东省	保有量	43.32	44.39	48.20	53.73	61.04	63.81	66.3	66.82	69.84	71.40	72.52	73.66	74.86	51.88	53.93	55.49	57.06
		同比（%）		2.47	8.58	11.47	13.61	4.54	3.87	0.82	4.52	2.23	1.57	1.57	1.63	–30.70	3.96	2.88	2.83
3	黑龙江省	保有量	34.23	40.13	43.10	49.00	51.80	55.73	55.6	58.62	61.59	63.84	65.74	65.81	66.11	65.34	65.46	65.98	66.42
		同比（%）		17.24	7.40	13.69	5.71	7.59	–0.29	5.49	5.07	3.65	2.98	0.11	0.46	–1.16	0.19	0.79	0.67
4	内蒙古自治区	保有量	23.40	27.38	32.50	45.51	48.03	51.12	54.1	55.57	58.61	57.26	59.76	63.75	63.13	58.94	60.27	61.37	62.45
		同比（%）		17.01	18.70	40.03	5.54	6.43	5.90	2.65	5.47	–2.30	4.37	6.68	–0.97	–6.64	2.25	1.83	1.76
5	吉林省	保有量	31.44	34.35	36.33	43.25	43.28	44.80	42.4	49.74	50.69	53.26	54.27	55.23	54.93	53.86	54.38	54.87	55.13
		同比（%）		9.26	5.76	19.05	0.07	3.51	–5.31	17.26	1.91	5.07	1.90	1.77	–0.54	–1.95	0.97	0.90	0.47
6	河北省	保有量	41.06	42.89	45.59	47.98	49.81	51.39	52.4	51.16	51.94	53.04	53.28	53.14	48.37	42.02	42.20	42.42	42.51
		同比（%）		4.46	6.30	5.24	3.81	3.17	1.87	–2.27	1.52	2.12	0.45	–0.26	–8.98	–13.13	0.43	0.53	0.20
7	安徽省	保有量	33.41	34.68	35.58	36.36	38.10	40.00	41.0	41.64	44.12	45.88	46.22	47.43	48.63	43.53	44.81	45.67	46.10
		同比（%）		3.80	2.60	2.19	4.79	4.99	2.48	1.58	5.96	3.99	0.74	2.62	2.53	–10.49	2.94	1.91	0.94
8	江苏省	保有量	16.87	17.94	20.29	22.80	22.73	23.26	24.6	28.85	29.53	29.85	30.30	30.66	30.68	27.23	27.05	27.20	25.45
		同比（%）		6.34	13.10	12.37	–0.31	2.33	5.80	17.23	2.36	1.08	1.51	1.19	0.07	–11.25	–0.65	0.53	–6.44
9	甘肃省	保有量	7.68	8.76	9.32	9.94	11.20	12.00	12.5	13.80	14.00	22.88	23.15	23.62	23.91	17.31	17.48	17.91	18.27
		同比（%）		14.06	6.39	6.65	12.68	7.14	4.17	10.40	1.45	63.43	1.18	2.03	1.23	–27.60	1.00	2.42	2.04
10	辽宁省	保有量	9.16	10.30	11.62	13.22	15.12	16.70	17.7	20.13	20.53	20.87	21.20	21.78	21.97	17.80	17.77	18.06	18.66
		同比（%）		12.45	12.82	13.77	14.37	10.45	5.87	13.86	2.01	1.64	1.58	2.74	0.87	–18.98	–0.19	1.68	3.30

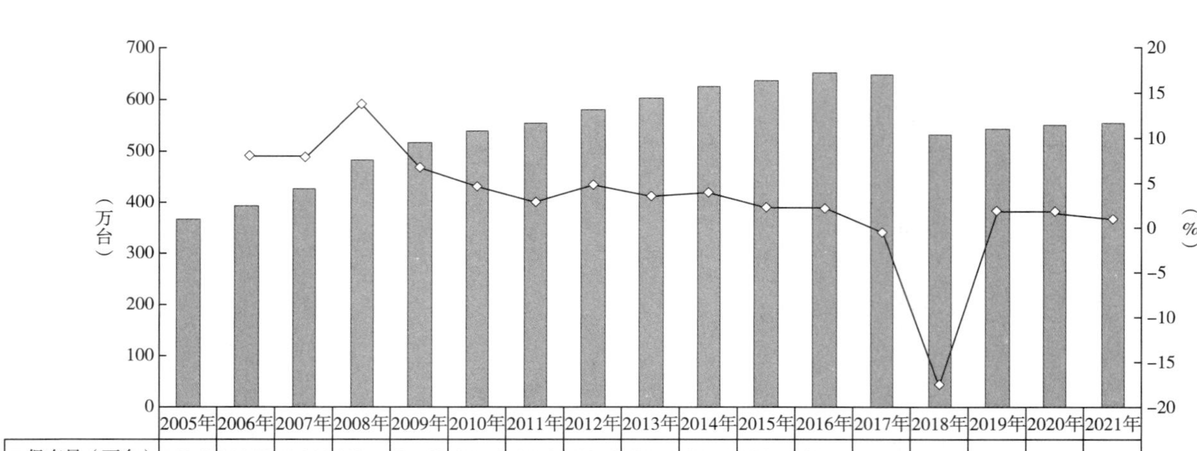

	2005年	2006年	2007年	2008年	2009年	2010年	2011年	2012年	2013年	2014年	2015年	2016年	2017年	2018年	2019年	2020年	2021年
■ 保有量（万台）	364.65	393.59	424.20	482.11	514.80	538.14	553.8	580.20	600.50	623.36	636.73	650.19	646.67	532.13	541.27	549.88	554.83
—◇— 同比（%）		7.94	7.78	13.65	6.78	4.53	2.91	4.77	3.50	3.81	2.14	2.11	−0.54	−17.71	1.72	1.59	0.90

图 56　2005—2021 年全国播种机保有量走势

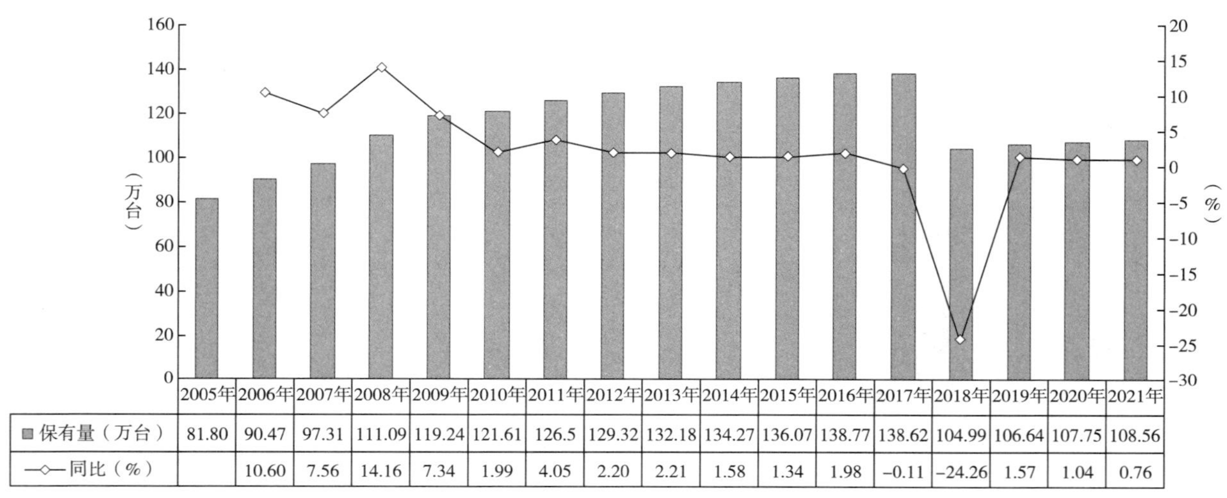

	2005年	2006年	2007年	2008年	2009年	2010年	2011年	2012年	2013年	2014年	2015年	2016年	2017年	2018年	2019年	2020年	2021年
■ 保有量（万台）	81.80	90.47	97.31	111.09	119.24	121.61	126.5	129.32	132.18	134.27	136.07	138.77	138.62	104.99	106.64	107.75	108.56
—◇— 同比（%）		10.60	7.56	14.16	7.34	1.99	4.05	2.20	2.21	1.58	1.34	1.98	−0.11	−24.26	1.57	1.04	0.76

图 57　2005—2021 年河南省播种机保有量走势

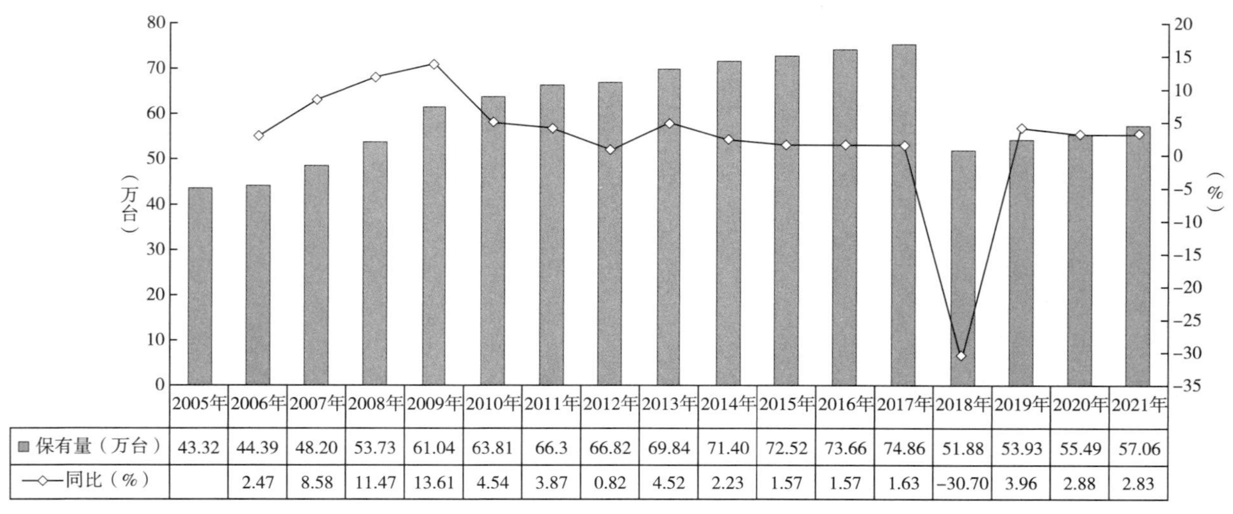

	2005年	2006年	2007年	2008年	2009年	2010年	2011年	2012年	2013年	2014年	2015年	2016年	2017年	2018年	2019年	2020年	2021年
■ 保有量（万台）	43.32	44.39	48.20	53.73	61.04	63.81	66.3	66.82	69.84	71.40	72.52	73.66	74.86	51.88	53.93	55.49	57.06
—◇—同比（%）		2.47	8.58	11.47	13.61	4.54	3.87	0.82	4.52	2.23	1.57	1.57	1.63	−30.70	3.96	2.88	2.83

图 58　2005—2021 年山东省播种机保有量走势

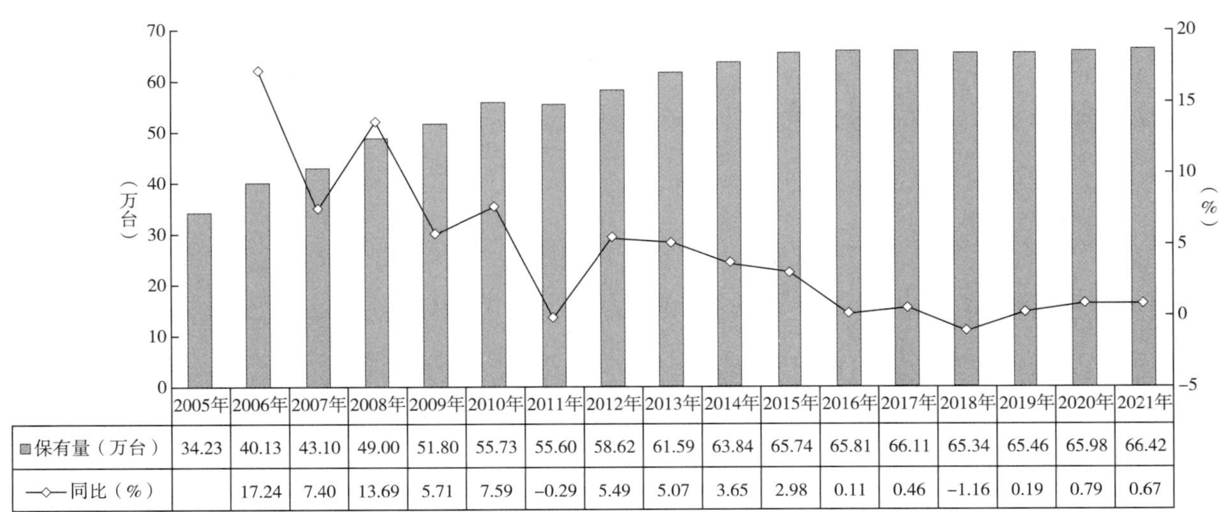

	2005年	2006年	2007年	2008年	2009年	2010年	2011年	2012年	2013年	2014年	2015年	2016年	2017年	2018年	2019年	2020年	2021年
保有量（万台）	34.23	40.13	43.10	49.00	51.80	55.73	55.60	58.62	61.59	63.84	65.74	65.81	66.11	65.34	65.46	65.98	66.42
同比（%）		17.24	7.40	13.69	5.71	7.59	−0.29	5.49	5.07	3.65	2.98	0.11	0.46	−1.16	0.19	0.79	0.67

图59　2005—2021年黑龙江省播种机保有量走势

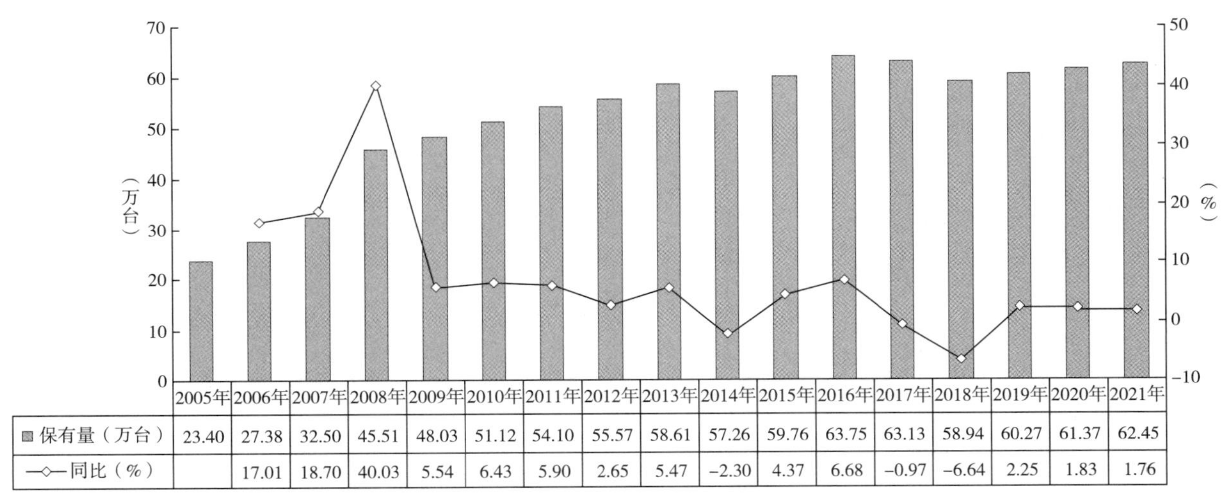

	2005年	2006年	2007年	2008年	2009年	2010年	2011年	2012年	2013年	2014年	2015年	2016年	2017年	2018年	2019年	2020年	2021年
保有量（万台）	23.40	27.38	32.50	45.51	48.03	51.12	54.10	55.57	58.61	57.26	59.76	63.75	63.13	58.94	60.27	61.37	62.45
同比（%）		17.01	18.70	40.03	5.54	6.43	5.90	2.65	5.47	−2.30	4.37	6.68	−0.97	−6.64	2.25	1.83	1.76

图60　2005—2021年内蒙古播种机保有量走势

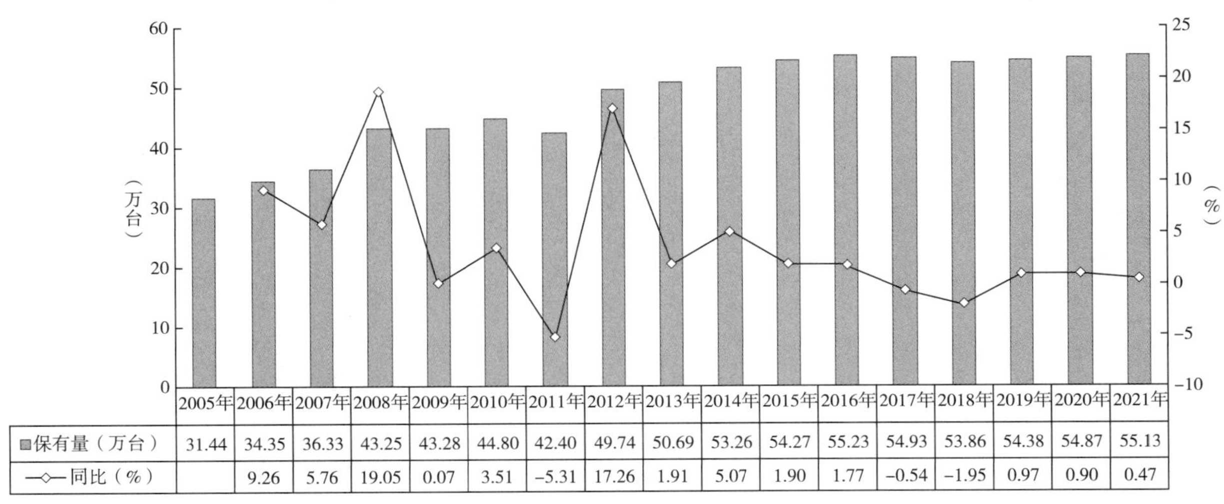

	2005年	2006年	2007年	2008年	2009年	2010年	2011年	2012年	2013年	2014年	2015年	2016年	2017年	2018年	2019年	2020年	2021年
保有量（万台）	31.44	34.35	36.33	43.25	43.28	44.80	42.40	49.74	50.69	53.26	54.27	55.23	54.93	53.86	54.38	54.87	55.13
同比（%）		9.26	5.76	19.05	0.07	3.51	−5.31	17.26	1.91	5.07	1.90	1.77	−0.54	−1.95	0.97	0.90	0.47

图61　2005—2021年吉林省播种机保有量走势

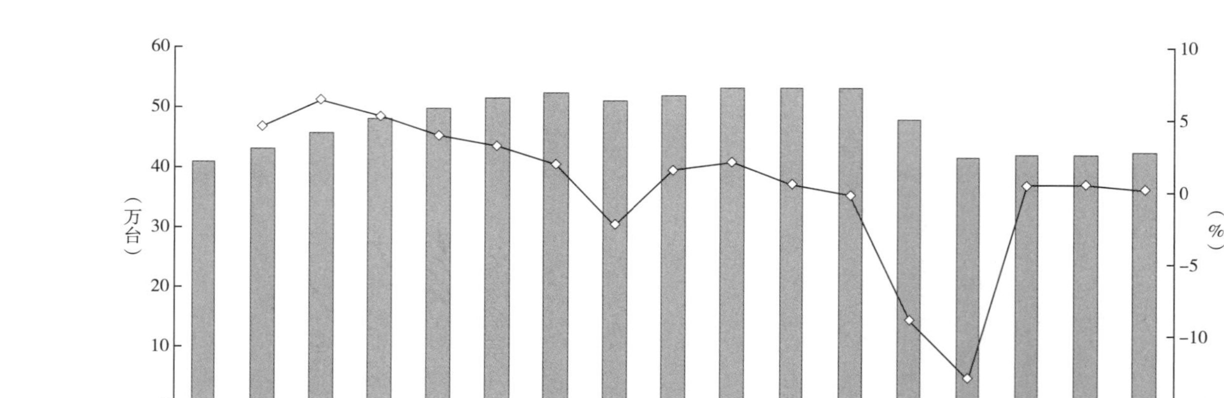

	2005年	2006年	2007年	2008年	2009年	2010年	2011年	2012年	2013年	2014年	2015年	2016年	2017年	2018年	2019年	2020年	2021年
保有量（万台）	41.06	42.89	45.59	47.98	49.81	51.39	52.4	51.16	51.94	53.04	53.28	53.14	48.37	42.02	42.20	42.42	42.51
同比（%）		4.46	6.30	5.24	3.81	3.17	1.87	−2.27	1.52	2.12	0.45	−0.26	−8.98	−13.13	0.43	0.53	0.20

图62　2005—2021年河北省播种机保有量走势

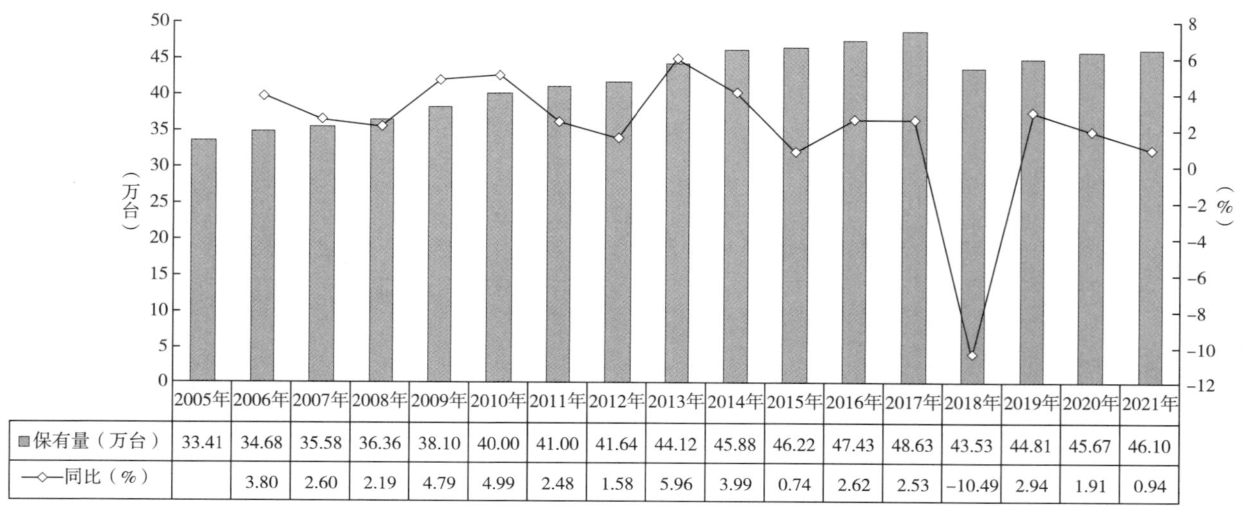

	2005年	2006年	2007年	2008年	2009年	2010年	2011年	2012年	2013年	2014年	2015年	2016年	2017年	2018年	2019年	2020年	2021年
保有量（万台）	33.41	34.68	35.58	36.36	38.10	40.00	41.00	41.64	44.12	45.88	46.22	47.43	48.63	43.53	44.81	45.67	46.10
同比（%）		3.80	2.60	2.19	4.79	4.99	2.48	1.58	5.96	3.99	0.74	2.62	2.53	−10.49	2.94	1.91	0.94

图63　2005—2021年安徽省播种机保有量走势

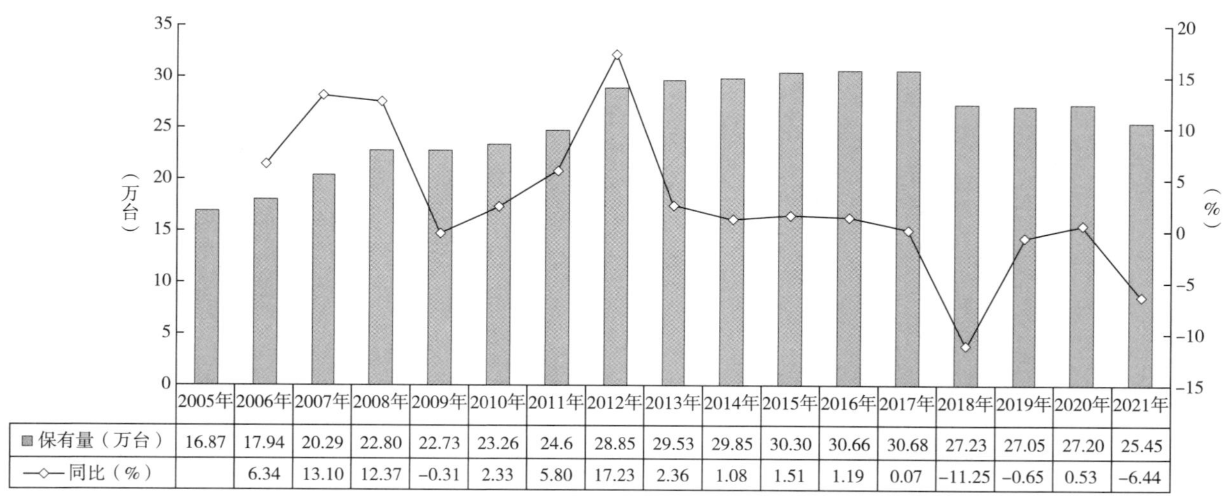

	2005年	2006年	2007年	2008年	2009年	2010年	2011年	2012年	2013年	2014年	2015年	2016年	2017年	2018年	2019年	2020年	2021年
保有量（万台）	16.87	17.94	20.29	22.80	22.73	23.26	24.6	28.85	29.53	29.85	30.30	30.66	30.68	27.23	27.05	27.20	25.45
同比（%）		6.34	13.10	12.37	−0.31	2.33	5.80	17.23	2.36	1.08	1.51	1.19	0.07	−11.25	−0.65	0.53	−6.44

图64　2005—2021年江苏省播种机保有量走势

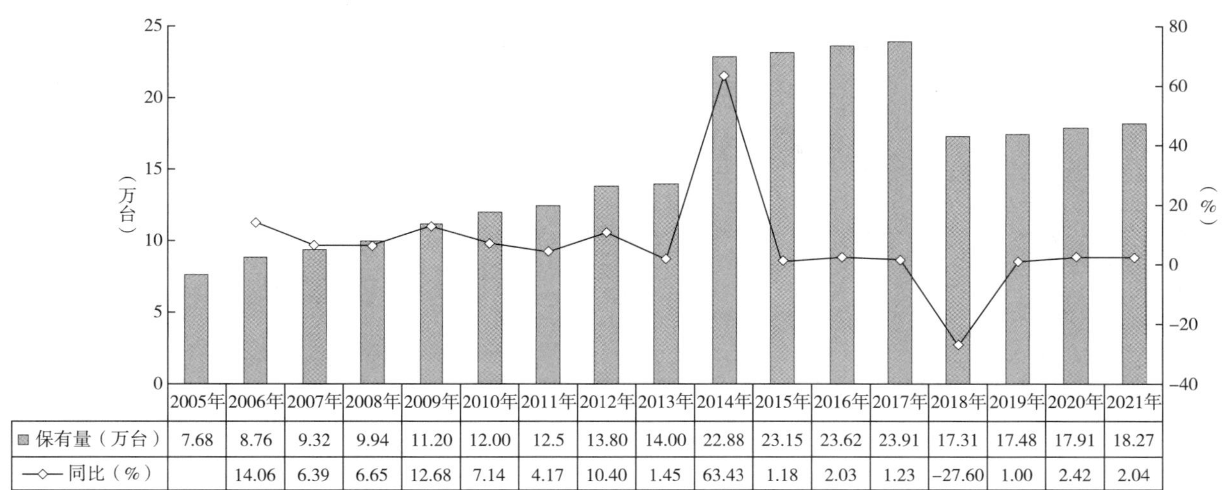

	2005年	2006年	2007年	2008年	2009年	2010年	2011年	2012年	2013年	2014年	2015年	2016年	2017年	2018年	2019年	2020年	2021年
■保有量（万台）	7.68	8.76	9.32	9.94	11.20	12.00	12.5	13.80	14.00	22.88	23.15	23.62	23.91	17.31	17.48	17.91	18.27
—◇—同比（%）		14.06	6.39	6.65	12.68	7.14	4.17	10.40	1.45	63.43	1.18	2.03	1.23	–27.60	1.00	2.42	2.04

图65　2005—2021年甘肃省播种机保有量走势

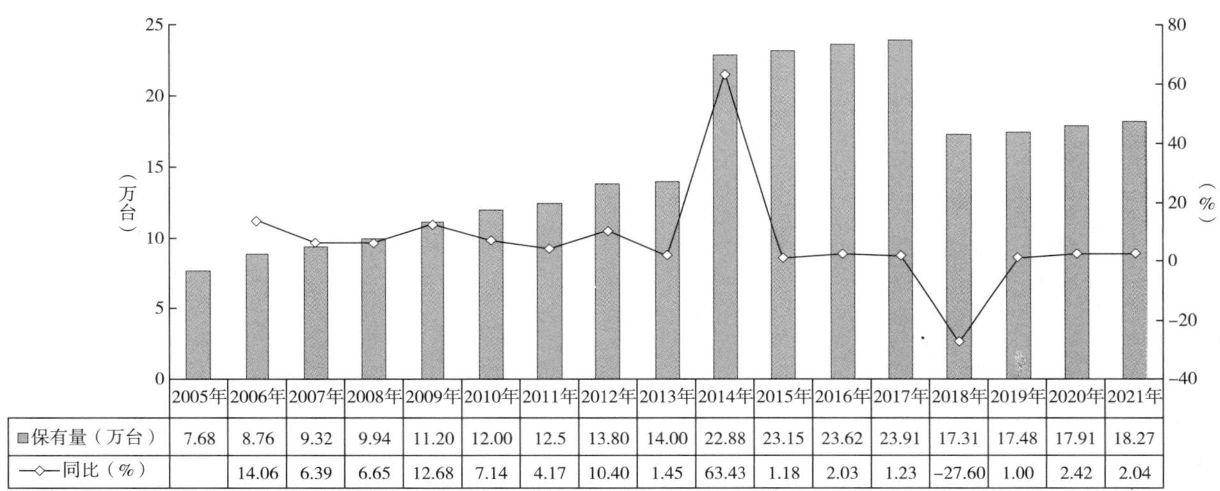

	2005年	2006年	2007年	2008年	2009年	2010年	2011年	2012年	2013年	2014年	2015年	2016年	2017年	2018年	2019年	2020年	2021年
■保有量（万台）	7.68	8.76	9.32	9.94	11.20	12.00	12.5	13.80	14.00	22.88	23.15	23.62	23.91	17.31	17.48	17.91	18.27
—◇—同比（%）		14.06	6.39	6.65	12.68	7.14	4.17	10.40	1.45	63.43	1.18	2.03	1.23	–27.60	1.00	2.42	2.04

图66　2005—2021年辽宁省播种机保有量走势

表13　**2005—2021年机动插秧机保有量一览表**　单位：万台

序号	地区	2005年	2006年	2007年	2008年	2009年	2010年	2011年	2012年	2013年	2014年	2015年	2016年	2017年	2018年	2019年	2020年	2021年
0	全国	7.96	11.19	15.63	19.96	26.09	33.30	42.70	51.30	60.45	67.00	72.57	77.10	82.23	85.65	90.66	95.33	96.32
1	黑龙江省	5.79	7.35	9.70	11.17	13.10	15.26	18.63	20.97	23.15	24.86	26.25	27.71	29.42	30.41	32.59	34.71	34.58
2	江苏省	1.42	2.36	3.38	4.34	5.32	6.53	8.09	9.89	12.15	13.92	14.67	14.84	14.65	14.14	14.24	14.32	13.66
3	湖北省	0.04	0.32	0.50	0.78	1.30	1.65	2.45	3.33	4.51	5.50	6.02	6.41	7.15	7.64	8.21	8.63	9.10
4	吉林省	0.26	0.24	0.49	0.80	1.06	1.30	1.97	2.88	3.81	4.37	5.19	6.39	7.95	9.05	9.86	10.67	11.44
5	辽宁省	0.14	0.25	0.43	0.73	1.21	1.61	2.16	2.63	3.28	3.40	3.55	3.57	3.62	3.80	3.93	4.04	4.08
6	湖南省	0.02	0.01	0.04	0.14	0.21	0.32	0.60	1.12	2.18	2.68	3.17	3.40	3.55	3.56	3.73	3.70	3.64
7	安徽省	0.06	0.10	0.19	0.38	0.84	1.13	1.41	1.74	2.10	2.36	2.75	2.95	3.17	3.62	4.27	4.78	4.87
8	广西壮族自治区	0.00	0.00	0.06	0.18	0.60	1.24	1.39	1.39	1.45	1.55	1.75	1.84	1.92	1.96	2.03	2.05	2.07
9	江西省	0.02	0.03	0.08	0.16	0.32	0.78	1.17	1.55	1.33	1.43	1.46	1.53	1.61	1.71	1.79	1.86	1.98
10	重庆市	0.01	0.20	0.12	0.23	0.49	0.91	1.09	1.15	1.16	1.20	1.24	1.26	1.28	1.30	1.13	1.13	1.15
11	浙江省	0.01	0.02	0.06	0.15	0.32	0.58	0.76	0.89	0.96	1.05	1.13	1.23	1.29	1.37	1.45	1.55	1.55
12	广东省	0.01	0.01	0.02	0.06	0.13	0.31	0.58	0.83	0.94	1.00	1.06	1.18	1.23	1.28	1.33	1.40	1.45
13	福建省	0.01	0.01	0.02	0.04	0.11	0.24	0.47	0.59	0.66	0.67	0.96	1.11	1.17	1.20	1.18	1.21	1.22
14	四川省	0.00	0.04	0.03	0.11	0.20	0.27	0.38	0.53	0.68	0.75	0.81	0.89	0.93	0.93	0.93	0.97	1.01
15	内蒙古自治区	0.09	0.10	0.15	0.21	0.27	0.31	0.37	0.45	0.51	0.56	0.64	0.76	0.98	1.18	1.25	1.30	1.33
16	河南省	0.01	0.01	0.02	0.04	0.09	0.13	0.21	0.24	0.26	0.29	0.40	0.50	0.68	0.86	1.03	1.26	1.51
17	云南省	0.00	0.00	0.00	0.01	0.01	0.01	0.04	0.06	0.14	0.19	0.21	0.23	0.24	0.25	0.25	0.26	0.26
18	贵州省	0.01	0.02	0.16	0.17	0.17	0.17	0.18	0.19	0.19	0.19	0.19	0.19	0.19	0.19	0.19	0.18	0.14
19	上海市	0.00	0.01	0.02	0.05	0.08	0.11	0.13	0.14	0.16	0.17	0.19	0.20	0.15	0.17	0.18	0.18	0.19
20	新疆维吾尔自治区	0.01	0.01	0.02	0.03	0.04	0.07	0.12	0.14	0.16	0.17	0.19	0.20	0.23	0.22	0.22	0.22	0.22
21	宁夏回族自治区	0.02	0.06	0.07	0.10	0.11	0.14	0.16	0.17	0.18	0.17	0.17	0.16	0.16	0.14	0.14	0.13	0.12
22	河北省	0.00	0.00	0.00	0.01	0.02	0.03	0.08	0.11	0.13	0.14	0.16	0.18	0.22	0.23	0.24	0.25	0.26
23	山东省	0.01	0.01	0.01	0.02	0.03	0.06	0.08	0.11	0.13	0.14	0.15	0.16	0.19	0.22	0.24	0.25	0.25
24	海南省	0.00	0.00	0.00	0.01	0.02	0.07	0.08	0.09	0.10	0.10	0.10	0.04	0.04	0.04	0.04	0.04	0.04
25	天津市	0.00	0.00	0.00	0.01	0.01	0.03	0.05	0.06	0.07	0.07	0.07	0.07	0.07	0.08	0.08	0.08	0.09
26	新疆生产建设兵团	0.00	0.01	0.03	0.03	0.04	0.04	0.04	0.04	0.05	0.06	0.07	0.07	0.07	0.07	0.07	0.07	0.06
27	陕西省	0.02	0.01	0.03	0.00	0.01	0.01	0.01	0.01	0.01	0.01	0.02	0.03	0.03	0.03	0.04	0.04	0.04
28	西藏自治区	0.00	0.00	0.00	0.00	0.00	0.00	0.00	0.00	0.00	0.00	0.00	0.00	0.00	0.00	0.00	0.00	0.00

续 表

序号	地区	2005年	2006年	2007年	2008年	2009年	2010年	2011年	2012年	2013年	2014年	2015年	2016年	2017年	2018年	2019年	2020年	2021年
29	山西省	0.00	0.00	0.00	0.00	0.00	0.00	0.00	0.00	0.00	0.00	0.00	0.00	0.00	0.00	0.00	0.00	0.00
30	青海省	0.00	0.00	0.00	0.00	0.00	0.00	0.00	0.00	0.00	0.00	0.00	0.00	0.00	0.00	0.00	0.00	0.00
31	甘肃省	0.00	0.00	0.00	0.00	0.00	0.00	0.00	0.00	0.00	0.00	0.00	0.00	0.00	0.00	0.00	0.00	0.00
32	北京市	0.00	0.00	0.00	0.00	0.00	0.00	0.00	0.00	0.00	0.00	0.00	0.00	0.00	0.00	0.04	0.04	0.03

表14 2005—2021年机动插秧机保有量前十名走势分析 单位：万台

序号	地区	类别	2005年	2006年	2007年	2008年	2009年	2010年	2011年	2012年	2013年	2014年	2015年	2016年	2017年	2018年	2019年	2020年	2021年
0	全国	保有量	7.96	11.19	15.63	19.96	26.09	33.30	42.70	51.30	60.45	67.00	72.57	77.1	82.23	85.65	90.66	95.33	96.32
		同比（%）		40.58	39.68	27.70	30.71	27.64	28.22	20.14	17.84	10.84	8.31	6.24	6.65	4.16	5.85	5.15	1.05
1	黑龙江省	保有量	5.79	7.35	9.70	11.17	13.10	15.26	18.63	20.97	23.15	24.86	26.25	27.71	29.42	30.41	32.59	34.71	34.58
		同比（%）		26.94	31.97	15.15	17.28	16.49	22.08	12.56	10.40	7.39	5.59	5.56	6.17	3.37	7.16	6.52	–0.39
2	江苏省	保有量	1.42	2.36	3.38	4.34	5.32	6.53	8.09	9.89	12.15	13.92	14.67	14.84	14.65	14.14	14.24	14.32	13.66
		同比（%）		66.20	43.22	28.40	22.58	22.74	23.89	22.25	22.85	14.57	5.39	1.16	–1.28	–3.48	0.71	0.58	–4.64
3	湖北省	保有量	0.04	0.32	0.50	0.78	1.30	1.65	2.45	3.33	4.51	5.50	6.02	6.41	7.15	7.64	8.21	8.63	9.10
		同比（%）		700.00	56.25	56.00	66.67	26.92	48.74	35.69	35.44	21.95	9.45	6.48	11.54	6.85	7.51	5.12	5.37
4	吉林省	保有量	0.26	0.24	0.49	0.80	1.06	1.30	1.97	2.88	3.81	4.37	5.19	6.39	7.95	9.05	9.86	10.67	11.44
		同比（%）		–7.69	104.17	63.27	32.50	22.64	51.54	46.19	32.29	14.70	18.76	23.12	24.41	13.84	8.91	8.30	7.19
5	辽宁省	保有量	0.14	0.25	0.43	0.73	1.21	1.61	2.16	2.63	3.28	3.40	3.55	3.57	3.62	3.80	3.93	4.04	4.08
		同比（%）		78.57	72.00	69.77	65.75	33.06	34.16	21.76	24.71	3.66	4.41	0.56	1.40	4.97	3.30	3.02	0.87
6	湖南省	保有量	0.02	0.01	0.04	0.14	0.21	0.32	0.5963	1.12	2.18	2.68	3.17	3.40	3.55	3.56	3.73	3.70	3.64
		同比（%）		–40.50	236.13	250.00	50.00	52.38	86.34	87.82	94.64	22.94	18.28	7.26	4.41	0.28	4.88	–0.86	–1.73
7	安徽省	保有量	0.06	0.10	0.19	0.38	0.84	1.13	1.41	1.74	2.1	2.36	2.75	2.95	3.17	3.62	4.27	4.78	4.87
		同比（%）		66.67	90.00	100.00	121.05	34.52	24.64	23.54	20.69	12.38	16.53	7.27	7.46	14.20	17.88	12.03	1.88
8	广西壮族自治区	保有量	0.00	0.00	0.06	0.18	0.60	1.24	1.39	1.39	1.45	1.55	1.75	1.84	1.92	1.96	2.03	2.05	2.07
		同比（%）				200.00	233.33	106.67	11.82	0.25	4.32	6.90	12.90	5.14	4.35	2.08	3.35	1.20	0.89
9	江西省	保有量	0.02	0.03	0.08	0.16	0.32	0.78	1.17	1.55	1.33	1.43	1.46	1.53	1.61	1.71	1.79	1.86	1.98
		同比（%）		61.90	135.29	100.00	100.00	143.75	49.73	32.72	–14.19	7.52	2.10	4.79	5.23	6.21	4.61	4.15	6.09
10	重庆市	保有量	0.01	0.20	0.12	0.23	0.49	0.91	1.09	1.15	1.16	1.20	1.24	1.26	1.28	1.30	1.13	1.13	1.15
		同比（%）		1900.00	–40.00	91.67	113.04	85.71	19.49	5.76	0.87	3.45	3.33	1.61	1.59	1.56	–13.03	0.34	1.45

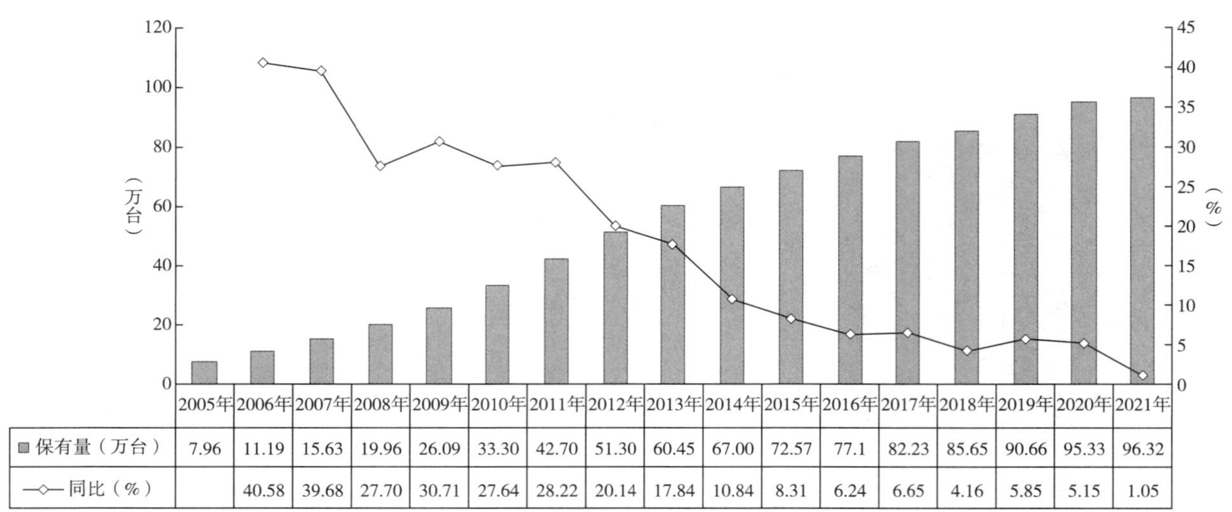

	2005年	2006年	2007年	2008年	2009年	2010年	2011年	2012年	2013年	2014年	2015年	2016年	2017年	2018年	2019年	2020年	2021年
保有量（万台）	7.96	11.19	15.63	19.96	26.09	33.30	42.70	51.30	60.45	67.00	72.57	77.1	82.23	85.65	90.66	95.33	96.32
同比（%）		40.58	39.68	27.70	30.71	27.64	28.22	20.14	17.84	10.84	8.31	6.24	6.65	4.16	5.85	5.15	1.05

图67　2005—2021年全国插秧机保有量走势

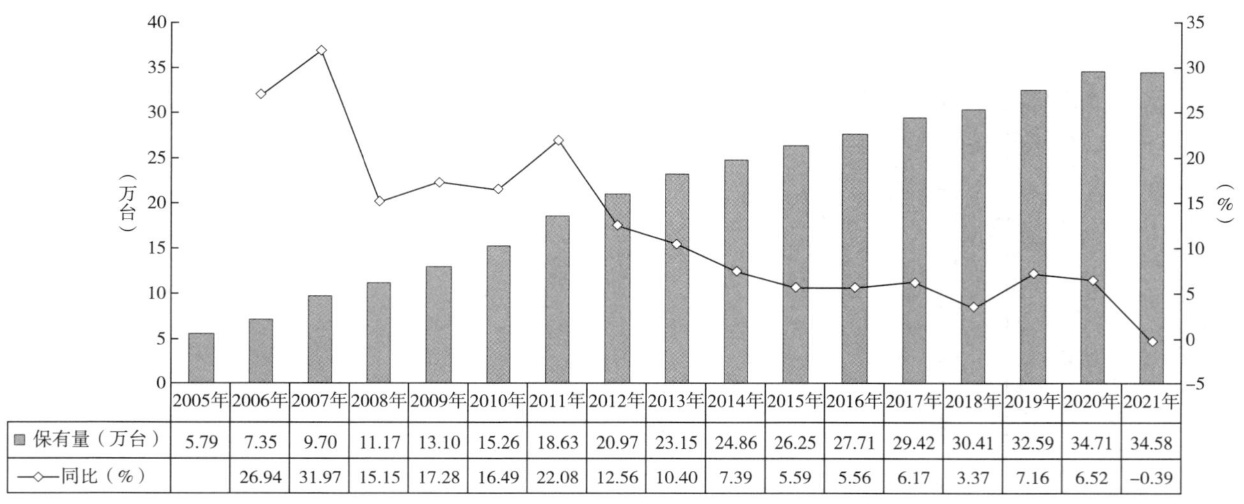

	2005年	2006年	2007年	2008年	2009年	2010年	2011年	2012年	2013年	2014年	2015年	2016年	2017年	2018年	2019年	2020年	2021年
保有量（万台）	5.79	7.35	9.70	11.17	13.10	15.26	18.63	20.97	23.15	24.86	26.25	27.71	29.42	30.41	32.59	34.71	34.58
同比（%）		26.94	31.97	15.15	17.28	16.49	22.08	12.56	10.40	7.39	5.59	5.56	6.17	3.37	7.16	6.52	−0.39

图68　2005—2021年黑龙江省插秧机保有量走势

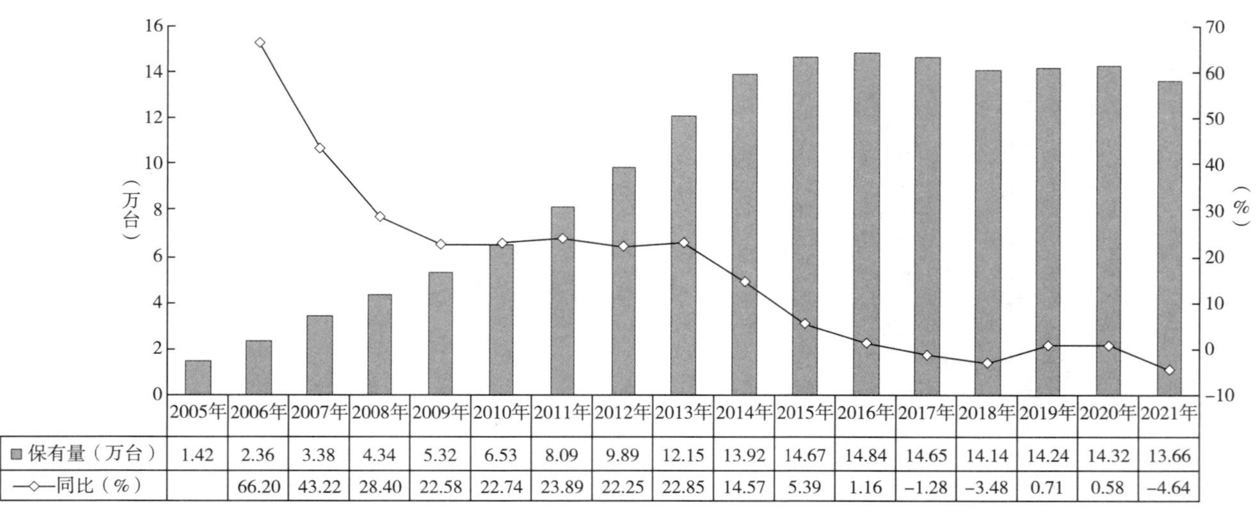

	2005年	2006年	2007年	2008年	2009年	2010年	2011年	2012年	2013年	2014年	2015年	2016年	2017年	2018年	2019年	2020年	2021年
保有量（万台）	1.42	2.36	3.38	4.34	5.32	6.53	8.09	9.89	12.15	13.92	14.67	14.84	14.65	14.14	14.24	14.32	13.66
同比（%）		66.20	43.22	28.40	22.58	22.74	23.89	22.25	22.85	14.57	5.39	1.16	−1.28	−3.48	0.71	0.58	−4.64

图69　2005—2021年江苏省插秧机保有量走势

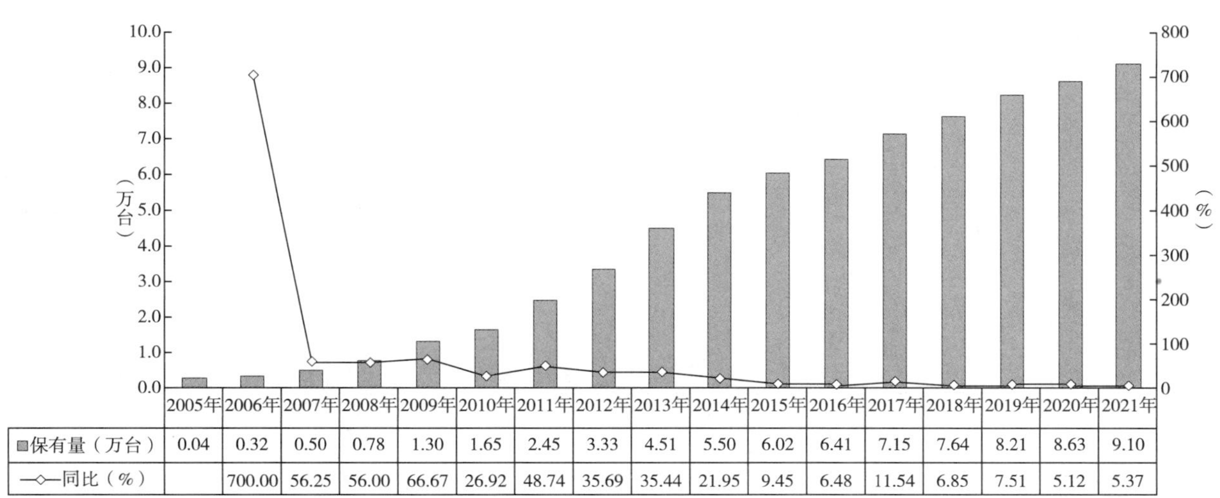

	2005年	2006年	2007年	2008年	2009年	2010年	2011年	2012年	2013年	2014年	2015年	2016年	2017年	2018年	2019年	2020年	2021年
保有量（万台）	0.04	0.32	0.50	0.78	1.30	1.65	2.45	3.33	4.51	5.50	6.02	6.41	7.15	7.64	8.21	8.63	9.10
同比（%）		700.00	56.25	56.00	66.67	26.92	48.74	35.69	35.44	21.95	9.45	6.48	11.54	6.85	7.51	5.12	5.37

图70　2005—2021年湖北省插秧机保有量走势

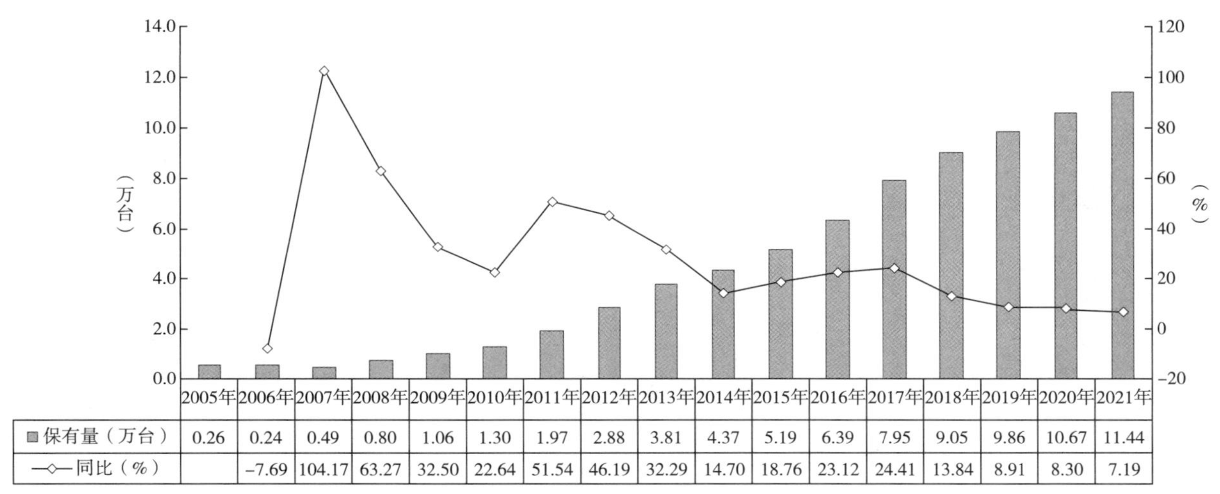

	2005年	2006年	2007年	2008年	2009年	2010年	2011年	2012年	2013年	2014年	2015年	2016年	2017年	2018年	2019年	2020年	2021年
保有量（万台）	0.26	0.24	0.49	0.80	1.06	1.30	1.97	2.88	3.81	4.37	5.19	6.39	7.95	9.05	9.86	10.67	11.44
同比（%）		−7.69	104.17	63.27	32.50	22.64	51.54	46.19	32.29	14.70	18.76	23.12	24.41	13.84	8.91	8.30	7.19

图71　2005—2021年吉林省插秧机保有量走势

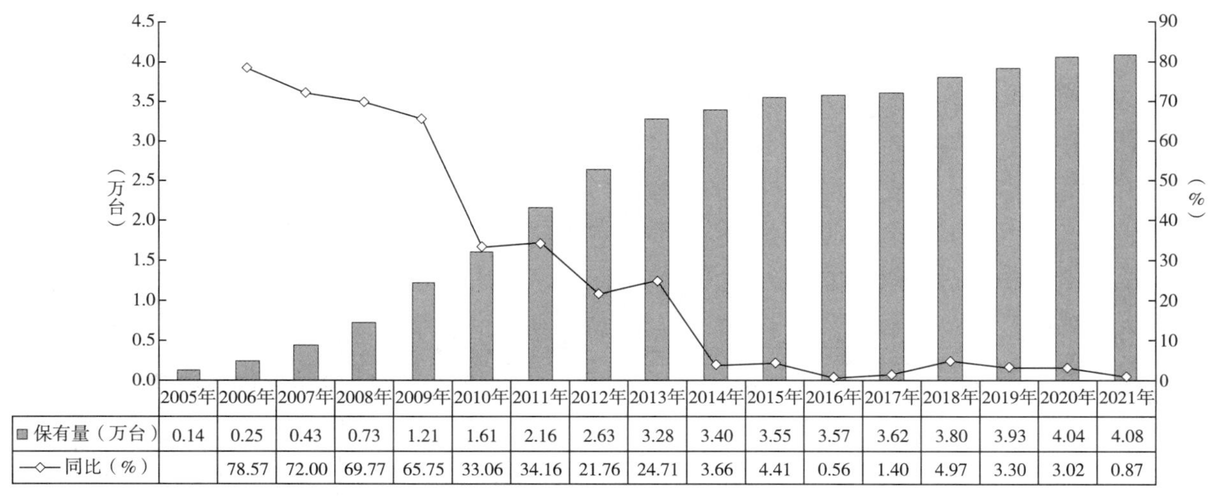

	2005年	2006年	2007年	2008年	2009年	2010年	2011年	2012年	2013年	2014年	2015年	2016年	2017年	2018年	2019年	2020年	2021年
保有量（万台）	0.14	0.25	0.43	0.73	1.21	1.61	2.16	2.63	3.28	3.40	3.55	3.57	3.62	3.80	3.93	4.04	4.08
同比（%）		78.57	72.00	69.77	65.75	33.06	34.16	21.76	24.71	3.66	4.41	0.56	1.40	4.97	3.30	3.02	0.87

图72　2005—2021年辽宁省插秧机保有量走势

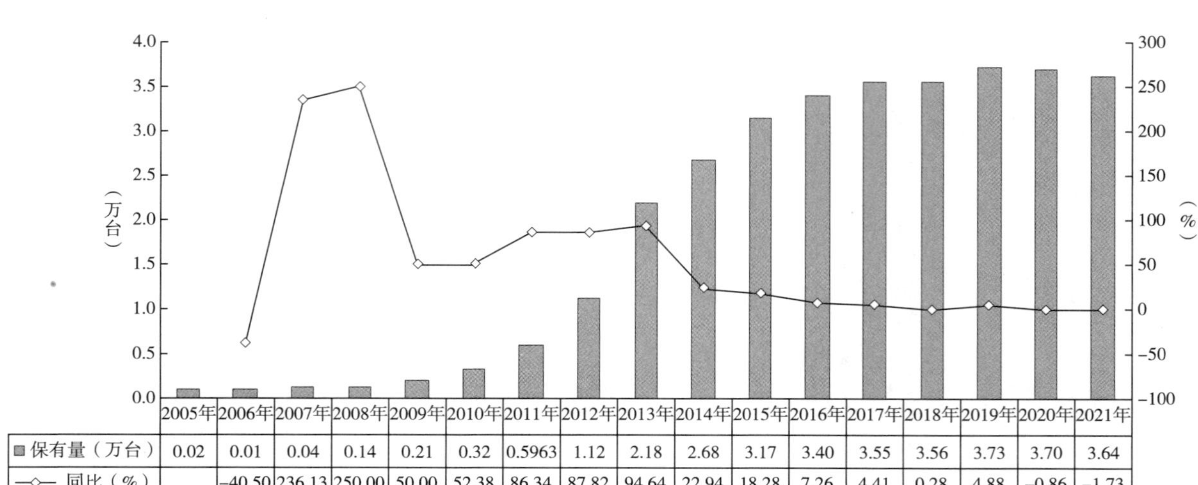

	2005年	2006年	2007年	2008年	2009年	2010年	2011年	2012年	2013年	2014年	2015年	2016年	2017年	2018年	2019年	2020年	2021年
保有量（万台）	0.02	0.01	0.04	0.14	0.21	0.32	0.5963	1.12	2.18	2.68	3.17	3.40	3.55	3.56	3.73	3.70	3.64
同比（%）		-40.50	236.13	250.00	50.00	52.38	86.34	87.82	94.64	22.94	18.28	7.26	4.41	0.28	4.88	-0.86	-1.73

图73　2005—2021年湖南省插秧机保有量走势

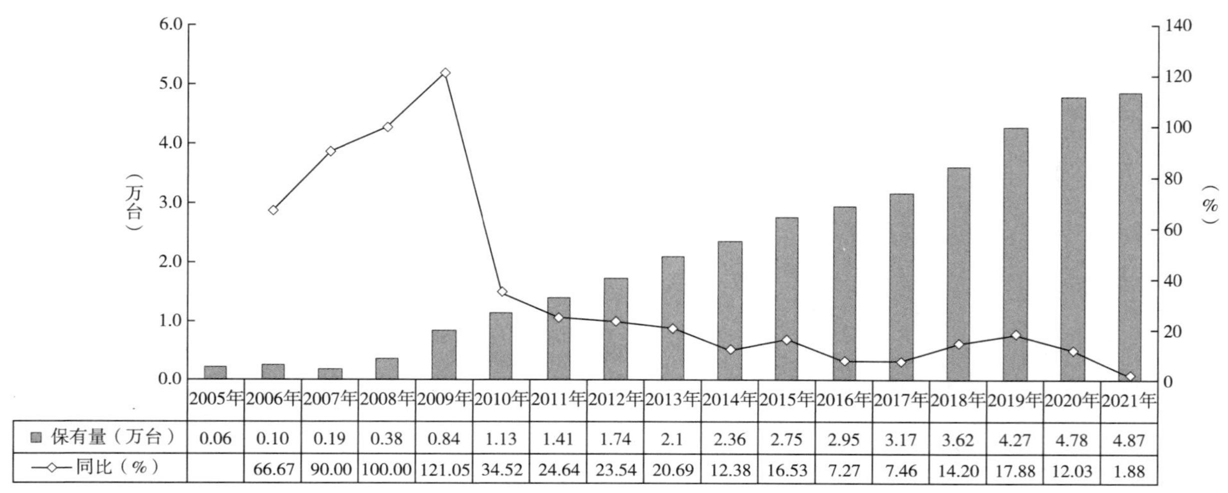

	2005年	2006年	2007年	2008年	2009年	2010年	2011年	2012年	2013年	2014年	2015年	2016年	2017年	2018年	2019年	2020年	2021年
保有量（万台）	0.06	0.10	0.19	0.38	0.84	1.13	1.41	1.74	2.1	2.36	2.75	2.95	3.17	3.62	4.27	4.78	4.87
同比（%）		66.67	90.00	100.00	121.05	34.52	24.64	23.54	20.69	12.38	16.53	7.27	7.46	14.20	17.88	12.03	1.88

图74　2005—2021年安徽省插秧机保有量走势

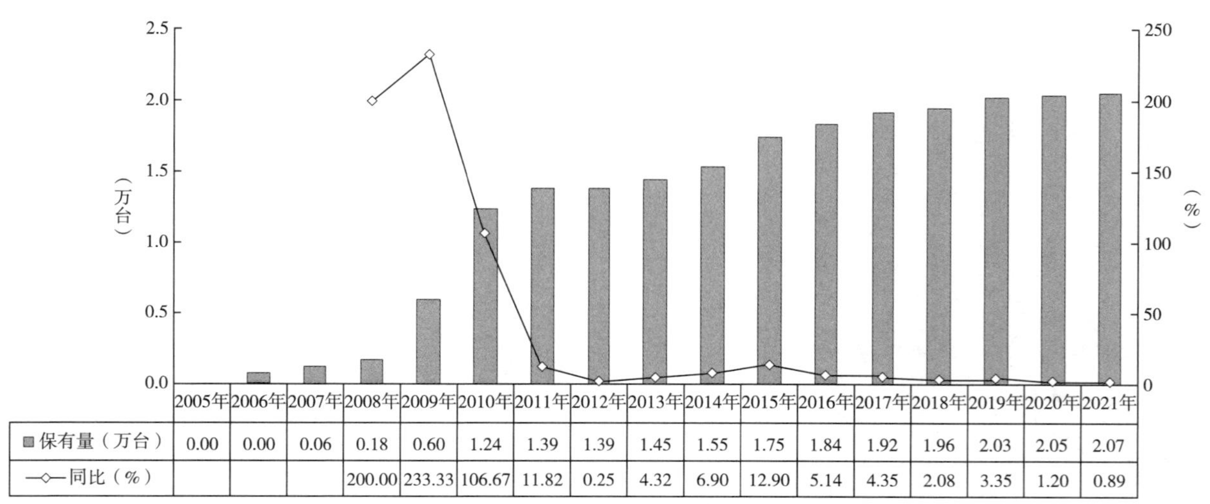

	2005年	2006年	2007年	2008年	2009年	2010年	2011年	2012年	2013年	2014年	2015年	2016年	2017年	2018年	2019年	2020年	2021年
保有量（万台）	0.00	0.00	0.06	0.18	0.60	1.24	1.39	1.39	1.45	1.55	1.75	1.84	1.92	1.96	2.03	2.05	2.07
同比（%）				200.00	233.33	106.67	11.82	0.25	4.32	6.90	12.90	5.14	4.35	2.08	3.35	1.20	0.89

图75　2005—2021年广西壮族自治区插秧机保有量走势

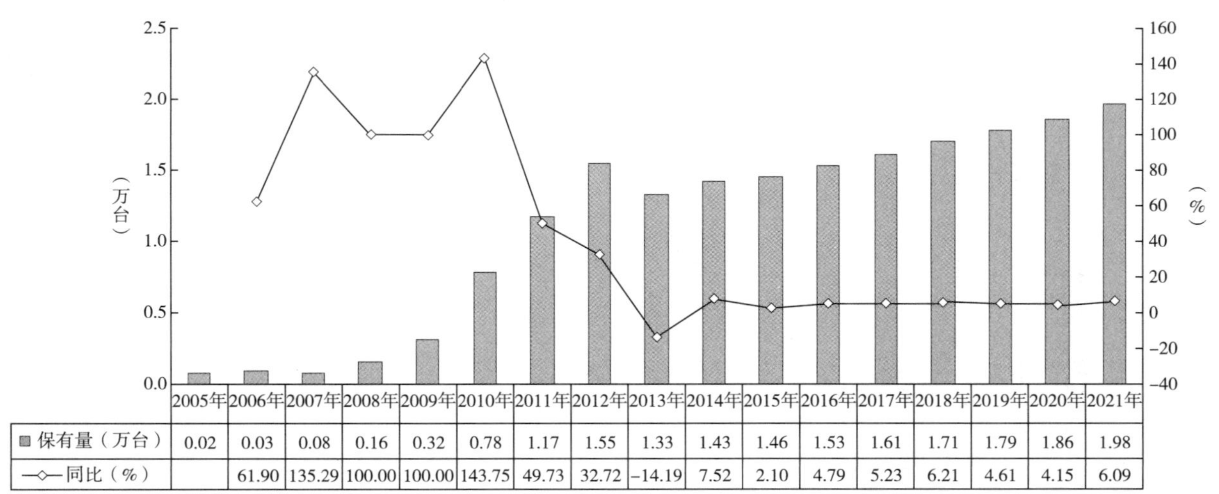

	2005年	2006年	2007年	2008年	2009年	2010年	2011年	2012年	2013年	2014年	2015年	2016年	2017年	2018年	2019年	2020年	2021年
保有量（万台）	0.02	0.03	0.08	0.16	0.32	0.78	1.17	1.55	1.33	1.43	1.46	1.53	1.61	1.71	1.79	1.86	1.98
同比（%）		61.90	135.29	100.00	100.00	143.75	49.73	32.72	-14.19	7.52	2.10	4.79	5.23	6.21	4.61	4.15	6.09

图76　2005—2021年江西省插秧机保有量走势

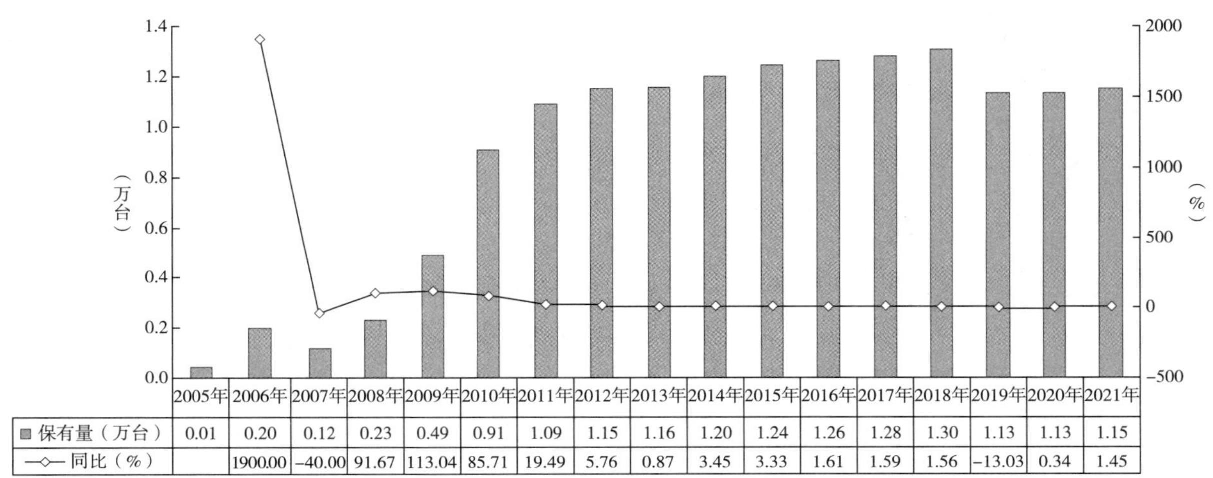

	2005年	2006年	2007年	2008年	2009年	2010年	2011年	2012年	2013年	2014年	2015年	2016年	2017年	2018年	2019年	2020年	2021年
保有量（万台）	0.01	0.20	0.12	0.23	0.49	0.91	1.09	1.15	1.16	1.20	1.24	1.26	1.28	1.30	1.13	1.13	1.15
同比（%）		1900.00	-40.00	91.67	113.04	85.71	19.49	5.76	0.87	3.45	3.33	1.61	1.59	1.56	-13.03	0.34	1.45

图77　2005—2021年重庆市插秧机保有量走势

（二）农用排灌机械保有量

表15 **2005—2021年农用水泵保有量一览表** 单位：万台

序号	地区	2005年	2006年	2007年	2008年	2009年	2010年	2011年	2012年	2013年	2014年	2015年	2016年	2017年	2018年	2019年	2020年	2021年
0	全国	1727.27	1840.52	1910.50	1979.24	2040.62	2108.78	2173.8	2211.54	2206.80	2224.51	2249.18	2241.29	2232.72	2289.17	2304.29	2299.96	2299.75
1	山东省	270.33	274.67	277.30	291.02	293.82	296.19	295.2	296.71	297.27	296.1	296.44	291.58	294.85	294.58	296.19	295.59	295.28
2	湖南省	158.86	164.99	177.89	170.37	183.89	209.98	220.9	222.14	228.97	226.63	233.43	232.79	227.67	235.10	232.03	232.58	233.07
3	河南省	203.10	205.73	207.97	207.34	215.03	216.29	223.8	222.87	223.63	223.44	223.34	219.68	215.30	219.45	220.09	220.46	219.67
4	安徽省	154.68	159.35	162.85	167.35	170.09	174.10	174.2	173.46	179.72	180.58	179.06	180.74	180.69	178.85	184.53	185.74	185.71
5	河北省	163.63	164.01	171.36	178.69	171.28	172.09	172.2	172.15	172.02	170.61	169.73	164.83	164.70	155.23	156.70	156.37	155.83
6	辽宁省	123.91	124.22	118.60	121.81	128.99	127.67	129.7	127.33	125.3	121.92	121.52	117.47	118.41	116.33	115.82	113.49	114.00
7	湖北省	55.92	71.42	82.70	87.73	87.70	85.49	89.5	103.30	105.63	110.6	110.13	110.97	111.38	108.96	116.91	117.27	117.87
8	重庆市	52.34	56.30	62.05	76.34	83.31	90.43	95.4	96.15	98.88	100.23	101.34	101.46	94.98	94.22	94.47	86.82	90.29
9	四川省	50.43	53.23	55.43	56.38	62.82	62.93	64.1	75.76	78.04	87.41	91.29	91.68	92.01	132.22	133.96	135.43	136.68
10	广西壮族自治区	55.60	59.11	64.82	68.70	73.98	83.40	84.0	84.52	87.36	88.45	89.97	92.65	93.96	96.18	97.90	98.57	96.59
11	浙江省	47.20	100.23	96.76	96.62	94.75	96.02	93.7	91.87	90.17	86.94	84.94	82.43	81.27	76.91	74.76	73.58	69.95
12	广东省	48.96	51.69	51.97	59.43	63.63	68.51	75.0	75.39	77.41	79.09	80.16	81.65	82.07	77.06	76.84	76.80	77.26
13	江苏省	61.93	62.00	59.09	59.80	60.42	60.00	63.5	66.29	66.53	65.99	65.92	67.61	67.45	67.51	67.72	68.48	68.27
14	吉林省	42.00	42.55	44.20	47.40	47.40	47.80	47.8	46.77	47.13	49.47	59.59	59.72	60.31	60.47	60.89	61.22	59.79
15	贵州省	14.61	15.46	19.48	26.19	28.13	28.92	40.6	43.18	44.75	52.19	56.22	57.92	60.70	61.53	61.83	61.75	62.52
16	黑龙江省	32.87	33.73	34.67	35.63	40.70	43.26	45.0	46.46	47.95	48.24	49.36	48.09	48.03	48.34	48.36	48.27	46.84
17	江西省	50.39	58.29	68.21	68.98	70.34	73.10	79.7	81.61	44.83	43.96	44.67	45.28	46.00	47.54	48.29	48.76	49.06
18	内蒙古自治区	32.99	36.78	37.20	35.47	36.60	35.96	37.6	38.67	38.7	38.68	39.09	39.30	42.61	43.41	43.37	44.02	44.06
19	陕西省	29.30	28.15	29.95	29.45	29.99	30.15	31.4	32.19	32.9	32.62	33.26	33.90	33.64	34.05	33.59	32.35	32.63
20	云南省	11.77	12.78	14.73	17.09	18.12	21.66	25.6	27.58	29.35	30.21	32.05	32.38	34.14	57.09	57.54	58.95	60.56
21	福建省	12.32	12.30	13.27	13.72	14.15	15.06	15.8	16.64	19.12	19.08	19.74	19.67	19.59	20.86	21.12	21.49	21.61
22	山西省	13.39	12.73	13.02	12.80	13.10	13.95	14.7	15.09	15.28	15.29	15.34	15.18	9.58	10.25	10.19	10.21	10.31
23	海南省	8.62	9.38	13.93	17.46	18.20	19.19	17.9	18.47	18.58	19.13	14.61	16.29	16.02	17.33	16.53	16.95	17.04
24	甘肃省	8.14	8.22	9.02	9.21	10.43	11.45	10.7	11.14	11.67	11.91	12.76	13.11	12.42	12.72	12.81	12.95	13.10
25	天津市	10.09	10.07	9.82	9.68	8.55	9.24	9.0	8.84	8.77	8.73	8.52	8.58	8.53	8.31	7.35	7.19	7.21
26	新疆维吾尔自治区	3.33	3.46	3.41	3.51	4.04	4.38	5.0	5.30	5.31	5.5	5.61	5.66	5.75	5.69	5.68	5.71	5.76
27	宁夏回族自治区	2.87	2.35	3.52	3.48	3.47	3.62	3.7	4.03	4.12	4.13	3.85	3.59	3.61	3.62	3.63	3.73	3.74

续 表

序号	地区	2005年	2006年	2007年	2008年	2009年	2010年	2011年	2012年	2013年	2014年	2015年	2016年	2017年	2018年	2019年	2020年	2021年
28	北京市	4.16	4.09	4.09	4.03	4.31	4.23	3.9	3.45	3.4	3.42	3.32	3.10	2.91	2.88	2.72	2.75	2.62
29	新疆生产建设兵团	1.38	1.23	1.32	1.64	1.51	1.92	1.9	1.99	1.97	1.89	1.82	1.85	1.76	1.70	1.66	1.66	1.59
30	上海市	1.83	1.67	1.65	1.60	1.57	1.35	1.3	1.32	1.36	1.37	1.36	1.36	1.64	0.00	0.00	0.00	0.00
31	西藏自治区	0.00	0.00	0.00	0.09	0.10	0.10	0.4	0.50	0.5	0.51	0.54	0.56	0.57	0.58	0.59	0.60	0.60
32	青海省	0.33	0.33	0.22	0.23	0.20	0.34	0.6	0.37	0.18	0.19	0.2	0.21	0.17	0.20	0.23	0.23	0.22

表16　2005—2021年农用水泵保有量前十名走势分析

单位：万台

序号	地区	类别	2005年	2006年	2007年	2008年	2009年	2010年	2011年	2012年	2013年	2014年	2015年	2016年	2017年	2018年	2019年	2020年	2021年
0	全国	保有量	1727.27	1840.52	1910.50	1979.24	2040.62	2108.78	2173.8	2211.54	2206.80	2224.51	2249.18	2241.29	2232.72	2289.17	2304.29	2299.96	2299.75
		同比（%）		6.56	3.80	3.60	3.10	3.34	3.08	1.74	−0.21	0.80	1.11	−0.35	−0.38	2.53	0.66	−0.19	−0.01
1	山东省	保有量	270.33	274.67	277.30	291.02	293.82	296.19	295.2	296.71	297.27	296.1	296.44	291.58	294.85	294.58	296.19	295.59	295.28
		同比（%）		1.61	0.96	4.95	0.96	0.81	−0.35	0.53	0.19	−0.39	0.11	−1.64	1.12	−0.09	0.55	−0.20	−0.10
2	湖南省	保有量	158.86	164.99	177.89	170.37	183.89	209.98	220.9	222.14	228.97	226.63	233.43	232.79	227.67	235.10	232.03	232.58	233.07
		同比（%）		3.86	7.82	−4.23	7.94	14.19	5.18	0.58	3.07	−1.02	3.00	−0.27	−2.20	3.26	−1.30	0.23	0.21
3	河南省	保有量	203.10	205.73	207.97	207.34	215.03	216.29	223.8	222.87	223.63	223.44	223.34	219.68	215.30	219.45	220.09	220.46	219.67
		同比（%）		1.29	1.09	−0.30	3.71	0.59	3.47	−0.41	0.34	−0.08	−0.04	−1.64	−1.99	1.93	0.29	0.17	−0.36
4	安徽省	保有量	154.68	159.35	162.85	167.35	170.09	174.10	174.2	173.46	179.72	180.58	179.06	180.74	180.69	178.85	184.53	185.74	185.71
		同比（%）		3.02	2.20	2.76	1.64	2.36	0.06	−0.42	3.61	0.48	−0.84	0.94	−0.03	−1.02	3.17	0.66	−0.02
5	河北省	保有量	163.63	164.01	171.36	178.69	171.28	172.09	172.2	172.15	172.02	170.61	169.73	164.83	164.70	155.23	156.70	156.37	155.83
		同比（%）		0.23	4.48	4.28	−4.15	0.47	0.08	−0.04	−0.08	−0.82	−0.52	−2.89	−0.08	−5.75	0.94	−0.21	−0.35
6	辽宁省	保有量	123.91	124.22	118.60	121.81	128.99	127.67	129.7	127.33	125.30	121.92	121.52	117.47	118.41	116.33	115.82	113.49	114.00
		同比（%）		0.25	−4.52	2.71	5.89	−1.02	1.60	−1.83	−1.59	−2.70	−0.33	−3.33	0.80	−1.76	−0.43	−2.02	0.45
7	湖北省	保有量	55.92	71.42	82.70	87.73	87.70	85.49	89.5	103.30	105.63	110.6	110.13	110.97	111.38	108.96	116.91	117.27	117.87
		同比（%）		27.72	15.79	6.08	−0.03	−2.52	4.66	15.45	2.26	4.71	−0.42	0.76	0.37	−2.17	7.30	0.31	0.51
8	重庆市	保有量	52.34	56.30	62.05	76.34	83.31	90.43	95.4	96.15	98.88	100.23	101.34	101.46	94.98	94.22	94.47	86.82	90.29
		同比（%）		7.57	10.21	23.03	9.13	8.55	5.50	0.79	2.84	1.37	1.11	0.12	−6.39	−0.80	0.27	−8.10	4.00
9	四川省	保有量	50.43	53.23	55.43	56.38	62.82	62.93	64.1	75.76	78.04	87.41	91.29	91.68	92.01	132.22	133.96	135.43	136.68
		同比（%）		5.55	4.13	1.71	11.42	0.18	1.91	18.14	3.01	12.01	4.44	0.43	0.36	43.70	1.32	1.10	0.92
10	广西壮族自治区	保有量	55.60	59.11	64.82	68.70	73.98	83.40	84.0	84.52	87.36	88.45	89.97	92.65	93.96	96.18	97.90	98.57	96.59
		同比（%）		6.31	9.66	5.99	7.69	12.73	0.72	0.62	3.36	1.25	1.72	2.98	1.41	2.36	1.78	0.69	−2.01

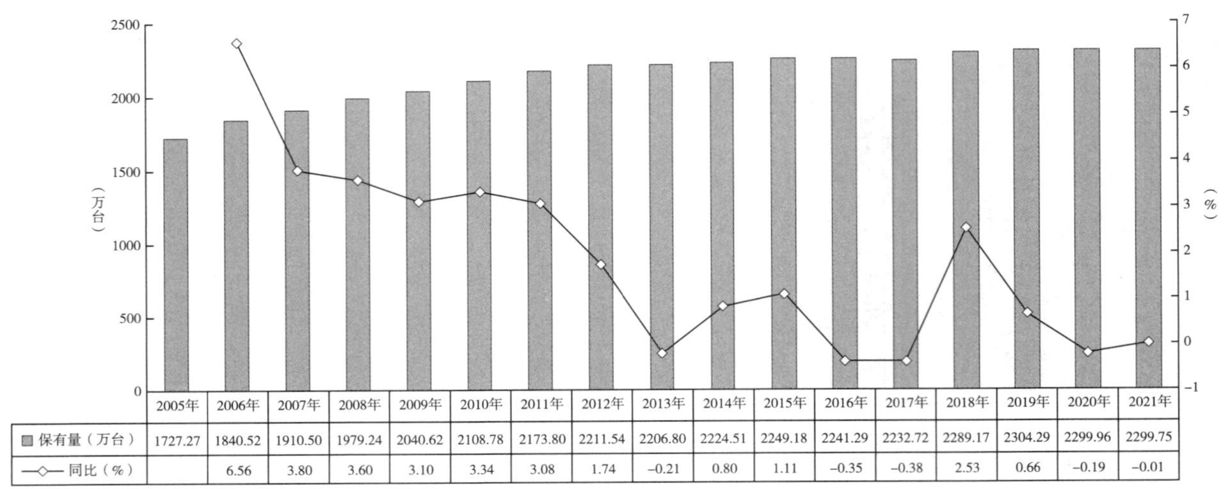

	2005年	2006年	2007年	2008年	2009年	2010年	2011年	2012年	2013年	2014年	2015年	2016年	2017年	2018年	2019年	2020年	2021年
保有量（万台）	1727.27	1840.52	1910.50	1979.24	2040.62	2108.78	2173.80	2211.54	2206.80	2224.51	2249.18	2241.29	2232.72	2289.17	2304.29	2299.96	2299.75
同比（%）		6.56	3.80	3.60	3.10	3.34	3.08	1.74	−0.21	0.80	1.11	−0.35	−0.38	2.53	0.66	−0.19	−0.01

图78　2005—2021年全国农用水泵保有量走势

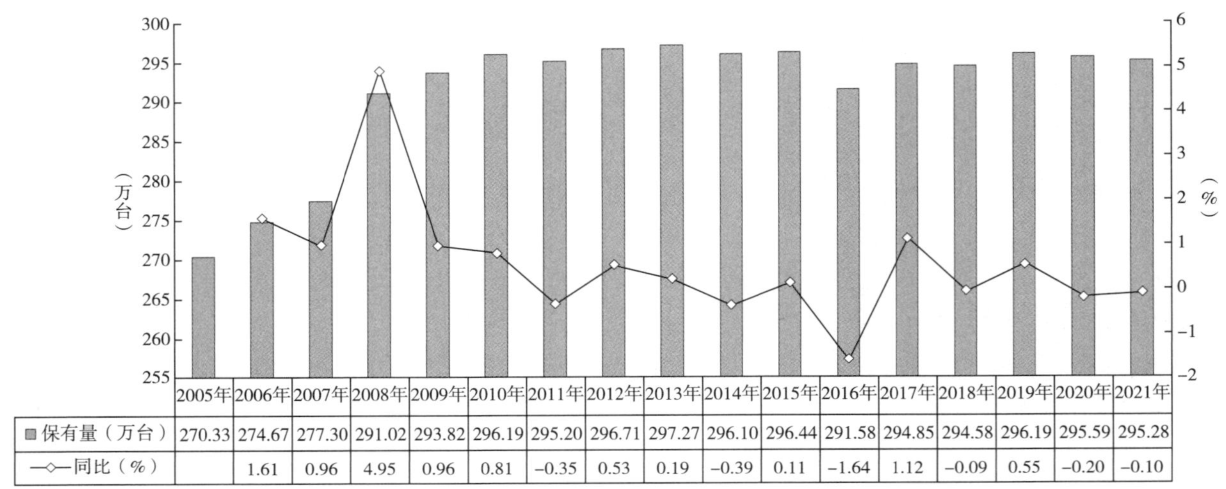

	2005年	2006年	2007年	2008年	2009年	2010年	2011年	2012年	2013年	2014年	2015年	2016年	2017年	2018年	2019年	2020年	2021年
保有量（万台）	270.33	274.67	277.30	291.02	293.82	296.19	295.20	296.71	297.27	296.10	296.44	291.58	294.85	294.58	296.19	295.59	295.28
同比（%）		1.61	0.96	4.95	0.96	0.81	−0.35	0.53	0.19	−0.39	0.11	−1.64	1.12	−0.09	0.55	−0.20	−0.10

图79　2005—2021年山东省农用水泵拥有量走势

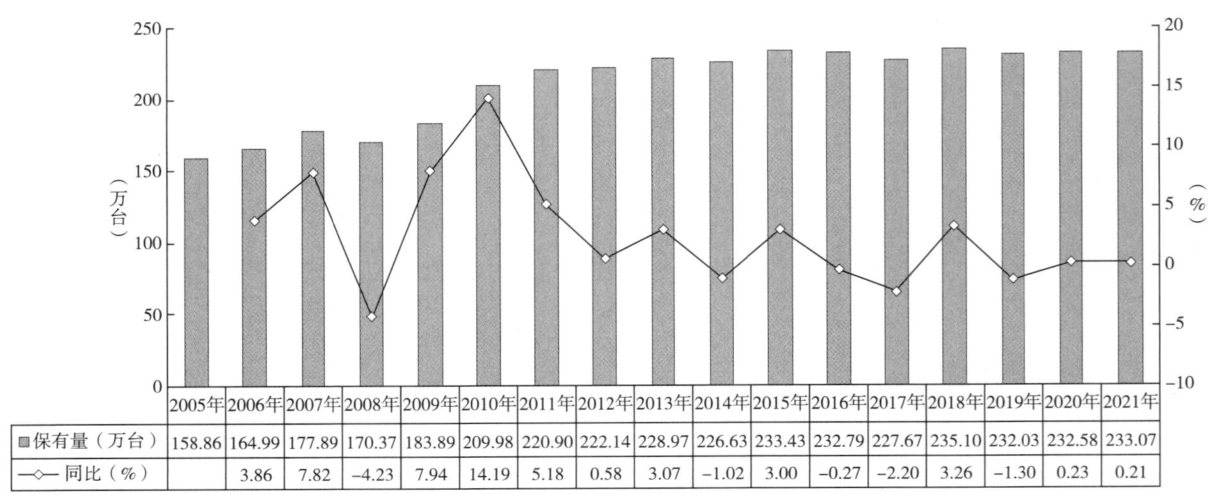

	2005年	2006年	2007年	2008年	2009年	2010年	2011年	2012年	2013年	2014年	2015年	2016年	2017年	2018年	2019年	2020年	2021年
保有量（万台）	158.86	164.99	177.89	170.37	183.89	209.98	220.90	222.14	228.97	226.63	233.43	232.79	227.67	235.10	232.03	232.58	233.07
同比（%）		3.86	7.82	−4.23	7.94	14.19	5.18	0.58	3.07	−1.02	3.00	−0.27	−2.20	3.26	−1.30	0.23	0.21

图80　2005—2021年湖南省农用水泵拥有量走势

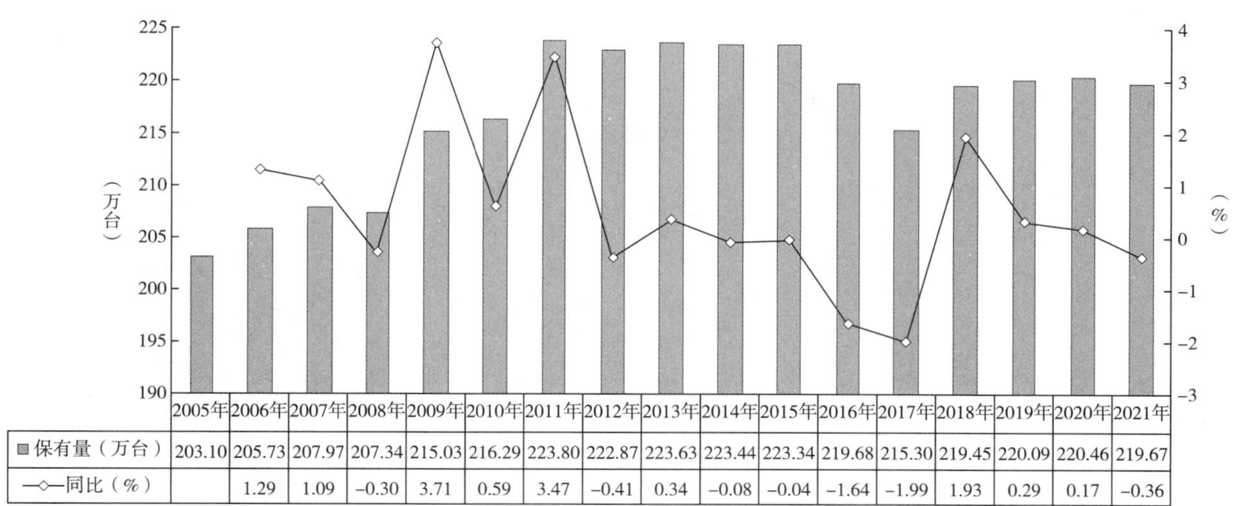

	2005年	2006年	2007年	2008年	2009年	2010年	2011年	2012年	2013年	2014年	2015年	2016年	2017年	2018年	2019年	2020年	2021年
保有量（万台）	203.10	205.73	207.97	207.34	215.03	216.29	223.80	222.87	223.63	223.44	223.34	219.68	215.30	219.45	220.09	220.46	219.67
同比（%）		1.29	1.09	−0.30	3.71	0.59	3.47	−0.41	0.34	−0.08	−0.04	−1.64	−1.99	1.93	0.29	0.17	−0.36

图81　2005—2021年河南省农用水泵拥有量走势

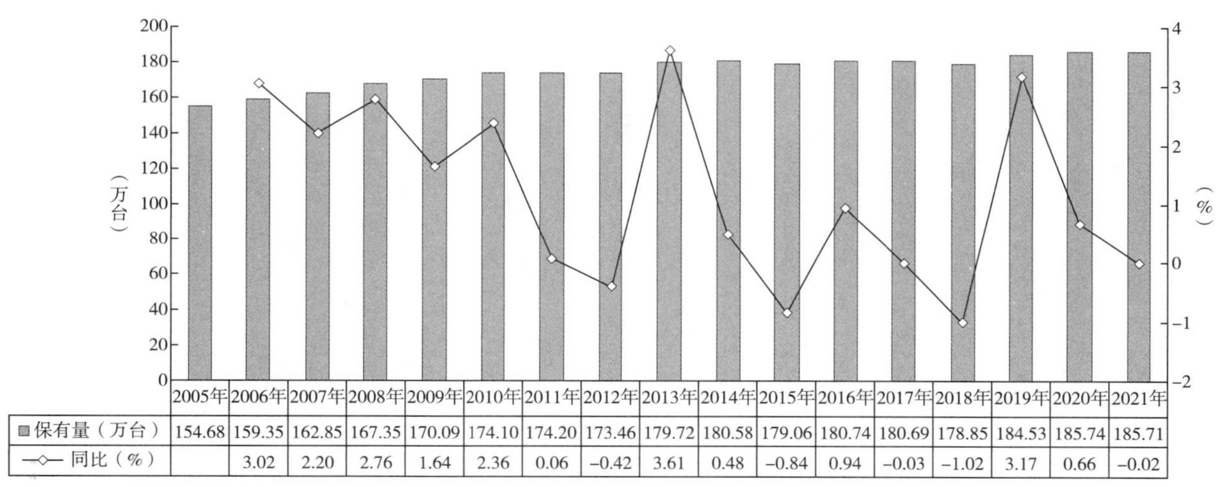

	2005年	2006年	2007年	2008年	2009年	2010年	2011年	2012年	2013年	2014年	2015年	2016年	2017年	2018年	2019年	2020年	2021年
保有量（万台）	154.68	159.35	162.85	167.35	170.09	174.10	174.20	173.46	179.72	180.58	179.06	180.74	180.69	178.85	184.53	185.74	185.71
同比（%）		3.02	2.20	2.76	1.64	2.36	0.06	−0.42	3.61	0.48	−0.84	0.94	−0.03	−1.02	3.17	0.66	−0.02

图82　2005—2021年安徽省农用水泵拥有量走势

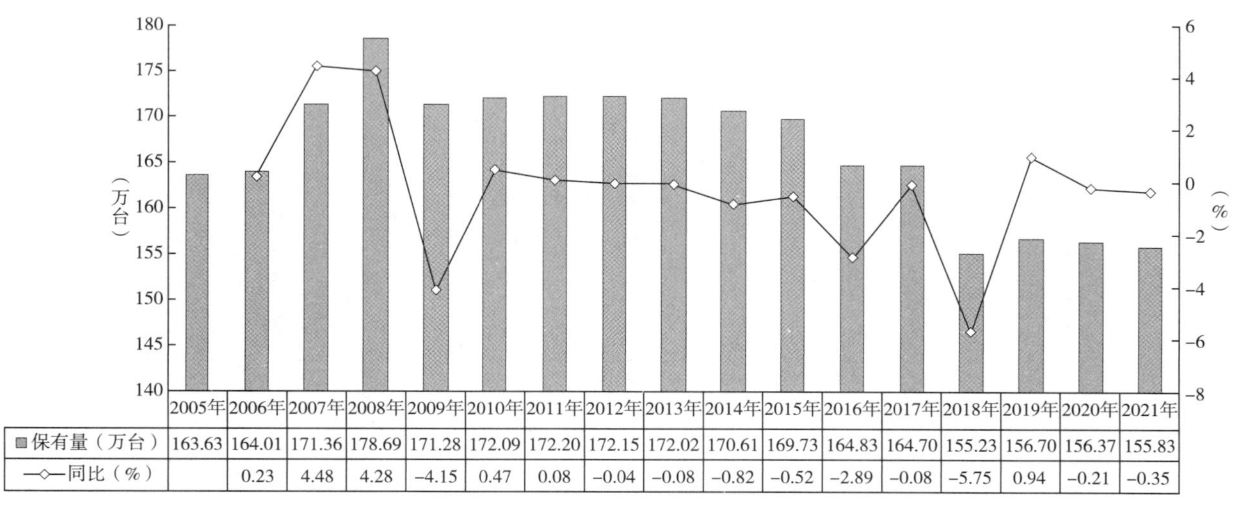

	2005年	2006年	2007年	2008年	2009年	2010年	2011年	2012年	2013年	2014年	2015年	2016年	2017年	2018年	2019年	2020年	2021年
保有量（万台）	163.63	164.01	171.36	178.69	171.28	172.09	172.20	172.15	172.02	170.61	169.73	164.83	164.70	155.23	156.70	156.37	155.83
同比（%）		0.23	4.48	4.28	−4.15	0.47	0.08	−0.04	−0.08	−0.82	−0.52	−2.89	−0.08	−5.75	0.94	−0.21	−0.35

图83　2005—2021年河北省农用水泵拥有量走势

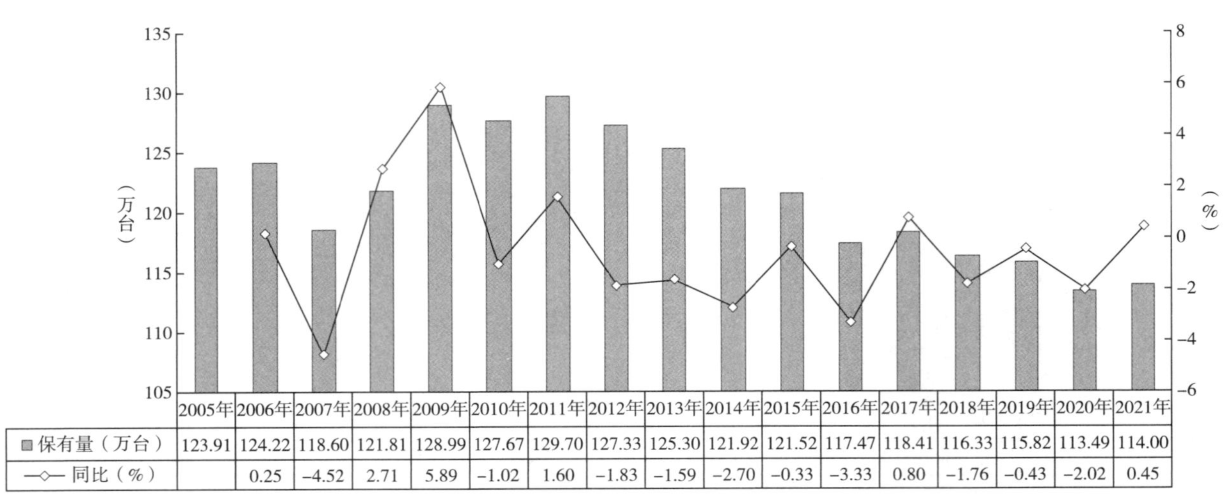

	2005年	2006年	2007年	2008年	2009年	2010年	2011年	2012年	2013年	2014年	2015年	2016年	2017年	2018年	2019年	2020年	2021年
保有量（万台）	123.91	124.22	118.60	121.81	128.99	127.67	129.70	127.33	125.30	121.92	121.52	117.47	118.41	116.33	115.82	113.49	114.00
同比（%）		0.25	−4.52	2.71	5.89	−1.02	1.60	−1.83	−1.59	−2.70	−0.33	−3.33	0.80	−1.76	−0.43	−2.02	0.45

图84　2005—2021年辽宁省农用水泵拥有量走势

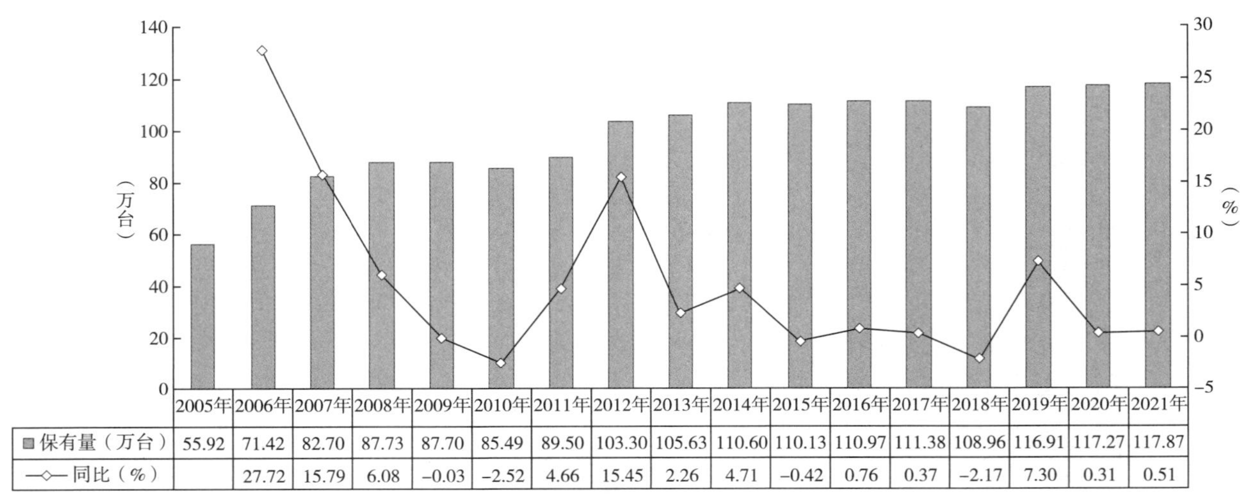

	2005年	2006年	2007年	2008年	2009年	2010年	2011年	2012年	2013年	2014年	2015年	2016年	2017年	2018年	2019年	2020年	2021年
保有量（万台）	55.92	71.42	82.70	87.73	87.70	85.49	89.50	103.30	105.63	110.60	110.13	110.97	111.38	108.96	116.91	117.27	117.87
同比（%）		27.72	15.79	6.08	−0.03	−2.52	4.66	15.45	2.26	4.71	−0.42	0.76	0.37	−2.17	7.30	0.31	0.51

图85　2005—2021年湖北省农用水泵拥有量走势

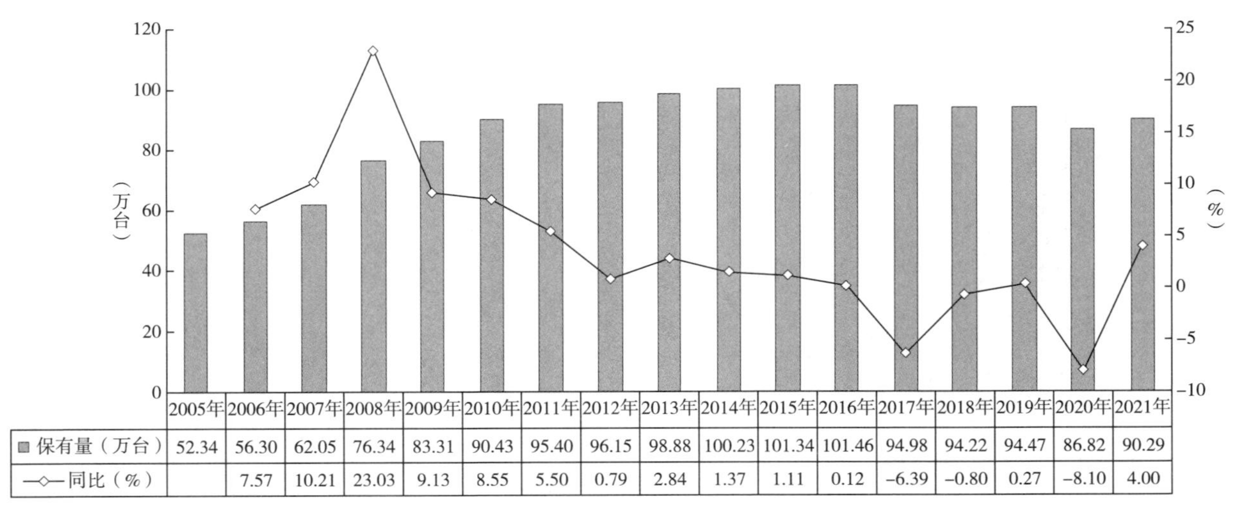

	2005年	2006年	2007年	2008年	2009年	2010年	2011年	2012年	2013年	2014年	2015年	2016年	2017年	2018年	2019年	2020年	2021年
保有量（万台）	52.34	56.30	62.05	76.34	83.31	90.43	95.40	96.15	98.88	100.23	101.34	101.46	94.98	94.22	94.47	86.82	90.29
同比（%）		7.57	10.21	23.03	9.13	8.55	5.50	0.79	2.84	1.37	1.11	0.12	−6.39	−0.80	0.27	−8.10	4.00

图86　2005—2021年重庆市农用水泵拥有量走势

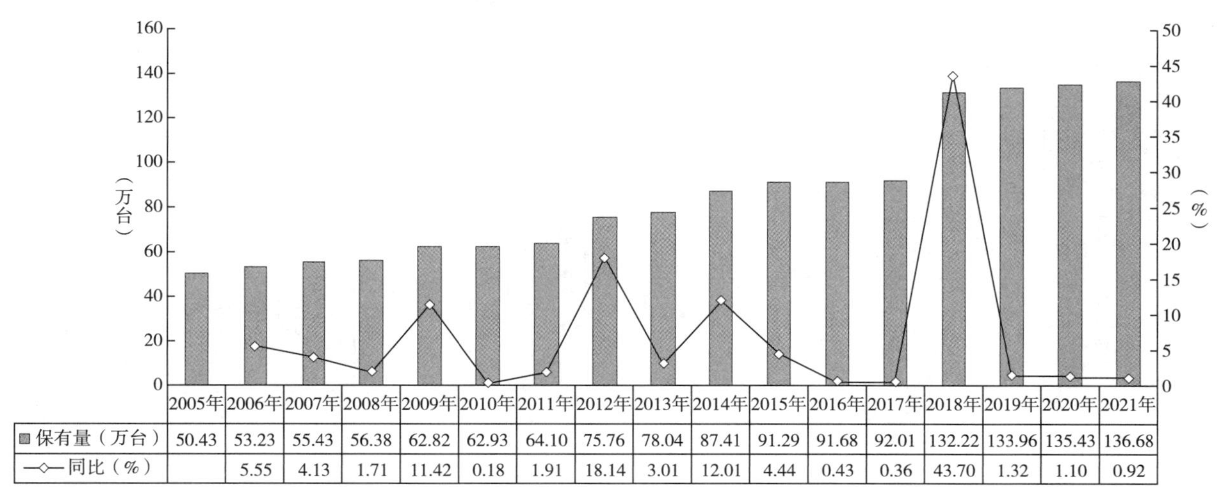

	2005年	2006年	2007年	2008年	2009年	2010年	2011年	2012年	2013年	2014年	2015年	2016年	2017年	2018年	2019年	2020年	2021年
保有量（万台）	50.43	53.23	55.43	56.38	62.82	62.93	64.10	75.76	78.04	87.41	91.29	91.68	92.01	132.22	133.96	135.43	136.68
同比（%）		5.55	4.13	1.71	11.42	0.18	1.91	18.14	3.01	12.01	4.44	0.43	0.36	43.70	1.32	1.10	0.92

图87　2005—2021年四川省农用水泵拥有量走势

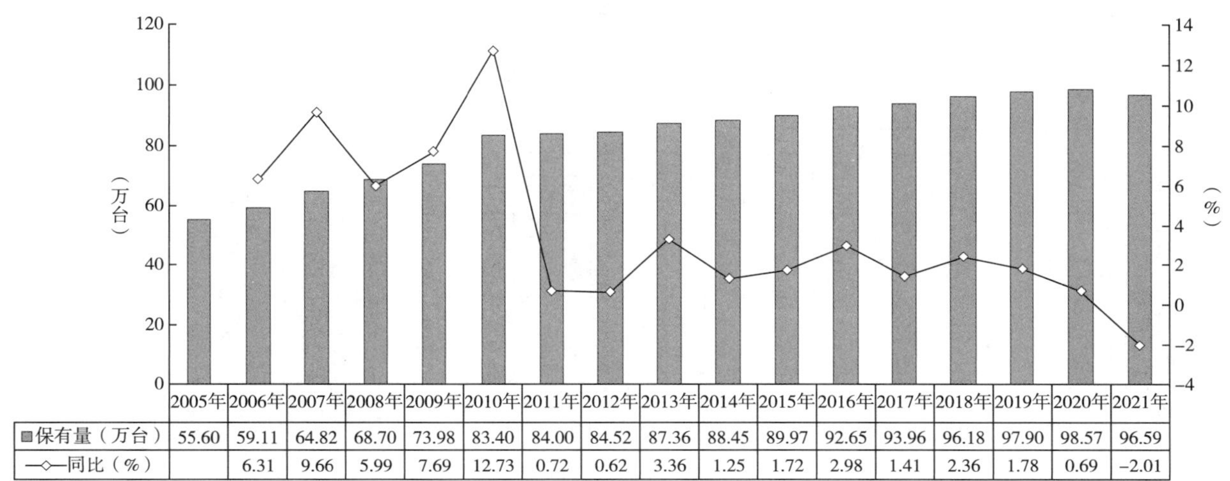

	2005年	2006年	2007年	2008年	2009年	2010年	2011年	2012年	2013年	2014年	2015年	2016年	2017年	2018年	2019年	2020年	2021年
保有量（万台）	55.60	59.11	64.82	68.70	73.98	83.40	84.00	84.52	87.36	88.45	89.97	92.65	93.96	96.18	97.90	98.57	96.59
同比（%）		6.31	9.66	5.99	7.69	12.73	0.72	0.62	3.36	1.25	1.72	2.98	1.41	2.36	1.78	0.69	−2.01

图88　2005—2021年广西壮族自治区农用水泵拥有量走势

（三）植保机械保有量

表17　2005—2021年机动喷雾（粉）机保有量一览表

单位：万台

序号	地区	2005年	2006年	2007年	2008年	2009年	2010年	2011年	2012年	2013年	2014年	2015年	2016年	2017年	2018年	2019年	2020年	2021年
0	全国	239.10	271.04	296.33	356.42	395.91	461.44	518.08	543.72	559.19	614.04	618.85	629.69	618.32	615.26	621.00	628.27	644.18
1	湖北省	15.92	25.44	30.57	35.41	38.40	43.56	48.73	55.07	60.41	72.26	73.02	74.20	71.09	66.92	75.13	75.04	75.43
2	江苏省	37.41	39.46	41.39	50.27	53.50	57.32	61.92	67.11	68.60	68.85	67.04	65.97	63.59	60.57	61.97	61.50	59.29
3	山东省	28.91	29.74	30.40	39.17	40.35	43.15	47.43	48.85	50.09	49.99	50.91	51.13	51.57	47.77	48.85	50.54	51.31
4	河北省	33.52	34.82	36.75	40.54	45.09	48.03	49.10	50.15	51.05	50.79	50.5	51.02	51.36	50.49	50.13	49.96	49.47
5	安徽省	20.53	22.01	24.52	26.58	29.18	32.78	36.86	42.80	44.90	46.32	47.07	47.37	47.51	46.62	46.49	47.12	47.11
6	福建省	9.72	9.80	10.48	11.22	19.02	24.69	28.42	11.20	11.45	43.71	43.57	43.96	33.72	39.86	40.05	41.17	41.80
7	湖南省	8.26	9.10	9.01	16.32	20.40	29.02	32.29	37.66	37.61	38.9	39.78	40.26	39.16	40.06	39.52	39.90	39.46
8	四川省	8.69	9.67	11.07	12.71	14.57	19.29	26.00	28.38	30.80	33.11	35.13	36.61	37.80	37.78	38.16	38.87	39.29
9	河南省	18.97	20.56	21.20	22.52	24.22	26.19	26.36	27.66	28.58	29.42	29.53	29.66	29.91	33.48	33.54	33.66	34.05
10	广东省	6.12	8.17	9.59	15.65	14.54	17.21	21.84	23.92	23.91	24.89	25.5	26.75	26.27	23.92	23.61	23.63	23.71
11	浙江省	7.68	11.66	12.58	13.27	15.56	18.95	21.18	21.84	21.30	21.46	20.7	20.53	21.19	21.34	15.22	15.18	28.38
12	陕西省	7.32	8.02	8.61	9.29	8.67	13.43	17.26	18.03	18.84	19.13	18.99	21.55	21.76	19.68	19.24	19.26	19.26
13	江西省	7.30	8.65	9.76	11.53	13.05	15.88	18.56	20.12	13.69	14.65	14.83	14.95	14.92	14.93	15.00	15.11	14.86
14	广西壮族自治区	3.78	4.34	4.91	6.63	7.39	8.66	10.63	11.46	12.06	12.63	13.51	14.06	14.79	14.51	15.41	16.22	16.78
15	云南省	0.57	0.70	1.18	1.85	4.60	5.99	8.06	10.67	12.19	12.69	13.34	13.74	14.76	16.72	19.27	20.88	22.14
16	黑龙江省	2.51	4.42	5.85	7.93	8.50	9.50	10.00	10.25	10.64	10.75	10.49	10.69	10.35	10.17	9.71	9.56	9.39
17	辽宁省	4.82	4.94	5.59	7.04	7.60	9.66	9.46	9.55	9.67	9.7	9.83	9.57	10.19	10.55	10.22	10.06	10.07
18	海南省	0.70	0.77	0.90	1.37	1.75	2.93	6.48	7.81	9.26	9.27	8.56	9.32	8.72	8.73	8.41	8.02	7.95
19	新疆维吾尔自治区	4.31	4.32	4.57	4.99	5.24	6.42	6.93	7.16	8.56	8.53	8.24	8.38	8.46	8.57	8.58	8.92	8.51
20	内蒙古自治区	0.76	1.25	1.34	5.43	4.82	5.23	5.38	7.95	7.65	7.6	7.69	8.28	7.50	9.13	9.27	9.39	9.67
21	重庆市	1.21	1.21	1.34	1.47	3.37	5.71	5.82	5.87	6.97	7.04	7.41	7.73	7.96	8.06	7.18	7.41	7.66
22	贵州省	1.39	1.43	2.15	2.42	2.66	2.90	3.40	3.59	3.91	4.69	4.89	5.02	5.29	5.71	5.93	6.33	7.51
23	甘肃省	1.22	1.34	1.46	1.65	2.43	3.49	4.01	3.50	3.77	4.34	4.81	5.13	5.53	5.75	5.85	6.00	6.11
24	山西省	3.15	3.09	3.18	3.21	3.44	3.72	3.91	3.99	4.12	4.2	4.21	4.22	4.46	4.41	4.35	4.37	4.41
25	上海市	1.20	1.39	1.84	1.83	1.83	2.11	2.25	2.29	2.23	2.22	2.26	2.25	2.13	2.07	2.12	1.98	2.02
26	北京市	1.11	1.83	1.96	2.08	2.28	2.04	2.02	2.95	2.22	2.09	1.99	1.94	2.05	1.14	1.15	1.15	1.15
27	吉林省	0.71	1.50	2.67	1.95	1.06	1.08	1.16	1.23	1.22	1.27	1.34	1.44	1.89	2.06	2.28	2.55	2.69

续 表

序号	地区	2005年	2006年	2007年	2008年	2009年	2010年	2011年	2012年	2013年	2014年	2015年	2016年	2017年	2018年	2019年	2020年	2021年
28	新疆生产建设兵团	0.41	0.43	0.55	0.79	0.92	0.93	0.98	0.99	0.95	0.98	1	1.01	1.02	0.98	1.07	1.13	1.18
29	天津市	0.45	0.50	0.52	0.83	0.85	0.86	0.95	0.96	0.97	0.96	0.96	0.95	0.93	0.73	0.70	0.67	0.67
30	西藏自治区	0.00	0.00	0.00	0.00	0.07	0.10	0.11	0.59	0.61	0.68	0.83	1.00	1.20	1.32	1.38	1.42	1.59
31	青海省	0.25	0.26	0.25	0.26	0.26	0.27	0.24	0.29	0.53	0.48	0.51	0.60	0.78	0.73	0.71	0.74	0.74
32	宁夏回族自治区	0.20	0.22	0.14	0.22	0.30	0.34	0.35	0.42	0.43	0.44	0.41	0.41	0.46	0.49	0.50	0.52	0.54

表18　　2005—2021年机动喷雾（粉）机保有量前十名走势分析　　单位：万台

序号	地区	类别	2005年	2006年	2007年	2008年	2009年	2010年	2011年	2012年	2013年	2014年	2015年	2016年	2017年	2018年	2019年	2020年	2021年
0	全国	保有量	239.10	271.04	296.33	356.42	395.91	461.44	518.08	543.72	559.19	614.04	618.85	629.69	618.32	615.26	621.00	628.27	644.18
		同比（%）		13.36	9.33	20.28	11.08	16.55	12.27	4.95	2.85	9.81	0.78	1.75	−1.81	−0.49	0.93	1.17	2.53
1	湖北省	保有量	15.92	25.44	30.57	35.41	38.40	43.56	48.73	55.07	60.41	72.26	73.02	74.20	71.09	66.92	75.13	75.04	75.43
		同比（%）		59.80	20.17	15.83	8.44	13.44	11.87	13.01	9.70	19.62	1.05	1.62	−4.19	−5.87	12.27	−0.13	0.52
2	江苏省	保有量	37.41	39.46	41.39	50.27	53.50	57.32	61.92	67.11	68.60	68.85	67.04	65.97	63.59	60.57	61.97	61.50	59.29
		同比（%）		5.48	4.89	21.45	6.43	7.14	8.03	8.38	2.22	0.36	−2.63	−1.60	−3.61	−4.75	2.31	−0.75	−3.60
3	山东省	保有量	28.91	29.74	30.40	39.17	40.35	43.15	47.43	48.85	50.09	49.99	50.91	51.13	51.57	47.77	48.85	50.54	51.31
		同比（%）		2.87	2.22	28.85	3.01	6.94	9.92	2.99	2.54	−0.20	1.84	0.43	0.86	−7.37	2.26	3.46	1.53
4	河北省	保有量	33.52	34.82	36.75	40.54	45.09	48.03	49.10	50.15	51.05	50.79	50.5	51.02	51.36	50.49	50.13	49.96	49.47
		同比（%）		3.88	5.54	10.31	11.22	6.52	2.23	2.14	1.79	−0.51	−0.57	1.03	0.67	−1.69	−0.71	−0.35	−0.96
5	安徽省	保有量	20.53	22.01	24.52	26.58	29.18	32.78	36.86	42.80	44.90	46.32	47.07	47.37	47.51	46.62	46.49	47.12	47.11
		同比（%）		7.21	11.40	8.40	9.78	12.34	12.44	16.12	4.91	3.16	1.62	0.64	0.30	−1.87	−0.28	1.37	−0.03
6	福建省	保有量	9.72	9.80	10.48	11.22	19.02	24.69	28.42	11.20	11.45	43.71	43.57	43.96	33.72	39.86	40.05	41.17	41.80
		同比（%）		0.82	6.94	7.06	69.52	29.81	15.10	−60.61	2.27	281.75	−0.32	0.90	−23.30	18.22	0.47	2.81	1.53
7	湖南省	保有量	8.26	9.10	9.01	16.32	20.40	29.02	32.29	37.66	37.61	38.9	39.78	40.26	39.16	40.06	39.52	39.90	39.46
		同比（%）		10.17	−0.99	81.13	25.00	42.25	11.25	16.64	−0.13	3.43	2.26	1.21	−2.73	2.30	−1.35	0.97	−1.11
8	四川省	保有量	8.69	9.67	11.07	12.71	14.57	19.29	26.00	28.38	30.80	33.11	35.13	36.61	37.80	37.78	38.16	38.87	39.29
		同比（%）		11.28	14.48	14.81	14.63	32.40	34.78	9.15	8.53	7.50	6.10	4.21	3.25	−0.05	1.01	1.86	1.08
9	河南省	保有量	18.97	20.56	21.20	22.52	24.22	26.19	26.36	27.66	28.58	29.42	29.53	29.66	29.91	33.48	33.54	33.66	34.05
		同比（%）		8.38	3.11	6.23	7.55	8.13	0.65	4.93	3.33	2.94	0.37	0.44	0.84	11.94	0.18	0.35	1.17
10	广东省	保有量	6.12	8.17	9.59	15.65	14.54	17.21	21.84	23.92	23.91	24.89	25.5	26.75	26.27	23.92	23.61	23.63	23.71
		同比（%）		33.50	17.38	63.19	−7.09	18.36	26.90	9.52	−0.03	4.08	2.45	4.89	−1.78	−8.93	−1.30	0.08	0.33

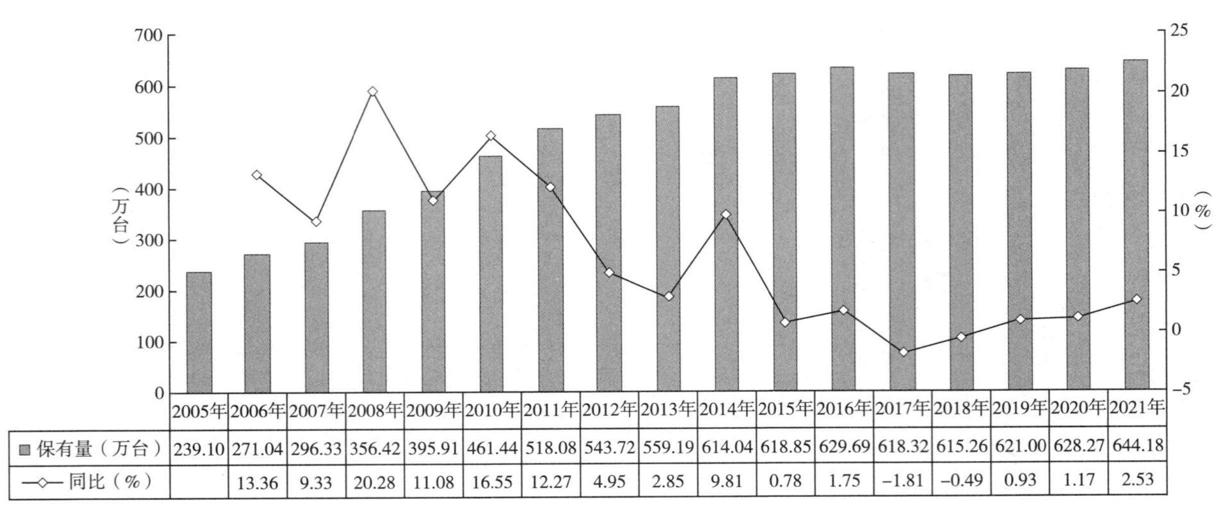

	2005年	2006年	2007年	2008年	2009年	2010年	2011年	2012年	2013年	2014年	2015年	2016年	2017年	2018年	2019年	2020年	2021年
保有量（万台）	239.10	271.04	296.33	356.42	395.91	461.44	518.08	543.72	559.19	614.04	618.85	629.69	618.32	615.26	621.00	628.27	644.18
同比（%）		13.36	9.33	20.28	11.08	16.55	12.27	4.95	2.85	9.81	0.78	1.75	−1.81	−0.49	0.93	1.17	2.53

图89　2005—2021年全国机动喷雾机保有量走势

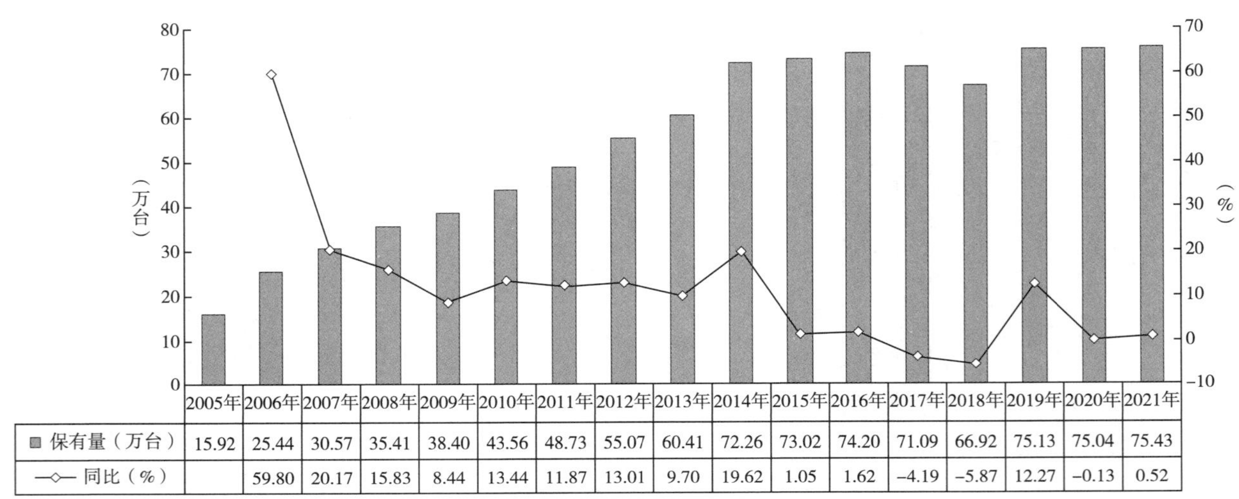

	2005年	2006年	2007年	2008年	2009年	2010年	2011年	2012年	2013年	2014年	2015年	2016年	2017年	2018年	2019年	2020年	2021年
保有量（万台）	15.92	25.44	30.57	35.41	38.40	43.56	48.73	55.07	60.41	72.26	73.02	74.20	71.09	66.92	75.13	75.04	75.43
同比（%）		59.80	20.17	15.83	8.44	13.44	11.87	13.01	9.70	19.62	1.05	1.62	−4.19	−5.87	12.27	−0.13	0.52

图90　2005—2021年湖北省机动喷雾机保有量走势

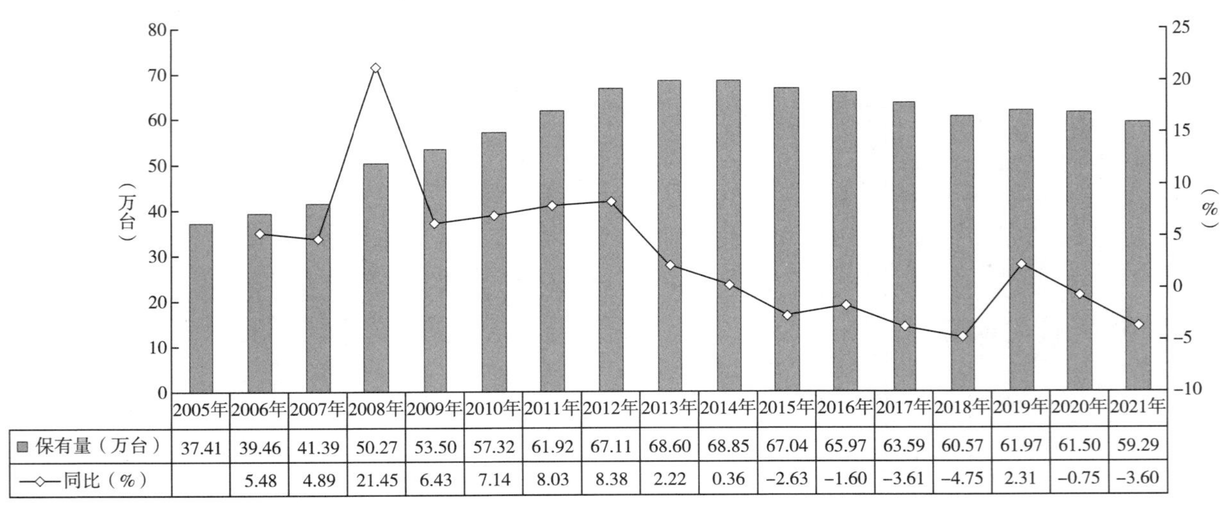

	2005年	2006年	2007年	2008年	2009年	2010年	2011年	2012年	2013年	2014年	2015年	2016年	2017年	2018年	2019年	2020年	2021年
保有量（万台）	37.41	39.46	41.39	50.27	53.50	57.32	61.92	67.11	68.60	68.85	67.04	65.97	63.59	60.57	61.97	61.50	59.29
同比（%）		5.48	4.89	21.45	6.43	7.14	8.03	8.38	2.22	0.36	−2.63	−1.60	−3.61	−4.75	2.31	−0.75	−3.60

图91　2005—2021年江苏省机动喷雾机保有量走势

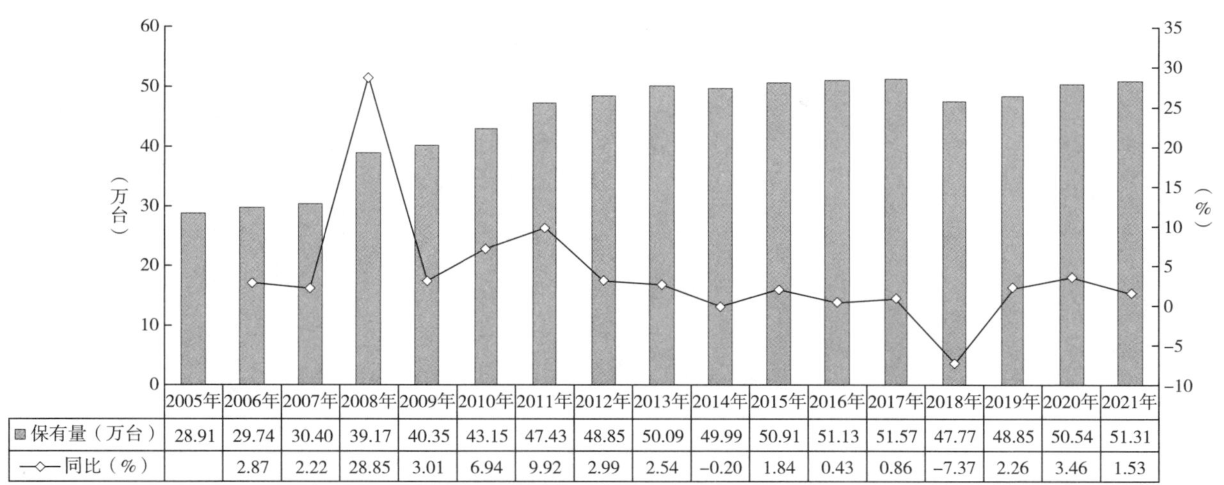

	2005年	2006年	2007年	2008年	2009年	2010年	2011年	2012年	2013年	2014年	2015年	2016年	2017年	2018年	2019年	2020年	2021年
保有量（万台）	28.91	29.74	30.40	39.17	40.35	43.15	47.43	48.85	50.09	49.99	50.91	51.13	51.57	47.77	48.85	50.54	51.31
同比（%）		2.87	2.22	28.85	3.01	6.94	9.92	2.99	2.54	−0.20	1.84	0.43	0.86	−7.37	2.26	3.46	1.53

图92 2005—2021年山东省机动喷雾机保有量走势

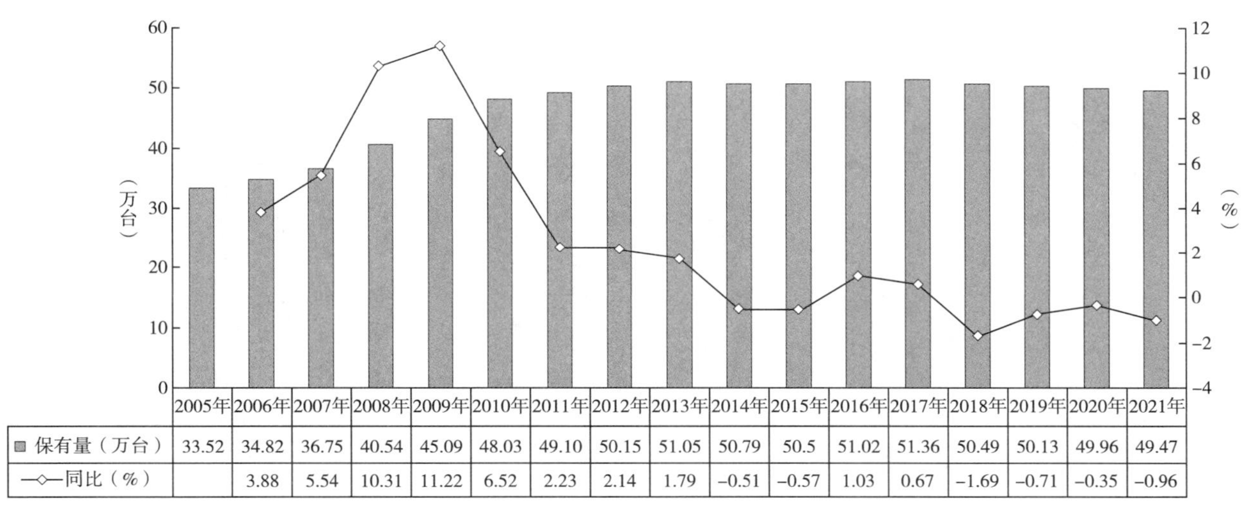

	2005年	2006年	2007年	2008年	2009年	2010年	2011年	2012年	2013年	2014年	2015年	2016年	2017年	2018年	2019年	2020年	2021年
保有量（万台）	33.52	34.82	36.75	40.54	45.09	48.03	49.10	50.15	51.05	50.79	50.5	51.02	51.36	50.49	50.13	49.96	49.47
同比（%）		3.88	5.54	10.31	11.22	6.52	2.23	2.14	1.79	−0.51	−0.57	1.03	0.67	−1.69	−0.71	−0.35	−0.96

图93 2005—2021年河北省机动喷雾机保有量走势

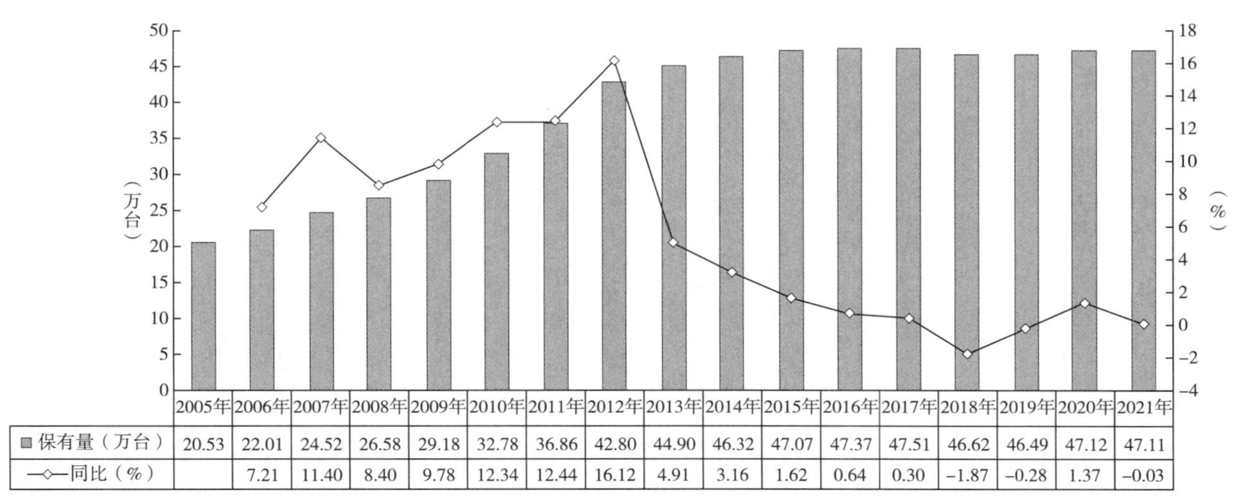

	2005年	2006年	2007年	2008年	2009年	2010年	2011年	2012年	2013年	2014年	2015年	2016年	2017年	2018年	2019年	2020年	2021年
保有量（万台）	20.53	22.01	24.52	26.58	29.18	32.78	36.86	42.80	44.90	46.32	47.07	47.37	47.51	46.62	46.49	47.12	47.11
同比（%）		7.21	11.40	8.40	9.78	12.34	12.44	16.12	4.91	3.16	1.62	0.64	0.30	−1.87	−0.28	1.37	−0.03

图94 2005—2021年安徽省机动喷雾机保有量走势

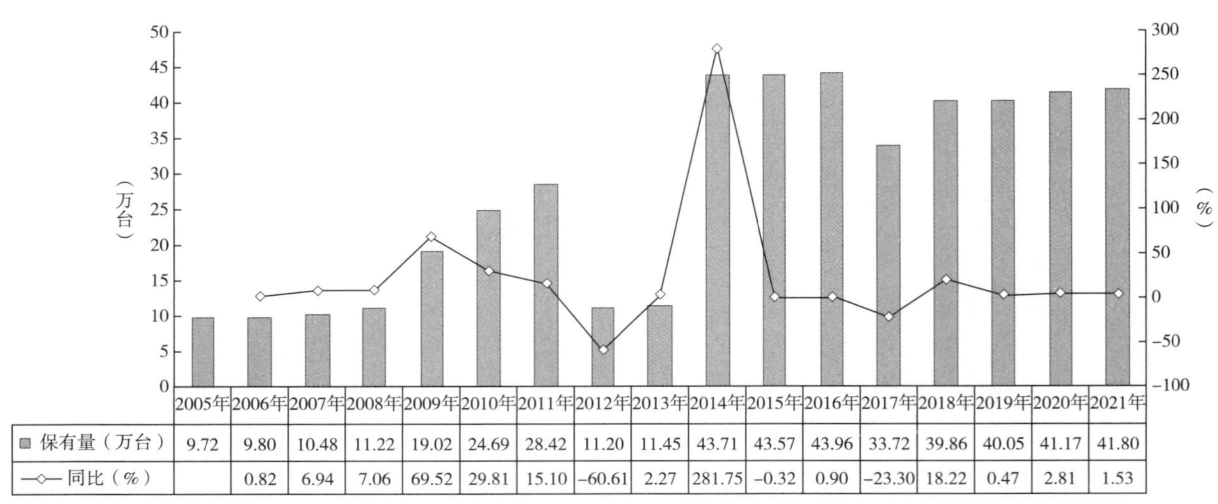

	2005年	2006年	2007年	2008年	2009年	2010年	2011年	2012年	2013年	2014年	2015年	2016年	2017年	2018年	2019年	2020年	2021年
保有量（万台）	9.72	9.80	10.48	11.22	19.02	24.69	28.42	11.20	11.45	43.71	43.57	43.96	33.72	39.86	40.05	41.17	41.80
同比（%）		0.82	6.94	7.06	69.52	29.81	15.10	–60.61	2.27	281.75	–0.32	0.90	–23.30	18.22	0.47	2.81	1.53

图 95　2005—2021 年福建省机动喷雾机保有量走势

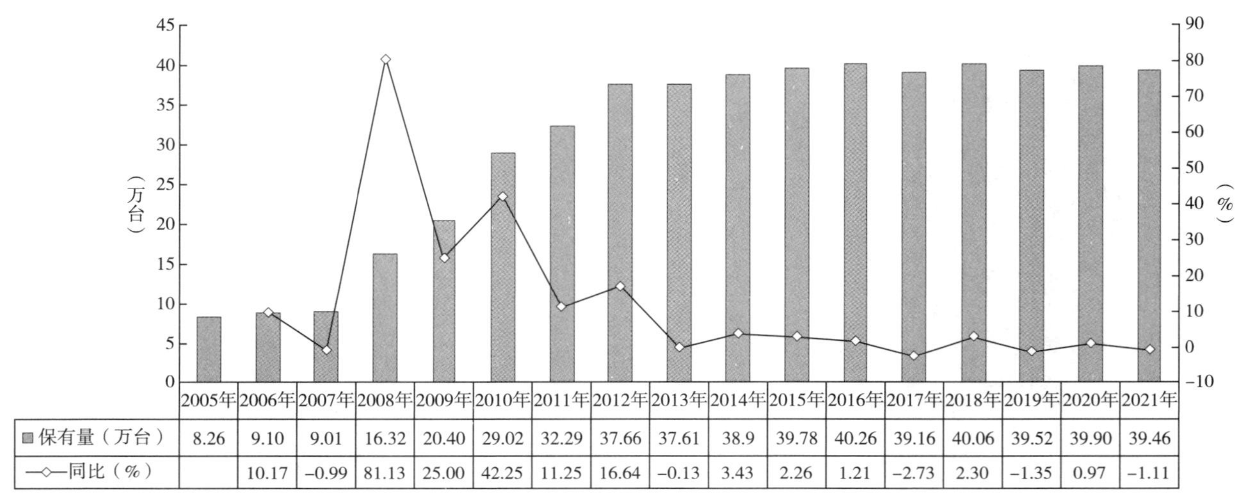

	2005年	2006年	2007年	2008年	2009年	2010年	2011年	2012年	2013年	2014年	2015年	2016年	2017年	2018年	2019年	2020年	2021年
保有量（万台）	8.26	9.10	9.01	16.32	20.40	29.02	32.29	37.66	37.61	38.9	39.78	40.26	39.16	40.06	39.52	39.90	39.46
同比（%）		10.17	–0.99	81.13	25.00	42.25	11.25	16.64	–0.13	3.43	2.26	1.21	–2.73	2.30	–1.35	0.97	–1.11

图 96　2005—2021 年湖南省机动喷雾机保有量走势

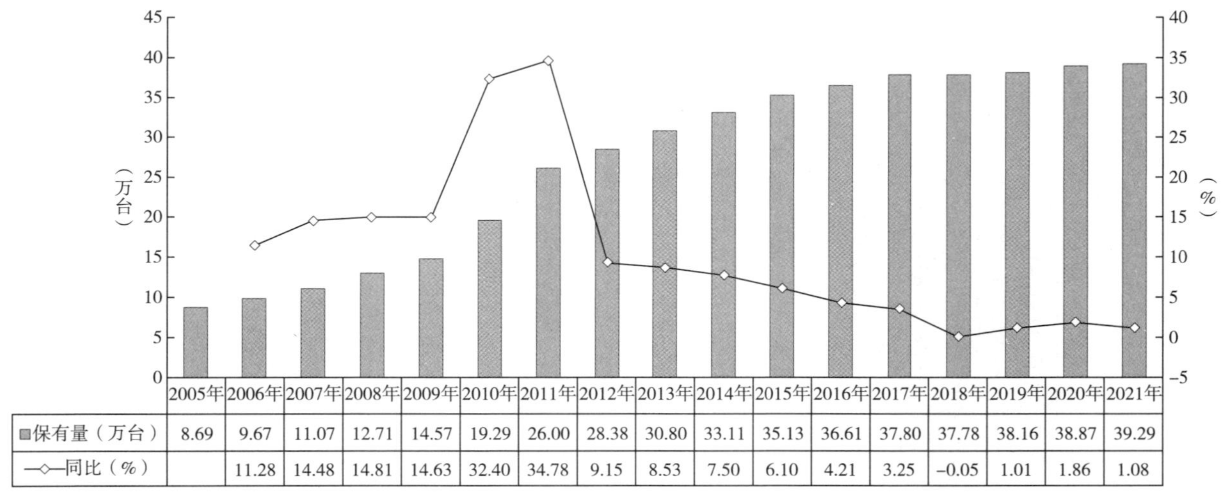

	2005年	2006年	2007年	2008年	2009年	2010年	2011年	2012年	2013年	2014年	2015年	2016年	2017年	2018年	2019年	2020年	2021年
保有量（万台）	8.69	9.67	11.07	12.71	14.57	19.29	26.00	28.38	30.80	33.11	35.13	36.61	37.80	37.78	38.16	38.87	39.29
同比（%）		11.28	14.48	14.81	14.63	32.40	34.78	9.15	8.53	7.50	6.10	4.21	3.25	–0.05	1.01	1.86	1.08

图 97　2005—2021 年四川省机动喷雾机拥有量走势

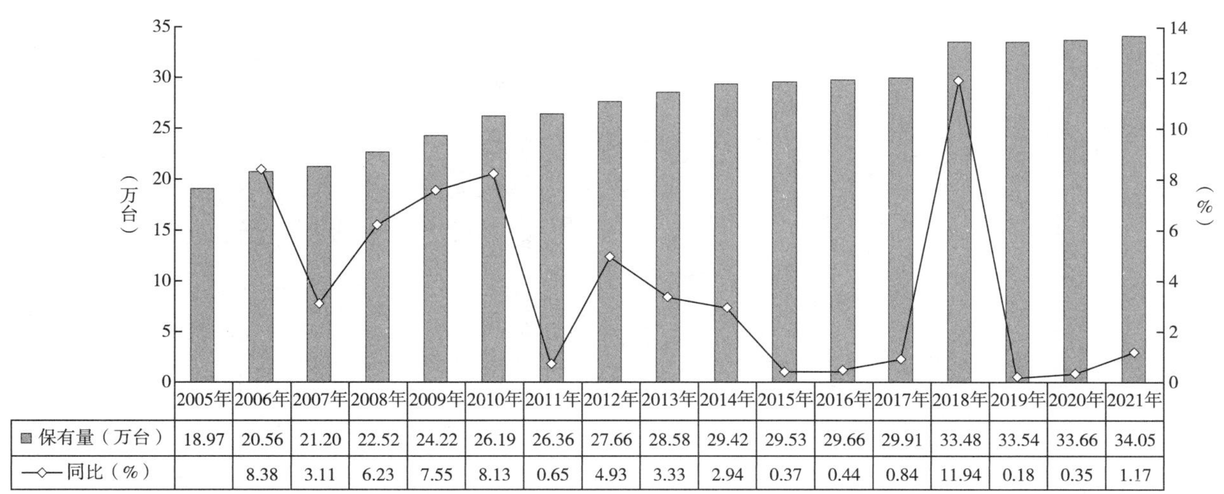

	2005年	2006年	2007年	2008年	2009年	2010年	2011年	2012年	2013年	2014年	2015年	2016年	2017年	2018年	2019年	2020年	2021年
保有量（万台）	18.97	20.56	21.20	22.52	24.22	26.19	26.36	27.66	28.58	29.42	29.53	29.66	29.91	33.48	33.54	33.66	34.05
同比（%）		8.38	3.11	6.23	7.55	8.13	0.65	4.93	3.33	2.94	0.37	0.44	0.84	11.94	0.18	0.35	1.17

图98　2005—2021年河南省机动喷雾机保有量走势

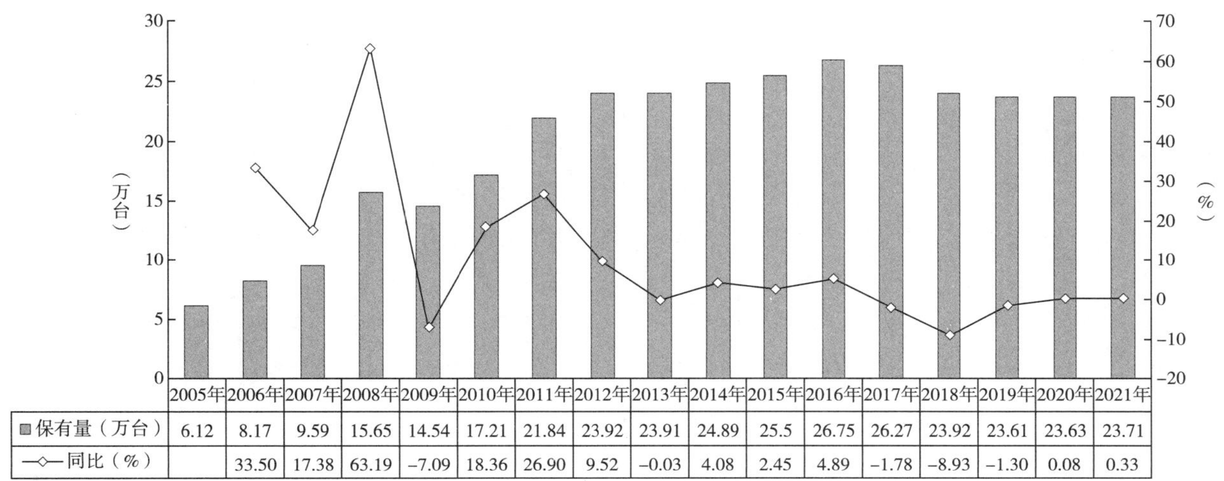

	2005年	2006年	2007年	2008年	2009年	2010年	2011年	2012年	2013年	2014年	2015年	2016年	2017年	2018年	2019年	2020年	2021年
保有量（万台）	6.12	8.17	9.59	15.65	14.54	17.21	21.84	23.92	23.91	24.89	25.5	26.75	26.27	23.92	23.61	23.63	23.71
同比（%）		33.50	17.38	63.19	−7.09	18.36	26.90	9.52	−0.03	4.08	2.45	4.89	−1.78	−8.93	−1.30	0.08	0.33

图99　2005—2021年广东省机动喷雾机保有量走势

（四）收获机械保有量

表19 **2005—2021年联合收割机保有量一览表** 单位：万台

序号	地区	2005年	2006年	2007年	2008年	2009年	2010年	2011年	2012年	2013年	2014年	2015年	2016年	2017年	2018年	2019年	2020年	2021年
0	全国	47.70	56.78	63.22	74.35	85.84	99.21	111.37	127.88	142.10	158.46	173.90	190.20	198.54	278.90	292.13	307.90	317.35
1	山东省	8.16	9.72	11.00	13.14	15.83	18.07	20.10	21.49	23.40	25.60	26.93	29.11	30.54	40.67	41.94	43.63	44.54
2	河南省	7.18	8.48	9.32	10.25	12.43	14.38	15.78	17.71	20.02	22.13	24.15	26.55	27.84	37.49	38.71	40.31	41.56
3	安徽省	4.87	6.09	6.77	7.77	9.13	10.21	11.80	12.85	14.50	15.93	17.42	19.58	20.59	22.93	23.82	24.84	25.54
4	江苏省	6.96	7.71	7.85	8.53	9.10	9.85	10.35	11.81	13.66	14.95	15.91	16.96	17.50	18.82	19.70	19.78	18.86
5	河北省	5.60	6.04	6.44	6.86	7.30	7.93	8.59	10.14	11.52	12.77	13.77	14.74	15.60	17.55	18.22	18.92	19.46
6	黑龙江省	1.78	2.22	2.82	3.07	3.55	4.38	5.64	7.62	9.17	10.88	11.87	12.98	14.05	17.42	18.10	19.38	20.41
7	湖南省	2.14	2.71	3.62	4.40	5.95	6.89	7.65	8.47	9.31	10.18	11.37	12.52	12.84	14.39	14.63	14.74	14.78
8	湖北省	1.61	2.24	2.98	3.50	4.19	5.08	5.54	6.69	7.38	8.14	8.87	9.57	9.94	16.78	19.19	20.19	21.23
9	江西省	1.22	1.67	2.16	2.58	3.83	4.57	5.02	6.19	4.83	5.66	6.56	7.37	7.90	8.74	9.05	9.41	9.83
10	吉林省	0.08	0.16	0.30	0.55	0.90	1.54	2.19	3.07	3.55	4.67	6.32	7.30	8.25	10.01	11.04	12.36	13.24
11	陕西省	1.58	1.76	1.82	1.89	2.14	2.60	2.94	3.22	3.52	3.74	4.11	4.27	4.33	5.02	5.45	5.45	5.52
12	山西省	0.71	0.73	0.75	0.82	1.04	1.28	1.75	2.21	2.70	3.12	3.44	3.67	2.77	4.02	4.25	4.52	4.79
13	广西壮族自治区	0.11	0.22	0.47	0.83	1.31	1.70	1.96	2.22	2.42	2.67	3.04	3.29	3.43	3.99	4.00	5.46	5.72
14	内蒙古自治区	0.47	0.50	0.55	0.56	0.63	0.80	1.10	1.59	1.93	2.47	3.01	3.28	3.51	18.17	18.98	19.83	20.24
15	四川省	0.58	0.68	0.76	0.85	1.00	1.20	1.41	1.85	2.25	2.61	2.94	3.47	3.60	4.87	5.10	5.29	5.65
16	广东省	0.82	0.98	1.12	1.40	1.61	1.82	1.90	2.08	2.28	2.39	2.56	2.68	2.77	3.11	3.26	3.40	3.46
17	辽宁省	0.11	0.12	0.15	0.24	0.39	0.54	0.79	1.09	1.45	1.86	2.45	2.66	2.86	6.42	6.74	7.19	7.60
18	浙江省	1.42	1.38	1.48	1.52	1.72	1.80	1.84	1.88	1.84	1.81	1.78	1.81	1.81	3.03	3.13	3.26	3.18
19	重庆市	0.02	0.03	0.05	0.09	0.22	0.31	0.37	0.45	0.58	0.71	0.83	1.00	1.08	1.12	1.17	1.21	1.28
20	宁夏回族自治区	0.23	0.27	0.31	0.34	0.50	0.63	0.59	0.69	0.78	0.76	0.82	0.87	0.90	2.29	2.34	2.39	2.55
21	福建省	0.13	0.18	0.23	0.27	0.39	0.44	0.53	0.63	0.72	0.73	0.82	0.91	0.95	5.40	5.68	5.94	6.06
22	甘肃省	0.18	0.23	0.23	0.22	0.29	0.36	0.41	0.49	0.58	0.70	0.81	0.96	1.02	4.29	4.53	4.93	5.22
23	新疆维吾尔自治区	0.24	0.25	0.28	0.33	0.41	0.48	0.54	0.57	0.64	0.74	0.80	0.94	1.00	3.31	3.56	3.91	4.27
24	云南省	0.12	0.16	0.22	0.25	0.30	0.35	0.43	0.51	0.58	0.66	0.72	0.81	0.83	1.55	1.76	2.53	2.79
25	天津市	0.27	0.30	0.43	0.33	0.35	0.40	0.47	0.56	0.59	0.58	0.58	0.58	0.57	0.60	0.61	0.62	0.65
26	西藏自治区	0.30	1.15	0.30	2.91	0.37	0.51	0.52	0.53	0.54	0.55	0.55	0.41	0.45	0.91	0.93	0.98	1.02
27	海南省	0.08	0.12	0.17	0.22	0.27	0.34	0.37	0.42	0.45	0.45	0.42	0.82	0.53	0.53	0.52	0.48	0.47

续 表

序号	地区	2005年	2006年	2007年	2008年	2009年	2010年	2011年	2012年	2013年	2014年	2015年	2016年	2017年	2018年	2019年	2020年	2021年
28	上海市	0.23	0.20	0.19	0.19	0.20	0.22	0.24	0.26	0.28	0.28	0.27	0.27	0.22	0.22	0.23	0.22	0.21
29	青海省	0.07	0.08	0.08	0.10	0.11	0.12	0.12	0.13	0.14	0.20	0.23	0.25	0.27	0.81	0.80	0.90	0.96
30	贵州省	0.01	0.03	0.04	0.05	0.06	0.06	0.07	0.11	0.16	0.18	0.23	0.25	0.28	3.78	4.01	5.14	5.47
31	新疆生产建设兵团	0.15	0.12	0.12	0.11	0.13	0.14	0.14	0.13	0.14	0.16	0.17	0.17	0.18	0.53	0.55	0.57	0.57
32	北京市	0.28	0.26	0.21	0.18	0.18	0.21	0.22	0.22	0.19	0.18	0.15	0.15	0.13	0.12	0.11	0.10	0.09

表20　2005—2021年联合收割机保有量前十名走势分析

单位：万台

序号	地区	类别	2005年	2006年	2007年	2008年	2009年	2010年	2011年	2012年	2013年	2014年	2015年	2016年	2017年	2018年	2019年	2020年	2021年
0	全国	保有量	47.70	56.78	63.22	74.35	85.84	99.21	111.37	127.88	142.10	158.46	173.90	190.20	198.54	278.90	292.13	307.90	317.3
		同比（%）		19.0	11.3	17.6	15.5	15.6	12.3	14.8	11.1	11.5	9.7	9.4	4.4	40.5	4.7	5.4	3.1
1	山东省	保有量	8.16	9.72	11.00	13.14	15.83	18.07	20.10	21.49	23.40	25.60	26.93	29.11	30.54	40.67	41.94	43.63	44.54
		同比（%）		19.1	13.2	19.5	20.5	14.2	11.2	6.9	8.9	9.4	5.2	8.1	4.9	33.2	3.1	4.0	2.1
2	河南省	保有量	7.18	8.48	9.32	10.25	12.43	14.38	15.78	17.71	20.02	22.13	24.15	26.55	27.84	37.49	38.71	40.31	41.56
		同比（%）		18.1	9.9	10.0	21.3	15.7	9.7	12.2	13.0	10.5	9.1	9.9	4.9	34.7	3.2	4.1	3.1
3	安徽省	保有量	4.87	6.09	6.77	7.77	9.13	10.21	11.80	12.85	14.50	15.93	17.42	19.58	20.59	22.93	23.82	24.84	25.54
		同比（%）		25.1	11.2	14.7	17.5	11.8	15.6	8.9	12.8	9.9	9.4	12.4	5.2	11.4	3.9	4.3	2.8
4	江苏省	保有量	6.96	7.71	7.85	8.53	9.10	9.85	10.35	11.81	13.66	14.95	15.91	16.96	17.50	18.82	19.70	19.78	18.86
		同比（%）		10.8	1.8	8.7	6.7	8.2	5.1	14.1	15.7	9.4	6.4	6.6	3.2	7.6	4.6	0.4	–4.6
5	河北省	保有量	5.60	6.04	6.44	6.86	7.30	7.93	8.59	10.14	11.52	12.77	13.77	14.74	15.60	17.55	18.22	18.92	19.46
		同比（%）		7.9	6.6	6.5	6.4	8.6	8.3	18.0	13.6	10.9	7.8	7.0	5.8	12.5	3.8	3.9	2.9
6	黑龙江省	保有量	1.78	2.22	2.82	3.07	3.55	4.38	5.64	7.62	9.17	10.88	11.87	12.98	14.05	17.42	18.10	19.38	20.41
		同比（%）		24.7	27.0	8.9	15.6	23.4	28.8	35.1	20.3	18.6	9.1	9.4	8.2	24.0	3.9	7.0	5.3
7	湖南省	保有量	2.14	2.71	3.62	4.40	5.95	6.89	7.65	8.47	9.31	10.18	11.37	12.52	12.84	14.39	14.63	14.74	14.78
		同比（%）		26.6	33.6	21.5	35.2	15.8	11.0	10.7	9.9	9.3	11.7	10.1	2.6	12.1	1.7	0.7	0.3
8	湖北省	保有量	1.61	2.24	2.98	3.50	4.19	5.08	5.54	6.69	7.38	8.14	8.87	9.57	9.94	16.78	19.19	20.19	21.23
		同比（%）		39.1	33.0	17.4	19.7	21.2	9.1	20.7	10.3	10.3	9.0	7.9	3.9	68.9	14.3	5.2	5.1
9	江西省	保有量	1.22	1.67	2.16	2.58	3.83	4.57	5.02	6.19	4.83	5.66	6.56	7.37	7.90	8.74	9.05	9.41	9.83
		同比（%）		36.9	29.3	19.4	48.4	19.3	9.8	23.3	–22.0	17.2	15.9	12.3	7.2	10.6	3.5	4.1	4.5
10	吉林省	保有量	0.08	0.16	0.30	0.55	0.90	1.54	2.19	3.07	3.55	4.67	6.32	7.30	8.25	10.01	11.04	12.36	13.24
		同比（%）		100.0	87.5	83.3	63.6	71.1	42.2	40.2	15.6	31.5	35.3	15.5	13.0	21.3	10.3	11.9	7.2

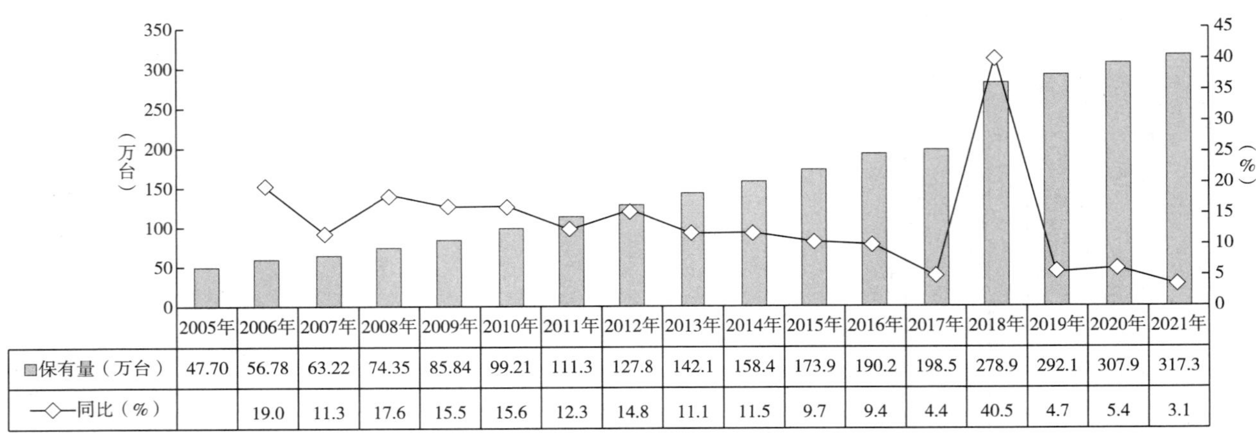

	2005年	2006年	2007年	2008年	2009年	2010年	2011年	2012年	2013年	2014年	2015年	2016年	2017年	2018年	2019年	2020年	2021年
保有量（万台）	47.70	56.78	63.22	74.35	85.84	99.21	111.3	127.8	142.1	158.4	173.9	190.2	198.5	278.9	292.1	307.9	317.3
同比（%）		19.0	11.3	17.6	15.5	15.6	12.3	14.8	11.1	11.5	9.7	9.4	4.4	40.5	4.7	5.4	3.1

图100　2005—2021年全国收获机械保有量走势

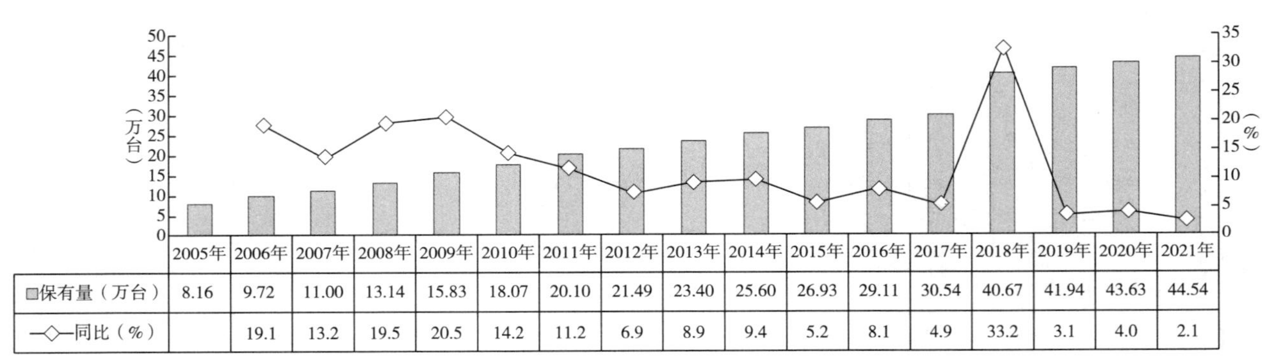

	2005年	2006年	2007年	2008年	2009年	2010年	2011年	2012年	2013年	2014年	2015年	2016年	2017年	2018年	2019年	2020年	2021年
保有量（万台）	8.16	9.72	11.00	13.14	15.83	18.07	20.10	21.49	23.40	25.60	26.93	29.11	30.54	40.67	41.94	43.63	44.54
同比（%）		19.1	13.2	19.5	20.5	14.2	11.2	6.9	8.9	9.4	5.2	8.1	4.9	33.2	3.1	4.0	2.1

图101　2005—2021年山东省收获机械保有量走势

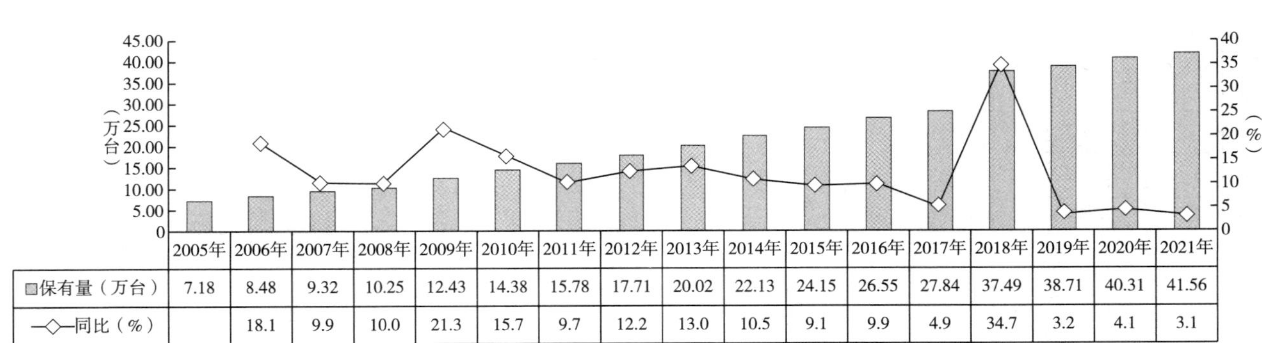

	2005年	2006年	2007年	2008年	2009年	2010年	2011年	2012年	2013年	2014年	2015年	2016年	2017年	2018年	2019年	2020年	2021年
保有量（万台）	7.18	8.48	9.32	10.25	12.43	14.38	15.78	17.71	20.02	22.13	24.15	26.55	27.84	37.49	38.71	40.31	41.56
同比（%）		18.1	9.9	10.0	21.3	15.7	9.7	12.2	13.0	10.5	9.1	9.9	4.9	34.7	3.2	4.1	3.1

图102　2005—2021年河南省收获机械保有量走势

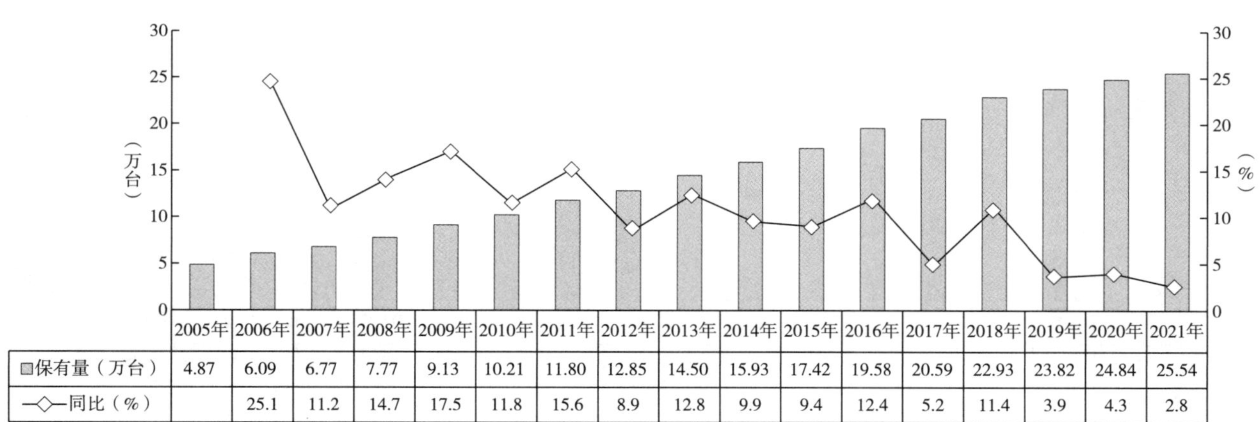

	2005年	2006年	2007年	2008年	2009年	2010年	2011年	2012年	2013年	2014年	2015年	2016年	2017年	2018年	2019年	2020年	2021年
保有量（万台）	4.87	6.09	6.77	7.77	9.13	10.21	11.80	12.85	14.50	15.93	17.42	19.58	20.59	22.93	23.82	24.84	25.54
同比（%）		25.1	11.2	14.7	17.5	11.8	15.6	8.9	12.8	9.9	9.4	12.4	5.2	11.4	3.9	4.3	2.8

图 103　2005—2021 年安徽省收获机械保有量走势

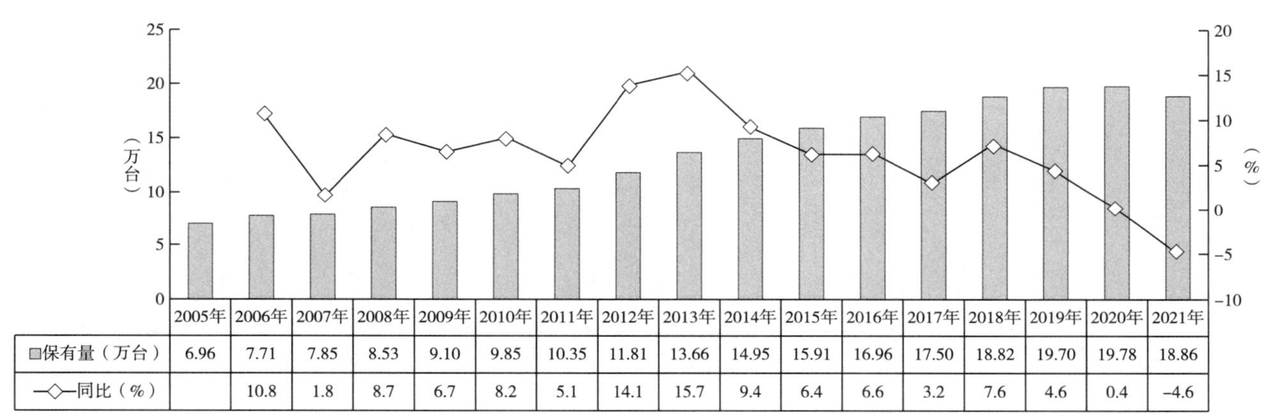

	2005年	2006年	2007年	2008年	2009年	2010年	2011年	2012年	2013年	2014年	2015年	2016年	2017年	2018年	2019年	2020年	2021年
保有量（万台）	6.96	7.71	7.85	8.53	9.10	9.85	10.35	11.81	13.66	14.95	15.91	16.96	17.50	18.82	19.70	19.78	18.86
同比（%）		10.8	1.8	8.7	6.7	8.2	5.1	14.1	15.7	9.4	6.4	6.6	3.2	7.6	4.6	0.4	-4.6

图 104　2005—2021 年江苏省收获机械保有量走势

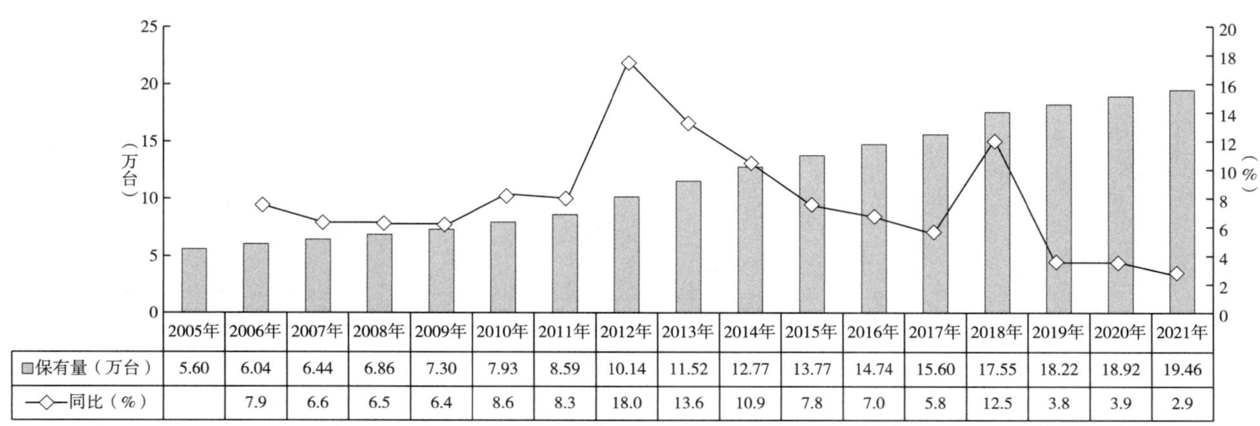

	2005年	2006年	2007年	2008年	2009年	2010年	2011年	2012年	2013年	2014年	2015年	2016年	2017年	2018年	2019年	2020年	2021年
保有量（万台）	5.60	6.04	6.44	6.86	7.30	7.93	8.59	10.14	11.52	12.77	13.77	14.74	15.60	17.55	18.22	18.92	19.46
同比（%）		7.9	6.6	6.5	6.4	8.6	8.3	18.0	13.6	10.9	7.8	7.0	5.8	12.5	3.8	3.9	2.9

图 105　2005—2021 年河北省收获机械保有量走势

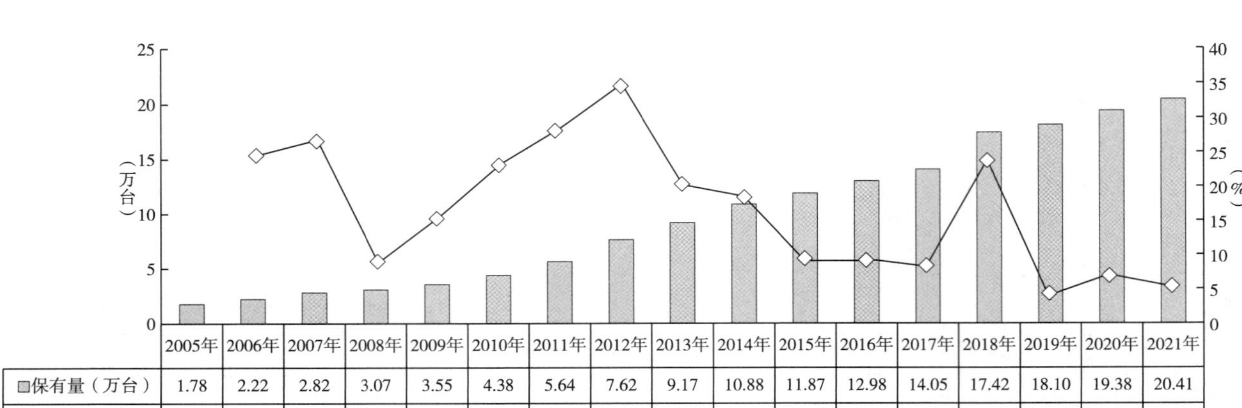

	2005年	2006年	2007年	2008年	2009年	2010年	2011年	2012年	2013年	2014年	2015年	2016年	2017年	2018年	2019年	2020年	2021年
保有量（万台）	1.78	2.22	2.82	3.07	3.55	4.38	5.64	7.62	9.17	10.88	11.87	12.98	14.05	17.42	18.10	19.38	20.41
同比（%）		24.7	27.0	8.9	15.6	23.4	28.8	35.1	20.3	18.6	9.1	9.4	8.2	24.0	3.9	7.0	5.3

图106　2005—2021年黑龙江省收获机械保有量走势

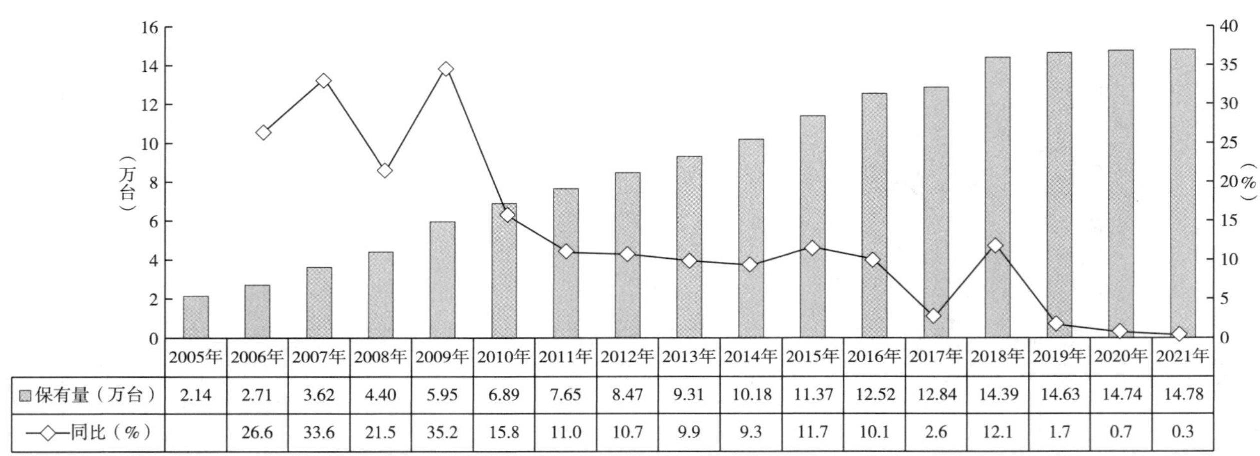

	2005年	2006年	2007年	2008年	2009年	2010年	2011年	2012年	2013年	2014年	2015年	2016年	2017年	2018年	2019年	2020年	2021年
保有量（万台）	2.14	2.71	3.62	4.40	5.95	6.89	7.65	8.47	9.31	10.18	11.37	12.52	12.84	14.39	14.63	14.74	14.78
同比（%）		26.6	33.6	21.5	35.2	15.8	11.0	10.7	9.9	9.3	11.7	10.1	2.6	12.1	1.7	0.7	0.3

图107　2005—2021年湖南省收获机械保有量走势

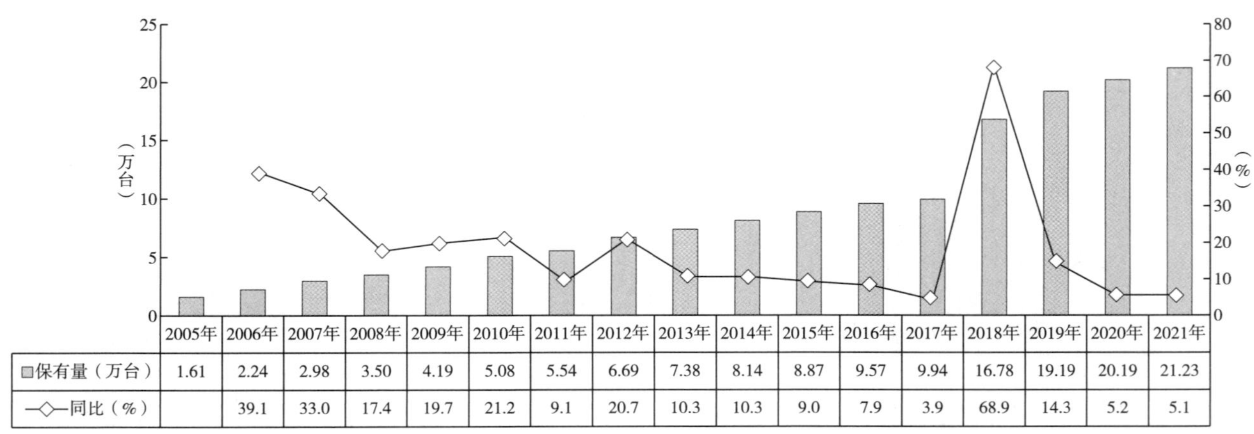

	2005年	2006年	2007年	2008年	2009年	2010年	2011年	2012年	2013年	2014年	2015年	2016年	2017年	2018年	2019年	2020年	2021年
保有量（万台）	1.61	2.24	2.98	3.50	4.19	5.08	5.54	6.69	7.38	8.14	8.87	9.57	9.94	16.78	19.19	20.19	21.23
同比（%）		39.1	33.0	17.4	19.7	21.2	9.1	20.7	10.3	10.3	9.0	7.9	3.9	68.9	14.3	5.2	5.1

图108　2005—2021年湖北省收获机械保有量走势

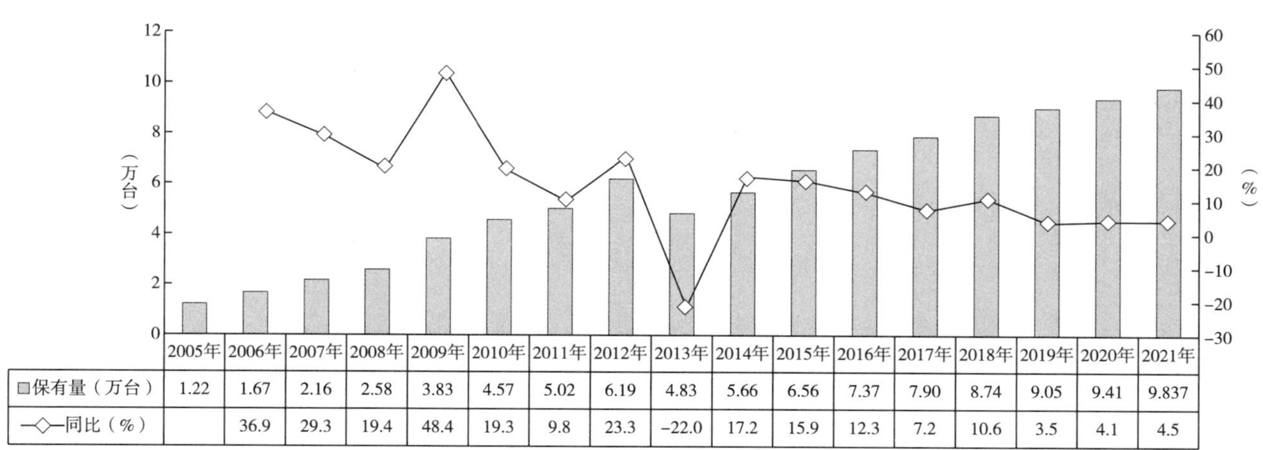

	2005年	2006年	2007年	2008年	2009年	2010年	2011年	2012年	2013年	2014年	2015年	2016年	2017年	2018年	2019年	2020年	2021年
保有量（万台）	1.22	1.67	2.16	2.58	3.83	4.57	5.02	6.19	4.83	5.66	6.56	7.37	7.90	8.74	9.05	9.41	9.837
同比（%）		36.9	29.3	19.4	48.4	19.3	9.8	23.3	−22.0	17.2	15.9	12.3	7.2	10.6	3.5	4.1	4.5

图 109　2005—2021 年江西省收获机械保有量走势

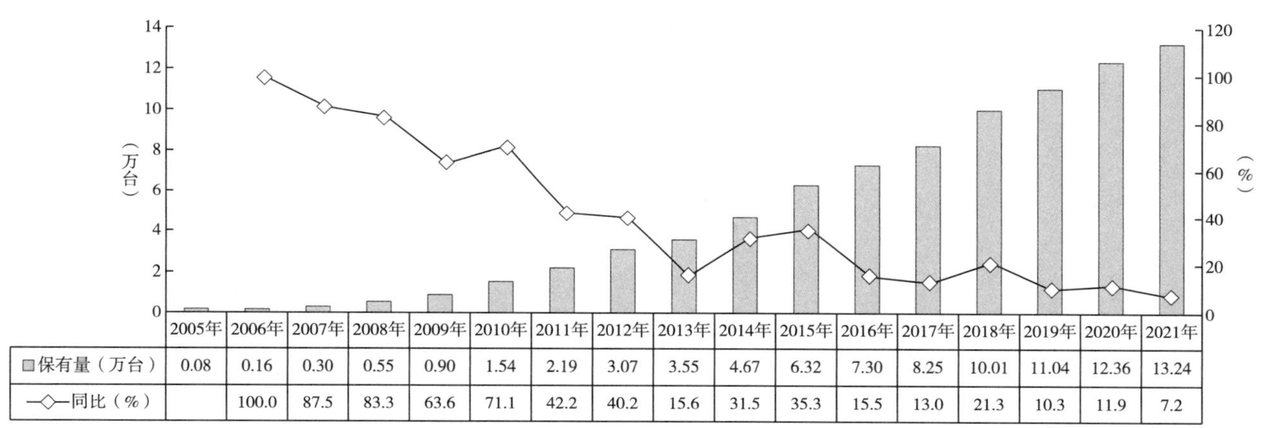

	2005年	2006年	2007年	2008年	2009年	2010年	2011年	2012年	2013年	2014年	2015年	2016年	2017年	2018年	2019年	2020年	2021年
保有量（万台）	0.08	0.16	0.30	0.55	0.90	1.54	2.19	3.07	3.55	4.67	6.32	7.30	8.25	10.01	11.04	12.36	13.24
同比（%）		100.0	87.5	83.3	63.6	71.1	42.2	40.2	15.6	31.5	35.3	15.5	13.0	21.3	10.3	11.9	7.2

图 110　2005—2021 年吉林省收获机械保有量走势

表21　　2005—2021年谷物联合收割机保有量一览表　　单位：万台

序号	地区	2005年	2006年	2007年	2008年	2009年	2010年	2011年	2012年	2013年	2014年	2015年	2016年	2017年	2018年	2019年	2020年	2021年
0	全国	44.10	50.46	57.43	66.73	77.66	86.24	94.37	104.55	113.43	122.38	131.84	142.83	148.49	205.92	212.84	219.51	223.78
1	河南省	5.82	6.41	8.05	9.79	11.12	12.26	13.03	14.05	15.49	16.55	17.66	19.09	19.94	28.77	29.48	30.14	30.85
2	山东省	7.57	8.70	9.40	10.49	11.75	12.44	13.46	14.04	15.14	15.91	16.59	17.49	18.09	31.52	32.32	33.05	33.61
3	安徽省	4.62	6.00	6.66	7.67	8.91	9.87	11.37	12.09	13.30	14.43	15.60	17.39	18.27	21.50	22.10	22.77	23.27
4	江苏省	6.85	7.44	7.83	8.48	8.97	9.25	9.66	10.98	12.69	13.87	14.74	15.72	16.21	17.69	18.43	18.48	16.89
5	湖南省	2.14	2.70	3.62	4.40	5.95	6.89	7.65	8.47	9.31	10.18	11.37	12.51	12.83	12.96	13.10	13.12	13.16
6	湖北省	1.55	1.68	2.16	3.49	4.17	5.05	5.46	6.56	7.23	7.98	8.68	9.36	9.70	10.20	10.61	10.91	11.25
7	河北省	5.47	5.84	5.99	6.32	6.53	6.85	7.15	7.50	7.88	8.21	8.48	8.76	9.01	16.05	16.74	17.34	17.84
8	黑龙江省	1.73	2.14	2.57	2.82	3.20	3.66	4.46	5.63	6.82	7.59	8.33	9.14	9.98	15.14	15.82	16.85	17.94
9	江西省	1.00	1.36	2.08	2.58	3.83	4.57	5.02	6.19	4.83	5.66	6.56	7.37	7.90	8.15	8.44	8.79	9.21
10	广西壮族自治区	0.11	0.22	0.43	0.83	1.31	1.70	1.96	2.22	2.42	2.67	3.03	3.29	3.43	3.56	3.59	3.60	3.64
11	四川省	0.58	0.68	0.76	0.85	1.00	1.20	1.41	1.85	2.25	2.60	2.93	3.46	3.58	3.73	3.74	3.82	3.93
12	陕西省	1.54	1.74	1.78	1.80	1.81	1.92	2.22	2.38	2.48	2.53	2.78	2.80	2.85	4.16	4.21	4.21	4.28
13	广东省	0.82	0.98	1.12	1.40	1.61	1.82	1.90	2.08	2.28	2.39	2.56	2.67	2.77	2.80	2.85	2.92	2.96
14	吉林省	0.07	0.15	0.27	0.41	0.69	1.01	1.23	1.48	1.61	1.74	1.99	2.28	2.76	9.14	10.11	11.33	11.98
15	浙江省	1.42	1.38	1.48	1.52	1.72	1.80	1.84	1.88	1.84	1.81	1.78	1.81	1.81	1.79	1.71	1.68	1.42
16	山西省	0.70	0.69	0.71	0.73	0.85	0.89	1.10	1.15	1.26	1.30	1.34	1.38	0.93	3.06	3.27	3.50	3.74
17	重庆市	0.02	0.03	0.05	0.09	0.22	0.31	0.37	0.45	0.58	0.71	0.83	1.00	1.08	1.09	1.06	1.08	1.11
18	福建省	0.13	0.18	0.23	0.27	0.39	0.44	0.53	0.63	0.72	0.73	0.82	0.91	0.95	1.01	1.03	1.10	1.13
19	云南省	0.11	0.14	0.16	0.25	0.30	0.35	0.43	0.50	0.57	0.65	0.71	0.78	0.80	0.85	0.84	0.88	0.87
20	辽宁省	0.04	0.04	0.05	0.15	0.23	0.29	0.38	0.47	0.58	0.61	0.66	0.71	0.77	3.08	3.29	3.48	3.64
21	内蒙古自治区	0.43	0.48	0.50	0.48	0.50	0.58	0.62	0.61	0.62	0.63	0.65	0.68	0.77	3.86	4.06	4.21	4.39
22	新疆维吾尔自治区	0.23	0.21	0.21	0.26	0.32	0.37	0.41	0.42	0.44	0.52	0.56	0.66	0.70	1.15	1.29	1.39	1.55
23	西藏自治区	0.00	0.00	0.00	0.00	0.35	0.49	0.50	0.51	0.51	0.52	0.53	0.40	0.43	0.46	0.47	0.49	0.53
24	宁夏回族自治区	0.20	0.25	0.29	0.33	0.48	0.59	0.49	0.54	0.58	0.50	0.51	0.52	0.55	0.94	0.96	0.98	1.01
25	甘肃省	0.11	0.11	0.13	0.22	0.29	0.34	0.37	0.40	0.43	0.46	0.50	0.55	0.58	1.07	1.11	1.20	1.32
26	海南省	0.08	0.12	0.17	0.22	0.27	0.34	0.37	0.42	0.45	0.45	0.42	0.82	0.53	0.53	0.52	0.48	0.48
27	天津市	0.16	0.24	0.22	0.29	0.28	0.30	0.31	0.34	0.35	0.32	0.32	0.31	0.32	0.54	0.54	0.54	0.58
28	上海市	0.23	0.20	0.19	0.19	0.20	0.22	0.24	0.26	0.28	0.28	0.27	0.27	0.22	0.22	0.22	0.21	0.21

续 表

序号	地区	2005年	2006年	2007年	2008年	2009年	2010年	2011年	2012年	2013年	2014年	2015年	2016年	2017年	2018年	2019年	2020年	2021年
29	青海省	0.00	0.00	0.00	0.10	0.11	0.12	0.12	0.13	0.13	0.20	0.22	0.25	0.27	0.31	0.33	0.35	0.37
30	贵州省	0.01	0.02	0.03	0.05	0.06	0.06	0.07	0.10	0.16	0.18	0.22	0.25	0.28	0.31	0.34	0.39	0.42
31	新疆生产建设兵团	0.11	0.11	0.10	0.09	0.11	0.12	0.12	0.11	0.11	0.12	0.13	0.13	0.12	0.17	0.16	0.16	0.15
32	北京市	0.24	0.23	0.19	0.16	0.14	0.14	0.13	0.11	0.09	0.08	0.07	0.07	0.06	0.11	0.10	0.08	0.07

表22　**2005—2021年谷物联合收割机保有量前十名走势分析**　单位：万台

序号	地区	类别	2005年	2006年	2007年	2008年	2009年	2010年	2011年	2012年	2013年	2014年	2015年	2016年	2017年	2018年	2019年	2020年	2021年
0	全国	保有量	44.10	50.46	57.43	66.73	77.66	86.24	94.37	104.55	113.43	122.38	131.84	142.83	148.49	205.92	212.84	219.51	223.78
		同比（%）		14.4	13.8	16.2	16.4	11.0	9.4	10.8	8.5	7.9	7.7	8.3	4.0	38.7	3.4	3.1	1.9
1	河南省	保有量	5.82	6.41	8.05	9.79	11.12	12.26	13.03	14.05	15.49	16.55	17.66	19.09	19.94	28.77	29.48	30.14	30.85
		同比（%）		10.1	25.6	21.6	13.6	10.3	6.3	7.8	10.2	6.8	6.7	8.1	4.5	44.3	2.5	2.2	2.4
2	山东省	保有量	7.57	8.70	9.40	10.49	11.75	12.44	13.46	14.04	15.14	15.91	16.59	17.49	18.09	31.52	32.32	33.05	33.61
		同比（%）		14.9	8.0	11.6	12.0	5.9	8.2	4.3	7.8	5.1	4.3	5.4	3.4	74.2	2.6	2.2	1.7
3	安徽省	保有量	4.62	6.00	6.66	7.67	8.91	9.87	11.37	12.09	13.30	14.43	15.60	17.39	18.27	21.50	22.10	22.77	23.27
		同比（%）		29.9	11.0	15.2	16.2	10.8	15.2	6.3	10.0	8.5	8.1	11.5	5.1	17.7	2.8	3.0	2.2
4	江苏省	保有量	6.85	7.44	7.83	8.48	8.97	9.25	9.66	10.98	12.69	13.87	14.74	15.72	16.21	17.69	18.43	18.48	16.89
		同比（%）		8.6	5.2	8.3	5.8	3.1	4.4	13.7	15.6	9.3	6.3	6.6	3.1	9.1	4.2	0.3	−8.6
5	湖南省	保有量	2.14	2.70	3.62	4.40	5.95	6.89	7.65	8.47	9.31	10.18	11.37	12.51	12.83	12.96	13.10	13.12	13.16
		同比（%）		26.2	34.1	21.5	35.2	15.8	11.0	10.8	9.9	9.3	11.7	10.0	2.6	1.0	1.1	0.2	0.3
6	湖北省	保有量	1.55	1.68	2.16	3.49	4.17	5.05	5.46	6.56	7.23	7.98	8.68	9.36	9.70	10.20	10.61	10.91	11.25
		同比（%）		8.4	28.6	61.6	19.5	21.1	8.1	20.2	10.2	10.4	8.8	7.8	3.6	5.2	4.0	2.8	3.2
7	河北省	保有量	5.47	5.84	5.99	6.32	6.53	6.85	7.15	7.50	7.88	8.21	8.48	8.76	9.01	16.05	16.74	17.34	17.84
		同比（%）		6.8	2.6	5.5	3.3	4.9	4.4	4.9	5.1	4.2	3.3	3.3	2.9	78.1	4.3	3.6	2.9
8	黑龙江省	保有量	1.73	2.14	2.57	2.82	3.20	3.66	4.46	5.63	6.82	7.59	8.33	9.14	9.98	15.14	15.82	16.85	17.94
		同比（%）		23.7	20.1	9.7	13.5	14.4	21.9	26.2	21.1	11.3	9.7	9.7	9.2	51.7	4.5	6.5	6.5
9	江西省	保有量	1.00	1.36	2.08	2.58	3.83	4.57	5.02	6.19	4.83	5.66	6.56	7.37	7.90	8.15	8.44	8.79	9.21
		同比（%）		36.0	52.9	24.0	48.4	19.3	9.8	23.3	−22.0	17.2	15.9	12.3	7.2	3.2	3.6	4.1	4.8
10	广西壮族自治区	保有量	0.11	0.22	0.43	0.83	1.31	1.70	1.96	2.22	2.42	2.67	3.03	3.29	3.43	3.56	3.59	3.60	3.64
		同比（%）		100.0	95.5	93.0	57.8	29.8	15.3	13.2	9.0	10.3	13.5	8.6	4.3	3.8	0.8	0.2	1.3

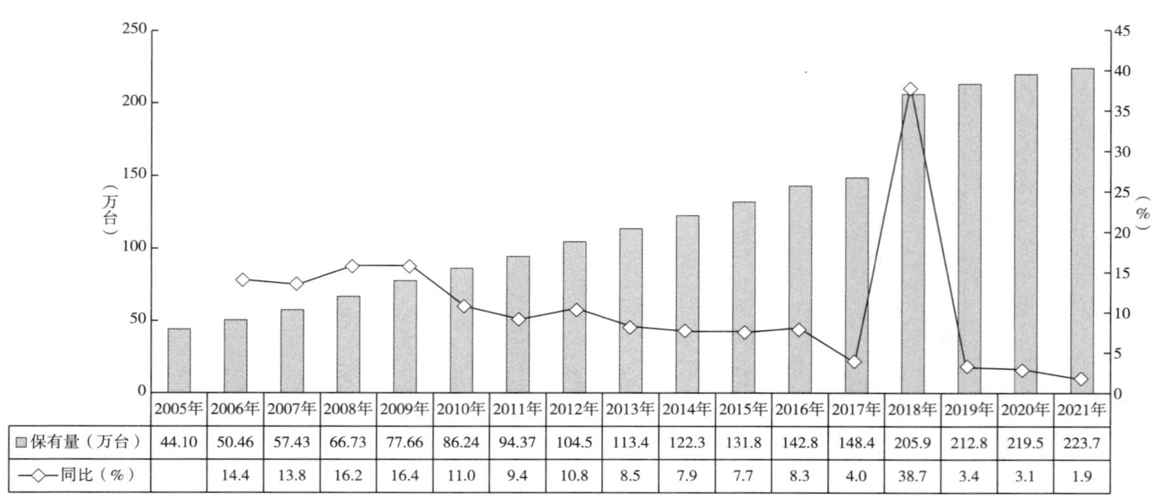

	2005年	2006年	2007年	2008年	2009年	2010年	2011年	2012年	2013年	2014年	2015年	2016年	2017年	2018年	2019年	2020年	2021年
■保有量（万台）	44.10	50.46	57.43	66.73	77.66	86.24	94.37	104.5	113.4	122.3	131.8	142.8	148.4	205.9	212.8	219.5	223.7
—◇—同比（%）		14.4	13.8	16.2	16.4	11.0	9.4	10.8	8.5	7.9	7.7	8.3	4.0	38.7	3.4	3.1	1.9

图111　2005—2021年全国谷物联合收割机保有量走势

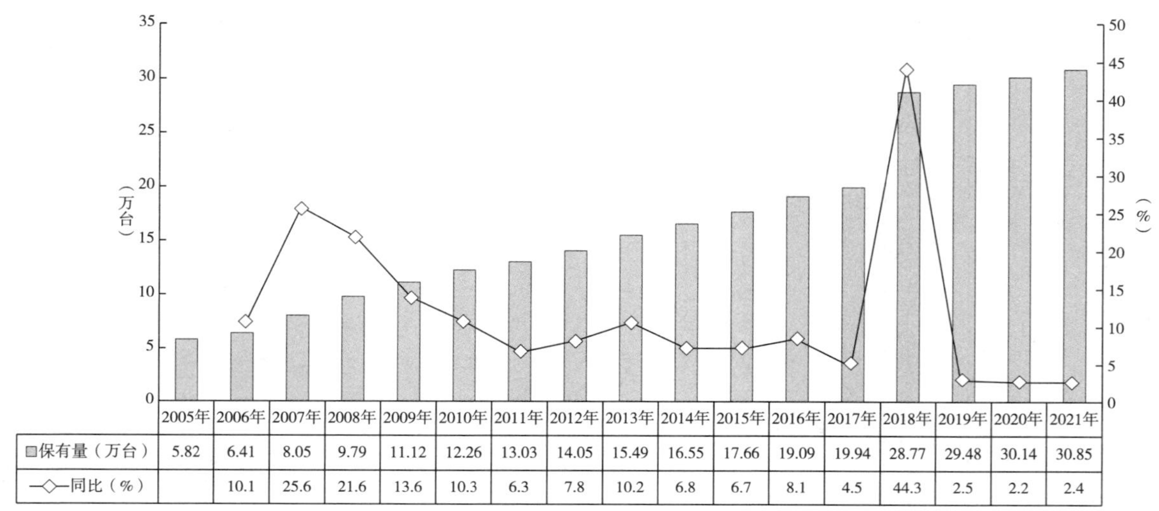

	2005年	2006年	2007年	2008年	2009年	2010年	2011年	2012年	2013年	2014年	2015年	2016年	2017年	2018年	2019年	2020年	2021年
■保有量（万台）	5.82	6.41	8.05	9.79	11.12	12.26	13.03	14.05	15.49	16.55	17.66	19.09	19.94	28.77	29.48	30.14	30.85
—◇—同比（%）		10.1	25.6	21.6	13.6	10.3	6.3	7.8	10.2	6.8	6.7	8.1	4.5	44.3	2.5	2.2	2.4

图112　2005—2021年河南省谷物联合收割机保有量走势

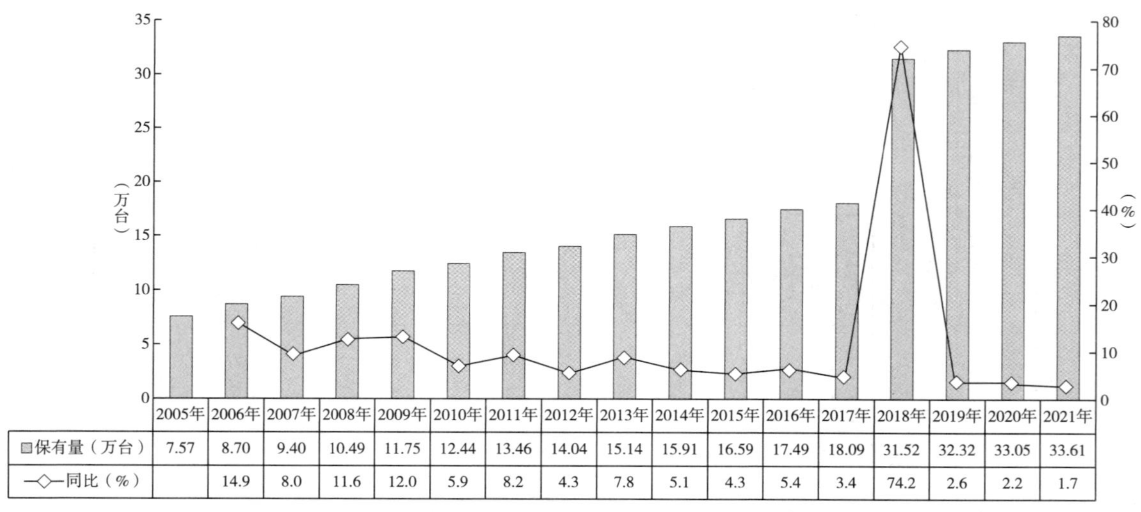

	2005年	2006年	2007年	2008年	2009年	2010年	2011年	2012年	2013年	2014年	2015年	2016年	2017年	2018年	2019年	2020年	2021年
■保有量（万台）	7.57	8.70	9.40	10.49	11.75	12.44	13.46	14.04	15.14	15.91	16.59	17.49	18.09	31.52	32.32	33.05	33.61
—◇—同比（%）		14.9	8.0	11.6	12.0	5.9	8.2	4.3	7.8	5.1	4.3	5.4	3.4	74.2	2.6	2.2	1.7

图113　2005—2021年山东省谷物联合收割机保有量走势

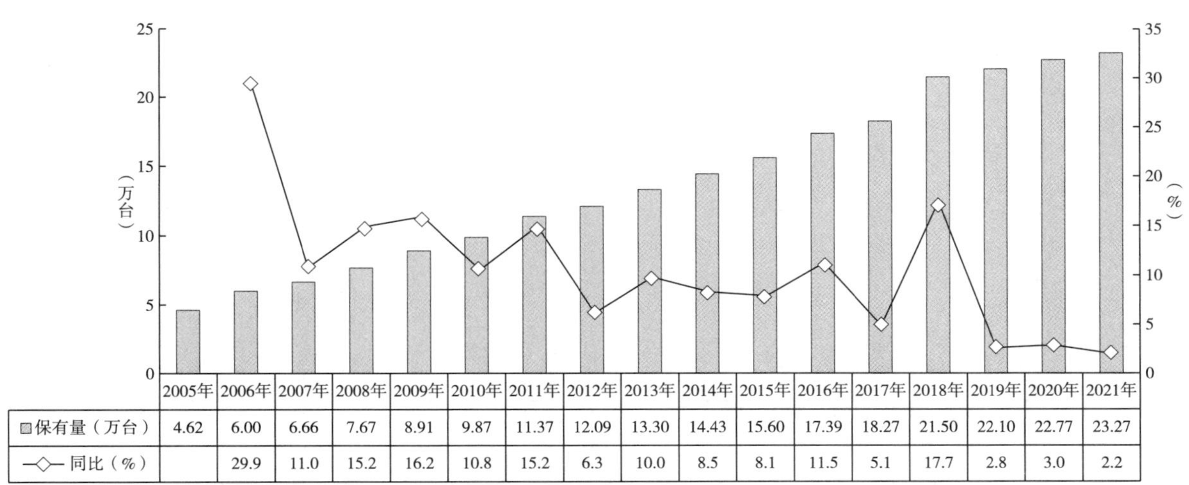

	2005年	2006年	2007年	2008年	2009年	2010年	2011年	2012年	2013年	2014年	2015年	2016年	2017年	2018年	2019年	2020年	2021年
保有量（万台）	4.62	6.00	6.66	7.67	8.91	9.87	11.37	12.09	13.30	14.43	15.60	17.39	18.27	21.50	22.10	22.77	23.27
同比（%）		29.9	11.0	15.2	16.2	10.8	15.2	6.3	10.0	8.5	8.1	11.5	5.1	17.7	2.8	3.0	2.2

图114　2005—2021年安徽省谷物联合收割机保有量走势

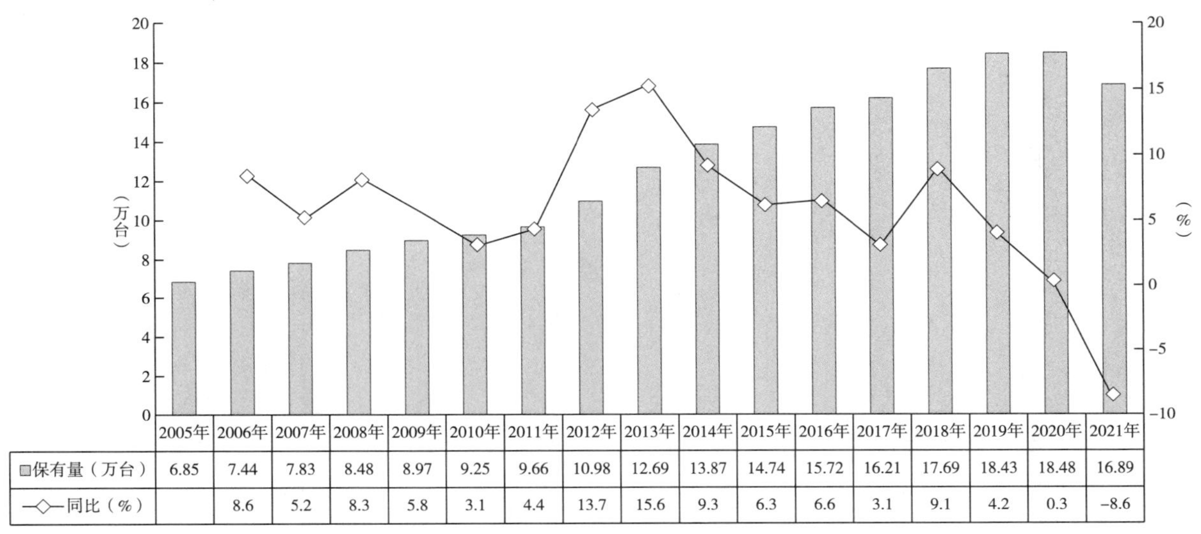

	2005年	2006年	2007年	2008年	2009年	2010年	2011年	2012年	2013年	2014年	2015年	2016年	2017年	2018年	2019年	2020年	2021年
保有量（万台）	6.85	7.44	7.83	8.48	8.97	9.25	9.66	10.98	12.69	13.87	14.74	15.72	16.21	17.69	18.43	18.48	16.89
同比（%）		8.6	5.2	8.3	5.8	3.1	4.4	13.7	15.6	9.3	6.3	6.6	3.1	9.1	4.2	0.3	−8.6

图115　2005—2021年江苏省谷物联合收割机保有量走势

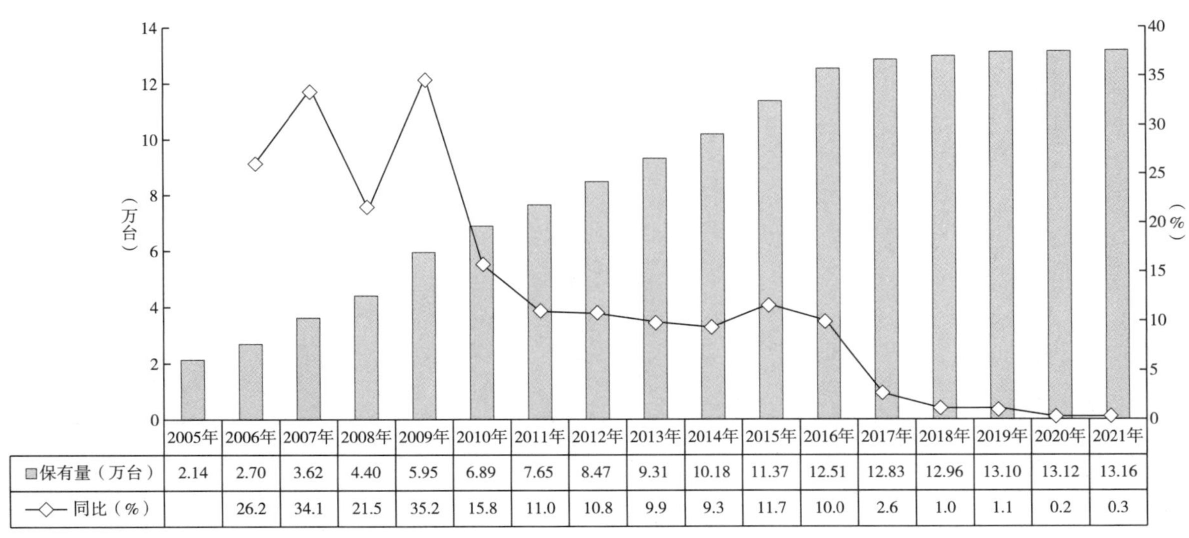

	2005年	2006年	2007年	2008年	2009年	2010年	2011年	2012年	2013年	2014年	2015年	2016年	2017年	2018年	2019年	2020年	2021年
保有量（万台）	2.14	2.70	3.62	4.40	5.95	6.89	7.65	8.47	9.31	10.18	11.37	12.51	12.83	12.96	13.10	13.12	13.16
同比（%）		26.2	34.1	21.5	35.2	15.8	11.0	10.8	9.9	9.3	11.7	10.0	2.6	1.0	1.1	0.2	0.3

图116　2005—2021年湖南省谷物联合收割机保有量走势

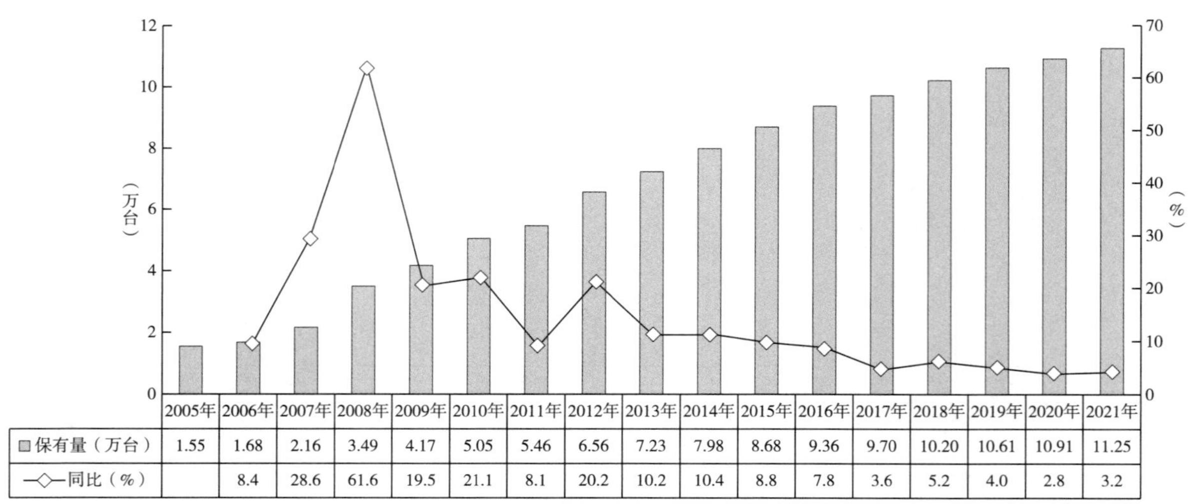

	2005年	2006年	2007年	2008年	2009年	2010年	2011年	2012年	2013年	2014年	2015年	2016年	2017年	2018年	2019年	2020年	2021年
保有量（万台）	1.55	1.68	2.16	3.49	4.17	5.05	5.46	6.56	7.23	7.98	8.68	9.36	9.70	10.20	10.61	10.91	11.25
同比（%）		8.4	28.6	61.6	19.5	21.1	8.1	20.2	10.2	10.4	8.8	7.8	3.6	5.2	4.0	2.8	3.2

图 117　2005—2021 年湖北省谷物联合收割机保有量走势

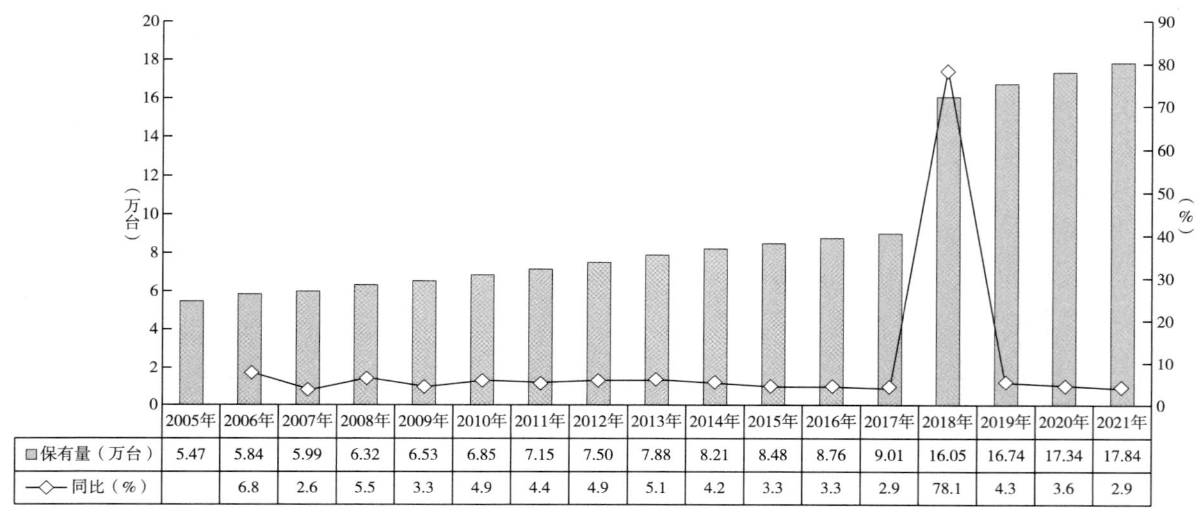

	2005年	2006年	2007年	2008年	2009年	2010年	2011年	2012年	2013年	2014年	2015年	2016年	2017年	2018年	2019年	2020年	2021年
保有量（万台）	5.47	5.84	5.99	6.32	6.53	6.85	7.15	7.50	7.88	8.21	8.48	8.76	9.01	16.05	16.74	17.34	17.84
同比（%）		6.8	2.6	5.5	3.3	4.9	4.4	4.9	5.1	4.2	3.3	3.3	2.9	78.1	4.3	3.6	2.9

图 118　2005—2021 年河北省谷物联合收割机保有量走势

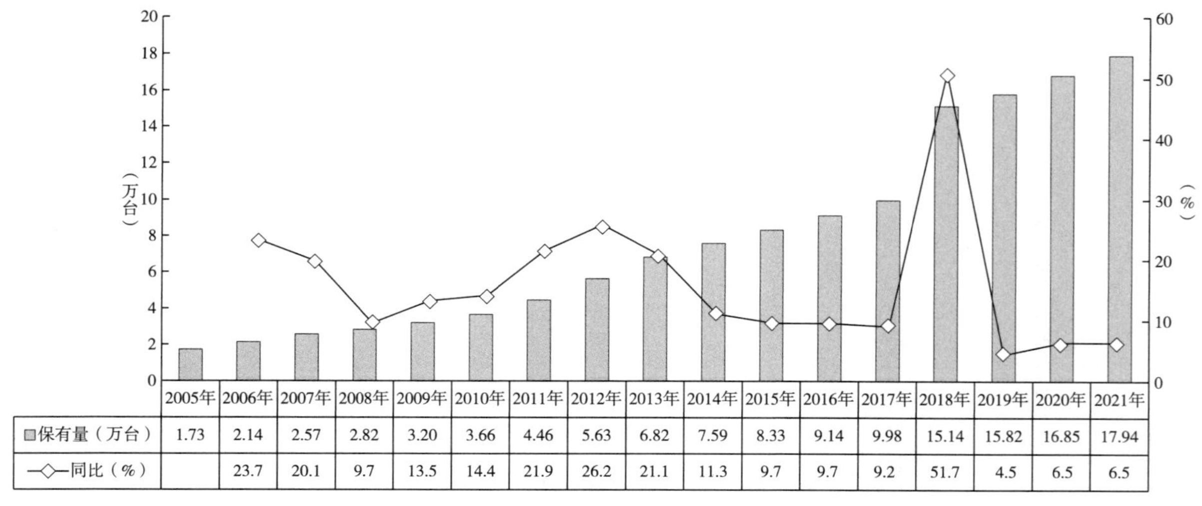

	2005年	2006年	2007年	2008年	2009年	2010年	2011年	2012年	2013年	2014年	2015年	2016年	2017年	2018年	2019年	2020年	2021年
保有量（万台）	1.73	2.14	2.57	2.82	3.20	3.66	4.46	5.63	6.82	7.59	8.33	9.14	9.98	15.14	15.82	16.85	17.94
同比（%）		23.7	20.1	9.7	13.5	14.4	21.9	26.2	21.1	11.3	9.7	9.7	9.2	51.7	4.5	6.5	6.5

图 119　2005—2021 年黑龙江省谷物联合收割机保有量走势

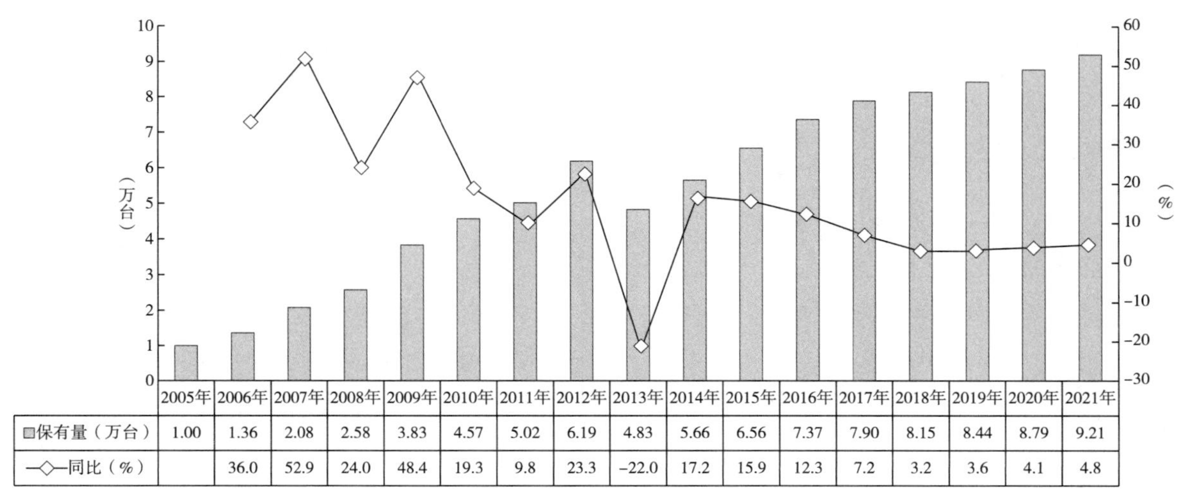

	2005年	2006年	2007年	2008年	2009年	2010年	2011年	2012年	2013年	2014年	2015年	2016年	2017年	2018年	2019年	2020年	2021年
□保有量（万台）	1.00	1.36	2.08	2.58	3.83	4.57	5.02	6.19	4.83	5.66	6.56	7.37	7.90	8.15	8.44	8.79	9.21
—◇—同比（%）		36.0	52.9	24.0	48.4	19.3	9.8	23.3	−22.0	17.2	15.9	12.3	7.2	3.2	3.6	4.1	4.8

图120　2005—2021年江西省谷物联合收割机保有量走势

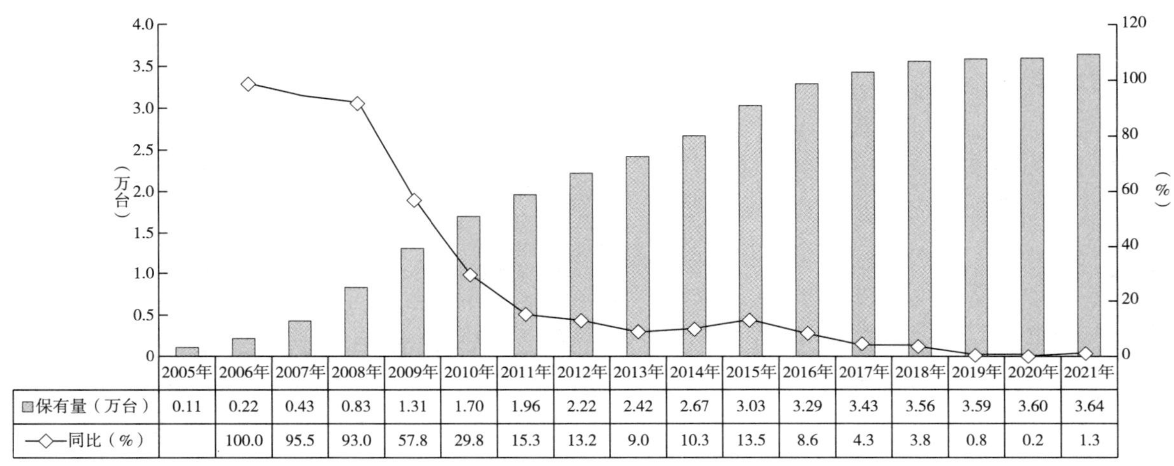

	2005年	2006年	2007年	2008年	2009年	2010年	2011年	2012年	2013年	2014年	2015年	2016年	2017年	2018年	2019年	2020年	2021年
□保有量（万台）	0.11	0.22	0.43	0.83	1.31	1.70	1.96	2.22	2.42	2.67	3.03	3.29	3.43	3.56	3.59	3.60	3.64
—◇—同比（%）		100.0	95.5	93.0	57.8	29.8	15.3	13.2	9.0	10.3	13.5	8.6	4.3	3.8	0.8	0.2	1.3

图121　2005—2021年广西壮族自治区谷物联合收割机保有量走势

表23　　**2005—2021年玉米联合收割机保有量一览表**　　单位：万台

序号	地区	2005年	2006年	2007年	2008年	2009年	2010年	2011年	2012年	2013年	2014年	2015年	2016年	2017年	2018年	2019年	2020年	2021年
0	全国	0.90	1.50	2.66	4.71	8.17	12.97	17.00	23.30	28.68	36.04	42.07	47.39	50.03	53.01	55.83	58.85	61.06
1	山东省	0.59	1.02	1.60	2.65	4.08	5.63	6.64	7.45	8.26	9.69	10.35	11.62	12.45	13.01	13.47	13.95	14.24
2	河南省	0.04	0.09	0.20	0.46	1.32	2.11	2.75	3.66	4.54	5.57	6.49	7.46	7.90	8.24	8.54	8.72	9.05
3	河北省	0.08	0.13	0.34	0.54	0.77	1.08	1.44	2.64	3.64	4.56	5.29	5.98	6.59	7.05	7.40	7.83	8.18
4	吉林省	0.00	0.01	0.03	0.14	0.21	0.53	0.96	1.59	1.94	2.92	4.34	5.03	5.49	6.17	7.04	8.02	8.41
5	黑龙江省	0.05	0.08	0.15	0.25	0.35	0.72	1.18	1.98	2.35	3.30	3.54	3.84	4.07	4.19	4.24	4.39	4.57
6	内蒙古自治区	0.02	0.03	0.05	0.08	0.13	0.22	0.48	0.98	1.32	1.84	2.36	2.60	2.74	3.00	3.14	3.27	3.42
7	山西省	0.01	0.02	0.04	0.09	0.19	0.39	0.65	1.05	1.44	1.82	2.10	2.29	1.84	2.09	2.29	2.47	2.69
8	安徽省	0.01	0.01	0.04	0.10	0.22	0.34	0.44	0.77	1.20	1.50	1.81	2.20	2.32	2.44	2.54	2.76	2.93
9	辽宁省	0.02	0.02	0.03	0.09	0.16	0.25	0.41	0.62	0.87	1.25	1.79	1.95	2.09	2.22	2.39	2.47	2.54
10	陕西省	0.01	0.02	0.04	0.09	0.33	0.68	0.72	0.84	1.04	1.21	1.33	1.48	1.48	1.43	1.46	1.51	1.54
11	江苏省	0.01	0.01	0.02	0.05	0.13	0.60	0.69	0.83	0.97	1.08	1.17	1.25	1.28	1.28	1.29	1.31	1.15
12	宁夏回族自治区	0.01	0.01	0.01	0.01	0.02	0.05	0.10	0.15	0.20	0.26	0.31	0.34	0.35	0.36	0.37	0.39	0.41
13	甘肃省	0.00	0.00	0.00	0.00	0.00	0.02	0.04	0.09	0.15	0.24	0.31	0.41	0.44	0.48	0.51	0.58	0.68
14	天津市	0.00	0.00	0.02	0.04	0.07	0.10	0.16	0.22	0.24	0.26	0.27	0.26	0.26	0.26	0.26	0.26	0.29
15	新疆维吾尔自治区	0.00	0.02	0.04	0.07	0.09	0.11	0.13	0.16	0.20	0.22	0.24	0.29	0.30	0.33	0.39	0.45	0.46
16	湖北省	0.00	0.00	0.00	0.01	0.02	0.03	0.08	0.13	0.15	0.16	0.20	0.21	0.24	0.24	0.24	0.25	0.26
17	北京市	0.04	0.03	0.03	0.02	0.04	0.07	0.09	0.10	0.11	0.10	0.09	0.08	0.07	0.06	0.05	0.04	0.04
18	新疆生产建设兵团	0.01	0.01	0.02	0.02	0.02	0.02	0.02	0.02	0.03	0.04	0.04	0.05	0.05	0.05	0.05	0.05	0.05
19	西藏自治区	0.00	0.00	0.00	0.00	0.02	0.02	0.02	0.02	0.02	0.00	0.02	0.01	0.01	0.01	0.01	0.01	0.01
20	云南省	0.00	0.00	0.00	0.00	0.00	0.00	0.00	0.00	0.01	0.01	0.01	0.02	0.03	0.03	0.03	0.04	0.04
21	四川省	0.00	0.00	0.00	0.00	0.00	0.00	0.00	0.00	0.00	0.01	0.01	0.01	0.02	0.04	0.02	0.02	0.03
22	湖南省	0.00	0.00	0.00	0.00	0.00	0.00	0.00	0.00	0.00	0.00	0.0038	0.01	0.01	0.02	0.07	0.07	0.06
23	贵州省	0.00	0.00	0.00	0.00	0.00	0.00	0.00	0.00	0.00	0.00	0.00	0.00	0.00	0.01	0.00	0.00	0.01
24	重庆市	0.00	0.00	0.00	0.00	0.00	0.00	0.00	0.00	0.00	0.00	0.00	0.00	0.00	0.00	0.00	0.00	0.00
25	浙江省	0.00	0.00	0.00	0.00	0.00	0.00	0.00	0.00	0.00	0.00	0.00	0.00	0.00	0.00	0.00	0.00	0.00
26	上海市	0.00	0.00	0.00	0.00	0.00	0.00	0.00	0.00	0.00	0.00	0.00	0.00	0.00	0.00	0.00	0.00	0.00
27	青海省	0.00	0.00	0.00	0.00	0.00	0.00	0.00	0.00	0.00	0.00	0.00	0.00	0.00	0.00	0.00	0.00	0.01
28	江西省	0.00	0.00	0.00	0.00	0.00	0.00	0.00	0.00	0.00	0.00	0.00	0.00	0.00	0.00	0.00	0.00	0.00

续 表

序号	地区	2005年	2006年	2007年	2008年	2009年	2010年	2011年	2012年	2013年	2014年	2015年	2016年	2017年	2018年	2019年	2020年	2021年
29	海南省	0.00	0.00	0.00	0.00	0.00	0.00	0.00	0.00	0.00	0.00	0.00	0.00	0.00	0.00	0.00	0.00	0.00
30	广西壮族自治区	0.00	0.00	0.00	0.00	0.00	0.00	0.00	0.00	0.00	0.00	0.00	0.00	0.00	0.00	0.00	0.00	0.00
31	广东省	0.00	0.00	0.00	0.00	0.00	0.00	0.00	0.00	0.00	0.00	0.00	0.00	0.00	0.00	0.00	0.00	0.00
32	福建省	0.00	0.00	0.00	0.00	0.00	0.00	0.00	0.00	0.00	0.00	0.00	0.00	0.00	0.00	0.00	0.00	0.00

表24　2005—2021年玉米联合收割机保有量前十名走势分析

单位：万台

序号	地区	类别	2005年	2006年	2007年	2008年	2009年	2010年	2011年	2012年	2013年	2014年	2015年	2016年	2017年	2018年	2019年	2020年	2021年
0	全国	保有量	0.90	1.50	2.66	4.71	8.17	12.97	17.00	23.30	28.68	36.04	42.07	47.39	50.03	53.01	55.83	58.85	61.06
		同比（%）		66.7	77.3	77.1	73.5	58.8	31.1	37.1	23.1	25.7	16.7	12.6	5.6	5.9	5.3	5.4	3.7
1	山东省	保有量	0.59	1.02	1.60	2.65	4.08	5.63	6.64	7.45	8.26	9.69	10.35	11.62	12.45	13.01	13.47	13.95	14.24
		同比（%）		72.9	56.9	65.6	54.0	38.0	17.9	12.2	10.9	17.3	6.8	12.3	7.1	4.5	3.6	3.5	2.1
2	河南省	保有量	0.04	0.09	0.20	0.46	1.32	2.11	2.75	3.66	4.54	5.57	6.49	7.46	7.90	8.24	8.54	8.72	9.05
		同比（%）		112.5	135.3	130.0	187.0	59.8	30.3	33.1	24.0	22.7	16.5	14.9	5.9	4.3	3.7	2.0	3.8
3	河北省	保有量	0.08	0.13	0.34	0.54	0.77	1.08	1.44	2.64	3.64	4.56	5.29	5.98	6.59	7.05	7.40	7.83	8.18
		同比（%）		62.5	161.5	58.8	42.6	40.3	33.3	83.3	37.9	25.3	16.0	13.0	10.2	7.0	5.0	5.7	4.5
4	吉林省	保有量	0.00	0.01	0.03	0.14	0.21	0.53	0.96	1.59	1.94	2.92	4.34	5.03	5.49	6.17	7.04	8.02	8.41
		同比（%）		100.0	275.0	366.7	50.0	152.4	81.1	65.6	22.0	50.5	48.6	15.9	9.1	12.4	14.1	13.9	4.8
5	黑龙江省	保有量	0.05	0.08	0.15	0.25	0.35	0.72	1.18	1.98	2.35	3.30	3.54	3.84	4.07	4.19	4.24	4.39	4.57
		同比（%）		60.0	87.5	66.7	40.0	105.7	63.9	67.8	18.7	40.4	7.3	8.5	6.0	2.9	1.1	3.7	3.9
6	内蒙古自治区	保有量	0.02	0.03	0.05	0.08	0.13	0.22	0.48	0.98	1.32	1.84	2.36	2.60	2.74	3.00	3.14	3.27	3.42
		同比（%）		29.5	93.1	60.0	62.5	69.2	118.4	104.0	34.7	39.4	28.3	10.2	5.4	9.5	4.7	4.1	4.5
7	山西省	保有量	0.01	0.02	0.04	0.09	0.19	0.39	0.65	1.05	1.44	1.82	2.10	2.29	1.84	2.09	2.29	2.47	2.69
		同比（%）		113.0	87.8	125.0	111.1	105.3	66.7	61.5	37.1	26.4	15.4	9.0	−19.7	13.6	9.4	8.0	8.9
8	安徽省	保有量	0.01	0.01	0.04	0.10	0.22	0.34	0.44	0.77	1.20	1.50	1.81	2.20	2.32	2.44	2.54	2.76	2.93
		同比（%）		38.0	189.9	150.0	120.0	54.5	28.0	77.0	55.8	25.0	20.7	21.5	5.5	5.2	4.3	8.6	5.9
9	辽宁省	保有量	0.02	0.02	0.03	0.09	0.16	0.25	0.41	0.62	0.87	1.25	1.79	1.95	2.09	2.22	2.39	2.47	2.54
		同比（%）		−5.0	57.9	200.0	77.8	56.3	64.0	51.2	40.3	43.7	43.2	8.9	7.2	6.2	7.8	3.1	3.1
10	陕西省	保有量	0.01	0.02	0.04	0.09	0.33	0.68	0.72	0.84	1.04	1.21	1.33	1.48	1.48	1.43	1.46	1.51	1.54
		同比（%）		128.0	75.4	125.0	266.7	106.1	5.9	16.7	23.8	16.3	9.9	11.3	0.0	−3.4	2.2	3.1	2.3

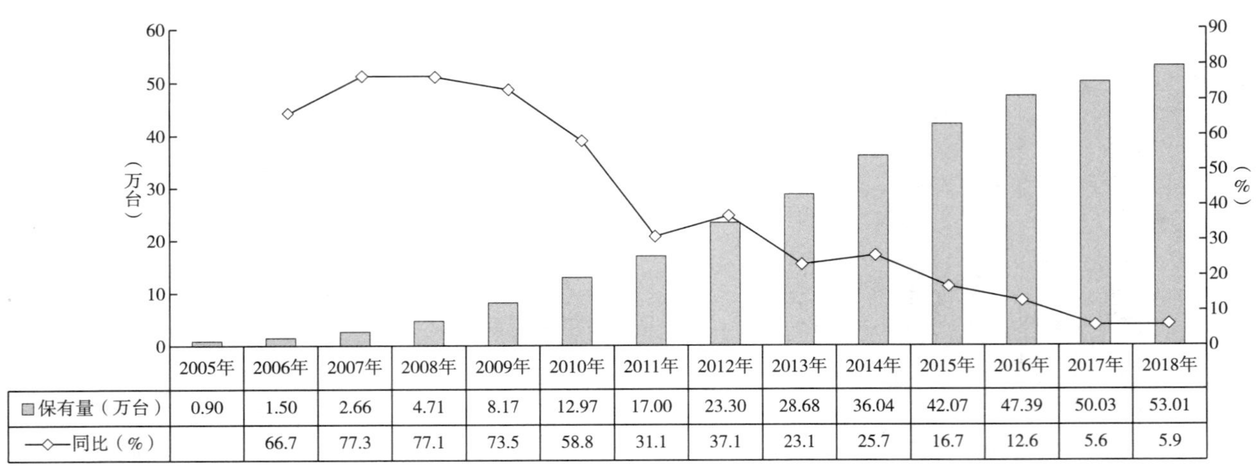

	2005年	2006年	2007年	2008年	2009年	2010年	2011年	2012年	2013年	2014年	2015年	2016年	2017年	2018年
保有量（万台）	0.90	1.50	2.66	4.71	8.17	12.97	17.00	23.30	28.68	36.04	42.07	47.39	50.03	53.01
同比（%）		66.7	77.3	77.1	73.5	58.8	31.1	37.1	23.1	25.7	16.7	12.6	5.6	5.9

图122　2005—2018年全国玉米联合收割机保有量走势

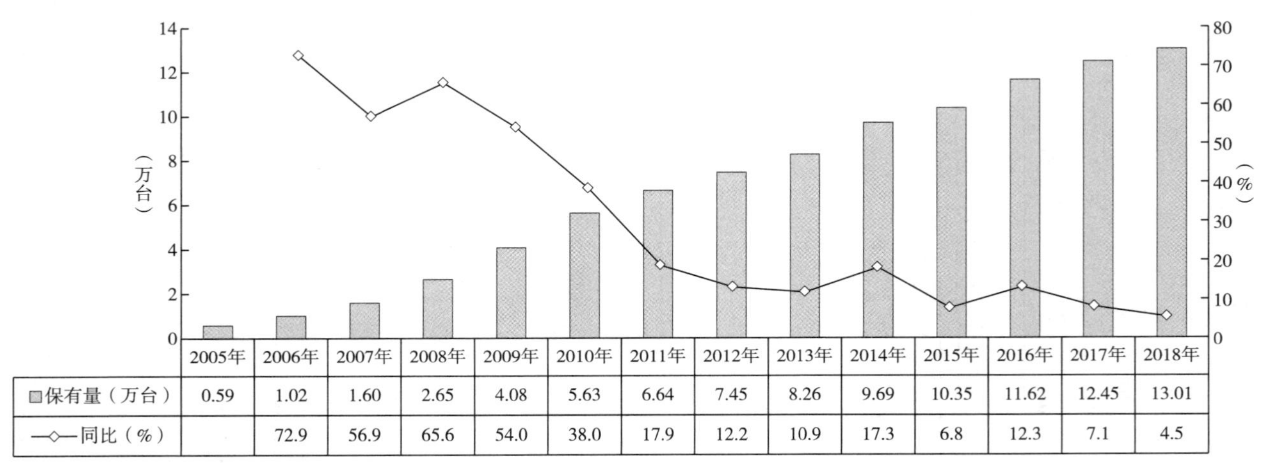

	2005年	2006年	2007年	2008年	2009年	2010年	2011年	2012年	2013年	2014年	2015年	2016年	2017年	2018年
保有量（万台）	0.59	1.02	1.60	2.65	4.08	5.63	6.64	7.45	8.26	9.69	10.35	11.62	12.45	13.01
同比（%）		72.9	56.9	65.6	54.0	38.0	17.9	12.2	10.9	17.3	6.8	12.3	7.1	4.5

图123　2005—2018年山东省玉米联合收割机保有量走势

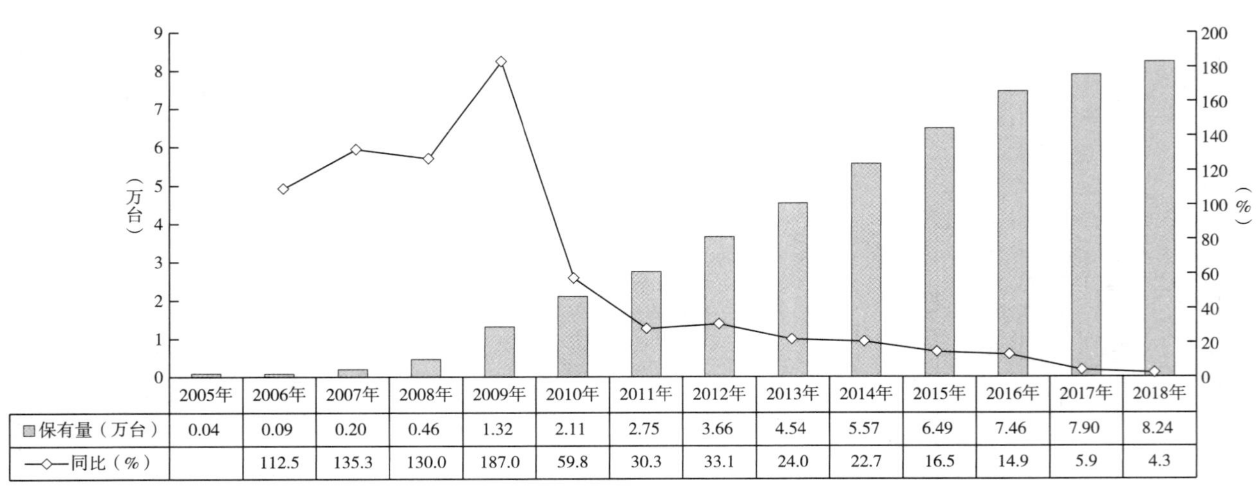

	2005年	2006年	2007年	2008年	2009年	2010年	2011年	2012年	2013年	2014年	2015年	2016年	2017年	2018年
保有量（万台）	0.04	0.09	0.20	0.46	1.32	2.11	2.75	3.66	4.54	5.57	6.49	7.46	7.90	8.24
同比（%）		112.5	135.3	130.0	187.0	59.8	30.3	33.1	24.0	22.7	16.5	14.9	5.9	4.3

图124　2005—2018年河南省玉米联合收割机保有量走势

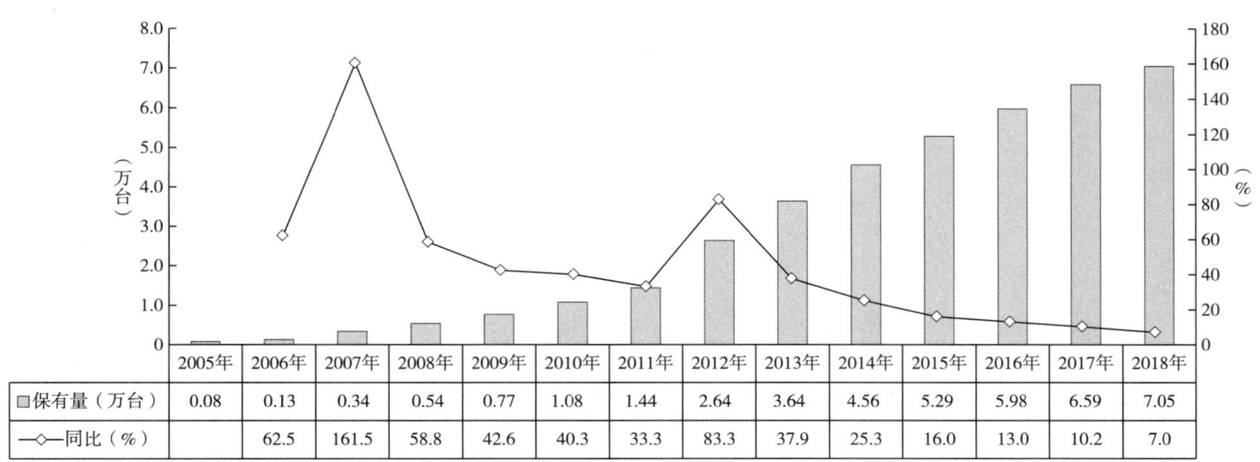

	2005年	2006年	2007年	2008年	2009年	2010年	2011年	2012年	2013年	2014年	2015年	2016年	2017年	2018年
保有量（万台）	0.08	0.13	0.34	0.54	0.77	1.08	1.44	2.64	3.64	4.56	5.29	5.98	6.59	7.05
同比（%）		62.5	161.5	58.8	42.6	40.3	33.3	83.3	37.9	25.3	16.0	13.0	10.2	7.0

图125　2005—2018年河北省玉米联合收割机保有量走势

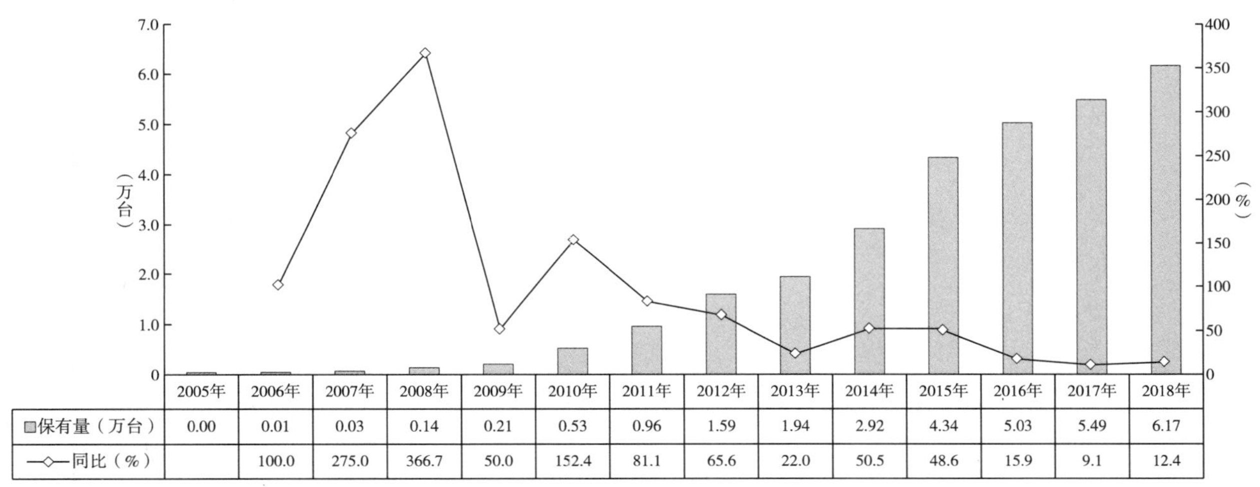

	2005年	2006年	2007年	2008年	2009年	2010年	2011年	2012年	2013年	2014年	2015年	2016年	2017年	2018年
保有量（万台）	0.00	0.01	0.03	0.14	0.21	0.53	0.96	1.59	1.94	2.92	4.34	5.03	5.49	6.17
同比（%）		100.0	275.0	366.7	50.0	152.4	81.1	65.6	22.0	50.5	48.6	15.9	9.1	12.4

图126　2005—2018年吉林省玉米联合收割机保有量走势

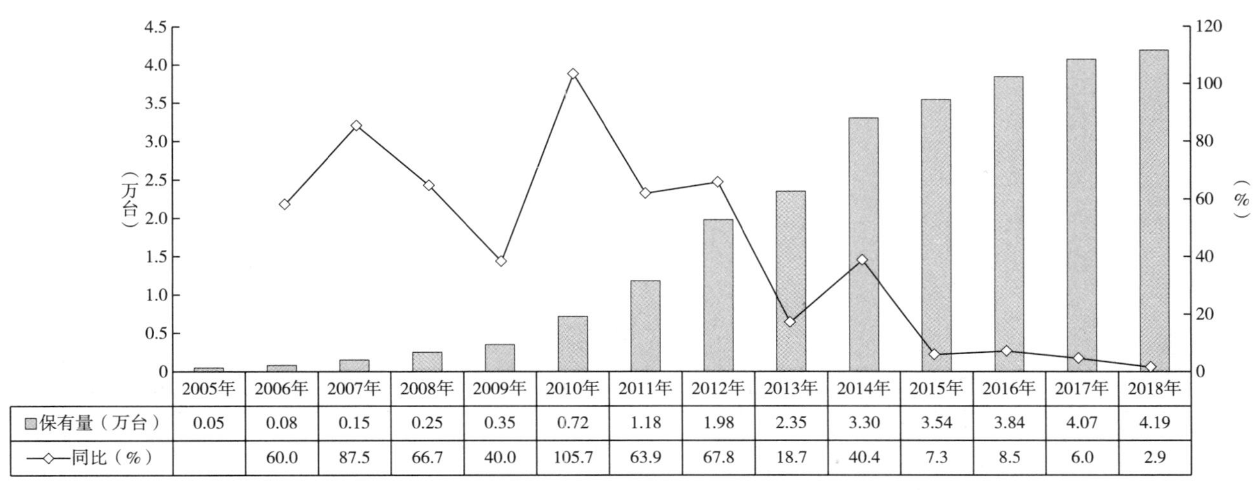

	2005年	2006年	2007年	2008年	2009年	2010年	2011年	2012年	2013年	2014年	2015年	2016年	2017年	2018年
保有量（万台）	0.05	0.08	0.15	0.25	0.35	0.72	1.18	1.98	2.35	3.30	3.54	3.84	4.07	4.19
同比（%）		60.0	87.5	66.7	40.0	105.7	63.9	67.8	18.7	40.4	7.3	8.5	6.0	2.9

图127　2005—2018年黑龙江省玉米联合收割机保有量走势

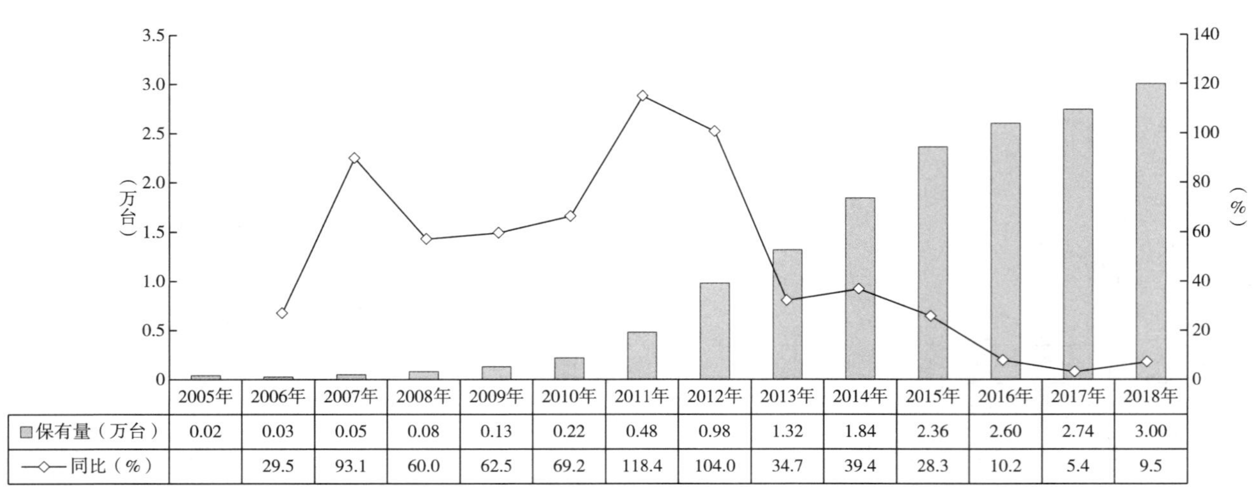

	2005年	2006年	2007年	2008年	2009年	2010年	2011年	2012年	2013年	2014年	2015年	2016年	2017年	2018年
保有量（万台）	0.02	0.03	0.05	0.08	0.13	0.22	0.48	0.98	1.32	1.84	2.36	2.60	2.74	3.00
同比（%）		29.5	93.1	60.0	62.5	69.2	118.4	104.0	34.7	39.4	28.3	10.2	5.4	9.5

图128　2005—2018年内蒙古自治区玉米联合收割机保有量走势

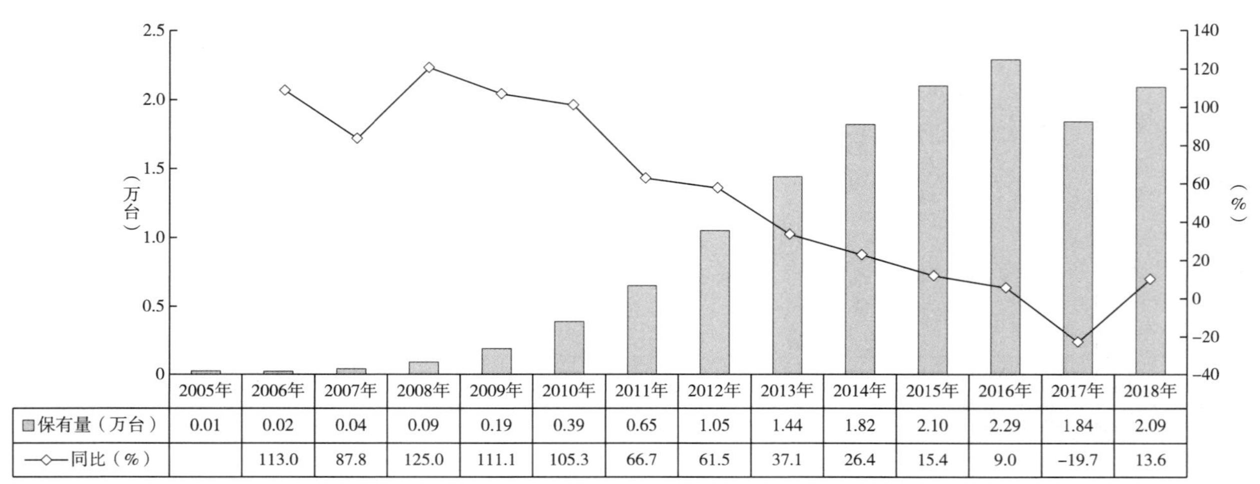

	2005年	2006年	2007年	2008年	2009年	2010年	2011年	2012年	2013年	2014年	2015年	2016年	2017年	2018年
保有量（万台）	0.01	0.02	0.04	0.09	0.19	0.39	0.65	1.05	1.44	1.82	2.10	2.29	1.84	2.09
同比（%）		113.0	87.8	125.0	111.1	105.3	66.7	61.5	37.1	26.4	15.4	9.0	−19.7	13.6

图129　2005—2018年山西省玉米联合收割机保有量走势

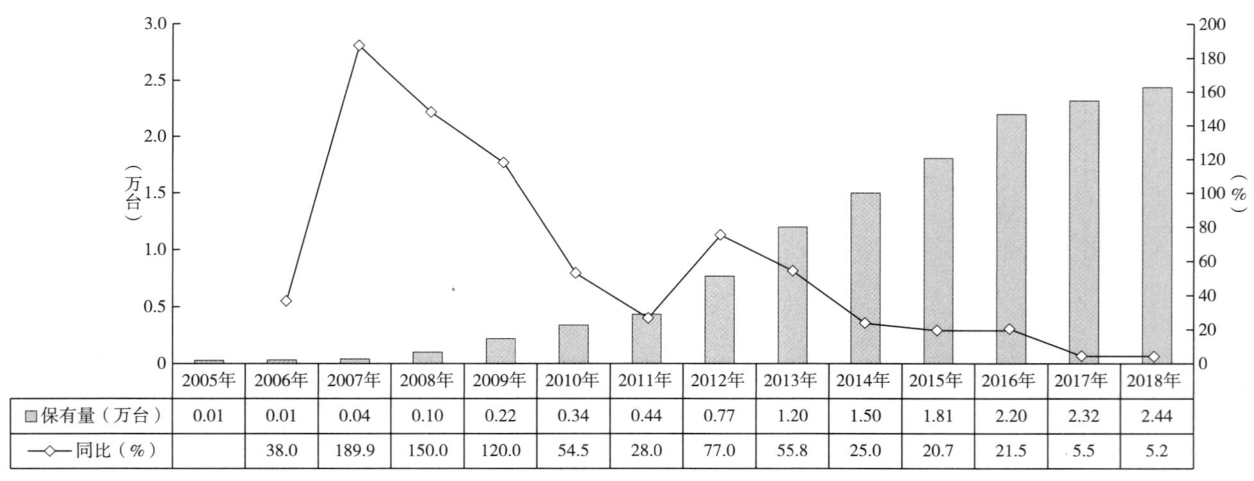

	2005年	2006年	2007年	2008年	2009年	2010年	2011年	2012年	2013年	2014年	2015年	2016年	2017年	2018年
保有量（万台）	0.01	0.01	0.04	0.10	0.22	0.34	0.44	0.77	1.20	1.50	1.81	2.20	2.32	2.44
同比（%）		38.0	189.9	150.0	120.0	54.5	28.0	77.0	55.8	25.0	20.7	21.5	5.5	5.2

图130　2005—2018年安徽省玉米联合收割机保有量走势

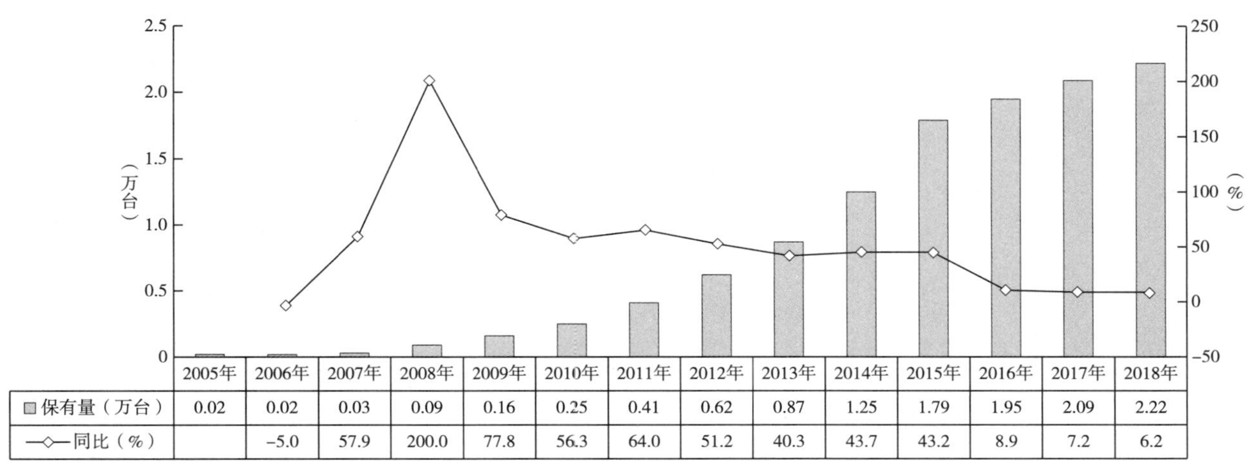

	2005年	2006年	2007年	2008年	2009年	2010年	2011年	2012年	2013年	2014年	2015年	2016年	2017年	2018年
保有量（万台）	0.02	0.02	0.03	0.09	0.16	0.25	0.41	0.62	0.87	1.25	1.79	1.95	2.09	2.22
同比（%）		-5.0	57.9	200.0	77.8	56.3	64.0	51.2	40.3	43.7	43.2	8.9	7.2	6.2

图131　2005—2018年辽宁省玉米联合收割机保有量走势

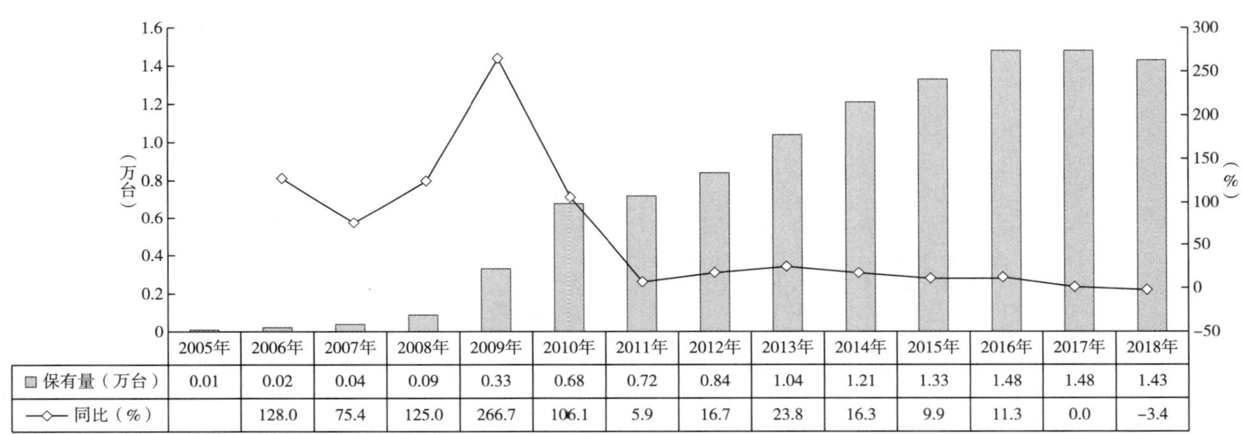

	2005年	2006年	2007年	2008年	2009年	2010年	2011年	2012年	2013年	2014年	2015年	2016年	2017年	2018年
保有量（万台）	0.01	0.02	0.04	0.09	0.33	0.68	0.72	0.84	1.04	1.21	1.33	1.48	1.48	1.43
同比（%）		128.0	75.4	125.0	266.7	106.1	5.9	16.7	23.8	16.3	9.9	11.3	0.0	-3.4

图132　2005—2018年陕西省玉米联合收割机保有量走势

四、畜牧业机械保有量

（一）畜牧业机械保有量

表25　　2005—2021年畜牧业机械保有量一览表　　单位：万台

序号	地区	2005年	2006年	2007年	2008年	2009年	2010年	2011年	2012年	2013年	2014年	2015年	2016年	2017年	2018年	2019年	2020年	2021年
0	全国	427.45	489.63	528.00	545.30	577.05	607.81	637.70	661.70	686.47	710.82	727.28	743.19	763.49	780.95	789.40	811.00	869.85
1	云南省	87.62	105.46	114.45	111.65	122.79	128.03	134.85	133.60	137.08	137.44	139.46	141.00	146.64	147.00	147.81	150.16	165.64
2	四川省	38.12	54.51	60.46	53.78	56.27	57.22	60.03	62.58	61.27	69.64	71.46	73.31	78.36	78.38	80.64	81.60	82.89
3	重庆市	28.39	37.11	38.33	40.12	41.28	45.39	49.48	50.14	60.28	61.44	62.2	62.57	62.65	62.84	58.18	55.68	56.11
4	湖北省	23.88	26.39	27.06	30.07	34.17	35.98	37.62	37.27	41.58	44.54	47.81	48.46	48.51	49.22	50.37	51.61	53.08
5	贵州省	31.30	31.71	37.72	40.05	40.47	40.52	37.93	36.79	37.99	41.57	44.31	49.79	52.76	60.05	61.01	70.55	73.27
6	广西壮族自治区	29.75	30.70	33.57	34.60	32.01	33.00	34.74	35.20	35.89	35.42	35.45	36.09	36.50	36.75	37.88	38.20	38.88
7	陕西省	11.43	12.12	14.59	22.61	25.32	29.79	31.86	33.87	33.88	34.7	35.27	36.73	37.59	38.76	40.29	40.20	40.21
8	甘肃省	6.92	10.45	11.00	12.00	13.50	13.93	18.70	27.41	29.09	29.09	31.33	32.91	34.14	35.54	36.39	37.43	37.95
9	内蒙古自治区	26.75	28.42	31.80	20.60	20.74	22.36	23.04	22.75	24.43	24.85	26.18	27.11	27.54	28.47	28.91	29.86	30.72
10	湖南省	18.09	18.97	19.40	19.17	22.67	23.68	24.67	25.70	26.08	26.71	25.65	24.92	25.85	25.37	25.05	25.14	25.50
11	河南省	16.67	16.00	17.72	19.35	20.34	21.88	22.22	22.60	22.98	23.5	23.53	23.65	23.84	23.53	24.23	24.39	24.64
12	山东省	19.19	19.23	19.11	16.77	16.26	17.43	18.34	19.11	22.12	22.41	22.58	22.78	23.06	24.19	25.41	27.40	34.62
13	辽宁省	14.18	14.18	14.92	17.28	18.02	19.04	18.67	19.65	20.37	20.2	20.17	20.00	19.43	19.77	19.70	19.93	23.03
14	江苏省	9.95	10.00	10.72	9.09	9.71	9.39	10.94	13.83	14.21	16.25	16.82	17.25	16.35	16.42	17.01	18.10	39.57
15	吉林省	5.90	5.95	6.70	6.81	8.07	8.70	11.57	13.12	15.99	16.65	16.7	16.51	16.44	16.63	17.33	17.35	17.28
16	宁夏回族自治区	4.62	5.54	7.63	9.40	11.55	13.23	14.00	15.03	15.48	16.09	16.6	16.93	18.15	20.76	21.04	21.52	21.76
17	河北省	10.31	11.76	12.20	11.00	11.49	11.72	12.09	13.37	14.01	15.36	15.38	15.18	15.30	15.90	15.97	16.63	16.98
18	广东省	8.89	9.24	9.33	9.25	9.02	9.76	10.52	11.01	13.40	15.09	15.15	16.31	16.50	16.53	16.30	16.76	17.32
19	黑龙江省	5.31	6.17	6.36	24.38	24.60	24.70	21.13	21.23	12.65	11.5	11.66	11.33	10.90	10.76	10.48	10.64	10.66
20	新疆维吾尔自治区	7.32	7.79	7.96	6.91	6.81	7.43	7.90	8.23	8.78	8.98	9.18	9.31	9.45	9.89	11.19	11.99	12.32
21	山西省	4.44	4.56	4.92	5.67	5.80	6.77	7.68	8.33	8.79	9.06	9.14	9.19	12.47	11.94	12.17	12.51	12.75
22	安徽省	7.30	7.47	6.41	6.65	6.82	6.91	7.24	7.49	7.60	7.71	7.92	8.07	8.19	8.71	8.76	9.08	9.14
23	福建省	3.27	3.18	3.41	3.09	3.35	3.30	3.43	4.19	5.61	5.30	6.00	6.01	5.47	5.29	5.30	5.35	5.41
24	浙江省	0.00	2.76	2.71	5.55	5.43	5.32	5.71	5.32	5.45	5.38	5.12	4.88	4.75	5.00	4.60	5.14	5.94
25	江西省	4.33	4.94	5.64	5.87	5.88	6.78	7.47	7.87	4.56	4.66	4.79	4.81	4.87	5.02	5.07	5.17	5.20
26	青海省	0.75	0.80	0.80	0.79	1.72	1.73	1.78	1.71	1.51	1.64	1.72	1.84	1.93	2.01	2.01	2.14	2.24

续 表

序号	地区	2005年	2006年	2007年	2008年	2009年	2010年	2011年	2012年	2013年	2014年	2015年	2016年	2017年	2018年	2019年	2020年	2021年
27	北京市	1.02	1.06	1.10	1.15	1.07	1.08	1.01	1.04	1.70	1.68	1.65	1.49	1.25	1.02	0.99	0.98	1.02
28	西藏自治区	0.00	0.80	0.00	0.00	0.18	0.91	1.11	1.16	1.38	1.38	1.38	2.16	2.17	2.21	2.28	2.34	2.40
29	海南省	0.46	0.92	0.53	0.48	0.52	0.55	0.62	0.75	0.90	1.11	1.16	1.07	0.94	0.94	0.92	1.05	1.08
30	天津市	0.50	0.51	0.53	0.55	0.58	0.59	0.64	0.69	0.72	0.73	0.73	0.73	0.73	0.73	0.86	0.85	0.85
31	新疆生产建设兵团	0.60	0.73	0.75	0.41	0.43	0.51	0.51	0.48	0.50	0.58	0.60	0.61	0.60	0.63	0.69	0.70	0.73
32	上海市	0.19	0.19	0.17	0.18	0.18	0.18	0.20	0.18	0.19	0.16	0.18	0.19	0.16	0.68	0.56	0.57	0.62

表26　　2005—2021年畜牧业机械保有量前十名走势分析　　单位：万台

序号	地区	类别	2005年	2006年	2007年	2008年	2009年	2010年	2011年	2012年	2013年	2014年	2015年	2016年	2017年	2018年	2019年	2020年	2021年
0	全国	保有量	427.45	489.63	528.00	545.30	577.05	607.81	637.70	661.70	686.47	710.82	727.28	743.19	763.49	780.95	789.40	811.00	869.85
		同比（%）		14.55	7.84	3.28	5.82	5.33	4.92	3.76	3.74	3.55	2.32	2.19	2.73	2.29	1.08	2.74	7.26
1	云南省	保有量	87.62	105.46	114.45	111.65	122.79	128.03	134.85	133.60	137.08	137.44	139.46	141.00	146.64	147.00	147.81	150.16	165.64
		同比（%）		20.36	8.52	−2.45	9.98	4.27	5.33	−0.93	2.60	0.26	1.47	1.10	4.00	0.25	0.55	1.59	10.31
2	四川省	保有量	38.12	54.51	60.46	53.78	56.27	57.22	60.03	62.58	61.27	69.64	71.46	73.31	78.36	78.38	80.64	81.60	82.89
		同比（%）		43.00	10.92	−11.05	4.63	1.69	4.91	4.25	−2.09	13.66	2.61	2.59	6.89	0.03	2.89	1.19	1.58
3	重庆市	保有量	28.39	37.11	38.33	40.12	41.28	45.39	49.48	50.14	60.28	61.44	62.2	62.57	62.65	62.84	58.18	55.68	56.11
		同比（%）		30.72	3.29	4.67	2.89	9.96	9.01	1.33	20.22	1.92	1.24	0.59	0.13	0.30	−7.42	−4.29	0.78
4	湖北省	保有量	23.88	26.39	27.06	30.07	34.17	35.98	37.62	37.27	41.58	44.54	47.81	48.46	48.51	49.22	50.37	51.61	53.08
		同比（%）		10.51	2.54	11.12	13.63	5.30	4.55	−0.92	11.56	7.12	7.34	1.36	0.10	1.46	2.33	2.47	2.86
5	贵州省	保有量	31.30	31.71	37.72	40.05	40.47	40.52	37.93	36.79	37.99	41.57	44.31	49.79	52.76	60.05	61.01	70.55	73.27
		同比（%）		1.31	18.95	6.18	1.05	0.12	−6.38	−3.02	3.26	9.42	6.59	12.37	5.97	13.82	1.61	15.64	3.85
6	广西壮族自治区	保有量	29.75	30.70	33.57	34.60	32.01	33.00	34.74	35.20	35.89	35.42	35.45	36.09	36.50	36.75	37.88	38.20	38.88
		同比（%）		3.19	9.35	3.07	−7.49	3.09	5.27	1.33	1.96	−1.31	0.08	1.81	1.14	0.68	3.08	0.83	1.79
7	陕西省	保有量	11.43	12.12	14.59	22.61	25.32	29.79	31.86	33.87	33.88	34.7	35.27	36.73	37.59	38.76	40.29	40.20	40.21
		同比（%）		6.04	20.38	54.97	11.99	17.65	6.95	6.31	0.03	2.42	1.64	4.14	2.34	3.11	3.94	−0.21	0.03
8	甘肃省	保有量	6.92	10.45	11.00	12.00	13.50	13.93	18.70	27.41	29.09	29.09	31.33	32.91	34.14	35.54	36.39	37.43	37.95
		同比（%）		51.01	5.26	9.09	12.50	3.19	34.24	46.58	6.13	0.00	7.70	5.04	3.74	4.10	2.40	2.84	1.41
9	内蒙古自治区	保有量	26.75	28.42	31.80	20.60	20.74	22.36	23.04	22.75	24.43	24.85	26.18	27.11	27.54	28.47	28.91	29.86	30.72
		同比（%）		6.24	11.89	−35.22	0.68	7.81	3.05	−1.27	7.38	1.72	5.35	3.55	1.59	3.39	1.51	3.29	2.90
10	湖南省	保有量	18.09	18.97	19.40	19.17	22.67	23.68	24.67	25.70	26.08	26.71	25.65	24.92	25.85	25.37	25.05	25.14	25.50
		同比（%）		4.86	2.27	−1.19	18.26	4.46	4.18	4.18	1.48	2.42	−3.97	−2.85	3.73	−1.86	−1.25	0.35	1.45

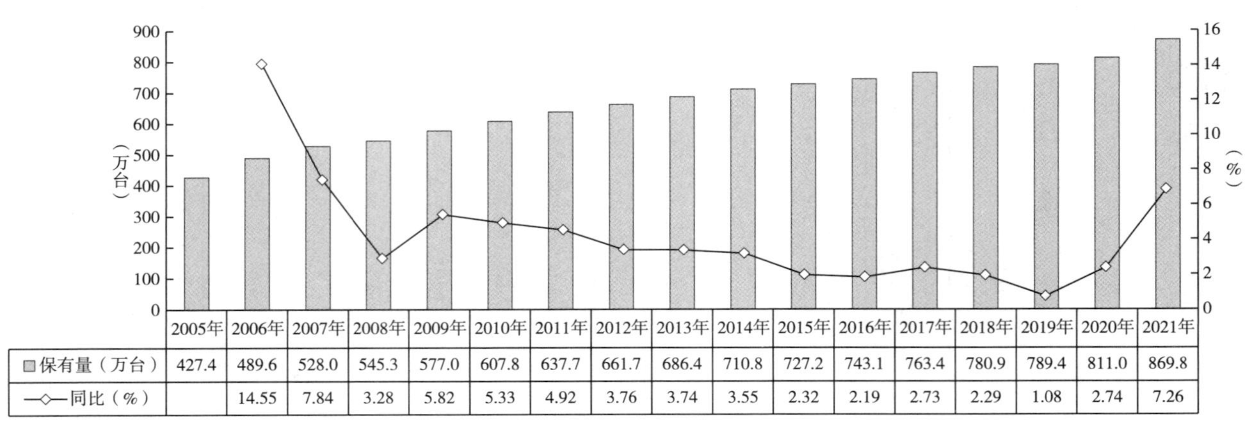

	2005年	2006年	2007年	2008年	2009年	2010年	2011年	2012年	2013年	2014年	2015年	2016年	2017年	2018年	2019年	2020年	2021年
保有量（万台）	427.4	489.6	528.0	545.3	577.0	607.8	637.7	661.7	686.4	710.8	727.2	743.1	763.4	780.9	789.4	811.0	869.8
同比（%）		14.55	7.84	3.28	5.82	5.33	4.92	3.76	3.74	3.55	2.32	2.19	2.73	2.29	1.08	2.74	7.26

图133　2005—2021年全国畜牧机械保有量走势

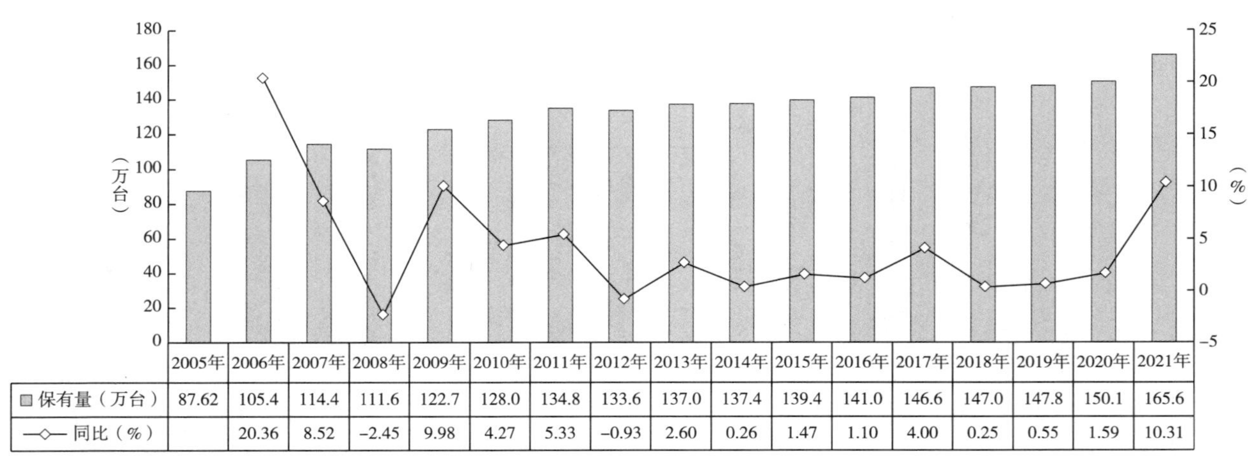

	2005年	2006年	2007年	2008年	2009年	2010年	2011年	2012年	2013年	2014年	2015年	2016年	2017年	2018年	2019年	2020年	2021年
保有量（万台）	87.62	105.4	114.4	111.6	122.7	128.0	134.8	133.6	137.0	137.4	139.4	141.0	146.6	147.0	147.8	150.1	165.6
同比（%）		20.36	8.52	−2.45	9.98	4.27	5.33	−0.93	2.60	0.26	1.47	1.10	4.00	0.25	0.55	1.59	10.31

图134　2005—2021年云南省畜牧机械保有量走势

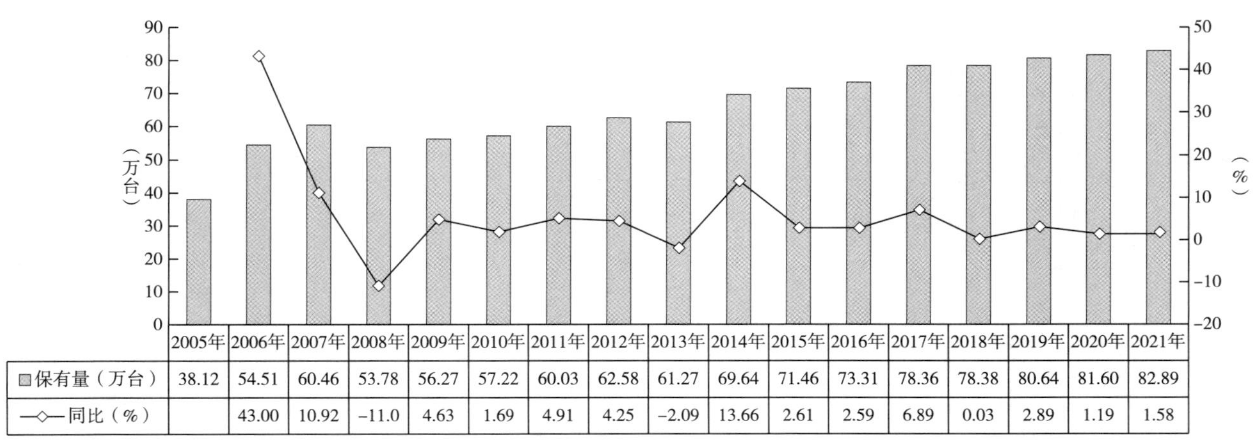

	2005年	2006年	2007年	2008年	2009年	2010年	2011年	2012年	2013年	2014年	2015年	2016年	2017年	2018年	2019年	2020年	2021年
保有量（万台）	38.12	54.51	60.46	53.78	56.27	57.22	60.03	62.58	61.27	69.64	71.46	73.31	78.36	78.38	80.64	81.60	82.89
同比（%）		43.00	10.92	−11.0	4.63	1.69	4.91	4.25	−2.09	13.66	2.61	2.59	6.89	0.03	2.89	1.19	1.58

图135　2005—2021年四川省畜牧机械保有量走势

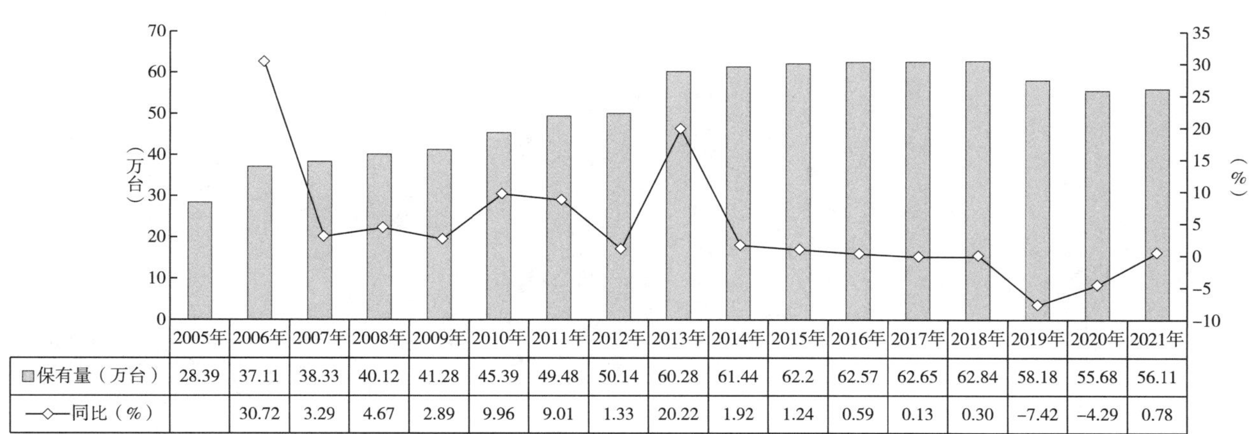

	2005年	2006年	2007年	2008年	2009年	2010年	2011年	2012年	2013年	2014年	2015年	2016年	2017年	2018年	2019年	2020年	2021年
保有量（万台）	28.39	37.11	38.33	40.12	41.28	45.39	49.48	50.14	60.28	61.44	62.2	62.57	62.65	62.84	58.18	55.68	56.11
同比（%）		30.72	3.29	4.67	2.89	9.96	9.01	1.33	20.22	1.92	1.24	0.59	0.13	0.30	–7.42	–4.29	0.78

图 136　2005—2021 年重庆市畜牧机械保有量走势

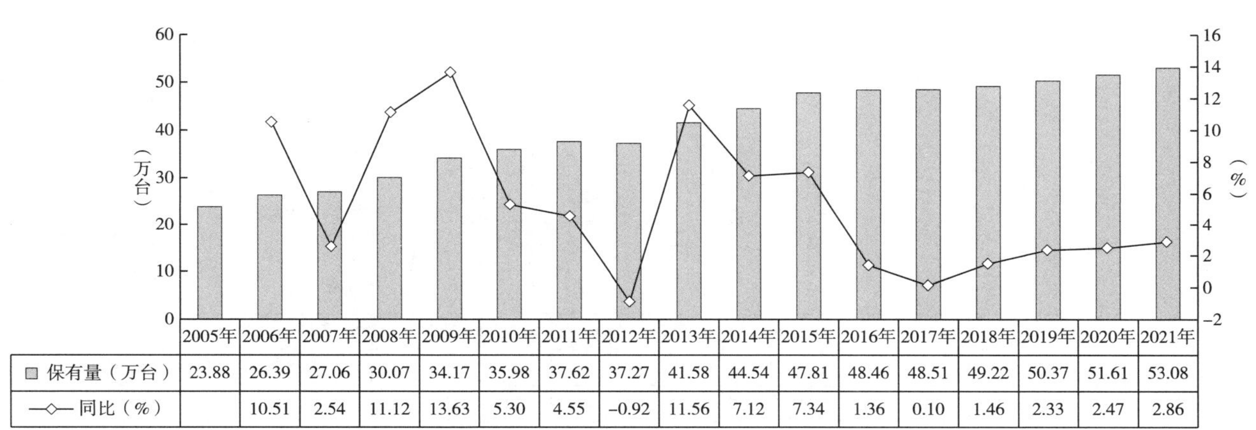

	2005年	2006年	2007年	2008年	2009年	2010年	2011年	2012年	2013年	2014年	2015年	2016年	2017年	2018年	2019年	2020年	2021年
保有量（万台）	23.88	26.39	27.06	30.07	34.17	35.98	37.62	37.27	41.58	44.54	47.81	48.46	48.51	49.22	50.37	51.61	53.08
同比（%）		10.51	2.54	11.12	13.63	5.30	4.55	–0.92	11.56	7.12	7.34	1.36	0.10	1.46	2.33	2.47	2.86

图 137　2005—2021 年湖北省畜牧机械保有量走势

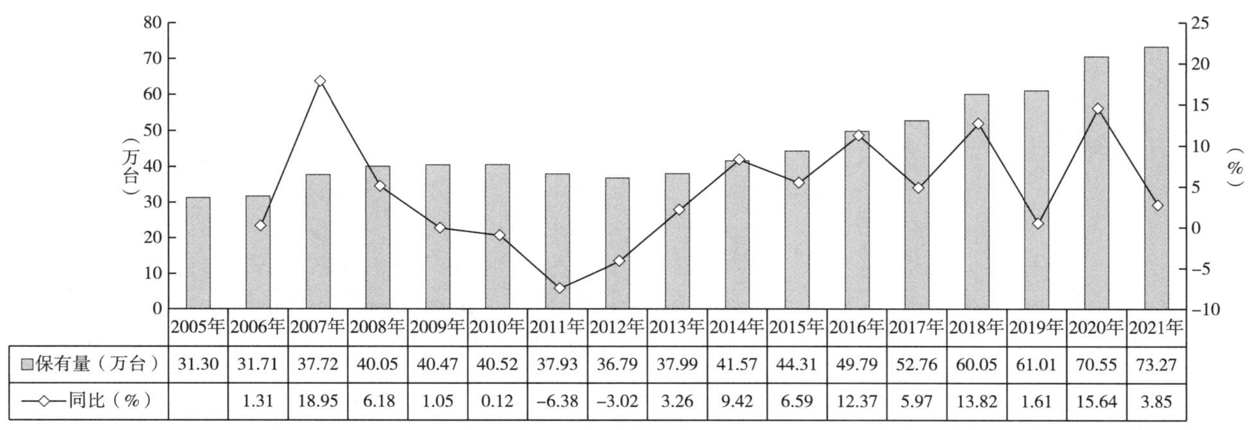

	2005年	2006年	2007年	2008年	2009年	2010年	2011年	2012年	2013年	2014年	2015年	2016年	2017年	2018年	2019年	2020年	2021年
保有量（万台）	31.30	31.71	37.72	40.05	40.47	40.52	37.93	36.79	37.99	41.57	44.31	49.79	52.76	60.05	61.01	70.55	73.27
同比（%）		1.31	18.95	6.18	1.05	0.12	–6.38	–3.02	3.26	9.42	6.59	12.37	5.97	13.82	1.61	15.64	3.85

图 138　2005—2021 年贵州省畜牧机械保有量走势

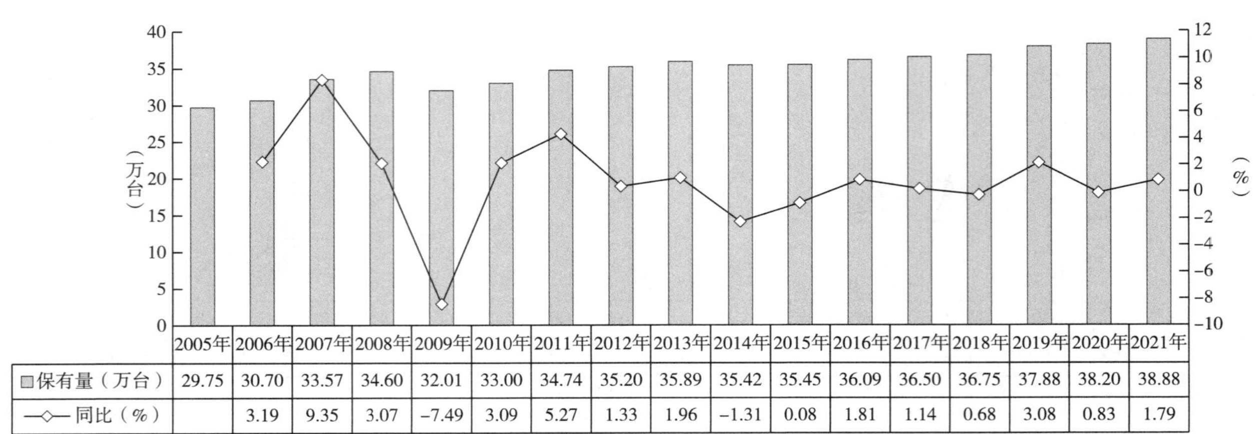

	2005年	2006年	2007年	2008年	2009年	2010年	2011年	2012年	2013年	2014年	2015年	2016年	2017年	2018年	2019年	2020年	2021年
保有量（万台）	29.75	30.70	33.57	34.60	32.01	33.00	34.74	35.20	35.89	35.42	35.45	36.09	36.50	36.75	37.88	38.20	38.88
同比（%）		3.19	9.35	3.07	−7.49	3.09	5.27	1.33	1.96	−1.31	0.08	1.81	1.14	0.68	3.08	0.83	1.79

图 139　2005—2021 年广西壮族自治区畜牧机械保有量走势

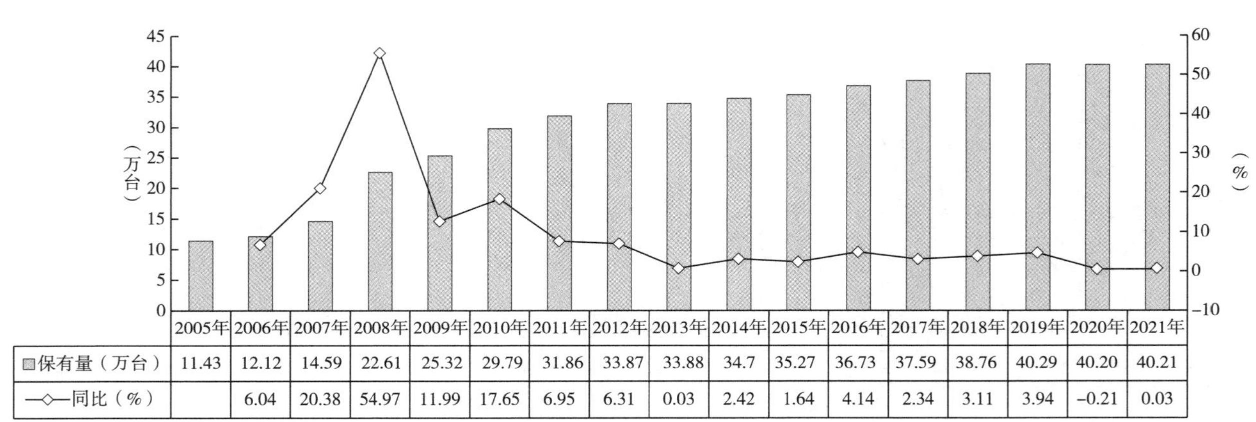

	2005年	2006年	2007年	2008年	2009年	2010年	2011年	2012年	2013年	2014年	2015年	2016年	2017年	2018年	2019年	2020年	2021年
保有量（万台）	11.43	12.12	14.59	22.61	25.32	29.79	31.86	33.87	33.88	34.7	35.27	36.73	37.59	38.76	40.29	40.20	40.21
同比（%）		6.04	20.38	54.97	11.99	17.65	6.95	6.31	0.03	2.42	1.64	4.14	2.34	3.11	3.94	−0.21	0.03

图 140　2005—2021 年陕西省畜牧机械保有量走势

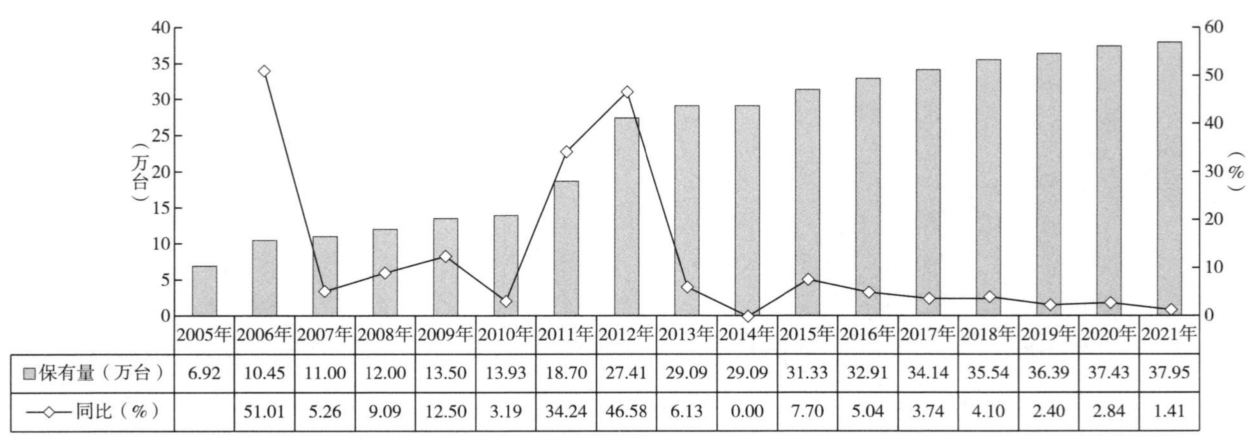

	2005年	2006年	2007年	2008年	2009年	2010年	2011年	2012年	2013年	2014年	2015年	2016年	2017年	2018年	2019年	2020年	2021年
保有量（万台）	6.92	10.45	11.00	12.00	13.50	13.93	18.70	27.41	29.09	29.09	31.33	32.91	34.14	35.54	36.39	37.43	37.95
同比（%）		51.01	5.26	9.09	12.50	3.19	34.24	46.58	6.13	0.00	7.70	5.04	3.74	4.10	2.40	2.84	1.41

图 141　2005—2021 年甘肃省畜牧机械保有量走势

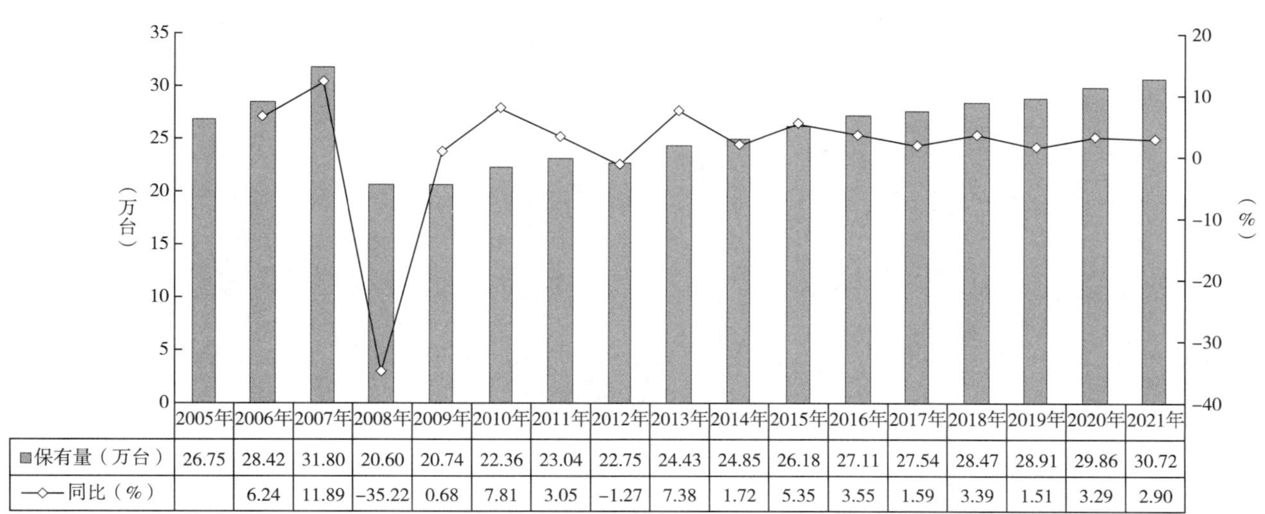

	2005年	2006年	2007年	2008年	2009年	2010年	2011年	2012年	2013年	2014年	2015年	2016年	2017年	2018年	2019年	2020年	2021年
保有量（万台）	26.75	28.42	31.80	20.60	20.74	22.36	23.04	22.75	24.43	24.85	26.18	27.11	27.54	28.47	28.91	29.86	30.72
同比（%）		6.24	11.89	−35.22	0.68	7.81	3.05	−1.27	7.38	1.72	5.35	3.55	1.59	3.39	1.51	3.29	2.90

图142　2005—2021年内蒙古自治区畜牧机械保有量走势

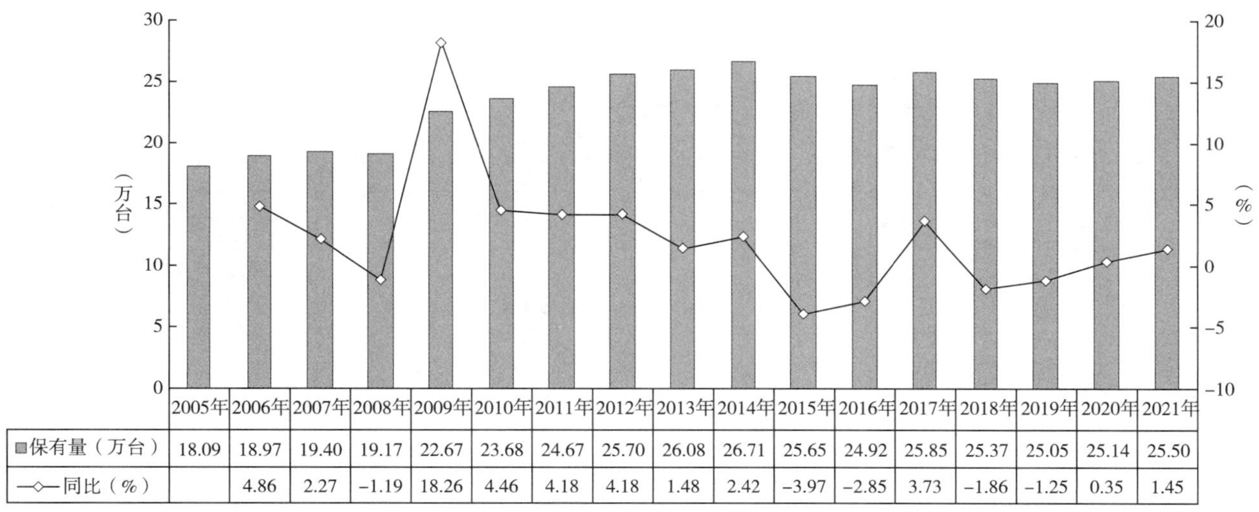

	2005年	2006年	2007年	2008年	2009年	2010年	2011年	2012年	2013年	2014年	2015年	2016年	2017年	2018年	2019年	2020年	2021年
保有量（万台）	18.09	18.97	19.40	19.17	22.67	23.68	24.67	25.70	26.08	26.71	25.65	24.92	25.85	25.37	25.05	25.14	25.50
同比（%）		4.86	2.27	−1.19	18.26	4.46	4.18	4.18	1.48	2.42	−3.97	−2.85	3.73	−1.86	−1.25	0.35	1.45

图143　2005—2021年湖南省畜牧机械保有量走势

（二）牧草收割机保有量

表 27　2005—2021 年牧草收割机保有量一览表

单位：万台

序号	地区	2005年	2006年	2007年	2008年	2009年	2010年	2011年	2012年	2013年	2014年	2015年	2016年	2017年	2018年	2019年	2020年	2021年
0	全国	6.40	6.85	7.55	8.04	10.33	11.72	12.88	15.03	16.01	17.14	17.85	17.83	18.60	20.21	21.35	22.85	23.07
1	内蒙古自治区	3.78	4.10	4.66	5.08	6.63	7.29	7.61	8.84	9.45	10.16	10.51	10.92	11.21	11.19	11.73	12.24	12.17
2	甘肃省	0.28	0.25	0.29	0.25	0.56	0.57	1.06	1.42	1.51	1.74	2.02	2.13	2.20	2.21	2.36	2.47	2.53
3	新疆维吾尔自治区	1.06	1.14	1.23	1.26	1.55	1.63	1.71	1.76	1.84	1.87	1.77	1.70	1.67	1.72	1.72	1.74	1.78
4	宁夏回族自治区	0.02	0.06	0.05	0.19	0.05	0.31	0.40	0.68	0.77	0.81	0.84	0.88	0.89	0.97	0.99	1.00	1.03
5	西藏自治区	0.00	0.00	0.00	0.00	0.41	0.42	0.42	0.42	0.42	0.42	0.42	0.40	0.41	0.42	0.43	0.44	0.45
6	陕西省	0.03	0.04	0.04	0.00	0.00	0.04	0.21	0.23	0.36	0.36	0.37	0.37	0.37	0.41	0.40	0.41	0.41
7	山西省	0.09	0.10	0.11	0.12	0.13	0.23	0.27	0.28	0.29	0.32	0.32	0.32	0.14	0.14	0.14	0.14	0.14
8	贵州省	0.38	0.30	0.30	0.26	0.25	0.26	0.29	0.26	0.28	0.32	0.32	0.30	0.31	1.51	1.69	2.34	2.48
9	黑龙江省	0.37	0.33	0.29	0.23	0.23	0.43	0.23	0.29	0.26	0.26	0.23	0.23	0.22	0.22	0.22	0.31	0.32
10	吉林省	0.02	0.02	0.02	0.02	0.02	0.03	0.11	0.12	0.12	0.14	0.16	0.18	0.17	0.21	0.22	0.24	0.24
11	河北省	0.06	0.10	0.13	0.11	0.12	0.12	0.13	0.13	0.13	0.14	0.15	0.15	0.15	0.15	0.15	0.15	0.15
12	青海省	0.00	0.00	0.03	0.07	0.09	0.11	0.12	0.13	0.10	0.11	0.12	0.00	0.12	0.17	0.15	0.17	0.16
13	四川省	0.01	0.01	0.01	0.01	0.01	0.01	0.01	0.01	0.05	0.05	0.10	0.10	0.18	0.27	0.32	0.32	0.32
14	浙江省	0.00	0.00	0.00	0.01	0.02	0.04	0.04	0.06	0.04	0.04	0.10	0.00	0.09	0.12	0.11	0.10	0.10
15	湖北省	0.00	0.00	0.00	0.00	0.00	0.00	0.00	0.07	0.07	0.08	0.09	0.00	0.12	0.13	0.13	0.13	0.14
16	辽宁省	0.03	0.03	0.07	0.10	0.09	0.09	0.10	0.10	0.10	0.07	0.07	0.00	0.06	0.07	0.08	0.10	0.11
17	新疆生产建设兵团	0.21	0.31	0.25	0.27	0.08	0.07	0.07	0.07	0.07	0.07	0.07	0.07	0.07	0.07	0.07	0.07	0.06
18	江苏省	0.00	0.00	0.00	0.00	0.00	0.00	0.00	0.02	0.04	0.06	0.07	0.07	0.07	0.06	0.06	0.06	0.07
19	山东省	0.03	0.03	0.03	0.02	0.02	0.03	0.02	0.02	0.03	0.03	0.03	0.00	0.03	0.03	0.03	0.03	0.04
20	河南省	0.00	0.00	0.00	0.01	0.01	0.01	0.01	0.03	0.03	0.03	0.03	0.00	0.03	0.03	0.04	0.04	0.05
21	江西省	0.00	0.00	0.00	0.01	0.01	0.00	0.04	0.04	0.02	0.02	0.02	0.00	0.02	0.02	0.02	0.02	0.02
22	湖南省	0.01	0.01	0.01	0.00	0.00	0.00	0.00	0.00	0.00	0.01	0.02	0.00	0.04	0.03	0.03	0.03	0.03
23	福建省	0.00	0.00	0.01	0.00	0.01	0.01	0.01	0.01	0.01	0.01	0.01	0.00	0.00	0.00	0.00	0.00	0.00
24	广东省	0.00	0.00	0.00	0.00	0.00	0.01	0.01	0.01	0.01	0.01	0.01	0.01	0.01	0.01	0.09	0.09	0.09
25	北京市	0.01	0.01	0.01	0.02	0.02	0.02	0.02	0.01	0.01	0.01	0.00	0.00	0.01	0.00	0.00	0.00	0.00
26	云南省	0.00	0.00	0.00	0.00	0.00	0.00	0.00	0.00	0.00	0.00	0.00	0.00	0.01	0.01	0.03	0.04	0.04
27	重庆市	0.01	0.01	0.01	0.00	0.00	0.00	0.00	0.00	0.00	0.00	0.00	0.00	0.00	0.00	0.08	0.09	0.09

续 表

序号	地区	2005年	2006年	2007年	2008年	2009年	2010年	2011年	2012年	2013年	2014年	2015年	2016年	2017年	2018年	2019年	2020年	2021年
28	安徽省	0.00	0.00	0.00	0.00	0.01	0.00	0.00	0.01	0.00	0.00	0.00	0.00	0.00	0.00	0.00	0.00	0.00
29	天津市	0.00	0.00	0.00	0.00	0.00	0.00	0.00	0.00	0.00	0.00	0.00	0.00	0.00	0.00	0.01	0.01	0.01
30	上海市	0.00	0.00	0.00	0.00	0.00	0.00	0.00	0.00	0.00	0.00	0.00	0.00	0.00	0.00	0.00	0.00	0.00
31	海南省	0.00	0.00	0.00	0.00	0.00	0.00	0.00	0.00	0.00	0.00	0.00	0.00	0.00	0.00	0.00	0.00	0.00
32	广西壮族自治区	0.00	0.00	0.00	0.00	0.00	0.00	0.00	0.00	0.00	0.00	0.00	0.00	0.00	0.04	0.04	0.05	0.05

表28　2005—2021年牧草收割机保有量前十名走势分析　　单位：万台

序号	地区	类别	2005年	2006年	2007年	2008年	2009年	2010年	2011年	2012年	2013年	2014年	2015年	2016年	2017年	2018年	2019年	2020年	2021年
0	全国	保有量	6.40	6.85	7.55	8.04	10.33	11.72	12.88	15.03	16.01	17.14	17.85	17.83	18.60	20.21	21.35	22.85	23.07
		同比（%）		7.03	10.22	6.49	28.48	13.46	9.94	16.61	6.55	7.06	4.14	-0.11	4.32	8.66	5.66	6.99	0.97
1	内蒙古自治区	保有量	3.78	4.10	4.66	5.08	6.63	7.29	7.61	8.84	9.45	10.16	10.51	10.92	11.21	11.19	11.73	12.24	12.17
		同比（%）		8.47	13.66	9.01	30.51	9.95	4.39	16.16	6.90	7.51	3.44	3.90	2.66	-0.18	4.87	4.35	-0.63
2	甘肃省	保有量	0.28	0.25	0.29	0.25	0.56	0.57	1.06	1.42	1.51	1.74	2.02	2.13	2.20	2.21	2.36	2.47	2.53
		同比（%）		-10.71	16.00	-13.79	124.00	1.79	85.96	33.96	6.34	15.23	16.09	5.45	3.29	0.45	6.60	5.00	2.47
3	新疆维吾尔自治区	保有量	1.06	1.14	1.23	1.26	1.55	1.63	1.71	1.76	1.84	1.87	1.77	1.70	1.67	1.72	1.72	1.74	1.78
		同比（%）		7.55	7.89	2.44	23.02	5.16	4.91	2.92	4.55	1.63	-5.35	-3.95	-1.76	2.99	0.02	0.96	2.48
4	宁夏回族自治区	保有量	0.02	0.06	0.05	0.19	0.05	0.31	0.40	0.68	0.77	0.81	0.84	0.88	0.89	0.97	0.99	1.00	1.03
		同比（%）		200.00	-16.67	280.00	-73.68	520.00	29.03	70.00	13.24	5.19	3.70	4.76	1.14	8.99	1.82	0.91	3.26
5	西藏自治区	保有量	0.00	0.00	0.00	0.00	0.41	0.42	0.42	0.42	0.42	0.42	0.42	0.40	0.41	0.42	0.43	0.44	0.45
		同比（%）						2.44	0.00	0.00	0.00	0.00	0.00	-4.76	2.50	2.44	2.50	2.46	0.93
6	陕西省	保有量	0.03	0.04	0.04	0.04	0.04	0.04	0.21	0.23	0.36	0.36	0.37	0.37	0.37	0.41	0.40	0.41	0.41
		同比（%）		33.33	0.00	0.00	0.00	0.00	425.00	9.52	56.52	0.00	2.78	0.00	0.00	10.81	-1.34	1.09	0.59
7	山西省	保有量	0.09	0.10	0.11	0.12	0.13	0.23	0.27	0.28	0.29	0.32	0.32	0.32	0.14	0.14	0.14	0.14	0.14
		同比（%）		11.11	10.00	9.09	8.33	76.92	17.57	3.55	3.57	10.34	0.00	0.00	-56.25	0.00	-2.14	1.46	0.58
8	贵州省	保有量	0.38	0.30	0.30	0.26	0.25	0.26	0.29	0.26	0.28	0.32	0.32	0.30	0.31	1.51	1.69	2.34	2.48
		同比（%）		-21.05	0.00	-13.33	-3.85	4.00	12.00	-10.71	7.69	14.29	0.00	-6.25	3.33	387.10	11.93	38.49	5.74
9	黑龙江省	保有量	0.37	0.33	0.29	0.23	0.23	0.43	0.23	0.29	0.26	0.26	0.23	0.23	0.22	0.22	0.22	0.31	0.32
		同比（%）		-10.81	-12.12	-20.69	0.00	0.00	-46.51	26.09	-10.34	0.00	-11.54	0.00	-4.35	0.00	-0.36	40.51	3.34
10	吉林省	保有量	0.02	0.02	0.02	0.02	0.02	0.03	0.11	0.12	0.12	0.14	0.16	0.18	0.17	0.21	0.22	0.24	0.24
		同比（%）		0.00	0.00	0.00	0.00	50.00	266.67	9.09	0.00	16.67	14.29	12.50	-5.56	23.53	3.24	10.61	-0.33

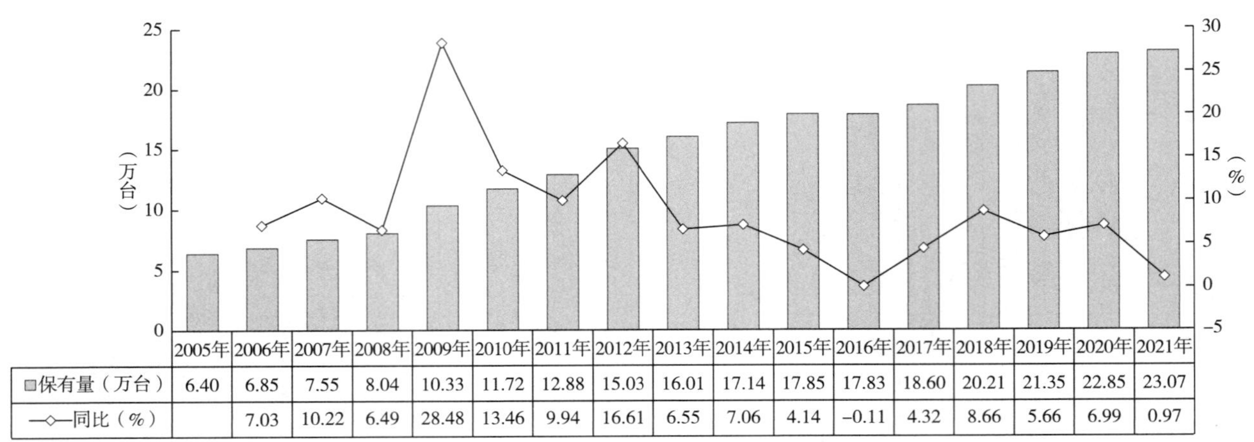

	2005年	2006年	2007年	2008年	2009年	2010年	2011年	2012年	2013年	2014年	2015年	2016年	2017年	2018年	2019年	2020年	2021年
保有量（万台）	6.40	6.85	7.55	8.04	10.33	11.72	12.88	15.03	16.01	17.14	17.85	17.83	18.60	20.21	21.35	22.85	23.07
同比（%）		7.03	10.22	6.49	28.48	13.46	9.94	16.61	6.55	7.06	4.14	−0.11	4.32	8.66	5.66	6.99	0.97

图 144　2005—2021 年全国牧草收割机保有量走势

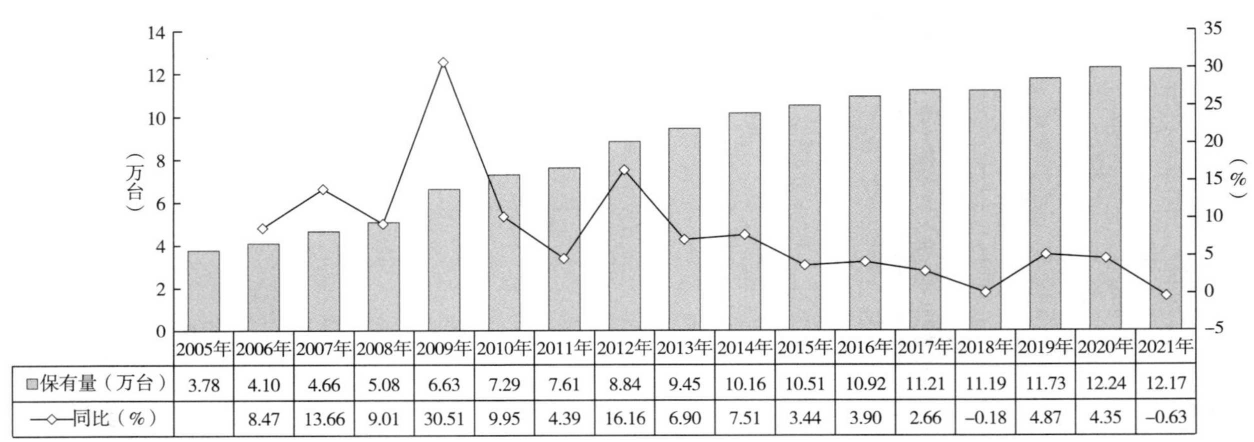

	2005年	2006年	2007年	2008年	2009年	2010年	2011年	2012年	2013年	2014年	2015年	2016年	2017年	2018年	2019年	2020年	2021年
保有量（万台）	3.78	4.10	4.66	5.08	6.63	7.29	7.61	8.84	9.45	10.16	10.51	10.92	11.21	11.19	11.73	12.24	12.17
同比（%）		8.47	13.66	9.01	30.51	9.95	4.39	16.16	6.90	7.51	3.44	3.90	2.66	−0.18	4.87	4.35	−0.63

图 145　2005—2021 年内蒙古自治区牧草收割机保有量走势

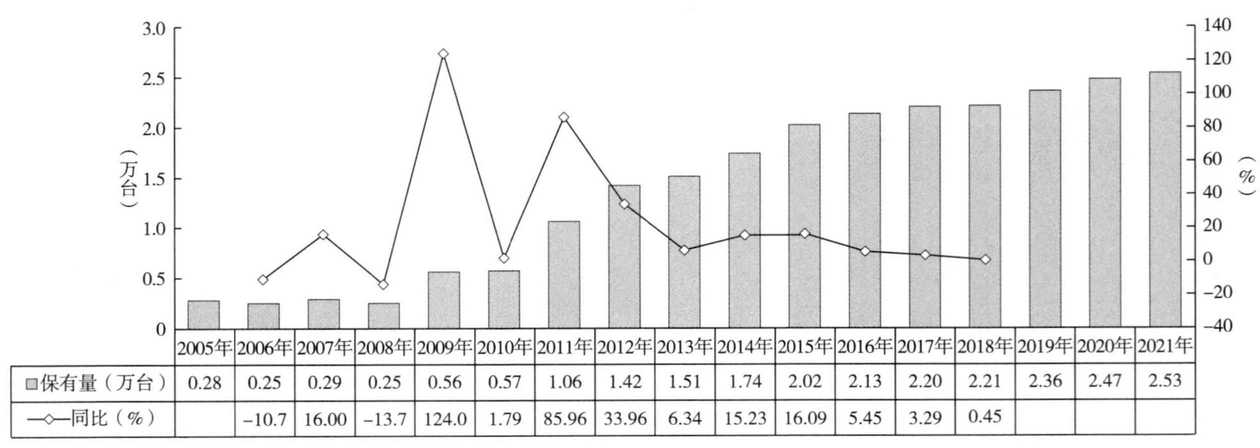

	2005年	2006年	2007年	2008年	2009年	2010年	2011年	2012年	2013年	2014年	2015年	2016年	2017年	2018年	2019年	2020年	2021年
保有量（万台）	0.28	0.25	0.29	0.25	0.56	0.57	1.06	1.42	1.51	1.74	2.02	2.13	2.20	2.21	2.36	2.47	2.53
同比（%）		−10.7	16.00	−13.7	124.0	1.79	85.96	33.96	6.34	15.23	16.09	5.45	3.29	0.45			

图 146　2005—2021 年甘肃省牧草收割机保有量走势

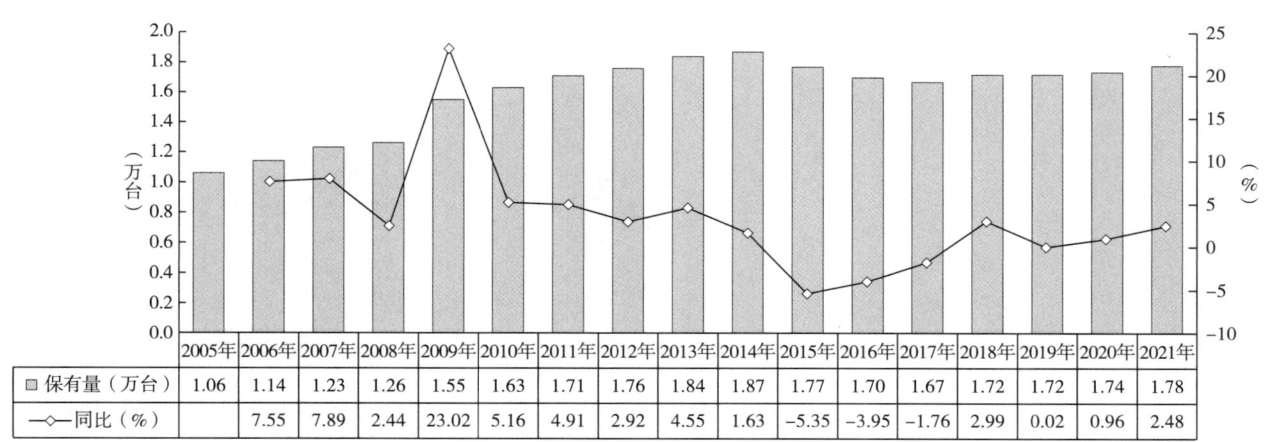

	2005年	2006年	2007年	2008年	2009年	2010年	2011年	2012年	2013年	2014年	2015年	2016年	2017年	2018年	2019年	2020年	2021年
保有量（万台）	1.06	1.14	1.23	1.26	1.55	1.63	1.71	1.76	1.84	1.87	1.77	1.70	1.67	1.72	1.72	1.74	1.78
同比（%）		7.55	7.89	2.44	23.02	5.16	4.91	2.92	4.55	1.63	−5.35	−3.95	−1.76	2.99	0.02	0.96	2.48

图 147　2005—2021 年新疆维吾尔自治区牧草收割机保有量走势

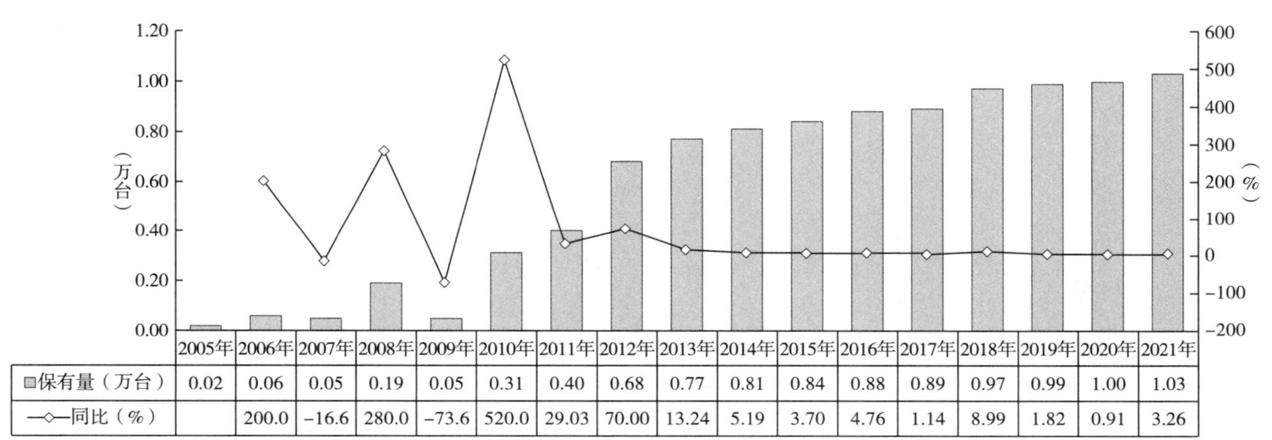

	2005年	2006年	2007年	2008年	2009年	2010年	2011年	2012年	2013年	2014年	2015年	2016年	2017年	2018年	2019年	2020年	2021年
保有量（万台）	0.02	0.06	0.05	0.19	0.05	0.31	0.40	0.68	0.77	0.81	0.84	0.88	0.89	0.97	0.99	1.00	1.03
同比（%）		200.0	−16.6	280.0	−73.6	520.0	29.03	70.00	13.24	5.19	3.70	4.76	1.14	8.99	1.82	0.91	3.26

图 148　2005—2021 年宁夏回族自治区牧草收割机保有量走势

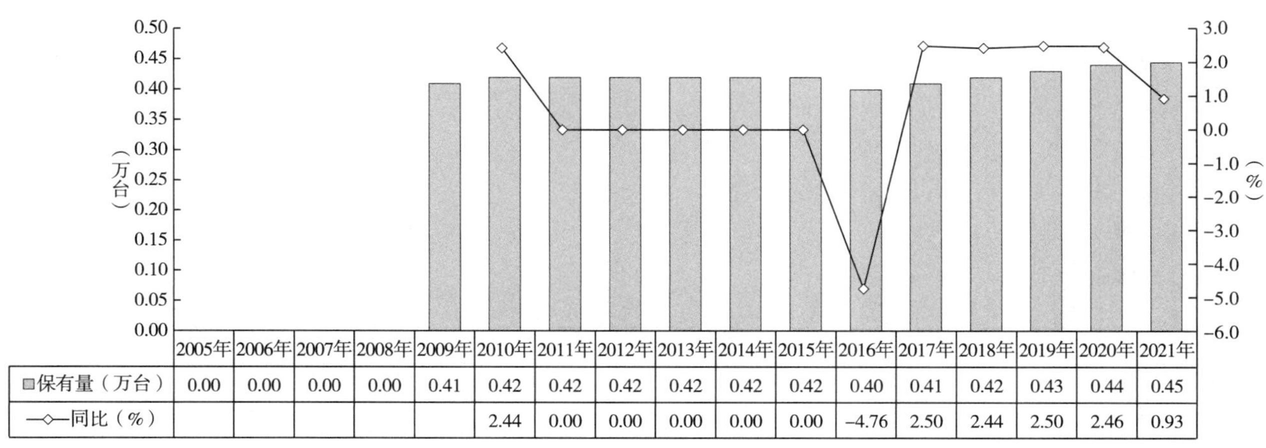

	2005年	2006年	2007年	2008年	2009年	2010年	2011年	2012年	2013年	2014年	2015年	2016年	2017年	2018年	2019年	2020年	2021年
保有量（万台）	0.00	0.00	0.00	0.00	0.41	0.42	0.42	0.42	0.42	0.42	0.42	0.40	0.41	0.42	0.43	0.44	0.45
同比（%）						2.44	0.00	0.00	0.00	0.00	0.00	−4.76	2.50	2.44	2.50	2.46	0.93

图 149　2005—2021 年西藏自治区牧草收割机保有量走势

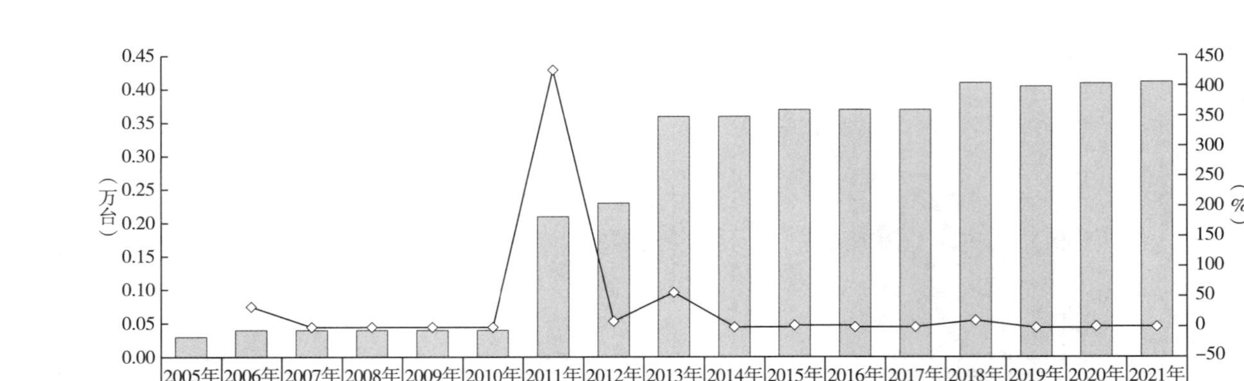

	2005年	2006年	2007年	2008年	2009年	2010年	2011年	2012年	2013年	2014年	2015年	2016年	2017年	2018年	2019年	2020年	2021年
□保有量（万台）	0.03	0.04	0.04	0.04	0.04	0.04	0.21	0.23	0.36	0.36	0.37	0.37	0.37	0.41	0.40	0.41	0.41
—◇—同比（%）		33.33	0.00	0.00	0.00	0.00	425.0	9.52	56.52	0.00	2.78	0.00	0.00	10.81	−1.34	1.09	0.59

图150　2005—2021年陕西省牧草收割机保有量走势

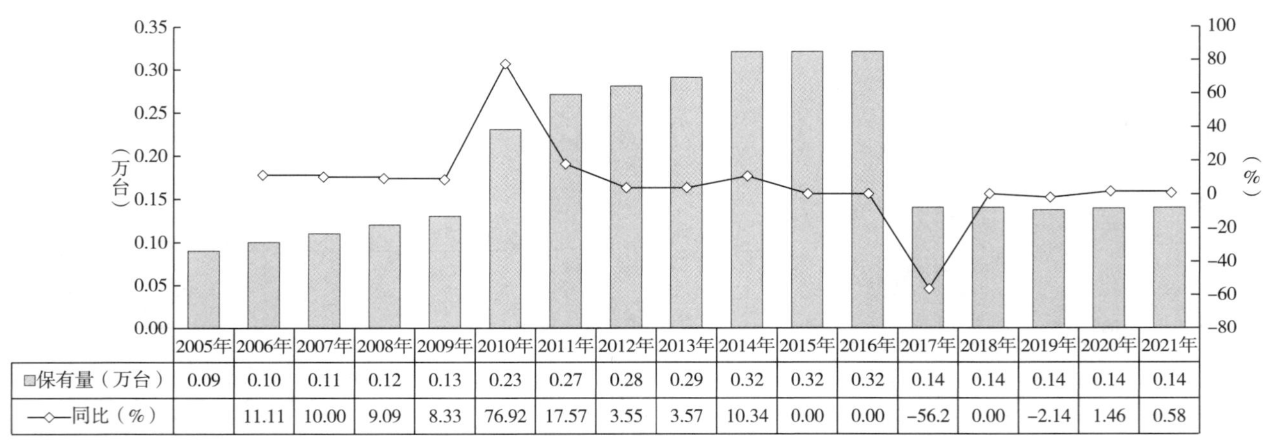

	2005年	2006年	2007年	2008年	2009年	2010年	2011年	2012年	2013年	2014年	2015年	2016年	2017年	2018年	2019年	2020年	2021年
□保有量（万台）	0.09	0.10	0.11	0.12	0.13	0.23	0.27	0.28	0.29	0.32	0.32	0.32	0.14	0.14	0.14	0.14	0.14
—◇—同比（%）		11.11	10.00	9.09	8.33	76.92	17.57	3.55	3.57	10.34	0.00	0.00	−56.2	0.00	−2.14	1.46	0.58

图151　2005—2021年山西省牧草收割机保有量走势

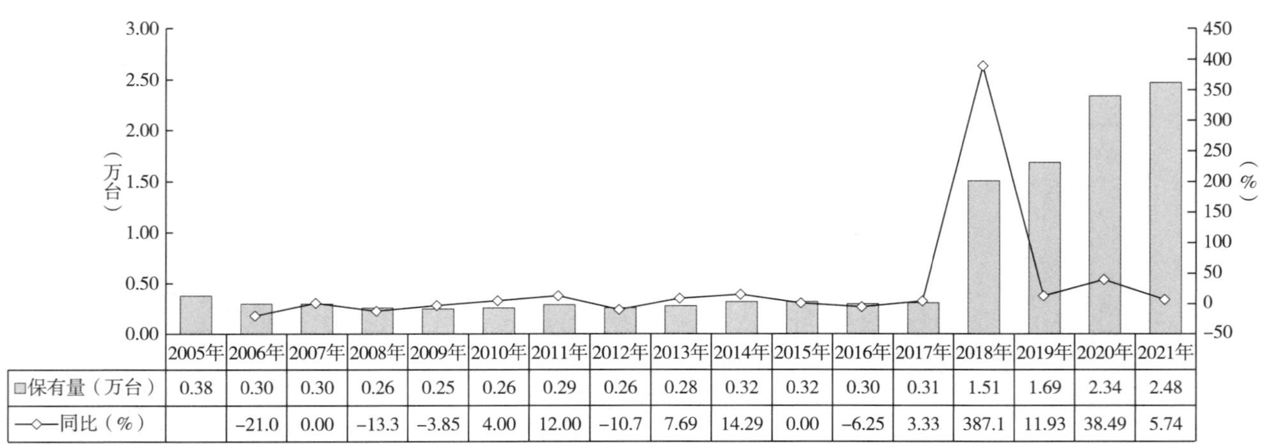

	2005年	2006年	2007年	2008年	2009年	2010年	2011年	2012年	2013年	2014年	2015年	2016年	2017年	2018年	2019年	2020年	2021年
□保有量（万台）	0.38	0.30	0.30	0.26	0.25	0.26	0.29	0.26	0.28	0.32	0.32	0.30	0.31	1.51	1.69	2.34	2.48
—◇—同比（%）		−21.0	0.00	−13.3	−3.85	4.00	12.00	−10.7	7.69	14.29	0.00	−6.25	3.33	387.1	11.93	38.49	5.74

图152　2005—2021年贵州省牧草收割机保有量走势

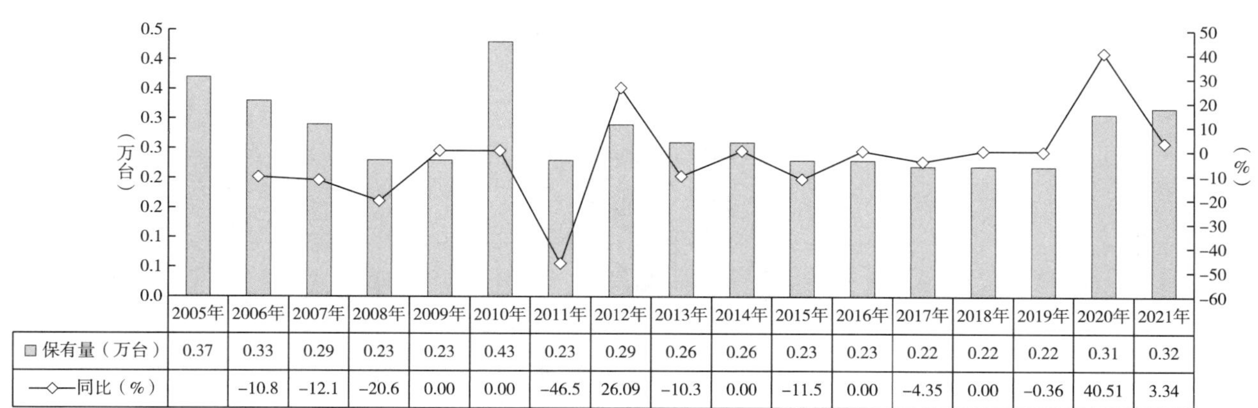

	2005年	2006年	2007年	2008年	2009年	2010年	2011年	2012年	2013年	2014年	2015年	2016年	2017年	2018年	2019年	2020年	2021年
保有量（万台）	0.37	0.33	0.29	0.23	0.23	0.43	0.23	0.29	0.26	0.26	0.23	0.23	0.22	0.22	0.22	0.31	0.32
同比（%）		−10.8	−12.1	−20.6	0.00	0.00	−46.5	26.09	−10.3	0.00	−11.5	0.00	−4.35	0.00	−0.36	40.51	3.34

图153　2005—2021年黑龙江省牧草收割机保有量走势

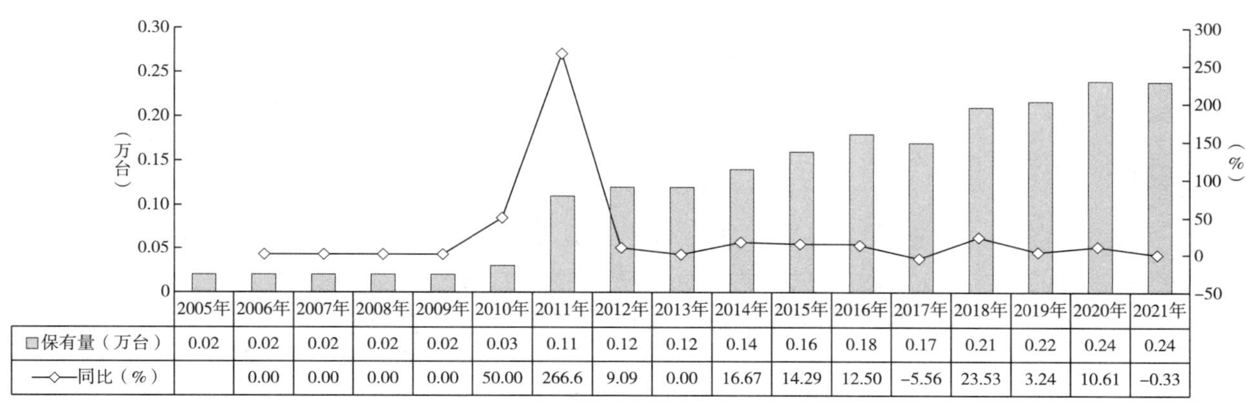

	2005年	2006年	2007年	2008年	2009年	2010年	2011年	2012年	2013年	2014年	2015年	2016年	2017年	2018年	2019年	2020年	2021年
保有量（万台）	0.02	0.02	0.02	0.02	0.02	0.03	0.11	0.12	0.12	0.14	0.16	0.18	0.17	0.21	0.22	0.24	0.24
同比（%）		0.00	0.00	0.00	0.00	50.00	266.6	9.09	0.00	16.67	14.29	12.50	−5.56	23.53	3.24	10.61	−0.33

图154　2005—2021年吉林省牧草收割机保有量走势

五、渔业机械保有量

表 29　　2005—2021 年渔业机械保有量一览表　　单位：万台

序号	地区	2005年	2006年	2007年	2008年	2009年	2010年	2011年	2012年	2013年	2014年	2015年	2016年	2017年	2018年	2019年	2020年	2021年
0	全国	95.16	115.07	121.81	193.47	216.56	247.56	301.56	348.78	375.39	402.99	416.34	433.28	442.50	447.32	468.97	479.50	492.19
1	广东省	29.34	39.94	42.76	54.31	61.27	73.10	87.38	92.26	95.24	99.93	103.54	110.30	116.02	119.95	123.64	127.10	133.47
2	江苏省	10.51	11.00	13.02	19.57	22.62	27.54	53.01	73.47	85.90	93.27	96.28	98.84	100.88	100.48	103.50	107.53	106.53
3	湖北省	7.64	10.01	11.39	22.35	26.28	28.74	30.64	35.79	38.89	43.42	44.63	45.08	45.84	47.60	48.42	48.63	48.86
4	浙江省	4.83	5.05	5.03	14.52	15.64	18.46	20.69	23.54	24.86	27.25	27.56	28.08	28.46	30.84	32.17	31.02	31.40
5	四川省	2.05	2.47	3.15	7.99	9.00	10.81	12.92	14.84	15.60	19.72	21.58	22.15	22.10	25.61	26.25	27.12	27.84
6	福建省	8.23	11.13	11.57	13.74	12.10	13.94	14.73	16.16	19.05	20.13	20.26	20.57	20.04	17.89	18.52	19.48	19.45
7	湖南省	4.45	4.60	4.89	8.95	9.64	10.53	11.32	12.76	13.96	14.27	14.91	16.40	16.88	16.40	16.60	16.57	16.70
8	山东省	4.56	4.42	5.70	10.30	10.58	11.23	11.99	12.58	13.31	13.68	13.81	14.70	14.85	8.36	16.72	16.97	17.46
9	广西壮族自治区	1.38	1.94	2.08	4.49	5.82	5.49	6.17	7.19	7.51	8.34	9.11	9.93	10.94	11.66	12.14	12.93	13.28
10	海南省	1.99	2.20	2.09	5.02	6.08	6.06	6.45	6.95	7.39	7.91	7.85	8.31	7.86	7.87	7.88	8.12	8.51
11	辽宁省	6.22	6.22	3.30	3.96	4.57	4.94	6.18	7.27	7.70	7.73	7.44	7.03	6.37	7.22	7.46	7.45	7.50
12	安徽省	1.49	1.51	1.59	4.09	4.86	5.05	5.33	6.25	7.88	7.29	7.41	7.49	7.65	8.06	8.35	8.68	11.96
13	重庆市	2.03	2.68	3.05	4.84	5.03	5.40	5.54	5.63	6.16	6.49	7.40	8.84	9.13	9.28	9.16	9.59	9.87
14	河北省	1.31	1.55	1.65	3.30	3.79	3.90	4.35	5.56	5.86	6.20	6.64	6.71	6.16	6.45	6.54	6.57	6.60
15	天津市	1.23	1.39	1.42	3.20	3.54	4.84	5.29	5.88	6.39	6.39	6.27	6.05	5.87	6.07	6.54	6.35	6.47
16	江西省	2.01	2.93	3.27	5.05	6.56	7.42	8.25	9.16	5.33	5.53	5.71	6.53	6.69	6.95	7.25	7.40	7.48
17	河南省	1.17	1.05	1.07	1.82	2.22	2.54	2.99	3.87	4.00	4.14	4.06	4.08	4.12	4.13	4.89	4.83	5.32
18	上海市	2.45	2.48	2.19	2.17	2.11	2.25	2.44	2.57	2.75	3.09	3.37	3.37	3.39	2.93	2.91	2.72	2.78
19	云南省	0.28	0.34	0.34	0.76	0.98	1.17	1.26	1.82	1.91	2.19	2.28	2.30	2.45	2.82	3.02	3.11	3.25
20	陕西省	0.14	0.18	0.16	0.40	0.56	0.71	0.81	1.22	1.32	1.36	1.42	1.54	1.59	1.58	1.72	1.74	1.77
21	北京市	0.92	0.90	1.00	1.08	1.14	1.43	1.35	1.36	1.29	1.30	1.27	1.25	1.23	1.21	1.16	1.13	1.13
22	吉林省	0.09	0.10	0.08	0.37	0.45	0.50	0.57	0.65	0.69	0.79	0.80	0.82	0.98	1.00	1.01	1.02	1.01
23	新疆维吾尔自治区	0.11	0.12	0.12	0.13	0.20	0.27	0.50	0.44	0.67	0.67	0.68	0.69	0.69	0.69	0.85	0.86	0.88
24	宁夏回族自治区	0.11	0.12	0.13	0.38	0.77	0.51	0.58	0.64	0.66	0.66	0.67	0.72	0.75	0.76	0.75	0.76	0.75
25	黑龙江省	0.37	0.45	0.46	0.30	0.31	0.32	0.38	0.40	0.34	0.42	0.46	0.46	0.50	0.50	0.51	0.51	0.54
26	内蒙古自治区	0.01	0.01	0.02	0.09	0.10	0.14	0.15	0.17	0.19	0.24	0.29	0.30	0.32	0.32	0.34	0.48	0.52
27	山西省	0.04	0.04	0.04	0.04	0.07	0.09	0.10	0.13	0.24	0.25	0.26	0.28	0.27	0.27	0.27	0.27	0.27

续 表

序号	地区	2005年	2006年	2007年	2008年	2009年	2010年	2011年	2012年	2013年	2014年	2015年	2016年	2017年	2018年	2019年	2020年	2021年
28	贵州省	0.17	0.20	0.20	0.20	0.21	0.07	0.07	0.10	0.16	0.17	0.16	0.21	0.20	0.10	0.08	0.10	0.14
29	甘肃省	0.02	0.02	0.02	0.02	0.03	0.08	0.08	0.09	0.10	0.12	0.15	0.16	0.18	0.20	0.20	0.21	0.22
30	新疆生产建设兵团	0.01	0.01	0.02	0.03	0.03	0.03	0.04	0.03	0.04	0.04	0.05	0.05	0.05	0.08	0.08	0.09	0.09
31	青海省	0.00	0.00	0.00	0.00	0.00	0.00	0.00	0.00	0.00	0.00	0.02	0.04	0.04	0.04	0.04	0.16	0.16
32	西藏自治区	0.00	0.00	0.00	0.00	0.00	0.00	0.00	0.00	0.00	0.00	0.00	0.00	0.00	0.00	0.00	0.00	0.00

表30　　2005—2021年渔业机械保有量前十名走势分析　　单位：万台

序号	地区	类别	2005年	2006年	2007年	2008年	2009年	2010年	2011年	2012年	2013年	2014年	2015年	2016年	2017年	2018年	2019年	2020年	2021年
0	全国	保有量	95.16	115.07	121.81	193.47	216.56	247.56	301.56	348.78	375.39	402.99	416.34	433.28	442.50	447.32	468.97	479.50	492.19
		同比（%）		20.92	5.86	58.83	11.93	14.31	21.81	15.66	7.63	7.35	3.31	4.07	2.13	1.09	4.84	2.24	2.65
1	广东省	保有量	29.34	39.94	42.76	54.31	61.27	73.10	87.38	92.26	95.24	99.93	103.54	110.30	116.02	119.95	123.64	127.10	133.47
		同比（%）		36.13	7.06	27.01	12.82	19.31	19.53	5.58	3.23	4.92	3.61	6.53	5.18	3.39	3.07	2.80	5.02
2	江苏省	保有量	10.51	11.00	13.02	19.57	22.62	27.54	53.01	73.47	85.90	93.27	96.28	98.84	100.88	100.48	103.50	107.53	106.53
		同比（%）		4.66	18.36	50.31	15.59	21.75	92.48	38.60	16.92	8.58	3.23	2.66	2.06	−0.40	3.01	3.90	−0.93
3	湖北省	保有量	7.64	10.01	11.39	22.35	26.28	28.74	30.64	35.79	38.89	43.42	44.63	45.08	45.84	47.60	48.42	48.63	48.86
		同比（%）		31.02	13.79	96.22	17.58	9.36	6.62	16.80	8.66	11.65	2.79	1.01	1.69	3.84	1.73	0.42	0.47
4	浙江省	保有量	4.83	5.05	5.03	14.52	15.64	18.46	20.69	23.54	24.86	27.25	27.56	28.08	28.46	30.84	32.17	31.02	31.40
		同比（%）		4.55	−0.40	188.67	7.71	18.03	12.09	13.77	5.61	9.61	1.14	1.89	1.35	8.36	4.33	−3.60	1.24
5	四川省	保有量	2.05	2.47	3.15	7.99	9.00	10.81	12.92	14.84	15.60	19.72	21.58	22.15	22.10	25.61	26.25	27.12	27.84
		同比（%）		20.49	27.53	153.65	12.64	20.11	19.52	14.86	5.12	26.41	9.43	2.64	−0.23	15.88	2.49	3.34	2.62
6	福建省	保有量	8.23	11.13	11.57	13.74	12.10	13.94	14.73	16.16	19.05	20.13	20.26	20.57	20.04	17.89	18.52	19.48	19.45
		同比（%）		35.24	3.95	18.76	−11.94	15.21	5.67	9.71	17.88	5.67	0.65	1.53	−2.58	−10.73	3.54	5.15	−0.16
7	湖南省	保有量	4.45	4.60	4.89	8.95	9.64	10.53	11.32	12.76	13.96	14.27	14.91	16.40	16.88	16.40	16.60	16.57	16.70
		同比（%）		3.37	6.30	83.03	7.71	9.23	7.47	12.76	9.40	2.22	4.48	9.99	2.93	−2.84	1.19	−0.17	0.81
8	山东省	保有量	4.56	4.42	5.70	10.30	10.58	11.23	11.99	12.58	13.31	13.68	13.81	14.70	14.85	8.36	16.72	16.97	17.46
		同比（%）		−3.07	28.96	80.70	2.72	6.14	6.78	4.91	5.80	2.78	0.95	6.44	1.02	−43.72	100.01	1.51	2.88
9	广西壮族自治区	保有量	1.38	1.94	2.08	4.49	5.82	5.49	6.17	7.19	7.51	8.34	9.11	9.93	10.94	11.66	12.14	12.93	13.28
		同比（%）		40.58	7.22	115.87	29.62	−5.67	12.33	16.56	4.48	11.05	9.23	9.00	10.17	6.58	4.14	6.47	2.69
10	海南省	保有量	1.99	2.20	2.09	5.02	6.08	6.06	6.45	6.95	7.39	7.91	7.85	8.31	7.86	7.87	7.88	8.12	8.51
		同比（%）		10.55	−5.00	140.19	21.12	−0.33	6.44	7.75	6.33	7.04	−0.76	5.85	−5.41	0.12	0.14	3.07	4.79

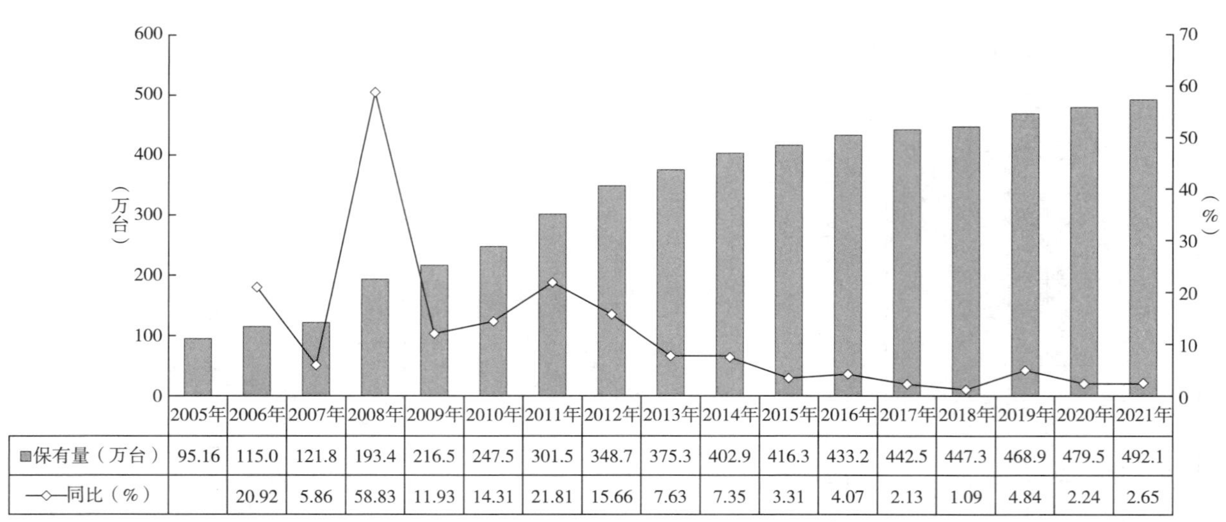

	2005年	2006年	2007年	2008年	2009年	2010年	2011年	2012年	2013年	2014年	2015年	2016年	2017年	2018年	2019年	2020年	2021年
保有量（万台）	95.16	115.0	121.8	193.4	216.5	247.5	301.5	348.7	375.3	402.9	416.3	433.2	442.5	447.3	468.9	479.5	492.1
同比（%）		20.92	5.86	58.83	11.93	14.31	21.81	15.66	7.63	7.35	3.31	4.07	2.13	1.09	4.84	2.24	2.65

图 155　2005—2021 年全国渔业机械保有量走势

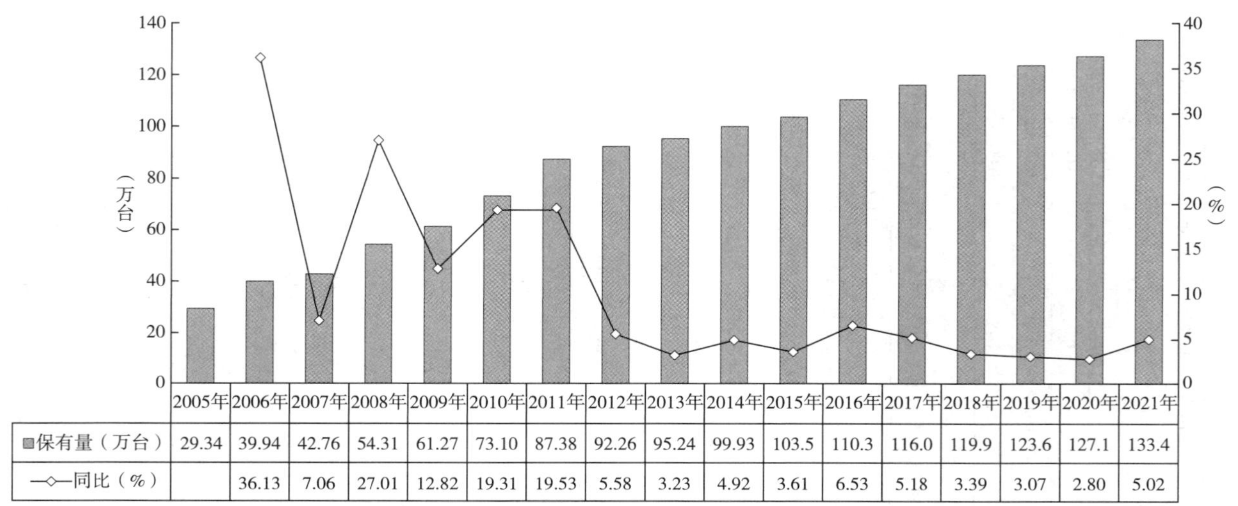

	2005年	2006年	2007年	2008年	2009年	2010年	2011年	2012年	2013年	2014年	2015年	2016年	2017年	2018年	2019年	2020年	2021年
保有量（万台）	29.34	39.94	42.76	54.31	61.27	73.10	87.38	92.26	95.24	99.93	103.5	110.3	116.0	119.9	123.6	127.1	133.4
同比（%）		36.13	7.06	27.01	12.82	19.31	19.53	5.58	3.23	4.92	3.61	6.53	5.18	3.39	3.07	2.80	5.02

图 156　2005—2021 年广东省渔业机械保有量走势

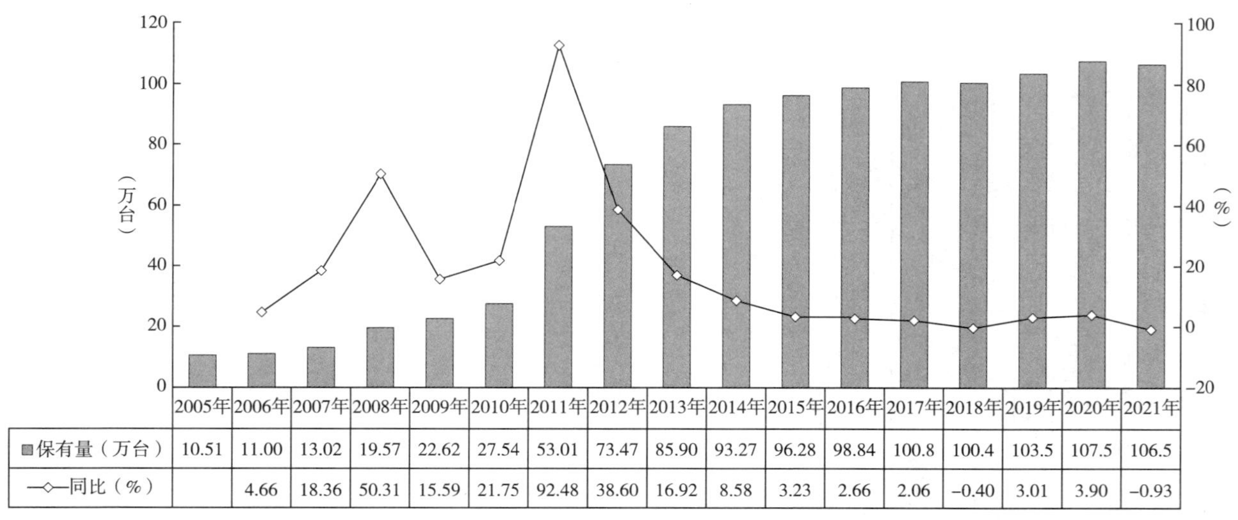

	2005年	2006年	2007年	2008年	2009年	2010年	2011年	2012年	2013年	2014年	2015年	2016年	2017年	2018年	2019年	2020年	2021年
保有量（万台）	10.51	11.00	13.02	19.57	22.62	27.54	53.01	73.47	85.90	93.27	96.28	98.84	100.8	100.4	103.5	107.5	106.5
同比（%）		4.66	18.36	50.31	15.59	21.75	92.48	38.60	16.92	8.58	3.23	2.66	2.06	−0.40	3.01	3.90	−0.93

图 157　2005—2021 年江苏省渔业机械保有量走势

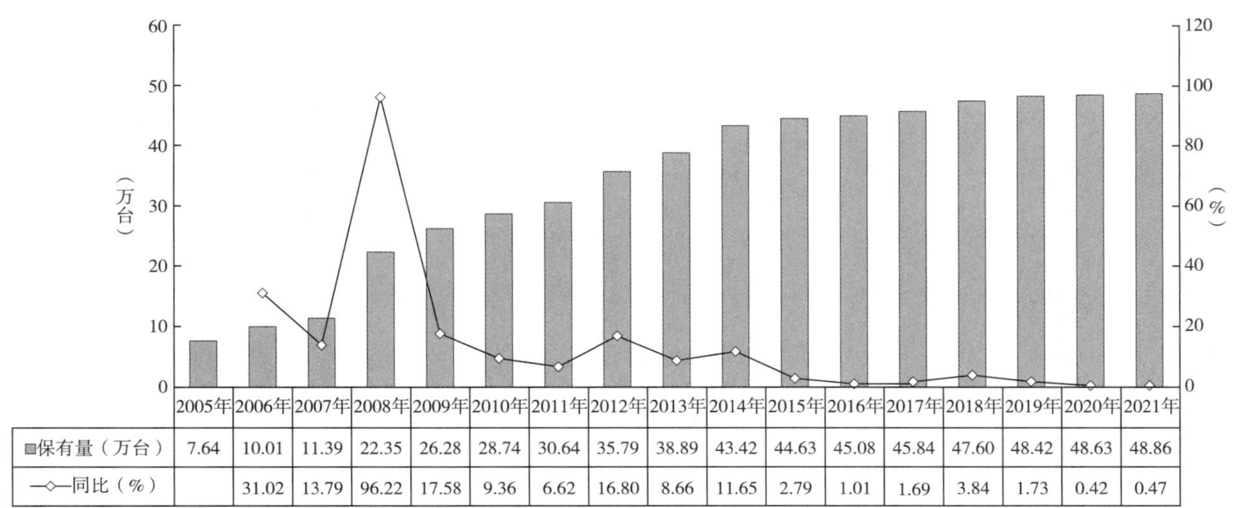

	2005年	2006年	2007年	2008年	2009年	2010年	2011年	2012年	2013年	2014年	2015年	2016年	2017年	2018年	2019年	2020年	2021年
保有量（万台）	7.64	10.01	11.39	22.35	26.28	28.74	30.64	35.79	38.89	43.42	44.63	45.08	45.84	47.60	48.42	48.63	48.86
同比（%）		31.02	13.79	96.22	17.58	9.36	6.62	16.80	8.66	11.65	2.79	1.01	1.69	3.84	1.73	0.42	0.47

图 158　2005—2021 年湖北省渔业机械保有量走势

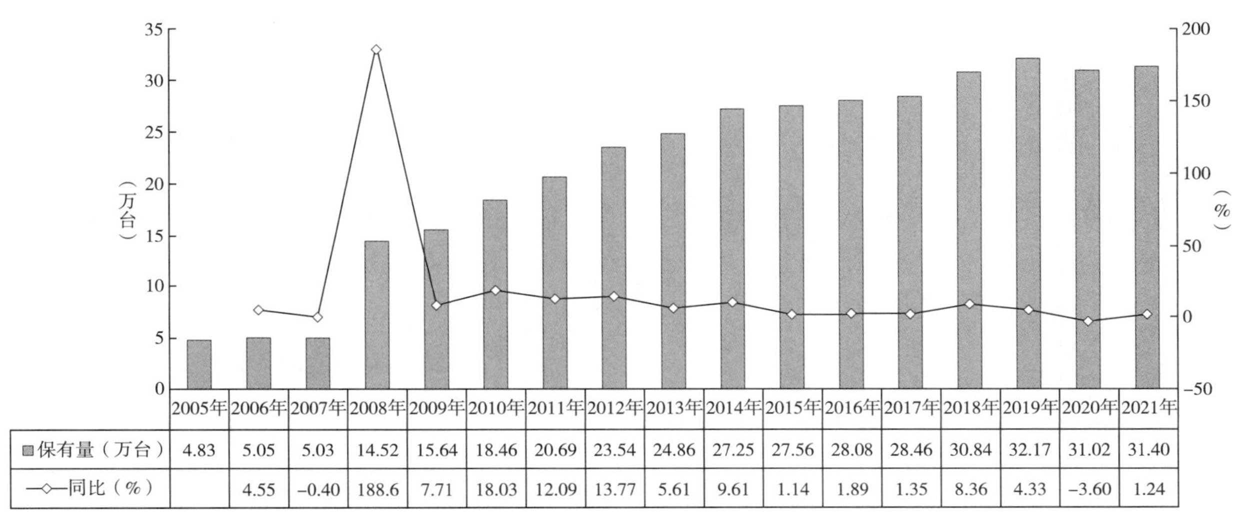

	2005年	2006年	2007年	2008年	2009年	2010年	2011年	2012年	2013年	2014年	2015年	2016年	2017年	2018年	2019年	2020年	2021年
保有量（万台）	4.83	5.05	5.03	14.52	15.64	18.46	20.69	23.54	24.86	27.25	27.56	28.08	28.46	30.84	32.17	31.02	31.40
同比（%）		4.55	−0.40	188.6	7.71	18.03	12.09	13.77	5.61	9.61	1.14	1.89	1.35	8.36	4.33	−3.60	1.24

图 159　2005—2021 年浙江省渔业机械保有量走势

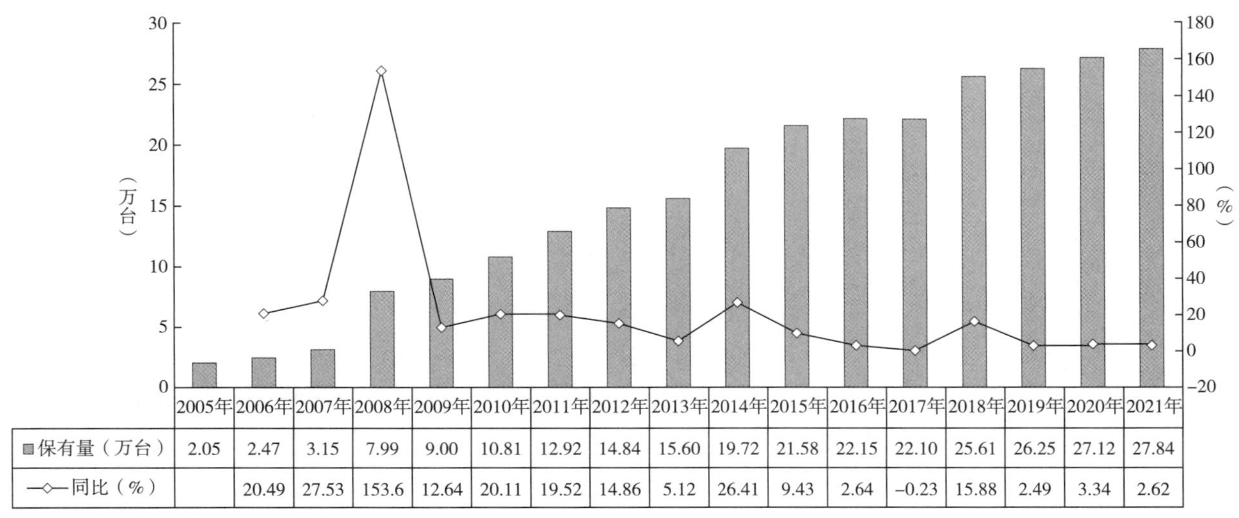

	2005年	2006年	2007年	2008年	2009年	2010年	2011年	2012年	2013年	2014年	2015年	2016年	2017年	2018年	2019年	2020年	2021年
保有量（万台）	2.05	2.47	3.15	7.99	9.00	10.81	12.92	14.84	15.60	19.72	21.58	22.15	22.10	25.61	26.25	27.12	27.84
同比（%）		20.49	27.53	153.6	12.64	20.11	19.52	14.86	5.12	26.41	9.43	2.64	−0.23	15.88	2.49	3.34	2.62

图 160　2005—2021 年四川省渔业机械保有量走势

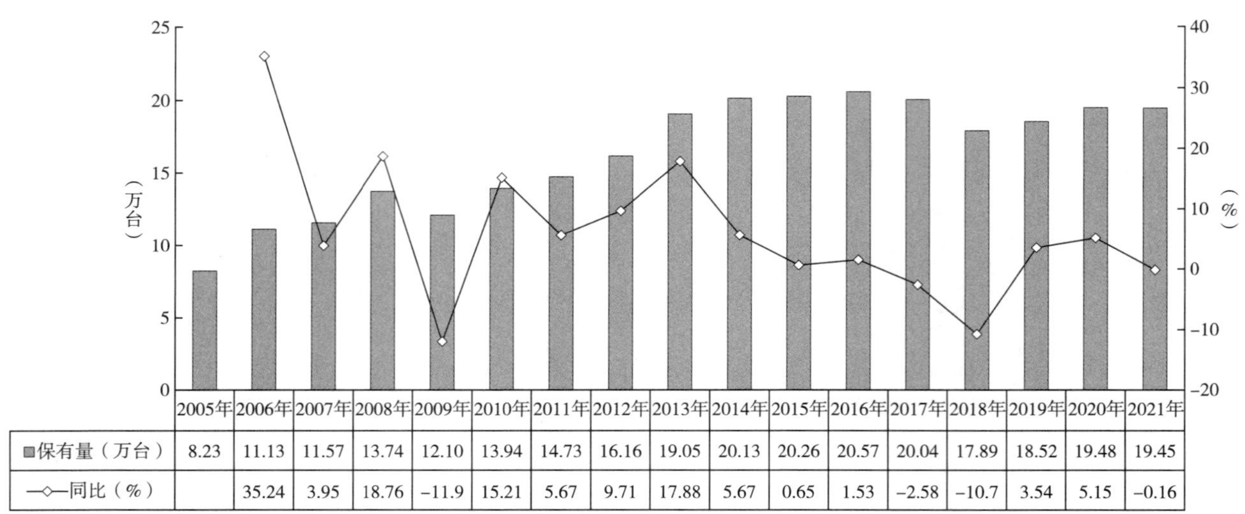

	2005年	2006年	2007年	2008年	2009年	2010年	2011年	2012年	2013年	2014年	2015年	2016年	2017年	2018年	2019年	2020年	2021年
■保有量（万台）	8.23	11.13	11.57	13.74	12.10	13.94	14.73	16.16	19.05	20.13	20.26	20.57	20.04	17.89	18.52	19.48	19.45
—◇—同比（%）		35.24	3.95	18.76	−11.9	15.21	5.67	9.71	17.88	5.67	0.65	1.53	−2.58	−10.7	3.54	5.15	−0.16

图 161　2005—2021 年福建省渔业机械保有量走势

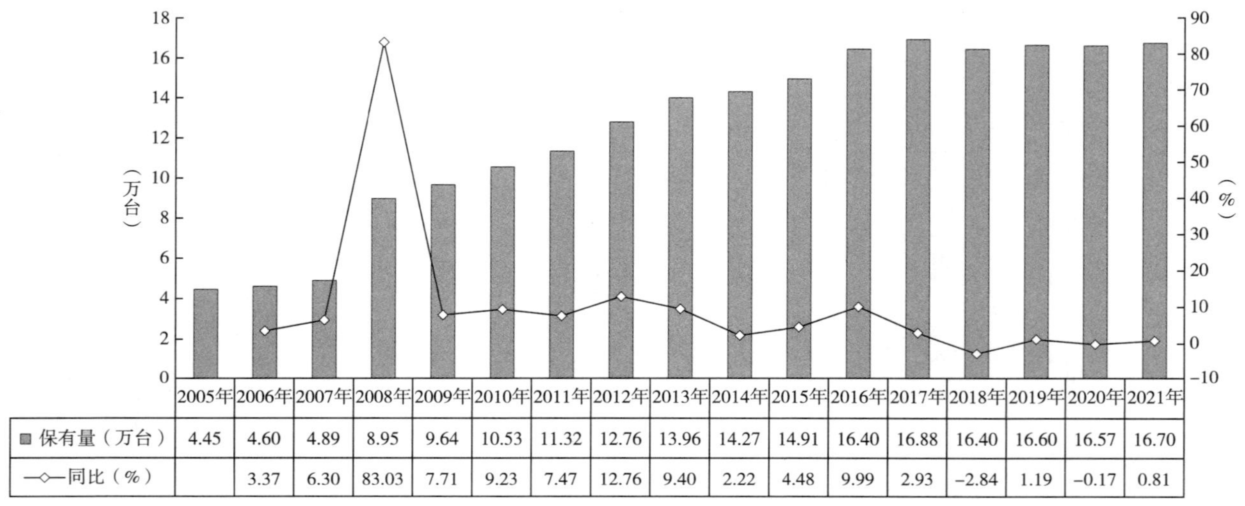

	2005年	2006年	2007年	2008年	2009年	2010年	2011年	2012年	2013年	2014年	2015年	2016年	2017年	2018年	2019年	2020年	2021年
■保有量（万台）	4.45	4.60	4.89	8.95	9.64	10.53	11.32	12.76	13.96	14.27	14.91	16.40	16.88	16.40	16.60	16.57	16.70
—◇—同比（%）		3.37	6.30	83.03	7.71	9.23	7.47	12.76	9.40	2.22	4.48	9.99	2.93	−2.84	1.19	−0.17	0.81

图 162　2005—2021 年湖南省渔业机械保有量走势

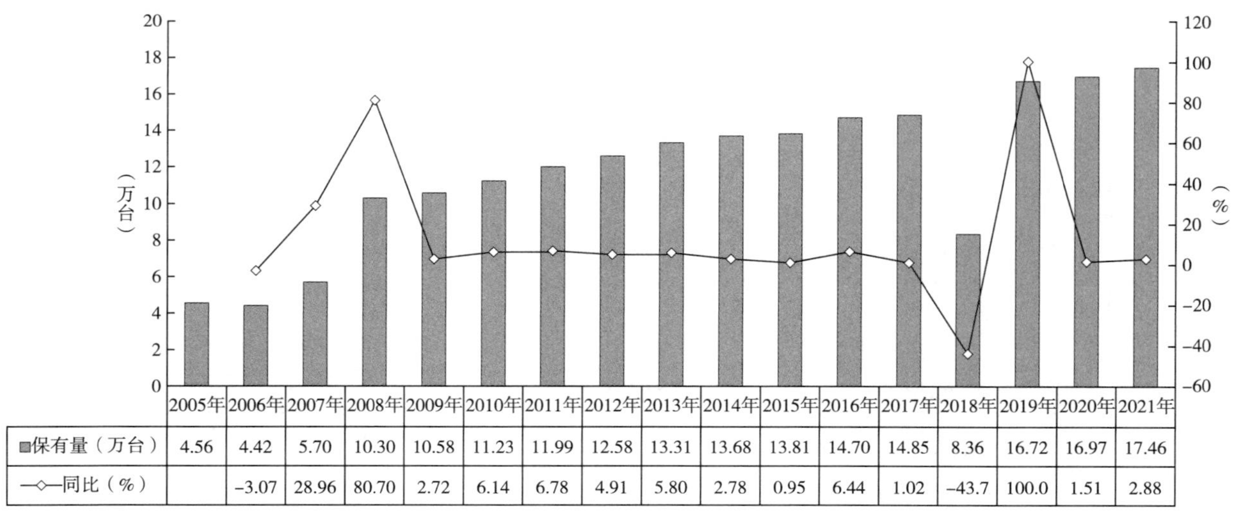

	2005年	2006年	2007年	2008年	2009年	2010年	2011年	2012年	2013年	2014年	2015年	2016年	2017年	2018年	2019年	2020年	2021年
■保有量（万台）	4.56	4.42	5.70	10.30	10.58	11.23	11.99	12.58	13.31	13.68	13.81	14.70	14.85	8.36	16.72	16.97	17.46
—◇—同比（%）		−3.07	28.96	80.70	2.72	6.14	6.78	4.91	5.80	2.78	0.95	6.44	1.02	−43.7	100.0	1.51	2.88

图 163　2005—2021 年山东省渔业机械保有量走势

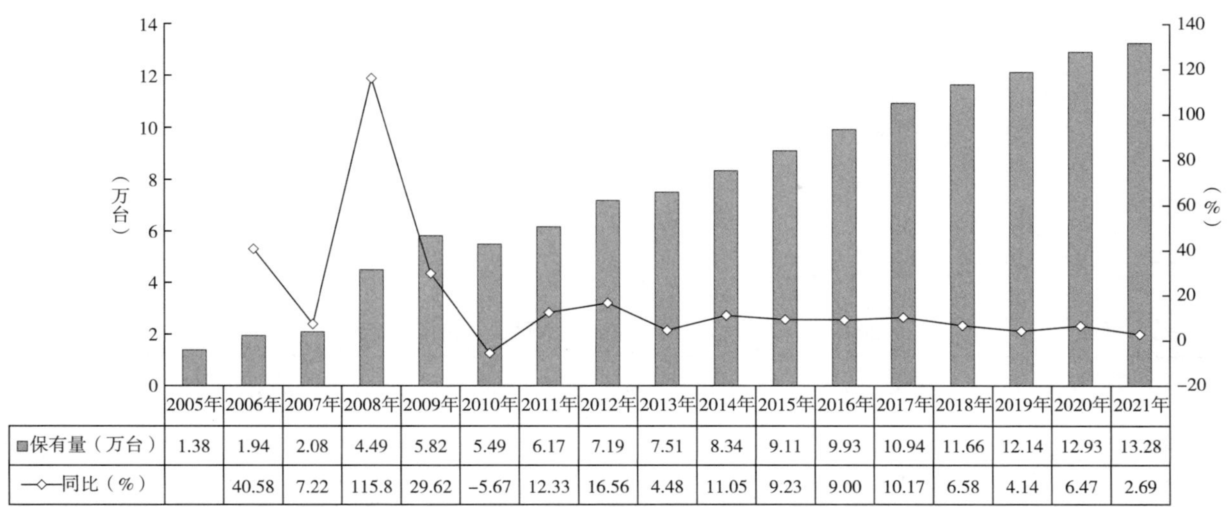

	2005年	2006年	2007年	2008年	2009年	2010年	2011年	2012年	2013年	2014年	2015年	2016年	2017年	2018年	2019年	2020年	2021年
■保有量（万台）	1.38	1.94	2.08	4.49	5.82	5.49	6.17	7.19	7.51	8.34	9.11	9.93	10.94	11.66	12.14	12.93	13.28
—◇—同比（%）		40.58	7.22	115.8	29.62	−5.67	12.33	16.56	4.48	11.05	9.23	9.00	10.17	6.58	4.14	6.47	2.69

图164　2005—2021年广西壮族自治区渔业机械保有量走势

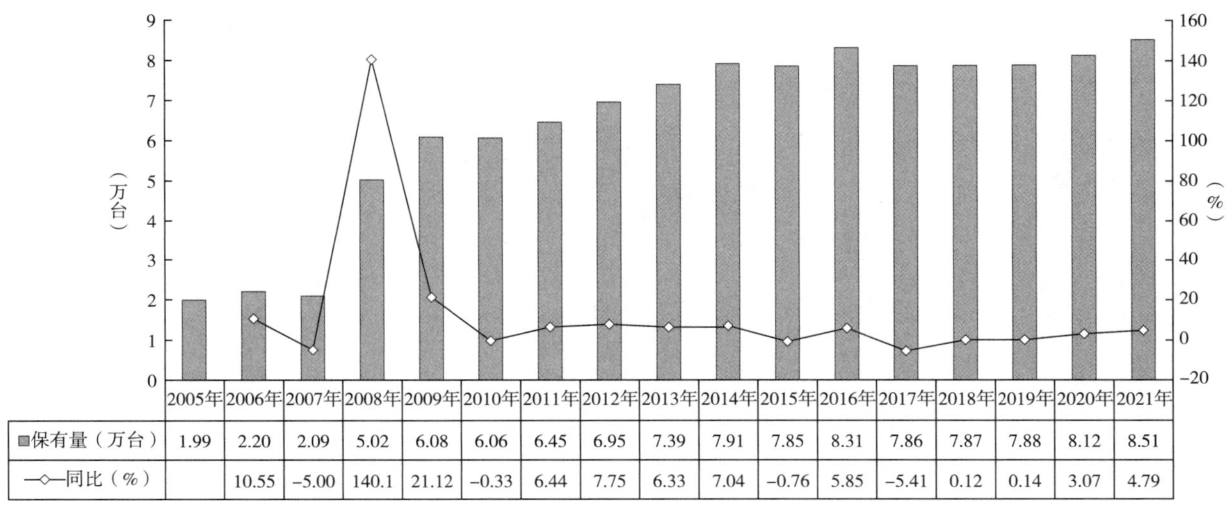

	2005年	2006年	2007年	2008年	2009年	2010年	2011年	2012年	2013年	2014年	2015年	2016年	2017年	2018年	2019年	2020年	2021年
■保有量（万台）	1.99	2.20	2.09	5.02	6.08	6.06	6.45	6.95	7.39	7.91	7.85	8.31	7.86	7.87	7.88	8.12	8.51
—◇—同比（%）		10.55	−5.00	140.1	21.12	−0.33	6.44	7.75	6.33	7.04	−0.76	5.85	−5.41	0.12	0.14	3.07	4.79

图165　2005—2021年海南省渔业机械保有量走势

农业机械化水平发展趋势

一、耕种收综合机械化水平

表1　2001—2021年全国综合机械化水平发展趋势一览表　　单位：%

分类＼年份	2001	2002	2003	2004	2005	2006	2007	2008	2009	2010	2011	2012	2013	2014	2015	2016	2017	2018	2019	2020	2021
耕种收综合水平	32.30	32.33	32.46	34.32	35.93	39.29	42.47	45.85	49.13	52.28	54.82	57.17	59.48	61.66	63.82	64.67	67.23	69.10	69.17	71.25	72.03
机耕水平	47.71	47.13	46.84	48.90	50.15	55.39	58.89	62.92	65.99	69.61	72.29	74.11	76.00	79.62	80.43	81.40	82.99	84.03	83.89	85.49	86.42
机播水平	26.06	26.64	26.71	28.84	30.26	32.00	34.43	37.74	41.03	43.04	44.93	47.37	48.78	48.78	52.08	52.00	54.97	56.93	57.30	58.98	60.22
机收水平	17.99	18.30	19.02	20.36	22.63	25.11	28.62	31.17	34.74	38.41	41.41	44.40	48.15	50.58	53.40	55.04	58.47	61.39	61.40	64.56	64.66

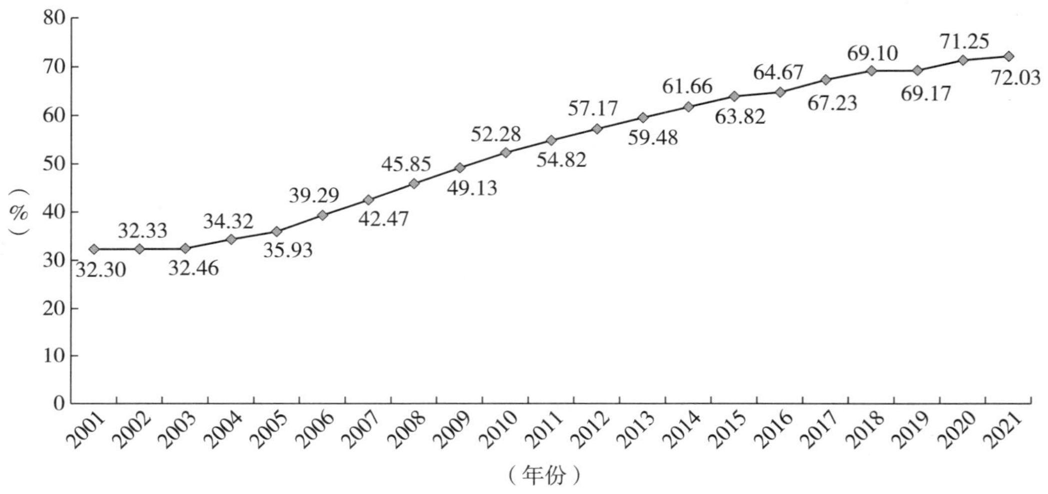

图1　2001—2021年全国耕种收综合机械化水平走势

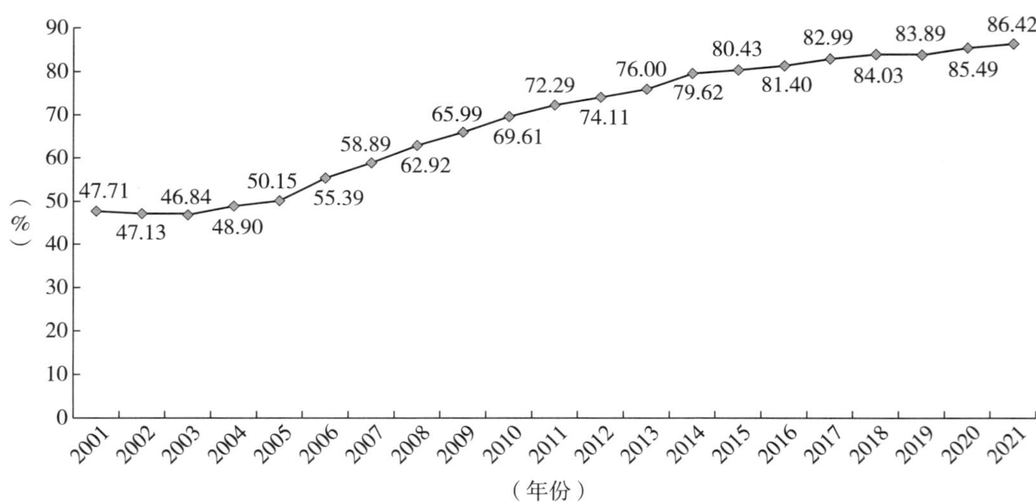

图2　2001—2021年全国机耕水平走势

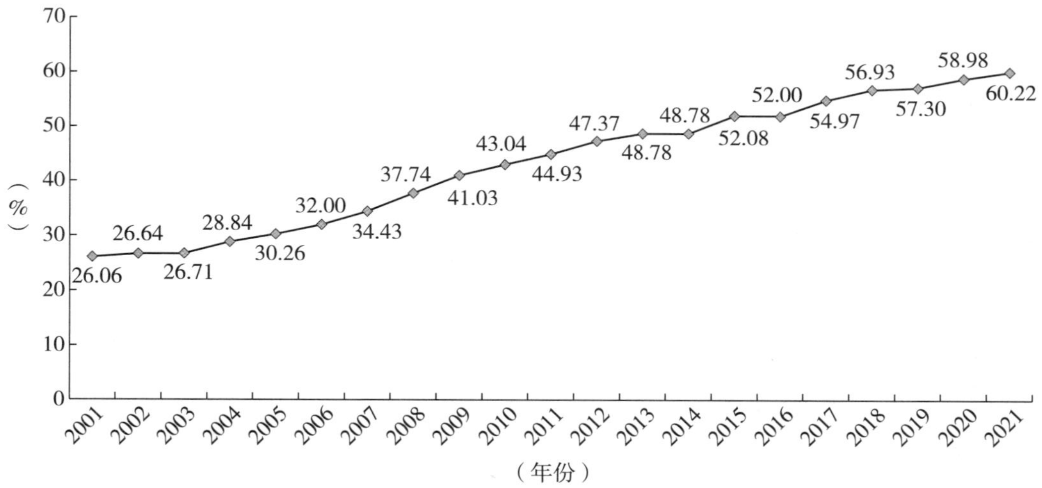

图3 2001—2021年全国机播水平走势

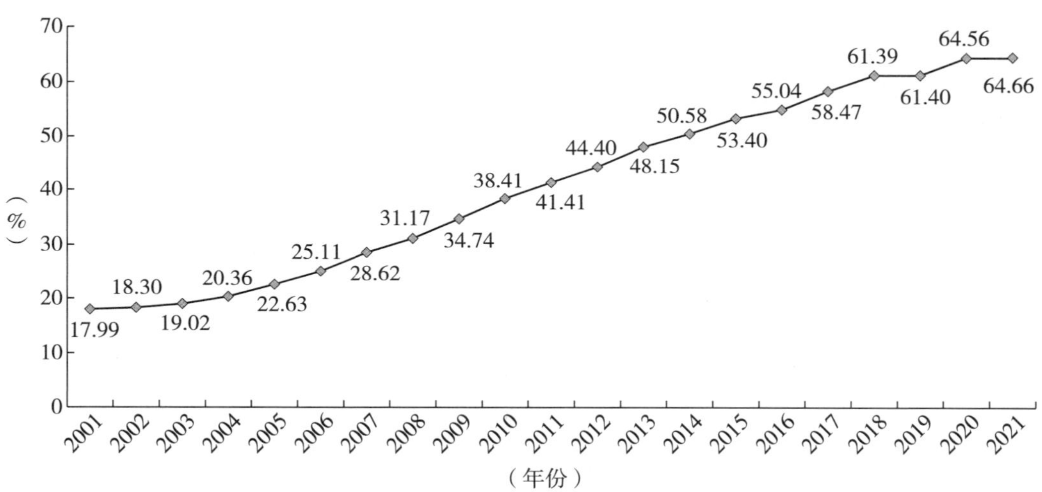

图4 2001—2021年全国机收水平走势

二、小麦机械化水平

表2　　2009—2021年全国小麦耕种收机械化水平　　单位：%

分类 \ 年份	2009	2010	2011	2012	2013	2014	2015	2016	2017	2018	2019	2020	2021
耕种收综合水平	89.37	91.26	92.62	93.21	93.71	94.17	93.66	94.84	95.10	95.89	96.36	97.19	97.29
机耕水平	95.58	97.28	98.79	98.90	98.90	100.00	97.06	100.00	98.95	99.67	99.81	99.93	99.93
机播水平	84.37	85.32	85.95	86.52	86.69	86.81	87.54	87.89	89.98	90.88	91.82	93.24	93.48
机收水平	86.07	88.46	91.05	92.32	93.82	93.12	95.23	93.74	95.07	95.87	96.29	97.49	97.59

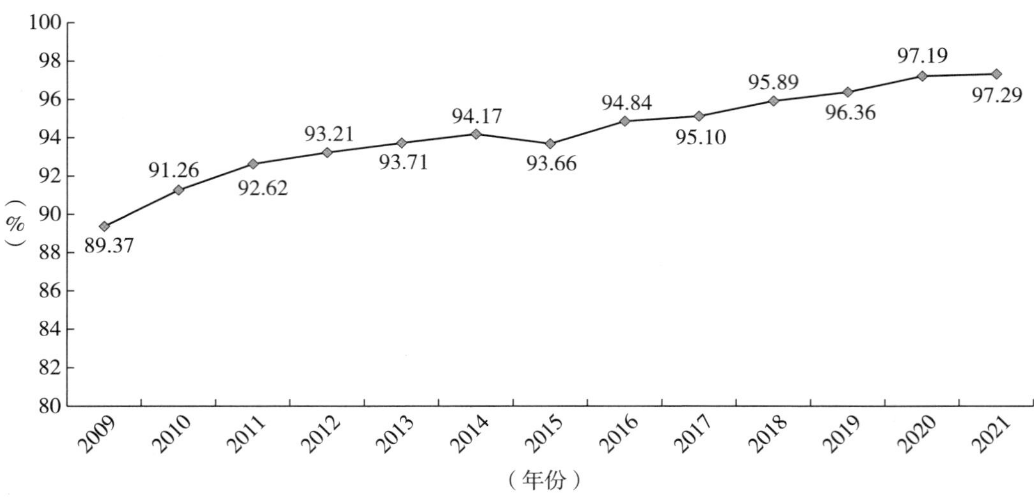

图5　2009—2021年全国小麦耕种收综合机械化水平走势

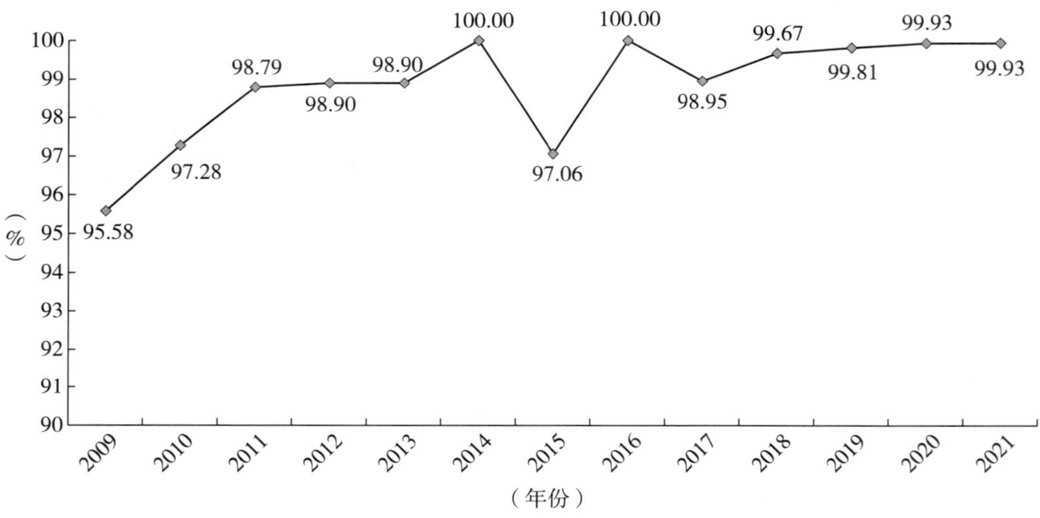

图6　2009—2021年全国小麦机耕水平走势

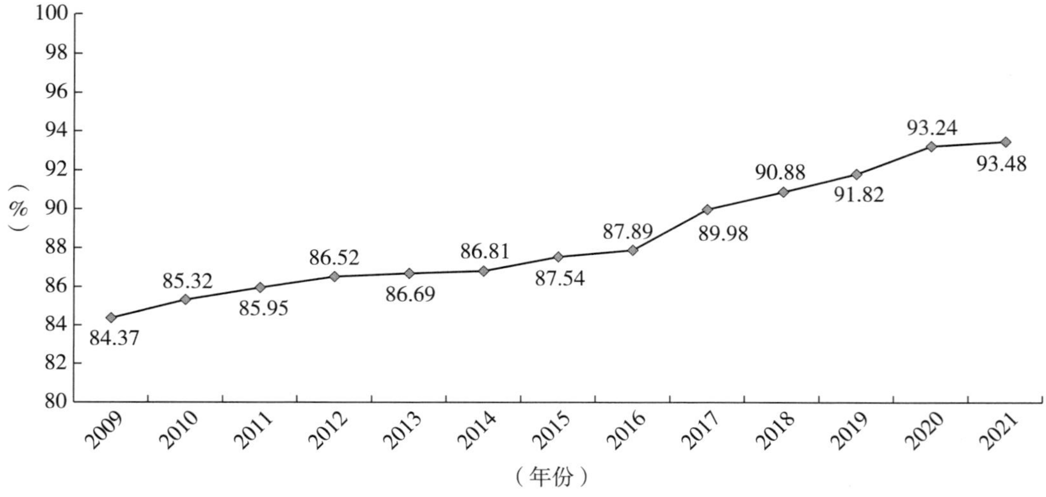

图7　2009—2021年全国小麦机播水平走势

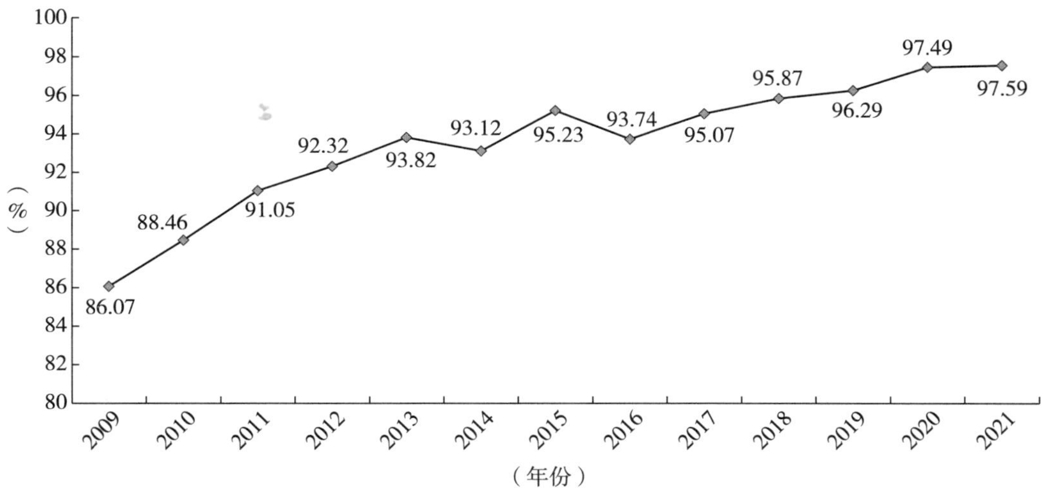

图8 2009—2021年全国小麦机收水平走势

三、水稻机械化水平

表3 2009—2021年全国水稻耕种收机械化水平 单位：%

分类＼年份	2009	2010	2011	2012	2013	2014	2015	2016	2017	2018	2019	2020	2021
耕种收综合水平	55.33	60.51	65.07	68.82	73.14	76.00	78.12	79.20	80.18	81.91	83.73	84.35	85.59
机耕水平	83.27	87.27	91.00	93.29	95.09	98.04	98.94	99.31	97.75	98.00	98.84	98.35	98.82
机播水平	16.71	20.86	26.24	31.67	36.10	39.56	42.26	44.45	48.16	50.86	53.88	56.30	59.11
机收水平	56.69	64.49	69.32	73.35	80.91	83.05	86.21	87.11	88.76	91.52	93.43	93.73	94.43

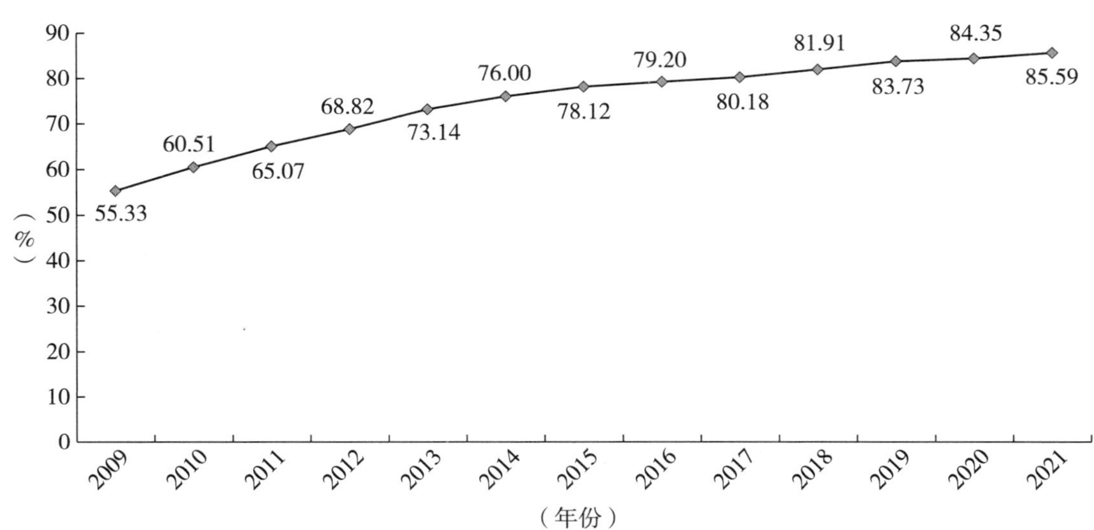

图9 2009—2021年全国水稻耕种收综合机械化水平走势

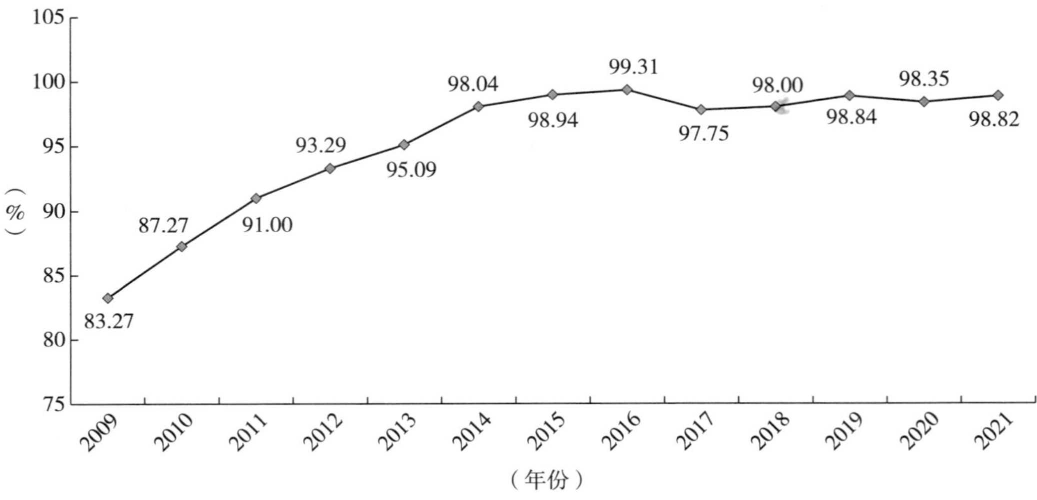

图10　2009—2021年全国水稻机耕水平走势

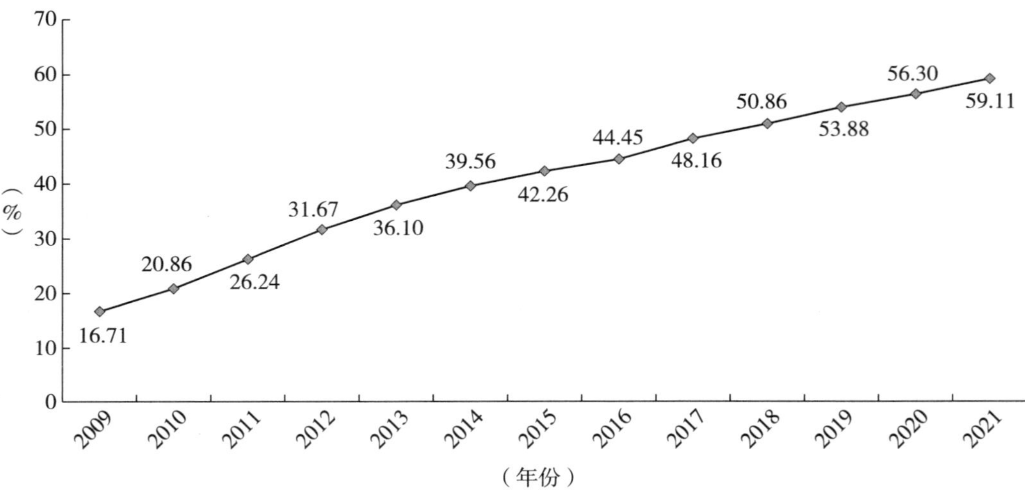

图11　2009—2021年全国水稻机播水平走势

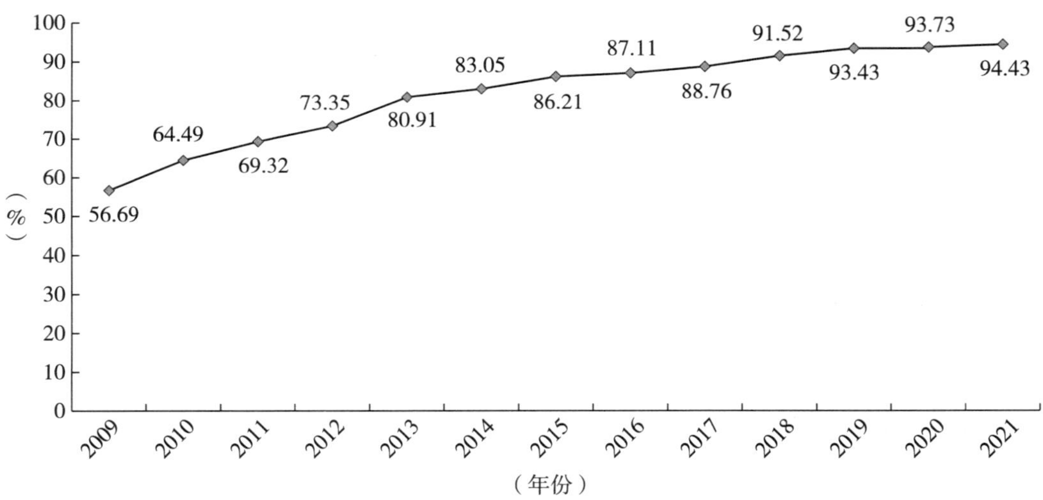

图12　2009—2021年全国水稻机收水平走势

四、玉米机械化水平

表4 **2009—2021年全国玉米耕种收机械化水平** 单位：%

分类 \ 年份	2009	2010	2011	2012	2013	2014	2015	2016	2017	2018	2019	2020	2021
耕种收综合水平	60.42	65.94	71.56	74.95	79.76	80.28	81.21	85.29	85.55	87.05	88.20	89.76	90.00
机耕水平	83.55	88.11	93.77	93.79	97.67	94.30	89.92	90.00	96.82	94.19	95.66	98.27	98.27
机播水平	72.48	76.52	79.90	82.30	84.08	85.72	86.62	83.85	85.17	88.73	88.97	89.52	90.02
机收水平	16.91	25.80	33.59	42.47	51.57	57.96	64.18	66.68	70.89	75.85	77.47	78.67	78.95

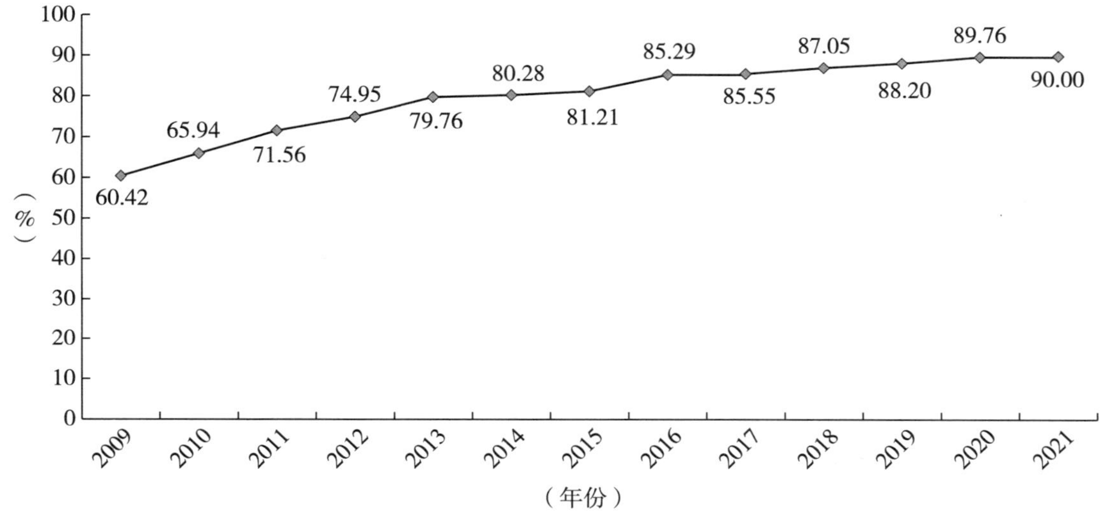

图13 2009—2021年全国玉米耕种收综合机械化水平走势

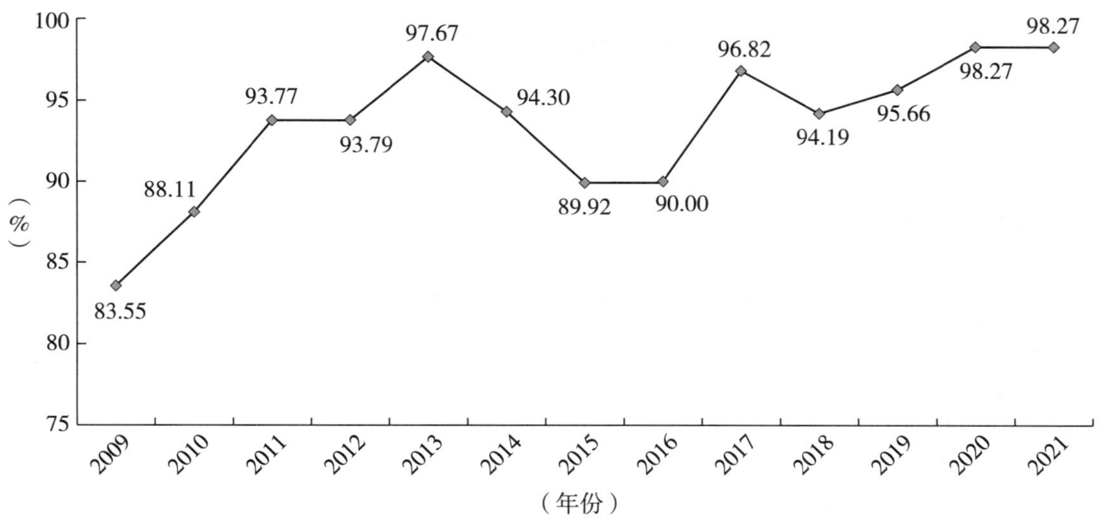

图14 2009—2021年全国玉米机耕水平走势

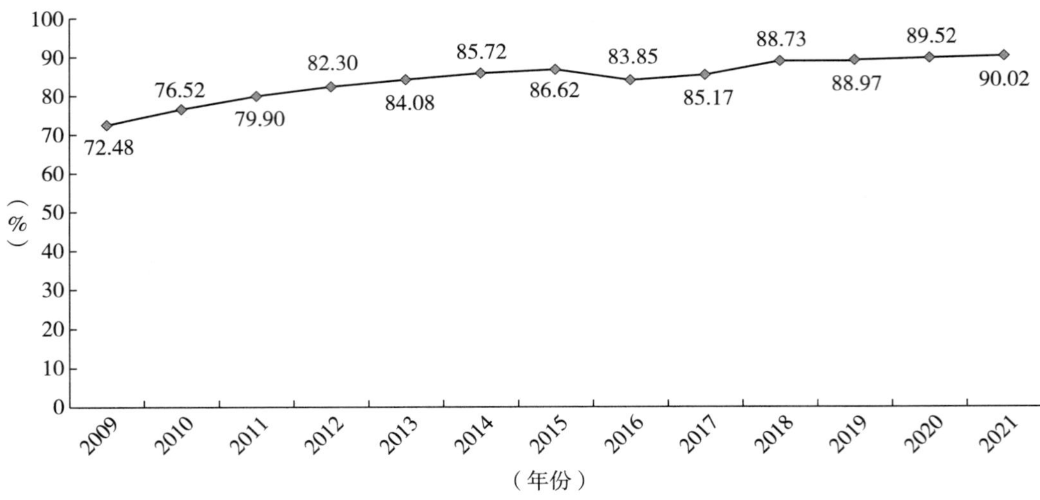

图15　2009—2021年全国玉米机播水平走势

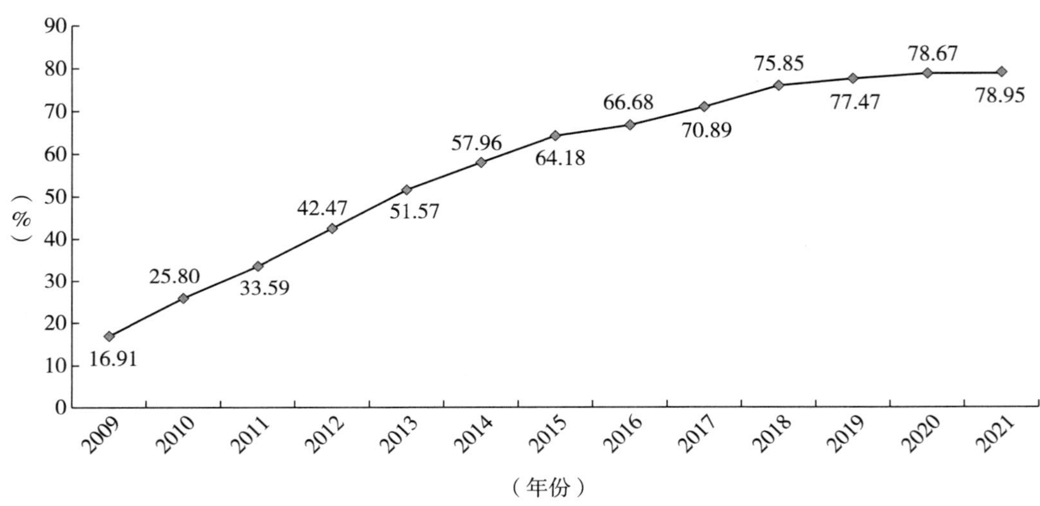

图16　2009—2021年全国玉米机收水平走势

五、大豆机械化水平

表5　　2009—2021年全国大豆耕种收机械化水平　　单位：%

分类＼年份	2009	2010	2011	2012	2013	2014	2015	2016	2017	2018	2019	2020	2021
耕种收综合水平	68.68	73.18	69.81	60.77	62.93	62.78	65.85	70.21	84.72	84.10	85.01	86.70	87.04
机耕水平	72.95	77.96	76.44	62.93	68.21	64.16	72.15	71.64	86.47	86.75	87.68	89.86	90.46
机播水平	73.99	75.54	71.21	63.96	62.88	64.84	64.56	71.75	85.80	85.12	85.50	87.21	87.48
机收水平	57.68	64.45	59.58	54.68	55.94	58.86	58.73	66.76	81.31	79.56	80.96	81.98	82.03

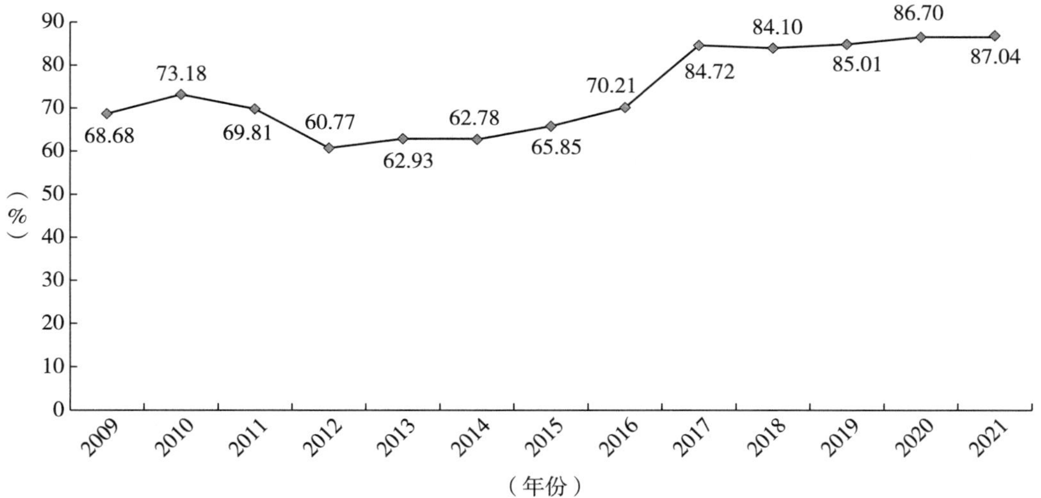

图17　2009—2021年全国大豆耕种收综合机械化水平走势

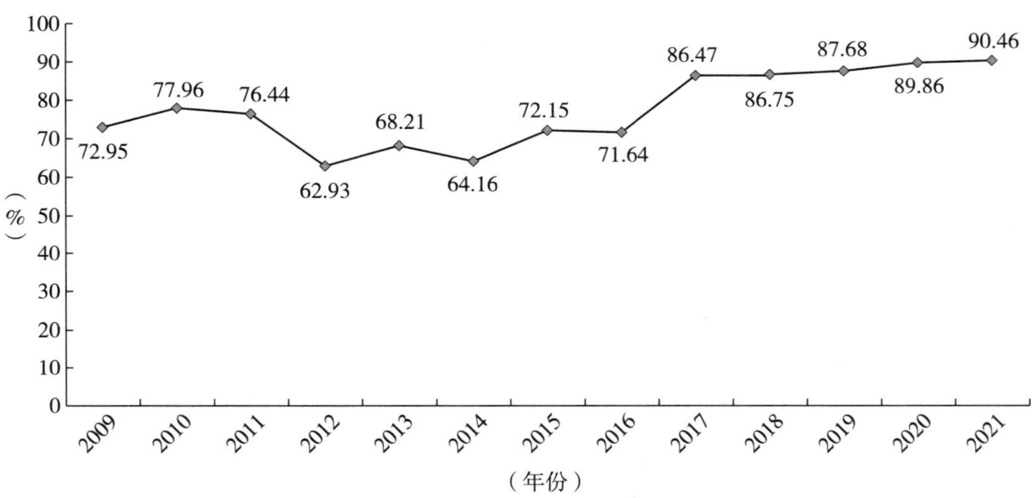

图18　2009—2021年全国大豆机耕水平走势

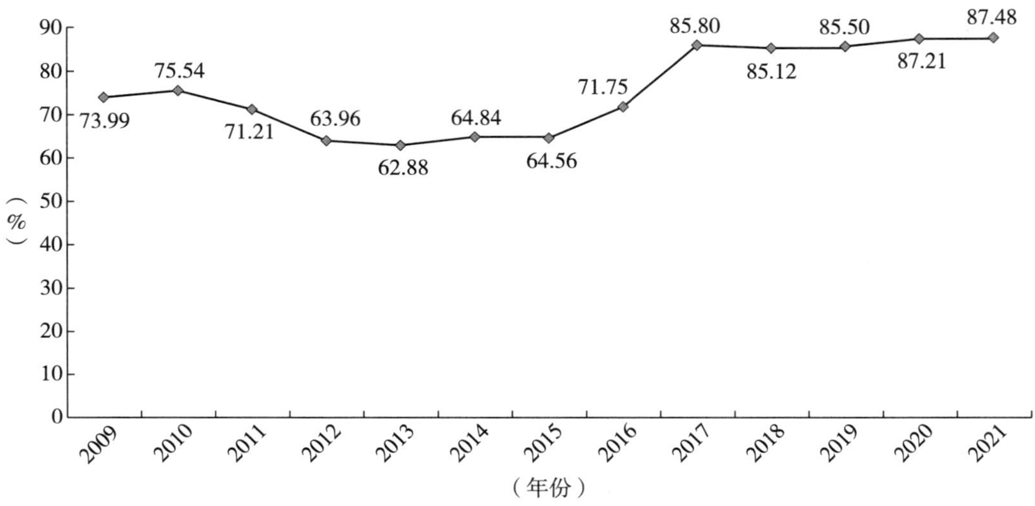

图19　2009—2021年全国大豆机播水平走势

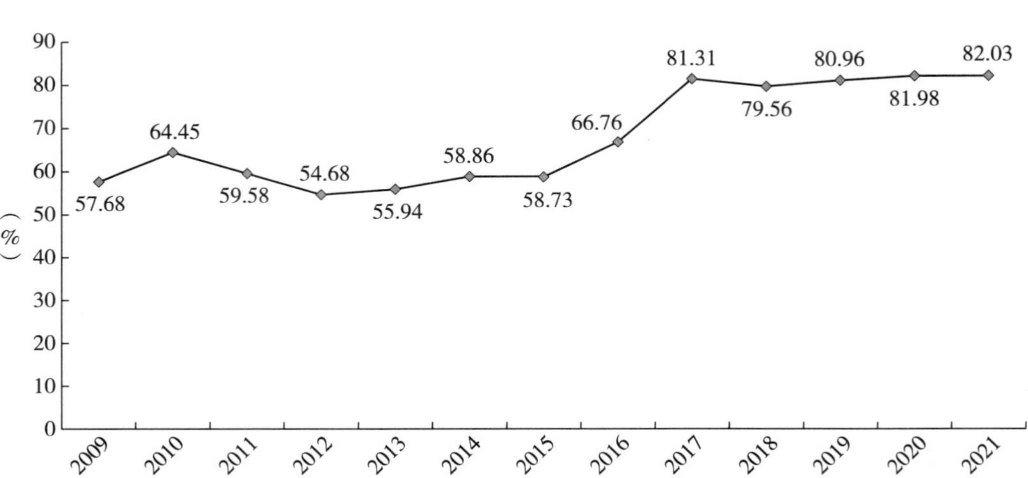

图20　2009—2021年全国大豆机收水平走势

六、油菜机械化水平

表6　　2009—2021年全国油菜耕种收机械化水平　　单位：%

分类＼年份	2009	2010	2011	2012	2013	2014	2015	2016	2017	2018	2019	2020	2021
耕种收综合水平	23.83	26.08	29.05	33.24	39.18	40.78	46.85	47.64	51.55	53.94	56.88	59.91	61.92
机耕水平	45.16	48.63	53.44	59.71	70.58	68.47	78.56	74.15	80.77	82.30	84.80	86.64	87.46
机播水平	10.39	11.39	12.28	14.51	16.20	19.61	22.01	25.20	27.22	29.82	32.54	35.65	38.81
机收水平	8.84	10.69	13.32	16.69	20.29	25.04	29.39	34.74	36.92	40.25	44.00	48.55	50.97

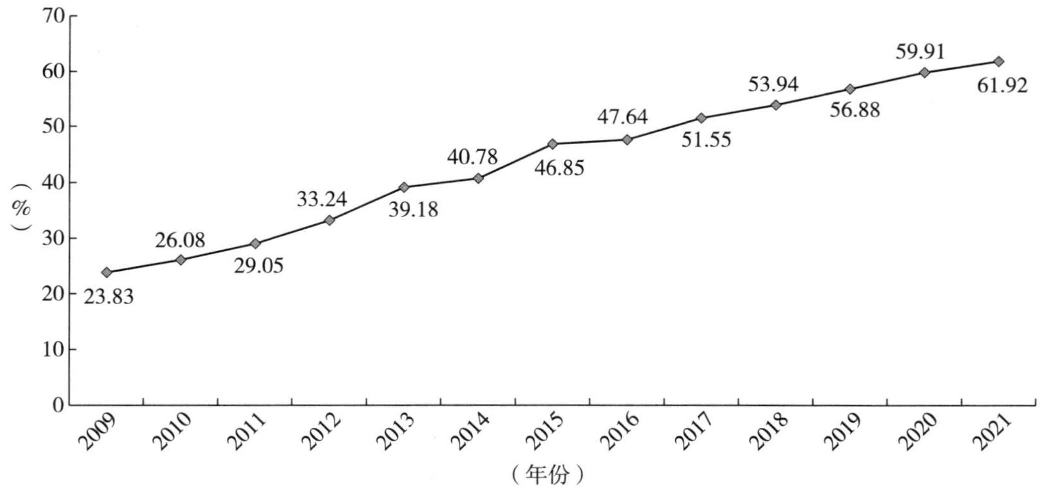

图21　2009—2021年全国油菜耕种收综合机械化水平走势

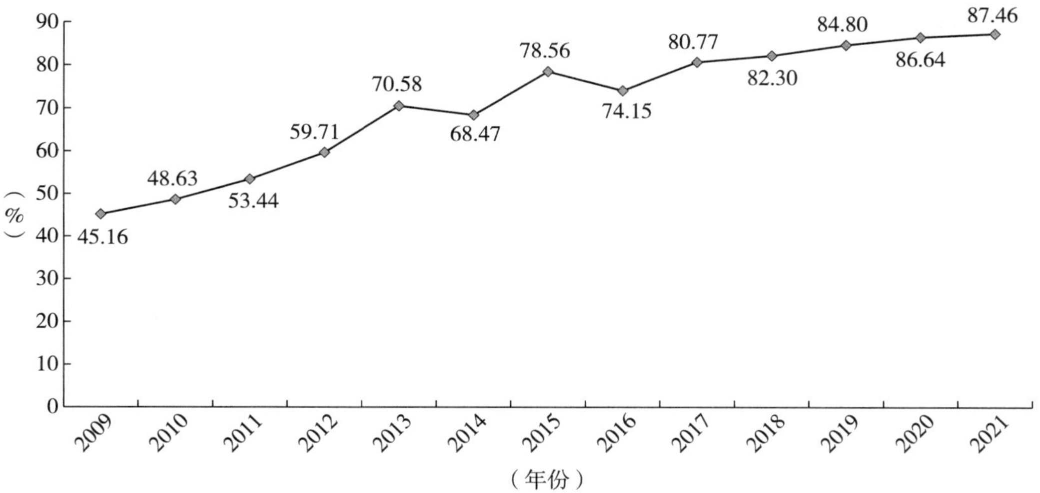

图22　2009—2021年全国油菜机耕水平走势

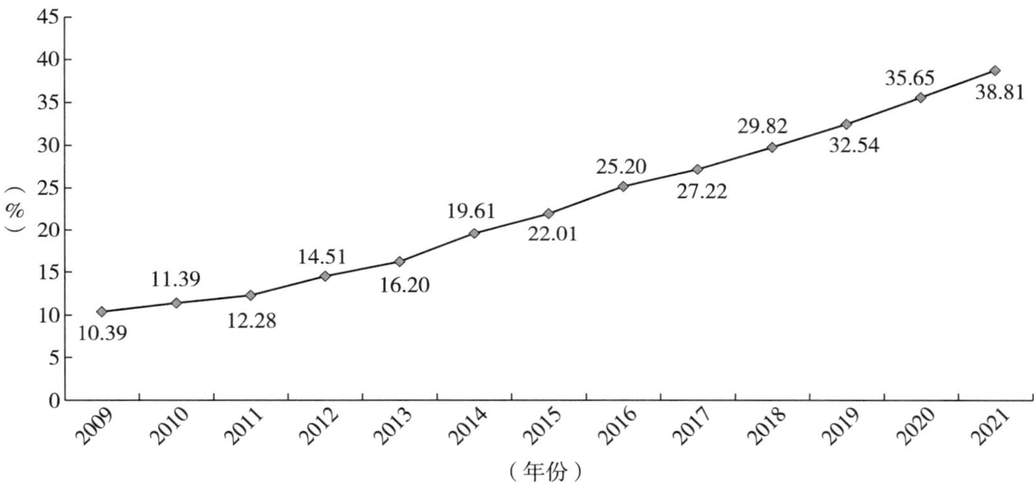

图23　2009—2021年全国油菜机播水平走势

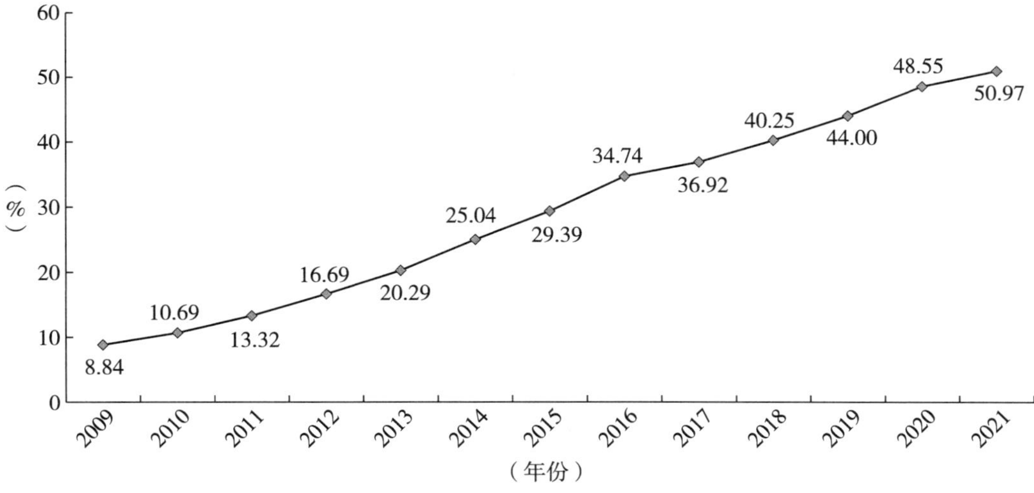

图24　2009—2021年全国油菜机收水平走势

七、马铃薯机械化水平

表7　2009—2021年全国马铃薯耕种收机械化水平　单位：%

分类＼年份	2009	2010	2011	2012	2013	2014	2015	2016	2017	2018	2019	2020	2021
耕种收综合水平	23.23	26.59	32.25	32.34	37.34	35.39	39.96	39.14	38.43	42.61	45.42	48.07	50.76
机耕水平	39.17	44.42	52.64	50.22	58.76	54.14	62.66	59.84	62.50	68.99	72.87	77.32	81.21
机播水平	12.94	15.25	19.65	21.42	23.97	23.51	25.16	25.98	22.90	25.07	27.13	28.59	29.77
机收水平	12.27	14.17	17.67	19.41	22.14	22.26	24.50	24.70	21.88	24.99	27.11	28.54	31.16

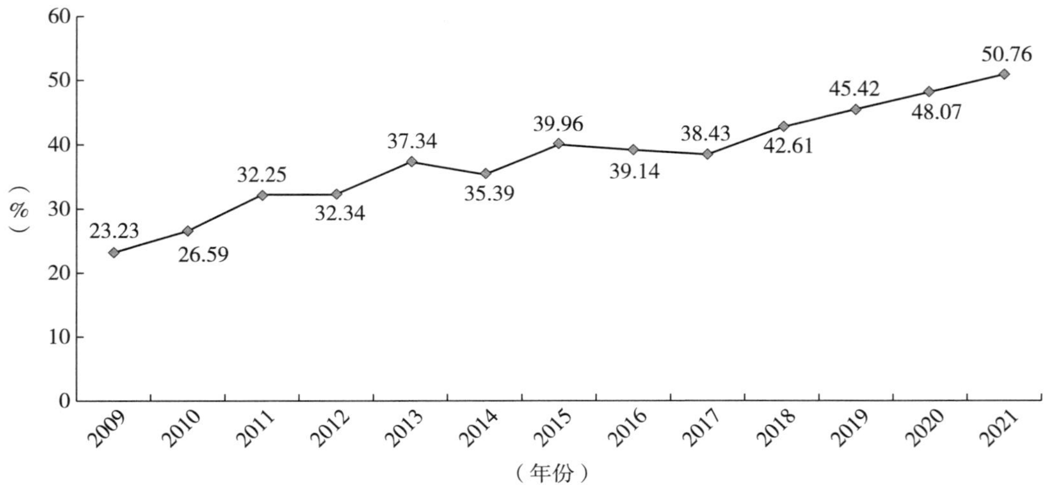

图25　2009—2021年全国马铃薯耕种收综合机械化水平走势

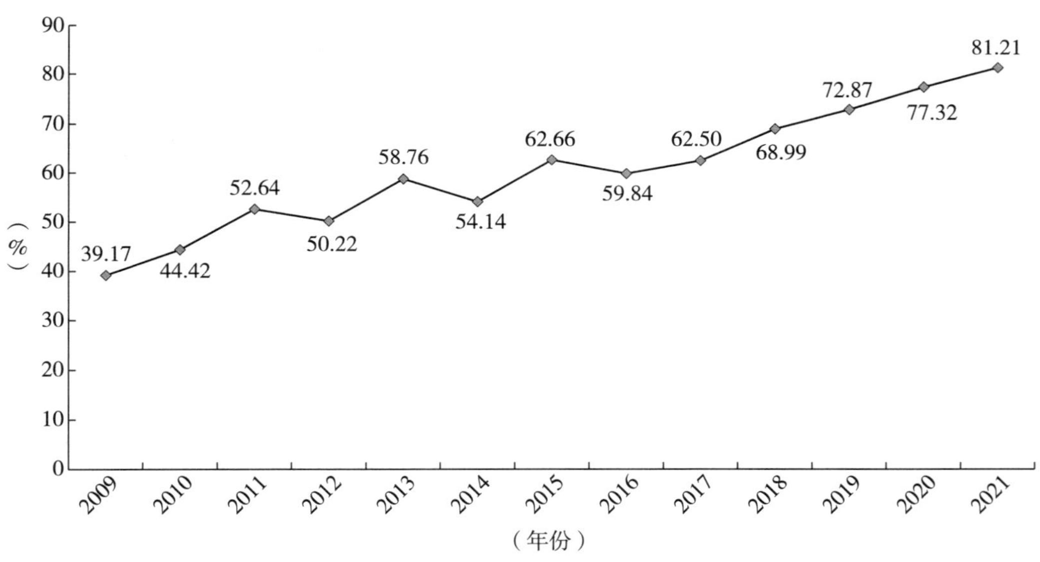

图26　2009—2021年全国马铃薯机耕水平走势

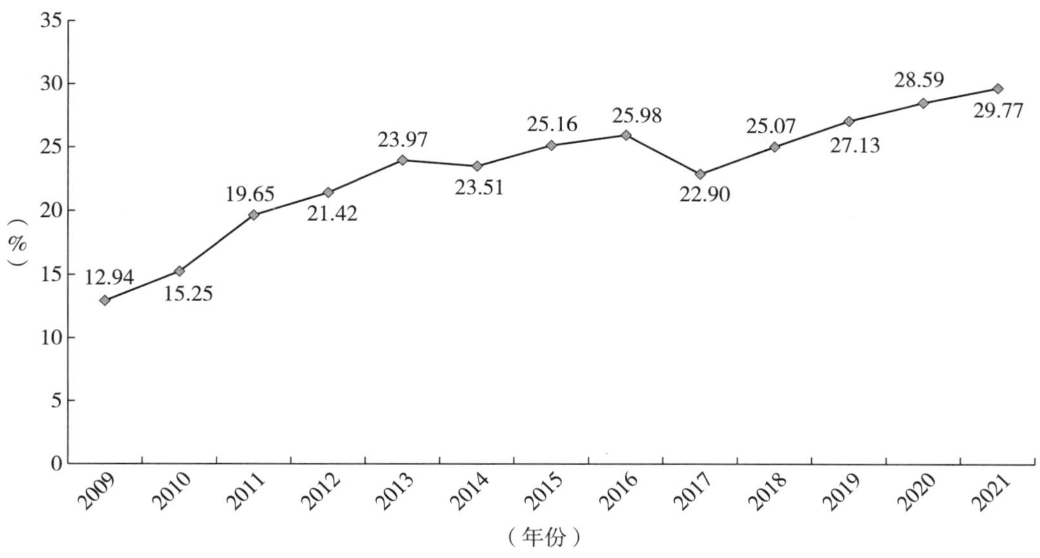

图27 2009—2021年全国马铃薯机播水平走势

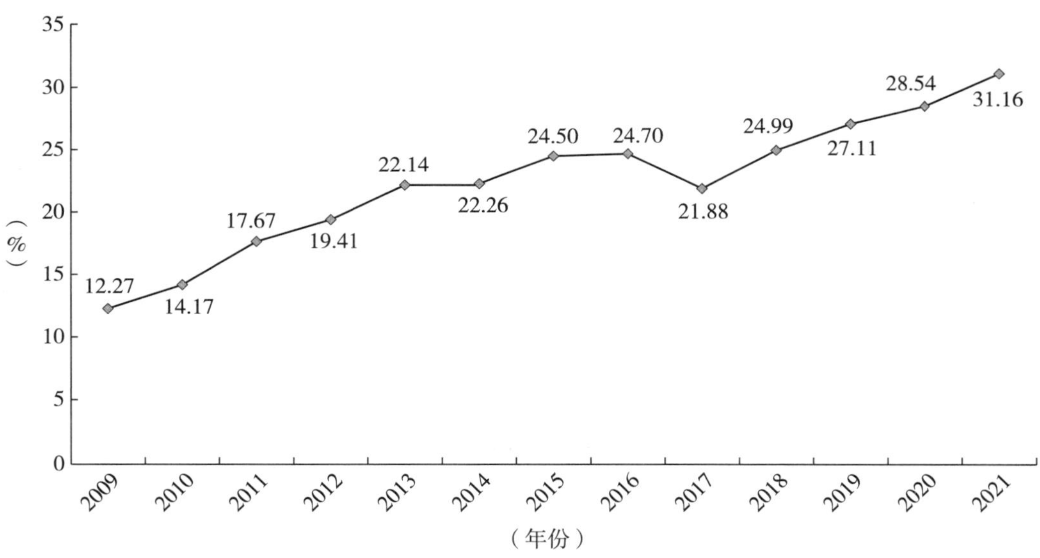

图28 2009—2021年全国马铃薯机收水平走势

八、花生机械化水平

表8　　2009—2021年全国花生耕种收机械化水平　　单位：%

年份 分类	2009	2010	2011	2012	2013	2014	2015	2016	2017	2018	2019	2020	2021
耕种收综合水平	36.34	38.45	42.96	43.78	50.49	47.09	51.22	50.38	58.28	59.38	60.64	63.96	65.65
机耕水平	53.90	56.56	63.96	61.26	73.39	65.45	74.02	68.21	78.43	76.65	77.37	80.40	81.96
机播水平	31.25	32.86	34.57	38.50	40.06	40.47	41.87	43.10	49.67	50.98	52.92	56.40	58.65
机收水平	18.02	19.89	23.35	25.75	30.37	29.23	30.16	33.91	40.04	44.76	46.06	49.61	50.90

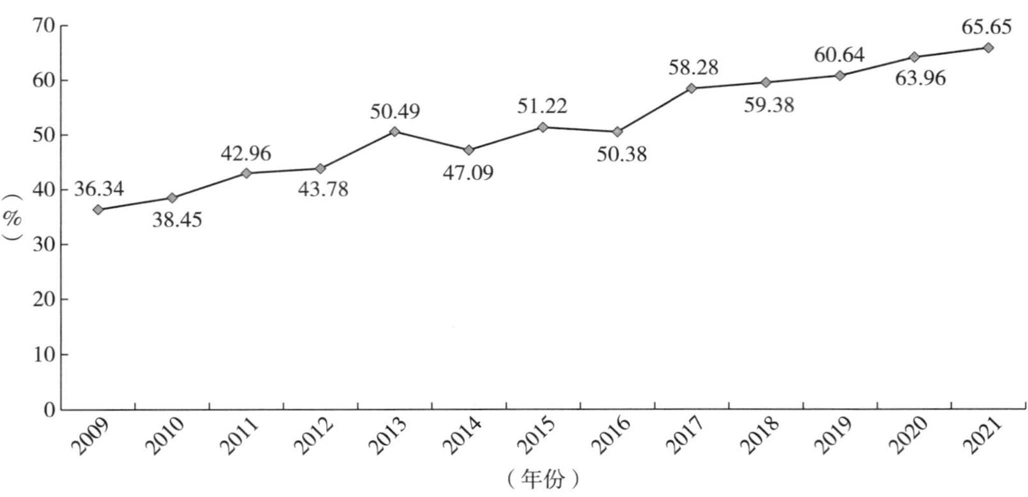

图29　2009—2021年全国花生耕种收综合机械化水平走势

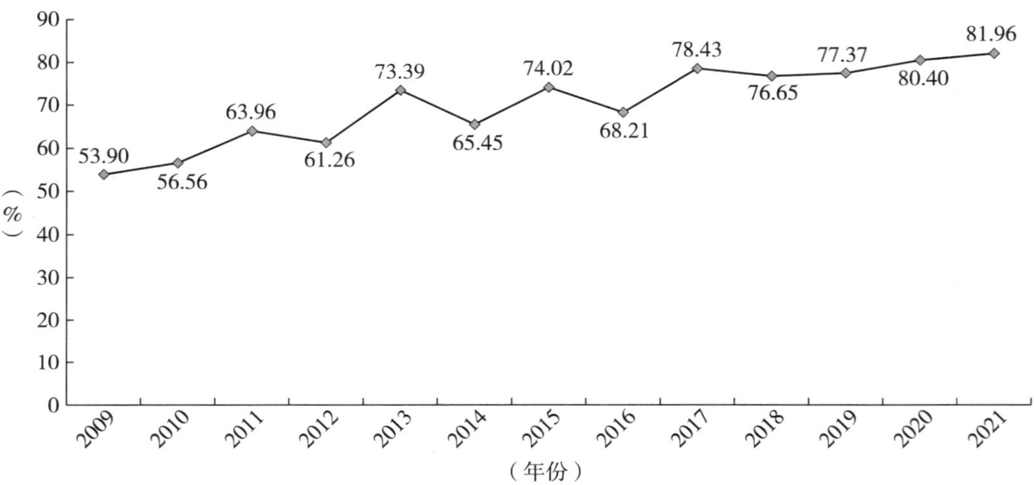

图30　2009—2021年全国花生机耕水平走势

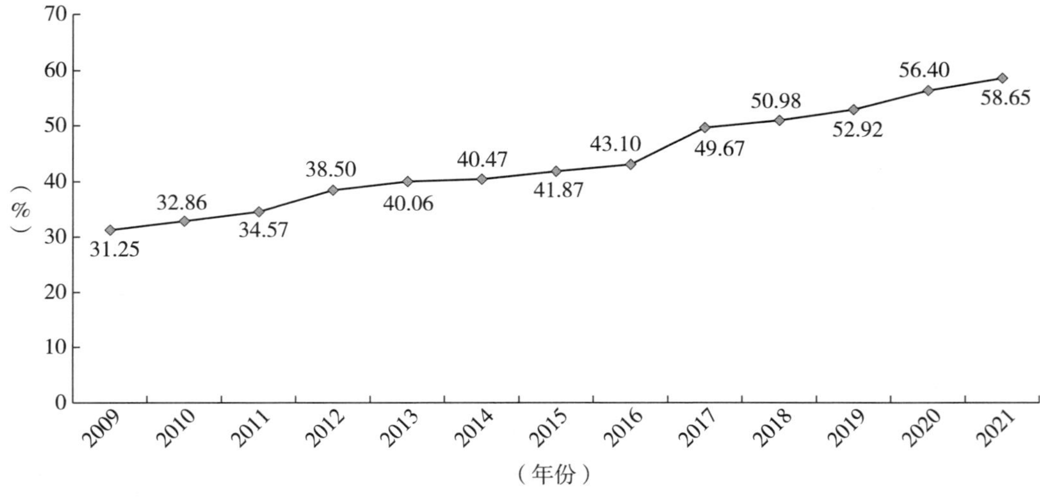

图31　2009—2021年全国花生机播水平走势

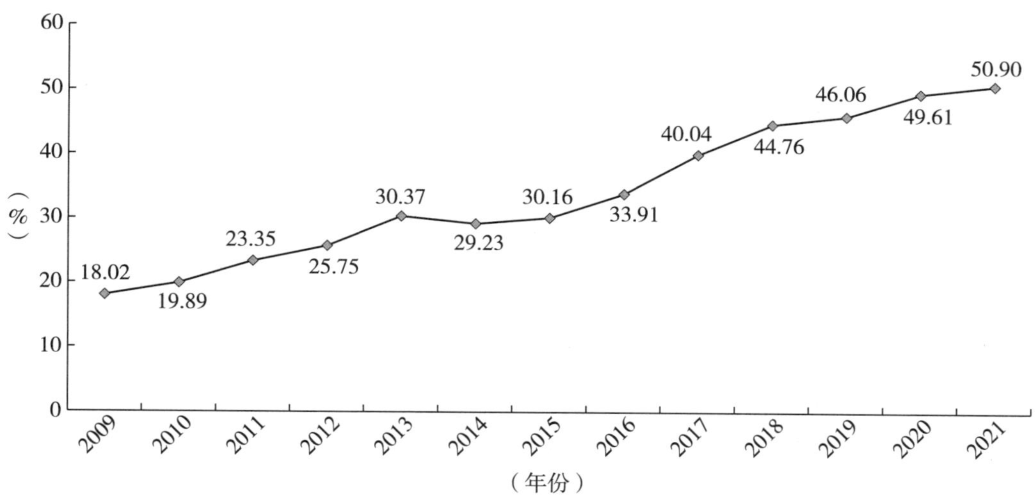

图32　2009—2021年全国花生机收水平走势

九、棉花机械化水平

表9　　2009—2021年全国棉花耕种收机械化水平　　单位：%

分类＼年份	2009	2010	2011	2012	2013	2014	2015	2016	2017	2018	2019	2020	2021
耕种收综合水平	47.83	51.03	53.88	56.42	61.06	72.11	66.81	75.13	70.74	76.88	81.19	83.98	87.25
机耕水平	76.84	83.11	87.39	87.86	94.88	100.00	91.90	93.55	95.73	97.42	99.34	98.76	99.44
机播水平	54.18	55.31	57.39	62.75	65.57	84.08	81.35	84.61	77.23	85.25	88.05	88.16	90.22
机收水平	2.81	3.97	5.68	8.17	11.46	15.21	18.81	22.83	30.91	41.15	50.13	60.08	68.02

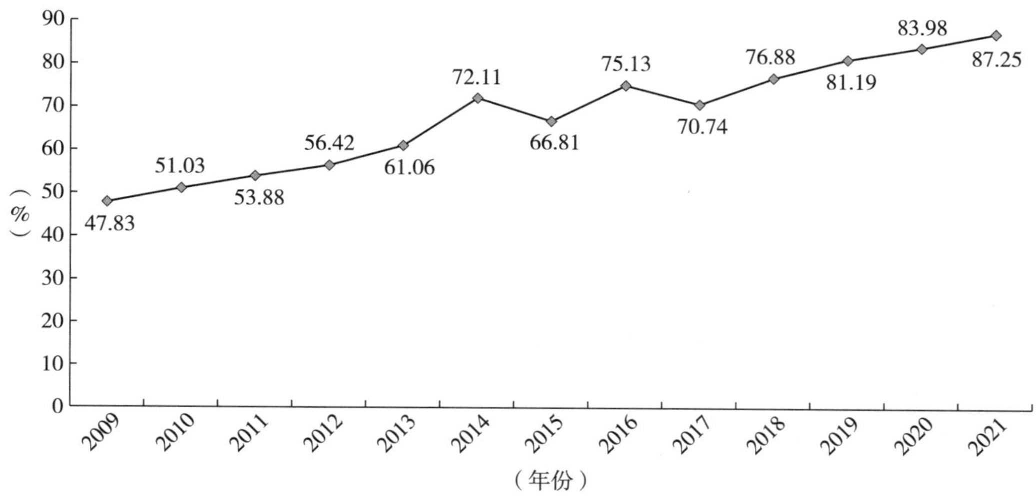

图33　2009—2021年全国棉花耕种收综合机械化水平走势

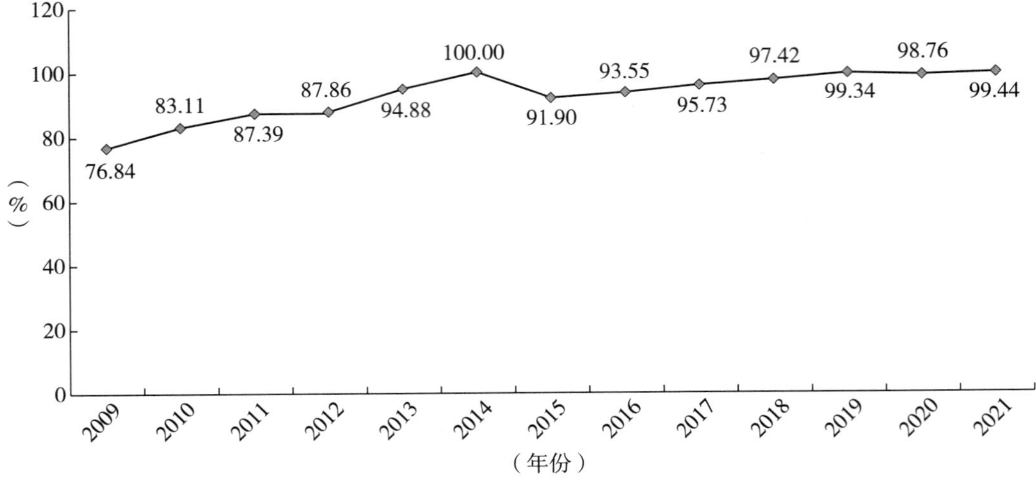

图34　2009—2021年全国棉花机耕水平走势

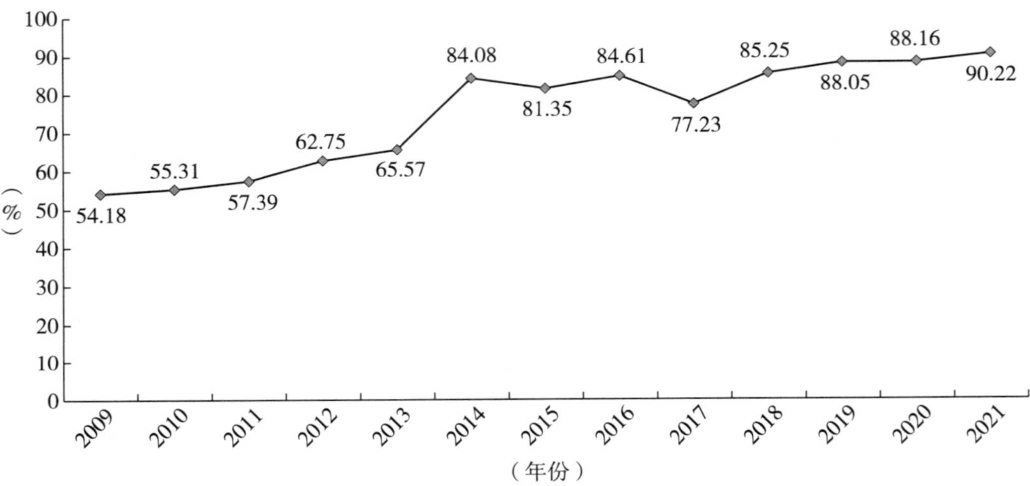

图35　2009—2021年全国棉花机播水平走势

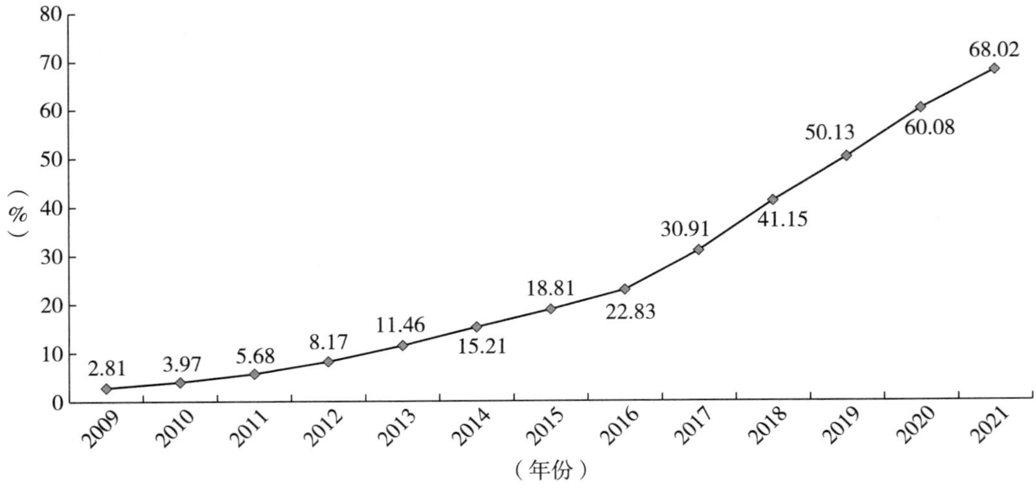

图36　2009—2021年全国棉花机收水平走势

2021年农机畅销排行榜

拖拉机	
轮式拖拉机	
25～30马力	
第一名	山东时风（集团）有限责任公司
第二名	四川川龙拖拉机制造有限公司
第三名	第一拖拉机股份有限公司
30～40马力	
第一名	山东时风（集团）有限责任公司
第二名	第一拖拉机股份有限公司
第三名	常州东风农机集团有限公司
40～50马力	
第一名	常州东风农机集团有限公司
第二名	第一拖拉机股份有限公司
第三名	四川川龙拖拉机制造有限公司
50～60马力	
第一名	第一拖拉机股份有限公司
第二名	潍柴雷沃重工股份有限公司
第三名	泰安泰山国泰拖拉机制造有限公司
60～70马力	
第一名	第一拖拉机股份有限公司
第二名	常州东风农机集团有限公司
第三名	潍坊华夏拖拉机制造有限公司
70～80马力	
第一名	潍柴雷沃重工股份有限公司
第二名	第一拖拉机股份有限公司
第三名	江苏沃得农业机械股份有限公司
80～90马力	
第一名	潍柴雷沃重工股份有限公司
第二名	第一拖拉机股份有限公司
第三名	常州东风农机集团有限公司
90～100马力	
第一名	江苏沃得农业机械股份有限公司
第二名	第一拖拉机股份有限公司
第三名	潍柴雷沃重工股份有限公司
100～110马力	
第一名	潍柴雷沃重工股份有限公司
第二名	第一拖拉机股份有限公司
第三名	常州东风农机集团有限公司
110～120马力	
第一名	第一拖拉机股份有限公司
第二名	常州东风农机集团有限公司
第三名	泰安泰山国泰拖拉机制造有限公司
120～130马力	
第一名	第一拖拉机股份有限公司
第二名	潍柴雷沃重工股份有限公司
第三名	江苏常发农业装备股份有限公司
130～140马力	
第一名	爱科（常州）农业机械有限公司
第二名	第一拖拉机股份有限公司
第三名	常州东风农机集团有限公司
140～150马力	
第一名	第一拖拉机股份有限公司
第二名	潍柴雷沃重工股份有限公司
第三名	江苏沃得农业机械股份有限公司
150～160马力	
第一名	第一拖拉机股份有限公司

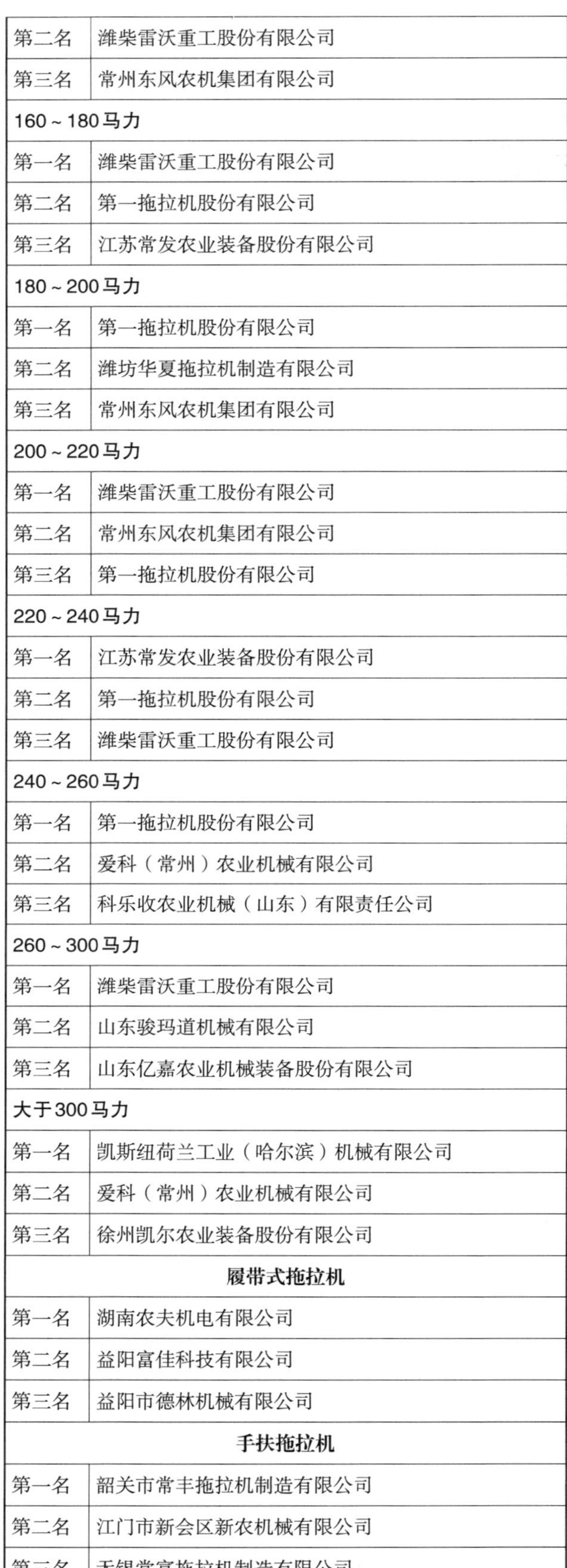

第二名	潍柴雷沃重工股份有限公司
第三名	常州东风农机集团有限公司
160～180马力	
第一名	潍柴雷沃重工股份有限公司
第二名	第一拖拉机股份有限公司
第三名	江苏常发农业装备股份有限公司
180～200马力	
第一名	第一拖拉机股份有限公司
第二名	潍坊华夏拖拉机制造有限公司
第三名	常州东风农机集团有限公司
200～220马力	
第一名	潍柴雷沃重工股份有限公司
第二名	常州东风农机集团有限公司
第三名	第一拖拉机股份有限公司
220～240马力	
第一名	江苏常发农业装备股份有限公司
第二名	第一拖拉机股份有限公司
第三名	潍柴雷沃重工股份有限公司
240～260马力	
第一名	第一拖拉机股份有限公司
第二名	爱科（常州）农业机械有限公司
第三名	科乐收农业机械（山东）有限责任公司
260～300马力	
第一名	潍柴雷沃重工股份有限公司
第二名	山东骏玛道机械有限公司
第三名	山东亿嘉农业机械装备股份有限公司
大于300马力	
第一名	凯斯纽荷兰工业（哈尔滨）机械有限公司
第二名	爱科（常州）农业机械有限公司
第三名	徐州凯尔农业装备股份有限公司
履带式拖拉机	
第一名	湖南农夫机电有限公司
第二名	益阳富佳科技有限公司
第三名	益阳市德林机械有限公司
手扶拖拉机	
第一名	韶关市常丰拖拉机制造有限公司
第二名	江门市新会区新农机械有限公司
第三名	无锡常富拖拉机制造有限公司

收获机械	
自走轮式谷物联合收割机	
喂入量＜8公斤	
第一名	约翰迪尔（佳木斯）农业机械有限公司
第二名	佳木斯常发佳联农业装备有限公司
第三名	久保田农业机械（苏州）有限公司
8≤喂入量＜9公斤	
第一名	潍柴雷沃重工股份有限公司
第二名	江苏沃得农业机械股份有限公司
第三名	中联农业机械股份有限公司
9≤喂入量＜10公斤	
第一名	中联农业机械股份有限公司
第二名	洛阳中收机械装备有限公司
第三名	焦作泰利机械制造股份有限公司
喂入量≥10公斤	
第一名	潍柴雷沃重工股份有限公司
第二名	约翰迪尔（佳木斯）农业机械有限公司
第三名	中联农业机械股份有限公司
半喂入联合收割机	
第一名	久保田农业机械（苏州）有限公司
第二名	洋马农机（中国）有限公司
第三名	江苏沃得农业机械股份有限公司
自走履带式谷物联合收割机（全喂入）	
喂入量＜2公斤	
第一名	重庆鑫源农机股份有限公司
第二名	重庆坚而美科技有限公司
第三名	南充富牌农机有限公司
2≤喂入量＜3公斤	
第一名	久保田农业机械（苏州）有限公司
第二名	德阳市川收农业机械制造有限公司
第三名	湖南兴农机械有限公司
3≤喂入量＜4公斤	
第一名	久保田农业机械（苏州）有限公司
第二名	洋马农机（中国）有限公司
第三名	乐星农业装备（青岛）有限公司
4≤喂入量＜5公斤	
第一名	洋马农机（中国）有限公司
第二名	久保田农业机械（苏州）有限公司

第三名	江苏沃得农业机械股份有限公司
5≤喂入量＜6公斤	
第一名	久保田农业机械（苏州）有限公司
第二名	江苏沃得农业机械股份有限公司
第三名	潍柴雷沃重工股份有限公司
喂入量≥6公斤	
第一名	江苏沃得农业机械股份有限公司
第二名	潍柴雷沃重工股份有限公司
第三名	中联农业机械股份有限公司
自走式玉米收获机（摘穗型）	
2行机型	
第一名	襄垣县仁达机电设备有限公司
第二名	山东巨明机械有限公司
第三名	吉林顺昆电动车有限公司
3行机型	
第一名	山东金大丰机械有限公司
第二名	潍柴雷沃重工股份有限公司
第三名	山东巨明机械有限公司
4行机型	
第一名	潍柴雷沃重工股份有限公司
第二名	河北英虎农业机械股份有限公司
第三名	山东巨明机械有限公司
5行机型	
第一名	山东巨明机械有限公司
第二名	九方泰禾国际重工（青岛）股份有限公司
第三名	勇猛机械股份有限公司
6行机型	
第一名	洛阳福格森机械装备有限公司
第二名	潍柴雷沃重工股份有限公司
第三名	石家庄天人农业机械装备有限公司
≥7行机型	
第一名	新疆牧神机械有限责任公司
第二名	山东巨明机械有限公司
第三名	潍柴雷沃重工股份有限公司
穗茎兼收玉米收获机	
第一名	九方泰禾国际重工（青岛）股份有限公司
第二名	山东金大丰机械有限公司

第三名	唐山利军机械制造有限公司
自走式玉米籽粒联合收获机	
第一名	潍柴雷沃重工股份有限公司
第二名	中联农业机械股份有限公司
第三名	凯斯纽荷兰工业（哈尔滨）机械有限公司
薯类收获机	
第一名	日照美盛机械有限公司
第二名	青岛洪珠农业机械有限公司
第三名	德州鸿友农业机械有限公司
花生收获机	
自走式花生捡拾收获机	
第一名	郑州中联收获机械有限公司
第二名	河南德昌机械制造有限公司
第三名	潍柴雷沃重工股份有限公司
牵引式花生捡拾收获机	
第一名	扶余市贵全机械制造有限公司
第二名	扶余市继锋农业机械制造有限公司
第三名	黑山县老万农机装备有限公司
自走式花生联合收获机	
第一名	临沭县东泰机械有限公司
第二名	青岛金沃农业装备有限公司
第三名	漳浦长禾农业机械有限公司
花生挖掘机	
第一名	黑山县建国农机机械有限公司
第二名	汝南县正发机械有限公司
第三名	正阳县创鑫机械有限公司
花生摘果机	
第一名	河南瑞锋机械有限公司
第二名	郑州市双丰机械制造有限公司
第三名	尉氏县老利农机有限公司
油菜籽收获机	
第一名	江苏沃得农业机械股份有限公司
第二名	潍柴雷沃重工股份有限公司
第三名	中联重机浙江有限公司
葵花籽收获机	
第一名	内蒙古宏昌机械制造有限公司
第二名	巴彦淖尔市恒力机械有限责任公司

第三名	济宁德尚源机械设备有限公司
棉花收获机	
第一名	新疆钵施然智能农机股份有限公司
第二名	山东天鹅棉业机械股份有限公司
第三名	现代农装科技股份有限公司
甘蔗收获机	
第一名	中联农业机械股份有限公司
第二名	洛阳辰汉农业装备科技有限公司
第三名	江苏沃得农业机械股份有限公司
甜菜收获机	
第一名	丰镇市高峰机械设备有限责任公司
第二名	赤峰鑫达机械制造有限责任公司
第三名	黑龙江北大荒众荣农机有限公司
果类蔬菜收获机械	
第一名	石河子市广兴物资有限责任公司
第二名	德州春明农业机械有限公司
第三名	武城县大力农业机械有限公司
辣椒收获机	
第一名	新疆牧神机械有限责任公司
第二名	河北吉龙农业机械有限公司
根（块）茎作物收获机	
第一名	日照市立盈机械制造有限公司
第二名	单县鲁惠农业机械有限公司
大蒜收获机	
第一名	单县鲁惠农业机械有限公司
第二名	日照市立盈机械制造有限公司
秸秆收集机	
第一名	大庆新鼎富农业机械有限公司
第二名	河北双天机械制造有限公司
第三名	丹东金伟实业有限公司
玉米收获专用割台	
第一名	新乡市立广机械有限公司
第二名	石家庄天人农业机械装备有限公司
第三名	四平市东联筑路机械有限公司

收获后处理机械	
稻麦脱粒机	
第一名	新余市亿龙农业机械制造有限公司
第二名	贵州双木农机有限公司
第三名	四川华旭机械制造有限公司
玉米脱粒机	
第一名	重庆潼双机械制造有限公司
第二名	云南精驰农机有限公司
第三名	龙江景西机械制造有限公司
谷物烘干机	
第一名	湖南省农友盛泰农业科技有限公司
第二名	安徽金锡机械科技有限公司
第三名	安徽正阳机械科技有限公司
果蔬烘干机	
第一名	云南万合农机有限公司
第二名	云南种业集团有限责任公司热能科技分公司
第三名	云南穗特丰农业科技有限公司

耕整地机械	
铧式犁	
2铧及以下翻转犁	
第一名	海东市光明农机制造有限公司
第二名	郑州市华丰农业机械有限公司
第三名	郑州瑞丰王农业机械有限公司
3～4铧翻转犁	
第一名	黑龙江龙格优农业机械有限公司
第二名	河北冀农农机具有限公司
第三名	郑州市龙丰农业机械装备制造有限公司
5～6铧翻转犁	
第一名	河北冀农农机具有限公司
第二名	河北锐宏机械制造有限公司
第三名	雷肯农业机械（青岛）有限公司
7铧及以上翻转犁	
第一名	宝清县龙迪农业科技有限公司
第二名	郑州市龙丰农业机械装备制造有限公司
第三名	佳木斯尖锋机械制造有限公司
旋耕机	
履带自走式旋耕机	
第一名	中联农业机械股份有限公司
第二名	湖南龙舟农机股份有限公司
第三名	中联重机浙江有限公司

耕幅1000mm以下旋耕机	
第一名	江门市新会区新农机械有限公司
第二名	韶关市常丰拖拉机制造有限公司
第三名	福建省南平弘泰手扶拖拉机制造有限公司
耕幅1000～1500mm旋耕机	
第一名	河北圣和农业机械有限公司
第二名	河南沃正实业有限公司
第三名	莱州市华弘机械有限公司
耕幅1500～2000mm旋耕机	
第一名	河南沃正实业有限公司
第二名	河北圣和农业机械有限公司
第三名	亚澳南阳农机有限责任公司
耕幅2000～2500mm旋耕机	
第一名	河南沃正实业有限公司
第二名	河南豪丰农业装备有限公司
第三名	河北圣和农业机械有限公司
耕幅2500mm及以上旋耕机	
第一名	河北圣和农业机械有限公司
第二名	河北双天机械制造有限公司
第三名	山东大华机械有限公司
深松机	
第一名	甘肃嘉宝机械制造有限公司
第二名	酒泉市铸陇机械制造有限责任公司
第三名	白银帝尧农业机械制造有限责任公司
微耕机	
第一名	重庆鑫源农机股份有限公司
第二名	重庆耀虎动力机械有限公司
第三名	重庆旺耕机械制造有限公司
开沟机	
第一名	连云港市东堡旋耕机械有限公司
第二名	太仓市旋威农机有限公司
第三名	河南沃正实业有限公司
耕整机	
第一名	湖南省鑫环机械有限公司
第二名	桂林严关机械有限公司
第三名	衡南县花山机械有限公司

圆盘耙	
第一名	佳木斯佳方农机制造有限公司
第二名	张掖市天源机械制造有限责任公司
第三名	嫩江市龙雨农业机械制造有限公司
驱动耙	
第一名	南昌中天农机有限公司
第二名	南昌春旋农机有限责任公司
第三名	江西南特丰收农业装备有限公司
铺膜机	
第一名	民勤县运腾农机具制造有限公司
第二名	福建永顺机械有限公司
第三名	甘肃洮河拖拉机制造有限公司
联合整地机	
第一名	海伦市诺丰农机经销有限责任公司
第二名	昌图华洋农机修造有限责任公司
第三名	绥化易耕机械制造有限公司

种植施肥机械		
乘坐式高速插秧机		水稻插秧机
工作行数=6		
第一名	久保田农业机械（苏州）有限公司	
第二名	洋马农机（中国）有限公司	
第三名	江苏沃得农业机械股份有限公司	
工作行数=8及以上		
第一名	浙江星莱和农业装备有限公司	
第二名	江苏沃得农业机械股份有限公司	
第三名	久保田农业机械（苏州）有限公司	
手扶（步行）插秧机		
工作行数=4		
第一名	江苏沃得农业机械股份有限公司	
第二名	久保田农业机械（苏州）有限公司	
第三名	江苏常发农业装备股份有限公司	
工作行数=6		
第一名	久保田农业机械（苏州）有限公司	
第二名	苏州久富农业机械有限公司	
第三名	江苏福马高新动力机械有限公司	
秧苗移栽机		
第一名	湖南中联重科智能农机有限责任公司	

第二名	重庆北卡农业科技有限公司
第三名	宁津县金利达机械制造有限公司
条播机	
第一名	河北农哈哈机械集团有限公司
第二名	任丘市双印农业机械制造有限公司
第三名	济宁博玩工贸有限公司
穴播机	
第一名	河南农有王农业装备科技股份有限公司
第二名	河北迪科德农业机械有限公司
第三名	宁津县永升机械制造有限公司
精量播种机	
第一名	任丘市双印农业机械制造有限公司
第二名	河北神禾农业机械有限公司
第三名	河北农哈哈机械集团有限公司
根茎作物播种机	
第一名	青岛洪珠农业机械有限公司
第二名	青岛菲尔特工业有限公司
第三名	山东省玛丽亚农业机械股份有限公司
免耕播种机	
第一名	河北农哈哈机械集团有限公司
第二名	德邦大为（佳木斯）农机有限公司
第三名	吉林省康达农业机械有限公司
旋耕播种机	
第一名	西安亚澳农机股份有限公司
第二名	丹阳良友机械有限公司
第三名	淮安荣宇机械有限公司
铺膜播种机	
第一名	新疆天诚农机具制造有限公司
第二名	新疆金天成机械装备有限公司
第三名	繁峙县裕农机械制造有限公司

秧盘播种成套设备（含床土处理）	
第一名	久保田农业机械（苏州）有限公司
第二名	湖南中联重科智能农机有限责任公司
第三名	固始万云丰机械有限责任公司
施肥机	
第一名	江苏沃得农业机械股份有限公司
第二名	湖南龙舟农机股份有限公司
第三名	浙江亿森机械有限公司

撒肥机	
第一名	常州市腾华机械制造有限公司
第二名	盐城亘旺农机有限公司
第三名	青州市万佳机械科技股份有限公司

喷雾机	
喷杆喷雾机	
自走式喷杆喷雾机	
第一名	青州欧尚农业科技有限公司
第二名	潍坊巨沃世昌农业装备有限公司
第三名	山东祥瑞农林科技有限公司
悬挂及牵引式喷杆喷雾机	
第一名	公主岭市博通农业机械有限公司
第二名	吉林省顺鑫农机制造有限公司
第三名	河北硕鑫机械制造有限公司
动力喷雾机	
第一名	台州共源工贸有限公司
第二名	浙江欧森机械有限公司
第三名	云南劲牛农业机械有限公司
风送喷雾机	
第一名	台州创富机械有限公司
第二名	寿光浩宇现代农业设施有限公司
第三名	耒阳市兴农牧业有限公司

中耕机械	
中耕机	
第一名	昆明拓田农业发展有限公司
第二名	邱县骏马机械有限公司
第三名	山东希成农业机械科技有限公司
田园管理机	
第一名	日照市立盈机械制造有限公司
第二名	重庆安晓机械有限公司
第三名	锦州龙盛农业机械有限公司
山地田园作业（管理）机	
第一名	南平市天成机械有限公司
第二名	三明恒富机械有限公司
第三名	浙江富王机械有限公司

无人植保飞机	
载药量＜20L	
第一名	深圳市大疆创新科技有限公司

第二名	广州极飞科技股份有限公司
第三名	湖南精飞智能科技有限公司
载药量≥20L	
第一名	深圳市大疆创新科技有限公司
第二名	广州极飞科技股份有限公司
第三名	山东晨诚科技有限公司

农业用北斗终端	
北斗导航自动驾驶系统	
第一名	黑龙江惠达科技发展有限公司
第二名	上海华测导航技术股份有限公司
第三名	湖南湘数大数据科技有限公司
农业作业监测终端	
第一名	黑龙江惠达科技发展有限公司
第二名	金色大田科技有限公司
第三名	北京农业智能装备技术研究中心

打（压）捆机	
按打捆类型	
方捆机	
第一名	四平市顺邦农机制造有限公司
第二名	吉林天朗新能源科技有限公司
第三名	中国农业机械化科学研究院呼和浩特分院有限公司
圆捆机	
第一名	内蒙古瑞丰农牧业装备股份有限公司
第二名	中国农业机械化科学研究院呼和浩特分院有限公司
第三名	辽宁海阔机械设备制造有限公司
按捡拾宽度	
0.7m≤捡拾宽度＜1.2m	
第一名	山东圣时机械制造有限公司
第二名	菏泽市天艺农业机械制造有限公司
第三名	宁津隆康农业机械有限公司
1.2m≤捡拾宽度＜1.7m	
第一名	内蒙古瑞丰农牧业装备股份有限公司
第二名	辽宁海阔机械设备制造有限公司
第三名	潍柴雷沃重工股份有限公司
1.7m≤捡拾宽度＜2.2m	
第一名	新乡市花溪科技股份有限公司
第二名	黑龙江省福源机械制造有限公司
第三名	中国农业机械化科学研究院呼和浩特分院有限公司
捡拾宽度≥2.2m	
第一名	四平市顺邦农机制造有限公司
第二名	中国农业机械化科学研究院呼和浩特分院有限公司
第三名	吉林天朗新能源科技有限公司

其他饲料（草）收获机械	
割草机	
第一名	阿鲁科尔沁旗罕苏木世杰机械制造有限责任公司
第二名	潍坊鑫耐尔农业机械有限公司
第三名	内蒙古华德牧草机械有限责任公司
割晒机	
第一名	桂林高新区科丰机械有限责任公司
第二名	兴化市启辰园林机械有限公司
第三名	成都格萨尔机电有限责任公司
青饲料收获机	
自走式青饲料收获机	
第一名	石家庄美迪机械有限公司
第二名	中机美诺科技股份有限公司
第三名	河北顶呱呱机械制造有限公司
悬挂式或牵引式青饲料收获机	
第一名	河北双天机械制造有限公司
第二名	山东犇牛畜牧机械设备有限公司
第三名	山东森睿农牧装备有限公司

饲料（草）加工机械	
铡草机	
第一名	云南华盛农机制造有限公司
第二名	凤城市韶邦机械制造有限公司
第三名	云南长威机械制造有限公司
青贮切碎机	
第一名	云南长威机械制造有限公司
第二名	云南精旭农机制造有限公司
第三名	云南佳沃农机有限公司
饲料（草）粉碎机	
第一名	乐山市东川机械有限公司
第二名	四川省万马机械制造有限公司
第三名	四川省兴四达机电制造有限公司
揉丝机	
第一名	沧州盛承祥机械制造有限公司

第二名	西安牛羊洋农业科技有限公司
第三名	四川阳意机电有限公司
颗粒饲料压制机	
第一名	京山沃力仕农机制造股份有限公司
第二名	郑州金宏兴机械有限公司
第三名	新乡市和协饲料机械制造有限公司
饲料混合机	
第一名	卫辉市卫新机械有限公司
第二名	新乡市北方散热器有限公司
第三名	宜昌元龙科技有限公司
饲料制备（搅拌）机	
第一名	内蒙古大匠精工科技发展有限公司
第二名	石家庄翔航农业机械有限公司
第三名	石家庄盖氏机械设备有限公司

设施农业装备	
热风炉	
第一名	龙岩市三佳冶金炉料有限公司
第二名	湖南省农友盛泰农业科技有限公司
第三名	福建省邵武市汇达机械制造有限公司
电动卷帘机	
第一名	天津市三元机电设备制造有限公司
第二名	寿光市坤鹏农业机械有限公司
第三名	天津昌和祥科技有限公司
水帘降温设备	
第一名	天天星环保设备（南平）有限公司
第二名	南平市曾氏环保机械设备有限公司
第三名	广州市盛山养殖机械有限公司
日光温室	
第一名	江苏绿港现代农业发展有限公司
第二名	莘县恒通温室科技有限公司
第三名	兰陵县瑞丰地农业科技有限公司
标准化设施大棚及附属设备	
第一名	金华市宏昊农业科技发展有限公司
第二名	金华市炜程温室大棚有限公司
第三名	浙江富农温室设备有限公司
温室大棚（成套设施装备）	
第一名	湖南旭辉机械制造有限公司
第二名	浏阳市湘恒生态农业发展有限公司
第三名	常德科祥机电制造有限公司

农产品加工机械	
碾米机	
第一名	湖南省劲松机械有限公司
第二名	湖南省农友机械集团有限公司
第三名	四川省万马机械制造有限公司
大米色选机	
第一名	合肥美亚光电技术股份有限公司
第二名	安徽亿恒智选光电有限公司
第三名	安徽捷泰智能科技有限公司
干坚果脱壳机	
第一名	嵊州市全杰农业机械有限公司
第二名	云南靓乾商贸有限公司
第三名	云南精驰农机有限公司
茶叶加工机械	
茶叶杀青机	
第一名	浙江武义万达干燥设备制造有限公司
第二名	四川省登尧机械设备有限公司
第三名	福建省安溪祥山机械有限公司
茶叶揉捻机	
第一名	晋宁云峰农业药械有限公司
第二名	衢州进强茶机有限公司
第三名	浙江武义增荣食品机械有限公司
茶叶压扁机	
第一名	安徽友力节能设备有限公司
第二名	石台县三九农业机械制造有限公司
第三名	合肥戴维德农业机械有限公司
茶叶理条机	
第一名	安吉元丰茶叶机械有限公司
第二名	四川省登尧机械设备有限公司
第三名	浙江上河茶叶机械有限公司
茶叶炒（烘）干机	
第一名	浙江恒峰科技开发有限公司
第二名	浙江银球机械有限公司
第三名	浙江上河茶叶机械有限公司
茶叶色（筛）选机	
第一名	安徽捷迅光电技术有限公司
第二名	安徽中科光电色选机械有限公司
第三名	合肥美亚光电技术股份有限公司

排灌机械	
灌溉首部	
第一名	昆明驰展润创农业机械销售有限公司
第二名	温州正仕农机有限公司
第三名	寿光市昌泰农业机械有限公司
喷灌机	
第一名	江苏华源节水股份有限公司
第二名	珠海市绿田机械有限公司
第三名	江苏西美灌排设备有限公司
微灌设备	
第一名	平和县泽辉机械有限公司
第二名	厦门森田塑胶有限公司
第三名	芜湖泰迪农业机械有限公司
离心泵	
第一名	福建省南平弘泰手扶拖拉机制造有限公司
第二名	重庆伊格斯机械有限公司
第三名	浙江欧森机械有限公司
潜水电泵	
第一名	湖南湘资泵业有限公司
第二名	上海义民电机有限公司
第三名	台州市元晟水产养殖机械有限公司

饲养设备	
畜牧水产养殖机械	
喂料机	
第一名	茂名市鸿运农业科技有限公司
第二名	青岛大牧人机械股份有限公司
第三名	邯郸永盛机械制造有限公司
送料机	
第一名	福建省三明鼎佑兴自动化设备有限公司
第二名	福建龙岩龙茂机械有限公司
第三名	南平市曾氏环保机械设备有限公司
孵化机	
第一名	青岛兴仪电子设备有限责任公司
第二名	蚌埠三缘孵化设备有限公司
第三名	蚌埠依爱电子科技有限责任公司
粪污固液分离机	
第一名	湖南清辉机械有限公司
第二名	祁阳现代农业装备科技开发有限公司
第三名	卫辉市卫新机械有限公司

增氧机	
第一名	广东顺德凯雷机械有限公司
第二名	上海义民电机有限公司
第三名	浙江富地机械有限公司

废弃物处理设备	
残膜回收机	
第一名	石河子市光大农机有限公司
第二名	甘肃洮河拖拉机制造有限公司
第三名	固原鑫宇农农机具有限公司
病死畜禽无害化处理设备	
第一名	江诗顿智能装备（无锡）有限公司
第二名	徐州昊特机械有限公司
第三名	湖南泥之绿农业机械有限公司

平地机	
第一名	陕西科丰农业机械有限公司
第二名	哈尔滨星途导航科技有限公司
第三名	黑龙江龙格优农业机械有限公司

中国农机进出口数据

注：根据中国海关数据统计（农业机械按商品编码84种，其中主机产品63种，零部件21种），2022年1—6月我国农业机械产品进出口贸易总额807744.35万美元，同比上涨11.41%。其中，出口额725383.21万美元，同比上涨13.52%；进口额82361.14万美元，同比减少4.27%，农业机械贸易顺差643022.08万美元。

一、2022年1—6月中国农业机械及零部件主要出口市场统计

表1　　2022年1—6月农机出口额一览表　　单位：亿美元

序号	国家	出口额		同比（%）	占比（%）		增减（%）
		2022年	2021年		2022年	2021年	
1	美国	14.36	12.60	13.95	19.80	19.72	0.07
2	德国	3.49	3.28	6.55	4.81	5.13	–0.31
3	澳大利亚	3.05	3.05	0.14	4.20	4.77	–0.56
4	俄罗斯	2.91	2.47	17.63	4.01	3.87	0.14
5	智利	3.35	2.07	61.61	4.62	3.24	1.37
6	法国	2.29	1.53	49.52	3.16	2.40	0.76
7	英国	2.06	1.93	6.87	2.84	3.02	–0.18
8	越南	2.26	1.95	16.19	3.12	3.04	0.07
9	印度	2.2	2.32	–5.10	3.03	3.63	–0.60
10	泰国	1.76	1.52	15.72	2.43	2.38	0.05
小计		37.73	32.71	15.34	52.01	51.19	0.82
其他		34.81	31.19	11.62	47.99	48.81	–0.82
合计		72.54	63.90	13.52	100.00	100.00	0

注：84个海关编码统计。

二、2022年1—6月中国农业机械及零部件主要进口市场统计

表2　　2022年1—6月农机进口额一览表　　单位：万美元

序号	国家	进口额		同比（%）	占比（%）		增减（%）
		2022年	2021年		2022年	2021年	
1	美国	26395.99	16761.49	57.48	32.05	19.48	12.57
2	德国	15989.11	19385.44	−17.52	19.41	22.53	−3.12
3	日本	7003.59	11539.94	−39.31	8.50	13.41	−4.91
4	法国	3528.52	4117.77	−14.31	4.28	4.79	−0.50
5	意大利	3252.83	5548.06	−41.37	3.95	6.45	−2.50
6	英国	2811.39	2457.94	14.38	3.41	2.86	0.56
7	奥地利	2799.68	1973.83	41.84	3.40	2.29	1.11
8	荷兰	2296.52	2871.73	−20.03	2.79	3.34	−0.55
9	挪威	1796.28	1136.02	58.12	2.18	1.32	0.86
10	比利时	1646.46	1073.87	53.32	2.00	1.25	0.75
小计		67520.37	66866.09	0.98	81.98	77.72	4.26
其他		14840.77	19168.73	−22.58	18.02	22.28	−4.26
合计		82361.14	86034.83	−4.27	100.00	100.00	0

注：84个海关编码统计。

三、2022年1—6月中国农业机械进出口结构统计

表3　　2022年1—6月农机出口额一览表　　单位：亿美元

序号	品类	出口额		同比（%）	占比（%）		增减（%）
		2022年	2021年		2022年	2021年	
农机零部件		24.86	20.54	21.02	34.27	32.14	2.12
农机主机		47.68	43.36	9.97	65.73	67.86	−2.12
合计		72.54	63.90	13.52	100.00	100.00	0.00
1	拖拉机	3.60	3.33	8.09	7.55	7.68	−0.13
2	农用车	13.99	10.54	32.76	29.35	24.31	5.04
3	耕种、田间管理机械	7.50	7.28	2.98	15.72	16.79	−1.07

续　表

序号	品类	出口额		同比（%）	占比（%）		增减（%）
		2022年	2021年		2022年	2021年	
4	收获机械	1.51	1.74	−13.31	3.17	4.02	−0.85
5	粮食加工、家禽养殖机械	3.86	4.10	−5.85	8.10	9.46	−1.36
6	园艺牧草机械	17.22	16.37	5.21	36.12	37.75	−1.63
小计		47.68	43.36	9.96	100.00	100.00	0

注：84个海关编码统计。

表4　　2022年1—6月农机进口额一览表　　单位：亿美元

序号	品类	进口额		同比（%）	占比（%）		增减（%）
		2022年	2021年		2022年	2021年	
农机零部件		4.08	4.98	−18.13	49.17	57.42	−8.26
农机主机		4.21	3.69	14.09	50.78	42.56	8.22
1	拖拉机	0.41	0.35	17.88	4.93	4.00	0.93
2	农用车	0.31	0.50	−37.58	3.74	5.72	−1.99
3	耕种、田间管理机械	0.24	0.24	−2.11	2.85	2.78	0.07
4	收获机械	1.44	0.94	53.84	17.41	10.82	6.59
5	粮食加工、家禽养殖机械	0.57	0.84	−32.36	6.87	9.71	−2.84
6	园艺牧草机械	1.24	0.82	51.24	14.99	9.47	5.51
合计		8.29	8.67	−4.38	100.00	100.00	0

注：84个海关编码统计。

四、2022年1—6月中国农业机械出口月度统计

表5　　2022年1—6月农机出口月度统计一览表　　单位：亿美元

		1月	2月	3月	4月	5月	6月	合计
出口额	2022年	14.87	10.46	12.75	11.21	11.52	11.72	72.54
	2021年	10.91	9.33	10.87	11.10	10.50	11.19	63.90
	同比（%）	36.34	12.05	17.32	1.05	9.69	4.79	13.52
	环比（%）		−29.66	21.92	−12.05	2.72	1.76	
占比	2022年	20.50	14.42	17.58	15.46	15.88	16.16	100.00
	2021年	17.07	14.61	17.01	17.37	16.44	17.51	100.00
增减（%）		3.43	−0.19	0.57	−1.91	−0.55	−1.35	0

五、2022年1—6月拖拉机市场概况

2022年1—6月我国拖拉机整机出口额35996.36万美元，同比上涨8.06%；出口数量69308台，同比下降3.16%。其中，轮式拖拉机出口25393台，手扶拖拉机出口43713台，履带式拖拉机出口202台。

（一）2022年1—6月拖拉机出口统计

表6　2022年1—6月拖拉机出口数量一览表　单位：台

序号	品类	出口量		同比（%）	占比（%）		增减（%）
		2022年	2021年		2022年	2021年	
1	25马力以下	6524	8775	–25.65	25.69	31.08	–5.39
2	25～50马力	7625	10404	–26.71	30.03	36.85	–6.82
3	50～100马力	7116	5544	28.35	28.02	19.64	8.39
4	100～180马力	3893	3386	14.97	15.33	11.99	3.34
5	180马力以上	235	125	88.00	0.93	0.44	0.48
小计		25393	28234	–10.06	36.64	39.45	–2.81
单轴拖拉机（手扶拖拉机）		43713	43216	1.15	63.07	60.38	2.69
履带式牵引车、拖拉机		202	118	71.19	0.29	0.16	0.13
合计		69308	71570	–3.16	100.00	100.00	0

表7　2022年1—6月拖拉机出口额一览表　单位：万美元

序号	品类	出口额		同比（%）	占比（%）		增减（%）
		2022年	2021年		2022年	2021年	
1	25马力以下	1637.96	2124.46	–22.90	4.55	6.38	–1.83
2	25～50马力	5160.19	6498.16	–20.59	14.34	19.51	–5.17
3	50～100马力	13607.56	10360.56	31.34	37.80	31.10	6.70
4	100～180马力	10844.75	9734.96	11.40	30.13	29.22	0.90
5	180马力以上	1121.43	500.10	124.24	3.12	1.50	1.61
小计		32371.89	29218.25	10.79	89.93	87.71	2.22
单轴拖拉机（手扶拖拉机）		3455.35	3935.03	–12.19	9.60	11.81	–2.21
履带式牵引车、拖拉机		169.12	156.87	7.81	0.47	0.47	0.00
合计		35996.36	33311.46	8.06	100.00	100.00	0

（二）2022年1—6月轮式拖拉机主要出口市场统计

表8　2022年1—6月轮式拖拉机出口额一览表　单位：万美元

序号	国家	出口额		同比（%）	占比（%）		增减（%）
		2022年	2021年		2022年	2021年	
1	俄罗斯	4553.04	2965.96	53.51	14.06	10.15	3.91
2	法国	4008.00	2876.42	39.34	12.38	9.84	2.54
3	乌克兰	2719.36	4171.44	–34.81	8.40	14.28	–5.88
4	哈萨克斯坦	2001.36	1639.12	22.10	6.18	5.61	0.57
5	澳大利亚	1527.33	1129.77	35.19	4.72	3.87	0.85
6	泰国	1487.07	189.61	684.27	4.59	0.65	3.94
7	南非	1307.90	598.72	118.45	4.04	2.05	1.99
8	美国	1037.87	745.65	39.19	3.21	2.55	0.65
9	印度尼西亚	902.79	756.49	19.34	2.79	2.59	0.20
10	墨西哥	827.26	336.31	145.98	2.56	1.15	1.40
小计		20371.98	15409.47	32.20	62.93	52.74	10.19
其他		11999.91	13808.78	–13.10	37.07	47.26	–10.19
合计		32371.89	29218.25	8.06	100.00	100.00	0

表9　2022年1—6月轮式拖拉机出口数量一览表　单位：台

序号	国家	数量		同比（%）	占比（%）		增减（%）
		2022年	2021年		2022年	2021年	
1	俄罗斯	3627	3673	–1.25	14.28	14.01	0.28
2	法国	1059	847	25.03	4.17	3.23	0.94
3	乌克兰	5074	7353	–30.99	19.98	28.04	–8.06
4	哈萨克斯坦	963	780	23.46	3.79	2.97	0.82
5	澳大利亚	1115	816	36.64	4.39	3.11	1.28
6	泰国	786	173	354.34	3.10	0.66	2.44
7	南非	385	176	118.75	1.52	0.67	0.84
8	美国	321	249	28.92	1.26	0.95	0.31
9	印度尼西亚	601	489	22.90	2.37	1.86	0.50
10	墨西哥	496	163	204.29	1.95	0.62	1.33
小计		14427	14718	–1.98	56.81	56.13	0.68
其他		10966	11503	–4.67	43.19	43.87	–0.68
合计		25393	26222	–3.16	100.00	100.00	0

六、2022年1—6月收获机市场概况

（一）2022年1—6月收获机出口统计

2022年1—6月我国收获机整机出口额15102.06万美元（根据6个海关编码统计），同比减少13.31%；出口数量86437台，同比增加24.53%。其中，联合收获机出口6490台。

表10　　2022年1—6月收获机出口数量一览表　　单位：台

序号	品类	出口量		同比（%）	占比（%）		增减（%）
		2022年	2021年		2022年	2021年	
1	联合收获机	6490	8479	–23.46	7.51	12.22	–4.71
2	其他脱粒机	63247	41056	54.05	73.17	59.15	14.02
3	根茎或块茎收获机	1247	1100	13.36	1.44	1.58	–0.14
4	甘蔗收获机	30	11	172.73	0.03	0.02	0.02
5	棉花采摘机	1189	2771	–57.09	1.38	3.99	–2.62
6	其他未列明收获机	14234	15993	–11.00	16.47	23.04	–6.57
合计		86437	69411	24.53	100.00	100.00	0

表11　　2022年1—6月收获机出口额一览表　　单位：万美元

序号	品类	出口额		同比（%）	占比（%）		增减（%）
		2022年	2021年		2022年	2021年	
1	联合收获机	12170.16	15387.74	–20.91	80.59	88.33	–7.74
2	其他脱粒机	678.21	521.86	29.96	4.49	3.00	1.50
3	根茎或块茎收获机	65.53	103.92	–36.94	0.43	0.60	–0.16
4	甘蔗收获机	311.66	158.51	96.62	2.06	0.91	1.15
5	棉花采摘机	1361.67	691.06	97.04	9.02	3.97	5.05
6	其他未列明收获机	514.83	556.09	–7.42	3.41	3.19	0.22
合计		15102.06	17420.76	–13.31	100.00	100.00	0

（二）2022年1—6月联合收获机主要出口市场统计

表12　　2022年1—6月联合收获机主要出口市场出口额一览表　　单位：万美元

序号	国家	出口额		同比（%）	占比（%）		增减（%）
		2022年	2021年		2022年	2021年	
1	孟加拉国	3692.32	3607.19	2.36	24.45	20.71	3.74
2	印度尼西亚	2019.14	2488.16	–18.85	13.37	14.28	–0.91

续　表

序号	国家	出口额		同比（%）	占比（%）		增减（%）
		2022年	2021年		2022年	2021年	
3	印度	1767.93	2001.28	-11.66	11.71	11.49	0.22
4	伊朗	491.1	46.40	958.46	3.25	0.27	2.99
5	马来西亚	400.07	111.40	259.13	2.65	0.64	2.01
6	越南	394.23	429.12	-8.13	2.61	2.46	0.15
7	菲律宾	352.13	1551.23	-77.30	2.33	8.90	-6.57
8	哈萨克斯坦	337.97	295.76	14.27	2.24	1.70	0.54
9	乌兹别克斯坦	310.74	439.39	-29.28	2.06	2.52	-0.46
10	秘鲁	262.87	526.16	-50.04	1.74	3.02	-1.28
小计		10028.5	11496.10	-12.77	66.40	65.99	0.41
其他		5073.56	5924.67	-14.37	33.60	34.01	-0.41
合计		15102.06	17420.76	-13.31	100.00	100.00	0

表13　　2022年1—6月联合收获机主要市场出口数量一览表　　单位：台

序号	国家	数量		同比（%）	占比（%）		增减（%）
		2022年	2021年		2022年	2021年	
1	孟加拉国	1986	1766	12.46	2.30	2.54	-0.25
2	印度尼西亚	1300	1321	-13.62	1.50	1.90	-0.40
3	印度	1079	1067	-1.91	1.25	1.54	-0.29
4	伊朗	308	22	569.57	0.36	0.03	0.32
5	越南	113	185	52.70	0.13	0.27	-0.14
6	乌兹别克斯坦	226	53	0.44	0.26	0.08	0.19
7	菲律宾	53	826	-67.35	0.06	1.19	-1.13
8	秘鲁	42	268	8.16	0.05	0.39	-0.34
9	泰国	154	124	-20.75	0.18	0.18	0.00
10	厄瓜多尔	71	167	-54.71	0.08	0.24	-0.16
小计		5332	5799	-8.05	6.17	8.35	-2.19
其他		81105	63612	27.50	93.83	91.65	2.19
合计		86437	69411	24.53	100.00	100.00	0

七、2022年1—6月耕种机械主要出口市场统计

2022年1—6月我国耕种机械出口额34133.89万美元（根据19个海关编码统计），同比增长2.98%。

表14　　2022年1—6月耕种机械主要出口市场及出口额一览表　　单位：万美元

序号	国家	出口额		同比（%）	占比（%）		增减（%）
		2022年	2021年		2022年	2021年	
1	美国	6354.62	5517.12	15.18	18.62	16.64	1.97
2	俄罗斯	2694.68	2474.23	8.91	7.89	7.46	0.43
3	印度	2643.76	3516.57	−24.82	7.75	10.61	−2.86
4	韩国	1501.3	1610.49	−6.78	4.40	4.86	−0.46
5	德国	1388.36	1380.22	0.59	4.07	4.16	−0.10
6	罗马尼亚	1176.7	1172.25	0.38	3.45	3.54	−0.09
7	越南	1115.82	1311.96	−14.95	3.27	3.96	−0.69
8	意大利	1053.43	894.94	17.71	3.09	2.70	0.39
9	荷兰	895.98	522.71	71.41	2.62	1.58	1.05
10	加拿大	873.46	819.84	6.54	2.56	2.47	0.09
小计		19698.11	19220.32	2.49	57.71	57.99	−0.28
其他		14435.78	13925.82	3.66	42.29	42.01	0.28
合计		34133.89	33146.14	2.98	100.00	100.00	0

八、2022年1—6月园艺牧草机械主要出口市场统计

2022年1—6月我国园艺牧草机械出口额213055.03万美元（根据10个海关编码统计），同比增长5.21%。

表15　　2022年1—6月园艺牧草机械主要出口市场及出口额一览表　　单位：万美元

序号	国家	出口额		同比（%）	占比（%）		增减（%）
		2022年	2021年		2022年	2021年	
1	美国	51595.28	47045.94	9.67	24.22	23.23	0.98
2	德国	21018.81	21054.60	−0.17	9.87	10.40	−0.53
3	法国	13388.93	8605.26	55.59	6.28	4.25	2.03
4	英国	12546.45	12486.51	0.48	5.89	6.17	−0.28
5	澳大利亚	8169.66	7302.16	11.88	3.83	3.61	0.23

续 表

序号	国家	出口额		同比（%）	占比（%）		增减（%）
		2022年	2021年		2022年	2021年	
6	荷兰	7725.12	4846.37	59.40	3.63	2.39	1.23
7	波兰	7627.38	6790.15	12.33	3.58	3.35	0.23
8	意大利	7215.15	5594.87	28.96	3.39	2.76	0.62
9	加拿大	6566.48	6732.09	–2.46	3.08	3.32	–0.24
10	俄罗斯	5653.01	6755.51	–16.32	2.65	3.34	–0.68
小计		141506.27	127213.48	11.24	66.42	62.82	3.60
其他		71548.76	75291.06	–4.97	33.58	37.18	–3.60
合计		213055.03	202504.54	5.21	100.00	100.00	0

九、2022年1—6月农用车主要出口市场统计

2022年1—6月我国农用车出口额158676.76万美元（根据10个海关编码统计），同比增加30.96%。

表16　　2022年1—6月农用车主要出口市场及出口额一览表　　单位：万美元

序号	国家	出口额		同比（%）	占比（%）		增减（%）
		2022年	2021年		2022年	2021年	
1	智利	31347.31	18330.69	71.01	19.76	15.13	4.63
2	澳大利亚	29523.26	29064.05	1.58	18.61	23.99	–5.38
3	越南	10040.49	5803.08	73.02	6.33	4.79	1.54
4	厄瓜多尔	8270.98	3374.26	145.12	5.21	2.78	2.43
5	秘鲁	7997.12	6391.56	25.12	5.04	5.28	–0.24
6	沙特阿拉伯	7734.75	5329.90	45.12	4.87	4.40	0.48
7	哥伦比亚	6890.91	4204.34	63.90	4.34	3.47	0.87
8	菲律宾	4977.56	4608.43	8.01	3.14	3.80	–0.67
9	南非	4331.04	5365.51	–19.28	2.73	4.43	–1.70
10	俄罗斯	3488.13	964.74	261.56	2.20	0.80	1.40
小计		114601.55	83436.55	37.35	72.22	68.86	3.36
其他		44075.21	37727.74	16.82	27.78	31.14	–3.36
合计		158676.76	121164.29	30.96	100.00	100.00	0

十、2022年1—6月粮食加工、家禽养殖机械主要出口市场统计

2022年1—6月我国粮食加工、家禽养殖机械出口额38605.20万美元（根据12个海关编码统计），同比下降5.85%。

表17　2022年1—6月粮食加工、家禽养殖机械主要出口市场及出口额一览表　　单位：万美元

序号	国家	出口额		同比（%）	占比（%）		增减（%）
		2022年	2021年		2022年	2021年	
1	印度	5358.49	4416.10	21.34	13.88	10.77	3.11
2	泰国	2682.44	3043.04	-11.85	6.95	7.42	-0.47
3	印度尼西亚	2322.46	2923.91	-20.57	6.02	7.13	-1.11
4	越南	2210.51	3043.10	-27.36	5.73	7.42	-1.70
5	菲律宾	2051.59	1438.40	42.63	5.31	3.51	1.81
6	美国	1998.64	1894.63	5.49	5.18	4.62	0.56
7	巴基斯坦	1245.11	922.99	34.90	3.23	2.25	0.97
8	尼日利亚	1136.09	1076.05	5.58	2.94	2.62	0.32
9	孟加拉国	1073.08	1594.47	-32.70	2.78	3.89	-1.11
10	埃塞俄比亚	953.57	294.31	224.00	2.47	0.72	1.75
小计		21031.98	20646.99	1.86	54.48	50.35	4.13
其他		17573.22	20356.94	-13.67	45.52	49.65	-4.13
合计		38605.2	41003.93	-5.85	100.00	100.00	0

十一、2022年1—6月喷雾器主要出口市场统计

2022年1—6月我国喷雾器出口额31001.42万美元（根据2个海关编码统计），同比减少23.61%。

表18　2022年1—6月喷雾器主要出口市场及出口额一览表　　单位：万美元

序号	国家	出口额		同比（%）	占比（%）		增减（%）
		2022年	2021年		2022年	2021年	
1	印度	4827.08	6844.01	-29.47	15.57	27.29	-11.72
2	美国	3576.58	5650.21	-36.70	11.54	22.53	-10.99
3	泰国	2758.82	3206.44	-13.96	8.90	12.78	-3.89
4	印度尼西亚	1595.45	2296.27	-30.52	5.15	9.16	-4.01
5	越南	1509.17	1950.08	-22.61	4.87	7.78	-2.91
6	日本	1247.07	1776.45	-29.80	4.02	7.08	-3.06
7	韩国	932.58	1006.13	-7.31	3.01	4.01	-1.00

续　表

序号	国家	出口额		同比（%）	占比（%）		增减（%）
		2022年	2021年		2022年	2021年	
8	菲律宾	858.7	971.27	−11.59	2.77	3.87	−1.10
9	澳大利亚	710.22	454.66	56.21	2.29	1.81	0.48
10	俄罗斯	597.12	490.21	21.81	1.93	1.95	−0.03
小计		18612.79	24645.72	−24.48	60.04	98.27	−38.23
其他		12388.63	434.30	2752.54	39.96	1.73	38.23
合计		31001.42	25080.03	23.61	100.00	100.00	0

十二、2022年1—6月农业机械零部件主要出口市场统计

2022年1—6月农业机械零部件出口额248558.95万美元（根据21个海关编码统计），同比增加21.02%。

表19　**2022年1—6月农业机械零部件主要出口市场及出口额一览表**　单位：万美元

序号	国家	出口额		同比（%）	占比（%）		增减（%）
		2022年	2021年		2022年	2021年	
1	美国	80402.18	68931.91	16.64	32.35	33.56	−1.21
2	德国	12057.36	9469.38	27.33	4.85	4.61	0.24
3	俄罗斯	11943.64	10778.49	10.81	4.81	5.25	−0.44
4	墨西哥	9610.78	8870.94	8.34	3.87	4.32	−0.45
5	日本	9404.85	9117.64	3.15	3.78	4.44	−0.66
6	加拿大	7812.26	5237.15	49.17	3.14	2.55	0.59
7	泰国	7601.03	6174.68	23.10	3.06	3.01	0.05
8	印度	6539.68	5265.44	24.20	2.63	2.56	0.07
9	巴西	6504.57	6134.65	6.03	2.62	2.99	−0.37
10	英国	6074.32	5441.48	11.63	2.44	2.65	−0.21
小计		157950.67	135421.76	16.64	63.55	65.94	−2.39
其他		90608.28	69964.91	29.51	36.45	34.06	2.39
合计		248558.95	205386.67	21.02	100.00	100.00	0